武进文化志

WUJIN WENHUA ZHI

常州市武进区文化广电新闻出版局 编

方志出版社
Publishing House of Local Records

图书在版编目（C I P）数据

武进文化志 / 常州市武进区文化广电新闻出版局编.
--北京 ：方志出版社，2016.4
ISBN 978-7-5144-1963-4

Ⅰ. ①武… Ⅱ. ①常… Ⅲ. ①区（城市）-文化史-
常州市 Ⅳ. ①K295.31

中国版本图书馆CIP数据核字（2016）第058985号

武进文化志

编　　者： 常州市武进区文化广电新闻出版局
责任编辑： 顾洁

出 版 人： 冀祥德
出 版 者： 方志出版社
地址　北京市朝阳区潘家园东里9号（国家方志馆4层）
邮编　100021
网址　http://www.fzph.org
发　　行： 方志出版社发行中心
电话（010）67110500
经　　销： 各地新华书店
印　　刷： 常州市武进第三印刷有限公司

开　　本： 889×1194　　1/16
印　　张： 33.875
字　　数： 565千
版　　次： 2016年4月第1版　　2016年4月第1次印刷
印　　数： 0001～3000册

ISBN 978-7-5144-1963-4　　**定价：** 200.00元

武进文化志

袁行霈题

《武进文化志》编辑委员会

2015年武进区文化广电新闻出版局全体工作人员合影

前排左起：龚留钢　符大荣　韩家兴　范正洪　沈惠兰　蒋仲仁　吴海涛　陈川山
中排左起：奚卫年　郭丽峰　杨东溟　韩　娜　胡曦文　史立华　张　玮　陈黎佳
王　莹　倪燕萍　姜　茜
后排左起：周协平　蒋　平　陈勤贞　龚武威　陈庆龙　王元霆　秦　柯　陈勇明
王　中　黄建峰　胥志新　钱　峰　袁建明

1994 年，武进县被文化部评为全国文化先进县

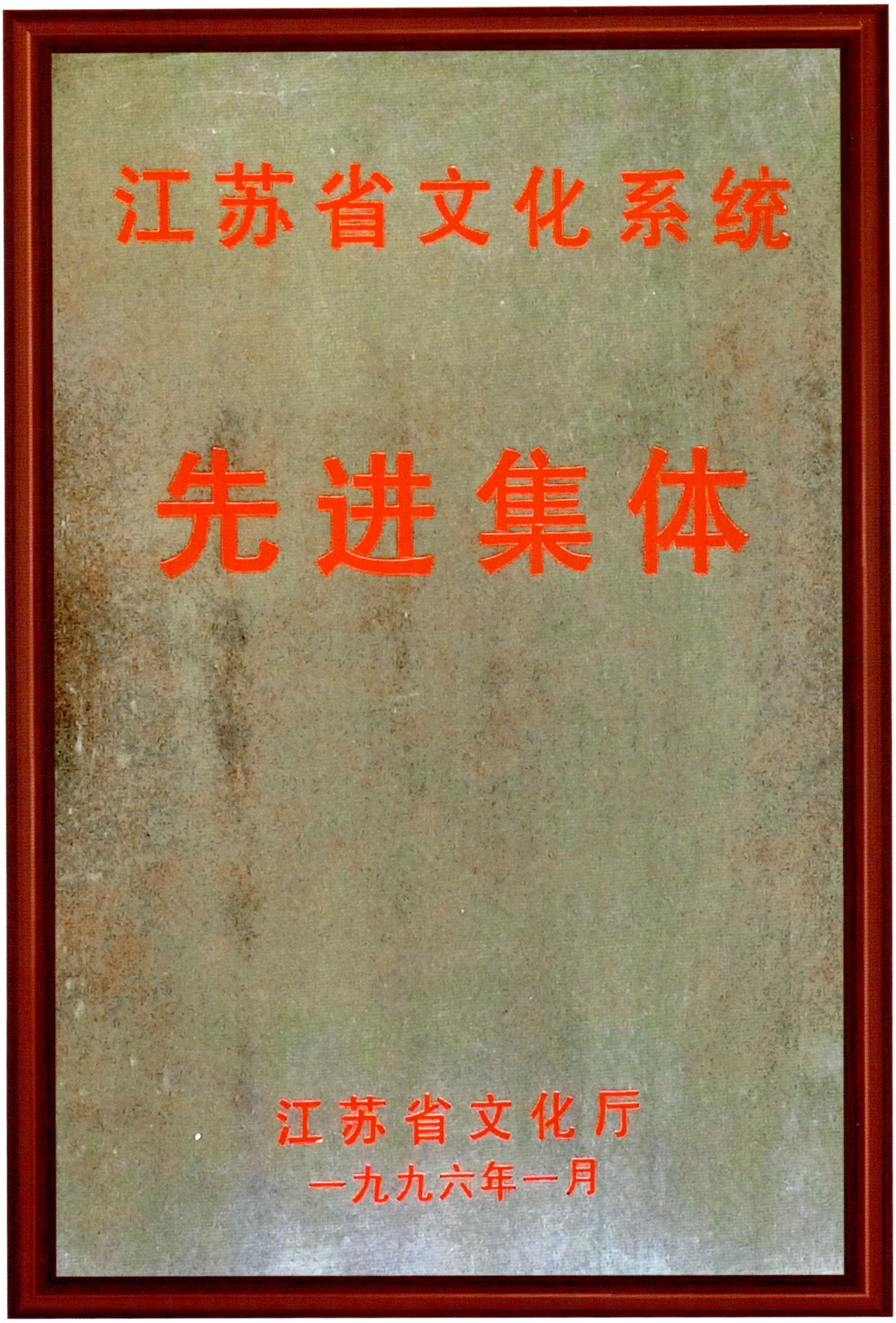

1995 年，武进市文化局被江苏省文化厅评为文化系统先进集体

2014 年，武进区人民政府被中国曲艺家协会授予第八届牡丹奖全国曲艺大赛特殊贡献奖

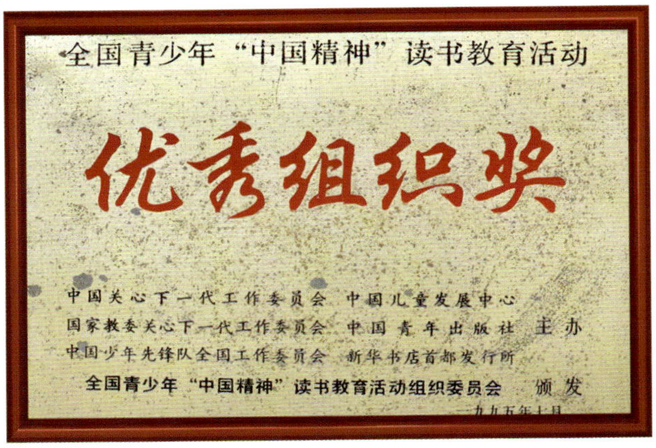

1995年，武进市文化局获全国青少年“中国精神”读书教育活动优秀组织奖

1999年，武进市文化局获全国青少年“五十年辉煌新世纪畅想”读书教育活动优秀组织奖

2000年，武进市获第六届中国艺术节组委会贡献奖

2001年，武进锡剧团《风流母女》获第六届中国“映山红”戏剧节演出优秀奖

2001年，武进锡剧团《窦娥冤》获第六届中国“映山红”戏剧节演出一等奖

2001年，武进市文化局获第六届中国“映山红”民间戏剧节集体育花奖

2003 年，锡剧《窦娥冤》获中共江苏省委宣传部第五届精神文明建设五个一工程奖

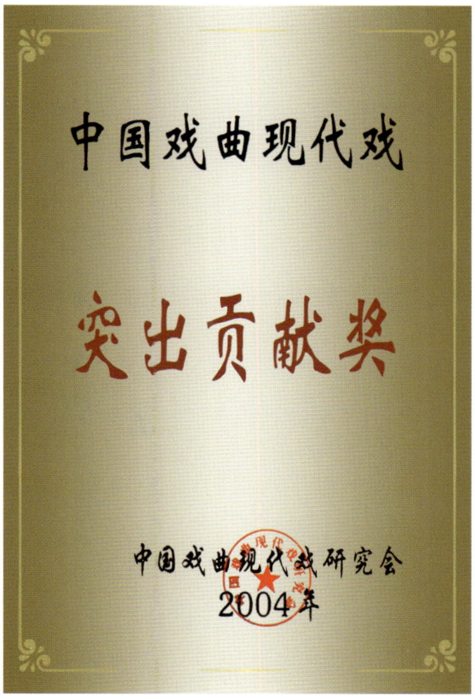

2004 年，锡剧《风流母女》获中国戏曲现代戏研究会颁发的突出贡献奖

2002 年，武进市获全国青少年“中华美德”读书教育组委会优秀组织奖

2008 年，武进区被文化部命名为中国民间文化艺术之乡

2009 年，武进区被江苏省文化厅评为非物质文化遗产普查工作先进集体

2009 年，武进区文化局被江苏省新闻出版局评为江苏省农家书屋工程建设先进集体

2011 年，武进文化馆被文化部评为一级文化馆

2011 年，武进区文化广电新闻出版局被评为江苏省“扫黄打非”工作先进集体

2012 年，武进区文化广电新闻出版局获第十五届中国上海国际艺术节组织纪念奖

2013 年，武进图书馆被文化部评为一级图书馆

2012 年度，武进区被江苏省广播电影电视局评为卫星电视转播秩序专项整治创建无“小耳朵”先进县（市、区）

1983年12月，艺术大师刘海粟（左二）为恽南田纪念馆剪彩

1986年12月，文化部部长孙家正（右）接见由县文化局局长蒋仁良率领的《风流母女》剧组

1993 年 4 月 6 日，文化部副部长高占祥（左二）由江苏省文化厅厅长王鸿（左三）陪同视察湖塘科技图书馆

2008 年 3 月 28 日，全国人大副委员长华建敏（前右三）参观武进博物馆

2009 年，原文化部副部长潘震宙在武进图书馆参加纪念季子诞辰 2585 周年活动

2009 年 10 月，文化部副部长周和平（左一）参观武进区非遗展览馆

2010 年 8 月 13 日，文化部非遗司司长马文辉（右一）视察淹城

2011 年 5 月 9 日，中宣部副部长王晓晖（中）视察武进动漫嬉戏谷

2012 年 9 月 10 日，中宣部副部长、文化部部长蔡武（左三）在武进调研文化产业

2015 年，陈燮阳“感恩家乡”音乐会在凤凰谷大剧院举行

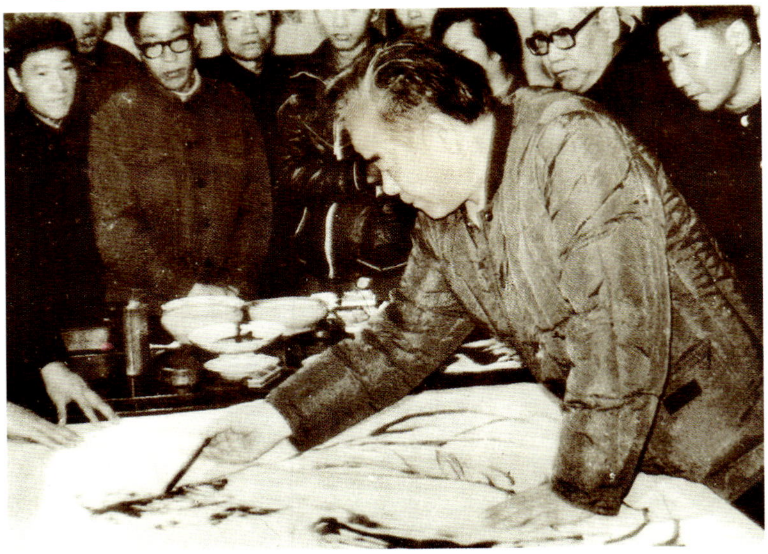

1983 年 12 月，著名画家黄胄到武进为恽南田纪念馆作画

1999 年 4 月，电影表演艺术家田华（左）和于兰（右）参加武进第六届“童影奖”颁奖典礼

2011 年 4 月 26 日，中央电视台节目主持人白燕升（左）和锡剧表演艺术家梅兰珍（右）在首届武进锡剧艺术节上亲切交谈

1996 年，中国度假休闲年武进民俗风情旅游节在淹城举行

2003 年，武进区第八届“童影奖”电影活动在武进影剧院开幕

2007年，“花都水城·浪漫武进”旅游节在淹城举行民俗风情展演活动

2011年4月26日，武进区首届锡剧艺术节在武进体育馆开幕

2008 年，“天禄之夜”周末文化活动

2014 年，第八届中国曲艺牡丹奖全国大赛武进分赛区新闻发布会在武进行政中心召开

淹城遗址（全国重点文物保护单位）

阖闾城遗址（全国重点文物保护单位）

位于礼嘉镇礼嘉中学内的礼嘉戏楼

位于横林镇顺庄村的顺庄戏楼

位于横山桥镇的大林寺

位于淹城旅游区的宝林寺

位于延政中路旁的武进文化艺术中心

位于延政中路旁的武进图书馆

位于淹城旅游区文化街的武进文化馆

位于淹城旅游区文化街的武进博物馆

位于淹城旅游区文化街的晓园艺术馆

位于常州关河路的武进影剧院

位于延政中路旁的凤凰谷大剧院

焦溪镇影剧院

洛阳镇影剧院

位于常州武青路的武进新华书店

牛塘镇文体活动中心——青云园

位于新天地公园的水上舞台

位于淹城路旁的中国·环太湖艺术城

春秋独木舟（国家一级文物）

春秋青瓷鼎
（国家一级文物）

双兽三轮青铜盘
（国家一级文物）

玉带勾（国家一级文物）

十一节兽面纹玉琮（国家一级文物）

漆纱珠翠庆云冠（国家一级文物）

（明）勾编网纹叠花贴绣素缎残片（国家一级文物）

（明）舞凤折枝花缎织金襕残片（国家一级文物）

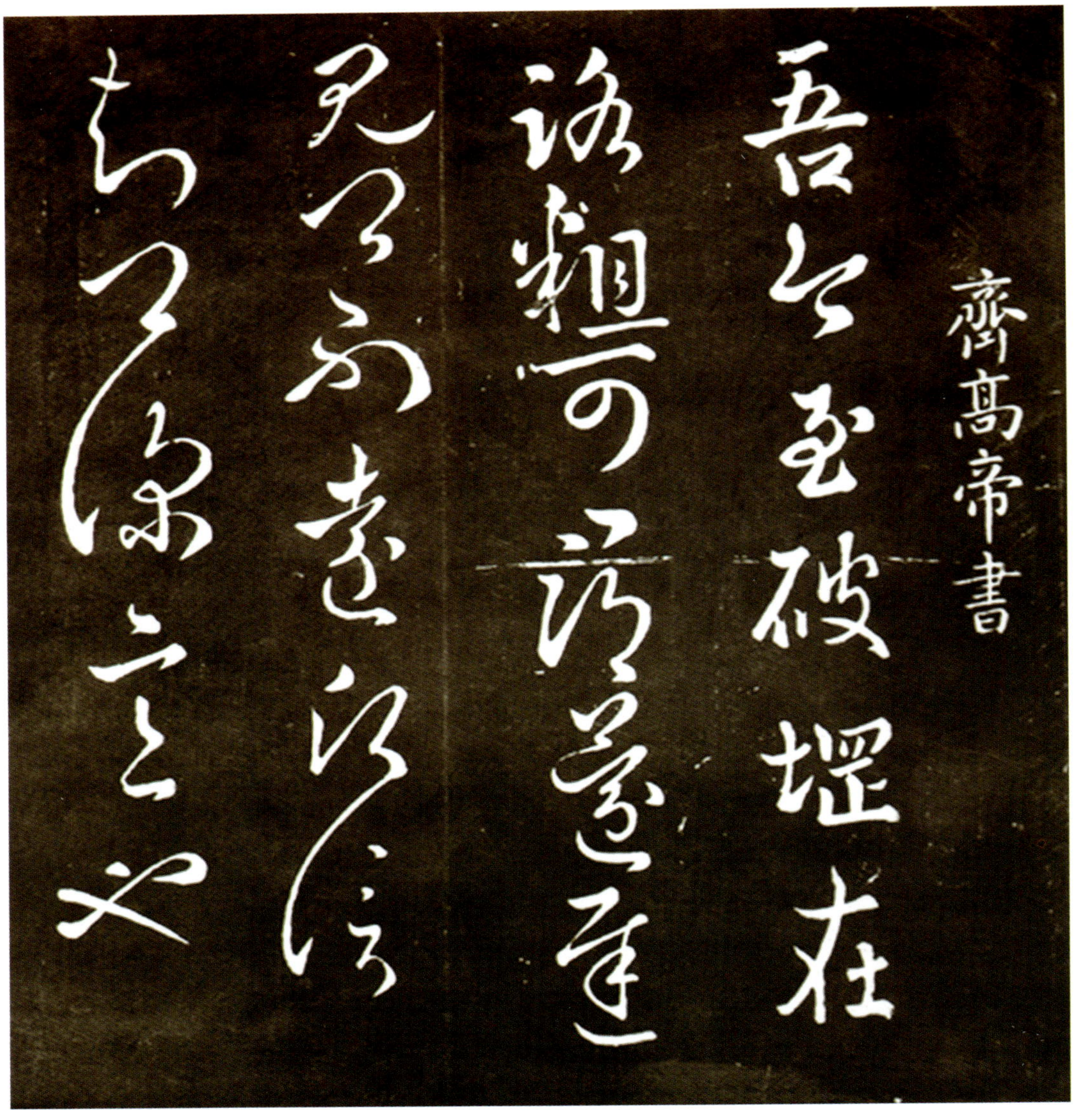

齐高帝萧道成书法作品

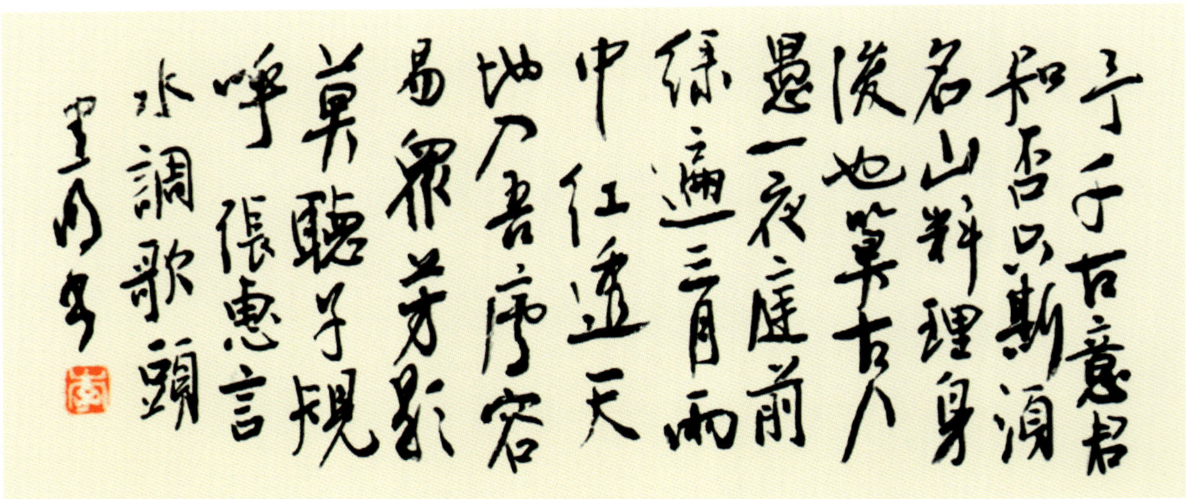

张惠言书法作品

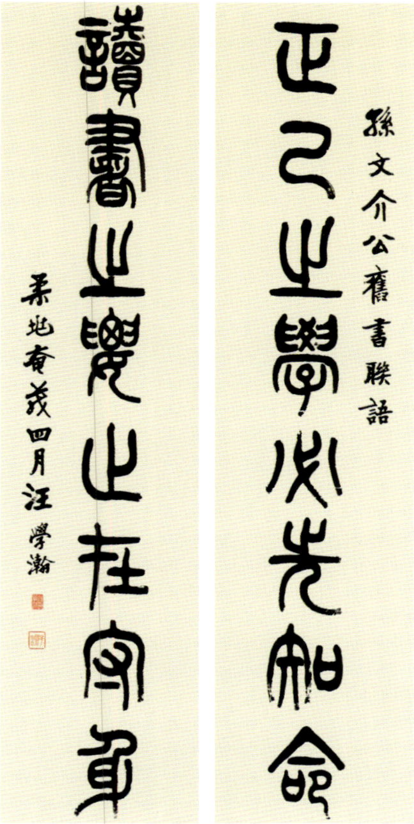

汪洵书法作品

吴稚晖书法作品

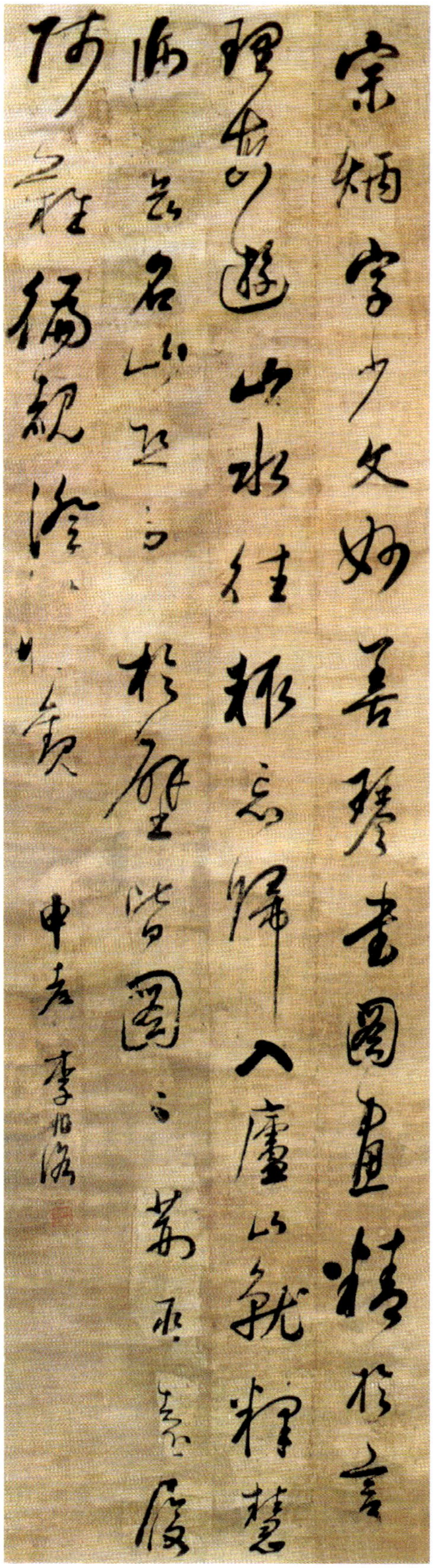

李兆洛书法作品

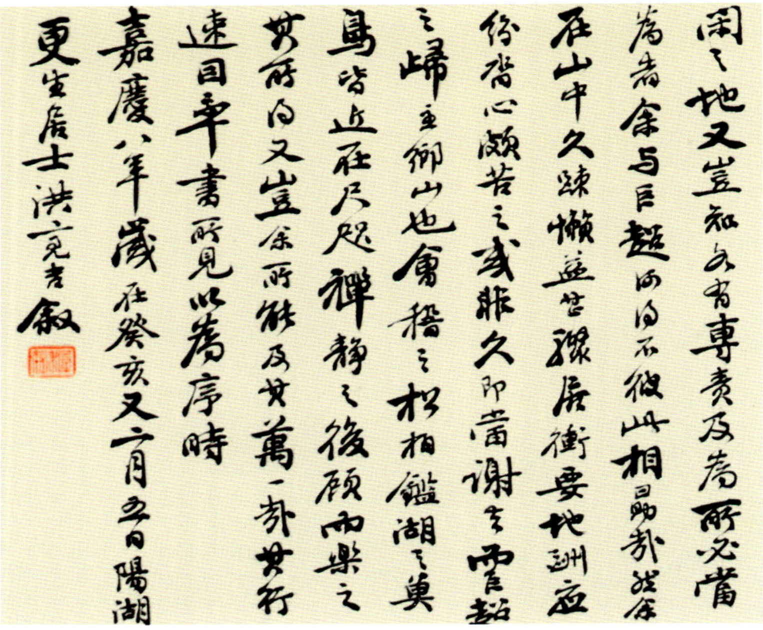

洪亮吉书法作品

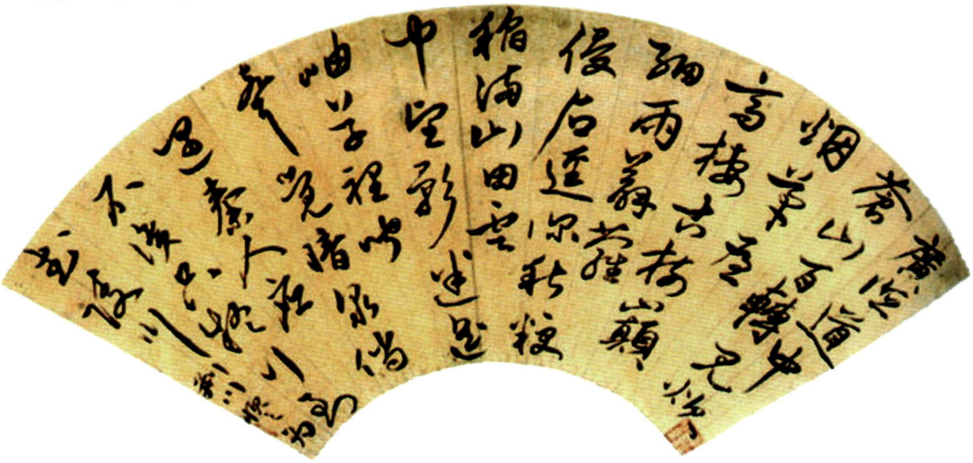

唐荆川书法作品

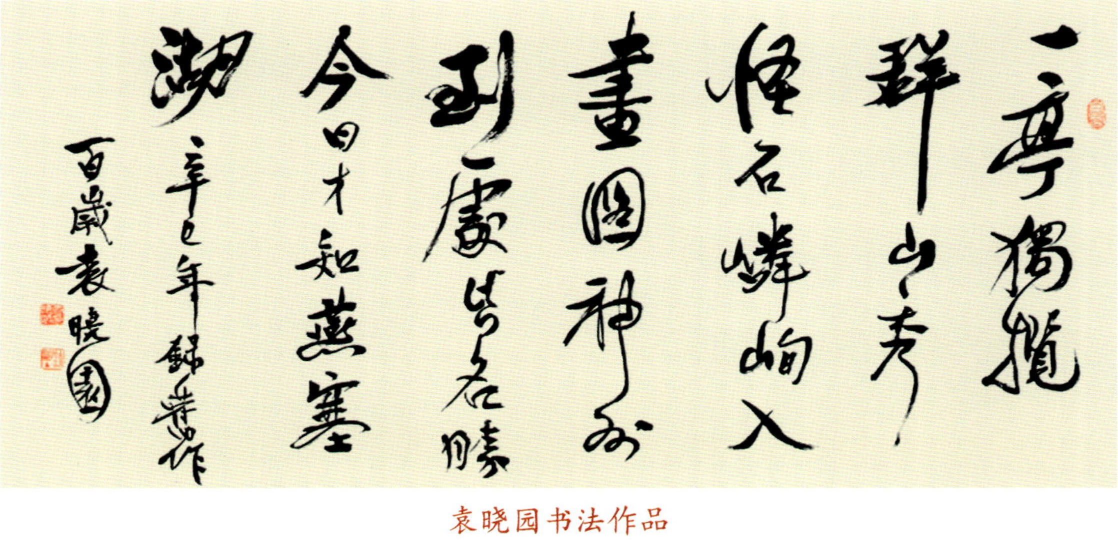

袁晓园书法作品

恽寿平画作《横琴坐思图》

张继馨画作《擎红图》

恽冰画作《花卉斗方》

汤贻芬画作《二乔观花》

刘海粟画作《鹰》

钱维城画作《宫苑春晓图》

吴青霞画作《松竹梅图》

龚铁梅画作《松竹梅图轴》

上　图：蒋风白画作《兰花》
右上图：谢稚柳画作《云壑松风》
右下图：曾杏绯画作《牡丹图》

汤德胜摄影作品《班长的哨子》

汤德胜摄影作品《太阳与人》

刘建中摄影作品《本色》

顾明摄影作品《欢乐春秋图》

徐秉方留青竹刻《花鸟纹臂搁》

萧剑波象牙浅刻《清明上河图》

杨守玉乱针绣作品《美女与骷髅》

杨守玉乱针绣作品《美女与鹅》

锡剧《浣纱谣》剧照

锡剧《风流母女》剧照

锡剧《窦娥冤》剧照

舞蹈《上梁》掠影

序

五年筹备，两年编纂，历时七年，一部通贯古今的《武进文化志》付梓出版，这是武进文化事业发展史上的一件盛事，可喜可贺！

武进地处我国长江下游的太湖流域，拥有5000多年的文明史，境内多个崧泽文化、良渚文化遗址，自成序列，数千年文脉传承，名人辈出。季札、刘勰、萧统、陈济、恽南田、赵翼、吕思勉、赵元任、刘海粟等文化名人灿若辰星，素有“诗国”、“词乡”、“联都”之美誉，常州画派、阳湖文派、常州词派更是独树一帜，曾引领中国文化发展的潮流。新中国成立以后，特别是改革开放以来，一代代武进文化人薪火相传，辛勤耕耘，取得了累累硕果。图书馆等公共文化设施不断完善，凤凰谷大剧院等大型文化阵地拔地而起，群众文化活动蓬勃开展，文艺创作精品迭出，武进先后荣获“全国文化先进县”、“中国民间文化艺术之乡”、江苏省首批“公共文化服务体系示范区”等荣誉称号，在全省乃至全国树立了武进文化品牌。

编纂出版《武进文化志》，正是对前人所创造的灿烂文化进行的一次客观考证与悉心整理。我们先后邀请了十多位熟悉、热爱文化工作的领导、专家及各界人士参与该志的资料提供及校对审阅，六位专职编纂人员更是遍访武进村镇乡野，翻阅浩繁的故纸堆，殚精竭虑，历尽艰辛，披沙拣金，增删数次，数易其稿，将心血融注于志书字里行间。我谨向所有关心、支持、帮助《武进文化志》编纂的各界人士致以诚挚的感谢和深深的敬意。

承前旨在启后，继往为了开来。中共十八大描绘了建设社会主义文化强国的宏伟蓝图，武进文化人站在文化发展的新起点上，定将志存高远、奋发有为，谱写无愧前人、造福今人、惠及后人的文化发展新篇章。

常州市武进区文化广电新闻出版局局长：范正洪

2016年12月

凡　　例

一、本志遵循存真求实，实事求是的原则，客观全面地记述武进文化事业的历史与现状。

二、本志上限不限，贯通古今，详今明古，尽量追溯，下限至2013年。总述、大事记、图照延至搁笔。

三、本志记述范围，以历史上的武进县地域范围向上追溯，着重记述1949年4月至1995年6月的武进县，1995年6月至2002年4月的武进市，2002年4月后的武进区。

四、本志采用并列设章的格局，全志设12章，章下一般设节和目2个层次，必要时设子目。志首设图照、序言、凡例、总述、大事记。志末设附录，编后记。

五、本志采用述、记、志、传、图、照、表、录等体裁，正文用语体文、记述体，大事记以编年体为主，兼及纪事本末体。文中凡有统计意义的数字均用阿拉伯数字。

六、本志历史纪年，清及清以前用旧纪年括注公元纪年，中华民国时期（1912年至1949年9月30日）用公元纪年括注民国纪年，1949年10月1日，中华人民共和国成立后采用公元纪年，为省略起见，每节中一个年号出现两次以上一般只注一次。地名以地名办公室公布的规范地名为准，古地名括注现名。

七、本志人物坚持“生不立传”的原则，人物章分设传略、名录2节。传略收录的文化名人以武进籍为主，兼收对武进文化事业做出突出贡献的客籍人士，按生年为序排列。名录收录享受国务院特殊津贴人员、国家级文学艺术家协会、学会会员和省、部级及以上劳动模范、先进工作者、高级职称人员以及有突出贡献的知名人士。

八、本志记述的单位、机构名称，首次出现时用全称，以下用简称。武进县、市、区按当时实际名称记述，泛指时通称“武进”。

九、本志所记机构限指文学艺术界联合会、文化广播电视新闻出版局所属单位和相应的社会团体，广播电视局已编纂出版《武进广播电视志》，为避免重复，相关内容一般不再记述。

十、本志资料取材于档案、年鉴、报刊、镇志及原《常州文化志》《武进文化志》，并经鉴别核实，一般不再注明出处。

目　　录

第三章　艺　术

第四章　群众文化

第五章 表演团体

第六章 图 书

第七章　电　影

第八章　文　物

第九章　非物质文化遗产

第十章 文化市场

第十一章 条线企业和文化产业

第十二章 人 物

附 录

总述

一

武进历史悠久，文化底蕴深厚，文脉昌盛，人才辈出。境内圩墩遗址，属新石器时期马家浜文化，距今约6000多年历史。商末，泰伯，仲雍东奔“荆蛮”，黄河流域文化与江南荆蛮文化相融汇，武进成为吴文化主要发祥地之一。公元前544年，吴王寿梦第四子季札出使鲁国，以听周乐而知“殷夏之风”；见微知著，预示兴衰；徐墓挂剑，诚信守诺；享誉诸侯列国。公元前547年，吴王余祭封其弟季札于延陵，延陵成为武进最早的地名，季札成为武进的人文始祖。

西晋永嘉年间（307—313年），因永嘉之乱，中原士族大量南迁，中原文化再次与荆楚文化相融合，武进成为齐梁文化的肇启。南朝齐、梁两朝开国皇帝萧道成、萧衍都是南兰陵人。萧道成博学能文，专工草隶。萧衍文采风流，有“诗人皇帝”之称。其精通音律，创制准音器和对应十二律的长短笛，并亲制《江南弄》七曲，为南北朝音乐发展做出重要贡献。萧衍的长子萧统，编纂中国历史上最早的诗文选集《昭明文选》，史称“总集之祖”，在中国文学史上占有独特地位，被列为唐以后科举考试的必读教材，时有“文选烂，秀才半”之说。梁元帝萧绎，对文笔之辨提出独到的看法，著有《金楼子·立言》等，是中国古代最早的散文理论著作；其《金楼子·志怪》与郭宪《汉武冥洞记》，同为中国古代最早的笔记体小说。萧子显的《南齐书》，列为中国二十四史之一。萧纲首创“宫体诗”，对后世具有深远影响。萧子云的《五十二体书》，被誉为“书家之前流”。

唐代，散文家、诗人萧颖士高才博学，文章与李华齐名，合称“萧李”，后人辑有《萧茂挺文集》（四库全书本）。崇尚乐府格调的刘绮庄，作品被收入《全唐诗》诗集中，在文坛上占有一席之地。代宗大历年间（766—779年），时任常州刺史独孤及与萧颖士等一起，共同提倡宗经复古，充实文章内容，反对浮靡文风，在当时具有积极意义。唐肃宗年间，常州刺史李栖筠在县城夫子庙西（今常州市二中）创办武进历史上最早的“常州府学”。同时，柘（拓）枝舞流入武进，山歌开始流行。

宋代，有长于七言诗的张佖、工骈文及五言诗的胡宿、古文见长的丁宝臣、韵文一代宗匠的孙觌、兼通经学的邹浩、张守等诗文均著称于世。期间，大文豪苏轼11次至武进，并终老于此，留下许多文物胜迹和诗文传说。

元代，以诗文著称的吴克恭著有《寅夫集》、谢应芳著有《龟巢（诗）集》以及散文《辨惑编》等，亦文名于世。

明代，陈济博学多才，通经史百家之学，时有“两脚书橱”之誉，以布衣应召修《永乐大典》任都总裁，经过多年努力，修成22937卷、11095册、3.7亿字的《永乐大典》。散文家唐顺之（荆川）提倡文应“直书胸臆”的主张，并以唐宋文“开合首尾，纵横捭阖”为法，一变国内文风，世称“唐宋派”，与王慎中、归有光并称“嘉靖三大家”。蒋孝编著的《南九宫谱》，是中国现存最古老的南曲之谱。期间，武进城区成立历史上第一个诗社大云社。江南丝竹与民歌小调开始盛行，一年一度的“德安桥上对山歌”形成惯例，并延续数百年。民间婚丧喜庆、庙会集市等活动中，八音班、六苏、掮轮车、调狮子、踩高跷、荡湖船等民间音乐舞蹈日趋活跃。

清代，武进出现有以恽格（号南田）为代表的“常州画派”，以恽敬、张惠言等为代表的“阳湖文派”，以张惠言、张琦等为代表的“常州词派”，以庄存与、刘逢禄为代表的“常州学派（今文经学派）在全国文坛上有较大的影响。有成就的文人学士群星璀灿，其中尤以赵翼、(瓯北)、黄景仁（仲则）声誉为高。赵翼被列为“江左三大家之一”,其“江山代有才人出，各领风骚数百年”成为千古名句，脍炙人口。中国早期人口论学者洪亮吉、目录学家孙星衍、方志学家李兆洛等，都是名扬一时的诗文大家。与此同时还涌现出钱孟钿、张纨英、王采薇、左锡璇、恽珠等诸多有影响的女诗人、女词人，“诗国”之称亦由此得名。无怪乎诗人龚自珍要以“天下名士有部落,东南无与常匹俦”来评赞武进。乾嘉时期，武进滩簧开始流行，后虽屡遭严禁，仍杜而不绝。道光年间，陈森创作的长篇狭邪小说《品花宝鉴》开启晚清狭邪小说之门。同期，武进刻书印刷业日益发展，民间私人藏书蔚然成风。光绪五年（1879 年），武进、阳湖两县成立“学务公学”，是武进历史上第一个文化行政管理机构。光绪三十年（1904 年），武进建立“图书讲报所”，为后期图书馆事业之开端。同年，县城逸仙戏院开业，是武进第一座戏曲演出场所。光绪末年,李伯元创作的小说《官场现形记》,被列为晚清四大谴责小说之首。宣统三年（1911 年），武进县城第一座影院——幻仙影戏社开业。

民国期间，常州滩簧与无锡滩簧合流，发展成为“常锡文戏”。1917 年（民国 6 年），留学美国的陈衡哲女士发表的白话小说《一日》，被胡适称为“文学革命讨论初期最早的文学作品”，其用白话文创作的诗歌、散文、小说在国内外产生强烈反响。同年，苔芩咏社成立,社员遍及国内九个省市,并建有聊园一座,为社员赋诗咏叹之所。20 世纪 20 年代，瞿秋白所著的《饿乡纪程》《赤都心史》问世，成为中国最早以长篇散文形式表现新时代、新人物的杰作。同期，李仁创立像真绣，杨守玉创立乱针绣工艺美术，作品驰名海内外。1926 年（民国 15 年），吴中行的摄影作品《归牧》，入选伦敦国际影展，被聘为英国皇家摄影学会会员。在此前后,还出现一批全国著名的专家学者,主要有小说家张春帆、许指严、吴绮缘、恽铁樵；现代戏剧家洪深、阿甲、吴祖光；历史学家屠寄、孟森、吕思勉；书法家吴稚晖、钱振锽、唐驼；美术家冯超然、刘海粟、谢稚柳、马万里、吴青霞；音乐家赵元任、吴伯超；电影艺术家杨小仲；电影表演艺术家徐琴芳；戏剧表演艺术家王嘉大等。

20 世纪 30 年代起，京剧、话剧、越剧、沪剧、滑稽戏陆续进入武进。“八一三”淞沪抗日之战爆发后，武进文化界抗日救亡协会成立，以学生为主体的战地服务团、武进青年话剧团，分赴城乡进行抗日救亡宣传演出。滩簧艺人也在节目前加演说唱，揭露日军暴行。日军侵占武进后，进步文化团体和活动遭到镇压，民族传统文化遭到破坏，文化事业跌入低谷。抗日战争胜利后，武进文艺一度恢复兴盛，一批进步作家的文艺作品或搬上舞台，或相继出版。中共武进工作委员会组织党员、团员和进步青年开展文化活动，秘密传阅《钢铁是怎样炼成的》等进步书籍，散发《星火》等革命文艺刊物，教唱《解放区的天》《团结就是力量》等进步歌曲，组织进步青年到农村演出《岂有此理》《总有一天》等方言话剧，革命文艺活动始终没有间断，直至1949年4月23日武进解放。

二

中华人民共和国成立后，按照中国共产党制定的文艺方针和政策，在各级政府中设立文化艺术管理机构，加强对文化艺术工作的领导。1950年，首届文学艺术界代表大会召开，成立武进县文学艺术工作者联合会（以下简称武进文联），是江苏省最早成立的县级文联组织之一，为武进文化艺术的发展奠定了基础。1952年，武进文化馆在奔牛镇成立，辅导全县开展群众性文化活动和编印放发文艺宣传材料，1957年移址常州关河路县政府内。

1952年，友联锡剧团在武进登记，定名为武进友联锡剧团，1953年改名为武进县锡剧团，全团50余人，主要演员有包文奎、徐玉珍、冯国良等。1955年，武进县越剧团成立，全团40余人，主要演员有赵春山、刘宝花、筱一枝等。同年，武进县文化科根据江苏省文化局关于对民间艺人管理办法，为武进县86位曲艺艺人办理登记手续，并成立武进县曲艺联合会。1956年，武进县新华书店在常州局前街成立，负责全县书刊发行和学校教课书发放。1958年，武进县图书馆在奔牛镇成立，1960年移址湖塘镇。1959年，成立武进县文物管理委员会，加强对全县文物的保护和管理。

20世纪50年代，武进人民怀着翻身解放的喜悦心情，本着“业余、自愿、小型、多样”原则，广泛开展形式多样的群众文化活动。各地基层俱乐部、业余剧团、文化活动小组应运而生。在“百花齐放，推陈出新”方针和“改戏、改人、改制”政策的指导下，职业剧团积极创作《扑灭邻火》等剧目，在省、地区汇演、调演中屡获大奖。与此同时，全县各乡镇供演出、放映的场所相继落成。1957年，由于反右派斗争的严重扩大化，文艺界一些干部和文艺骨干被错划成右派份子，文艺工作者的积极性和创造性受到挫伤。1958年，“大跃进”开始，一方面推动文化基础设施的建设和文化事业的发展，另一方面又受到脱离实际的浮夸风影响，提出“人人搞创作，文艺放卫星”等口号，违背文化艺术自身发展的规律，导致文艺创作出现公式化、概念化的倾向。

20世纪60年代初，贯彻中共中央、国务院“调整、巩固、充实、提高”方针，文化事业有所发展，全县掀起歌颂社会主义、歌颂雷锋精神的热潮。剧团深入农村边缘地区演出，文化馆送图片到车间、田头展览。“文化大革命”期间，大量的戏曲、文学、书画作品和图书被打成宣传封、资、修的“毒草”，许多文化干部、演职人员被批斗、下放农村劳动；大批文物古迹被毁；文化管理机构瘫痪；锡剧团、越剧团解散。群众除看样板戏、唱“语录”歌、跳“忠”字舞外，几乎没有别的文化娱乐活动。

1975年，武进县革命委员会文化局成立。至1976年，全县68个乡镇相继成立民办文化站。1978年，中国共产党十一届三中全会召开以后，拨乱反正，冤假错案平反。下放人员陆续回城归队；文化馆、图书馆等文化事业单位恢复职能；1983 年，文联各协会恢复活动；1985 年，文化站工作人员分批转为国家干部或聘用干部。全县文化艺术工作者以经济建设为中心，坚持四项基本原则和改革开放基本路线，坚持文艺“为社会主义服务，为人民服务”的方向和“百花齐放，百家争鸣”的方针，解放思想，开拓进取，文化事业进入蓬勃发展的新时期。

文艺创作日趋繁荣。1976 年，县文化局设立文艺创作组，先后创办《俱乐部》《武进文艺》《武进文化》等文化刊物。同时，涌现出一批知名度较高的文学艺术创作人才和作品。高晓声在省级以上刊物发表的小说有数百篇，其中《李顺大造屋》《陈奂生上城》饮誉海内外；陆涛声的小说作品屡有出版，其《再见，千岛湖》获《小说月报》第八届百花奖；黄水清创作的童话故事在全国颇具影响；武进作者创作的诗歌、散文、民间文学、报告文学等文学作品在报刊杂志上屡屡发表。戏剧创作承前启后，马中原、刘兴中合作的大戏《风流母女》；农民剧作家陆忠宽创作的《三留老木匠》等在省内外影响深远，武进被业内誉为“小戏之乡”。

艺术团体焕发生机。1975—1979 年，相继恢复县锡剧团、成立县评弹团、重建县越剧团。被禁锢 10 年的传统戏陆续上演，逐步形成“现代戏、传统戏、新编历史戏”三并举的局面。剧团坚持“出人、出戏、走正道”的发展理念，立足本地，面向农村，常年送戏下乡。锡剧团先后被镇江地区评为“红旗剧团”；被江苏省文化厅评为“先进剧团”。艺术团体多次参加省、地区汇演、调演，并获创作、演出等多项大奖，涌现出陈正文、沈惠兰等一批锡剧传人。

书画、摄影空前活跃。1989 年，武进成立书画院。史光新、徐浩然、莫静坡、赵治平、戚散花等一批中青年书画家崭露头角。摄影队伍不断壮大，至 2013 年，武进摄影家协会有会员数百名，其中汤德胜的摄影作品在国内外最具影响。武进县被江苏省文化厅命名为“摄影之乡”。许多书画摄影作品或入选全国参展，并获大奖，或被选送赴美国、日本、德国、罗马尼亚、新加坡等国家和中国香港、台湾地区展出，部分作品被国内外相关单位收藏。其间，武进的留青竹刻、象牙浅刻、掐丝珐琅画等民间工艺闻名全国。

文化活动蓬勃开展。1975 年以来，文化局每年举办文艺汇演、调演、文化艺术节、民俗风情节、元宵灯会以及音乐会、小戏小品、讲故事比赛等群众文化活动，出现一批业余文艺骨干。20 世纪 80 年代初，各乡、镇文化站先后创办文艺工厂，为稳定、壮大文艺骨干队伍和开展群众文化活动提供人才资源和经济支撑。中期，武进县有业余演出团队 50 多个。90 年代初，电视进入家庭，歌厅、舞厅、录像厅、音乐茶座等新兴文化娱乐场所迅速发展，文化市场形成多元化格局。

图书事业快速发展。1978 年，武进县图书馆大楼在湖塘镇新街落成。此后，武进县政府加大对图书事业的投入，购书经费逐年增加，设备设施逐年完善，管理制度逐年规范。每年夏天，组织中小学生开展红领巾读书活动，受到社会各界好评。1990 年起，各乡镇在原文化站图书阅览室基础上创建万册图书馆，至 1997 年，全县 56 个乡镇全部完成创建任务，总藏书达 60 余万册。1978 年，新建的新华书店营业大楼在常州新丰街落成并对外营业；同时，在各乡镇设立图书销售网点 190 多个。自 1980 年起，武进新华书店连续 18 年图书销售总额位于江苏省县级书店第一。书店开展的“售书、导读、育人”活动，获全国读书活动组委会颁发的奖项100余个。

电影放映普及乡村。20世纪70年代起，各乡、镇社办电影放映队相继成立。1978年后，部分工厂、学校、场圃及村级俱乐部也成立放映队。放映设备也随着人们对电影欣赏水平的提高和乡镇、企事业单位影剧院的相继落成而不断更新换代。1980年，县电影发行放映公司成立，负责全县影片发行和放映员业务培训等工作。2010年，全区范围内实施21世纪实现一村一月一场电影（简称2131工程），丰富农村（社区）群众的文化生活。

文物保护得到重视。1983年起，先后成立武进博物馆、淹城博物馆、武进名人馆、革命烈士纪念馆、恽南田纪念馆，常州市晓园艺术馆等文物管理机构。1984年，在全县范围内开展拉网式文物普查工作，圩墩、寺墩、淹城、阖闾城等古遗址、古寺庙、古戏楼、古桥、古墓等文物古迹分别得到有效保护。

人才培养成效显著。1975年，文化局成立后，文艺创作组、文化馆等单位及区、乡镇，每年都举办文艺创作、戏曲表演、书画摄影等文艺骨干培训班。选送专业人才到南京、上海等相关艺术院校学习。1978年，开办文艺学校，培养出国家一级演员沈惠兰、戏剧“梅花奖”得主陈云霞等一批优秀艺术人才。

三

进入21世纪以来，随着改革开放的不断深入，社会主义市场经济体制逐步完善，文化事业发展出现许多新情况、新问题，面临的机遇与挑战同时存在。在各级政府的关心和支持下，全体文艺工作者共同努力下，武进的文化事业充满生机和活力，呈现蓬勃发展的大好局面。

文化设施建设有新进展。2007年，位于湖塘延政路的武进文化艺术中心落成，文化馆、图书馆、书画院、锡剧团、文艺学校、文学研究所和剧目工作室等单位入驻。同年，位于淹城旅游区的武进博物馆、名人馆对外开放。2009年，区政府把建设农家书屋列为年内30件为民办实事之一，至2013年年底，全区建有农家书屋366家。自2010年起，区政府投资3亿元建设区、镇、村、社区文化广场400多个，在城区新天地公园建造水上舞台。2012年，位于淹城文化街的晓园艺术馆成立并对外开放。2013年，位于延政中路的凤凰谷大剧院落成，这些文化设施为文艺工作者营造良好的工作环境；为满足广大群众的文化娱乐需求活动提供场所。

群众文化活动有新气象。进入21世纪，群众文化活动由组织参加型向自我参与型发展。文化部门和民间艺人开办的音乐、舞蹈、书法、美术、工艺、器乐等门类的艺术培训点有上百家。各乡、镇有民间自发组织的业余演出团队30余个。京剧、锡剧、越剧等戏迷票友协会20多个。设施设备齐全、能供戏曲爱好者自我展示的场所50多家。特别是文化广场，每天早上和夜晚，乐曲悠扬，人们在音乐声中翩翩起舞，呈现“歌声与落霞齐飞，舞姿为村野添彩”的生动场面。

文化遗产保护有新业绩。2005年，区非物质文化遗产保护中心成立，区政府每年拨发专项资金用于非物质文化遗产的保护。2008 年，在全区范围内开展非物质文化遗产普查工作，编写普查资料汇编、出版《武进遗韵》；制作非遗项目展板；开设非遗展厅，举办非物质文化遗产展演展示活动。2010 年，武进被江苏省评为非物质文化遗产保护先进单位。2012 年，文化广电新闻出版局内设文物保护科，全区文物古迹得到有效保护，前黄杨桥老街、郑陆焦溪老街经申报评定，被列为全国历史文化街区。至 2013 年，武进境内有全国重点文物保护单位 2 处，省级文物保护单位 10 处，市级文物保护单位 76 处，共计 88 处。

文学艺术创作有新成果。2000 年至 2013 年期间，有文学、戏曲、诗歌、散文等 40 多部专著出版，许多文艺作品在全国、省、市刊物发上表并获奖。杨秀妹创作的小品《女儿买车了》，王凤英创作的小品《世上本无事》分别获江苏省第七届、第九届“五星工程奖”；李淑元创作的小品《救》获 2013 年第十届中国艺术节戏剧门类“群星奖”；王晓艳编排的舞蹈《上梁》获文化部第十届“群星奖”；刘建中摄影作品《本色》获 2008 年第十二届国际影展铜奖。涌现出杨秀妹、张健、刘建中等一批中青年文学、艺术创作领军人物。

地方戏剧传承有新举措。武进是锡剧的发源地之一，传承和发展锡剧事业也是武进文化主管部门和广大文艺工作者肩负的历史使命。进入 21 世纪，政府加大对锡剧事业发展的支持力度，连续举办三届锡剧艺术节。文化广电新闻出版局组织编写《锡剧基本知识读本》，在中、小学校开设锡剧培训基地，在电视台开设锡剧《过把瘾》栏目，在镇、村、社区开展锡剧“大家唱”活动。全区范围内掀起“看锡剧、唱锡剧、爱锡剧”的热潮。锡剧团一方面积极引进和培养人才，一方面提倡拜师学艺等活动，出现刻苦好学、生机勃发的局面，锡剧演奏人员青黄不接的现象得到缓解。

文化市场管理有新模式。随着改革开放和农村城镇化步伐的不断加快，武进的文化市场日趋繁荣。2010 年，武进区人民政府同意在整合文化、广电、新闻出版等执法队伍的基础上，组建常州市武进区文化行政综合执法大队，承担原区文化市场管理工作领导小组办公室的工作职能；负责涉及娱乐、音像、演出、广播、电视、电影、印刷、出版、文物、互联网等文化市场的法律法规宣传和违法查处工作。至 2013 年，武进区文化市场管理规范有序。

体制机制改革有新突破。2002 年，演出公司与电影发行放映公司合并成立武进电影演出公司。同年，锡剧团通过竞聘，组建新一届领导班子。2005 年，在完成文化条线企业改制后，撤销文化工业公司。2010 年，电影演出公司和武进影剧院改制为民营企业。同年，文化局、广播电视局合并成立武进区文化广电新闻出版局。2012 年，撤销文艺学校。2013 年，文学创作室和剧目工作室合并，成立武进文学研究所。同年，文化馆、图书馆、博物馆、锡剧团等单位通过竞聘，一批年轻干部走上领导岗位。至 2013 年，一个机构设置比较合理，人员素质较高的文化艺术团队基本形成。

“好雨知时节，当春乃发生。”面临着信息时代的潮流，各种文化相互激荡，具有悠久历史与深厚底蕴的武进文化事业，随着改革开放的不断深入，必将伴随时代的步伐，立足本土，放眼世界，面向未来，以新的姿态继往开来，在迈向具有中国特色社会主义现代化、实现中华民族伟大复兴的中国梦中，做出更大的贡献。

大事记

新石器时代

约6000年前

戚墅堰圩墩遗址出土的早期碳化稻米等文物，经专家考证属新石器时代马家浜和崧泽文化遗址，是迄今发现的武进最早的先民定居地之一。

约5000年

郑陆镇三皇庙村寺墩周围墓葬群中出土大量的玉琮、玉璧、玉钺等文物，经专家考证属于新石器时代良渚文化遗址。

西　周

保存至今的淹城三城三河地面城池遗址出土的独木舟，经碳14定鉴为公元前1055±120年遗物。

春秋

周灵王二十五年（公元前547年）

吴王余祭封其弟季札于延陵。

周敬王六年（公元前514年）

伍子胥奉阖闾之命在今武进雪堰镇与无锡市胡埭镇交界处构筑阖闾城。

东　晋

大兴间（318—321年）

晋陵人朱凤著成《晋书》10卷，这是晋陵（武进）人在古《经籍志》中记载的第一部著作。

太元间（376—396年）

晋陵（武进）人徐邈著《徐邈集》9卷，《全晋文》收其24篇。

南北朝

南朝齐

南兰陵萧道成有诗文两卷传世。

南朝梁

南兰陵萧衍创制准音器和对应十二律的长短笛，并作《江南弄》曲。

南朝齐建元间（479—482年）

南兰陵丘巨源作《秋胡诗》中因有讥讽齐高帝语，被杀。

南兰陵，萧子显著《南齐书》59卷，被列为二十四史之一。并辟《文学传论》。

南兰陵，萧统集宫中文士选辑先秦至梁初138位作者700多篇诗文成《文选》30卷，为中国文学总集之祖。

南朝梁天监（502—519年）初

刘勰著成中国第一部文学批评专著《文心雕龙》，献于沈约，留下“拦车献书”典故。

南兰陵，萧绎著《金楼子》6卷，内《志怪》为南朝小说代表作；《立言》为散文理论著作，并有画论《山水松石格》传世。

南朝梁大宝元年（550年）

南兰陵萧纲即位，史称“简文帝”。其雅好文学，尤长于诗，提出“立身先需谨慎，文章且需放荡”的主张。诗歌多表现宫廷生活与妇女形象，时称“宫体”。

南朝梁承圣元年（552年）

南兰陵萧绎即位江陵，史称“梁元帝”。其长于文学，工书善画，尤能诗，一生尤喜集藏书籍。承圣三年（554年），西魏军围江陵时，其自焚藏书14万卷，史称“萧绎焚书”。

唐

武德三年（620年）

曾任隋朝司徒的陈杲仁遇害，邑人创制“云车舞”纪念，后演绎为“掮轮车”，明清以后盛行于迎神赛会。

永徽年间（650—655年）

法融法师到常州始建天宁寺。

上元间（674—676年）

唐代“近体诗”奠基人之一杜审言（杜甫之祖父）莅常州期间作名诗《晋陵大酺》。

开元间（713—741年）

著名诗人李白进苏南，过溧阳，入晋陵，作评赞季札的著名长诗《陈情赠友人》。

萧颖士中进士，为武进历史上第一位状元。

天宝元年（742年）

南兰陵萧立 17 岁身举贤良方正科（特科）第一名。

天宝间（742—756年）

唐代著名诗人王维游常州，期间瞻季子祠，作《题延陵季子庙》等诗。

大历年间（766—779年）

独孤及任常州刺史时与萧颖士、萧立等在萧氏园中举行诗文会，批评当时浮靡之文风，独孤及有《毗陵集》，萧颖士有《萧氏挺集》传世。

会昌四年（844年）

时任苏州刺史白居易应常州刺史贾餗之邀来武进，游焦溪秦望山僧院，题诗一首，并题写“放生池”三字。

宋

嘉祐年间（1056—1063年）

胡宿著《文恭集》40 卷，《胡文恭诗集》1 卷。

南宋年间

李纲任常州太守，举行文会，提倡“文章养气”。张守著《毗陵集》16 卷。

元丰七年（1084年）

十月十九日，苏轼上《乞住常州表》后，寓武进城厢顾塘桥畔孙氏馆，写《太平寺牡丹》等诗十余首。

大观三年（1109年）

全国会试贡士，300 名进士中常州有 53 名，其中武进晋陵 23 名。

绍兴中（1135年）前后

宋高宗赵构御题武进城内龟山祠“德宏学萃”匾额；又书“六经墨本”在州学御书阁。

绍兴十一年（1141年）

南宋知政事（宰相）张守因病乞归武进，在乡筑陋室“四老堂”为居，所作《四老堂记》入宋《咸淳毗陵志・词翰》。

绍兴十五年（1145年）

武进创建县学。

乾道七年（1171年）

有“东南三贤”之誉的理学名师张栻，作《多稼亭记》，全文收入宋《咸淳毗陵志・词翰》。

淳熙五年（1178年）

时任郡守杨万里在张栻讲学处城南殷薛里（今武进南夏墅街道华阳村永安桥东北）建“毗陵城南书院”，这是武进历史上第一所正规书院。

淳熙十六年（1189年）

邹补之修成《淳熙毗陵志》12 卷（已散失），后修纂《毗陵志》或《常州府志》共 12 种，《武进县志》《阳湖县志》（或合志）共 8 种。

元

皇庆前后（1308—1313年）

陶国瑛作杂剧《森罗殿》（已佚）。

至正年间（1341—1370年）

吴克恭著《寅夫集》，谢应芳著《龟巢集》。

明

永乐三年（1405年）

武进人陈济应召修《文献集成》，任都总裁，历4年而成22877卷，书成后定名《永乐大典》。

正德十五年（1520年）

礼部给事中毛宪辞官归里，著《毗陵正学编》；撰《浩然亭记》。

嘉靖初（1522—1566年）

毗陵人谢林泉参与昆山魏良辅的昆曲制作工作，万历年间昆曲传入武进。

嘉靖六年（1527年）

陆奎章作笔记体寓言小说《香奁四友传》2卷。

嘉靖十三年（1534年）

唐顺之与王慎中、徐问、毛宪等举办“鸣雁会”提倡说真话，形成新的散文流派，世称“唐宋派”。

嘉靖年间（1522—1566年）

蒋孝编成南曲谱中最早的《南九宫谱》。

隆庆六年（1572年）

创办龙城书院。

万历年间（1573—1620年）

薛近兖作《绣襦记》传奇4卷。周诗雅作长篇传奇小说《修订剑侠传》5卷，《续剑侠传》5卷。徐常吉作笔记小说《谐史》4卷。

万历天启年间（1573—1627年）

刻成唐顺之《荆川五编》（文、武、左、右、稗）234卷。

万历三十三年（1605年）

唐鹤徵修《万历武进县志》，今存“天一阁”和上海、南京图书馆。

崇祯六年（1633年）

郑鄤点定《北西厢》《北西游记》《琵琶记》《还魂记》等杂剧，编为《曲选》。

崇祯七年（1634年）

吴杰等在县城创办“大云诗社”。

明　末

山歌盛行，“唱春”“八佾舞”流行。“十番锣鼓”传入武进地区。

清

康熙间（1661—1722年）

恽寿平在竹片上刻书画开常州竹刻之先河。寿平被列为清初六大画家之一。

康熙十一年（1672年）

吴见思著成《杜诗论事》《史记论文》和《杜诗论文》。

康熙二十年（1681年）

胡香昊成《草堂诗钞》5卷，后与恽南田等五人合称为毗陵六逸，诗作《毗陵六逸诗抄》，为邑内名作。上海图书馆今存。

康熙二十三年（1684年）

陈玉璂主修（康熙）《武进县志》《三吴总志》，著《续毗陵人品记》。

康熙三十四年（1695年）

胡香昊等办“浣花会”纪念杜甫，称一时之盛。

雍正四年（1726年）

翰林院侍讲钱名世因作诗歌颂年羹尧，被雍正帝斥为“名教罪人”，革职勒归，令其必须手捧“名教罪人”书字回乡，然后制成木匾，钉于家宅门楣。

乾隆九年（1744年）

钱人麟因得罪上官下狱。翌年，其子钱维城举状元，钱人麟托病回乡，兴复龙城书院，修《龙城书院志》2卷；编撰《毗陵科第考》8卷，又主持筹划纂修武进、阳湖两县县志。

乾隆十四年（1749年）

张琦、陆继辂、庄曾仪与江阴祝百十、祝百五兄弟在县城内举行文会，称“五人会”。

乾隆二十六年（1761年）

赵翼（探花）为著名史学家、诗人，著有《廿二史札记》37卷，《陔余丛考》43卷，《瓯北诗集》53卷，《瓯北诗话》12卷，与袁枚、蒋士铨并称“江左三大家”。

乾隆三十七年（1772年）

地方戏“滩簧”形成并开始流传。

乾隆三十八年（1773年）

程景傅、汤铭本、江萍洲、杨清叔四人同庚80岁。在乡里举办诗会，称“四老同甲会”。

乾隆三十九年（1774年）

吕星垣、赵怀玉、黄景仁、徐书受、杨伦、洪亮吉、孙星衍等七人在乡里作文会，名“七子会”，世称“毗陵前七子”。

乾隆四十年（1775年）

钱维城《茶山诗抄》30卷，其女钱孟钿《浣青诗抄》8卷刻成。

乾隆四十八年（1783年）

恽敬、张惠言提倡作“气势奔放”“不固循守旧”的散文，称雄一时，后人定义为“阳湖文派”。

乾隆嘉庆年间（1736—1820年）

庄存与精研公羊学著《春秋正辞》11卷；同里刘逢禄继之专治《公羊传》，著《春秋公羊经何氏释例》10卷，其学说世称“常州学派”或“今文经学派”“公羊学派”。

嘉庆二年（1797年）

张惠言、张琦兄弟合选唐、宋间44家词，加批而刻成《词选》，主张“意内言外”，形成有词学理论和作品的作者群体，世称“常州词派”。

嘉庆七年（1802年）

洪亮吉召集同里刘嗣绾、陆继辂、陆耀遹、丁履恒、黄乙生等五少年，作诗文之会，以提挈之称“少年文会”。

道光三年（1823年）

李兆洛在乡里举行文会，参与者16人，绘成图像称“同本图”，由李作题记，传为美谈。

道光十一年（1831年）

女诗人、画家恽珠选辑清代1526位妇女的2930余首诗，成《闺秀正始集》22卷，续集12卷，于六年中刻成。

道光十三年（1833年）

朱镜江作《四香缘》传奇6卷刊行。

道光二十三年（1843年）

李兆洛《养一斋诗文集》30卷刻成。

道光二十九年（1849年）

陈森著长篇章回小说《品花宝鉴》60回，鲁迅称为“狎邪小说”。

道光三十年（1850年）

武进阳湖两县府命各乡勒石“永禁演唱滩簧”。

咸丰五年（1855年）

官府再度禁演滩簧。

咸丰年间（1851—1861年）

武进农村有半农半艺的“说因果”艺人流动说唱，后称“常州道情”。

同治年间（1862—1874年）

程蕙英（女）作长篇弹词《凤双飞》52卷竞相传抄。

光绪初（1875—1908年）

小根子（艺名）的“兴财神”班由苏北来武进演出，京剧流入武进。

光绪十六年（1890年）

屠寄选常州籍（武进、阳湖为主）骈文家作品合编成《国朝骈体文录》31卷。

光绪后期（1875—1908年）

盛宣怀个人出资，委托有“中国图书馆之父”之誉的缪荃孙，集清代以前常州先哲（武进、阳湖为主）经典文献，共77部，745卷，1000余万字，编订成《常州先哲遗书》110卷。

光绪二十二年（1896年）

李宝嘉（伯元）先后创作《官场现形记》60回，《文明小史》60回，《话地狱》43回等，鲁迅称为“谴责小说”，是清末小说一大流派。另作有《庚子国变弹词》40回，《醒世缘弹词》14回及《南亭笔记》16卷等。

光绪三十年（1904年）

城区创办阅书讲报所，为图书馆之雏形。

宣统元年（1909年）

武进商会图书馆新建落成。武进城区第一座营业性戏曲演出场所逸仙戏院建成。同年12月8日，武进阳湖书画展览会开幕，展出恽寿平、汤贻汾、洪亮吉、孙星衍、张惠言等人的书画作品。

宣统三年（1911年）

年初，武进最早的报纸《民苏报》问世。同年5月12日，常州城区第一座电影院幻仙影戏社开业，放映黑白无声电影。

清代（1644—1911年）

方言说唱艺术“宣卷”盛行于武进。

清末民国初

言情小说流派崛起，张春帆著有《九尾龟》《九尾龟续集》《宦海》等。

是年，吴稚晖撰写的科普白话小说《上下古今谈》由上海文明书局出版，为中国第一部白话小说。

中华民国

1912年（民国元年）

原春柳社陆景若在上海组织的新剧同志会来武进城区演出《猛回头》，话剧流入武进。6月，县议会创办《公言报》，府中学堂教员范叔元任主笔。1913年9月10日，县地方审判庭以《公言报》附和乱党罪迫令其停刊。

1915年（民国4年）

第一个业余话剧团体——义务新剧社诞生。赵元任创作的《和平进行曲》发表，这是我国最早的中国钢琴曲。

1916年（民国5年）

陈衡哲（女）白话小说《一日》，新诗《人家说我发了痴》，白话散文《莱因女士小传》先后在胡适、赵元任等人创办的《留美学生季报》及《新青年》上发表，为中国文学革命运动初期最早的文学作品。11月，武进县通俗教育馆在县城文庙创办。

1917年（民国6年）

吴蔚元、朱承先等发起成立诗社“苔芩吟社”，社员最多时有108人，遍及苏、浙、皖三省，曾出版《苔芩丛书》80种。洪深创作中国第一部话剧剧本《贫民惨剧》。

1920年（民国9年）

瞿秋白创作的白话散文集《饿乡记程》和《赤都心史》发表。常州杨守玉（女）在丹阳正则艺专任教时首创乱针绣。鲍宗训、瞿秋圃、张玉林等发起成立常州第一个京剧票社声声社。之后有斌和、龙城、兰陵、龙吟等10多个票社产生。

1921年（民国10年）

刘海粟作油画《雍和宫》《西溪》等，武进人开始油画创作。

1923年（民国12年）

7 月 25 日，县教师暑期班开学，上海美术专科学校校长刘海粟到校讲演。

9 月，县城创办女子艺术学社，设漫画学、绣学、文学、美工四科。

1925年（民国14年）

县通俗教育馆迁至局前街先贤祠内。

夏，张仕鋆与马万里舅甥俩在常州联袂举行扇页联展，由武进著名进步政治活动家庄蕴宽（又名庄思缄，故宫博物院创始人之一）主持该画展。

1926年（民国15年）

吴中行所摄《归牧》入选伦敦国际影展，他被聘为英国皇家摄影学会会员。

1928年（民国17年）

县教育局颁发通俗教育馆分馆条例，要求各乡设立分馆。

1929年（民国18年）

11 月，县民众教育馆成立。

1931年（民国20年）

常州乾元市场先后演出沪剧（原名申曲）、越剧，沪剧、越剧开始流入武进。

1934年（民国23年）

李复等人在常州铁市巷磨盘桥盛氏议社创办尚美女子艺术专门学校，以美术为专修课，设初中、高中两班。

10 月 4 日，江南著名诗人、书法家钱振鍠义卖书画百余件，得款全部救济灾民。

1937年（民国26年）

“七七”事变后，武进文化界抗日救亡协会成立，以学生为主体的武进军训学生战地服务团、武进青年话剧宣传团，分赴城乡进行抗日救亡宣传演出。

1946年（民国35年）

5 月，国立音乐院幼年班由四川壁山县青木关迁至常州椿桂坊灵官庙。

1948年（民国37年）

1月，由中共武进地区地下组织筹建并领导的大生书店在觅渡桥堍开张。

3月，由张澹庵主编的《武进指南》出版，介绍武进的地理经济和文化方面的历史和现状。

8月，中共党员罗我白等在罗墅湾发起成立由进步师生和社会知识青年参加的“若微读书会”。同时，常州地区中共组织先后创办《青苗》《星火》《人民报》《光明报》等报纸杂志，宣传解放战争形势、党的方针、政策和进步文艺作品。随着京剧的频繁演出，地方报纸辟设专栏发表评论文章，形成以张肖伧（张照）为代表150多人的京剧评论队伍。

1949年（民国38年）

4月23日，武进解放。

5月初，武进行政分区文教处接管武进县图书馆，馆长孟锡祥。同月，武进县人民政府教育局成立，局长钱梦悟。

6—9月，鸣凰、湖塘等地试办公办俱乐部。

中华人民共和国

1949年10月

10月，武进县第一个业余剧团礼嘉中心区剧团成立。是年，全县建立业余剧团45个。

1950年

1月22日，武进县立师范在常州大戏院举行救灾义演，演出京剧《孔雀东南飞》《失街亭》《空城计·斩马稷》。

7月，武进县教育局派沈乐山、张晓曙、徐骏、林吉屯、汤杏林、朱亚飞、陈润镜、高振农、刘新美等9人到苏州东吴大学举办的苏南暑期教育研究会学习。

是月，县教育局内设社教课，课长衣绍文，副课长李适农分管文化工作。同兴越剧团（县越剧团前身）加入常州文艺工会。

9月，湖塘、奔牛、北塘、新闸、鸣凰5个乡镇建立俱乐部。是年，又建立11个农村俱乐部，做到区区有公办俱乐部。

是年，第一届武进县文学艺术工作者联合大会召开，李亚白、沈长川和盛易新先后担任文联秘书。

1951年

2月，友联锡剧团编剧任子龙创编的现代大戏《扑灭邻火》参加苏南地区现代戏会演。

4月，武进县教育局改称文教局，下设社教课，杨亮畴为副课长，负责公办俱乐部和扫盲工作。

5月，常州新华实验常锡剧团在武进巡演，宣传抗美援朝。

5月起，为配合镇压反革命运动，县举办“镇压反革命”图片展览会。

1952年

1月，武进县文化馆在奔牛镇成立，沈乐山任副馆长，下设创作组，编印群众文艺活动材料。

3月，为配合开展取缔反动道会门运动，县文化馆举办“取缔反动道会门”图片展览会。

7月，友联锡剧团按上级规定在武进登记，定名为“武进友联锡剧团”。

9月9日，武进县第一个电影放映队——中苏友好协会电影队建立，翌年改名为电影教育工作队，属县委宣传部领导。

9月15日，武进县解放后第一场电影《儿女亲事》在罗溪中学操场放映。

12月，县文教局贯彻江苏省文化局“面向全区，普及第一”的指示，改公办俱乐部为公办文化站。

是年，夏溪乡农民王腊凤和解爱根叔嫂俩组织全家8人建立“解家班”业余剧团，轰动全县。

1953年

1月1日，中共武进县委宣传部派程振亚任中苏友好协会电影队队长。

2月，经县政府批准，私营领班制的友联锡剧团改称为武进县锡剧团，团址设在关河路，首任团长为丁凤奎。

3—4月，县举办《婚姻法展览会》图片展览，历时48天，7万多人观看。

7月，县文化馆组织88幅国画，5件雕刻作品参加江苏省国画展览会。

8月，武进县中苏友好协会电影队划归县文化部门管理。

1954年

年初，武进县教育局派李金根任县锡剧团指导员。

9月，武进县锡剧团演员冯国良、周小依和豫剧著名演员常香玉在北京同台演出，国务院总理周恩来、副总理彭德怀等中央首长和全国第一届人民代表大会代表观看演出。

1955年

3月，武进县人民政府设立文化科，潘维新任副科长，科员周亦民（负责电影工作），张钦（负责群众文化），高振农、许鸿年（负责专业剧团）。

4月，同兴越剧团在县文化科登记后，改名为武进县越剧团，赵春山任团长。

5月，武进县第一个群众业余创作组——孟城创作小组成立，孔榴生任组长。

8月，武进县曲艺联合会成立，有会员86名，何云奇为联合会负责人。

10月，武进县锡剧清唱组成立，首批成员20多名，隶属县曲艺联合会管理。

12月，礼嘉乡业余剧团演出的舞蹈《庆丰收》参加苏州地区文艺会演。文化馆编印的文艺刊物《俱乐部》出刊，每月1期，每期发行1000份。

1956年

1月，受苏州地区文化局委托，武进成立青年锡剧团。

春节期间，武进县第一次群众业余文艺会演在横林镇举办，演出57个节目。事后由县文化科副科长潘维新带队，《献寿桃》《猴灯》《火流星》等民间舞蹈节目参加苏州地区文艺会演。

3月，武进县成立专门委员会，组织查禁内容反动、淫秽、荒诞的图书出版物。

7月，新华书店武进支店成立，县委宣传部派叶光华任经理。1957年6月13日，并入新华书店常州支店。

8月，武进县成立文物工作小组，组织开展全国第一次文物普查工作。

10月，武进县越剧二团成立，陆鸣任团长。

12月，武进县召开文化积极分子代表大会，241人出席，交流创办俱乐部经验。

12月，武进县公办文化站随行政区域建制调整，由16个缩并为8个。

1957年

1月25日，武进县曲艺联合会召开全县民间艺人会议，部署春节期间开展文艺宣传活动事宜。

3月18日—24月，安徽省群众文化工作观摩团参观奔牛镇16个俱乐部大读报活动。

9月，武进县撤销文化科，潘维新调任县文化馆馆长。县文化馆由奔牛镇迁至关河路县级机关内。江苏省锡剧协会成立，武进锡剧老艺人王嘉大主持协会日常工作。

1958年

春节期间，武进以宣传“大跃进”为主要内容的业余文艺会演在湖塘镇大会场举行。

2月，全县掀起“人人写诗，个个作画，大放文艺卫星”热潮。

3月，根据中共江苏省委关于“大力发展民办文化站”的指示，武进县成立首批民办文化站40个。

8月，武进县图书馆在奔牛镇成立，属文教局管理，馆长沈乐山。

是年，全县第一个公社电影队在芙蓉公社成立。县文化馆选编的《共产党领导好》《青山不老水长流》两本民歌集由江苏人民出版社出版。

1959年

春节期间，武进县分别在横林、南夏墅、常州三地举行文艺会演。

3月，武进县文物管理委员会成立，由文教局派1名干部负责。

5月2日，武进县第一次职工文艺会演举行。

6月，武进县图书馆配合教育局、团县委组织红旗读书活动，举办报告会23次。

1960年

4月30日，武进县职工文艺会演在湖塘镇举行，有27个工厂企业参加。

5月7日，县第二次文代会在奔牛中学召开，120名文学艺术工作者出席，于允伦当选为文联主席，张钦奇、吴卓铭、周叙九、蒋仁良当选为副主席。

5月，县图书馆迁至湖塘桥镇，与文化馆图书室合并，图书馆停办。

12月，由县文化馆张晓曙带队，小戏《抢伞》《一包稻》参加江苏省群众业余文艺调演。

12月，武进县锡剧团副团长陈英英出席全国文教群英大会。

是年，武进县电影队陈耇大出席江苏省文教群英大会。

1961年

4月，武进县图书馆、民办文化馆（站）被撤销。

12月，武进县成立春节文娱活动委员会，副县长蒋庄华任主任委员。

是年，县锡剧团、越剧团创作排练《贵在鼓气》等文艺节目在全县演出。

1962年

春节期间，武进各地业余剧团演出推广小戏曲《贵在鼓气》《老贺到了小耿家》等。

3月，全县各地开展学雷锋、讲雷锋故事、唱雷锋歌曲、演雷锋戏曲活动。

1963年

春节期间，武进县业余文艺会演在湖塘镇举行，各区组队参加，演出《油盐记》《三双鞋》等戏曲节目。

4月，由县文化馆编印的《武进县抗日战争及解放战争时期革命歌谣集》出刊。

1964年

春节期间，全县有284个业余剧团，203个文娱小组，117个歌咏队开展文艺活动，演出1298场（次），81万余人次观看。

3—7月，全县普遍开展讲故事活动，共举办故事会3300余场（次），听众达11万余人次。

1965年

春节期间，武进县业余文艺会演在湖塘镇举行，各区组队参加，演出小戏剧《小管家》等剧目。

8月，蒋仁良创作的快板《好书记》、文化馆创作的快板《送肥记》分别在省文化局出版的刊物《乘凉晚会》上发表。

11月，省文化局号召全省文艺团体学习“乌兰牧骑”，武进县锡剧团、越剧团精减人员，40余人下放。

11月25日，新安公社业余作者蒋梦熊参加全国青年业余文学创作积极分子代表大会。

1966年

春节期间，武进县在湖塘镇举行文艺会演，演出《小卒子》等13个小戏、曲艺节目。

6月底，县文教局、广播站、文化馆、电影管理站、锡剧团、越剧团作为县级机关“文革”重点单位，集中在武进县委党校开展“文化大革命”批判“修正主义文艺路线”。

8月中旬，锡剧团大部分古装戏道具、服装、鞋帽被视作“四旧”（旧思想、旧风俗、旧文化、旧习惯）集中在县政府门前广场烧毁。

8月下旬，锡剧团演职人员随县级机关干部到郑陆、三河口公社“破四旧”。

9月，锡剧团、越剧团大部分成员离开单位下乡支农，部分成员被抽调到金坛县参加社会主义教育运动。

10月，锡剧团、越剧团集中在常州市白云渡进行“斗批改”（斗私、批修、改造）。

11月，县锡剧团成立“毛泽东思想红艺军”，县电影管理站大部分职工加入。简称“红艺军”。

1967年

1—6月，武进县文化管理机构瘫痪。

4月20日至5月4日，县军管会先后对县委宣传部、县文教局、文化馆、电影队等单位在“文化大革命”初期被打成“反革命”“牛鬼蛇神”的人员给予平反，落实政策。

1968年

年内，文化工作由县革命委员会政工组领导，文化系统大部分工作人员到五七干校参加劳动。全县各行各业掀起演唱样板戏热潮。

1969年

4月，县越剧团撤销。

5月1日，武进县文化馆、区文化站撤销，人员下放。

8月，县文艺代表队排演的《一只破碗》等节目，由马骏、王双林带队参加镇江地区交流演出。

12月，武进县锡剧团解散。

1970年

3月，武进县战斗文工团成立。

9月，武进县小京班成立，由政工组王双林负责日常工作。

10月，武进县战斗文工团改称为武进县文工团。

12月，新华书店江苏省武进县中心支店成立，孙旭光任新华书店经理。蒋志平、孙旭光分别任电影管理站和新华书店党支部书记。

1971年

3月，剧团因内部深挖“5•16”，演出活动停止。

5月，武进县在湖塘镇举行革命样板戏交流演出。

6月，武进县在漕桥举办首期摄影学习班，时间15天，培训60多人。

9月，武进县文化馆协助江苏人民出版社编辑《红小兵》第31期。

10月，武进县革命文艺创作节目汇演在湖塘镇大会场举行。

12月，武进县第一个女子电影队在泰村公社成立，姜明娣、季秋萍任放映员。

1972年

春节期间，在湖塘镇大会场举行全县创作节目会演，演出《三留老木匠》等剧目。

3月，县文化馆图书室由县革命委员会政工组宣传组接管。

5月21日，武进县为纪念《毛泽东在延安文艺座谈会的讲话》发表30周年，在湖塘镇举行业余文艺创作会演和摄影艺术展览。

10月，武进县文化馆、区公办文化站恢复活动。

12月，武进县革命委员会政工组宣布文化系统中在“文化大革命”期间受牵连人员平反，恢复名誉。

是年，武进县第一个事业单位电影队县“五七”农场电影放映队成立。

1973年

春节期间，武进县业余文艺调演在奔牛镇举行，演出《三留老木匠》《双取经》等26个小戏、曲艺节目。

3月，武进县“三水一绿”（水花生、水浮莲、水葫芦、绿萍）文艺宣传小分队成立，演职员40余人，由县文化馆吴英带队在全县演出。

是年，武进县创作组重建，各区成立中心创作组，公社成立创作组，逐步形成全县文艺创作网络。

1974年

春节期间，举行全县文艺调演，农村系统、工交系统、学校系统组队参加。

3月，武进县计划生育文艺宣传小分队成立，15名队员由县卫生局刘琴大带队在全县巡回演出。

8月，武进县沼气文艺宣传小分队成立，由文化馆吴英、张晓曙带队在全县巡回演出。

10月，全县戏剧、曲艺创作学习班在湖塘镇的中共武进县委党校举办，有52名业余作者参加。

12月，蒋仁良率县文艺小分队参加镇江地区业余文艺会演，演出评弹《养猪姑娘》等节目。

1975年

1月，武进县革命委员会文化局成立，副局长蒋仁良主持工作。

春节期间，在湖塘镇举行全县文艺节目调演，全县有58个公社组织文艺会演，演出创作节目63个。

3月，公社成立民办文化站。至年底，全县有68个公社民办文化站先后成立。县文化局举办曲艺创作学习班，江苏人民出版社编辑张慕林应邀到学习班作指导。

4月，衣绍文任武进县革命委员会文化局局长。

8月，武进县文工团撤销，小京班解散，恢复武进县锡剧团，首排传统戏《十五贯》。

10月，县图书馆新馆在湖塘镇上街动工建设，至1977年7月竣工。

11月，武进县革命委员会文化局创作组创作的曲艺专辑《灯红竹翠》由江苏人民出版社出版。

1976年

1月，李祺任武进县文化局创作组组长。同月经县委批准，武进县曲艺队成立，先后定名为武进县评弹队、武进县评弹团。冯伯民、张晓曙先后担任负责人。

11 月，中共武进县委发出《关于涉及王、张、江、姚“四人帮”反党集团的影片、戏剧、图片和书刊的处理意见》，文化系统组织各图片发行单位及图书管理单位清理涉及“四人帮”的影片、戏剧、书刊、画片、照片。

是年，县举办首次《农民画展》，其中陈霞玉的《妈妈烧饭不用草》入选全国少儿美术作品展。县业余文艺代表队由文化馆副馆长赵玉泉带队参加镇江地区业余文艺会演。县举办冬季文艺骨干训练班，推广小戏《卖猪记》。

1977年

春节期间，全县各公社各条线有 700 多个文艺宣传队开展揭批“四人帮”文艺宣传演出活动。

6 月，武进县在三河口公社举办小戏创作学习班。县创作组创作的故事集《龙山炮声》由江苏人民出版社出版。

8 月，武进县知青文艺小分队成立并参加镇江地区知青文艺会演，演出戏曲《掌握第一天》等节目。

10 月，经武进县革命委员会批准，成立大集体企业武进县文化用品综合厂，隶属文化局管理，安排剧团富余人员。

10 月，马中原创作的现代锡剧《春风万里》参加江苏省现代戏创作剧目会演。

12 月，冬季文艺骨干培训班在湖塘县委党校举办，各公社派员参加。

1978年

春节期间，在湖塘镇举办全县业余文艺调演。

4 月，武进县评弹团的《银花赞》参加江苏省在苏州举办的评弹会演获演出奖。

9 月，武进县业余文艺学校开办，校址设在湖塘镇横街，首期招收学员 30 名。

10 月，武进县锡剧团被镇江地区文化局评为红旗剧团，被省文化厅评为先进剧团。

12 月，经县革命委员会文化局、湖塘区公所同意，湖塘区文化站组建湖塘区锡剧团，属亦工亦艺半职业团体。

是年，武进县第一个农村俱乐部电影放映队在村前公社新渎大队成立。

1979年

春节期间，全县群众文艺会演和创作节目调演在湖塘镇举行。

5 月，由县文化馆编印的《革命文艺》更名为《群众文艺》。

9 月，武进县越剧团重建，由徐雅萍、朱政敏、筱一枝任副团长。

同月，县文化馆新馆在湖塘镇新街开工建设。

10 月 1 日，陈列全县抗日战争时期革命文物的武进县文物陈列展览室在湖塘镇开放。

10 月，武进县庆祝中华人民共和国成立 30 周年摄影艺术展举办。

12月，汤德胜的摄影作品《在公社幼儿园里》入选在罗马尼亚举办的第十二届国际影展。

同月，杨祥林任武进县新华书店经理。

是年，陆忠宽创作的小戏《三留老木匠》入编江苏省《建国30周年小戏集》。皮震环创作的美术作品《生物能源——沼气》入选全国科普美展。徐浩然书法作品《毛主席诗词十七首》被江苏省美术馆收藏。

1980年

春节期间，武进县业余创作剧（节）目会演在湖塘镇大会场举行。

6月，《武进县少年儿童美术作品展》举办，展出作品100件。

8月，马中原创作的六场锡剧《望海》由县锡剧团排演并参加江苏省创作剧目观摩演出。

9月25日，武进县电影发行放映公司成立，县属大集体性质。由蒋锡祥、秦国祥任副经理。

1981年

春节期间，全县创作剧（节）目调演在湖塘镇大会场举行，演出《油菜花开》等剧（节）目。

5月，国家图书馆副馆长李家荣由县长张志一、县委宣传部部长钱世康等陪同视察县图书馆。

6月，武进县庆祝中国共产党成立60周年专场文艺演出分别在奔牛、湖塘、横林3镇举行。

9月，武进县文化局组织文艺代表队参加镇江地区在镇江举办的“金山之秋”音乐会。全县第一个集镇文化中心在横山桥公社成立。

10月，县文化馆二期工程竣工，国庆节对群众开放。

12月，武进县锡剧团团长陈正文出席全国农村文化艺术先进集体、先进个人表彰大会。

是年，淹城、阖闾城被定为省级文物保护单位，大林寺、白龙庙、万绥东岳庙戏楼、礼嘉烈帝庙戏楼、恽南田墓被定为县级文物保护单位。

1982年

春节期间，全县创作节目调演在湖塘镇举行，演出《大圆圆与小圆圆》《一张存票》等剧（节）目。

6月2日，武进县政协在湖塘桥小学举办书画展，著名书画家谢稚柳、俞云阶、承名世等送作品参展，女书法家肖娴为展览会题字。展出作品200件。

8月，运村公社文化站图书室被评为镇江地区先进农村图书室。

10月，江苏电视台新闻栏目拍摄新闻片《艺苑红梅》，介绍武进县锡剧团先进事迹。

县锡剧团同月从湖塘搬迁至常州永宁路16号新址。农民剧作家陆忠宽参加镇江地区文化系统先进集体、先进个人表彰大会。

12月，武进县文化局表彰全县农村图书工作先进集体和先进个人。

同月，郑陆乡寺墩出土玉琮、玉璧各30余件及大批石器，其中一块玉琮有13节，长36厘米，专家鉴定该地为约4500年前的氏族首领墓地。

1983年

春节期间，全县创作剧（节）目调演在湖塘镇举办，演出《莲花朵朵》《放水记》等节目。

6月，黄水清童话集《调皮的小数点》等5册出版，省政府授予其“先进少年儿童工作者”称号。

7月，徐秉方竹刻作品在美国举办的欧美首次竹刻展览会上展出。

10月24日，孟城影剧院首映立体声宽银幕彩色电影《欢欢笑笑》。

11月，三河口文化站出席常州市精神文明建设先进集体、先进个人表彰大会。

12月，武进县文化局组织《火球舞》《猴灯》《蚌舞》参加江苏省苏南片在常州举办的民族民间舞蹈调演。

同月，武进县第三次文代会在县机关大会堂召开，许本源当选为文联主席。

同月，恽南田纪念馆在马杭乡落成，艺术大师刘海粟、著名画家黄胄以及全国各地书画家、书画理论研究工作者和常州及武进干部群众200余人参加开馆仪式。

是年，焦溪乡粮庄俱乐部参加常州市1983年度先进集体、先进个人表彰大会。

1984年

春节期间，武进县文化局在湖塘镇举行全县创作剧（节）目调演，演出小戏《朝天辣子盼媳妇》等戏剧节目。

1月26日，东青乡农民文化宫落成，全国政协副主席费孝通题词“东青文化宫”。

4月，江光迅任武进县文化局局长、党组书记。

同月，第二次全国文物普查工作开始。县重新成立文物管理委员会，副县长周亚瑜任主任，办公室设在文化局，由武进博物馆代行管理职能。

7月，经武进县政府批准武进县业余文艺学校改名武进县文艺学校，学制两年，首期招收学员27名。

8月9日，省文化厅厅长王汉庆视察淹城遗址。

8月，武进县文化局工业公司成立，为县属大集体性质，顾盘真任经理。

9月，浦河乡文化大篷车活动被多家中外媒体报道。

10月21日，县文化局创作组创作的《访瓜园》《莲花朵朵》《鸭绒被》3个小戏参加江苏省首届锡剧节演出。

1985年

1月，位于常州市关河路的武进影剧院正式对外开放，隶属县政府办公室管理。

春节期间，全县创作剧（节）目会演在湖塘镇举行。

3月，小戏《朝天辣子盼媳妇》《莲花朵朵》参加全省农村文化中心小戏竞赛。

4月，汤国柱任县越剧团团长，马兰萍任指导员。

5月13日，汤德胜出席中国摄影家协会第4届会员代表大会，当选为中国摄影家协会理事。

7月，武进县评弹团撤销。王仲君、王禄萍、林娴等安排至文化工业公司经营部工作。

8月，县文化局组织直属单位、乡镇文化站干部赴沙洲县（今张家港市）兆丰等乡镇文化中心参观学习。

9月，武进淹城博物馆成立。

10月，陆涛声等创作的电视剧本《造屋风波》由上海电影制片厂电视部录制。

是年，横山乡、东青乡文化中心被评为常州市优秀文化中心，运村等10个乡镇文化中心被评为常州市先进文化中心，马杭乡文化中心被评为常州市文明单位。全县有35名公社民办文化站干部被录用为全民国家干部。

1986年

1月，陆涛声创作的弹词《春到银杏山》获全国优秀短篇曲艺二等奖。

2月26日，县博物馆举行开馆仪式，省文化厅副厅长曹德进和县委书记蒋惠良剪彩，南京博物院副院长王英，南京艺术学院院长保彬和市、县领导100余人参加，省书法家协会主席武中奇为该馆题词“集千秋古物，刊万代文明”。

4月，小河乡文化站创办全县第一支农民电声乐队。

11月7日，县锡剧团演出的现代锡剧《风流母女》获省第二届锡剧节17个奖项。

12月，武进县首届艺术节在湖塘镇举办。

同月，淹城遗址考古发掘队在南京博物院考古部主任纪仲庆率领下进驻淹城进行考古发掘工作。

是年，张绍香摄影作品《乡村合唱队》，马兰萍摄影作品《抢救》分别获全国农民摄影大赛铜奖和银奖。赵治平的中国画《秋》《江南雪》被文化部外联局推选出国展出。汤德胜的摄影作品《农家乐》获中国“芙蓉杯”彩色摄影大奖赛优秀奖，被选送日本展出。

1987年

1月，青龙、潞城、三井、西林、北港5个乡文化站随乡镇划归常州市管理。

2月8日，江苏省广播电视台和全省各县市文化局领导参观洛阳乡文化中心。

4月，武进县革命委员会文化局改称为武进县文化局，副局长蒋仁良主持工作。

6月，蒋仁良任武进县文化局局长、局党组书记。

7月，文化部社文局少儿司司长刘厚明考察东青文化宫并题词“文明之花”。

9月30日，现代锡剧《风流母女》剧组代表江苏省参加中国首届艺术节（华东·上海）演出。时任上海市市长江泽民观看了演出。

9月，西夏墅文化站创办全县第一支农民交响乐团“田野之声”乐团。

11月12日，马杭乡举办首届菊花艺术节，中央电视台《神州风采》栏目作专题报道。

是年，武进县电影演出管理站成立，卞伯南任站长。

是年，开展乡镇万册图书馆创建活动，东青乡、湖塘镇率先成立万册图书馆。

1988年

1月13日，淹城遗址被国务院公布为全国重点文物保护单位。

7月，黄达元聘任县越剧团副团长。

10月，武进县文化馆组织15个歌舞节目参加常州市第四届兰陵音乐会，获23个单项奖。

11月，武进县政府公布大林寺、顺庄戏楼、隋墓、费伯雄故居、五洞桥、牌坊、寺墩、白塔等8处为县级文物保护位。

12月，武进县文化馆被评为江苏省群众文化先进集体。

是年，汤德胜摄影作品《太阳与人》获全国第十五届影展金奖。

1989年

3月21日，武进县锡剧团团长陈正文在江苏省剧协第三次会员大会上当选为理事。

5月19日，刘雪梅获江苏省“童鹰杯”锡剧OK带演唱赛一等奖。

5月25日，首届“童影奖”影评活动在湖塘镇武进县工人文化宫举行，中共江苏省委宣传部副部长潘震宙参加活动。

7月，县政府组织有关部门清理整顿300余家印刷厂和200余个书刊发行点。

8月，全县开展整顿清理书刊、音像制品市场工作。

9月，陆涛声短篇小说《诚笃》在《北京文学》发表，并入选《小说月报》和人民文学出版社编选的《1998年短篇小说选》。

9月1日，武进县第二届文化艺术节暨庆祝中华人民共和国成立40周年群众文化活动月在武进影剧院开幕。

9月30日，县锡剧团创作排练的六场现代锡剧《凤飞何处》参加江苏省庆祝中华人民共和国成立40周年新剧目献礼演出。

10月18日，著名电影表演艺术家于兰出席武进首届“童影奖”影评活动闭幕式。

10月，武进县越剧团解散，建制保留，人员分流。

11月26—28日，武进县第四次文代会在县第一招待所召开，汤德胜当选为文联主席。

12月26日，武进书画院在常州翠竹新村5号成立。

是年，赵治平国画《凝香图》，徐秉方竹刻《荷塘情趣》分别赴日本、美国展出。

1990年

2月，前黄镇政府与常州市天宁区新丰街道联合举办首届城乡文化艺术节，开幕式在常州工人文化宫举行，闭幕式在前黄镇影剧院举行，副县长童方云等领导出席。

3月，县图书馆创办的《经济信息》出刊。

5月，孙骏任武进县文化局局长、局党组书记。

6月，陆涛声作品研讨会由《当代》、《小说家》、武进县文化局、武进县文联联合举办，著名作家叶楠、周梅森及《文艺报》《文学报》等报刊编辑参加。

7月，武进县文化工业公司由县属大集体性质转为全民事业单位。

同月，新安乡文艺工作者联合会成立，成为全县第一个乡镇文联。

同月，陆涛声短篇小说《最后两票》《造屋》同在《北京文学》发表，入选人民文学出版社《1990年短篇小说选》。同月，陆涛声精短小说《雾中行》由解放军文艺出版社出版发行。

9月，县文化馆排演的戏剧小品《抢阿伯》获江苏省戏剧小品比赛一等奖。李翔羚主编的《武进县民间文学》由南京大学出版社出版。

12月，武进文化馆被国家文化部评为全国先进文化馆。

是年，电影公司投资35万元，在横林镇建成省内首家立体声电影院。

1991年

1月，民间职业演出团体武进民间曲艺团成立，会员23人，属演出管理站管理。

6月，在武进影剧院设主会场、各乡镇设分会场，举办武进县文化活动月暨第三届艺术节，庆祝中国共产党成立70周年，同时举办第二届“童影奖”影评活动。

7月初，武进发生洪涝，县锡剧团等文化单位组织赈灾义演、书画作品义卖等活动。

12月18日，武进县文化局、县文联和前黄区文化站联合举办农民剧作家陆忠宽戏剧创作四十周年活动，中共江苏省委宣传部文化处处长陈方树发来贺信，中共常州市委宣传部副部长李文瑞，武进县副县长童方云及文艺界人士100余人参加。

12月，武进书法美术摄影作品展在省美术馆举行，展出武进91位作者的204件作品。

是年，全县乡镇民办文化站统一更名为乡镇文化站。

是年，湖塘镇建成全国第一个农村科技图书馆。

是年，武进县有10个作品在常州市举办的“兰陵杯”小戏小品竞赛中获奖。

1992年

1月，武进县新安镇开展首届家庭文化评比活动，全国妇联副主席刘海荣亲临视察并题词“建设幸福家庭”，中央电视台新闻联播作专题报道。

2月，武进县文化馆2085平方米的综合性文化活动大楼建成并投入使用，设15个活动项目。

4月，高晓声的小说《陈奂生上城出国记》获上海市首届中、长篇小说优秀作品奖。

同月，江苏省文化厅、武进县文化局、文联和吕墅乡政府联合举办江苏省“吕墅杯”摄影艺术大奖赛，收到参赛作品408件。

同月，省文化厅组织的全省科技情报信息服务交流会在武进县图书馆举行。

5月，许本源任武进县文化局局长、局党组书记。

6月，礼嘉镇李静获全国首届残疾人“中华大家唱”演唱赛戏曲组二等奖。

9月，由王鉴风等人发起创办的南风词社在南宅初级中学成立。

10月，武进宾馆演出的舞蹈《迷人的倩影江南的瑰宝》获全国旅游行业职工文艺调演优秀奖。

11月，江苏省人民政府授予武进“江苏群众文化先进县”称号。省文化厅授予湖塘、马杭、鸣凰、前黄、漕桥、牛塘、奔牛、洛阳、焦溪、三河口、小河、运村、坊前、东青、卜弋、横山桥、新安、吕墅、成章等19个乡镇为首批“江苏省群众文化先进乡镇”称号。

是年，孟城第六无线电厂建成万册图书馆。

1993年

4月6日，文化部常务副部长高占祥由省文化厅厅长王鸿陪同视察武进县文化馆、湖塘镇科技图书馆、百花影集厂、焦溪影剧院等文化单位。

4月，牛塘、湖塘、洛阳三个镇文化站被评为省特级文化站，小河、东青、吕墅三个镇文化站被评为省一级文化站。

5月，武进县文化馆被评为全国标准文化馆。

5月，武进县文化局任命陆鹤为县文化工业公司经理。

6月1日，武进县电影公司获国家教委、文化部等6单位授予的全国县级放映单位唯一的儿童电影放映“童牛奖”。

8月，陆涛声中篇小说集《庆生伢的财运》由北京华艺出版社出版。

9月，武进县举办第四届艺术节，特邀前线歌舞团在武进影剧院演出。

同月，首届武进书市在县新华书店举行。县文化局机关搬迁至湖塘镇。

12月，全县各地开展多种形式纪念毛泽东诞辰100周年文化系列活动。

是年，南宅乡影剧院被省文化厅评为“明星影剧院”。

是年，黄水清作品《相扑巨人》获“首届冰心儿童图书新作奖”。

1994年

5月7日，文化部常务副部长高占祥、副省长张怀西、省委宣传部部长王霞林、省文化厅厅长潘震宙与全国文化先进县代表300余人参观牛塘青云园。

5 月，武进县被文化部授予“全国文化先进县”称号。

6 月，汤德胜应台湾《摄影天地》杂志社邀请赴台湾开展摄影艺术交流活动。

9 月，黄水清《科学寓言集锦》获第二届冰心儿童图书新作佳作奖。

10 月，武进县文联被评为江苏省先进文联。

12 月，南京博物院、常州博物馆和武进博物馆联合组成考古发掘队，对寺墩遗址进行第五次考古发掘，获重大考古发现。

同月，西林职业高级中学建立武进第一个学校文联。

是年，卢家巷、邹区、九里、雪堰、西夏墅、新桥、芙蓉、寨桥、罗溪等 9 个乡镇被省文化厅命名为第二批“江苏省群众文化先进乡镇”。

1995年

3 月，横林镇成立县文化馆分馆，谢丽英任馆长。

同月，《武进文化报》创刊，由陆涛声、马中原任主编。

4 月，遥观农民画家王玉伦在中国美术馆西南厅举办个人画展，展出作品 88 幅。

8 月 24 日，汤德胜彩色摄影作品《大地绘彩图》获第七届国际摄影艺术作品展彩色类银奖。

8 月，寺墩遗址、恽南田墓、隋墓被省政府公布为省级文物保护单位。

同月，武进县文化局改名武进市文化局。同月，百丈、新桥、龙虎塘、圩塘文化站随乡镇划归常州市新北区。

同月，中国台湾台中市摄影艺术团首次在武进湖塘镇政府会场举办影展。

同月，武进市举办第五届艺术节。

同月，武进市图书馆被评为江苏省文明图书馆。

同月，陆鹤兼任武进市文艺学校校长。

同月，武进锡剧团创作演出的现代锡剧《孔繁森》由上海电视台拍制录像。

11 月，中共武进市文化局总支成立，许本源任书记，庄旦良任副书记。

同月，武进市图书馆被认定为国家二级图书馆。

同月，王霞演唱的歌曲《谁不说俺家乡好》获文化部举办的全国首届农民歌手卡拉 OK 大赛民族唱法银奖。

1996年

1 月 30 日，武进市首次送文化下乡活动在焦溪镇举行。

4 月，秦蔚成主编的《武进文物景点指南》由古吴轩出版社出版发行。

同月，武进市举办首届农民电影节，放映 14 部国产故事片共 420 场，观众达 28 万人次。

5 月，武进淹城民俗风情节开幕，市文化局组织民间艺术展示、文艺演出、文物、书法、摄影展等多项活动。

同月，全国政协文艺工作调查组到武进调查农村文化建设情况。

6月，《淹城遗址保护利用总体规划》获国家文物局批准。

6月25日，中共武进市委宣传部、市文化局、市广播电视局联合主办的《武进精神之歌》联欢会在湖塘镇政府大会场举行，四套班子领导及群众500余人参加。

7月，《汤德胜摄影作品集》由南京出版社出版，文化部常务副部长高占祥为该书题词“光与影的瞬间”。

8月，武进市文化市场稽查队成立，与文化市场办公室合署办公。

同月，鸣凰镇被江苏省文化厅命名为“江苏民间艺术（留青竹刻）之乡”。

9月，经武进市政府批准，市文艺学校继续招生，27名学员全部委托江苏省戏校代培，学制4年。

12月，陈泽民任武进市文化局局长、局党组书记。

同月，剑湖、遥观、郑陆、万绥、汤庄、魏村6个乡（镇）被江苏省文化厅命名为第三批江苏省群众文化先进乡镇。

1997年

1月30日，武进市第二届送文化下乡活动在前黄镇举行。

3月20日，武进市第五次文代会在湖塘镇政府会场举行，汤德胜当选市文联主席。

3月，陆涛声短篇小说《再见千岛湖》在《北方文学》发表，入选中国作家协会《’97中国短篇小说精选》。

4月24日，武进首届“阿甲杯”戏剧小品、文化论文征文活动颁奖。

5月，遥观镇农民画家王玉伦应人民大会堂管理局邀请赴京作国画《群英图》，应毛主席纪念堂管理局邀请作国画《荷花》。

同月，武进市文化局组织力量对明代王洛墓群进行抢救性考古发掘。

6月，武进恽南田书画会成立。厚余镇满墩村建成常州市首家村级万册图书馆。

7月，锡剧《孔繁森》获常州市首届“五个一工程”提名奖。

9月28日，武进市新华书店举办第五届武进书市，特邀著名表演艺术家王铁成、作家柯云路等签名售书。

10月，由秦蔚成主编的《武进馆藏书画》由江苏古籍出版社出版发行。

12月，武进第六届艺术节举办。

是年，武进市文化市场办公室被省文化厅评为先进集体，全市56个乡镇全部建成万册图书馆。

是年，芙蓉中心小学学生孔鹏飞的美术作品《寻找太空人》被中国美术馆收藏。

是年，杨秀妹的小品《左邻右舍》获江苏省文化厅“五星工程”提名奖。《赵治平画集》由天津人民出版社出版。

1998年

1月，黄水清创作的儿童文学《科学寓言1001夜》获江苏省“五个一工程”奖。

1月22日，武进市首届“德艺双馨”文艺家颁奖会在常州市永宁饭店举行，汤德胜等25位文学艺术工作者获此荣誉。

1月23日，武进第三届送文化下乡活动在马杭镇举行，有送戏、送书、送书画等活动。

3月，市新华书店由省新华书店集团公司垂直管理，中共组织由武进市委宣传部协管。

5月，文化局组织直属单位、各科室负责人和乡镇文化站长到常熟学习参观。

6月，中央电视台10套在武进拍摄专题片《武进群众文化巡礼》3集并播放。

7月，武进市图书馆组织的首次“红领巾”读书活动在湖塘实验小学展开。

9月，万叶树童话故事选《跳窗的大鲤鱼》由中国文联出版社出版。

10月，武进市机关图书室成立，免费对机关工作人员开放。

同月，武进被江苏省文化厅命名为“摄影艺术之乡”。

同月，武进市文化局创作室拆分为武进市文学艺术研究室和武进市剧目工作室，陆涛声、马中原分别任主任。

12月，李中萱短篇小说集《美人钓》由江苏文艺出版社出版。

同月，庄旦良创作的歌曲《兰箭之歌》获’98中国音协举办的“世纪之声”全国歌曲大赛金奖。

同月，武进市人民政府颁发首届文学艺术奖。

12月30日，武进市第一个儿童文化乐园在奔牛镇建成并投入使用。

9月至12月，由中共武进市委宣传部、市文化局联办，市博物馆承办的《珍爱生命、拒绝毒品图片展》在全市48个乡镇巡展。

1999年

2月12日，武进市第四届送文化下乡活动在吕墅乡举行。

3月，武进市“后肖杯”卡拉OK演唱赛在薛家后肖灯饰娱乐中心举行决赛颁奖活动。

4月8—16日，武进锡剧团演出的《窦娥冤》获江苏省第五届锡剧节演出奖、表演奖、导演奖等10个奖项。

4月，中共武进市委宣传部、市文化局联合举办《庆贺武进解放50周年书法、美术、摄影作品展》。

5月，中共武进市委宣传部、市文化局在政平乡召开创建“文明图书馆”现场推进会。

6月，全国首个村级文联在湖塘镇何留村成立，江苏省文联党组书记、常务副主席姚志强出席成立大会并致贺词。

7月，武进市电影公司承办第6届“童影奖”影评活动，放映30部国产优秀儿童影片968场。

8月，陆涛声短篇小说《再见，千岛湖》选入《江苏文学50年》。

9月，第五届《台中、武进“两岸情”摄影作品展》在武进市行政中心举办，展出作品100余幅。

9月28日，武进市文化局在武进影剧院举办庆祝中华人民共和国成立50周年专场文艺演出。

10月，马中原的散文集《绿色的祈祷》由中国戏剧出版社出版。

是年，武进市图书馆被文化部评为国家一级图书馆。

2000年

1月，武进市文化局组织第五届送文化下乡活动在寨桥镇举行。

3月，武进影剧院划归市文化局管理。

5月，武进市被文化部命名为“中国民间特色艺术之乡——摄影之乡”。

6月，武进市文化局首届妇委会成立，赵美娟当选主任。

7月，横山桥镇聋哑青年是军被中国文联、人民画报社授予“世界华人艺术家”称号。

同月，奔牛儿童文化园被文化部命名为第五批全国蒲公英农村儿童文化园。

同月，全市乡镇文化站划归乡镇管理，人员经费来源渠道不变。

11月，横山桥中学男子群舞《上梁》获文化部第十届全国“群星奖”金奖。

12月，武进市图书馆被江苏省文化厅评为江苏省文明图书馆。

2001年

2月，武进市第六届送文化下乡活动在湟里镇举行。

6月，湖塘镇文联成立。

6月，武进市纪念中国共产党建党80周年革命史料暨摄影图片展在市行政中心举行。28日，武进市纪念中国共产党诞生80周年专场文艺演出在武进影剧院举办。

9月，吕骏任武进市文化局局长、局党组书记。

同月，武进市锡剧团代表江苏省参加在山西省太原市举办的第六届“映山红”民间戏剧节，获12个一等奖。

是年，武进市文化馆被江苏省文化厅授予先进集体。

是年，庄旦良创作的歌曲《我们是祖国的希望》获全国校园歌曲创作一等奖。

2002年

1月，武进市第七届送文化下乡活动在薛家镇举行。

4月，武进撤市设区，武进市文化局更名为常州市武进区文化局。

同月，区演出管理站与电影发行放映公司合并成立武进电影演出管理公司。

5月20日，省文联、区委宣传部、区文化局和湖塘镇政府在湖塘联合举办《风从延安来》大型演唱会。

7月，武进区锡剧团演员陈云霞获第十九届中国戏剧“梅花奖”。

8月，武进区文化馆举办建馆50周年庆祝纪念活动。

9月，吴青霞艺术幼儿园揭牌仪式在奔牛实验幼儿园举行。

10月，武进区文化局任命汪伯平为武进区锡剧团团长，沈惠兰、杨兰芳为副团长。

12月，武进区文化局选送的双人舞《摆渡》、女声独唱《三月农家》、表演唱《逛花乡》获江苏省中国民间艺术节金奖。

2003年

1月，武进区第八届送文化下乡活动在嘉泽镇捕捞村举行。

2月，杨秀妹任区文化局文学研究室和剧目创作室主任。

3月，中共武进锡剧团支部撤销，并入中共武进区电影演出公司支部。

4月，区文化局举办音像管理和印刷行业法规培训，800余名负责人参加。

5月，武进锡剧团与中天钢铁集团联姻组建中天艺术团。

6月，江苏省文化厅批准全省首家的民营剧团常州市江焊锡剧团成立。

9月，南夏墅中心小学演出的舞蹈《嬉莲》获全国少儿舞蹈大赛金奖。

同月，沈惠兰任武进区锡剧团团长。

10月，共青团武进区文化局总支成立，赵美娟任书记。

11月，王才中任武进区文化局局长、局党组书记。

11月29日，新疆阿勒泰市艺术团到武进访问演出。

是年，杨秀妹创作的小品《一对好姐妹》、王凤英创作的小品《人啊人》分别获江苏省“五星工程奖”银奖。

是年，武进第九届艺术节“春之戏，夏之歌，秋之舞，冬之画”在全区展开。

2004年

4月，武进区政府主办“情系淹城”专场文艺演出，女高音歌唱家宋祖英参加演唱。

6月，全区乡镇文化站统一更名为乡镇文化体育站。

8月，区文化局选聘169名老干部、老专家、老战士、老教师、老模范（简称“五老”）为网吧义务监督员。

11月，武进区第六次文代会在武进影剧院召开，郑政平当选为区文联主席。

同月，戏迷王玉林、吴玉娟、蒋志平获中共江苏省委宣传部、省文化厅联合举办的江苏省戏迷票友大赛常州赛区金奖，杨恒秀获银奖。

是年，区文化局与江苏省写作学会主办第三届“校园新绿杯”中学生文学作品征文大赛、第六届“赵翼杯”文学作品征文大赛和与江苏省《文化新世纪》主办的第六届“阿甲杯”演唱文本、文艺理论征文大赛颁奖仪式在武进书画院举行。

2005年

1 月，武进第九届送文化下乡活动在横山桥镇举行。

3 月，区文化局举办戏剧曲艺创作培训班，并编辑《武进戏剧曲艺培训班学员作品汇编》。

同月，杨秀妹编著的剧作集《猜猜谁能赢》由黑龙江人民出版社出版。

8 月，武进区纪念抗日战争胜利 60 周年大型图片展在武进高级中学举行。

9 月，湖塘镇举办首届“社区文化艺术节”。

10 月，武进南宅王鉴风等组织的南风词社被评为“江苏省特色文化团队”。

11 月，武进区民间文学保护工程启动，办公室设在武进区文化局，由蒋剑英兼任办公室主任。

是年，武进区文化工业公司撤销。

2006年

3 月，锡剧《浣纱谣》参加江苏省第七届锡剧节演出，获优秀剧目奖等 19 个奖项。

6 月，横林顺庄戏楼被省政府确定为省级文物保护单位。

8 月，陆涛声散文集《沧海集》由黑龙江人民出版社出版。

9 月，武进区文化艺术中心开工建设。

10 月，武进区博物馆新馆在淹城遗址入口处开工建设。

是年，区文化市场办公室被中共江苏省宣传部、省文化厅评为“服务农民，服务基层”文化工作先进集体。

是年，武进区文化馆被江苏省文化厅评为“江苏省十大文化馆”。

2007年

3 月，随乡镇区域再次调整，乡镇文体站缩并为 15 个（街道 1 个）。

4 月，区文化局组织开展第三次文物普查工作。

5 月，区文化局组织 20 多台文艺节目，参加区政府举办的“花都水城·浪漫武进”民俗风情旅游节演出。

6 月，武进区锡剧团演出的锡剧《浣纱谣》获江苏省舞台艺术精品工程奖。

9 月，武进名人馆对外开放。

10 月，’2007 欢乐中国行——魅力武进邹区大型文艺晚会在淹城广场举行。董卿、刘欢、谭晶等演艺名家参加演出。

11 月，以“携手新市民，共建新家园”为主题的武进首届新市民节在新天地水上舞台开幕。

12 月，坐落于武进区延政中路，建筑面积 1.78 万平方米的武进艺术中心落成，区图书馆、区文化馆、区文艺学校、区文化市场稽查队、区锡剧团、区书画院、区文学研究室等文化单位入驻。由区文艺学校承担管理职能。

同月，武进博物馆新馆落成，中共常州市委副书记邹宏国等领导参加揭牌仪式。

是年，林志方主编的《淹城探秘》由黑龙江人民出版社出版。

是年，李祺主编的《武进锡剧》由中国文史出版社出版。

是年，刘建中摄影作品《本色》获中国第十一届国际影展铜奖。

是年，武进区举办首届小戏小品、曲艺征文及演出大赛。

2008年

3月，郝建成任武进区文化局局长、局党组书记。

4月26日，“文化周末”活动在湖塘新天地公园水上舞台启动。

6月，电视剧《春秋淹城》在北京开拍。

同月，陆涛声被国家知识产权局聘为中国知识产权文化大使。

同月，总投资1500万元的奔牛公园开园。

7月，武进区委办、区政府办联合印发《2008—2010年武进文化发展纲要》和《关于加快文化事业和文化产业发展若干政策的意见》。

8月，武进区政府公布武进区27项非物质文化遗产保护名录。

同月，杨秀妹创作的小品《女儿买车了》获全国首届“新农村、新文化、新工程”小品展演金奖。

同月，南夏墅中心小学演出的舞蹈《想爸爸想妈妈》获第八届江苏省“五星工程奖”金奖。

11月，武进区文化馆被文化部评为国家一级文化馆。

2009年

2月，由百兴集团资助活动经费的武进百兴艺术团成立，隶属文化馆领导。

3月，由区委宣传部、区文化局主办，区图书馆承办的“阳湖大讲堂”在图书馆开讲。

3月28日，全国人大副委员长华建敏视察武进博物馆。

4月，武进区群众文化研究会成立，有会员单位5个，个人会员52名，符大荣任会长，陆鹤任副会长兼秘书长。同时由陆鹤主编的内部交流刊物《群文论坛》出刊，每期发行600份。

5月，常州市武进延陵季子研究会、常州市武进地方文献研究会召开成立大会，文化部原副部长潘震宙到会并讲话。

5月18日，王铮将军生平事迹陈列室在洛阳镇天井村落成。

10月，武进区台属联谊会文艺交流委员会组织文艺小分队赴中国台湾演出。

同月，武进区非物质文化遗产普查成果展在博物馆广场举行。

同月，文化部副部长周和平考察淹城乐园建设和非物质文化遗产保护工作。

同月，武进区文化局获江苏省非物质文化遗产普查工作先进集体。

11月，武进区文学艺术联合会第七次代表大会召开，区委宣传部副部长陶可当选为主席。

12月12日，常州市首家乡镇书画院——东吴书画院在遥观镇成立。

12月，中央电视台《乡土栏目》在前黄镇杨桥老街拍摄民俗风情专题片。

是年，奔牛镇、牛塘镇文体站被评为省优秀文体站，横山桥、湟里镇文体站长被评为省优秀文体站长。

2010年

1月17日，全国政协副主席、民盟中央第一副主席张梅颖一行视察武进博物馆。

2月，江苏省副省长张卫国视察武进博物馆。

4月，常州市武进区文化广电新闻出版局成立（挂区版权局牌子）。

5月，凤凰谷（武进影艺宫）工程开工。

6月，区电影演出公司、武进影剧院体制改革完成，成立常武电影演出有限公司，贺晓东任经理。

6月19日，全国人大副委员长、民进中央主席严隽琪一行视察武进博物馆。

8月，陆涛声应温哥华中华文化中心邀请，在加拿大展出个人书法作品65件。

同月，区文化广电新闻出版局出台“一镇一品”特色文化创建活动方案。

9月，区文化广电新闻出版局组建区文化行政综合执法大队，原文化市场稽查队、文化市场办、文物管理办同时撤销。

同月，全国图书馆系统地方文献研讨会议在武进区图书馆召开。

11月，王凤英创作的小品《世上本无事》获第九届江苏省“五星工程奖”表演艺术类金奖和第六届江苏省小品小戏大赛专业组金奖。

2011年

1月6日，武进区首次非物质文化遗产保护工作会议在区文化艺术中心剧场召开。

4月15日，《中国文化报》报道武进特色文化活动情况。

4月15日，武进区楹联协会成立，《武进楹联》创刊号出刊。

4月26日，首届武进锡剧艺术节在武进体育馆开幕。

4月28日，前黄镇杨桥村举办民俗文化艺术节，由北京、山东、河北等地的国家级非遗传人向游客展示20多项绝技、绝活。

5月9日，中宣部副部长王晓晖调研武进文化体制改革工作。

6月27日，中央电视台第四套《走遍中国》栏目在武进拍摄非物质文化遗产保护专题记录片。

9月，陆鹤主编的《武进遗韵》由南京大学出版社出版。

9月21日，国家画院院长杨晓阳一行由区文化广电新闻出版局局长郝建成陪同参观武进博物馆。

10月12日，武进锡剧团团长沈惠兰接受中央电视台《戏苑百家》栏目专访。

11月8日，区政府办印发《武进区公共文化服务体系建设“十二五”规划》。

11月28日，江苏省百名艺术家“走进常州”大型曲艺晚会在武进体育馆隆重举行。

12月，武进第三次文物普查工作结束，收录文物点419处。

2012年

1月，范正洪任武进区文化广电新闻出版局局长。陈川山任局党组书记。

1月12日，晓园艺术馆在淹城旅游区文化街开馆。

2月5日，湖塘中心小学合唱队赴维也纳金色大厅参加青少年文艺晚会。

2月，文化惠民“电影2131工程”全面启动。

3月，武进区文化广电新闻出版局启动流动图书车送书下乡，全区设16个服务点。

3月9日，武进区娱乐行业协会成立，有会员单位170多家。

4月6日，武进区第十届“赵翼杯”文学作品征文、第十届“阿甲杯”戏剧小品和文化论文征文及第七届“校园新绿杯”征文颁奖会在武进文化艺术中心举行。

5月8日，2010年中国延陵季子高层论坛在武进区行政中心举行，海峡两岸文史研究专家学者200多人参加活动。

5月，全省首家村级博物馆——郑陆镇牟家村博物馆开放。

同月，陆涛声中篇小说《丹青》在《长城》发表，入选《2012年中国中篇小说精选》。

6月，武进文艺学校撤销，人员转到晓园艺术馆工作。

7月，武进区被省文化厅评为江苏省公共文化服务示范区。

8月，武进区文化广电新闻出版局与上海百老汇剧院管理有限公司签约，凤凰谷剧院委托给该公司管理。

8月8日，首届武进文学奖评比揭晓，张羊羊获文学奖，蒋凤娇获提名奖。

9月10日，中共中央宣传部副部长、文化部部长蔡武调研武进文化产业发展情况。

9月18日，中国——环太湖艺术城一期项目开工。

9月25日，由区委宣传组织的区首届“十大杰出人物”评选活动颁奖晚会在新天地水上舞台举行，叶馨远、汤德胜、李中萱、杨琪龙、沈惠兰、林志方、萧剑波、李兆方、周晓东、鞠燎原等获此荣誉。

10月，中共江苏省委宣传部向武进锡剧团赠送一辆多功能流动演出汽车。

10月21日，黄娟芳个人投资的非国有博物馆龙承博物馆在淹城常乐坊开馆。

12月5日，中国武进南风词社学术论坛在南宅实验学校举行，国内词学研究专家、学者、词作者200余人参加。

是年，杨秀妹主编的小戏、小品、曲艺专辑《阳湖撷珠》由常州凤凰文化发展有限公司出版。

2013年

1月23日，武进区锡剧团举行副团长竞聘会，曾丽军、薛平鸽通过竞聘担任武进区锡剧团副团长。

2月，剧目创作室、文学研究室合并成立文学研究所，杨秀妹任所长。

3月5日，国务院公布阖闾城遗址为全国重点文物保护单位。

3月26日，区锡剧团团长沈惠兰收徒仪式在艺术中心举行，4位专业演员和6位戏迷票友成为入室弟子。

4月，《陆鹤戏曲作品选》由江苏凤凰出版社出版。

5月27日，淹城、阖闾城遗址被国家文物局、财政部选入《大遗址保护“十二五”专题规划》。

5月28日，江苏省历史文化名镇名村专家组考察焦溪古街和杨桥古村落。

6月20日，凤凰谷大剧院对外营业。

6月21日，武进首届市民节暨武进第二届锡剧艺术节在武进体育馆开幕。

7月16日，江苏省副省长曹卫星考察武进文化产业发展情况。

8月，武进区举办第二届小戏、小品、曲艺大赛。

8月20日，中国音乐“小金钟奖”——第三届全国少儿小提琴比赛在凤凰谷举行。

9月，陆鹤主编的《锡剧基础知识读本》由江苏凤凰出版社出版。

9月5日，国家住建部、文化部、财政部联合发文公布前黄镇杨桥村为第二批中国传统村落。

9月22日，以国家博物馆副馆长陈履生姓名命名的陈履生艺术馆在花博园开馆。

9月28日，全省首家花木文化馆中国（夏溪）花木文化博物馆开馆。10月21日，全国首个花木类专业图书馆——嘉泽花木图书馆开馆。

10月，武进区文化馆创作的小品《救》获第十届中国艺术节戏剧门类“群星奖”。

10月15日，庆花博——纪念恽南田诞辰300周年暨全国花鸟画作品展在恽南田美术馆举行。

10月20日，第十五届中国上海国际艺术节“花为媒”武进专场在凤凰谷举行。

12月，杨秀妹主编的《建国60周年小戏小品选》由江苏凤凰出版社出版。

同月，韩家兴任区文化广电新闻出版局党组书记。

是年，武进区锡剧团被省委宣传部、省文化厅、省广播电影电视局、省新闻出版局评为第四届江苏省“服务农民，服务基层”文化建设先进集体。

是年，百兴艺术团更名为凤凰艺术团。

2014年

1月6日，区文化广电新闻出版局组织专业人员对宋剑湖湿地公园规划地块进行考古勘探。

1 月 22 日，杨桥古文化艺术团《调犟牛》表演队应中央电视台《农民工春晚》栏目组邀请赴北京录制节目。

4 月 4 日，江苏省文物局副局长、省文化艺术研究院院长晁岱健由区文化广电新闻出版局党组书记韩家兴陪同参观武进博物馆。

5 月 13 日，中国社会科学院考古研究所朱乃诚教授由副区长王明昌、区文化广电新闻出版局局长范正洪陪同参观武进博物馆。

5 月 15 日，中央电视台《国宝档案》栏目组在武进博物馆拍摄馆藏国家一级文物。

5 月 31 日，区文化广电新闻出版局在淹城博物馆广场举办“艾草悠悠端午情”非遗展演展示活动。

6 月 23 日，第八届中国曲艺牡丹奖全国大赛武进赛区在武进电视台演播厅举行。颁奖仪式在凤凰谷大剧院举行。

6 月，《陆涛声剧作》由江苏凤凰出版社出版。

7 月 2 日，武进区舜文化研究会在郑陆镇查家村成立。常武地区相关专家、学者、热心舜文化研究的老领导、企业家 200 多人出席成立大会。

7 月 20 日，武进区文化广电新闻出版局主办的武进第二届市民艺术节开幕。

7 月 25 日，区文化广电新闻出版局纪检组长龚留钢率区文化馆 5 人到新疆伊犁哈萨克自治州尼勒克县进行文化交流活动。

7 月 31 日，武进锡剧团青年演员吴铁军拜著名锡剧表演艺术家、梅花奖得主周东亮为师。

8 月 1—30 日，区博物馆举办“胶片上的记忆——红色电影艺术展”，展出各时期电影放映机 12 台，电影老海报 50 多幅。活动期间放映精品电影 76 场计 156 部，观众超过 3 万人次。

8 月 14 日，杨秀妹创作的快板《晒钱包》获中国关心下一代工作委员会、中国曲协、四川省文联联合举办的第六届全国少儿曲艺大赛二等奖。

9 月，由区群众文化研究会主办、苏武建设工程有限公司协办的“苏武建设杯”《我向往的文化生活》征文比赛揭晓，共评出一等奖 3 篇，二等奖 5 篇，三等奖 8 篇。

同月，武进区文联所属协会换届。

同月，区非物质文化遗产展馆在凤凰谷 B 区二楼对外开放。

10 月 24 日，区文化广电新闻出版局组织各镇（街道）和经发区文体站长到张家港学习乡镇文化站图书馆和社区图书馆工作经验。

12 月，’2014 武进区第二届市民艺术节三大比赛颁奖晚会在新天地水上舞台举行。有 31 人获 K 歌大赛和文化管理技能大赛奖项，17 个基层文化单位获广场舞大赛奖项。

10 月 28 日，由常州市钜苓铸造有限公司选送的大合唱《我们的钜苓》（陈东夫词、刘霞曲）获江苏省首届企业创作歌曲大赛一等奖。

10月，陆涛声长篇小说《刘炳和正传》由作家出版社出版。

11月22日，中国书法家武进创作培训基地在西太湖畔揭牌，中国曲艺家协会主席姜昆、中共江苏省委宣传部常务副部长、省文联党组书记章剑华、中国书法家协会副秘书长曹建明和市、区领导徐缨、方国强、江建文、王明昌等出席。

11月28日，武进凤凰艺术团34人应河南省孟津县文化广电新闻出版局邀请，由区文化广电新闻出版局副局长蒋仲仁带队到孟津县开展文化交流活动。

同月，集展鉴、收藏、交流、制作于一体的多功能博物馆武进藏书票馆成立。

12月6日，武进区戏剧曲艺家协会主办的“锡剧好魅力、相聚在武进”戏迷票友活动在锡剧团小剧场举行。国家一级演员沈惠兰、卞雁敏、万建焕、孙薇及兄弟县市区的戏迷200多人参加。

12月10日，区领导周斌、臧建中、江建文、王明昌率区委宣传部、区人社局、区财政局等部门负责人到区图书馆调研文化工作。

12月26日，武进区文学艺术界联合会第八次代表会议召开，区委宣传部副部长陶可当选为主席。

12月，武进顺利通过文化部全国文化先进县复查，继续保持“全国文化先进县”称号。

同月，经江苏省文物局批准，常州市武进区滆湖民俗博物馆、武进区徐氏枫艺竹刻博物馆成立。

2015年

1月，经江苏省文物局批准，常州市武进区阳湖宝源博物馆成立。

2月7日，由武进区文化广电新闻出版局主办、区博物馆承办的武进区首届少儿艺术节——剪纸（刻纸）作品展在博物馆举行，展出作品150余件。

2月18日，武进区文化广电新闻出版局、扬州市文物局在武进区博物馆联合举办扬州博物馆馆藏古代雕刻艺术展，展出玉雕、砖雕等雕刻作品70余件。

3月4日，中共武进区委宣传部、区文化广电新闻出版局、团区委在博物馆联合举办区首届少儿艺术节——花灯展。

3月25日，武进区文化广电新闻出版局2015年度非物质文化遗产保护工作会议在区图书馆召开，发放各级非物质文化遗产保护经费17万元。

3月27日（农历二月初八），前黄镇杨桥举办一年一度的传统庙会，有舞龙、舞狮、调犟牛、掮轮车、荡湖船、挑花担舞、调三十六行等10多种民间艺术展演，吸引数万游客观看。

4月5日，中共武进区委宣传部、区文化广电新闻出版局、团区委在区博物馆联合举办武进区首届少儿艺术节——风筝展。

4月17日，常州市在郑陆季子文化公园举办“品味传统文化，涵养核心价值”系列活动。市四套班子领导及有关部门负责人、延陵季子研究会成员共200余人参加。

4月26日，2015年度中华龙舟大赛（常州市武进站）在太湖湾全国龙舟竞赛基地举行，有 32 支代表队 712 名运动员参赛。

5 月 9 日，中共武进区委宣传部、区文化广电新闻出版局等单位在新天地公园水上舞台联合举行“花都水城，轻舞飞扬——区第六届成人舞蹈大赛”，全区有 16 支代表队参加。

5 月 17 日，“环太湖艺术城杯”常州市民最受欢迎的民间十大珍宝评选活动在武进博物馆举行，江苏省文化厅副厅长秦基春、常州市文化广电新闻出版局副局长周晓东、武进区政协主席张建新、区委宣传部副部长陶可、区文化广电新闻出版局局长范正洪、党组书记韩家兴等参加活动。

5 月 22 日，中共常州市委宣传部部长徐缨考察武进全民阅读活动。

5 月 30 日，常州市、武进区政协文史委、区文化广电新闻出版局、常州市、武进区文联、武进延陵季子研究会在凤凰谷联合举办纪念季子逝世 2500 周年、开展第七个诚信教育日活动。

6 月 5 日，江苏省文联、省书法家协会、区文化广电新闻出版局、湖塘镇政府联合主办的“苏风墨韵”江苏省书法家精品巡展在武进区博物馆举行。展出尉天池、王卫军、孙晓云等 10 余位书法家 80 余件作品。

7 月 19 日，武进区文化广电新闻出版局、常州市考古研究所联合对雪堰镇阖闾城村宋代古井进行抢救性考古发掘。

7 月 23 日，武进书画院增挂武进区藏书票馆牌子。

8 月 2 日，中国文联欢乐下基层“向人民汇报”文艺演出在新天地公园水上舞台举行。中国文联党组成员、书记处书记郭运德及常州市、武进区有关领导出席活动。

8 月 26 日，武进区第三届市民艺术节暨第三届锡剧节在凤凰谷开幕，艺术节历时 45 天，举办近百场群众文化活动。

8 月 28 日，由武进区群众文化研究会主办、区摄影家协会承办的武进区“苏武建设杯”优秀摄影作品展在恽南田美术馆举办。

8 月 29 日，为探索地方戏剧传承与发展，区文化广电新闻出版局在凤凰谷大剧院举办“凤凰谷论坛”，省内外 30 位业界学者、专家及著名戏剧表演艺术家参加。

9 月 2 日，由中共武进区委、区政府主办，区文化广电新闻出版局承办的莫静坡大型史诗画《烙血天堂》在武进博物馆展出。

9 月 10 日，由武进区群众文化研究会主办、武进书画院承办的区“群文杯”书法美术作品展在恽南田美术馆举办。

9 月 18 日，由中共武进区委、区政府主办，区委宣传部、区文化广电新闻出版局、区文联承办的狄卫星九体千字文捐赠仪式在武进博物馆举行。

11 月 26 日，国家住建部原副部长仇宝兴一行由中共常州市武进区委书记周斌、区文化广电新闻出版局局长范正洪陪同参观武进博物馆。

11 月 29 日，中共常州市委书记阎立由武进区委宣传部部长江建文、区文化广电新闻出版局局长范正洪陪同调研武进图书馆。

第一章 组织机构

清光绪（1875—1908 年）前，武进仅县学中设有学官料理文化事务。清光绪五年（1879 年），成立学务公学，后改为劝学所。清宣统三年（1911 年）辛亥革命后，先后设立武进县民政署学务课等教育机构兼管辖文化事宜。1937 年（民国 26 年）日军侵占武进，县政府流亡乡间。1940 年春，中国共产党成立武进（北）、武南、澄西、丹金武 4 个县级抗日民主政府，设立教育科。1945 年抗日战争胜利，抗日民主政府随之撤销。武进复员委员会进驻县城常州，成立民国县政府，在教育局设社会教育股。1949 年 4 月 23 日，武进解放，县人民政府先后设教育局、文教局，有专人管理文化工作。1950 年，成立武进县文学艺术工作者联合会。1955 年 3 月，武进县人民委员会单独建立文化科。“文化大革命”期间，由武进县革命委员会政工组负责文化工作。1975 年 1 月，成立武进县文化局。2010 年 4 月，武进区文化局与广播电视局合并成立武进区文化广电新闻出版局。2013 年年底，武进区文化广电新闻出版局设办公室、组织人事科、文化艺术科、文化市场科、广播影视科、文化产业科、文物保护科 7 个职能科室，辖文化馆、图书馆、博物馆、书画院、晓园艺术馆、锡剧团、文学研究所、文化执法大队 8 家事业单位。中华人民共和国成立以后的县（市、区）文化机构主要负责在本地区范围内贯彻执行中共和国家有关文艺方针、政策，编制文艺创作和文化活动计划，并负责组织计划施行；搞好文化市场管理、文物征集和保护工作；配合本地区中心工作和外事活动，进行文艺宣传；负责文化系统干部考核、培训和职称评定；承办上级机关交办的有关工作。历届武进县（市、区）文学艺术界联合会及其所属文艺团体作为武进文化的社会团体，在团结社会各界文艺工作者，繁荣武进文艺事业方面起到重要作用。

第一节　行政机构

一、政府机构

清宣统三年（1911 年）前，武进县没有设立专门的文化行政机构，是年 10 月至中华人民共和国成立前，先后设立武进县民政署学务课、武进县知事公署第三科、通俗教育馆、武进县公署劝学所、教育局、教育科等机构，具体负责辖区文化教育工作。

1911 年至 1949 年 4 月武进县文化机构设置情况表

表 1-1

起迄时间	政府机构名称	文化机构名称	负责人
1911—1913	武进县民政署	学务课	谢　观
1913—1918	武进县知事公署	第三科	刘　植（古愚）
1918—1923	武进县知事公署	劝学所	徐化吾
1923—1927	武进县知事公署	教育局（教育科）三课	蔡晋成
1927—1929	武进县政府	教育局扩充教育课	吴　昆 1927—1934 芮　麟 1934—1940
1929—1937	武进县政府	教育局社会教育科	
1937—1940	武进县政府	教育科	

续表 1-1

起迄时间	政府机构名称	文化机构名称	负责人
1940—1945	武进县抗日民主政府 武进县政府	教育局社会教育股	吴　昆 1940—1949.04.23
1945—1947	武进县政府	教育科	
1947—1949.04.23	武进县政府	教育局	

1949 年（民国 38 年）4 月 23 日，中国人民解放军解放武进。5 月，成立武进县人民政府教育局。1950 年，教育局内设社教课，有 10 名社教人员，专门从事群众文化教育及扫盲工作。从 1951 年起，教育局改为文教局，仍设社教课，专抓公办俱乐部和工农业余教育。随着武进县教育摊子扩大和文化事业发展，为更好地领导和发展文化事业，于 1955 年 3 月，县政府单独成立文化科，管理电影、群众文化、专业剧团登记、专业文艺团体、财会等事务。1957 年下半年，精简机构，文化科撤销，科员转业或下放，设武进县文化馆。文化事业仍由教育局（后改名文教局）管理，有一名副局长兼管文化，成立文体股，分管专业剧团和电影工作。1959 年 10 月，由文体股抓专业剧团和体育工作。1966 年开始“文化大革命”，1967 年行政机构瘫痪。1968 年，武进县革命委员会成立后，设政工组，文化工作由政工组直接领导。1975 年 1 月，武进县革命委员会政工组撤销，成立武进县革命委员会文化局。1981 年 4 月，恢复武进县人民政府，设武进县文化局。1995 年 8 月，武进县撤县建市；2002 年 4 月，武进撤市设区，文化局名称作相应改变。2009 年 10 月，成立组建武进区文化广播电视局筹建领导小组。2010 年，根据武发〔2010〕45 号《关于印发〈常州市武进区人民政府机构改革实施专见〉的通知》，撤销武进区文化局、区新闻出版局和武进区广播电视局，成立武进区文化广电新闻出版局（区版权局）。

1949 年 5 月至 2013 年 12 月武进县（市、区）文化机构设置情况表

表 1-2

起迄时间	政府机构名称	文化机构名称
1949.05—1951	武进县人民政府	教育局社教课
1951—1953	武进县人民政府	文教局社教课
1955—1957	武进县人民委员会	文教科
1957—1967	武进县人民委员会	文教局文体股
1967—1968	“文化大革命”期间	机构瘫痪
1968—1975	武进县革命委员会	政工组
1975—1980	武进县革命委员会	文化局
1981—1995	武进县人民政府	文化局
1995—2002	武进市人民政府	文化局
2002—2010	常州市武进区人民政府	文化局
2010—	常州市武进区人民政府	文化广电新闻出版局

1950—2013 年文化行政机构负责人更迭表

表 1-3

机构名称	正职			副职		
	职务	姓名	任职时间	职务	姓名	任职时间
武进县人民政府教育局社教课	课长	衣绍文	1950—1956.04	副课长	李适农	1950—1951
					杨亮畴	1951—1955
武进县人民政府文化科	科长			副科长	潘维新	1955.03—1957.07
					周亦民	1955.03—1957.07
武进县人民委员会文教局文体股	股长			副股长	蒋仁良	1957.07—1959.10
					庄培兴	1959.10—1966
武进县革命委员会政工组	组长	谢斌	1968.03—1975.01	副组长	孙蕴祖	1968.03—1974.12
					陈志兆	1974.12—1975.01
武进县革命委员会文化局（1975.01—1981.04）	局长	衣绍文	1975.04—1981.04	副局长	蒋仁良	1975.01—1981.03
					蒋福昌	1975.01—1978.03
					沈国海	1978—1981.03
武进县文化局（1981.04—1995.08）				副局长	蒋仁良	1981.04—1984.04（主持工作）
					沈国海	1981.04—1984.04
	局长	江光迅	1984.04—1987.06	副局长	蒋仁良	1984.04—1987.06
					张志伟	1984.04—1984.07
					汤德胜	1985.06—1987.06
	局长	蒋仁良	1987.06—1989.12	副局长	汤德胜	1987.06—1990.05
					秦蔚成	1988.01—1990.05
					孙骏	1990.02—1990.05
	局长	孙骏	1990.05—1992.05	副局长	汤德胜	1990.05—1992.05
					秦蔚成	1990.05—1992.05
	局长	许本源	1992.05—1995.08	副局长	汤德胜	1992.05—1996.12
					秦蔚成	1992.05—1996.12
武进市文化局（1995.08—2002.04）	局长	许本源	1995.08—1996.12	副局长	汤德胜	1992.05—1996.12
					秦蔚成	1992.05—1996.12
					庄旦良	1993.03—1996.12
					赵治平	1995.11—1996.12
	局长	陈泽民	1996.12—2001.09	副局长	汤德胜	1996.12—2001.09
					秦蔚成	1996.12—2001.09
					庄旦良	1996.12—2001.09
					赵治平	1996.12—2001.09

续表 1-3

机构名称	正职			副职		
	职务	姓名	任职时间	职务	姓名	任职时间
武进市文化局（1995.08—2002.04）	局长	吕骏	2001.09—2002.04	副局长	汤德胜	2001.09—2002.01
					秦蔚成	2001.09—2002.04
					庄旦良	2001.09—2002.04
					赵治平	1996.12—2001.09
武进区文化局（2002.04—2009.09）	局长	吕骏	2002.04—2003.11	副局长	庄旦良	2002.04—2003.03
					秦蔚成	2002.04—2003.11
	局长	王才中	2003.11—2008.03	副局长	秦蔚成	2003.11—2007.11
					巢鸿泉	2003.11—2008.09
					陈新	2004.10—2006.04
	局长	郝建成	2008.03—2009.09	副局长	陆俊阳	2008.04—2009.09
					沈惠兰	2008.04—2009.09
					符大荣	2008.09—2009.09
武进区文化广电新闻出版局（区版权局）（2010.04—　　）	局长	郝建成	2010.09—2012.01	副局长	陆俊阳	2010.04—2010.09
					沈惠兰	2010.04—2012.01
					符大荣	2010.04—2012.01
					蒋仲仁	2010.05—2012.01
					吴海涛	2010.10—2012.01
	局长	范正洪	2012.01—	副局长	沈惠兰	2012.01—
					符大荣	2012.01—
					蒋仲仁	2012.01—
					吴海涛	2012.01—

注：2009.09—2010.04，武发〔2009〕140号文件，成立武进区文化广播电视局和区广播电视台筹建组。文化广播电视局筹建组组长：郝建成，副组长：沈惠兰、符大荣、蒋仲仁、陆俊阳、范建军。广播电视台（武进广播电视发展总公司）筹建组组长、董事长、总经理：潘国兴，成员：王元康、祁贵根、薛亚清、李兆方。

二、局内设机构

（一）科室设置与负责人更迭

1975年1月县文化局成立，武进开始有独立的文化行政机构。文化局设秘书，负责政工工作，专业文化和群众文化由专人负责具体工作。1983年3月，设人秘股、会计室，艺术股和文化股。1989年8月，会计室改名为计划财务股，增设新闻出版管理股。1992年6月，股改科，文化局内设人秘科、计划财务科、文化艺术科和新闻出版科。1993年7月，人秘科改为办公室，计划财务科改组为人事计财科。1999年6月，新闻出版科与文化市场管理办公室合署办公，“两块牌子，一套班子”。2007年，人事计财科改设为组织人事科（其中财务由办公室设会计结算中心）。2010 年 9 月，武进区文化广电新闻出版局在原有科室的基础上，设立广播影视科、文化产业科和文物保护科。2013 年，区文化广电新闻出版局设有办公室、组织人事科、文化艺术科、文化市场科、文物保护科、文化产业科和广播影视科 7 个科（室）。

1975—2013 年武进县（市、区）文化局内设科（股、室）负责人更迭情况表

表 1-4

科室名称	职务	姓　名	任职时间	职　务	姓　名	任职时间
政工（不作为正式科室） (1975.01—1984.04)	秘书	顾盘真	1975.04—1980			
	文书	秦广德	1980.08—1984			
		袁全庆	1984　—1987	政工干部	应志方	1982.03—1983.02
人秘股 (1983.02—1992.06)	股长	应志方	1989.08—1992.06	副股长	应志方 金祥勋	1983.02—1989.08 1989.03—1992.06
人秘科 (1992.06—1993.11)	科长	应志方	1992.06—1993.11	副科长	金祥勋	1992.06—1993.11
办公室 (1992.06—　　)	主任	金祥勋 陈勤贞 马燕芬	1993.11—2002.03 2005.01—2007.10 2011.04—2013.11	副主任	王文献 陈勤贞 奚卫年	2002.03—2005.01 2002.03—2004.12 2013.11—
会计室 (1975.01—1989.08)	会计	谭琴芳	1975.04—1989.08			
计划财务股 (1989.08—1992.06)	股长	谭琴芳	1989.08—1993.10	副股长	陶淑华	1991.12—1992.06
人事计财科 (1993.11—2002.03)	科长	应志方	1993.11—2002.03	副科长	陈勤贞	1999.06—2002.03
组织人事科 (2002.03—　　)	科长	应志方 胥志新	2002.03—2005.01 2013.11—	副科长	赵美娟 马燕芬 秦　柯	2005.01—2007.03 2007.04—2011.04 2011.05—2013.10
文化股 (1983.02—1992.06)	股长	冯伯明	1983.02—1992.06			
艺术股 (1983.02—1992.06)	股长	庄旦良	1983.02—1992.06			
文化科 (1992　—1999.06)	科长	冯伯明 蒋信南	1992.06—1993.11 1993.11—1993.11	副科级	焦凤琮	1993.11—2001.12
艺术科 (1992.06—1999.06)	科长	庄旦良 蒋信楠	1992.06—1993.03 1993.11—1999.06			
文化艺术科 (1999.06—　　)	科长	蒋信楠 金祥勋 蒋　平	1999.06—2002.03 2002.03—2007.03 2007.03—2013.11	副科长	杨东溟 秦　柯	2011.04— 2012.12—
新闻出版管理股 (1989.08—1992.06)				副股长	龚业勤	1989.08—1992.06

续表 1-4

科室名称	职务	姓 名	任职时间	职 务	姓 名	任职时间
新闻出版管理科 (1992.06—1993.11)	科长	龚业勤	1992.06—1999.06			
文化市场管理科 （新闻出版科） (1999.06—)	科长	龚业勤 王文献 胥志新 史立华	1999.06—2005.01 2005.01—2009.09 2009.09—2013.12 2013.12—	副科长	陈勇明	2012.12—2013.12
文物保护科 (2010.01—)	负责人	黄建峰	2010.01—	副科长	张玮	2013.12—
广播影视科 (2010.01—)	科长	蒋 平	2013.11—	副科长	王 莹	2011.04—2013.12
文化产业科 (2010.01—)	科长	史立华	2011.04—	副科长	朱小斌 王 莹	2011.04—2012.04 2013.12—

（二）局机关工作人员

2013 年，武进文化广电新闻出版局机关有工作人员 34 人，其中中共党员 18 人，公务员 22 人。

2013 年武进文化广电新闻出版局机关工作人员情况表

表 1-5

姓 名	性别	出生年月	籍 贯	学历	职 务	参加工作时间
范正洪	男	1965.11	常州武进	本科	局长	1988.08
韩家兴	男	1962.07	常州武进	本科	党组书记	1983.08
沈惠兰	女	1964.12	常州武进	本科	副局长	1979.10
符大荣	男	1961.01	常州武进	本科	副局长	1978.03
蒋仲仁	男	1961.12	常州武进	本科	副局长	1979.09
吴海涛	男	1970.02	江苏高邮	本科	副局长	1989.07
龚留钢	男	1966.05	江苏丹阳	本科	纪检组长	1985.01
陈川山	男	1958.08	常州武进	本科	主任科员	1976.12
奚卫年	男	1981.01	常州武进	本科	办公室副主任	2004.06
周协平	男	1956.12	常州武进	高中	办公室科员	1874.12
钱 峰	男	1981.03	江苏常州	本科	办公室科员	2004.08
王元霆	男	1991.11	常州武进	本科	办公室科员	2013.08
蒋 寅	男	1986.03	常州武进	本科	办公室讲解员	2008.07
陈 江	男	1972.11	常州武进	高中	办公室科员	1992.07
倪燕萍	女	1978.12	常州武进	本科	会计结算中心负责人	1997.08
韩 娜	女	1977.07	常州武进	大专	会计结中心科员	2001.03
胥志新	男	1970.07	常州武进	本科	组织人事科科长	1990.03

续表 1–5

姓　名	性别	出生年月	籍　贯	学历	职　务	参加工作时间
袁建明	男	1957.02	常州武进	高中	组织人事科科员	1976.12
胡曦文	女	1984.07	江苏常州	本科	组织人事科科员	2006.09
邵建英	女	1967.03	常州武进	大专	组织人事科科员	1987.08
杨东溟	女	1971.10	江苏常州	本科	文化艺术科副科长	1993.08
秦　柯	男	1973.01	常州武进	本科	文化艺术科副科长	1996.09
陈庆龙	男	1964.10	江苏江阴	高中	文化艺术科科员	1982.10
史立华	女	1980.05	常州武进	本科	文化市场科科长	2002.08
陈勇明	男	1976.03	常州武进	本科	文化市场科副科长	1997.08
郭丽峰	男	1986.09	常州溧阳	本科	文化市场科科员	2008.08
王　中	男	1972.01	常州武进	高中	文化市场科科员	1990.09
龚武威	男	1974.11	常州武进	本科	文化市场科科员	1996.11
蒋　平	男	1966.06	常州武进	本科	广播影视科科长	1988.07
陈黎佳	女	1990.10	江苏常州	本科	广播影视科馆员	2012.08
王　莹	女	1973.03	常州武进	本科	文化产业科副科长	1995.07
陈勤贞	男	1962.11	常州武进	本科	文化产业科科员	1986.07
张　玮	女	1987.02	安徽巢湖	硕士	文物保护科科员	2012.08
黄建峰	男	1976.11	江苏宜兴	本科	文物保护科负责人	2003.05

三、派出机构

鉴于武进县幅员较大，1952 年 12 月，设 16 个区文化站，作为县文教局的派出机构加强对基层文化工作的指导。1956 年，随着行政建制缩并，区公办文化站由 16 个缩并成前黄、湖塘、横林、郑陆、新桥、奔牛、卜弋、湟里 8 个站。1969 年撤销区文化站，1972 年恢复，每站配专职干部 1 至 2 名，在各区公所所在地办公，行使对辖区内乡镇文化站的指导、组织职能。1994 年，随县派出机构区公所同时撤销。

1952—1956 年武进县区文化站任职情况表

表 1–6

区别	站　长		副　站　长		干　事
	姓　名	任职时间	姓　名	任职时间	姓　名
湖塘	吴　岗	1952.12—1956.12	孙笑敏	1952.12—1956.12	何云初
鸣凰	王　良	1952.12—1956.12	杨淑英	1952.12—1956.12	叶耀庭
前黄	朱德华	1952.12—1956.12	周希舜	1952.12—1956.12	
雪堰	陈毓敏	1952.12—1956.12	钱春秀	1952.12—1956.12	王支庆、龚礼金
礼嘉	王友方	1952.12—1956.12			何庆祥、蒋耀松
剑湖	武步林	1952.12—1956.12	卞荣根	1952.12—1956.12	薛产法

续表 1-6

区别	站长		副站长		干事
	姓名	任职时间	姓名	任职时间	姓名
焦溪			刘澹然	1952.12—1956.12	刘锦全
北塘	傅斌栋	1952.12—1956.12			孙德先、章蔼芳
小河	宋影铭	1952.12—1956.12	蒋泽民	1952.12—1956.12	蒋季复
百丈	陈昌业	1952.12—1956.12			王双林、刘质平
西夏墅	毕于光	1952.12—1956.12			程为善、韩玉英
奔牛	钱练民	1952.12—1956.12			高蕴琪、罗省三
新闸			徐　琪	1952.12—1956.12	束子康
卜弋	徐　达	1952.12—1956.12	周佩弦	1952.12—1956.12	朱伯华
湟里	蒋耀松	1956.01—1956.12			黄叶俊、张子康
马山	高福元	1952.12—1956.12			邵志芳

1956—1994 年武进县区文化站历任站长任职情况表

表 1-7

区别	历任站长	区别	历任站长
漕桥（前黄）	张绍香、薛产法、陆　鹤、杨春耕	湟里	王　仁、陈兴大、陈小保、秦广德
湖塘	张国良、陆　鹤、田国方、王国铨	新桥	查龙福、陶　洁（女）、蒋惠惠、史国兴
奔牛	恽汉文、周幼钦、顾华兴	卜弋	李文兴、张发定、陈　虹
横林	张兆义、黄才祥、谢丽英（女）	郑陆	高华清、张文华

注：1966 年 6 月，前黄区改为漕桥区）。1983 年，漕桥区更名前黄区。

四、文物管理委员会

1956 年 8 月，武进县始建文物工作小组，属政府协调机构。1959 年，武进县人民委员会三届五次人民委员会会议通过成立武进县文物管理委员会，由副县长张钦奇兼任主任，许和庭兼任副主任，委员有徐耀堂、冯克夫、朱洗明、陈元度、邹德立、秦志坚、于允伦、呈卓铭、冯叔铭九人。1984 年 4 月，武进县人民政府根据国务院《批转国家文物事业管理局关于加强文物工作的请示报告》（国发〔1981〕9 号文件）和江苏省人民政府《关于开展文物普查工作的通知》要求，武进县人民政府下发《关于开展文物普查工作的意见》（武政发〔1984〕79 号文件），成立武进县文物管理委员会，由副县长周亚瑜任主任，许本源、蒋仁良任副主任，成员有张志伟、陈剑峰、张才良、高建中、赵永康、刘静章、谢小龙、岳忠保、孙志华、钱正浩、黄俊。下设办公室，由武进博物馆代行办公室的管理职能，张志伟任办公室主任、蒋季复任副主任。1992 年，因人事变动，由副县长陆志奋任主任，许本源、孙志中、刘作新、冷万里任副主任，委员有马耀方、张玉良、史伟刚、周志仁、杨春龙、何叔兴、刘沛新、华平南、秦蔚成。秦蔚成兼任办公室主任、林志方任办公室副主任。1997 年 9 月，武编办批复，市文物管理委员会在县文化局设文物管理办公室，核定编制 3 名，履行武进地区文物保护的行政管理和行政执法职能，承担国家、省、市级文物保护单位、历史文化名镇、名村的申报工作。1999 年 3 月，武进市政府发出文件，调整武进市文物管理委员会组成成员，由副市长陆志奋任主任委员，市文化局局长陈泽民、市委宣传部副部长孙泽新、市政府办公室副主任王明昌任副主任委员。市计委副主任程剑生、市建委副主任李再生、市教委副主任冷培清、市财政局副局长顾伟国、市公安局副局长诸志洪、市工商局副局长张玉根、市广播电视局副局长徐亮、市水利局副局长王晓东、市交通局副局长赵顺庆、市供销社党委副书记刘毅、市民族宗教事务局负责人华平南、市文化局副局长秦蔚成任委员。办公室设在湖塘东村 129 号李公朴故居内，由秦蔚成兼任主任。2010 年 9 月 3 日，区文化广电新闻出版局设立文物保护科，承担文物管理办公室职能，撤销武进区文物管理委员会办公室。

五、文化市场管理委员会

1989 年 9 月，武进县人民政府决定成立武进县文化市场管理委员会，属政府协调机构。由副县长童方云任主任，县委宣传部副部长黄国平、县文化局局长蒋仁良任副主任，委员有县政府办公室副主任徐中兴、县文化局副局长秦蔚成、县广播电视局副局长刘静章、县公安局副局长马耀芳、县工商行政管理局副局长薛成虎、县交通局党委书记蒋惊雷、县财政局副局长高建中、县税务局副局长沈中立、县物价局副局长包敖亮。文化市场管理委员会在县文化局设办公室，核定编制 3 名，秦蔚成兼办公室主任，陈汝华、龚业勤兼任办公室副主任，负责牵头、协调文化市场管理工作。1996 年 8 月，成立武进市文化市场稽查队，与文化市场管理办公室合署办公，“两块牌子，一套班子”，具体行使对本地区文化市场的管理、监督、检查、查处违规违法行为，维护文化市场正常秩序。设新闻出版科与文化市场管理办公室合署办公，“两块牌子，一套班子”。1999 年 3 月，武进市政府发文调整武进市文化市场管理委员会组成成员，由副市长陆志奋任主任委员，市文化局局长陈泽民、市委宣传部副部长孙泽新、市政府办公室副主任王明昌任副主任委员，市广播电视局副局长王元康、市公安局副局长诸志洪、市工商局副局长张玉根、市财政局副局长顾伟国、市国税局副局长黄建祥、市地税局副局长孙克诚、市交通局副局长赵顺庆、市物价局副局长陈建群、市文化局副局长秦蔚成任委员。办公室设在市文化局，由秦蔚成兼任主任。2010 年 9 月 3 日，根据武编办批复《关于成立常州市武进区文化行政综合执法大队的批复》精神，撤销武进区文化市场管理委员办公室和武进区文化市场稽查队，实行行政许可和执法分开的管理机制，由武进区文化广电新闻出版局内设的文化市场科会同有关部门，依法管理全区文化市场。

六、直属单位

1975 年 1 月，武进县革命委员会文化局（简称县革委文化局）成立，直属单位有 9 家。1981 年 4 月，撤销县革委文化局，成立武进县文化局，领导、管理直属单位 14 家。1995 年 8 月，武进县撤县设市，武进县文化局更名为“武进市文化局”，仍领导、管理直属单位 14 家。2002 年 4 月，武进市撤市设区，武进市文化局更名为“常州市武进区文化局”，领导管理直属单位 12 家。2009 年，武进区实行文化体制改革，武进区电影演出管理公司与武进影剧院合并，成立常州市常武电影演出公司。2010年4月，常州市武进区文化广电新闻出版局（版权局）成立，至2013年底领导、管理直属单位8家。

（一）武进县（市、区）文化馆

1975年1月，属县革委会文化局领导。1981年4月，改属县文化局领导。1995年8月改属市文化局领导。2002年4月改属武进区文化局领导。2010年4月改属常州市武进区文化广电新闻出版局领导。

（二）武进县（市、区）图书馆

1975年1月，属县革委会文化局领导，1981年4月，改属县文化局领导。1995年8月改属市文化局领导。2002年4月改属武进区文化局领导。2010年4月改属常州市武进区文化广电新闻出版局领导。

（三）武进县（市、区）锡剧团

1975年1月，属县革委会文化局领导，1981年4月，改属县文化局领导。1995年8月改属市文化局领导。2002年4月改属武进区文化局领导。2010年4月改属常州市武进区文化广电新闻出版局领导。

（四）武进县越剧团

1975年1月，属县革委会文化局领导，1981年4月，改属县文化局领导，1989年被撤销。

（五）武进县（市）新华书店

1975年1月，属县革委会文化局领导，1981年4月，改属县文化局领导。1995年8月改属市文化局领导。1998年，武进市新华书店划归江苏省新华书店集团有限公司。

（六）武进县（市、区）文艺创作组、文学艺术研究室、剧目工作室

1976年1月，属县革委会文化局领导，1981年4月，改属县文化局领导。1995年6月，改属武进市文化局领导。2002年4月，属武进区文化局领导。

（七）武进电影管理站、武进县（市、区）电影发行放映公司

1975年1月，属县革委会文化局领导，1980年9月成立武进县电影发行放映公司。1981年4月，改属县文化局领导。2002年，武进区电影发行放映公司与武进区电影演出管理公司合并，成立武进区电影演出公司，改属武进区文化局领导。

（八）武进县文化用品综合厂

1977年10月成立，属武进县革委会文化局领导，1981年4月，改属县文化局领导。1995年该厂歇业。

（九）武进县业余文艺学校、武进县（市、区）文艺学校

1978年10月成立，属武进县革委会文化局领导。1981年4月，改属县文化局领导。1984年更名武进县文艺学校。1995年8月更名武进市文艺学校，改属市文化局领导。2012年撤销，人员划归晓园艺术馆。

（十）武进县（市、区）博物馆

1983年成立，属县文化局领导。1995年8月改属市文化局领导。2002年4月改属

武进区文化局领导。2007 年，与淹城博物馆合并。2010 年 4 月改属常州市武进区文化广电新闻出版局领导。

（十一）武进县淹城博物馆

1985 年成立，属县文化局领导。2007 年，与武进区博物馆合并。

（十二）武进县（市）文化工业公司

1984 年成立，属县文化局领导。1995 年 8 月改属市文化局领导。2002 年 4 月改属武进区文化局领导。2005 年撤销。

（十三）武进县（市）演出管理站（公司）

1988 年 5 月成立（对外称演出管理公司），属武进县文化局领导。1995 年 8 月改属武进市文化局领导。2002 年武进区演出管理公司与武进区电影发行放映公司合并成立武进区电影演出管理公司。

（十四）武进县（市、区）书画院

1989 年 10 月成立，属武进县文化局领导。1995 年 8 月改属市文化局领导。2002 年 4 月改属武进区文化局领导。2010 年 4 月改属常州市武进区文化广电新闻出版局领导。

（十五）武进影剧院

2000 年划归武进市文化局领导。2009 年改制，人员划归常州市常武电影演出公司。

（十六）常州市常武电影演出公司

2009 年，武进区实行文化体制改革，由武进区电影演出管理公司改制。

（十七）常州市晓园艺术馆

2011 年成立，属常州市武进区文化广电新闻出版局领导。2012 年武进区文艺学校人员划归晓园艺术馆。

（十八）武进区文学研究所

2013 年文学研究室、剧目创作室合并成立。文学研究所属常州市武进区文化广电新闻出版局领导。

（十九）武进区文化行政综合执法大队

2010 年 9 月成立。属常州市武进区文化广电新闻出版局领导。

第二节 中共组织

一、党 组

1984 年 4 月，中共武进县委开始在县文化局设党组，由局长任党组书记，若干党员副局长等为党组成员，重大事项实行集体决策。2010 年 4 月 3 日，撤销原区文化局党组、纪检组和原区广播电视局党组、纪检组，成立武进区文化广电新闻出版局党组、纪检组。2011 年，党组书记与局长分设。1984—2013 年，先后由江光迅、蒋仁良、孙骏、许本源、陈泽民、吕骏、王才中、郝建成、陈川山、韩家兴担任书记。

1984—2013 年武进县（市、区）文化局党组成员更迭情况表

表 1-8

名　称	书　记	任职时间	党组成员	任职时间
武进县文化局党组 1984.4—1995.8	江光迅	1984.04—1987.06	蒋仁良、张志伟、汤德胜	1984.04—1987.06
	蒋仁良	1987.06—1989.12	汤德胜、秦蔚成、孙骏	1987.06—1990.12
	孙　骏	1990.01—1992.05	汤德胜、秦蔚成	1990.01—1992.05
武进市文化局党组 1995.8—2002.4	许本源	1992.05—1996.12	汤德胜、秦蔚成、庄旦良	1992.05—1996.12
	陈泽民	1996.12—2001.09	汤德胜、秦蔚成、庄旦良	1996.12—2001.09
武进区文化局党组 2002.4—2010.4	吕　骏	2001.09—2003.11	汤德胜、秦蔚成、庄旦良	2001.09—2003.11
	王才中	2003.11—2008.03	秦蔚成、巢鸿泉 蒋剑英（纪检组长）	2003.11—2008.03 2004.10—2006.04
武进区文化广电新闻出版局党组 2010.4—	郝建成	2008.03—2011.01	陆俊阳、符大荣、蒋仲仁 范建军（纪检组长） 龚留钢（纪检组长）	2008.03—2011.01 2006.04—2010.04 2010.04—2011.01
	陈川山	2012.01—2013.11	副书记：范正洪 符大荣、蒋仲仁、吴海涛 龚留钢（纪检组长）	2012.01—2013.12 2011.01—2013.12 2011.01—2013.12
	韩家兴	2013.12—	副书记：范正洪 符大荣、蒋仲仁、吴海涛 龚留钢（纪检组长）	2013.12— 2013.12— 2013.12—

二、中共文化局总支委员会

1995 年 11 月，武进市直属机关党委发文件同意成立武进市文化局党总支部委员会，设支委 7 名，经选举由许本源担任总支书记，庄旦良任副书记。后经 5 次改选，至 2013 年分别有陈泽民、吕骏、王才中、郝建成、范正洪、韩家兴任总支书记。下设局机关、文化馆、图书馆、博物馆、锡剧团、执法大队、电影演出公司、离退休干部 8 个党支部，有中共正式党员 133 名。

1995—2013 年武进县（市、区）中共文化局总支书记、副书记更迭情况表

表 1-9

名　　称	书　记	任职时间	副书记	任职时间
武进市文化局党总支 1995.11—2000.04	许本源	1992.05—1996.12	庄旦良	1995.11—2003.11
	陈泽民	1996.12—2001.09		
武进区文化局党总支 2002.04—2010.04	吕　骏	2001.09—2003.11		
	王才中	2003.11—2008.03	蒋剑英	2003.11—2006.04
武进区文化广电新闻出版局党总支 2010.04—	郝建成	2008.03—2012.01	范建军	2006.04—2010.04
	范正洪	2012.01—2013.11	龚留刚	2010.04—2013.12
	韩家兴	2013.12—	龚留刚	2013.12—

三、基层党支部

（一）中共武进县（市、区）文化局机关支部

成立于 1975 年 1 月，先后由衣绍文等任支部书记。

1975—2013 年中共武进县（市、区）文化局机关支部书记更迭情况表

表 1-10

姓　名	任职时间	姓　名	任职时间
衣绍文	1975.04—1981.04	蒋剑英	2003.11—2006.04
蒋仁良	1981.04—1989.12	范建军	2006.04—2010.04
孙　骏	1990.01—1992.05	龚留刚	2010.04—2012.05
庄旦良	1992.05—2003.11	胥志新	2012.05—

（二）中共武进县（市）新华书店支部

成立于 1970 年。先后由孙旭光、杨祥林、李志明任支部书记。1998 年起，党支部由武进市委宣传部协管。

1970—1998 年中共武进县（市）新华书店支部书记更迭情况表

表 1-11

姓　名	任职时间	姓　名	任职时间
孙旭光	1970.12—1973.08	李志明	1993.04—1998
杨祥林	1975.08—1993.04		

（三）中共武进县（市、区）电影演出公司支部

前身为武进县电影放映站党支部，成立于 1970 年。1981 年组建电影发行放映公司党支部。2010 年 6 月，武进区电影演出公司和武进影剧院完成改制，成立常州市常武电影演出有限公司，同时建立党支部。

1970—2013 年中共武进县（市、区）电影演出公司支部书记更迭情况表

表 1-12

姓　名	任职时间	姓　名	任职时间
蒋志平	1970—1975	秦国祥	1984—1996
胡汉震	1975—1978	吴寿根	1996—1998
蒋锡祥	1978—1981	汤国柱	1999—2009
顾盘真	1981—1984	贺晓东	2010—

（四）中共武进县（市、区）锡剧团支部

成立于 1975 年 1 月，先后由沈国海、陈正文任支部书记。2003 年 2 月并入中共武进电影演出公司支部，2012 年 5 月重新组建中共武进区锡剧团支部，由刘爱玲任支部书记。

（五）中共武进县（市、区）文化馆、图书馆、博物馆支部

1981 年 4 月，文化馆、图书馆、博物馆成立中共联合支部，由蒋季复任书记。1996 年分设文化馆、图书馆、博物馆 3 个党支部。

1996—2013 年中共武进县（市、区）文化馆、图书馆、博物馆支部书记更迭情况表

表 1–13

文化馆支部书记		图书馆支部书记		博物馆支部书记	
姓　名	任职时间	姓　名	任职时间	姓　名	任职时间
倪金才	1996.10—2012.05	冯建平	1996.10—2012.07	林志方	1996.12—2012.05
张　锐	2012.05—	王晓刚	2012.07—	施建刚	2012.05—

（六）中共武进区文化广电新闻出版局离、退休干部支部

成立于 2010 年，由何爱东任支部书记。

（七）中共武进区文化行政综合执法大队支部

成立于 2012 年 9 月，由谈大庆任支部书记。

第三节　文学艺术界联合会

一、概　况

1950 年，武进文联成立之初名称为武进县文学艺术工作者联合会（简称武进文联），在常州市区娑罗巷办公。1993 年 7 月 7 日，武进县编制委员会发文，武进县文学艺术工作者联合会更名武进县文学艺术界联合会，为武进各文学艺术协会、乡（镇）、村及学校基层文联和挂靠文联的文艺社团联合组成的人民团体。武进文联实行团体会员制，对各团体会员具有联络、协调、服务、指导职能，主要任务是通过各种渠道和方式，学习、贯彻党的文艺方针政策，广泛团结专业和业余文艺工作者，组织其深入生活、繁荣文艺创作，并通过学术讨论、文艺评奖、书刊出版、影视制作、对外交流等活动，发展、繁荣全区的文化事业。2013 年底，武进区文联内设主席室、秘书长室、办公室（兼协会工作部）。武进区文联业务主管的社团有武进区作家协会、武进区戏剧曲艺家协会、武进区书法家协会、武进区美术家协会、武进区摄影家协会、武进区音乐舞蹈家协会、武进区电影电视艺术家协会、武进区工艺美术家协会、武进区恽南田书画会、武进区南风词社和湖塘镇文学艺术工作者协会 11 个文艺社团，会员 1068 人。辖区内有乡（镇）文联、学校文联 21 个。武进文联成立以来，先后 5 次被评为江苏省县（市、区）“先进文联”。

二、文学艺术界代表大会

（一）武进县首届文学艺术工作者代表大会

1950 年召开，产生武进县文学艺术工作者联合会（以下称文联），为江苏省最早成立的县级文联组织之一。其主要任务是组织剧团演出、组织常州道情及说书艺人演出活动、

组织美术协会和组织剧本创作。日常工作由秘书主持，至1953年，先后由李亚白、沈长川和盛易新任秘书。文联办公地址在常州市娑罗巷。

（二）武进县第二届文学艺术工作者联合会代表大会

1960年5月7—9日在奔牛中学召开，出席会议的有文学、戏剧、音乐、美术、摄影等方面的文艺工作者120名。县委宣传部部长于允伦作工作报告。大会选举产生第二届文联委员会委员71名，于允伦当选县文联主席，张钦奇、吴卓铭、周叙九、蒋仁良当选副主席，王双林任秘书。下设戏剧、美术、音乐舞蹈、文学、摄影5个组，分别由任子龙、皮震环、袁玉珍、蒋仁良和华一中负责。

（三）武进县第三届文学艺术工作者联合会代表大会

1983年12月27—29日在县级机关大院召开，县级党政部门、8个区和党委工厂（场圃）等单位216名代表参加大会。武进县副县长王成智主持会议，县委副书记孙祖法致开幕词，县长张志一作工作报告，县委副书记郭富春致闭幕词。中共常州市委宣传部副部长、市文联主席李文瑞及市文化局局长钱泳林、市文联副主席金辉等到会祝贺。大会审议通过《武进县文学艺术工作者联合会章程》，选举产生第三届县文联委员会委员26名，许本源当选县文联主席，蒋仁良、汤德胜当选副主席，徐浩然任秘书长。

（四）武进县第四届文学艺术工作者联合会代表大会

1989年11月27—28日在湖塘镇武进县第一招待所召开，出席代表238人。县委副书记周复新致贺词，副县长童方云发表讲话，县总工会副主席曹国芳代表县总工会等人民团体致贺词。文联主席许本源作工作报告。大会选举产县文联第四届委员会委员26名，汤德胜当选县文联主席，陈正文、马中原、陆涛声、徐亮当选副主席，李翔岭任秘书长。会前，文联各协会相继完成换届。

（五）武进市第五届文学艺术界联合会代表大会

1997年3月20日在湖塘镇人民大会场举行，出席代表197名。江苏省文联党组书记、常务副主席姚志强、中共常州市委宣传部副部长陈建新、中共武进市委书记赵耀骥、市长宋诚宇、市政协主席周复新等领导出席大会。中共武进市委常委、宣传部部长顾培华致开幕词，共青团市委书记洪军代表武进市各人民团体致贺词，文联主席汤德胜作工作报告，市委书记赵耀骥、副书记杨建在大会上发表讲话。选出市文联第五届委员会委员29名，汤德胜当选市文联主席，马中原、赵治平、彭若男、沈惠兰当选副主席，李翔岭、万叶树聘为正、副秘书长。会前，文联各协会换届。

（六）武进区第六届文学艺术界联合会代表大会

2004年11月22—23日在武进影剧院召开，出席代表218名。中共武进区委常委、宣传部部长江建文致开幕词，区委书记杨建、副书记杨春龙分别发表讲话。区文联副主席冯留兴作题为《履行职责，与时俱进，为繁荣发展武进文学艺术事业而努力奋斗》的工作报告。大会选举产生新一届文联委员23名，郑政平当选区文联主席，沈惠兰、冯留兴当选副主席，戚散花任秘书长。（2008年3月，郑政平调任中共武进区委办公室主任，沈克强任区文联主席)。会前，区文联各协会换届。

(七) 武进区第七届文学艺术界联合会代表大会

2009 年 11 月 19 日在区行政中心召开，出席会议代表 252 名。区妇联主席杨华夏致贺词，中共常州市委宣传部副部长、市文联主席蒋节勤和中共武进区委书记沈瑞卿分别发表讲话，区委宣传部副部长、区文联主席陶可作题为《扎根基层谱新章，开启文艺新征程，团结全区文艺工作者共建幸福武进》的工作报告。选举产生新一届文联委员 19 名，陶可当选区文联主席，冯留兴、陆红、沈惠兰、王元康、萧剑波当选副主席，戚散花任秘书长。2010 年 4 月 3 日，区文联召开七届二次全体委员会议，选举王小伟为文联副主席。会前，文联下属各协会换届。

1950—2013 年武进文联负责人更迭情况表

表 1-14

届次	时　间	主　席	副　主　席	秘　书　长	副秘书长
第一届	1950　—1953			李亚白、沈长川、盛易新	
第二届	1960.05—1982.12	于允伦	张庆奇、吴卓铭、周叙九、蒋仁良	王双林	
第三届	1983.12—1989.11	许本源	蒋仁良、汤德胜	徐浩然	
第四届	1989.11—1997.03	汤德胜	陈正文、马中原、陆涛声、徐　亮	李翔岭	万叶树
第五届	1997.03—2003.11	汤德胜	马中原、赵治平、彭若男、沈惠兰	李翔岭	万叶树
第六届	2004.11—2008.03 2008.03—2009.11	郑政平 沈克强	沈惠兰、冯留兴	戚散花	
第七届	2009.11—2010.04 2010.04—	陶　可	冯留兴、陆　红、沈惠兰、王元康、萧剑波、王小伟	戚散花	

三、专业协会

1984 年 12 月 20 日，同时成立武进县摄影工作者协会、武进县音乐舞蹈工作者协会，县文联所属两个专业协会。1985 年 7 月 14 日，武进县文学协会、戏曲协会、武进县书法协会、武进县美术协会同时成立，县文联所属 6 个专业协会。

(一) 武进美术家协会

1950 年开始筹建，1960 年设美术组，负责人皮震环。1985 年 7 月 14 日，武进县美术工作者协会成立，皮震环当选理事长，卢坤海、徐秉方当选县美术协会副理事长，时有会员 32 人,。1989 年 11 月 27 日文代会召开前，莫静坡当选美术协会理事长。1991 年 6 月，登记注册为武进美术家协会，莫静坡、赵治平先后当选主席。1997 年 3 月 20 日武进市第五次文代会召开前换届，莫静坡当选为美术家协会主席；2004 年 11 月 22 日区第六次文代会召开前换届，黄喜荣当选美术家协会主席。2010 年 4 月 3 日区文联七届二次全体委员会议召开前换届，周晓东当选为主席，2013 年有会员 80 名，年审级别为 A 级。

（二）武进作家协会

1960年设文学组，负责人蒋仁良。1985年7月14日，武进县文学工作者协会成立，陆涛声当选为理事长，时有会员49人。1989年11月27日文代会召开前换届，陆涛声连续当选为理事长。1991年6月，登记注册为武进作家协会，黄水清为主席。1997年3月20日武进市第五次文代会召开前，黄水清当选为作家协会主席；2004年11月22日区第六次文代会召开前换届，李中萱当选作家协会主席，2010年4月3日区文联七届二次全体委员会议召开前换届，荆和平当选作家协会主席，2013年有会员60名，年审级别A级。

（三）武进摄影家协会

1960年设摄影组，负责人华一中。1984年12月20日，武进县摄影工作者协会成立，汤德胜当选理事长。1989年11月27日文代会召开前，汤德胜连续当选理事长。1991年6月，登记注册为武进摄影家协会，汤德胜为主席。1997年3月20日武进市第五次文代会召开前，汤德胜连续当选为主席。2004年11月22～23日区第六次文代会召开前换届，倪金才当选摄影协会主席。2010年4月3日区文联七届二次全体委员会议召开前，刘建中当为主席，2013年有会员118名，年审级别A级。

（四）武进音乐舞蹈家协会

1960年设音乐舞蹈组，负责人袁玉珍。1984年12月20日，音乐舞蹈工作者协会成立，杨国钦当选理事长。1989年11月27日文代会召开前换届，庄旦良当选为理事长。1991年6月，登记注册为武进音乐舞蹈家协会，庄旦良为主席。1997年3月20日武进市第五次文代会召开前，庄旦良连续当选为主席。2004年11月22日区第六次文代会召开前换届，杨琪龙当选主席。2010年4月3日区文联七届二次全体委员会议召开前换届，冯雅静当选为主席。2013年有会员120名，年审级别A级。

（五）武进戏剧曲艺家协会

1960年设戏剧组，负责人任子龙。1985年7月14日，武进县戏剧曲艺工作者协会成立，李祺当选为理事长，时有会员88人。1989年11月27日文代会召开前换届，陈正文当选为戏曲协会理事长。1991年6月，登记注册为武进戏剧曲艺家协会，陈正文为主席。1997年3月20日武进市第五次文代会召开换届前，陈正文当选为主席；2004年11月22日区第六次文代会、2010年4月3日区文联七届二次全体委员会议召开前换届，沈惠兰两度当选为主席。2013年有会员128名，年审级别A级。

（六）武进书法家协会

1985年7月14日，武进县书法工作者协会成立，徐浩然当选为理事长，时有会员31人。1989年11月27日文代会召开前换届，徐浩然连续当选为理事长，1991年6月，登记注册为武进书法家协会，徐浩然为主席。1997年3月20日武进市第五次文代会召开前，徐浩然连续当选为主席；2004年11月22～23日区第六次文代会召开前换届，戚散花当选主席。2010年4月3日区文联七届二次全体委员会议召开前换届，戚散花当选为主席，2013年有会员110名，年审级别为A级。

（七）武进电影电视艺术家协会

1997年，武进市电影电视艺术家协会成立，秦国祥当选为主席。2004年11月，注册登记为武进电影电视艺术家协会，王元康当选为主席；2004年11月22～23日区第六次文代会召开前换届，王元康连续当选为主席。2010年4月3日区文联七届二次全体委员会议召开前换届，王元康再度当选为主席。2013年有会员60名，年审级别为A级。

（八）武进恽南田书画会

1997年6月，登记注册，先后由黄喜荣、李金谷、陆献新当选为会长。2013年有会员47名，年审级别为A级。

（九）武进南风词社

1998年12月，登记注册，王鉴风当选为社长。2013年有会员56名，年审级别为AAA级。

（十）武进工艺美术家协会

2004年6月，登记注册成立，先后由汤友常、萧剑波当选为主席，2010年4月3日区文联七届二次全体委员会议召开前换届，萧剑波当选为主席。2013年有会员52名，年审级别A级。

（十一）武进硬笔书法协会

1995年，武进市硬笔书法协会成立，金祥勋当选为理事长。2004年11月22～23日区第六次文代会召开前换届，王岳群当选区硬笔书法协会主席。2008年3月未参加年鉴。

四、基层文联

（一）乡镇文联

1990年，武进县第一个乡（镇）文联在新安乡成立（今已并入横山桥镇），1998年，武进文联在江苏省文联召开的表彰先进暨基层文联建设经验交流大会上，作题为《突出“联”字天地宽》的专题介绍。至2013年，武进区所辖15个镇（街道）均成立文联，实现文联组织的全覆盖。其中，湖塘镇文联成立于2001年6月，是具备同等法人资格的镇级组织，下设音舞、戏曲、书法、美术、摄影、文学、花鸟、雕刻、工艺盆景、文博鉴赏9个专业协会，2013年，有会员400人，其中有中国作家协会会员1人，中国美术协会会员1人，中国书法协会会员7人，省级各协会会员32人，市级会员93人，区级会员140人。

2013年武进区各镇（街道）文联情况表

表1-15

镇（街道）	成立时间	会员数	主　席	副主席	秘书长	副秘书长	办公地点
雪堰镇	2013.05	200	龚　黎	庄春潮	吴　亭		镇文化活动中心
前黄镇	2013	78	白建业	陈亚娣、沈旦萍	孙　英		镇文化活动中心
礼嘉镇	2013.10	198	王爱军	周亚明、王全华	王宜南		镇文化活动中心

续表 1-15

镇（街道）	成立时间	会员数	主　席	副主席	秘书长	副秘书长	办公地点
遥观镇	2013.07	86	刘　团	戴彩莲	杨国民		镇文化活动中心
洛阳镇	2013.05	713	龚新宇	沈　霞、王小虎	郑仁荣	张玉琴	镇文化活动中心
横林镇	2013.05	122	顾向阳	孟玉兰	朱　红	秦雯黛	镇文化活动中心
横山桥镇	2012.09	380	冯　辉	牟维英、沈　静	韩　宇		镇文化活动中心
郑陆镇	2013.12	100	徐新波	祁科郁	姚国良	徐佳俊	镇文化活动中心
奔牛镇	2013.07	220	严晓国	张浩新	夏啸鸣	陈志清、叶　茹	镇文化活动中心
邹区镇	2013	90	高文明	徐向前	王芳华	薛留坤	镇文化活动中心
湟里镇	2013	200	乔　强	路正峰	蒋玉良	李建新	镇文化活动中心
嘉泽镇	2013.07	50	路　锦	张　英	朱惠芳		镇文化活动中心
南夏墅街道	2013.12	156	蒋黎明	朱　敏	路云松		街道文化活动中心
湖塘镇	2001.06	400	朱佳莉	张映霞、陈立峰	金静菊	孙　杰、史　欢	湖塘镇宣传办
牛塘镇	1997.09	200	薛克平	谢浩元、徐洪元、刘　鸣、霍建芳	朱凤秀	崔炳德	镇文化活动中心

（二）学校文联

1994 年，武进县第一个学校文联在西林高级职业中学成立。此后，武进区有武进广播电视大学、横山桥中学、湖塘桥初级中学、鸣凰中学、小河中学、省奔牛高级中学、湟里中学相继成立学校文联。并创办校园文学社和发表学生作品的内部文艺交流刊物。随着武进区划调整和学校撤并，至 2013 年武进区有武进广播电视大学、横山桥中学、湖塘桥初级中学、鸣凰中学、江苏省奔牛高级中学、湟里中学 6 个学校文联。

（三）村级文联

1999 年 6 月 25 日，湖塘镇何留墅村文联成立。江苏省文联党组书记、省文联常务副主席姚志强至武进出席成立大会并致贺词。时任中共何留墅村委书记江国中当选村文联主席。村文联有会员 100 余人。下设书画摄影、音乐舞蹈、戏曲、信鸽、体育、诗文楹联、花卉盆景 7 个协会。2002 年，何留村文联被评为 2001—2002 年度武进市先进文联。2004 年纳入村级文体活动中心。

第四节　民主党派和工、青、妇组织、社团

一、民主党派

武进县（市、区）文化局没有设立其他党派机构，所有成员分别参加县（市、区）有关支部活动。2013 年，武进区文化广电新闻出版局有中国民主促进会会员 4 名，中国民主同盟盟员 4 名，中国农工民主党党员 3 名，中国致公党党员 1 名。

二、工　会

1979 年，武进新华书店工会成立，姚瑞方当选主席。1989 年 7 月，经县总工会武工组〔1989〕第 51 号文，县文化局成立机关工会小组，由庄旦良任组长。2013 年，由龚留钢负责工会工作。

三、共青团

1958 年，县越剧团成立共青团支部，筱一枝任支部书记。1979 年，共青团新华书店支部成立，由陶淑华任支部书记。

2003 年 11 月，区文化局成立共青团总支，由局机关、文化馆、图书馆、博物馆、锡剧团、电影公司六个团支部组成。通过选举，分别由赵美娟、张锐、赵利娟、薛平鸽、贺晓东 5 人组成委员会。赵美娟任团总支书记，张锐任组织委员，赵利娟任宣传委员。2013 年 1 月，由姜茜任团总支书记。

四、妇　联

2000 年 6 月，市文化局首届妇委会成立，通过选举，由赵美娟、戚散花、杨秀妹、程凤妹、谭静芬、壮宏亮、毛桂萍、宣惠娟、何玲凤 9 人组成委员会。赵美娟任主任，戚散花、杨秀妹任副主任。

2005 年 10 月改选，区文化局第二届妇委会仍由第一届 9 人组成（壮宏亮 2007 年调出）。2013 年 1 月，由胡曦文兼管妇委会工作。

五、业务主管的社团

2013 年，文化广电新闻出版局业务主管的社团有 12 个。

2013 年武进区文化广电新闻出版局业务主管的社团情况表

表 1-16

序号	名　称	成立时间	2013 年会员数	法人代表	2013 年年审级别
1	武进区网吧协会	2007.06.13	133	朱卫忠	A
2	武进区收藏家协会	2007.12.06	62	许耀新	AAA
3	武进区谱牒文化研究会	2008.10.27	61	朱炳国	AAA
4	武进区群众文化研究会	2009.03.26	55	符大荣	AAA
5	武进区延陵季子研究会	2009.05.07	62	吴华生	A
6	武进区地方文献研究会	2009.05.07	62	张尚金	A
7	武进区前黄镇运村社区南杨桥古文化研究会	2011.01.11	32	唐祖厚	AA
8	武进诗联家协会	2011.01.17	66	王亚兴	A
9	武进家谱文化研究会	2011.01.17	55	夏立新	A
10	武进区行业场所协会	2012	158	庄　伟	AAA
11	武进区少儿书画协会	2013.10	57	周政来	
12	武进区施琅研究会	2013.10	50	施建华	

第二章 文学

武进在2500多年历史长河中，人文荟萃，涌现出了众多出类拔萃的文学家。他们创造了武进文学的辉煌，既享誉当代，又对其后的文学发展产生了很大的影响。

307—313年，西晋永嘉之乱以后，北方士族大量南迁，其中朱凤、袁宏、徐邈、徐广等许多文学名士迁居武进，促进了武进文学的发展。在随后的历史进程中，武进曾出现齐梁和清代两个文学发展鼎盛时期，对中国文学的发展史起着重要作用。南朝齐、梁时期（479—557年），齐梁两朝皇帝都是南兰陵（武进）人，均喜爱与崇尚文学，在他们的影响下，武进的文学创作日渐繁荣，出现了萧统、萧绎、萧纲、萧子良等诗文大家。其中，萧统编著的《昭明文选》，是中国最早的一部诗文总集。萧子显撰写的《南齐书·文学传论》是中国史书中最早的文学评论。萧绎撰写的《金楼子·立言》是中国现存最早的文学理论著作；撰写的《金楼子·志怪》与郭宪的《汉武冥洞记》同为中国早期的笔（札）记体汉族神话志怪小说。

唐代，诗歌盛行。武进诗人萧颖士、刘绮庄等的诗作，在《全唐诗》《唐诗三百首》中占有一定地位。常州刺史独孤及与萧颖士呼吁以“笔”代“文”的改革，推动了武进散文创作的发展。

宋代，武进文坛出现以诗词文闻名于世的张佖、胡宿，以古文见长的丁宝臣，和被誉为“韵文宗匠”的孙觌及兼通经学的邹浩、张守等。

元代，武进有以诗文家之称的吴克恭、谢应芳等。

明代，永乐元年（1403年），布衣陈济奉召担任集中国古典大成的旷世大典《永乐大典》都总裁，主持制订编辑本例等，并组织文人写作。此外，卓有成就的文学大家还有诗人徐贲，散文家徐问、毛宪等。

清代，武进文学是继齐梁之后的又一鼎盛时期，出现许多在全国文坛上有重大影响的文学流派：有以恽敬为代表的“阳湖文派”，有以张惠言为代表的“常州词派”，有以庄存与、刘逢禄为代表的“今文经学派”。诗歌、散文方面，有以洪亮吉为首的“毗陵前七子”，有被誉为“乾隆六十年间第一人”的黄景仁，有被列为“江左三大家”之一的赵翼，千古名句“江山代有才人出，各领风骚数百年”，就出自其诗篇。小说方面，有“狭邪小说”创始人陈森，“谴责小说”先驱李宝嘉，“言情小说”家周秋斋和“掌故小说”家许指严等。戏曲创作持续不断，涌现出唐宇昭、马世俊、钱维乔、吕星垣、陆继辂、汤贻汾等剧作家，均有较具影响的剧本问世。

民国时期，武进文坛出现现代文学家和语言学家瞿秋白，中国最早的白话文女作家陈衡哲，小说家张春帆，文史学家屠寄、吕思勉、孟森，语言学家吴稚晖、赵元任、周有光等。

中华人民共和国成立后，武进的文学有很大发展，先后成立文联、文学家协会、文学研究所等。广大文艺工作者遵循毛泽东《在延安文艺座谈会上的讲话》精神，创作活动蓬勃开展，发表出版大量反映新时代、新生活和新人新事的文学作品，出现高晓声等一批全国有影响的文学家。

第一节 小 说

一、长篇小说

武进的长篇小说，始见于南朝。梁武帝萧衍撰写的《仙异记》和萧绎撰写的《金楼子·志怪》等均为“志怪”类小说。宋代，张俗创作的《尸媚传》等称之为传奇小说。明代是长篇章回体及武侠小说的发展时期，代表作有周诗雅的《剑侠传》、徐常吉的《谐史》、钱一本的《遁世篇》等。清代，陈森创作的60回小说《品花宝鉴》，被誉为中国小说史上最早出现的狭邪小说，也是中国文学史上唯一一部描写戏曲演员卑贱生活的长篇小说。李伯元创作的长篇讽刺小说《官场现形记》，开创中国谴责小说之先河。还有许指严创作的长篇小说《泣路记》《近十年之怪现状》《民国春秋演义》等，对以后的小说创作产生深刻影响。民国时期，张春帆创作的《九尾龟》《黑狱》，李定夷创作的《美人福》《伉俪福》，吴绮缘创作的《小桃红》《回春之曲》《奇人奇事录》等十余部长篇小说，曾风靡一时。

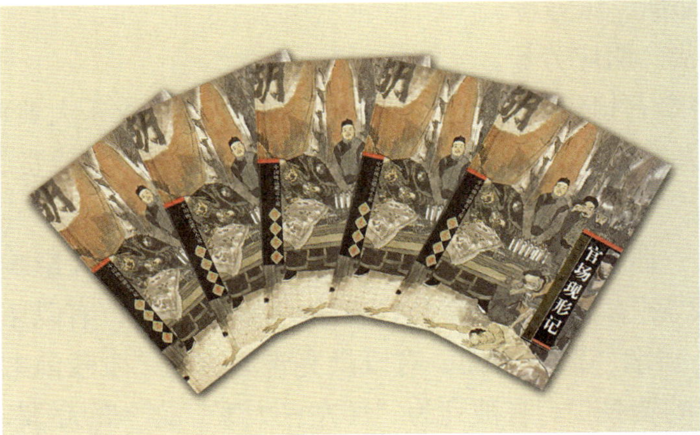

李伯元创作的长篇讽刺小说《官场现形记》

高晓声创作的小说《陈奂生上城出国记》

中华人民共和国成立后，武进长篇小说创作队伍薪火相传，涌现出许多新人新作。高晓声创作的长篇小说《青天在上》，1988年由上海文艺出版社出版；《陈奂生上城出国记》，1991年由上海文艺出版社出版，并获上海首届长篇小说二等奖。

庄亚梁创作的长篇小说《涅槃》，1991年6月由黄河出版社出版；《我为谁恋》2005年12月由作家出版社出版。

庄复兴创作的长篇小说《风雨人生路》，2007年11月由作家出版社出版。

尚玉洁创作的长篇小说《情路漫漫》，2010年由中国文联出版社出版。

郭重威创作的长篇小说《古镇沧桑》，2007年1月由黑龙江人民出版社出版；《古镇沧桑》（三卷本）2010年由香港文汇出版社出版；《潘家三姐妹》2012 年由北京九洲出版社出版。

二、中篇小说

武进的中篇小说创作，兴盛于清代，至民国期间，作品难以计数。中华人民共和国成立后，武进籍作者创作的中篇小说相继在全国各类刊物上发表。1983 至 1984 年，《高晓声中篇小说集》分别由四川文艺出版社和中国文联出版社出版。

1987 年，陆涛声创作的中篇小说《庆生伢的财运》，在《小说家》第四期上发表；《新楼后边是老屋》，1989 年在《小说家》第一期上发表；《密苇深处》，1992 年在《昆仑》第五期上发表；《老话》，1992 年在《北京文学》第七期上发表；《雾中行》，1993 年由解放军文艺出版社出版；《古镇时风》，1994 年在《当代》第一期上发表；《丹青》，2012 年在《长城》第三期上发表，并入选《中国中篇小说精选集》。

陆涛声创作的中篇小说

1987 年，万叶树创作的中篇小说《无情的搏斗》，在广西《群众文艺》第六期上发表；《奇公子惊驾闹姑苏》，在《金陵百花》1988 年第五期上发表；《乱世少年情》，1988 年 11 月被《乡土》选载。2001 年，《兰陵白泰官》由中国文联出版社出版。

1988 年，钟斌成创作的中篇小说《风流乡长》，在《垦春泥》第十期上发表。

1993 年，庄亚梁创作的中篇小说《魂断玫瑰梦》，由《小说月报》发表。

1994 年至 2010 年，李中萱创作的中篇小说《富贵乡》《桃色》《乡村沉沦》《天使的诱惑》《风流四合》《城市之劫》《在旷野上嚎叫》等分别在《小说月报》《当代》《作家出版社》《翠苑》等刊物上发表。

2000 年，金磊创作的中篇小说《失重》在《雨花》发表。

2002 年，庄复兴创作的中篇小说《漳河迷案》由人民日报出版社出版。

2010 年，尚玉洁创作的中篇小说《情骗》获《小说选刊》中篇小说三等奖。

三、短篇小说

短篇小说，选取和描绘富有典型意义的生活片断，着力刻画人物的性格特征，反映生活的某一侧面，能使读者“窥一斑略知全豹”，其特点是篇幅短小、情节简洁、人物集中、结构精巧。

武进的短篇小说创作，在 20 世纪 60 年代开始日趋繁荣，至 80 年代后出现百花齐放景象，作品题材大多以反映农村新生活、新人物为主。在全省及全国具有一定影响，其中，陆涛声创作的《再见千岛湖》获小说月报第八届百花奖，入选《江苏文学 50 年》短篇小说卷，中国作家协会创研部选编的《97 年中国短篇小说精选》。

1955—2013 年武进部分短篇小说出版发表情况表

表 2-1

作 品	作 者	时 间	出版、发表单位或刊物
《解约》	高晓声	1955	江苏人民出版社
《小青龙》	高晓声	1956	江苏人民出版社
《母亲》	潘英达	1956	《文汇报》副刊
《第一个工作日》	史光新	1963	《雨花》
《粮站主任》	万叶树	1965	《萌芽》
《扬子江中英雄船》	居柏青	1972	《解放军文艺》
《人物两章》	庄亚梁	1972	《雨花》
《父亲的心愿》	陆涛声	1976	《江苏文艺》
《活地图》	陆涛声	1976	《解放军文艺》
《渠水长流》	万叶树	1977	江苏人民出版社
《夜过前栗山》	陆涛声	1978	《钟山》
《李顺大造屋》	高晓声	1979	江苏人民出版社
《瞎子阿炳和他的长烟杆》	唐炳良	1980	《青春》
《母亲、妻子和我》	唐炳良	1981	《雨花》
《陈奂生上城》	高晓声	1981	甘肃人民出版社
《年燃》	李中萱	1981	《雨花》
《乡村的早市》	李中萱	1982	《钟山》
《爆炒米的黑大》	唐炳良	1982	《雨花》
《“斧子”和“锯子”》	陆涛声	1982	《文学报》
《璞玉》	陆涛声	1982	《解放日报》
《钟摆》	陆涛声	1984	《上海文学》
《难以交待的故事》	李中萱	1984	《现代作家》
《“大”学生》	王抗芙	1984	《新华日报》
《酒话别当真》	马中原	1984	《雨花》
《蒙蒙细雨》	谈玉中	1985	《雨花》
《金锁泪》	万叶树	1986	《乐园》
《钱包》	高晓声	1986	香港香江出版社
《一个姑娘在异乡》	陆涛声	1986	《垦春泥》
《人间笔记》	李中萱	1988	《雨花》

续表 2-1

作　品	作　者	时　间	出版、发表单位或刊物
《王村浴事》	李中萱	1988	《雨花》
《觅》	高晓声	1988	江苏文艺出版社
《小楼风波》	陆涛声	1989	《当代》
《诚笃》	陆涛声	1989	《北京文学》
《最后两票》	陆涛声	1990	《北京文学》
《造屋》	陆涛声	1990	《北京文学》
《风景》	李中萱	1991	《雨花》
《蠡塘旧事》	李中萱	1991	《雨花》
《怪病怪医》	万叶树	1992	《楚风》
《心中有佛》	陆涛声	1992	《十月》
《雾宴》	陆涛声	1996	《北京文学》
《笋芽儿》	万叶树	1996	《少年报》
《钢蹦儿、绒球帽》	万叶树	1996	《少年报》
《再见千岛湖》	陆涛声	1997	《北方文学》
《赵小姐》	金　磊	1998	《小说界》
《爱情游戏》	庄亚梁	1999	《北方文学》
《皮铁特》	金　磊	2000	《上海文学》
《琵琶村首富》	刘光俊	2003	吉林人民出版社
《不能接受的爱》	尚玉洁	2012	《当代》

四、微型小说

微型小说也称“小小说”。武进的微型小说创作，兴盛于 20 世纪 80 年代。

1983 年至 2004 年，陆涛声在全国各类刊物发表的微型小说有《长三分》《浮云》《这目光》《怪味瓜子》《约会》《悄然东流水》《梅桩紫砂壶》《亮光》《气门芯》等 9 篇。

庄亚梁创作的微型小说《梦》，1986 年被《小说选刊》第 4 期选载；《唐瘸子》，1992 年被《小小说选刊》第十期选载。

1993 年 8 月，金志新创作的《蓦回首》，入选河北华龄出版社出版的《当代微型文学作品精粹》；《拜年》，1994 年 2 月 6 日在《新华日报》上发表；《绛色毛衣》，1995 年 2 月被《微型小说选刊》选载；《台镜》，1999 年 4 月被《微型小说选刊》选载；《驯服》入选黑龙江哈尔滨出版社出版的《中国当代文学精粹》；《哆嗦》获全国青少年儿童文学“星星奖”优秀奖，《白鸽》1993 年入选云南出版社《跨世纪彩虹集》，《小梅》在 1994 年 7 月《小小说月报》上发表。

刘光俊创作的《急转弯》，1996年被《小小说选刊》第7期选载；《多退少补》，1998年在《广西文学》第十二期上发表。

杨秀妹创作的《木鱼》，1998年12月在《广西文学》上发表；《佛心》，在《小小说选刊》1999年第十五期上发表；《方嫂》，于2002年8月在《人民文学》（副刊）上发表。

纪萍创作的《女囚身后的男人》，于2006年在《小小说月刊》上发表，并入选中国文联《2006中国年度小小说精选篇目》。

自20世纪80年代起至2013年，武进籍作者在全国各类刊物发表的微型小说约有80余篇。

第二节 散 文

南朝齐梁期间，萧绎撰写的《金楼子·立言》是中国现存早期的散文理论著作。唐代，时任常州郡守的独孤及与萧颖士等一起呼吁以“笔”代“文”，改革文风，推动了散文的发展。

宋代，王安石任常州太守时，提倡“文以致用”，李纲任太守时，主张“文章养气”，这些倡议和主张都对后来的散文创作产生深远的影响。明代，散文创作形成以唐顺之为代表的“唐宋派”。清代，武进的阳湖文派与桐城派成为重要散文流派之一。清末民初，武进作者结集刊印的散文集多达1000本。其中，武进女作家陈衡哲于1917年（民国6年）年6月发表的白话散文《莱因女士小传》，曾在全国引起轰动。

中华人民共和国成立后，特别是1978年中共十一届三中全会召开以来，武进的散文创作人才辈出，新老作者深入基层，从各个不同的角度，不同的层面，创作了许多反映新时代，讴歌新生活的优秀作品。

陈东夫创作的散文《芙蓉大道》《芙蓉“彩虹”》，分别于1985年、1987年在《中国乡镇报》上发表；《艳芙蓉》，1988年5月入编《江苏名镇》；《珠乡风情》《湖山诗风》，1991年入编江苏人民出版社出版的《县邑风情》；《巧相融》，在1992年中国国际广播电台、金陵之声广播电台联合举办的《古镇风流》征文评比中获三等奖；《墨香街》，1994年12月在《解放日报》副刊上发表。

陆涛声创作的散文《植根荒山寂寞开》，1993年12月在《北京文学》上发表；《“病梅”新说》和《石雕店的功夫茶》，2005年1月8日、4月30日在《人民日报》上发表；《笛声牵动的思绪》，入选《2006年中国精美短文100篇》；《漫话猴子》和《琴台与知音》，2006年在《雨花》上发表；《江南的船》，2008年8月在《北京文学》上发表；《弥勒与联句》《钟馗形象解读》《“城”的时髦》《想起周忱》《浅尝“饮食文化”》《庐山别样景》《这是上当吗》等随笔，分别在《雨花》等刊物上发表。

万叶树创作的散文《摄影之乡花烂漫》，1996年9月25日在《中国文化报》发表；《京杭运河掠影》等3篇，1998年在北京《前进论坛》第十一期上发表；《朱元璋与武进》，1999年在北京《前进论坛》第七期上发表。

李慧奇创作的散文《女儿人缘好》等5篇，1996年在《新民晚报》上发表；《画童的母亲》，1998年11月6日在《新华日报》上发表。

徐遗辛创作的散文集《梦痕心迹》，1996年由成都出版社出版；《乡魂旅思》，2002年由中国文联出版社出版。

张健创作的散文《轮回》《关于一条狗》，2005年1月在《散文》上发表，并收入百花文艺出版社《2005散文精选》；《老巷》等8篇，2005年4月在《散文》上发表；《隐忍的竹林》，2005年5月收入《中华散文集》；《鸟巢》，2006年7月在《雨花》上发表；《屋里屋外》，2006年4月在《散文》上发表；《羊》《一头猪的素描》，2006年12月在《散文》和《雨花》上发表；《嘉泽笔记》2013年由江苏文艺出版社出版。

王抗芙创作的散文《大恩不言谢》《今生有缘》，1998年8月、10月在《中国妇女》上发表；《小弟》2003年12月在《雨花》上发表。

陈晓兰创作的散文《各做其梦》，1999年5月21日在《中国文化报》上发表；《男人赚多钱才好》，2000年10月3日在《新民晚报》上发表；《你是否被男人物化了》，2001年10月9日在《新民晚报》上发表。

张咏梅创作的散文集《新疆没有伞》《不该来江南》，笔触细腻，独具匠心，深受读者喜爱。

作为针砭时弊利器的杂文，在20世纪50年代“反右倾”和60年代“文化大革命”时期磨灭了锐气，直至1978年以后，又重新活跃文坛。其中，吴洪生和冯士彦合作的杂文《中国人的选择》，1998年由古籍出版社出版。晏飞创作的《阅尽人间脸色》，1990年被《江苏杂文选》收编，《厂里的世界真无奈》，入选1999年《江苏文学50年·杂文卷》。冯士彦的杂文《有感于一篇中学生作文》《围城缺什么》《“民口”开发略论》分别于1996年、1997年、2000年在《解放日报》上发表。蒋凤姣的杂文《善良比聪明重要》，2008年在《羊城晚报》上发表；《认清自己是一种智慧》，2011年在《新民晚报》上发表。进入21世纪，随着人们物质生活水平的提高，寄情于山水的游记，追求人生的杂谈，历史人物传记等多种形式的散文集不断涌现，由钱世康编写的《古桥揽胜》《茶与生活》、陈东夫创作的《江山多娇》《湖山情》、孙杰编写的《孙觌研究文集》、李公朴研究会编写的《李公朴文集》等相继出版。据不完全统计，自20世纪80年代至2013年，由高晓声、陆涛声、万叶树、李翔岭、陈东夫、荆和平、张健、徐遗辛、马中原、潘英达、吴洪生、冯士彦、钱世康、王抗芙、李丽、张咏梅等创作出版的散文集有30余部（见附表2–4）。

第三节 诗 歌

南北朝梁代，有“诗人皇帝”之称的梁武帝萧衍，是七言诗开拓者之一，著有《东飞伯劳歌》等，今有存诗20卷800余首。唐代产生了一批风格迥异、个性鲜明的优秀诗人。其中，人称“萧夫子”的萧颖士著有《萧颖士诗》《萧颖士词》各1卷，刘绮庄著有

《刘绮庄诗歌》4卷。宋代，有成就的诗人和作品有张伀的《张伀诗》《张伀词》、胡宿的《胡文恭集》、张守的《毗陵集》、蔡戡的《定斋集》、邹浩的《道乡集》、孙觌的《鸿庆居士集》等。元代，主要诗人和诗作有吴克恭的《寅夫集》、谢应芳的《龟巢诗集》等。明代，具有代表性的诗人与诗作有徐贲的《徐幼文诗集》、徐问的《徐尚书集》、潘恩的《潘尚书集》、白悦的《洛原遗稿》、薛应旂的《薛宪副集》、唐顺之的《诗编》、陆奎章的《章贡稿》、孙慎行的《玄晏斋诗选》、周诗雅的《静文堂稿》、郑鄤的《峚阳草堂集》等。

清代，武进产生一批优秀诗人和大量优秀诗作，现存诗集有近500多部，在中国诗坛上占有重要地位和广泛影响。其中，具有代表性的作者、作品有吴阐思的《秋影园诗》12卷、恽格的《题画诗》、陈炼的《西林诗抄》5卷、董大伦的《梅坪诗钞》3卷、被称为“毗陵四才子”之一的董以宁的《正谊堂诗集》17卷、杨文言的《南兰纪事诗》15卷、徐永宣的《茶坪诗钞》10卷、“江左三大家”之一的赵翼著《瓯北诗钞》等3部68卷、管干贞的《松崖诗钞》32卷、有“毗陵七子”之一的洪亮吉著《卷施阁诗集》等5部49卷、黄景仁著《两当轩集》22卷、孙星衍著《芳茂山人诗录》40卷、伍宇昭著《舣舟亭诗集》、张惠言与其弟张琦两人合选的《词选》是常州词派的重要选本、李兆洛著《养一斋诗集》40卷等。清道光年间，女诗人恽珠集933位女诗人诗作，从中选出1700余首，刻成《闺秀正始集》20卷，后又收593位女诗人诗作1229首，刻成《闺秀正始续集》10卷。武进也由此被称誉为“诗国”。

民国时期，新诗开始出现，它与传统旧体诗歌形成流派交汇的局面。1916年（民国5年），陈衡哲（女）的新体诗《月》和《风》，在《留美学生季刊》上发表，是中国以白话文进行诗歌创作的第一人。陈衡哲用白话文写诗，迅速在国内外引起巨大反响。此后，又陆续发表《鸟》《人家说我发了痴》《散伍归来》等新体诗。20世纪20年代初，瞿秋白发表的《赤潮曲》等50余首诗歌作品，充满鲜明的阶级性和革命性。其他作品有钱振锽著《挑芥女》《农妇》《报童》《女丐》等诗词1100余首收入《名山诗集》，钱希（女）著有《云在轩诗集》，吕凤（女）著有《清声阁诗集》，谢觐虞著有《谢玉岑遗稿》等等。

中华人民共和国成立后，武进诗词创作承前启后。从事格律诗创作的作者和作品主要有庄先识著《知夜斋诗简》、董缆庵著《三唐石斋词》、钱小山著《小山诗词》、羊牧之著《秋华馆诗存》、吴祖光著《枕下集》、钱逢吉（女）著《冰梅存稿》、谢稚柳著《壮暮堂词集》。还有曾铸、钱璱之、朱小刚、吕锦尚、王鉴凤、谢孝宠、王亚兴、姚如元、周叙春等作者的诗词作品，先后在报纸、刊物上发表。2012年，常州市武进南风词社主编的《毗陵近二百年词选》由中国诗词楹联出版社出版。

自20世纪90年代起，武进诗坛的作品主要以新诗体为主。荆和平的诗歌集《又见阳光》，2002年由中国工人出版社出版，《白天和黑夜》，2012年由中国文联出版社出版。姚如元创作的诗歌集《云烟诗情》，2008年由中国文联出版社出版。邹晓慧创作的诗歌《失落的夜色》，入选《2005年度中国最佳诗歌》；《幸福是低调的》，入选《2007年度中国最佳诗歌》；诗歌集《纯粹》，2010年由大众文艺出版社出版。张健创作的诗歌《在风里》等，先后在2004年《诗刊》杂志上发表；《从前》2006年由时代出版社出版；其创作的诗歌集《庭院》，2011年由百花文艺出版社出版；《马兰谣》，2012年由南京大学出版社出版。

334—2013年部分武进籍诗人诗文集选录

表2-2

序号	姓 名	字	号	诗文集名称
1	徐 邈	仙民		《徐邈集》
2	徐 广	野民		《徐广集》
3	萧子良	云英		《竟陵王集》
4	萧 衍	叔达		《连珠》《梁武帝集》
5	萧 洽	宏称		《萧洽集》
6	萧 琛	彦瑜		《萧琛文集》
7	萧子范	景则		《萧子范集》
8	萧子显	景阳		《景阳文集》
9	萧子晖	景先		《萧子晖集》
10	萧 统	德施		《古诗正声》
11	萧 纲	世缵		《梁简文帝集》
12	萧 绎	世诚		《梁元帝集》
13	萧德言	文行		《萧德言集》
14	萧颖士	茂挺		《萧茂挺集》
15	张 佖			《张佖诗集》
16	胡 宿	武平		《胡文恭诗集》
17	丁宝臣	元珍		《丁宝臣文集》
18	丁 骘	公点		《丁骘集》
19	张 守	全真		《毗陵集》
20	胡 珵	德辉		《苍梧集》
21	蔡 戡	定夫		《定斋集》《定斋诗余》
22	邹 浩	志完	道乡居士	《道乡集》《道乡诗钞》
23	孙 觌	仲益	鸿庆居士	《鸿庆居士文集》
24	吴克恭	寅夫		《寅夫集》
25	谢应芳	子兰	龟巢	《龟巢集》《龟巢诗文钞》
26	徐 贲	幼文	北郭生	《北郭集》《徐幼文集》
27	陈 济	伯载	思斋	《思斋集》
28	唐世良	用章	颐庵	《颐庵稿》

续表 2-2

序号	姓　名	字	号	诗文集名称
29	王　伒	廷贵		《思亲文集》
30	陆　简	伯廉	治斋	《龙皋文稿》
31	潘　恩	子仁	湛川	《笠江集》《潘尚书集》
32	薛应旂	仲常	方山	《六朝诗集》《薛方山集》
33	唐顺之	应德	荆川	《诗编》《唐荆川先生文集》
34	陆奎章	子翰	东坤子	《东坤文集》
35	唐鹤徵	元卿	凝庵	《家居稿》《南、北游稿》
36	吴中行	子道	复庵	《复庵娱晚诗抄》《赐余堂集》
37	钱一本	国瑞	启新	《启新斋集》
38	龚道立	应声		《芝草集》《缘云集》
39	孙慎行	闻斯	淇澳	《玄晏斋诗》《玄晏斋诗选》
40	张弘道	成孺	元岳	《元岳诗集》《王谷集》
41	恽厥初	衷白	膴原	《知希庵集》《素园集》
42	管绍宁			《赐诚堂文集》
43	陆自鹤	岱瞻		《困游草》《敝箧集》
44	恽本初	道生	香山	《香山近诗》《汝阴诗》
45	恽日初	逊庵		《逊庵诗文集》《不远堂诗文集》
46	唐宇昭	孔明	云客	《拟故宫词》《半园外史稿》
47	杨廷鉴	冰如	静山	《静山诗》《东皋华堂集》
48	董文骥	玉虬	易农	《微泉阁诗集》《微泉阁词》
49	庄同生	玉聪	澹庵	《红窗百咏》《澹庵集》
50	陆　玺	亘明		《南坪诗草》
51	董以宁	文友	宛斋	《正谊堂集》《董文友诗选》
52	恽　格	寿平	南田	《瓯香馆集》《南田诗钞》
53	陈玉璂	庚明	椒峰	《学文堂诗集》《椒峰集》
54	龚士荐	彦吉	复园	《复园诗钞》《复园外集诗》
55	杨大鹤	九皋	芝田	《稻香楼诗》《芝田诗草》
56	周清源	雅楫	浣初	《蓉湖文集》《浣初词》
57	龚时恺			《秋崖诗文集》《益州诗文集》
58	钱名世	亮功	絅庵	《古香亭诗集》《钱名世诗选》
59	庄令舆	荪服	阮尊	《晚翠亭诗钞》《毗陵唱和集》

续表 2-2

序号	姓 名	字	号	诗文集名称
60	庄 楷	书田	蓼原	《蓼原山房诗集》《燕台近咏》
61	徐永宣	学人	茶坪	《茶坪诗钞》《云溪草堂诗钞》
62	赵彪诏	豹之	令献	《毗陵百家诗钞》
63	钱人麟	铸庵	借翁	《师思斋文集》
64	恽源濬	哲长	铁萧老人	《铁萧诗钞》
65	杨述曾	二思	企山	《使车集》
66	刘 纶	如叔	绳庵	《绳庵词》
67	恽 冰（女）	浩如	清於	《题画诗稿》
68	庄存与	方耕	养恬	《味经斋文稿》
69	庄培因	本淳		《虚一斋诗集》
70	赵 翼	云崧	瓯北	《瓯北诗抄》《瓯北全集》
71	汤大奎	曾辂	纬堂	《纬堂诗抄》
72	董 潮	晓沧	东亭	《东亭诗选》《红豆诗人集》
73	管干贞	阳复	松崖	《松崖诗抄》
74	管世铭	缄若	韫山	《韫山堂诗集》《鸣和合籁》
75	钱维乔	树参	曙川	《竹初诗钞》《鸣秋合籁》
76	洪亮吉	稚存	北江	《洪北江诗文集》《更生斋集》
77	赵怀玉	亿孙	味辛	《亦有生斋诗集》
78	黄景仁	仲则	汉镛	《两当轩诗集》《竹眠词》
79	王采薇（女）	玉瑛		《长离阁诗集》
80	孙星衍	渊如		《孙渊如诗文集》
81	恽 敬	子君	简堂	《大云山房诗集》《蒹塘词》
82	张惠言	皋文		《茗柯文编》《茗柯词》
83	刘嗣绾	简之	芙初	《尚絅堂诗集》《筝船词》
84	李兆洛	申耆	绅琦	《养一斋诗集》《骈体文钞》
85	丁履恒	道元	若士	《思贤阁诗集》《宛芬楼唱和诗》
86	恽 珠（女）	珍浦	星联	《红香馆诗词草》
87	陆继辂	祁孙	霍庄	《崇石药文集》《清邻词》
88	庄盘珠（女）	莲佩		《莲佩诗抄》《莲佩诗草》
89	刘逢禄	申受	申甫	《刘礼部集》《刘礼部词》
90	汤贻芬	雨生	粥翁	《琴隐园诗集》

续表 2-2

序号	姓　名	字	号	诗文集名称
91	董士锡	晋卿	损甫	《齐物论斋文集》《蓉影词》
92	方履篯	彦闻		《万善花室诗集》
93	费伯雄	晋卿	砚云子	《留云山馆诗钞》
94	刘炳照	柏荫		《梦痕词》《老咏诗集》
95	陈素贞	纫秋		《织云楼诗集》《织云楼词》
96	恽毓荣	叔元		《花甲唱和集》《稀龄唱和集》
97	钱振锽	梦鲸	名山	《名山诗集》《谪星诗钞》
98	刘海粟	季芳	海翁	《海粟诗词》
99	伍受真	稼青		《稼青集外诗词》
100	羊牧之			《秋华馆诗存》《续毗陵诗录》
101	庄先织			《知夜斋诗简》
102	董缌庵			《三请石斋词》
103	钱小山			《小山诗词》
104	吴祖光			《枕下集》
105	钱逢吉（女）			《冰梅存稿》
106	谢雅柳			《壮暮堂词集》
107	荆和平			《又见阳光》《白天和黑夜》
108	姚如元			《云烟诗情》
109	邹晓慧			《纯粹》
110	张　健			《庭院》

第四节　儿童文学

武进的儿童文学创作兴盛于 20 世纪 70 年代，黄水清、万叶树等作者的作品陆续在省内外刊物上发表，并相继获省级、全国级奖项。

黄水清创作的童话《金鸡的故事》，1979 年 7 月由少年儿童出版社出版；《小黄毛的故事》，1986 年 5 月获北京作协、《北京日报》联办的“小苗”征文三等奖；《扶松的木杆》，1991 年 7 月获全国新童话征文三等奖；《相扑巨人》，1993 年 11 月获首届冰心儿童图书新作奖；《科学知识童话》，1998 年 8 月由四川省少儿出版社出版；《语言大厦风波》，由上海教育出版社出版；《自然科学与人》，2001 年获冰心儿童文学新作奖；《科学寓言 1001 夜》，获江苏省第三届“五个一工程“奖、文化部第三届“蒲公英奖”并由江苏少儿出版社出版；《知识童话精选》，由上海远东出版社出版；《语言大厦风波》，获 2003 年上海市第八届中小学优秀图书奖；科学寓言《大力神游宇宙》，由上海市教育出版社出版并获 2004 年中国寓言文学“金骆驼奖”；《科学寓言大王》，2005年由上海教育出版社出版；《科学故事大王》《科学童话大王》，2006年由上海教育出版社出版；《吹牛大王历险记》，2008年由知识出版社出版。

黄水清创作的《科学寓言大王》

万叶树创作的童话《蜣螂遇盗》，1981年8月在《儿童时代》上发表；《发愤的老虎》，1982年3月在《东方少年》上发表；《花卉勇士》，1982年9月在《儿童时代》上发表；《代兄任教》，1986年4月在《儿童时代》上发表；《惊人的消息》，1986年7月在《儿童时代》上发表；《擒龙记》，1987年7月在《儿童时代》上发表；《包公除妖》和《苦恶鸟》，1988年在《儿童文学》上发表；《葬鬼墩》，1988年在《童话报》第十期上发表，《神鹰与灰灰》，1991年7月在《童话报》上发表，《金钥匙》，1996年12月18日在《童话报》上发表。儿童文学集《跳窗的大鲤鱼》，1998年由中国文联出版社出版；《白头鱼鹰和它的胖灰灰》，1999年入选《江苏文学50年·儿童文学卷》。

蒋凤姣创作的《超级无敌地球人》，2012年6月由华夏出版社出版；《一元钱的温暖与拯救》，2013年由广西师范大学出版社出版。尚玉洁创作的长篇童话《光头鼠的故事》，2013年由中国文联出版社出版。

第五节　报告文学

报告文学，又称纪实文学。1919年（民国8年）“五四”运动后，报告文学在题材和思想上取得巨大突破。其中，瞿秋白写的《饿乡纪程》《赤都心史》等赞扬苏俄革命，寻求中国出路的作品，为中国早期报告文学创作开了先河。中华人民共和国成立后，武进作者积极发挥报告文学这一文艺“轻骑兵”的作用，开始在各类报刊上发表作品。

瞿秋白写的《饿乡纪程》

1988年，万叶树撰写的《在大潮的涌动中奋进》，收入江苏人民出版社的《心系农民》报告文学集；《直挂云帆济沧海》《“园织机大王”的营销术》《“双湖”颂》入选《新华日报》、1994年2月出版的《江苏省优秀乡镇企业家列传》；《雪原林莽壮士血》，入选1997年江苏人民出版社《悠悠赤子情》一书；《沈家大桥保卫战》，收入江苏古籍出版社《江苏掌故》集；1999年，《科技能手，致富状元》获《人民日报》海外版纪实文学征文二等奖；《十年辛苦不寻常》，获《人民日报》第四届“中华大地之光”征文二等奖并入选《大地华章》报告文学集。

1991年，由许本源、马中原、李翔岭合作的《武进抗洪救灾纪实》从下到上广泛演讲宣传。马中原写的《神圣的职责》《两岸乡情浓，架桥有新人》，入选《1991年中国抗洪英雄群英谱》；《把绝品留给后世》，在《传记文学》2000年第一期上发表；《踏平坎坷成大道》，入选当代中国出版社出版的报告文学集《时代的亮点》。

1992年，李翔岭与万叶树合作的《老寄娘邹兰英》，在《世纪风采》上发表并获江苏省纪念新四军建军60周年“沙家浜杯”征文二等奖；《镜头内外》，1992年在北京《大众摄影》第一期上发表。

1993年，杨金达编写的《瞿秋白的故事》由陕西人民教育出版社出版。

2006年，纪萍撰写的《留给未来》，在《传记传奇》杂志上发表；2007年，《女检察官手记》获江苏省报刊优秀作品一等奖并由上海文艺出版社出版。

2011年5月，杨金达编写的《杨氏名人传记》由珠海出版社出版。

据不完全统计，2010至2013年，《武进日报》记者撰写的报告文学获省级以上奖项的有20余篇。

第六节　民间文学

武进，早在5000年前就有人类在此繁衍生息，留下了许许多多的神话故事、传说故事和民谣、谚语等丰富多彩的民间文学作品，内容大多与武进的历史、地理、人文和经济密切相关。一代代口口相传，传承至今，弥足珍贵，其中淹城的传说等分别列入常州市、武进区非物质文化遗产保护名录（详见第九章非物质文化遗产）。

在中国近代文学史上，一批武进籍文人，搜集、整理的许多民间故事，先后在省内外报刊杂志上发表，在社会上产生一定的影响。20世纪20年代，全国著名掌故小说家许指严，以其特殊的社会地位和经历为素材，一生编写了2000多万字的故事作品。由其编写的《香妃异闻》《故宫艳迹》《清史野闻》等故事，在民间广为流传。史学家孟森编写的《太后下嫁》《董小宛》《横波夫人》等故事，为后人创作戏剧和影视作品提供了宝贵的素材。教育家、民俗学家伍受真，一生记录和整理的大量民间传说故事作品，融知识性、趣味性于一体，令后人百读百听不厌。

一、“三套集成”搜集

1984年，中华人民共和国文化部、国家民族事务委员会、中国民间文艺家协会决定在全国范围内组织开展民间故事、民间歌谣、民间谚语（简称“三套集成”）的搜集、整理、编纂工作。按照上级统一部署，县政府于1987年下半年组建武进县民间文学三套集成工作领导小组，下设办公室和编委会，由宣传部副部长、文联主席许本源任领导小组组长，文化局副局长汤德胜任领导小组副组长，办公室设在县文化局，县文联秘书长徐浩然任办公室主任，县文化馆馆长李翔岭任“三套集成”编委会总编。全县60个乡镇成立相应的“三套集成”搜集整理工作机构，各乡镇分管领导担任领导小组组长，宣传委员任领导小组副组长，共青团、妇联、成校等部门配合，办公室设在文化站。经过县文化局组织培训后，搜集工作在全县各乡镇全面开展。采编人员在一年半时间里走村访户，做了大量细致的工作。至1988年底，在广泛搜集资料的基础上，按照“科学性、全面性、代表性”的要求，全县60个乡镇的民间故事、民间歌谣、民间谚语资料编写完成。寨桥乡、新安乡、圩塘乡、雪堰乡、东安乡等乡镇的民间文学资料集，在江苏省民间文学集成工作会议上展出。

1990年，常州市举行民间文学集成工作总结表彰大会，中共常州市委宣传部、市文化局、市文联、市宗教事务处授予牛塘乡、湟里乡、汤庄乡、寨桥乡、新安乡、新桥乡、焦溪乡等乡镇文化站民间文学集成工作先进集体。张文华、蒋福昌、刘正范、姚如松等文化站长评为民间文学集成工作先进个人。9月，由李翔岭主编，江苏省文化厅厅长王鸿撰写序言的《武进民间文学集》，由南京大学出版社出版，选录了流传于武进各地的民间故事436篇、民间歌谣245首、谚语1503条共50万字，其中入选常州市卷故事61篇，歌谣41首。新安文化站采编的10多个民间故事、歌谣被《武进民间文学集成》收编；故事《拜师学轻功》被《中国民间文学》1989年第四期选载。湟里文化站搜集整理的民间故事《处处有救星》入选《常州民间文学卷》；《良心被野兽吃掉了》入编《中国民间文学卷》。

二、民间故事创作

中华人民共和国成立后，武进许多从事文学创作，特别是热心于民间文学的工作者，孜孜不倦，搜集、整理在民间流传的传说故事，同时创作发生在当代的新故事。

1975年，陆涛声、沈志敏创作的新故事《两只水蜜桃》，被收入江苏人民出版社出版的故事集《扎根》。陆涛声创作的新故事《三进芦花村》，入选江苏人民出版社出版的故事集《弯弓射日到江南》；《落脚点》入选中国民间文艺出版社出版的故事集《创业艰难百战多》；中篇故事《短剑春秋》在江苏《垦春泥》杂志发表，并获1986年度优秀故事奖。

1977年6月，武进作者创作的故事集——《龙山炮声》由江苏人民出版社出版，收录的故事有张焕良创作的《龙山炮声》、钟斌成创作的《沼气新华》、孙洪发创作的《8号理发员》、陆涛声创作的《风雨保健路》、王挺德创作的《运货途中》、陈信创作的《炉火永红》、万叶树创作的《渠水长流》、燕上创作的《跳上船的鲢鱼》、顾国南创作的《跃进序曲》、陈新华、陈国光合作的《小车飞奔》、奔牛文化站创作的《铁牛欢唱》11篇。

1981年，万叶树搜集整理的民间故事《鸟叫六棵齐》，在北京《民间文学》月刊上发表；《商人教子》，1982年12月在上海《好儿童》上发表；1986年整理创作的《棋圣赌驴》《代兄任教》《拔门闩》《香港婆姨的血泪》《喜极生悲》《朱元璋改都》6篇民间故事，分别在《山海经》《乡土报》等刊物上发表；1987年创作的《过三求医》，在《乐园》上发表；《包公除妖》，1988年5月《童话报》上发表；《造化小儿》，1989年在《儿童时代》第一期上发表；《诸葛亮买稀奇鱼》，1993年8月在《山海经》上发表；《寇准罢宴》，1994年在《乡土》第九期上发表；《关云长理事》，1994年在《故事家》第十二期上发表并于1995年7月获全国传统故事大赛二等奖；《张择端三绘“清明上河图”》，1995年在上海《故事会》第六期上发表；《慈禧怪病一帖愈》，1996年在《乡土》第六期上发表；《孔子学琴》，1997年在《好儿童》第三期上发表；《一文亭》《红杏姻缘》，1997年在《民间故事》第一期、第二期上发表；《巧破盗银案》《劝君莫称强中手》，1994年、1998年在《故事家》第二期上发表；《鸟叫六棵齐》《孔子学琴》由《天津画报》绘制连环画出版。

1989年，蒋梦熊创作的新故事《拜师学轻功》，在《民间文学》第四期上发表；《祖坟里的外财》，1990年在《曲艺》杂志第四期上发表；《乡长夺“仙”水》，1993年在《民间文学》第二期上发表并获全国故事大赛二等奖；《车祸引发的婚变》，在《民间故事》第五期上发表并获1995年全国故事大赛三等奖；《阎王路上》1999年在《上海故事》第六期上发表。

1986年，陈东夫创作的故事《探媳妇》、1995年与人合作的故事《千古迷墩》和1996年创作的故事《永远的牵挂》分别获江苏省报纸副刊年度评比二等奖。

1996年，陈小保整理的故事《裁缝偷藏貂皮》，在《乡土》第四期上发表；《“黑子”说不得》2000年在《乡土》第八期上发表。

2001年，金志新创作的新故事《和合鳖》在《故事家》第八期上发表。

2007年，蒋凤姣创作的故事《老屋里的浪漫》，在《故事王》上发表；《王老爹的特异功能》《神秘的夜行人》《养生地之谜》，分别在《新聊斋》上发表。2008年，《妻变》，在《民间传奇故事》上发表；《到底谁狠》《王大胆之死》，分别在《民间传奇故事》《新聊斋》上发表；《情人原是失踪的妻》，在《新智慧·故事》上发表；《绝杀》，在《新故事》上发表；《谁是谁的累赘》《有些便宜不能捡》，分别在《故事王》《民间故事》上发表；《别欺负乡下人》，在《民间传奇故事》上发表；《爷爷追的星》，在《故事世界》上发表；《给老公点颜色看》，在《故事林》上发表；《花钱买病的女孩》《冷漠的母亲》《不想喊你阿姨》，分别在《故事报》《新故事》上发表。2009年，故事《最会讲故事的人》，在《新故事》上发表；《小鸡抓老鹰》，在《新故事》上发表；《起不动的棺材》，在《百家故事》上发表；《巧杀索命羊》，在《新故事》上发表；《阿智斗鬼》，在《新故事》上发表；《入土不安》，在《新故事》上发表。2010，《人善天不欺》，在《传奇故事》上发表；《捐款之后》，在《故事会》上发表；《看看谁玩谁》，在《民间故事》上发表。2011年，《王肯堂与“夹人虫”》，在《民间故事》《传奇故事》上发表；《最牛的绑匪》，在《传奇故事》上发表；《一字千金的广告》，在《故事会》上发表。2012年，《超级无敌地球人》由华夏出版社出版。

2007年，杨秀妹创作的故事《小凡学厨》，获第三届全国少儿曲艺大赛作品奖，2008年获第八届江苏省五星工程奖银奖。2010年，《阳湖拳小传人》，获江苏省第三届少儿曲艺大赛创作二等奖。

2010年，孙晓锋编写的《武进地名故事》《常州地名故事》由方志出版社出版。

2013年，肖飞编写的《武进旅游故事集》由文汇出版社出版。尚玉洁创作的故事集《蓝呱呱和外星鸟》，由文汇出版社出版。

第七节　戏剧文学

武进的戏剧创作始于元代，陶国瑛创作的杂剧《森罗殿》留名青史。清乾嘉时期，随着滩簧的流行，武进的戏剧创作日趋繁荣。至民国时期，《珍珠塔》《十五贯》等一批经艺人整理改编的剧目被搬上舞台。

中华人民共和国成立后，武进的戏剧创作有专业和业余两支队伍组成。专业创作人员主要集中在文化局剧目创作室和文化馆，业余创作人员则分散在农村、学校和企事业单位，在中国共产党的文艺方针指引下，先后创作了《扑灭邻火》《牛旺回书》《芙蓉花开》《三留老木匠》《孔繁森》《风流母女》等一大批反映新时代、新人物、新生活的优秀戏剧作品，涌现出王嘉大、陆忠宽、马中原、刘兴中等一批优秀剧作家。

1954—2013 年武进在省级以上刊物发表、获奖大戏、小戏情况表

表 2–3

作品名称	形式	作　者	发表、获奖情况
《社长的心事》	小戏	徐　骏	1954 年江苏省《群众文艺》发表
《牛旺回书》	大戏	任子龙	1956 年参加省第一届戏曲观摩演出，获创作、演出奖
《芙蓉花开》	大戏	任子龙	1959 年参加江苏省戏曲调演，获剧本创作一等奖
《桑篮记》	小戏	马中原　陆忠宽	1975 年江苏人民出版社出版
《新嫂嫂》	小戏	李　祺　马中原	1975 年江苏人民出版社出版
《三留老木匠》	小戏	陆忠宽　马中原	1977 年江苏人民出版社出版
《卖猪记》	小戏	陆忠宽　汪松年	1977 年江苏人民出版社出版
《书记的镰刀》	小戏	陆忠宽　汪松年	1977 年参加省专业剧团会演
《囡囡拾瓜》	小戏	陆忠宽　汪松年	1977 年参加省专业剧团会演
《母女会》	小戏	陆忠宽　蒋玉祥	1978 年参加省专业剧团会演
《巧巧借猪》	小戏	马中原	1979 年江苏人民出版社出版
《报产之前》	小戏	李　祺　奚鸣鹤	1979 年江苏人民出版社出版
《两个八点钟》	小戏	陆　鹤	1979 年《江苏戏剧丛刊》发表
《红绿绒线》	小戏	陆　鹤　陆忠宽	1979 年参加江苏省专业剧团会演，获剧本创作一等奖
《油菜花开》	小戏	陆　鹤	1980 年《江苏戏剧丛刊》发表
《望海》	大戏	马中原	1980 年参加江苏省观摩演出
《金银案》	大戏	杨雪怀　马中原	1982 年《江苏戏剧丛刊》发表
《一进一出》	小戏	陆涛声	1982 年《江苏戏剧丛刊》发表
《银花曲》	小戏	杨建中	1982 年《江苏戏剧丛刊》发表
《“朝天辣子”娶媳》妇		陆忠宽　白清渊	1984 年《江苏戏剧丛刊》发表
《访瓜园》	小戏	刘兴中	1984 年参加江苏省首届锡剧节，获创作二等奖

续表 2-3

作品名称	形式	作　者	发表、获奖情况
《莲花朵朵》	小戏	张世昌　刘兴中	1984 年参加江苏省首届锡剧节，获创作二等奖
《鸭绒被》	小戏	陆涛声	1984 年参加江苏省首届锡剧节，获创作三等奖
《风流母女》	大戏	马中原　刘兴中	1986 年参加江苏第二届锡剧节，获剧本一等奖
《员外抬轿》	小戏	马中原	1986 年《剧本》第三期发表
《哭哭笑笑》	小戏	马中原	1988 年《剧本》第五期发表
《凤飞何处》	大戏	刘兴中	1989 年参加省新剧目献演，同年在《剧本》杂志发表
《窦娥冤》（改编）	大戏	刘兴中	1999 年参加江苏省第五届锡剧节演出，省第三届戏剧节演出获新剧目奖
《红砖绿瓦》	大戏	马中原	2002 年《江苏剧影月报》发表
《今日出梅》	大戏	马中原	2003 年《剧影月报》发表
《浣沙谣》（改编）	大戏	姚金城	2006 年参加江苏省第七届锡剧节演出，获优秀剧目一等奖

第八节　影视文学

洪深是武进第一个电影艺术家，1923 年（民国 12 年）开始从事职业艺术生涯，一生创作电影剧本 38 个，其中 26 个剧本被摄制成影片、亲自执导电影 9 部。著有《电影戏剧表演术》《电影术语词典》《电影戏剧的编剧方法》等，为中国电影事业的发展做出开创性的贡献。20 世纪 20 年代，杨小仲创作的电影剧本《阎瑞生》《好兄弟》和《松柏缘》被拍摄成电影。

中华人民共和国成立后，随着广播电视业的发展，影视文学逐步兴起。20 世纪 80 年代，武进县广播局添置电视摄像设备，成立电视摄像机构。1984 年，陆涛声创作的电视文学剧本《五岳图》由《江苏戏剧丛刊》发表。

1986 年，陆涛声、刘金城、马晓红 3 人将陆涛声小说《造屋风波》改编成剧本，由上海电影制片厂电视剧部拍摄成同名电视剧，由中央二台播出。1989 年，陆涛声、王海勤将陆涛声中篇小说《新楼后边是老屋》改编成 3 集同名电视剧，由上海电视台拍摄并播放。同年，由许本源撰稿，武进县广播电视局徐亮等人拍摄反映武进改革开放的电视纪录片《武进在前进》，3 月 30 日在常州电视台播放长达 1 小时，这是武进自己制作的首部电视纪录片。

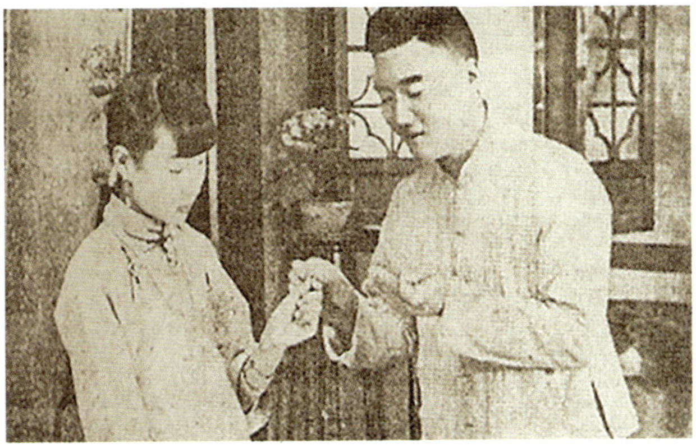
杨小仲创作的电影剧本《阎瑞生》

1995 年 3 月，武进县电台、电视台派员赴吴海军烈士生前所在的武警部队采访创编，拍摄的3集电视专题片《金色年华》由上海电视台播放。

2002年3月，为纪念李公朴先生诞辰100周年，由武进广播电视局创作、录制的大型系列广播剧《民主的号手—李公朴》举行首播式，全国政协常委、民盟中央副主席吴修平、民盟中央宣传部文史处处长张冠生、李公朴的女儿张国男等参加。同年7月31日，武进广播电视局和区双拥办、区人武部共同策划、摄制的大型系列电视纪录片——《天南海北武进兵》首播。该记录片设《星光灿烂》《海上长城》《西部情怀》《水乡儿女》《高原赞歌》《将星闪耀》6集。

纪念李公朴先生诞辰100周年，由武进广播电视台创作、拍摄的的大型系列广播剧《民主的号手—李公朴》举行首播式

2005年，电视剧本《春秋淹城》创作完成并开机拍摄。该剧以武进历史文化古城淹城为背景，从一个侧面反映春秋战国时期群雄纷争的史实。于2012年春节，在江苏电视台播放。

2010年6月，常州市人民政府办公室、常州市检察院举行《女检察官手记》首映式暨新闻发布会

2006年，武进区检察院女检察官纪萍的报告文学集《女检察官手记》，由上海豪器文化传播公司改编拍摄制作成同名电视剧。

2013年，横山桥镇业余作者陈东平创作的电影剧本《月有阴晴圆缺》，由中国戏剧出版社出版。

1979—2013年武进部分文学著作情况表

表2-4

作　者	类别	书　　名	出版社	出版时间
高晓声	小说	《高晓声短篇小说集》	江苏人民出版社	1979
	小说	《高晓声短篇小说集》	江苏人民出版社	1980
	小说	《高晓声短篇小说集》	人民文学出版社	1981
	小说	《高晓声短篇小说集》	人民文学出版社	1982
	小说	《高晓声中短篇小说集》	四川文艺出版社	1983
	小说	《高晓声中短篇小说集》	中国文联出版社	1984
	小说	《青天在上》	上海文艺出版社	1988
	小说	《陈奂生上城出国记》	上海文艺出版社	1991
	散文	《寻觅青白》	作家出版社	1999

续表 2-4

作　者	类别	书　　名	出版社	出版时间
陆涛声	小说	《庆生伢的财运》	华艺出版社	1993
	评论	《寻找航标》	江苏文艺出版社	1994
	小说	《雾中行》	解放军文艺出版社	1996
	小说	《再见，千岛湖》	海潮出版社	2001
	散文	《走近天一阁》	海潮出版社	2001
	散文	《沧海集》	黑龙江人民出版社	2006
	散文	《涛声自说自画》	作家出版社	2008
	小说散文	《陆涛声文选读本》	吉林摄影出版社	2006
万叶树	民间故事	《相思草》	江苏文艺出版社	1992
	儿童文学	《跳窗的大鲤鱼》	中国文联出版社	1998
	小说	《兰陵白泰宫》	中国文联出版社	2001
	散文	《离乡草》	北京东方出版社	2000
黄水清	儿童文学	《金鸡的故事》	江苏少儿出版社	1979
	儿童文学	《科学知识童话》	四川少儿出版社	1998
	儿童文学	《语言大厦风波》	上海教育出版社	1999
	儿童文学	《科学寓言 1001 夜》	江苏少儿出版社	2001
	儿童文学	《知识童话精选》	上海远东出版社	2003
	儿童文学	《大力神游宇宙》	上海教育出版社	2004
	儿童文学	《科学寓言大王》	上海教育出版社	2005
	儿童文学	《科学故事大王》	上海教育出版社	2006
	儿童文学	《科学童话大王》	上海教育出版社	2007
	儿童文学	《吹牛大王历险记》	知识出版社	2008
马中原	散文	《绿色的祈祷》	中国戏剧出版社	1999
李翔岭	散文	《三人行》	人民日报出版社	2002
	民间文学	《武进民间文学》	南京大学出版社	1991
李中萱	小说	《美人钓》	江苏文艺出版社	1998
	小说	《在旷野上嚎叫》	作家出版社	2010
	小说	《乡村沉沦》	作家出版社	2002
庄亚梁	小说	《涅槃》	黄河出版社	1999
	小说	《爱情游戏》	北方文艺出版社	1999
	小说	《我为谁恋》	作家出版社	2005
庄复兴	故事	《漳河谜案》	人民日报出版社	2002
	小说	《风雨人生路》	作家出版社	2007

续表 2-4

作　者	类别	书　　　名	出版社	出版时间
徐遗辛	散文	《梦痕心迹》	成都出版社	1996
	散文	《乡魂旅思》	中国文联出版社	2002
荆和平	诗歌	《又见阳光》	中国工人出版社	2002
	诗歌	《白天或黑夜》	中国文联出版社	2012
	散文	《清风吹过》	中国文联出版社	2004
晏　飞	杂文	《晏飞杂文选》	中国文联出版社	2001
	散文	《红塔巍巍》	中国文联出版社	2002
	散文	《夜航偶拾》	中国文联出版社	2005
李　祺	文史	《武进锡剧》	中国文史出版社	2007
张　健	诗歌	《马兰谣》	南京大学出版社	2012
	散文	《庭院》	百花文艺出版社	2011
蒋惊雷	诗歌	《惊雷诗文集》	香港天马出版社	2001
张咏梅	散文	《新疆没有伞》	远方出版社	2002
	散文	《不该来江南》	南京大学出版社	2013
陈东夫	散文	《湖山情》	时代文艺出版社	2003
	散文	《苦乐人生话写作》	时代出版社	2004
	散文	《江山多娇》	黑龙江人民出版社	2005
郭重威	小说	《古镇沧桑》	香港文汇出版社	2009
	小说	《潘家三姐妹》	大地出版社	2012
吴洪生	杂文	《中国人的选择》（与冯士彦合作）	古籍出版社	1998
	小说	《晓风残月》	春风文艺出版社	2012
金　磊	小说	《半推半就》	江苏文艺出版社	2011
李　丽	散文	《我把昨天丢失》	黑龙江人民出版社	2005
王抗芙	散文	《女人的“景点”》	中国戏剧出版社	2000
纪　萍	报告文学	《女检察官手记》	上海文艺出版社	2007
潘英达	散文	《炼狱之门》	中国文联出版社	2005
姚如元	诗歌	《云烟诗情》	中国文联出版社	2008
孙晓锋	故事	《武进地名故事》	方志出版社	2010
邹晓慧	诗歌	《回归》	宁夏人民出版社	2012
蒋凤姣	科幻故事	《超级无极地球人》	华夏出版社	2012
尚玉洁	小说	《情路漫漫》	中国文联出版社	2010
	儿童文学	《光头鼠的故事》	中国文联出版社	2013
肖　飞	散文	《武进奇葩》	中国文联出版社	2005
	故事	《武进旅游故事》	文汇出版社	2013

第九节 文学社团

一、文人雅集

自南朝起，武进的文人雅士就有约三五好友饮酒赋诗的习惯。齐竟陵王郡萧子良，擅诗文，好引纳人才。曾在鸡笼山西邸，集学士辑五经百家，编《四部要略》4卷。是时，常夜集学士诗会，规定刻烛一寸，成诗四韵，称“刻烛诗会”。梁萧文琰、吴兴、邱令等7人，以敲击铜钵为时限，响声绝，诗即成，互相观览吟诵，谓之“铜钵诗会”。唐代苏州、湖州、杭州等地刺史，于每年春季，借选贡茶之机，与常州刺史约会于茶山乡，作“茶山境会”。宋代，常郡地方官吏于每年春季，借“劝农”之机，率部出游，诗酒观宴，举行“春游诗酒会”。自明朝起至今，武进文人结社代代相传，为武进文学发展起到积极的推动作用。

二、诗社、词社

大云社 是武进最早的诗社，由吴杰等人发起，成立于明崇祯七年（1634年），参加人数不详。

浣花社 成立于清康熙四十年(1701年)，由恽鹤生创立。社员有恽格、杨宗发、吴香昊、陈炼、董大纶等19人。

六子社 成立于清乾隆四十年（1775年），由赵怀玉、庄勇成、程景傅等6人结社。

冰心社 成立于1912年（民国元年），由史锡鑾、苏纳候、胡春甫、薛仲起等发起组织。社员有50多人。

苔岑咏社 成立于1917年（民国6年），由吴蔚元、朱承先、余信芳、金武祥等发起。成立初期有社员108人。1918年，外地诗人纷纷加入。数年内，社员遍及江、浙、皖三省，计300余人，时被学者誉为“江南第一社”。

槐苑诗社 始创于1997年，由横林镇诗词爱好者李泉堂、许君武、莫俊茂、夏荣祥等人发起组成，许君武为召集人。诗社成立以后，人员几经更迭，现有社员10多人。每年刊印《槐苑诗稿》一期，至今已连续出刊16期。创作各类诗词作品3000余首，其中有200余首诗词在市级以上刊物发表。

湖山诗社 是郑陆镇民间文学组织，成员多以退休干部和退休教师及部分农民诗词爱好者参加。现有社员60余人。首期《湖山诗社》刊登诗词作品354首，印数2000多册。20世纪90年代初被中华全国诗词学会吸收为团体会员。

翼溪诗社 1992年9月在戴溪桥成立，社长沈毅。2001年3月1日，改称“南风词社翼溪分社”。2008年8月28日，创刊《翼溪苑》诗刊，每月出刊1期，至2007年出刊116期。社员创作的205首作品分别在《中国当代诗词精选》《舣舟诗荟》等10多家诗刊上发表。现有社员40余人。诗社被中央人民广播电台誉为“我国第一个真正的农民诗社”。

洛阳诗社 前身为洛阳诗词小组，于1988年3月26日成立，组长陈文忠，副组长刘志成，顾问马正。1996 年 4 月改称“洛阳诗社”，有社员 28 人。诗社每月 10 日和 26 日组织创作交流活动，每年组织 2 次外出采风，每年举办迎春赛诗会。20 多年来，有 600 多首诗词作品在《中国当代诗词精选》《京华诗讯》《中华风华集》《江海诗词》等 10 多家诗刊、书刊发表。现有会员 40 余人。

南风词社　是雪堰镇南宅（原南宅乡）民间文学组织，由王鉴风等人于 1992 年 5 月发起成立。南风祠社成立后，聚集一大批国内外词坛名家，其中有上海复旦大学、上海外国语学院、西南师大、江西教育学院、广州大学、东南大学、安徽大学、扬州大学和上海、重庆、四川、安徽、江西、陕西等文史馆、社科院的教授、专家、学者 40 多人。词社自办刊物《南风》，至 2013 年，共收集海内外词稿及研究文章 5 万多首（篇），被有关刊物录用 1 万多首（篇），先后推出《南风》词刊专集 17 期。《夹山》词集 124 期。南风词社现有会员 150 余人，遍布国内 27 个省、直辖市、自治区，中国台湾、香港、澳门地区以及美国、新加坡等国家。2005 年 1 月，南风祠社被江苏省文化厅命名为“江苏省特色文化团队”，被常州市文联评为特色协会，在全国词学界博得一致赞誉。

南风词社 2004 年 12 月获江苏省特色文化团队

三、协　会

武进文学协会　成立于 1985 年 7 月，隶属武进文学艺术界联合会。初成立时有会员 87 人，历任负责人有陆涛声、黄水清、李中萱、荆和平，现有会员 110 人。协会成立后，每年组织会员外出采风，举办读书会、笔会等活动。自办内部刊物先后有《南田》《武进文学》《武进文艺》等。

武进诗联协会　成立于 2011 年 4 月，隶属区文化广电新闻出版局，由王亚兴任会长，现有会员 97 人。主办刊物《武进楹联》，多名会员的楹联作品常见于，《中国楹联报》《中华楹联报》《南方诗联》《江苏楹联》和加拿大《大华商报》文学副刊，具有较高的知名度和美誉度。

四、学校文学社、诗社

新园文学社　1999 年成立于前黄中学，文学社以“播撒思想种子、浇灌文学沃土、培养灵魂参擘、累积风采硕果”为宗旨，编辑的校刊《新园青年》曾获全国校刊评比二等奖。成立以来，文学社社员在各级刊物发表作品千余篇。

风帆文学社　1997 年创建于武进高级中学，以“繁荣校园文化，反映校园生活，培养文学新人”为宗旨，设编辑部、筹划部、宣传部、记者部。拥有社员 300 余人。《风帆》期刊设有“阳湖星空”、“走进吴文化”、“同题作文”等栏目。

新槐文学社　1983 年春创建于横林高级中学，至 2013 年，已发展社员 30 批次 4000

余人。文学社以征文比赛、读书活动、文学风采、小记者采访为主要活动。社员作品《如花岁月》《花季流韵》《新槐飘香》公开出版。

青苹果文学社 1990年5月成立于横山桥高级中学。原名“翠苑文学社”，由师生自主创办，1992年更名“青苹果文学社。至2013年年底，文学社发展社员2500余人，历年社员优秀作品集《玉兰花开》，由东南大学出版社结集出版。

博文苑文学社 1999年创建于湟里高级中学，至2013年年底，已发展社员11届次2080人。主办内刊《博文苑》，至2013年，出版45期次。2003年，社员作品《博文撷英》结集出版。

春潮文学社 1994年春成立于鸣凰中学，至2013年年底，已发展社员15届次1500余人。文学社由师生共同管理，文学社刊《春潮》出刊20多期。

舜风诗社 2007年1月创办于焦溪初级中学，由常州市舣舟诗社社长羊汉担任名誉社长。至2013年年底，发展社员6届次共500余人。经常开展征文、读书采风活动，办有社刊《舜风》和社员作品集。

翼溪小诗社 2006年9月创建于戴溪中心小学，后加入武进“南风词社”。有社员40余人。定期开展诗词吟诵、外出采风、诗歌创作活动，自办诗刊《雏莺鸣溪》多期。社员多篇诗作获省、市、区级竞赛一等奖。

第十节　文学研究

一、机构沿革

武进对经学、史学、方志学、语言文字学以及诸子百家的学术研究活动，从三国时期就非常活跃，文人结社代代相传。至清代，各学派的学术研究达到了鼎盛时期，涌现出赵翼、洪亮吉、孙星衍、李兆洛等一批文学研究大家。以张惠言为代表的“常州词派”，以恽敬为代表的“阳湖文派”，以庄存与、刘逢禄为代表的“常州学派（今文经学派）”从各个不同侧面推动了武进文学的变革和发展，至今影响深远。中华人民共和国成立后至1975年期间，武进没有设立专门的文学研究机构，学术研究和创作活动主要由县文学艺术工作者联合会和县文化馆组织开展。

张惠言与恽敬雕像

1975年1月，武进县文化局成立，为宣传新思想，创作新作品，于1976年设立武进县文艺创作组。创作组有李祺、陆涛声、马中原3人组成，由李祺任组长。主要职能是组织开展全县文艺创作和学术研究活动，编印文艺刊物，帮助业余作者提高创作水平。1998年，为适应武进文学和艺术发展的需要，原文艺创作组分设武进市文学艺术研究室和武进市剧目工作室，分别由陆涛声和马中原任负责人，性质为全额拨款事业单位。2003年，两室合署办公，由杨秀妹任负责人。

2013年1月，根据武编发8号文件精神，武进区文学研究室和武进区剧目工作室合并组建武进区文学研究所，性质为全额拨款事业单位，核定编制5人。主要职能是组织开展文艺创作和文学研究活动，文化艺术宣传和学术交流活动。由杨秀妹任所长，下设办公室由马雯负责，文学创作联络部由张健负责，戏剧创作联络部由金志新负责，《武进文化》编辑部由张咏梅负责。

二、文艺评论

武进的文人雅士对诗歌、散文、小说、剧本的研究代代相传，文艺评论百家争鸣。公元前576−484年，季札关于习周礼、听周乐而知殷夏之风的论断、在鲁国观乐、出使列国时以对各国的政治、文化、社会论理、民俗风情、语言、艺术所发表的见解，开辟鸿蒙时期的文学评论活动，对以后的文学批评包括散文评论有着深远的影响。南朝时，萧子良、萧绎、刘勰等在文学评论上有独到见解。唐朝时有萧颖士、独孤及等，同为“古文运动”先驱人物。宋代有时任常州太守的李纲，主张“文章养气”对散文批评有一定影响。此外还有胡宿、丁宝臣、邹浩、孙觌等均有不同数量著作问世。明代，是武进散文批评上的一个重要阶段，有以李梦阳为代表的“七子派”、以唐顺之为代表的“唐宋派”等一批文论家和理论著作，在中国文学史上占有一定位置。“唐宋派”创始人唐顺之等形成“文章千古一脉”的文统观。徐问主张“直抒胸臆”等。清代，出现了陈玉璂、邵长蘅、恽敬、张惠言、李兆洛等“阳湖文派”，提倡“骈散合一”的主张；陈森的狭邪小说论和李宝嘉的通俗小说论等，在中国文学批评史上占有十分重要的地位。民国时期，瞿秋白的杂文理论和杂文批评活动，为中国现代杂文建设奠定了理论基础。

中华人民共和国成立后，武进的文艺评论活动薪火相传。20世纪80年代，主要有高晓声撰写的《创作杂谈》《生活·思想·创作》《创作经验谈》《“三言”选择》等文学评论分别由《上海文艺》《花城》《漓江》等刊物发表。

陆涛声撰写的剧评《瓦砾中的一颗种子》《吸收·追求·探索》《戏剧舞台呼唤真实的当代人》分别于1983年、1984年、1987年由《江苏戏剧丛刊》《江苏首届艺术节专刊》《上海文化艺术报》发表。写作杂谈《我与小说》《写忏悔为担当》分别于1999年、2012年由《百花文艺》和《小说选刊》发表。

杨秀妹撰写的文艺评论《浅谈戏剧小品的意境美》《浅谈小品中的激变》分别于2000、2005年由中国戏剧出版社《基层艺术工作论文选》和京华出版社《曲海浪花》杂志上发表。《“常州宣卷”论略》获第四届江苏曲艺“芦花奖”理论奖。

2005年，李祺撰写的论文《推陈出新——试论上世纪五十年代锡剧改戏工作》在《艺术百家》第三期上发表。

金志新撰写的文艺评论《戏曲歌舞的诗性之美》《戏剧舞台不可或缺的人性力量》，

分别于2006年、2007年由黑龙江《剧作家》杂志和《四川戏剧杂志》上发表。

另有张咏梅有关红楼梦的研究文章及张健对有关诗歌散文的评论文章在各相关报刊杂志上发表。

三、内部刊物

1955年至1995年期间，武进的文艺刊物主要由文化馆负责编印和发放。1955年初，为满足全县业余剧团和基层俱乐部演唱材料的需求，推广县内业余作者的作品，促进和繁荣全县的文艺创作活动，县文化馆创办了文艺刊物《俱乐部》。《俱乐部》以刊登文艺演唱材料为主，适当选登一些短篇小说、小故事和诗歌、散文等。初办时为32开油印本，每月出刊1期。1956年改为铅印本，每月出刊2期，每期发行1000份。1966年，“文化大革命”开始，《俱乐部》停办。1972年，县文化馆恢复文艺材料编印发放工作，将原《俱乐部》改名为《革命文艺》，为32开铅印本，每两月出刊1期，每期发行500份。1974年改为每月出刊1期，每期发行500份。1977年改版为8开油印本。1978年改名为《群众文艺》。1979年，《群众文艺》又改名为《俱乐部》，刊物为四开版报纸型，每月1期，每期印发2000份。1980年，《俱乐部》改名为《阳湖》，每月出刊1期，每期印发2000份，于1982年停刊。

1976年至1995年期间，县文联先后创办《阳湖》《南田》等刊物，文化局为推广业余作者创作的戏剧作品，创作组每年都收集全县戏剧作者的优秀作品，选编1册32开铅印本的戏曲集，发行范围与数量与文化馆编印的文艺刊物相同。

1995年，由武进文化局主办，文艺创作组承办的《武进文化》创刊。办刊的宗旨是：突出地域特色，彰显文化亮点，检阅文学成果，展示文明形象，使之成为新作者萌芽的土壤，老作者练兵的阵地，文化信息沟通的桥梁，文化形象展示的窗口。发行的主要对象是省内各市、县、区文化局、文化馆、文联；武进四套班子领导，各部委办局，各乡镇、文化站、中小学，文化部门工作人员、老同志；在省外工作的武进籍知名人士，有联系的外省文化部门和相关人士。刊物为8开4版报纸型，每年出刊8—10期不等，每期发放2000份。2005年，《武进文化》改为彩印版，其他不变。2009年起，每年出刊12期。《武进文化》创刊至2012年2月共出刊165期，发放33万份。同年，由武进区文化广电新闻出版局主管，常州市武进延陵季子研究会、武进地方文献研究会、武进图书馆联办，张尚金主编的《武进文史研究》出刊，至2013年出刊12期。2012年4月，《武进文化》扩容改版，改报纸型为16开50页全彩印季刊杂志，刊物由武进区文化广电新闻出版局主办，武进区文学研究所承办，由范正洪任编委会主任，杨秀妹任主编，于2012年6月正式出刊。至2013年12月共出刊7期，每期发行2000份，共发行14000份。

第三章 艺术

武进的艺术源远流长。千百年来人文荟萃，出现戏剧、曲艺、书画、摄影、音乐、舞蹈、电影、电视等艺术门类。一代又一代的艺术家、艺术工作者为后人留下难以数计的艺术珍品，在江苏乃至中国的艺术史上占有十分重要的位置。

武进的戏剧始于元代杂剧，明代开始有南戏，先后产生了众多杂剧、南戏的作家和剧作。元代，有陶国瑛的《森罗殿》，明代，有薛近兖的《绣襦记》、郑鄤的《曲选》、蒋孝的《南九宫谱》等。清代，有吕星垣的《康衢新乐府》、钱维乔的《竹初乐府》，董康的《曲海总目提要》等。嘉靖初，昆曲家谢林泉参与昆山魏良辅改革昆腔，由此昆曲流入武进，至清代，武进习唱昆曲成风，连常州府中学堂亦特设昆曲组，瞿秋白在校时，也学唱过昆曲折子戏《拾金》。清乾隆年间，武进滩簧开始流行，至道光年间，已普及乡镇，官府屡禁而不绝。清光绪初，京剧在常州盛行，出现了赵子敬、蒋君稼等知名全国的票友和以张肖伧为代表的 150 多人的京剧评论家群。1912 年（民国元年），话剧由留日归国的陆镜若引入常州，与此同时，越剧、沪剧、滑稽戏亦流入武进。中华人民共和国成立后，武进县成立锡剧团、越剧团、小京班、评弹团。戏院、剧场相继落成，会演、调演接连不断，涌现出一批优秀编剧、导演和表演人才。

武进的曲艺具有浓郁的乡土和生活气息。明代有评话、弹词和唱春。清代有道情、宣卷、小热昏等。几百年来留下许多脍炙人口的作品与曲目。如弹词《回香缘》《凤双飞》，唱春《孟姜女十二月花名》，宣卷《白龙宝卷》，小热昏《包公打东洋》，评话《兰陵白侠》等。中华人民共和国成立后，武进艺人组建曲艺联合会，各曲种都创作出不少歌颂新时代、新生活的文艺作品。

武进的书法、绘画在南朝梁代前后就出现画家萧放、萧绎，书法家萧思话、萧子云等名家。至清代，绘画更为盛行，形成以恽南田为代表的“常州画派”，在全国画坛具有重要影响。近现代又产生冯超然、刘海粟、谢稚柳、马万里等闻名海内外的书画家。中华人民共和国成立后，武进文化馆先后配备书画专职工作人员，1989 年成立武进县书画院，专业和业余创作活动十分活跃，创作出一批优秀作品，造就一批书画名家。

音乐，早在春秋时期季札就以听周乐而知“殷夏之风”享誉诸侯列国。晋代，已有吴歌、杂曲。南朝，梁武帝制准音器及十二律长笛，在南北朝音乐发展史上起了主要推动作用。明代，山歌、道教、佛教音乐在武进流行。清代，《五更调》《春调》等民间小调广泛传唱。近现代涌现出赵元任、吴伯超、陆华柏、吴祖强、瞿维、刘如曾等作曲家与音乐教育家。中华人民共和国成立后，武进音乐人创作、演唱的歌曲在省、市大赛中频频获奖，在青少年中掀起了学习钢琴、二胡等乐器的热潮。

舞蹈，在隋代就有记载。古代主要有云车舞、枯枝舞、跳财神等。民间舞蹈有狮子舞、龙灯舞、高跷、花担、荡湖船等。中华人民共和国成立后，开展对民间舞蹈的挖掘整理。武进创作编排的舞蹈《上梁》等作品多次参加省、全国比赛并获大奖。

摄影是一门新兴的艺术门类，早期武进涌现出吴中行、薛伯清等摄影艺术家。20 世纪 70 年代以前，武进的摄影活动主要在城镇照相馆开展。1971 年，县文化馆配备专职摄影人员。1975 年后，武进县文化局每年都举办摄影艺术培训班。摄影队伍不断壮大，摄影活动蓬勃展开，许多作品在国际国内大展中获奖。2000 年 5 月，武进市被文化部授予摄影之乡称号。

电影，发端于清末。民国期间，影坛上出现洪深、杨小仲、陈玉梅、薛伯清等一批武进籍电影艺术家。电影、电视剧本创作起始于 20 世纪 80 年代，先后被搬上屏幕的有《新楼后面是老屋》《金色年华》《天南海北武进兵》《春秋淹城》《纯真岁月》等多部作品。

第一节 戏 剧

一、锡 剧

锡剧起源于武进、无锡地区，流行于江苏、浙江、安徽、上海等地，至今已有近 200 年历史。锡剧与越剧、黄梅戏并称为华东地区三大剧种。2005 年，锡剧被国务院定为全国非物质文化遗产保护项目。

（一）锡剧的起源

传统锡剧《珍珠塔》剧照

锡剧，早称“滩簧”。江南水乡，船工昼夜行舟，善用山歌解闷；农民田间劳作，善用山歌解乏。山歌有单口和对口之分，歌词短则四句，长则十句八句。内容由简到繁，直至发展为人物与故事相结合，变为一种名“说唱”的艺术形式。说唱，就是早期的滩簧。清乾隆年间，常州地区的滩簧称“常滩”，无锡地区的滩簧称“锡滩”。锡剧由“常滩”和“锡滩”演变而来。

（二）锡剧的演变

在近 200 年的历史长廊里，锡剧走过了从“对子戏”到“小同场戏”“大同场戏”“幕表戏”“常锡文戏”“常锡剧”的发展历程。

“对子戏”是指以一男一女对唱的形式（其中女角也由男的扮演），演唱发生在民间的故事，短小精悍，生动活泼，对子戏是滩簧的初级阶级。

“小同场戏”是指以三五个人同台演出的形式，演员有男有女，演唱内容涉及家庭、社会等层面。小同场是宣统三年（1911 年）辛亥革命爆发后，在对子戏基础上发展形成的。

“大同场戏”是指采用多人同台演出的形式。演唱的故事完整，情节复杂，演员有生、旦、丑角之分，演技讲究手、眼、身、步等程式。大同场戏是 1913 年（民国 2 年），滩簧唱进上海后，在小同场戏的基础上发展形成，是锡剧发展史上重要的里程碑。

1927 年（民国 16 年），常州和无锡滩簧班将“常州古曲”和“无锡小戏”结合起来，用多人同台，分场次演出的一种戏剧形式，俗称“常锡文戏”。内容主要来自宣卷和章回小说，剧中人物有平民百姓，也有帝王将相和才子佳人。

“幕表戏”是常锡文戏的一种表演形式。没有剧本，也没有固定台词，由演员根据扮演人物性格和特征，在舞台上自由发挥。幕表戏短则将一个故事一场演完，长则连续十几场，甚至几十场才演完，所以也称“连台本戏”。

“常锡剧”是指演出以剧本为依据，台词、曲调、程式等方面进入相对规范的阶段。1950 年，苏南行署、苏南文联根据地方戏剧的发展需求，将“常锡文戏”更名为“常锡剧”，改旧式班社为政府领导的职业剧团。常锡剧诞生后，在中国共产党的“双百”（百花齐放，百家争鸣）方针指引下，文艺工作者参加改戏工作，确立以“簧调”“大陆调”“玲玲调”为锡剧的基本曲调，逐步建立起一个兼容曲牌连套和板式变化的综合音乐体制，使编、导、演、音、美综合艺术得到有序发展。1955 年，江苏省人民政府将“常锡剧”正式命名为“锡剧”。

（三）锡剧的发展

清乾隆三十七年（1772 年），诗人赵翼回乡探亲，在戴溪看过滩簧后以诗记之，中有“村伶演作绕梁音”之句。当时，滩簧艺人四处流动演唱，有时夜间开场，日出散场；有时日出开场，日落散场，名曰“两头红”。内容大多为劝人为善，因果报应，歌咏劳动人民，讽刺统治阶级，反对封建礼教，宣扬婚姻自由的民间故事。因而，武进有“演三台滩簧，跑十个寡妇”和“滩簧小戏演十场，十个寡妇九改嫁”之说。说明滩簧演唱的内容动摇了封建礼教的根基。清道光三十年（1850 年）官府勒石立“永禁滩簧”的石碑（20 世纪 80 年代，武进境内发现 4 块），把滩簧斥之为“淫词艳曲”予以严禁，滩簧在武进城乡一度绝迹。

辛亥革命推翻清王朝统治后，滩簧有了新的生机。民谣曰：“孙文闹革命，滩簧好进城。”1921 年（民国 10 年），武进湖塘滩簧艺人王嘉大在同乡的帮助下，建造上海第一家专门演唱滩簧的“三民戏院”，其将常州道情和宣卷演唱的《十五贯》等曲目改编成滩簧演出，在上海轰动一时。1937 年，淞沪战争爆发，日本侵略军侵占江南，许多滩簧艺人离开城市回到农村，滩簧面临又一次危机。

中华人民共和国成立后，锡剧事业得到逐步发展。20 世纪 50 年代，武进就有专业、业余剧团 50 多个，创作大戏、小戏近 200 个。1966 年，“文化大革命”开始，锡剧又被视作封、资、修的代言人遭到批判，剧团解散，演职员下放，服装道具被视作“四旧”销毁。著名艺人被视作“反动学术权威”遭到批斗。“文化大革命”10 年，锡剧事业遭受重创。

1978 年，中国共产党十一届三中全会召开后，专业剧团恢复建制，民间业余剧团如雨后春笋，锡剧事业又呈现出一派繁荣景象。

20 世纪 90 年代，中、西方文化多元交融，锡剧市场疲软，业余剧团相继解散，专业剧团部分演员选择改行，锡剧事业步履艰难。进入 21 世纪，武进区人民政府加大扶持力度，锡剧团一手抓制度改革，一手抓剧目生产，与中天钢铁集团联姻，常年送戏下乡，武进锡剧事业呈现新的局面。至 2013 年，武进锡剧团剧目创作、演出情况，详见第五章表演团体。

（四）武进锡剧艺术节

为传承锡剧艺术，弘扬民族文化，武进从2011年起举办锡剧艺术节，每两年一届。

2011年4月26日，由江苏省非物质文化遗产保护中心、武进区人民政府主办，武进区文化广电新闻出版局承办，武进区青年企业家商会协办的首届锡剧艺术节在武进体育馆开幕，开幕式由央视戏曲频道主持人白燕升主持，原文化部副部长潘震宙，国家发改委重大项目督查司司长袁锡卿，文化部艺术司戏曲处处长吕育中，省文化厅副厅长吴晓林，中科院上海药物研究所所长蒋华良，省文化厅艺术处处长吴小平，中共常州市委宣传部部长徐缨，省戏剧家协会副主席兼秘书长杨丽娟，原省文化厅副厅长刘俊鸿，江苏省文化厅剧目室主任陈晶，常州市文化广电新闻出版局局长赵唯强，武进区领导周斌等出席。著名锡剧表演艺术家姚澄、王兰英、沈佩华、梅兰珍、吴雅童等及省内11家锡剧院团领导到场。江苏省锡剧院、无锡市锡剧院、常州市锡剧院、武进区锡剧团的锡剧名家周东亮、倪同芳、小王彬彬、李桂英、居亦琴、沈惠兰等联袂演唱《沙家浜》《珍珠塔》《红花曲》《风流母女》等经典唱段。4月27日上午，江苏省“锡剧艺术发展论坛”在区文化艺术中心小剧场举行，原江苏省文化厅副厅长刘俊鸿，省戏剧家协会副主席兼秘书长杨丽娟，常州市剧作家孙中，常州市作曲家王星南，无锡市锡剧艺术社主任徐礼夫，常州市戏剧家协会主席邵志强等专家学者及倪同芳、沈惠兰等著名锡剧演员分别在论坛发言。同日晚，由无锡市锡剧院和武进区锡剧团联袂演出大型传统戏剧《珍珠塔》，小王彬彬、沈惠兰、曾丽军等知名演员参演，观众5000千余人。

2011年4月26日首届锡剧艺术节在武进体育馆开幕

区领导周斌在首届锡剧艺术节致辞

2013年6月21日晚，武进区第二届锡剧艺术节在武进体育馆开幕，本届锡剧艺术节由武进区人民政府主办，文化广电新闻出版局承办，西太湖科技产业园和江苏九州集团协办。参加演出的单位有无锡市锡剧院、常州市锡剧院、溧阳市锡剧团及来自苏、锡、常的戏迷票友。7月2日，在锡剧团小剧场举行《锡剧基础知识读本》首发式，武进区文化广电新闻出版局局长范正洪代表区文化广电新闻出版局向乡镇文体站、戏迷协会和社会各界赠书。

第二届锡剧艺术节活动期间，还举办了“江南滩簧艺术传承发展研讨会”，来自江苏、浙江、上海的沪剧、甬剧、姚剧、苏剧、锡剧、杭剧、湖剧的领军人物和院团领导相聚一堂，共商江南滩簧艺术发展大计。

二、京 剧

京剧在武进流行有100多年历史。清光绪初，苏北兴财盛班班主小根子带班到武进演出。清宣统元年（1909年），焦劲松带福财盛班在武进演出庙台戏和草台戏。同年，逸仙戏院开张后，先后由10多个京剧班在戏院轮流演出。1920年(民国9年)，武进农村的“六苏班”也由昆剧改唱京剧，大部分昆剧票友改京剧票友，并成立武进第一个京剧票友社“声声社”。此后，龙城票社、兰陵票社等相继成立。1934年3月3日，武进京剧票友演唱的节目在中央广播电台播放90分钟。武进的地方报纸同时设立《歌坛绝响录》《茜茜室剧话》等专栏，刊载有关京剧的消息和文章，有150余人撰写有关京剧评论文章数千篇，涌现出以张肖伧为代表的一批京剧评论家。1937年，抗日战争爆发后，武进京剧票友创作的《关外恨》等剧目，走上街头举行义演，宣传抗日。当时，武进城乡共有青风、龙咏、友声等京剧票友社15个。中华人民共和国成立后，武进的京剧票友自由结社，组织演唱活动。1969年，全国推广京剧样板戏。1970年，武进成立战斗文工团和“小京班”，排演京剧样板戏，到各乡、镇演出。武进农村也相继成立30余个业余剧团演唱京剧样板戏。至1975年，小京班解散，战斗文工团恢复演唱锡剧，但京剧演唱仍在武进民间流行。至2013年，郑陆、湖塘、漕桥、运村、寨桥、横林等地经常举办演唱活动。

传统京剧剧照

三、越 剧

越剧起始于浙江嵊县，清宣统三年（1911年）前，由三五个男子，以一副竹板和一个竹节为主要伴奏乐器进行坐唱。称之为的笃班。1919年（民国8年）起，的笃班登台演出，吸收女子同台演唱，称之为小歌班。同时，小歌班流入绍兴、宁波、杭州、上海等大城市，先后称其为“嵊剧”、“绍兴文戏”。1938年以后，男女混合演出退出舞台，越剧主要由女子演唱。中华人民共和国成立后，越剧又开始吸收少量男子参加演出活动。

越剧流入武进始于1931年（民国20年），武进县城（今常州市）乾元市场屋顶剧场演出过《梁祝姻缘》等剧目。越剧因曲调优美动听，深受武进城乡人民喜爱。

越剧《芳草缘》

1949年8月，赵春山发起组织同兴越剧团。1955年4月在武进登记。1955年8月，同兴越剧团改名武进县越剧团。由苏邦民任行政团长，赵春山任业务团长。1966年，“文化大革命”开始，越剧团停止演出。1969年3月，武进县革命委员会宣布越剧团解散。1979年9月，武进县人民政府批准重建武进县越剧团。至1989年10月起，武进县越剧团保留建制，人员分流，剧团解散（详见第五章《表演团体》）。

四、戏剧小品

戏剧小品是20世纪80年代初兴起的一种新的戏剧艺术形式，短小精悍，语言活泼，形象生动，表演灵活，内容贴近生活，深受广大观众喜爱。

武进的小品创作和演出活动是从20世纪80年代起始。1988年9月，武进县文化局召开为期3天的戏剧小品创作培训班，邀请江苏《剧影月报》主编、常州市群艺馆老师为学员讲授小品的属性、特征和创作表演技艺。培训班结束后，许多专业、业余作者投入戏剧小品创作。至2013年，在省级以上刊物发表或演出中获奖的作品达30余件。

1992—2013年武进在省级以上（含省级）刊物发表、获奖小品一览表

表3-1

序号	作品名称	作　者	发表、获奖情况
1	《送鱼》	蒋梦熊	《剧影月报》1992年第二期发表
2	《尴尬面孔》	陆中宽	《剧影月报》1992年第九期发表
3	《杨大娘上轿》	陆中宽　王晓媛	《剧影月报》1992年第十一期发表
5	《断电》	马中原	《剧影月报》1993年第三期发表
6	《二重唱》	陆　鹤	《剧影月报》1993年第三期发表
7	《手术前后》	杨秀妹	1993年《新剧本》发表
8	《钉钮子》	陆　鹤	《剧影月报》1993年第六期发表
9	《希望》	马中原	《剧影月报》1994年第十一期发表
10	《课外记事》	杨秀妹	1995年12月《江苏戏剧丛刊》发表
11	《换电表》	金志新	获1995年江苏省职工文艺大赛优秀奖
12	《最后一只红灯笼》	马中原	《剧本》1996年第十期发表，并获96全国百优小品大赛二等奖
13	《左邻右舍》	杨秀妹	1996年获江苏省业余小品大赛征文一等奖，1997年获第七届全国“群星奖”优秀作品奖，2009年收入江苏省优秀小戏小品集
14	《母子会》	杨秀妹	1996年《上海戏剧》发表
15	《送灶》	马中原	《剧本》1997年第五期发表

续表 3-1

序号	作品名称	作　者	发表、获奖情况
16	《品一品》	张咏梅　杨秀妹	1998 年获中国曹禺戏剧文学奖·小戏小品三等奖，1998 年收入《98 百优小品集》
17	《继续操练》	李中萱	获’99 全国职工戏剧小品大赛优秀奖
18	《兵大哥和打工妹》	李中萱	2001 年获中国曹禺戏剧奖·小戏小品二等奖
19	《检验》	金志新	2002 年黑龙江《剧作家》9 月发表
20	《人啊人》	王凤英	2003 年获江苏省五星工程奖银奖。
21	《一对好姐妹》	杨秀妹	2003 年获江苏省第五届“五星工程奖”银奖，2004 年获全国相声小品邀请赛三等奖
22	《假文凭》	金志新	2003 年吉林《戏剧文学》10 月发表
23	《听》	叶馨远	2003 年获江苏省“五星工程奖”铜奖，2006 年获江苏省第四届小戏小品大赛一等奖。
24	《重温旧梦》	金志新	2004 年获中国戏剧奖，小戏小品优秀入选剧目奖，《剧本》2006 年第二期发表
25	《享受阳光的日子》	金志新	《剧影月报》2004 年第六期发表
26	《影子》	金志新	2004 年 12 月黑龙江《剧作家》第六期发表
27	《女儿买车了》	杨秀妹	2006 年获第八届华东地区小品比赛特等奖、第七届江苏省“五星工程奖”金奖，2007 年获中央电视台第六届 CCTV 小品大赛优秀奖，2008 年获全国首届“新农村、新文化、新风貌”小品展演一等奖，2009 年 3 月在《剧本》发表
28	《芝麻开门》	李淑元	2006 年获江苏省“五星工程奖”银奖
29	《待遇问题》	金志新	《剧影月报》2004 年第五期发表
30	《书记退奖》	金志新	2006 年中国剧协《小品小戏创作园地》第六期发表
31	《佳佳的梦》	叶馨远	2009 年 8 月获江苏省第五届少儿艺术节艺术表演奖一等奖
32	《世上本无事》	王凤英	获第九届江苏省“五星工程奖”金奖，2010 年江苏省小戏小品大赛一等奖
33	《救》	李淑元	2013 获第十届中国艺术节戏剧门类群星奖

第二节　曲　艺

一、道　情

道情是武进特色地方曲艺。表演方式一般有上、下手两人拼档说唱，上手为主角，手持三跳板，演唱时用来作道具。桌上放一块惊堂木，关键时拍响，让观众集中注意力。下手为配角（俗称“拖下板”），右手敲小扁鼓，左手拍打老郎板，紧接上手唱词末一句最后一个字哼唱。

唱道情

清朝同治年间，武进农村流行道情“说因果”。说因果艺人无文字脚本，演员见什么唱什么，唱到哪里算哪里，内容以劝人为善为主。同治末年，说因果艺人开始由露天走进乡村茶馆说唱，因为说唱主要给听众说清道理，故定名为“道情”。清末民国初，道情内容开始取材于章回小说。武进著名道情艺人刘金海不识字，请人读书给自己听，然后自编唱词，被人称为“不识字的状元”，后被同行推选为常州道情总会会长。

武进道情艺人张忠芳被同行称为“走红一世”的道情艺人，善说《月唐传》，善唱“阴阳调”。1912 年（民国元年），在上海杨树浦、周家桥等茶店演唱，场场满座，被观众称为“滑稽状元”。

“长三调”，是常州道情的基本曲调，其他还有“一六调”“阴阳调”“娘娘调”“悲调”和“滚板”等调。抗日战争前，道情说唱遍及常州南北四城门的茶馆、茶店，是常州道情的兴盛时期。

中华人民共和国成立后，唱道情仍然活跃在武进城乡茶店。道情艺人，配合土地改革、镇压反革命、抗美援朝和农业合作化等运动，创作开篇加演，取得很好效果。20 世纪 50 年代，道情艺人顾友梅创作演唱的《取缔一贯道》、丁鹤龄的《东山岛的小姑娘》、胡连生的《十攀十勿攀》、谈仁荣的《螳螂招亲》等节目，参加江苏省在南京、苏州等地举办的曲艺会演，都获得奖项。

1966 年“文化大革命”开始后，道情艺人大多受到批斗，有的改行，有的歇业，道情在武进基本消失，仅有几位在农村书场、茶店说唱，后因年事已高逐渐退出舞台。2009 年 11 月 24 日，武进区郑陆镇 72 岁的民间艺人陆云飞，应中国艺术研究院曲艺研究会和常州市文化广电新闻出版局之邀到北京表演常州道情《螳螂招亲》，次日又至北京大学表演，均受到好评。2010 年，因唱道情艺术已濒临失传，被列为常州市非物质文化遗产保护项目，进行抢救性保护和传承。

宣卷场景

二、宣　卷

宣卷是一种照“卷本”念唱、一领众和的民间说唱艺术，自清代起，盛行于武进城乡。卷本内容大致分神佛功德、民间传说、戏曲故事等种类，多以说因果报应、孝悌劝善为主旨，所以又称之为“劝世文”。有《延寿宣卷》《金锁宣卷》《白龙宣卷》《三茅宣卷》、《普陀宣卷》等在武进流传。

宣卷以敲击木鱼伴奏，无固定曲调。基本是一人一曲，因人而宜，旋律单一，一曲到底。宣唱分上下句结构，每句唱完后有听宣男女接唱“阿弥陀佛”“南无阿弥陀佛”结束。

宣卷在中华人民共和国成立后到“文化大革命”结束，被视为封建迷信活动在武进城乡基本绝唱。至20世纪80年代起，每逢寺庙重大节日期间，重现信徒宣卷。进入21世纪，手抄宣卷本在民间再现，宣卷活动在民间有所恢复。2010年，宣卷艺术被列为武进区非物质文化遗产保护项目。至2013年，宣卷活动仍在武进民间庙会、佛事活动中流行。

三、唱 春

唱春是由山歌和小调发展而成的民间曲艺，形成于明代，流行于江苏、浙江和上海等省市。唱春艺人所用的道具，是一面铜制的春锣和一块敲击春锣的硬木板。敲击板有龙凤板和素板之分。龙凤板绘有五彩龙凤图样，正面刻有“龙凤”图案，反面刻有“朝皇”字样，故又称“朝皇板”。素板没有图案和刻字，为一般艺人所用。唱春的台词每句长短不一，曲调为四句一调反复演唱。艺人常用“新年新岁送春来”“恭喜发财把头开”之类吉祥语开场。演唱内容由艺人根据眼前景物即兴编唱，也可由主家点唱曲目。在武进城乡，演唱的主要曲目有《孟姜女十二月花名》《白蛇传十二月花名》《梁山伯十二月花名》《方卿见姑娘》《十张台子》《十盏花灯》和《一百样花开不结果，一百样结果不开花》等。唱春艺人忙时务农，闲时唱春，一般在每年农历正月初一至十五及城乡庙会、节场时最为盛行。唱春有双档和单档两种，均敲打春锣用方言到处游唱。按习俗，艺人上门演唱，要唱到主人付赏钱为止。中华人民共和国成立后，唱春活动仍活跃在城乡，艺人除唱传统曲目外，还编唱歌颂新风尚和“乡规民约”之类的新唱段。2012年，武进的唱春艺术，被列入常州市非物质文化遗产保护项目。

唱 春

四、滩 簧

滩簧，又称“里俗小戏”，始于清乾隆年间。常州地区的滩簧叫“常滩”，无锡地区的滩簧叫“锡滩”。武进是常州滩簧的发源地。常州滩簧主要是以山歌小调、道情、唱春、宣卷等民间小曲为基础，吸收凤阳花鼓的表演元素和苏南一带采茶灯中的舞蹈发展而来。滩簧先后历经坐唱、对唱等不同表演形式，出现小丑、小旦、小生等人物形象，逐步发展成后来的常锡文戏。据不完全统计，在常武地区流传、创作改编的滩簧脚本有100多个，主要剧目有《哭情郎》《游码头》《磨盘记》《卖妹成亲》《杀狗劝夫》《珍珠塔》等。湖塘镇的王嘉大是滩簧的主要传承人，为滩簧的发展作出了重大贡献。常州滩簧曾一度被清政府视为“淫词艳曲”予以严禁，但屡禁屡演，百年不衰，至2013年在民间仍有所见。

五、评　话

评话，俗称说书，是流传于武进及周边地区的传统曲艺品种，在艺术上和苏州、扬州的评话一脉相承。武进评话始于宋代中期，在生成、延续、传承的过程中，逐步与武进的风土人情、方言相结合，形成具有鲜明地域特征的艺术表演手法和风格。

评话演员主要是男单档，演出时穿长衫，人称“说书先生”。说表均用方言，道具有折扇、醒木、手帕等，角色人物的官白基本采用中州音。清末民国初，评话在武进达到兴盛时期，至1949年武进城乡的书场有100多家，经典书目有《隋唐演义》《月唐传》《乾隆皇帝下江南》等。

中华人民共和国成立后，为保护地方曲种，武进县成立曲艺联合会，评话艺术仍有所延续。20世纪60年代以后，由于演员青黄不接，书场日益减少，至2013年年底，武进保留的书场仅剩5家，评话演员后继乏人，评话演出已难得一见。

六、评　弹

评弹演出

明代时，武进的评话、弹词艺人大多在城乡的广场说唱。说书艺人站立于一把大太阳伞下，手执折扇表演；弹词艺人则坐在靠背椅上，手执三弦弹唱，听众围听。清代的弹词作家朱镜江著弹词《四香缘》6卷；女弹词作者程蕙英，著《凤双飞》弹词52卷。清乾隆年间（1736—1795年）王周士到武进开辟苏州评弹市场，评弹艺人开始在城乡茶店或私人宅厅演唱。

评话通常由一人登台，演讲内容多为金戈铁马的历史演义和叱咤风云的侠义豪杰。弹词一般由一男一女两人登台，男角持三弦，女角抱琵琶，自弹自唱，内容多为儿女情长的传奇小说和民间故事。

中华人民共和国成立后，部分评弹艺人先后在武进登记。1976年，武进县评弹队成立。1978年1月，经县政府同意改名为武进县评弹团，于1985年解散（详见第八章《表演团体》）。

七、故　事

故事强调情节的生动和连贯性，适合口头讲述。

20世纪70年代起，讲故事成为武进城乡重要的艺术形式之一。县文化部门每年都要组织故事创作笔会，举行讲故事比赛等活动。

1974年5月，县文化馆在南夏墅集镇的镇江地区第二师范学校举办故事创作学习班，有60多位作者参加，作品结集《龙山炮声》，由江苏人民出版社出版出版。1975年，县文化馆在湖塘镇举办故事员培训班，60多人参加。此后，讲故事活动在全县展开。

1976—1982 年，全县各区、公社都先后举办故事员培训班和讲故事比赛。1982 年，武进县文化局在湖塘集镇的县第二招待所举办讲故事比赛，以区为单位组队，历时 3 天，有 30 多位故事员参加。当年，全县有故事员 560 多人。

讲故事

1998 年 12 月，河南省文联主办的《故事家》月刊，与武进市文联、市文化局在雪堰镇联合举办故事创作笔会，历时 15 天。武进有万叶树等 11 人参加，所创作的 5 篇新故事被《故事家》杂志选用。至 2013 年，讲故事活动仍活跃在民间。

八、快　板

快板属曲艺吟诵类曲种，早年称“顺口溜”“练子嘴”，是从宋代贫民演唱的“莲花落”演变发展而成。快板最初是乞丐沿门要钱要饭使用的手段和形式，竹板一敲，表演开始，内容大多以说新事、劝人为善为主。快板表演方式简单，有单口、对口、群口 3 种表演方式。中华人民共和国成立后，快板作为一种曲艺在文艺舞台上推广。武进流行的快板有“天津快板”“山东快书”“方言快板”“摇滚快板”等。1965 年，蒋仁良创作的快板《好书记》，文化馆创作的快板《送肥记》先后在江苏省农村俱乐部《乘凉晚会》刊物上发表。武进县文化局成立后，每年组织快板创作和表演培训活动。1980 年，县文化馆在前黄中学组织 2000 人参加的块板培训活动。湖塘镇民间艺人陆培林说的方言快板，在武进及周边地区很受欢迎，被称为“武进笑星”。其说的快板文本，由业余作者顾洪大、王国铨等提供。内容根据身边事、身边人创作，有《陆阿狗》《高价姑娘》《钱》《扫垃圾》等。2013 年，杨秀妹创作的快板《晒钱包》获第五届江苏曲艺芦花奖。至今快板仍是武进文艺舞台上受群众喜爱的艺术形式之一。

快板表演

九、相　声

相声，是一种民间说唱艺术，明朝时武进民间已经盛行。清朝至民国时期，相声由个人口技发展成为单口笑话，名称也随之改为相声，形式有单口相声、对口相声、群口相声三种表演形式。相声演员有逗哏和捧哏之分，表演诙谐风趣，很受群众欢迎。20 世纪 70 年代，马中原创作的相声剧本《武器》《变化》《帽子》分别于 1975 年、1977 年由江苏人民出版社出版。20 世纪 80 年代，武进文化局多次举办相声创作和表

相声演出

演艺术培训班，相声表演由于艺术性要求很高，所以难以普及，至今活跃在舞台上的相声演员为数不多。2006 年，杨秀妹创作的相声《小玩童》获江苏省相声、小品大赛创作一等奖，2008 年获第二届江苏曲艺“芦花奖·文学奖”，获中国曲协、中央电视台、全国关心下一代工作委员会举办的首届全国少儿曲艺大赛作品创作奖。

十、独脚戏

独脚戏又称“滑稽”，兴起于 20 世纪 20 年代，流行于上海、江苏、浙江一带。独脚戏以方言演唱为主，“说”“学”“唱”近似于相声。“做”则以演员直接扮演剧中人物。演出中用设制“包袱”的手法来产生笑料，夸张幅度大，喜剧效果强烈。一般以二人合作演出为主，也有一人独演和三人合演的形式。

20 世纪 80 年代，武进的文艺舞台上以独脚戏形式演出的节目深受观众喜爱，主要曲目有《谈谈看》《发财梦》《约会》等。主要作者有顾洪大、王国铨、陆鹤等。主要演员有陆培林、崔阿明、蒋信南、宗雨声等，其中陆培林曾被《常州日报》《武进日报》等媒体多次介绍。2000 年以后，独脚戏在武进演艺舞台上已不多见。

十一、双　簧

双簧源于北京民间曲艺，出现于清朝末年，据说由慈禧太后定名。双簧由两人一前一后表演，前面一个演员表演动作，藏在后面的一人或说或唱，互相配合，好象是前面的演员在自说自唱自演一样。双簧传入武进后，经常在群众性演艺活动中出现。至 2013 年，由于在服饰、道具、表演等方面不断发展创新，仍受观众欢迎。

十二、表演唱

表演唱，顾名思义，就是演员在舞台上表演加说唱。表演唱综合唱春、宣卷、道情和小热昏的表演元素，分男声、女声、男女声混合三种群体说唱形式，内容一般以叙述一个完整的故事为主，唱曲一般以江南民间山歌小调为主。20 世纪 70 年代起，武进的表演唱在江苏省镇江地区、常州市群众文艺汇演中获奖的曲目有《认新娘》《赶节场》《回娘家》《外甥女看望四舅妈》《四大嫂卖菜》《夸丈夫》等。至 2013 年，表演唱仍是武进群众文艺演出中的主要表演形式之一。

十三、三句半

三句半，是 20 世纪 70 年代以来在武进群文艺舞台上常见的一种艺术形式。表演队伍有 4 人组成，每人分别手执锣、鼓、钗等打击乐器上场，边敲打乐器边演说，前三人各说一句，第四人说半句，三句半说完为一节。三句半演出没有场所要求，内容贴近生活，形式生动活泼，至 2013 年仍很受群众喜爱。

第三节　书　法

一、软笔书法

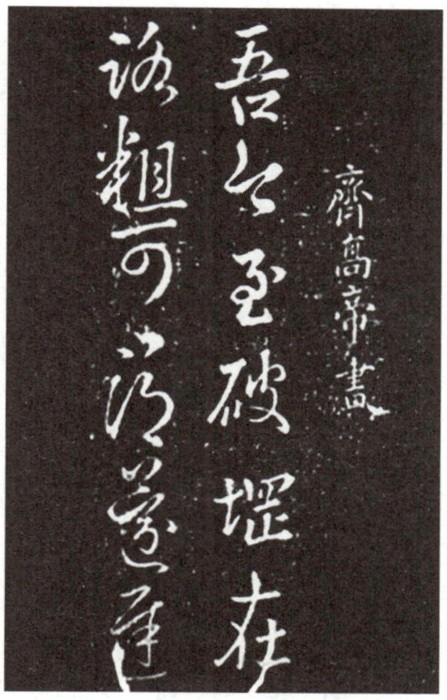

齐高帝萧道成草书

早在南北朝齐梁时期，武进萧氏的书画就颇有建树。齐高帝萧道成，工草书、隶书。梁武帝萧衍，其书法《异趣帖》被当代大书法家启功赞为“笔势翔动，点画姿媚，而古趣盎然”，是“善美有加，章草之帖，端推上选。”

萧思话，工隶书、行草，其书法得大家羊欣真传，著名书法家王僧虔称其书作“不比羊欣逊色”。袁昂在其所著《古今书评》中，赞萧思话的行书如“龙跳虎卧”，其行书代表作有《奏事帖》《一月三日帖》等。

梁武帝萧衍，善书画，书法理论专著有《观钟繇书法十二意》《草书状》《答陶隐居论书》《古今书人优劣评》等四部传世。

明代，唐荆川的草书，屈曲自然，功力深邃，妙入神化，行书《七泽序》今被北京故宫博物院收藏。孙慎行的书法，笔力刚健凝重，不落俗套，有金石之气。

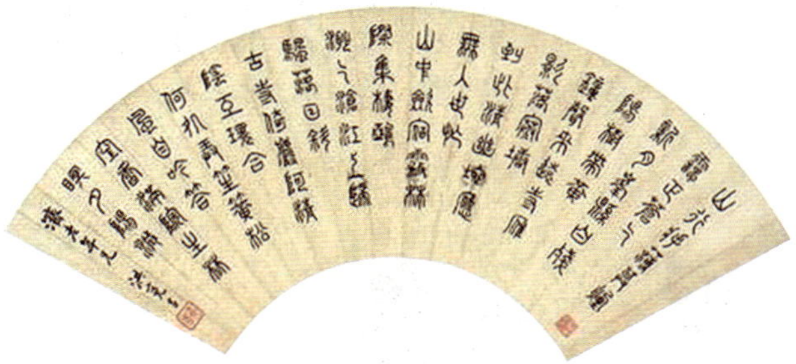

洪亮吉篆书

清代，武进涌现的书法家群体有150余人，其中女子书法家以王（采薇）、张（纶英）、左（锡璇）、汤（瑶卿）为代表。王采薇与丈夫孙星衍诗书唱和，书法工小篆。李兆洛书法作品被南京博物院收藏，汪本直的《小绛室帖》，洪亮吉的篆书、隶书作品被上海博物院收藏，孙星衍的篆隶刻印作品被上海、南京等多家博物院收藏。徐準宜刻印《宝晋斋帖》十卷，张惠言隶书碑文及《石鼓文》今存上海博物院、常州博物馆。

近现代，武进有著名书法家130余人。

羊牧之的书法浑厚刚健，形神兼备。吴稚晖的篆书与谭延恺的楷书、于右任的草书、胡汉民的隶书，并称民国时期的“四大书体”。

奚南薰行医为业，工书法，精篆隶，年过半百后专工汉隶，其悬腕书作浑厚苍劲，秀逸有致，旅台湾后曾任中国书法协会理事长，专著有《奚南薰篆书集》等。

盛宣怀的书法作品苍劲秀雅，行书宗“二王”规范，墨宝存于上海博物院、苏州博物馆等。

胡一飞潜心金石篆隶之学，书道追求准绳，结体严谨，笔墨凝重，曾任常州市书法家协会副主席。

中华人民共和国成立后，武进书法创作承前启后。1985 年 7 月，成立武进书法协会，有会员 155 人。自 20 世纪 80 年代以来，武进作者的书法作品多次入选省、全国级的比赛或展览，并获奖或被收藏，部分书法家还出版专著，有的应邀赴港澳地区及国外举办书法展览。

徐浩然的行书对联《黄岳奇观》，1993 年入选中国书协举办的全国首届楹联展；小楷《前后出师表》，获 1997 年中国书协举办的全国第二届正书大展优秀奖（最高奖）；古诗文行草，1997 入展中国书协举办的中国书坛第四届新人作品展；小楷古诗文，2005 年入选中国美术馆举办的江苏书法晋京展。

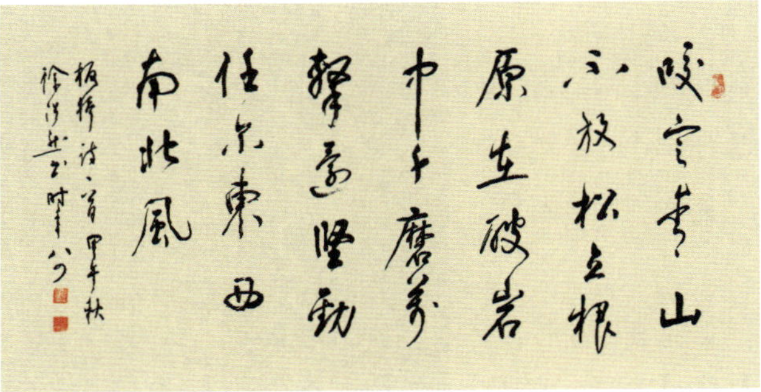

徐浩然书法作品

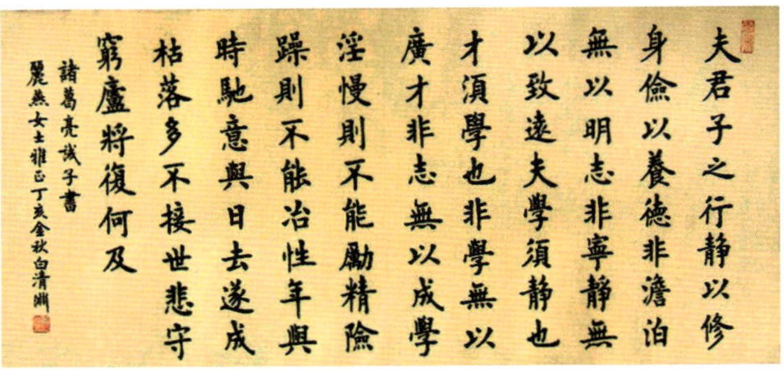

白清渊书法作品

白清渊的楷书条幅，分别入选 1994 年中国书协举办的全国第一届正书大展、1997 年中国书协举办的全国第二届正书大展。

张克强的行草条幅，分别获 2002 年中国书协举办的首届中国书法兰亭奖、2003 年中国书协举办的东方神韵——别克君威全国书法大赛优秀奖，并入选 2004 年中国书协举办的纪念邓小平诞辰 100 周年全国书法展、2006 年中国书协举办的纪念长征 70 周年全国书法展。

王文明的书法《前后出师表》，入选 2003 年中国书协举办的第二届全国行草书大展；小楷条幅《前后出师表》，入选 2004 年中国书协举办的全国第八届书法篆刻展；魏书册页《桃花源记》，入选 2004 年中国书协举办的首届全国青年篆刻展；行楷横幅《归去来兮辞》，入选中国书协举办的全国第九届书法篆刻展。

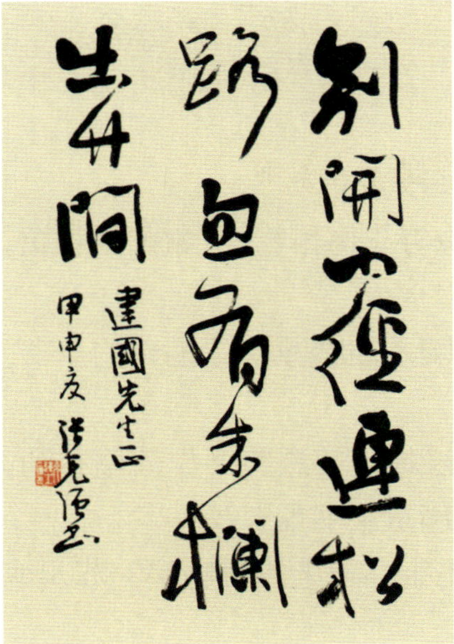

张克强书法作品

戚散花的行书《李清照词》一首，入选 1997 年中国书协举办的全国第七届中青年书法篆刻家作品展；行草书条幅古诗文，入选中国书协举办的全国第四届妇女书法展。2007 年 3 月 17 日，戚散花应邀到广东省中山市群众艺术馆举办个人书法作品展，展出书法作品 52 幅。

陈捷的行草古诗团扇，获 2005 年中国书协举办的全国第二届扇面书法大赛银奖；行草书古诗文入选中国书协举办的全国第五届书坛新人新作展；行草书古诗文入选

2006年中国书协举办的第二届中国书法兰亭奖·安美杯书法展；草书横幅，入选中国书协举办的全国首届草书大展；行草书在中国书协举办的纪念红军长征70周年全国书法大展中展出。

管敬泽的行草《古代书论》，入选2003年中国书协举办的第二届全国行草书大展；小楷册页，入选2004年全国第八届篆刻展；行草《金农题画诗》，在2005年全国第二届书法大展中展出。

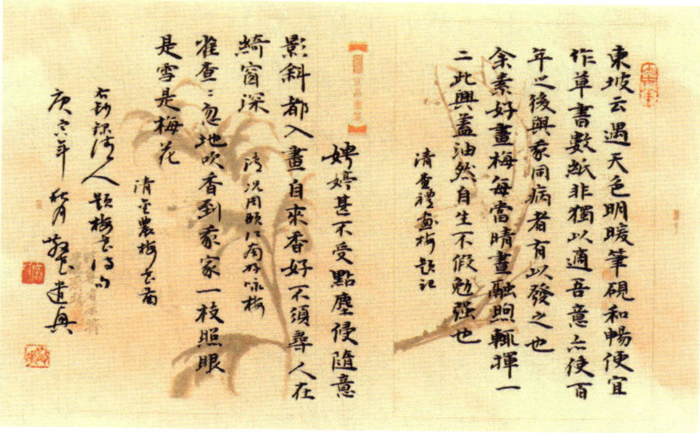
戚散花书法作品

芮新丰的行书《后赤壁赋》，在2004年3月中国书协举办的第八届书法篆刻展展出；草书条幅，入选2006年全国首届书画大展；

郭向东小楷团扇《恽南田题画诗》，入选2005年全国第二届扇面书法大展；正楷条幅，入选2005年中国书协举办的“高恒杯“全国书法篆刻展；小楷条幅，入选2006年第二届中国书法兰亭奖安美杯书法展。

陆建华的行草条幅，入选2004年全国首届小榄杯书法大赛；行草扇面《孙过庭书谱》，在2005年全国第二届书法大展中展出。

周翰凯的行书册页词、万春雨的隶书条幅、颜卫东的行书横幅，分别入选2004年全国首届小榄杯书法大赛。

陆涛声行书对联“松性淡逾古，鹤情高不群”2008年由国家知识产权局收藏；行书《出塞》由中国人民革命军事博物馆收藏；行草《沁园春·长沙》由北京人民大会堂收藏。

二、硬笔书法

武进硬笔书法协会于1995年12月成立。2000年1月，出版《武进硬笔书法集》。金祥勋、王岳群、戚散花、张振、费福顺、张克强、张国元、殷黎明等人的硬笔书法作品，在2001年《中国钢笔书法》第1期发表。

张振的古诗一首，1991年1月，获中国书协等单位主办的硬笔书法国际邀请赛二等奖；硬笔书法条屏诗，入选1996年出版的《中国硬笔书法家作品集》；册页诗一首，1998年11月入编《中日书法（硬笔）作品汇观》。

庄旦良的硬笔书法：《沁园春·雪》，1992年获第一届全国硬笔书法艺术大展佳作奖，在中国美术馆展出；1994年，楷书《李煜词一首》获由中国硬笔书法家协会、《书法艺术》主办的国际硬笔书法家精品展银奖；同年，行书《沁园春·长沙》获第四届中国艺术节海内外画印大展佳作奖；1997年，楷书《教师之歌》获国家教委、中国美协主办的’97红烛颂全国书画作品大赛优秀奖；1998年，行书《孔繁森格言》获中国文联《中国艺术报》主办的’97硬笔书法大展优秀奖；1999年，行书《祖国颂》获由中国书法家协会展览部举办的中国书画艺术交流大展佳作奖；2001年，行书《祖国在我心中》获中国硬笔书法家协会主办的全国书法大赛佳作奖；2002年，行书《没有共产党就没有新中国》在由国家文化部社会文化司主办的书画大展中获成年组金奖。2013年，武进硬笔书法协会已不复存在，但武进作者的硬笔书法作品，仍在各级举办的书展中频频亮相。

第四节 绘 画

南北朝时期，武进的绘画极为昌盛。南朝梁武帝第七子萧绎，是中国历史上第一个皇帝画家。其画的圣僧像、佛像、鹿、鹤等吉祥动物像，都栩栩如生；景物写生，技巧全面，冠绝一时。现存的《宋代临摹本》中，就有其画的《蕃客入朝图》，画著《山水松石格》今存世。

宋朝时，武进画家的草虫画全国闻名，史有“晋陵（昆陵）草虫妙天下，一幅千金不当价“之赞誉。朱氏善画虫草，蒋重珍评其画诗云：“常州虫草天下奇，女郎新样不缘师。笔端生意已如生，点缀沙虫视不停。”宋时武进的花鸟画也遐迩闻名。吴炳的花鸟写生画，“巧夺天工，妙逸造化”，作品《春池睡鸭》《鸳鸯睡莲》《宝珠玉蝶》《折枝绛桃》等二十六件，收录于《绘事备考》。其传世作品《出水芙蓉图》《竹雀图》分别收藏于北京故宫博物院和上海博物院。

於清言画的荷花，人称“於荷”。传世作品《莲花图》双幅被日本知恩院收藏；《莲花水禽图》，被日本东京国立博物馆收藏。

董羽奉诏所画《龙水图》，耗时半年功毕，其龙栩栩如生。一日，宋太宗赵光义携幼子观此悬挂在壁上的龙画，幼子敬畏而哭。宋白观龙画，击节称赏，题诗句云：“回眸陡觉三山近，满目潜觉六月寒。”

元、明两朝，武进有著名画家50多人。孙隆是明朝英宗天顺年间新安知县，其画梅花得王冕笔法，时称“孙梅花”。禽鸟虫草，全以彩色渲染饶有情趣，自成一家。传世名画《牡丹图》册被辽宁省博物馆收藏。《花鸟草虫图》由吉林省博物馆收藏。

恽本初为“武进画派”画家，传世作品《春雨迷离图》被北京故宫博物院收藏；《仿北苑山水》，被天津艺术博物馆收藏。

邹之麟在明朝万历三十八年（1610年）时位居刑部主事，其多幅画作被北京故宫博物院、南京博物院、上海、天津艺术博物馆收藏。

清代时，武进画家群星灿烂。著名画家有200多人，涌现出“常州画派”“常州二钱”（钱维城、钱维乔）、“一族”（恽氏）等闻名全国的画家群体。

恽南田诗书画“三绝”，是清初画坛“六大家”之一。其没骨花卉画法一洗时习，别开生面，有开创“常州画派”之美誉。其众多画作，分别被北京故宫博物院、南京博物院、上海博物院、沈阳博物院等单位及海内外名士、文物部门收藏。据统计，恽南田存世的绘画作品，有花鸟画372幅、山水画378幅；另有与画有关的专著《瓯香馆集》《瓯香馆帖》《清啸阁藏帖》《咏香仙馆帖》《南田写生册》《南田山水精品册》等38种。

恽冰是恽南田的侄孙女，花卉写生深得祖传，所画花鸟造型生动传神，写生画点染同用，相得益彰。所画菊花、凤仙、山茶诸花，皆从花瓣头上深入，赋色运笔完全传承恽南田家法，以没骨花卉著名。作品《南山秋艳图》被广州美术馆收藏；《傲霜秋艳图》被浙江省美院收藏；《菊花图》等于1927年（民国16年），由上海商务印书馆出版。

恽珠从小随族姑恽冰学画，传世作品有《百花手卷》《金鱼紫绶图》《锦灰堆图》《多喜图》等。其画进呈乾隆母亲孝圣太后，乾隆皇帝观赏后特题诗嘉奖。

李珏工山水禽鸟，画有百花手卷十丈，多绘奇景，宛平陈冠生题诗赞画云："南楼黄土清于没，海内名家属第三。半池新墨绚毫光，写就灵笺十丈长。"

张洽善画山水，其15字画诀云："细纸粗收拾，软纸用硬笔，硬纸用软笔。"传世作品《万木奇峰图》被收入《中国名画宝鉴》；《梅竹图》清乾隆五十二年（1787年）被收入《名人花卉集锦》。

汤世澍是清道光年间的国子监生。精绘画，其花卉作品笔意清俊，色彩靓丽。光绪二十年（1894年）所绘九帧百花屏，深得慈禧太后赏识。

汤贻芬是清嘉庆、道光年代（1797—1850年）的绘画大家。其画作《紫阳讲舍图》被上海博物馆收藏；《山水册页》被南京博物院收藏；《梅花图》被重庆博物馆收藏；《玲珑图》由苏州博物馆收藏。

钱维城之画作具有元朝四家之长，"所进画册，多有御题"。作品《江天秋雾图》《溪山访友图》《幽洞山居图》《仿大痴山水图》等，分别被北京故宫博物院、南京博物院、辽宁博物馆等收藏。

近现代，武进有著名画家20多人。

房虎卿曾任江苏国画院画师，善画山水、松石、花卉、蔬果，尤以墨龙和虎为一绝。多件作品在全国《美术通讯》和《新华日报》等刊物上发表。

伍佩贤师从房虎卿，为房氏门下女弟子中"三杰"之一，擅长山水，一生以卖画为业。

冯超然绘画无所师承，下笔不拘俗套，海上画家名流称其画云："冯氏绝艺，识力之高，非常人所能窥测。"是海上画派"四大家"之一，专著《冯超然画集》及部分作品，被上海博物院、常州博物馆等收藏。

谢稚柳集绘画、书法、文物鉴赏于一身，毕生耕耘于书画园地，创造出独特的艺术风格。专著有《谢稚柳画集》等多部。

刘海粟是20世纪中国新美术运动的拓荒者，是近现代中国美术教育的奠基人之一。对中国美术史的贡献，彪炳史册。其画作以高古浑厚、遒劲朴实见胜，山水、花鸟、虫鱼、松石，均雄伟刚劲，享誉海内外。

中华人民共和国成立后，武进的美术事业得到进一步发展。1950年，武进美术工作者协会成立。1952年，县文化馆设立美术组。美术工作者围绕党和政府的各项中心工作，结合本地的真人真事，组织图片创作，举办美术展览等。

1956年，莫静坡的画册《归猎》由上海人民美术出版社出版。1973年4月，县文化馆美术组协助江苏编辑《红小兵》第3期画刊，发表武进县美术作者作品7幅。同年，皮震环创作节约粮食的宣传画屏四幅，在县内印发2000套。

1976年，武进县举办《农民画展》，此后有9幅作品入选江苏省画展。

1979年，皮震环创作的《生物能源——沼气》江苏省画展中展出，并入选云南、贵州、四川三省联合举办的科普展览；画作《怎样培育象形珍珠》和《养好蜜蜂》，1980年获江苏省第二届科普美展作品三等奖。同年11月7日，该画在《工人日报》上发表。

莫静坡画作《黄廷坚题马辞》

1982年1月25日至2月15日，莫静坡在县文化馆举办个人画展，展出山水、人物、花鸟画作品100余幅。1984年，其画作《动物画速写合集》由上海人民美术出版社出版；《静坡画选》由新华日报社出版；《静坡画辑》由江苏人民美术出版社出版。1991年，其国画《江河水》等10幅作品收入中国画研究院出版的《中国美术家数据库》。1992年，《猴》入选中国美术家协会主办的迎春画展。1998年，《五月榴火》入选全国第四届工笔画展。

1983年、王玉伦的国画《为了一个共同目标》参加江苏省首届农民画展，并入选全国首届农民画展。1992年，其8幅国画作品，获全国书画大赛优秀奖和全国农民书画展示范作品奖。1995年4月，王玉伦在中国美术馆举办个人画展，展出国画88幅，文化部副部长高占祥题词“艺海之花，芳香万里”；画家华君武题词“源于生活”；中国农民书画协会题词“农民登艺坛，历史谱新篇”。画展历时6天，接待观众2万余人次。

赵治平画作《翠丛风剪一枝芳》

1985年，赵治平的国画《横塘小憩》在中国画季刊上发表；《芦塘深处》入选1992年中国美协主办的“国际水墨画大展”；《秋山行云图》等三幅入选1999年中国美协主办的美展；《翠滴含露》入选2000年首届中国画小品展；《三春晖》入选国家文化部主办的第六届中国艺术节国画大展；《荷鹭》入选《当代书画百家精品集》。

1988年，郭林曦的画作《绣球锦鸡》入选中国文化报、中国书画报联办的当代中国花鸟画邀请展，并被李可染艺术馆收藏；《震前奇观》入选1990年中国美协举办的全国美术、书法、摄影展；《在河之洲》入选1991年中国美协、中国当代工笔画学会举办的中国当代工笔画第二届大展。

1993年，顾中平的画作《春江喜渔》入选中国美协主办的“全国首届中国山水画展”、

1994 年，又入选在美国举办的中国首届山水画作品展；《晓色春风寒》入选 1999 年 9 月中国美协主办的纪念孔子诞辰 2550 年书画大展；《云巫山》入选 1999 年 12 月中国美协等联办的迎澳门回归全国国画·摄影作品大展。

1997 年，徐思齐的画作《山花烂漫》入选中国美协举办的全国第十二届花鸟画大展；《秋骨生春》入选 1998 年中国美协举办的“中亨杯”全国书画大展；《苦瓜》入选 2004 年中国美协举办的全国国画展；《一夜东风》入选 2007 年中国美协举办的全国第三届国画展；《满城尽带黄金甲》入选 2007 年中国美协举办的齐白石奖全国书画作品展。

1999 年，周晓东的山水画作《层林尽染》入选中国美协主办的国画·摄影作品大展；《茅麓遗韵》入选 2000 年由中国美协主办的中华人民共和国成立五十周年全国山水画展览；《塬上清秋》入选 2005 年中国美协主办的全国国画作品展；2006 年，《陕北情》入选中国美协主办的国画、油画作品展，《长河蕴古》入选中国美协主办的全国国画作品展。

周晓东画作《长河蕴古》

1999 年，王兴鹤的画作《孔子造像》入选中国美协举办的画展。

2001 年，朱利群的国画《金秋时节》获江苏画派“七彩世界”中国画大展铜奖。2002 年，国画《农家高歌唱金秋》入选第五届全国工笔画展获收藏奖。2003 年，国画《农家清秋》获“海潮杯”全国中国画大展优秀奖；国画《大地的音符》获江苏省创作新工程现代都市水墨画展优秀奖。

2002 年，陆琨创作的山水画《源远流长》获中国文联主办的全国第四届山水画展创新奖。

2005 年，杨可迪的水墨画作《风，落脚点》入选中国美协举办的首届中国写意书展。

2005 年，黄喜荣的画作《秋硕图》收入中国美协会员作品精品集。

2013 年，姚树元、赵征合作的《百花诗画集》由中国文联出版社出版。

（武进的民间工艺美术作品等，参见第九章非物质文化遗产）。

第五节 摄 影

一、队伍建设

摄影是一门新兴的艺术门类。吴稚晖于清光绪三十二年（1906 年）就开始学习照相艺术，购买相机为人拍照。1921 年（民国 10 年），吴中行在上海《新闻画刊》发表处女作《雪拥浮屠》。1926 年，其拍摄的作品《归牧》入选英国伦敦举办的国际影展，

吴中行摄影作品《归牧》

汤德胜摄影作品《公社幼儿园》

秦蔚成摄影作品《人欢鱼跃》

庄旦良摄影作品《烟雨江南》

并刊载于《英国国际年鉴》。因此被吸收为英国皇家摄影协会会员，成为中国参加国际影展和摄影组织的第一人。薛伯青是继吴中行后的又一位武进籍摄影家，其先后拍摄《兄弟血》《海边情潮》《桃园春梦》《夜半歌声》《壮志凌云》等10余部影片。中华人民共和国成立后，曾担任八一电影制片厂总摄影师。

20世纪70年代以前，武进除26家营业性照相馆以外，从事摄影的，仅有武进报社的华一中、唐锡勇、朱尧及从事公安摄影的王春林等几人。1971年，汤德胜为武进文化馆专职摄影工作者，负责全县的摄影创作和辅导。同年，武进在漕桥举办第一期摄影学习班，时间半个月，参加人数50人。1973年，在武进柴油机厂举办第二期摄影学习班，横林照相馆的刘宝成、许君武、徐元法，奔牛照相馆叶耀祖，柴油机厂张鹤芳，丫河中学王兴鹤等摄影骨干参加。这次培训班主要是培训各点上的师资。1973年，武进在湖塘桥小学举办第三期摄影学习班，有30多人参加，学习班采取理论知识学习和现场拍摄相结合的方式，进行业务培训。

1975年，武进县文化局成立后，采取专业和业余结合、分别对象的方式进行培训。摄影主要骨干，由县组织培训；一般骨干，由各区组织培训；初学人员，由公社组织辅导。在系统上，分商业、工厂、学校、农村四条线单独培训辅导，商业以横林照相馆和奔牛照相馆为点；工厂以武进柴油机厂、武进化肥厂和奔牛米厂为点；学校以丫河中学和横林中学为点；农村以三河口文化站和奔牛区文化站为点，全县形成一个由点到面的全方位摄影骨干培训网络。1975年，全县有29个摄影小组，

50多名摄影人员。1977年有64个摄影小组，116名摄影人员。1981年，全县发展到69个摄影小组，有154名摄影骨干，并在区、镇建立10个摄影辅导站。

刘建中摄影作品《漓江夕照》

顾明摄影作品《家在江南》

自20世纪80年代起，武进的摄影创作，出现繁荣局面。在武进县文化局、县文联组织下，各系统、乡、镇文化站、机关、学校都相继成立摄影协会或兴趣小组。至2013年，常年参加摄影活动的专业、业余作者有600多人，形成一个摄影艺术群体，拍摄的具有武进特色的作品，在省、乃至全国举办的影展中频频获奖或在报刊上发表。1986年至2013年，武进摄影作者在省和国家举办的影展中获奖的作品有230余幅，出版摄影作品集20余部。1998年10月，武进被江苏省文化厅命名为“摄影之乡”。2000年5月，武进市被文化部授予“摄影之乡”称号。

二、摄影活动

1971年至1980年，武进县共举办摄影艺术培训班15期，组织作品展览152期。其中，1972年至1973年举办展览12期，展出照片620多幅，接待观众10万人次。部分优秀作品参加地区、省展出，有30余幅作品在省级报刊杂志上发表。1974年至1975年，全县举办展览31期，展出作品4000余幅，其中入选省影展的作品13幅，地区影展的作品30幅，有40多幅作品在各地报刊上发表。1976—1980年，全县举办摄影展览130期，其中入选省影展的作品20幅，地区影展的作品40幅，被各级报刊杂志录用发表的作品40多幅。

1981年，武进县《武进风貌》摄影集出版，收录武进摄影作品80余幅，艺术大师刘海粟为封面题字。

1984年，汤德胜九次进行航空拍摄，先后在武进县、扬中县、宜兴县、无锡县、镇江市拍摄名胜古迹、旅游胜地风光照片2000余幅。

1988年，由武进县文化局、文联发起的“苏南五县（市）美术、书法、摄影联展”在北京中国美术馆举行，展出270幅作品中，武进有美术书法作品30幅，摄影作品20幅参展。展期11天，接待中外观众逾万人次。国务委员方毅、中宣部部长王忍之、中共江苏省委副书记孙家正等领导为开幕式剪彩。人民日报社、中央电视台、中国文化报社等10余家新闻单位相继报道。

1992年4月，江苏省文化厅、省摄影家协会、武进县文化局、武进县文联和吕墅乡政府联合举办江苏省“吕墅杯”摄影艺术大奖赛。省文化厅厅长王鸿任组委会主任。中国摄影家协会原副主席袁毅平任评委会主任。大赛组共收到参赛作品408幅，武进作者有3幅作品获二等奖，6幅作品获三等奖，30幅作品获优秀奖。

武进·台中“两岸情”摄影艺术交流活动

1993年，举办第一次武进·台中“两岸情”摄影艺术交流活动，至2007年共举办作品展8次，召开摄影艺术研讨会8次，共展出两地摄影家艺术作品2000余幅。“两岸情”摄影艺术交流活动每年举办一次，单数年在武进举行，双数年在中国台湾台中市举行。

1994年6月，武进摄影艺术家汤德胜应台湾《摄影天地》杂志社邀请，到台湾举办个人影展和摄影艺术交流活动，展出作品31幅，台湾摄影学会会长，104岁高龄的摄影家郎静山先生为影展题词“影坛菁英”。

1995年4月，中国台湾摄影艺术代表团一行5人到武进举办影展，在湖塘镇政府会场开幕，展出作品80余幅。中共常州市委、市政府、中共武进县委、县政府领导蒋益涛、吴春生、田交新、顾佩华、陆志奋、王国方等参加开幕式。《人民摄影报》《新华日报》等新闻媒体作相关报道。

1996年11月，武进市文联主席汤德胜、市文化局局长许本源及摄影艺术家缪洪元、刘建中一行4人，赴台中市举办《1996“两岸情武进摄影作品展》，共展出作品128幅。“两岸情”摄影艺术交流活动，开武进与台中人民友好往来和文化艺术交流的先河，为两岸同胞增进了解，加深友谊架起一座桥梁。

1999年4月，为纪念武进解放50周年，武进市委宣传部、市文化局、市文联在市行政中心联合举办《武进解放50周年书法、美术、摄影作品展》，共展出作品253幅，其中摄影作品156幅。参赛作品以独特的视角反映武进解放50年发生的巨大变化和取得的成就。进入21世纪，区文化局、区文联每年都组织作者深入基层或到祖国边防哨所、名山大川进行采风活动。

2009年4月，为了让全国摄影爱好者了解武进、关注武进，中国摄影家协会与中共武进区委宣传部共同主办的第一届“花都水城浪漫武进”全国摄影大展在武进举办，大展共评出优秀作品158幅。2010年8月，举办第二届“花都水城浪漫武进”全国摄影大展，收到参赛作品8000多幅，评出优秀作品120多幅。2011年，举办第三届“花都水城浪漫武进”全国摄影大展，收到参赛作品近万幅，评出优秀作品100多幅。三届摄影大展，为武进摄影艺术发展提供一个新的平台。

1974—2013年，武进多位摄影家的作品分别在全国影展展出，并获各种奖项。

1974—2008年全国摄影艺术展入选、获奖作品情况表

表3-2

作品名称	作　者	参展、获奖情况
《公社幼儿园》	汤德胜	获1974年全国影展观摩奖
《希望》	汤德胜	获1977年全国影展优秀奖
《姐妹俩》	汤德胜	获1983年全国影展优秀奖
《初芑》	汤德胜	获1983年全国优秀摄影作品奖
《再来一个》	汤德胜	获1984年全国摄影竞赛一等奖
《我们这一代》	汤德胜	获1984年《中国影展》三等奖
《鲜花朵朵献亲人》	汤德胜	获1986年全国摄影大赛银奖
《点红》	汤德胜	获1986年全国摄影大赛一等奖
《太阳与人》	汤德胜	获1988年全国影展金奖
《摘采》等4幅	刘建中	入选1988年全国摄影大奖赛
《丽日里》	刘建中	入选1989年中国摄影作品出国展
《秋韵》	刘建中	入选1992年全国风情摄影展
《乡村喜事多》	汤德胜	获1992年全国摄影艺术大赛铜奖
《人桥》	汤德胜	获1994年“国桂杯”中国影展佳作奖
《大地绘彩图》	汤德胜	获1995年第七届国际摄影作品展佳作奖
《天上人间	汤德胜	获1996年全国摄影艺术大赛铜奖
《日出而作》等4幅	刘建中	入选1996年中国摄影作品出国展
《收获》等5幅	秦蔚成	入选1996年中国摄影作品出国展
《人欢鱼跃》	秦蔚成	入选1997年第十八届全国摄影艺术展览
《三代人的心愿》	汤德胜	获1997年全国影展优秀奖
《金银湖上》等3幅	刘建中	入选1998年国际摄影展
《风景这边独好》	庄旦良	入选1999年全国摄影艺术优秀作品集
《月亮知我心》	刘建中	入选2000年全国摄影作品展
《交融》	朱立凤	入选2000年全国摄影作品展
《翠湖之春》	谢雪滔	入选2000年第九届国际摄影作品展
《好雨知时节》	汤德胜	获2001年中国第六届艺术节摄影作品优秀奖
《生命之源》	汤德胜	获2002年第六届国际影展铜马奖

续表 3-2

作品名称	作　者	参展、获奖情况
《狂野非洲》	汤德胜	获 2002 年全国摄影艺术展优秀奖
《天使良缘》	刘建中	获 2004 年全国抗击非典摄影作品二等奖
《本色》	刘建中	获 2008 年第十二届国际影展铜奖
《春秋淹城》等 2 幅	刘建中	入选
《月光水城》等 3 幅	刘建中	优秀奖
《盛典》等 12 幅	顾　明	入选

花都水城·浪漫武进全国摄影展览入选、获奖作品情况表
（2009—2011）

表 3-3

作品名称	作　者	获　奖　情　况
《欢乐春秋园》等 2 幅	顾　明	收藏奖
《飞扬》	顾　明	二等奖
《穿越激浪谷》等 2 幅	谢雪滔	优秀奖
《暖冬》等 2 幅	王旭东	优秀奖
《水乡古韵》	金文建	入选
《唱响和谐》	李玉书	入选
《新天地风云》	黄立庆	入选
《绝活》等 5 幅	张伟国	入选
《叹》	王　宇	入选
《归》等 2 幅	史国璋	入选
《都市梦幻曲》等 6 幅	孙　杰	入选
《淹城瑞雪》等 2 幅	孙志德	入选
《城市让生活更美好》	肖　华	入选
《赛鸟》等 2 幅	叶廷冠	入选
《天堂》	詹　宏	入选
《泛舟》	张维中	入选
《劳动旋律》等 3 幅	张春洁	二等奖
《璀璨青春》	尤宵峰	优秀奖

续表 3-3

作品名称	作 者	获 奖 情 况
《现代钢铁人》等2幅	张春洁	入选
《时代旋律》	张志德	优秀奖
《快乐童年》	卞 勤	入选

第六节 音乐、舞蹈

一、音 乐

《旧五代史·乐志》记载，南北朝时的梁武帝萧衍，“素精音乐，自造四通十二笛，以鼓八音，又引古五正二变之音，旋相为宫，得八十四条”，其音律学为中国音乐的发展，作出重要贡献。梁武帝还以当时流行的民歌“西曲”“吴歌”为素材，创作《江南上引乐》14曲和《采菱曲》等歌词7首。

清末民国初，武进的音乐以民族音乐中的打击乐器、管弦乐器较为盛行，它常为戏曲、民间舞蹈伴奏以渲染气氛，应和唱腔。20世纪30年代始，现代音乐多以学校为载体，对学生授艺和传播。

民国时期，声望卓著的音乐前辈赵元任，创作《汉语拼音字母歌》和爱国歌曲《我们不买日本货》《看醒狮怒吼》等，影响深远。1915年（民国4年），其创作发表的《和平进行曲》为中国人创作的第一首钢琴曲，随后谱写歌曲100余首，其作品具有鲜明的爱国思想和民族倾向，艺术上勇于创新，歌曲《卖布谣》《劳动歌》《教我如何不想他》《上山》《听雨》《呜呼三月一十八》《也是微云》《西洋镜歌》《老天爷》以及合唱曲《海韵》等至今流传，已经成为音乐院校的教材及音乐会上经常演唱的曲目。1987年，《赵元任音乐作品全集》由上海音乐出版社出版。

吴伯超是现代著名音乐家，1935年（民国24年）11月参与创办中国第一个交响乐团，是民国期间中国交响乐的领军人物。他创作的抗日音乐作品《中国人》《国殇》《冲锋歌》《爱国的家庭》《我们是民族歌手》《桃之夭夭》《鹿鸣》《秋意》等，在中国音乐史上具有重要的地位。抗日战争胜利后，吴伯超将他担任院长的国立音乐院少儿班，迁至家乡武进县城常州。1948年春，他在上海举办全国少儿乐器演奏比赛，促进了地方音乐事业的发展和人才培养。

陈蝶衣一生创作歌词3000首，号称“词三千”，是一代词作家。其子陈燮阳为国家一级音乐指挥。1984年，任上海交响乐团团长、音乐总监。1985年起，陈燮阳先后率团到苏联、日本、美国、意大利、德国、法国、英国等10多个国家和中国香港、台湾地区演出。现任上海音乐家协会副主席，中国国家交响乐团特约指挥。

中国著名歌唱家“金嗓子”周璇，是武进民国时期的“一代歌后”，一生演唱流行歌曲 200 余首。

中华人民共和国成立后，武进文联成立音乐舞蹈协会。1983 年协会与县文化馆联合举办歌曲创作学习班，创作歌曲 50 多首。20 世纪 90 年代，卡拉 OK 演唱活动兴起并逐渐普及，音舞协会先后与县工商银行、奔牛镇政府、县广播电台等单位和部门，联合举办“储蓄亿元杯”卡拉 OK 演唱赛、“空中艺苑”、“金牛杯”青年歌手演唱赛等 30 多项活动。1993 年 3 月，协会与县广播电台联合推荐 3 名武进歌手，到通州市参加五县市“通州杯”歌手大奖赛并获奖。

20 世纪 80 年代以后，武进音乐新人迭出，一批优秀音乐作品在各级举办的相关比赛中频频亮相：李小玲创作的管乐曲《啊，老师》，获江苏省首届中等师范音乐舞蹈调演创作奖。

1990 年，杨国钦创作的歌曲《团结奋进，求实进取》在《中小学音乐报》第一期上发表；秦学洲创作的歌曲《五星红旗在校园升起》在《多来米》杂志第四期上发表；1991 年，歌曲《海边的童话》在第二期《多来米》杂志上发表，并获中国音协举办的首届“南方杯“青年新歌比赛三等奖。

1991 年 4 月，庄旦良创作的歌曲《生命之歌》获“江苏工人之歌”征歌作品优秀奖；秦学洲创作的《武铁之歌》荣获“江苏工人之歌”征歌作品金奖。孙阳演唱的《献给母亲的歌》获江苏省广播电视厅文艺节目二等奖。

1992 年，秦学洲创作的歌曲《我们的歌声响彻工矿》入选《奉献者之歌全国企业歌曲选》。张美娟的女生独唱，获 1992 年全国煤田地质系统第二届“振兴地质杯”中华大家唱美声组一等奖。

1994 年 12 月，王霞参加全国首届乡镇企业歌手卡拉 OK 演唱赛获三等奖。1995 年 9 月，王霞演唱的《谁不说俺家乡好》获 95 年“尊龙杯”全国农民歌手演唱赛银奖。

1996 年 8 月，庄旦良创作的《兰箭之歌》获中国音协主办的“世纪之声”全国歌曲大赛金奖；秦学洲的《校园尽朝晖》获银奖。同年 11 月，由刘光俊作词、秦学洲作曲、卢小玲等表演的女声小合唱《警中花》获江苏省文化先进县、市、区文艺会演一等奖，省首届“五星工程”提名奖。

1997 年，杨秀妹作词，杨琪龙、蒋福昌作曲的《泪花流》获江苏省群艺馆 97 香港回归“百年梦圆”征歌比赛金奖，并于 1998 年收入《新时代歌声集》，由江苏文艺出版社出版。刘正范、秦学洲合作的歌曲《心意》获江苏省群艺馆香港回归“百年梦圆”征歌比赛银奖。王佳兵创作的《母亲，你好吗》、秦学洲创作的《到处都有彩虹架起的桥梁》、凌耀秋创作的《百年圆梦》获江苏省群艺馆香港回归“百年梦圆”征歌比赛铜奖。

1998 年，王霞获江苏省声乐大赛民族唱法一等奖；恽新苗获江苏省声乐大赛通俗唱法二等奖，壮静获江苏省声乐大赛民族唱法优秀奖。庄旦良创作的歌词《武进精神之歌》入选《中国企业之歌》集；杨秀妹作词，刘正范作曲的歌曲《盖座高楼栖太阳》获江苏群众文艺新作品一等奖。杨秀妹作词、王佳兵作曲的《梦故乡》收入《新时代歌声集》，由江苏文艺出版社出版。

2001年，庄旦良创作的歌曲《我们是祖国的希望》获中小学音乐报社举办的全国校园歌曲创作比赛一等奖。

2002年，王凤英作词，杨琪龙作曲、王琴演唱的歌曲《三月农家》获江苏省文化厅主办的首届江苏中国民间艺术节金奖，2003年，获第五届江苏省“五星工程奖”银奖。由杨秀妹作词，壮静作曲、王霞演唱的《逛花乡》获省文化厅主办的首届江苏中国民间艺术节金奖。由陆鹤作词、刘霞作曲的歌曲《请组织放心，让群众满意》由江苏电视台播放。

2005年，由恽新苗作曲的《捕虾谣》获江苏省第四届少儿艺术节三等奖。

2005年，武进区委宣传部、区文联、区文化局联合举办《咏唱武进》歌词征集活动，共征集到来自全国30个省、市200多位作者768首歌词。经专家评出优秀歌词100首，汇编成集。

2009年，由文化馆创作的歌曲《村外的小路》《放歌花园城》《龙城梦想》《春姑娘》《我听到花开的声音》《最美的风景是和谐》《思念》《春风颂》《心恋》《年轻真好》等入选江苏省文化馆编印的《江苏创作歌曲集》。

2010年，由陆鹤作词、郝松作曲、哈辉演唱的歌曲《好一座花都水城》获江苏省第九届“五星工程奖”铜奖。

2013年，由陈东夫作词、刘震作曲的歌曲《我们的钜苓》获江苏省首届企业创作歌曲大赛一等奖。

二、舞 蹈

中华人民共和国成立前，武进的舞蹈主要出现在庙会、节场上，表演形式有龙舞、狮舞等。中华人民共和国成立后，除保留这些民俗舞蹈，还出现扭秧歌、跳交谊舞等形式。

龙舞表演

1983年，县文化部门根据当时干部、群众学跳交谊舞的需求，与常州市舞蹈协会、县总工会等联合举办为期一个月的交谊舞培训班，培训舞者200余名。

1984年，前黄镇章乙未编排的舞蹈《希望的火花》获江苏省首届中等师范音乐舞蹈大赛二等奖。

1989年，武进文化馆编排的舞蹈《珠乡笑影》参加第二届中国艺术节（华东·南京）演出。

舞蹈《珠乡笑影》剧照

秧歌表演

少儿舞蹈《想爸爸、想妈妈》剧照

进入21世纪，武进创作编排的舞蹈在省、全国各类比赛中屡获奖项。2000年，由文化馆王晓艳编排、横山桥中学表演的男子群舞《上梁》获文化部第十届“群星奖”“大红鹰杯”全国舞蹈比赛金奖。

2002年，由文化馆袁可亚编排的双人舞《摆渡》获江苏省文化厅主办的首届民间艺术节金奖。2003年，获第五届江苏省“五星工程奖”银奖。

2005年，由王晓艳编排的少儿群舞《小小摄影家》获江苏省第四届少儿艺术节一等奖；2006年，获江苏省第七届“五星工程奖”银奖。2005年，由吴萍编排的少儿群舞《玩月亮》获江苏省第四届少儿艺术节二等奖。

2008年，由王晓艳编排的少儿舞蹈《想爸爸、想妈妈》获江苏省“五星工程奖”舞蹈类金奖。2010年，《舞动乒乓》获江苏省第九届“五星工程奖”铜奖。

2013年，由吴萍编排的舞蹈《大眼镜》获全国第四届中小学文艺展演一等奖。

第七节　电影、电视

一、电　影

电影，是一门视觉和听觉的综合性现代艺术，是可容纳戏剧、摄影、绘画、音乐、舞蹈、雕塑等艺术的综合性艺术。

洪深创作的电影《歌女红牡丹》剧照

武进籍电影艺术家洪深，1923年（民国12年）开始从事电影艺术工作，一生创作电影剧本38个，导演电影9部，是中国电影艺术的开拓者，为中国电影事业发展做出了贡献。

杨小仲于1921年（民国10年）创作、摄制的无声电影《阎瑞生》，是中国最早的故事影片。至中华人民共和国成立前，已经先后导演电影74部，其中影响较大的有

《良宵》《蛇蝎美人》《红羊豪侠传》等。中华人民共和国成立后，导演了神话故事片《孙悟空三打白骨精》等多部影片，享有“百部导演”的美誉。

郑君里 1925 年（民国 14 年）经洪深介绍加入神州影片公司，步入影坛。至 1949 年，先后在多个影片公司投拍的 20 余部电影中，担任剧务和导演，其中影响较大的有《一江春水向东流》《八千里路云和月》《乌鸦与麻雀》等。

陈玉梅是武进登上影坛的第一位女电影演员，16 岁进入天一影片公司，1923 年（民国 12 年）在影片《松柏缘》中担任角色，从此走红，成为“天一”影片公司的台柱子演员。一生中先后拍摄电影 37 部，曾被评为“电影皇后”。

周璇 14 岁参加上海多家电台联合举办的歌星比赛获第二名，是当时“十大歌星之一”。1935 年（民国 24 年）开始拍电影，在多部影片中主唱主题曲。在其短暂的人生中，先后主演《马路天使》等 40 多部电影，演唱 200 多首流行歌曲，成为民国时期的“一代歌后”。

1970 年，由阿甲编导的京剧《红灯记》摄制成电影，在全国各地放映。

二、电 视

武进的电视艺术起始于 20 世纪 80 年代。陆涛声、刘金城、马晓红 3 人将小说《造屋风波》《新楼后边是老屋》改编的电视剧本分别于 1987 年、1989 年由上海电视台拍摄成电视片播出。1989 年，武进电视台拍摄制作的电视专题片《在希望的田野上》《武进在前进》分别由中央电视台和常州电视台播出。1991 年，武进电视台拍摄制作的电视纪录片《暴雨袭击武进干群奋起抗

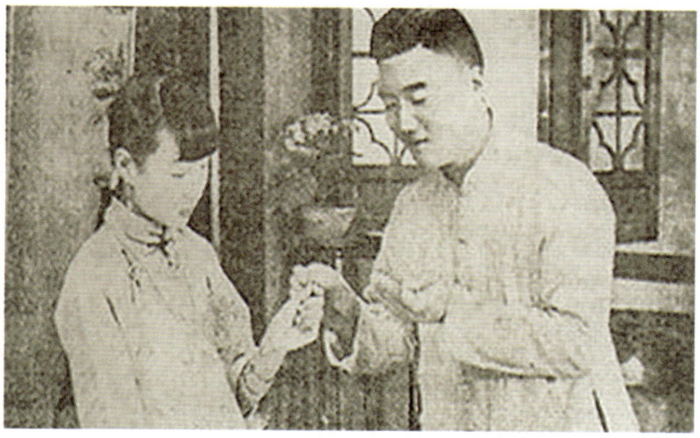

杨小仲创作、摄制的无声电影《阎瑞生》剧照

郑君里导演的电影《一江春水向东流》剧照

周璇主演的电影《马路天使》剧照

《女检察官手记》剧照

灾》《闪光的路》分别由江苏电视台、常州电视台播出。

1994，武进县电影电视协会成立，电视艺术快速发展，新人新作不断涌现。1995年，有反映城区建设的《奔向21世纪》，反映农民文化生活的《温馨大地》，有宣传推广农副产品的《潘家茶香飘万家》《焦溪葡萄熟了》《桃乡雪堰诱神仙》，有宣传吴海军烈士事迹的《金色年华》等电视专题片，相继在常州电视台、武进电视台播出。1998年，武进广电局与中央电视台影视制作中心联合摄制的专题片《来自日本的名誉村长》由中央电视台播出。

进入21世纪，武进的电视艺术片逐步向多集连续剧发展。自2000年至2013年，武进拍摄制作的多集电视剧有《锡剧表演艺术家梅兰珍》《走进井岗山》《飞翔的梧桐子》《女检察官手记》等。

第八节　创作机构

一、创作组

1952年，武进县文化馆设立文艺创作组，主要职能是辅导全县的群众文艺创作，编印群众文艺演唱材料。1966年，“文化大革命”开始后，创作组中断工作。1969年，由县革命委员会政工组周到负责抓文艺创作工作。

1972年，县文化馆恢复，重新建立文艺创作组。同年，县革命委员会政工组正式批准成立县创作组，由周到、蒋仁良任正、副组长，成员由宣传、文化部门负责人，文化馆、锡剧团专职创作人员和重点业余作者“三结合”组成。主要任务是创作和加工重点戏曲作品，辅导全县群众文艺创作和编印文艺演唱材料。

1975年，武进县文化局成立后，创作组分县文化局创作组和县文化馆创作组，文化局创作组成立于1976年，由李祺任组长，成员有陆涛声、马中原以及业余作者陆忠宽、唐炳良、李中萱、蒋玉祥等，主要任务以辅导全县文学、戏剧创作为主。县文化馆创作组先后由吴英、华一中、徐俊、王允武、陈伯安、陶红亮、李翔岭、王凤英、叶馨远、李淑元等人负责，主要任务是辅导全县曲艺创作活动和编印文艺演唱材料。

1993年，县文化局创作组更名为文学艺术创作室。1998年，分设为文学艺术研究室和剧目工作室，分别由陆涛声、马中原任主任。2003年9月由杨秀妹任两室主任。至2013年，两室合并，成立武进区文学研究所，杨秀妹任所长。

二、书画院

1989年10月18日，武进县政府下发文件，同意成立武进县书画院，明确书画院为全民事业单位，编制5名，属县文化局领导，主要职能是在美术、书法创作的同时培训全县书画人才。院址设在常州翠竹新村5号，内设办公室、院长室、创作室和展厅，面积586平方米。2007年12月，迁址延政路武进文化艺术中心。2013年，迁址位于延陵中大道的凤凰谷，专职创作人员有张克强、卞琴、徐尉刚、张家毅、张洁5人。

书画院成立后，每年组织作者外出采风创作，并与民间书画协会共同举办书画展览、召开创作笔会等活动。

1989—2013年武进书画院负责人更迭情况表

表3-4

姓 名	职 务	任职时间	姓 名	职 务	任职时间
莫静波	副院长	1989—1993	周晓东	副院长	2004—2006
赵治平	副院长	1989—1993	周晓东	院 长	2007—2009
赵治平	院 长	1993—2003	张克强	院 长	2010—

武进书画院藏品情况表

表3-5

序号	姓 名	尺 寸	类别	序号	姓 名	尺 寸	类别
1	宫 音	四尺开三	花鸟	22	祝 寿	四尺对开	花鸟
2	大 龙	50×130	花鸟	23	江皋石	48×67	人物
3	张文俊	四尺对开	花鸟	24	杨 阳	67×67	花鸟
4	张思淮	48×97	花鸟	25	宫 良	67×88	花鸟
5	王鸿兰	48×97	花鸟	26	阎小沛	45×68	花鸟
6	何 明	67×96	花鸟	27	增水华	67×67	山水
7	孙建东	48×90	花鸟	28	裴士戎	67×67	花鸟
8	梁照堂	46×68	花鸟	29	陈文芳	67×67	花鸟
9	李 罗	四尺对开	花鸟	30	林子刚	55×92	花鸟
10	黄子熙	40×75	花鸟	31	赵思淴	67×67	花鸟
11	王达弗	45×67	花鸟	32	姚新峰	49×83	人物
12	杨逸塘	45×67	花鸟	33	马燮元	53×97	花鸟
13	杨逸塘	70×70	花鸟	34	韩柏村	33×138	花鸟
14	维 勤	46×68	花鸟	35	刘 宏	55×68	花鸟
15	张宝蔚	45×70	花鸟	36	镏文和	四尺整张	花鸟
16	黄 锺	69×69	花鸟	37	汤 漾	33×92	花鸟
17	张继馨	69×69	花鸟	38	张陪晨	四尺整张	花鸟
18	程大利	四尺整张	花鸟	39	赵宗概	38×70	人物
19	李文绚	68×105	花鸟	40	卢星堂	70×82	山水
20	慕 迅	67×67	花鸟	41	薛元中	65×90	山水

续表 3-5

序号	姓名	尺寸	类别	序号	姓名	尺寸	类别
21	李一田	68×100	山水	42	刘二刚	44×67	山水
43	贺　成	40×45	人物	73	罗粗骐	60×45	人物
44	李　亚	45×67	花鸟	74	永　成	55×62	花鸟
45	孙铁生	44×67	人物	75	郑　青	47×78	花鸟
46	陈培光	45×67	花鸟	76	刘本兴	59×105	花鸟
47	莫静坡	四尺对开	人物	77	郑祥茂	69×45	花鸟
48	承名世	六尺整张	山水	78	曹英义	45×68	山水
49	张　勤	五尺对开	山水	79	李大义	55×68	花鸟
50	周南平	四尺三开	山水	80	莫树滋	40×105	山水
51	江南孺	67×85	花鸟	81	程舍予	118×62	花鸟
52	赵宏本	四尺整开	人物	82	金兆云	60×138	鱼
53	杨建伟	52×96	山水	83	缪　洪	66×115	花鸟
54	刘菊清	四尺整张	花鸟	84	张继馨	68×138	花鸟
55	吴青霞	90×48	花鸟	85	房师田	45×92	山水
56	黄子曦	40×75	花鸟	86	戴孟清	97×54	人物
57	李荣光	67×42	花鸟	87	张　恳	95×55	花鸟
58	唐林如	35×68	花鸟	88	周国兴	四尺整张	山水
59	苇　成	70×45	花鸟	89	黄　奇	92×47	花鸟
60	赵　征	四尺整张	花鸟	90	江　东	98×65	花鸟
61	周蕴华	四尺对开	花鸟	91	缪法宝	138×35	花鸟
62	周长海	68×45	花鸟	92	黄秉乙	42×68	花鸟
63	顾国治	四尺对开	山水	93	通　来	97×33	花鸟
64	赵梅林	40×78	花鸟	94	刘江鸿	82×49	花鸟
65	欧阳龙	68×44	花鸟	95	汪明玉	120×53	花鸟
66	徐　坚	67×45	花鸟	96	江可群	130×118	山水
67	圾献雅	42×67	花鸟	97	水　华	65×90	花鸟
68	久　庵	38×67	山水	98	姜　舟	45×68	花鸟
69	姜　西	68×44	花鸟	99	清河雪月	68×55	花鸟
70	余德生	67×67	山水	100	张德泉	45×67	花鸟
71	张士莹	55×83	山水	101	金　扬	62×55	花鸟
72	周俊伟	68×45	人物	102	李平秋	40×68	人物

续表 3-5

序号	姓　名	尺　寸	类别	序号	姓　名	尺　寸	类别
103	程生达	68×67	花鸟	116	庄久达	120×32	书法
104	理勤功	60×138	鱼	117	张继馨	四尺整开	花鸟
105	黄祖兴	55×138	鱼	118	江可群	70×70	山水
106	费福顺	22×138	书法	119	房师田	57×65	山水
107	王济夫	33×93	书法	120	钱悦诗	71×33	书法
108	王　泰	85×45	书法	121	吴云发	70×70	山水
109	杨素嵩	70×45	书法	122	吴海东	70×70	山水
110	陈世光	四尺整张	书法	123	秦剑铭	114×274	山水
111	桑仲元	四尺对开	书法	124	莫静坡	95×89	山水
112	徐天敏	四尺对开	书法	129	沈以正	5×44×33	山水
113	陈培光	270×90	花鸟	131	周晓东	2×180×190	山水
114	莫静坡等	八尺整张	花鸟	132	周晓东	96×89	山水
115	莫静坡等	八尺整张	花鸟	136	周晓东	4×65×65	山水

1987—2013 年武进戏剧、曲艺、音乐著作出版情况表

表 3-6

著作名称	作　者	类别	出版社	出版时间
《赵元任音乐作品全集》	赵元任	音乐	上海音乐出版社	1987
《马中原剧作选》	马中原	戏剧	中国戏剧出版社	1997
《刘兴中剧作选》	刘兴中	戏剧	中国戏剧出版社	2000
《芳草园》	李　祺	戏剧	中国文联出版社	2001
《锡剧史话》	李　祺	戏剧	中国文联出版社	2002
《淹城之歌》	秦学洲	音乐	延边大学出版社	2002
《悲喜交集》	陆忠宽	戏剧	中国戏剧出版社	2003
《猜猜谁能赢》	杨秀妹	小品	黑龙江人民出版社	2005
《落魂女》	李中萱	戏剧	中国戏剧出版社	2010
《陆鹤戏曲作品选》	陆　鹤	戏剧	江苏凤凰出版社	2013
《锡剧基本知识读本》	陆　鹤（主编）	戏剧	江苏凤凰出版社	2013
《武进小舞台》	杨秀妹（主编）	戏剧	江苏凤凰出版社	2013
《阳湖撷珠》	杨秀妹（主编）	戏剧	江苏凤凰出版社	2013

1956—2013年武进美术、书法、摄影作品集出版情况表

表3–7

作品名称	作者	类别	出版社	出版时间
《归猫》	莫静坡	美术	上海人民美术出版社	1956
《静坡动物画速写合集》	莫静坡	美术	上海人民美术出版社	1984
《静坡画辑》	莫静坡	美术	江苏人民美术出版社	1986
《前后出师表》	徐浩然	书法	江苏文艺出版社	1989
《汤德胜“抗洪救灾”摄影作品集》	汤德胜	摄影	中国摄影出版社	1991
《汤德胜镜中的外国人》	汤德胜	摄影	中国摄影出版社	1995
《汤德胜摄影作品专辑》	汤德胜	摄影	南京出版社	1998
《徐秉方竹刻集》	徐秉方	美术	上海古籍出版社	1999
《狂野非洲》	汤德胜	摄影	中国摄影出版社	2001
《牡丹集》	王兴鹤	美术	华夏文化出版社	2002
《赵治平花鸟画集》	赵治平	美术	北京工艺美术出版社	2003
《陈红摄影作品集》	陈　红	摄影	香港天马出版社	2003
《武进古桥》	蒋惊雷	摄影	香港天马出版社	2004
《张鹤芳摄影作品集》	张鹤芳	摄影	香港天马出版社	2005
《“苏南明珠·魅力武进”摄影作品集》	刘建中	摄影	中国文联出版社	2006
《情系百姓》	汤德胜	摄影	中国摄影出版社	2007
《金秋风影》	朱立凤	摄影	中国摄影出版社	2009
《刘建中摄影作品集》	刘建中	摄影	中国文联出版社	2010
《知青——穿越时间的重量》	汤德胜	摄影	中国摄影出版社	2012
《涛声性情墨迹选》	陆涛声	书法	湖北美术出版社	2012
《陆涛声书法丛帖》	陆涛声	书法	湖北美术出版社	2012
《杨桥风韵》	蒋惊雷	摄影	上海文汇出版社	2013

第四章 群众文化

武进民间文化活动源远流长，丰富多彩。明清以后，舞龙灯、舞狮子、舞马叉、踩高跷、荡湖船、掮轮车、玩杂耍等游艺项目是其主要活动形式，通常在节庆期间集聚表演。唱山歌活动在民间也较为普遍。每年农历六月十九观音生日，常州南门外德安桥对山歌活动盛况可观。辛亥革命以后，政府设立通俗教育馆，为指导和组织群众开展成人教育和民间文化活动的专门机构。1929年（民国18年），通俗教育馆改名为民众教育馆。1949年4月23日武进解放，28日析出武进县城常州，常州、武进分治，属苏南行署区武进行政分区管辖，1949年10月1日，中华人民共和国成立，常州专员公署接管原武进县民众教育馆。

1952年，武进县文化馆成立。根据“业余、自愿、小型、多样”的原则，广泛开展时政宣传、科学普及、识字教育、文化娱乐和群众体育等形式多样、内容丰富的群众文化活动。“文化大革命”开始后，群众文化事业机构被撤，人员下放，活动器具散失，群众文化活动形式为唱语录歌、演样板戏、跳忠字舞所替代，整个群众文化园地呈一花独放局面。

1975年，武进县文化局成立，各乡（镇）、村和企事业单位相继设立文化站和俱乐部等群众文化机构。之后，县文化局每年组织文艺创作、文艺演唱、书法、美术、摄影等群众文化培训活动，培养基层文化活动骨干；举办全县性创作节目调演和会演，推动群众文化事业发展。1986年开始，县文化主管部门连续举办九届两年一次的武进县文化艺术节，每年组织文艺团体开展送文化下乡活动。各乡镇文化站在辖区组织开展“夏季纳凉活动”和节庆期间文艺演出、体育竞赛等群众文化活动。马杭的“菊花艺术节”、浦河的“大篷车演唱队”、新安的“家庭文化活动”、湖塘的“邻居节”等，形成具有武进特色的群众文化活动，1992年11月，江苏省人民政府授予武进群众文化先进县称号。1994年，武进县被文化部评为全国文化先进县。

进入21世纪，随着群众文化设施的逐步现代化以及物质生活水平提高，激发了群众文化新的活力，武进的社区广场文化活动、戏迷票友演唱活动、企业文化活动、体育竞技活动、校园文化活动等，形成了武进群众文化的新亮点。2008年起，武进区开展“一镇一品”特色文化创建和文化周末活动，“小戏之乡”“竹刻之乡”“摄影之乡”“书画之乡”“风筝之乡”等应运而生。

第一节 事业机构

一、武进县民众教育馆

（一）机构沿革

武进县民众教育馆的前身为武进县通俗教育馆。辛亥革命以后的几年，军阀混战，政治腐败，社会混乱，许多有识之士提出教育救国、实业救国的口号，作为“民众生活之中心，改造社会之源泉”的通俗教育机构应运而生。1916年（民国5年）11月26日，武进通俗教育馆在县城文庙内成立，由屠心矩任主任。馆内设有图书、娱乐、卫生、体育等部。后因馆内驻扎军队，陈列的仪器、标本等展品大都损坏。1925 年 9 月，通俗教育馆搬迁至局前街先贤祠内，由刘之常任主任。1927 年，江苏省教育厅扩充教育处处长俞庆棠女士从美国留学回国后，为宣传新文化、新思想，在交通大学校长唐文治和国民党元老吴稚晖的支持下，在无锡创办江苏省民众教育学院，专门为地方培养民众教育馆工作人员。1929 年，武进县通俗教育馆移址双桂坊公园内，改名为武进县民众教育馆。1930 年，武进除在城区设民众教育馆外，又在湖塘桥、小新桥、卜弋桥成立 3 所民众教育馆。至 1933 年，又先后建立奔牛、湟里、横山桥、礼嘉桥、前黄、潘家桥、马迹山 7 所民众教育馆。是年，武进县县长李渺世，国民党县党部元老高柏桢，县教育局局长吴佩昆，国民党元老吴稚晖分别在夏溪、新闸、三河口、雪堰等地又增设 4 所民众教育馆。1937 年，抗日战争爆发，武进沦陷，全县 15 所民众教育馆除城区外，其余全部停办。1949 年 10 月 1 日，中华人民共和国成立，原武进县民众教育馆由常州专员公署接管。

（二）主要工作

通俗教育馆陈列仪器、标本、挂图展览，让民众观赏。常年举行演讲、提灯会、通俗歌曲演唱、滩簧演唱、学习公民信条、散发传单等活动。其中，演讲被列为主要活动项目，至 1926 年（民国 15 年），演讲活动从城区发展到东乡和北乡（东乡为戚墅堰、横林，北乡为小新桥和龙虎塘），演讲员由小学校长和教员担任，演讲内容有《救国提倡实力》《不宜空谈》《提倡国货》《什么叫国耻》《反对 21 条不平等条约》《国民的责任》等，每次演讲都激发民众的爱国热情，受到民众的好评。

民众教育馆由地方政府和有识之士扶持，主要任务是组织群众自治活动，开展识字运动，传播新思想，改进民众生活，增强民众体质。各地教育馆在开展各项活动的同时，为本施教区内培养和造就了大批干部人才和文艺骨干。

武进的民众教育馆，有实验馆、示范馆、简易馆之分，组织机构也有所不同。县民众教育馆成立时分总务、科学、图书、推广、艺术 5 个部。1931 年（民国 20 年）整顿后改为总务、推广、展览 3 个部。总务部包括文书、会计、事务 3 部分。展览部负责物理机械、化学物品、标本模型、各种书刊展出和各种会议布置。推广部负责编印《民友》周刊、举办各种演讲、刊印《民众画报》，主持民众夜校、组织民众剧社等工作。

开办夜校是民众教育馆的主要工作之一。各馆按受教育者的年龄分有成人班、青年班；按文化程度分识字班、补习班；以职业不同分农民班、工人班、店员班，还有技术性的刺绣班和缝纫班等。

娱乐活动也是民众教育馆的主要内容之一。1935 年（民国 24 年），湟里民众教育馆组建新生剧团，著名戏剧家阿甲曾在该剧团主演《苦儿流浪记》剧目。奔牛、小新桥等地民众教育馆开展听收音机、听留声机、文艺演出、推广革命歌曲等，并将重要内容写在黑板上公布于众。潘家、三河口等民众教育馆还组织唱片欣赏和电影放映活动。

组织合作社是民众教育馆培养民众自治能力的有效措施。1934 年（民国 23 年），江南大旱，夏溪民众教育馆组织戽水合作社，租戽水机帮助农户解决农田灌溉。1935 年，武进县民众教育馆为缓解粮食灾荒，组织粮食消费合作社，举行棚户粮食消费合作互助活动，并组织青年劳动服务团举行赈灾救助宣传活动。前黄、夏溪等民众教育馆组织信用合作社，帮助困难农民临时借贷，解决燃眉之急。1936 年，湖塘、卜弋等民众教育馆组织养蚕农户业务技术集中培训活动，以提高养蚕水平。

此外，体育竞技、公园维护、茶室管理也属民众教育馆职能范围。

1929—1933 年（民国 18—22 年）武进县民众教育馆情况表

表 4-1

序号	馆　名	地　点	开办时间	历任馆长
1	武进县民众教育馆	双桂坊公园内	1929 年（民国 18 年）	金　番、苏鸿铨、娄乐天
2	卜弋桥民众教育馆	卜弋桥中街观音堂	1930 年（民国 19 年）	许德成、邹人一
3	小新桥民众教育馆	小新桥烈帝庙内	1930 年（民国 19 年）	刘婉贞、沈仲琪
4	湖塘桥民众教育馆	湖塘桥“洋房”内	1930 年（民国 19 年）	张仲明、陈　谟
5	新闸镇民众教育馆	新闸中街	1930 年（民国 19 年）	沈仲琪、潘　新
6	横山桥民众教育馆	横山桥包家祠堂	1930 年（民国 19 年）	杨乃挺、谢焕生
7	雪堰桥民众教育馆	雪堰桥中街	1931 年（民国 20 年）	陈　谟
8	奔牛镇民众教育馆	原镇公所内	1931 年（民国 20 年）	于洪生、诸之光（女）
9	湟里镇民众教育馆	原镇公所内	1932 年（民国 21 年）	沈鹏升
10	礼嘉桥民众教育馆	礼嘉桥三观堂内	1932 年（民国 21 年）	穆　英（女）
11	前黄镇民众教育馆	前黄杨家祠堂内	1932 年（民国 21 年）	盛纪善、徐叔云
12	三河口民众教育馆	三河口中街	1932 年（民国 21 年）	高梓才、高　博
13	潘家桥民众教育馆	潘家桥中街	1933 年（民国 22 年）	王叔和
14	夏溪民众教育馆	夏溪荆家祠堂	1933 年（民国 22 年）	吴泉清
15	马迹山民众教育馆	马山古竹镇	1933 年（民国 22 年）	曹振三

二、武进文化馆

（一）机构沿革

1952 年，武进县文化馆成立，前身为奔牛镇人民俱乐部，属全民事业单位，馆址设在奔牛镇，编制 10 人，由沈乐山任负责人。1957 年，移址常州市关河路武进县级机关内，负责全县群众文化辅导工作。1961 年，为贯彻中央“整顿、巩固、充实、提高”八字方针，武进县图书馆撤销，县文化馆在湖塘镇设立图书阅览室，文化馆工作人员一分为二：部分人员到湖塘图书阅览室工作，部分人员留在机关负责全县群众文化辅导工作。1966 年，“文化大革命”开始，文化馆机构撤销，湖塘图书阅览室停止开放，文化馆工作人员全部下放到“五七”干校参加劳动。文化馆的职能由县革命委员会政工组代替，至 1972 年恢复。

武进文化艺术中心

1979年，由江苏省文化局和武进县政府拨专款，在湖塘新街建造800平方米的文化馆活动大楼，于1981年国庆节正式对外开放，文化馆办公地点和活动场所分设2处。1991年，县政府又拨款30万元，为文化馆建造一幢800多平方米的综合大楼，1992年年底竣工，原常州市关河路文化馆办公场所关闭，全体人员迁至湖塘桥文化馆新址。文化馆内设歌舞厅、游艺厅、卡拉OK厅、电视录像厅、展览厅、排练厅、音乐室、书画室及生活用房。1994年，在横林镇设县文化馆分馆，先后有谢丽英、刘建忠任馆长。

2007年12月，武进区文化馆搬迁至延政路武进文化艺术中心内，总面积2500平方米，在编工作人员28名。内设文艺创作、音乐舞蹈、戏剧曲艺、书画摄影、艺术培训等工作部门，有歌苑、琴苑、舞苑、棋苑、戏苑等10多个活动阵地，常年对外开放。2013年，搬迁至延政路凤凰谷，在编工作人员29名。

1990年，武进县文化馆被文化部授予“全国先进文化馆”称号；1993年，被评为“全国标准文化馆”“江苏省一级文化馆”；2001年，被江苏省文化厅评为“先进集体”；2003年，被江苏省委宣传部和文化厅命名为“服务农民，服务基层”先进集体；2006年，被江苏省文化厅评为“江苏省十大文化馆”；2008年，被文化部评定为“全国一级文化馆”。

1952—2013年武进文化馆历任馆长、副馆长更迭情况表

表4-2

姓　名	职　务	任职时间	姓　名	职　务	任职年月
沈乐山	副馆长	1952—1958	汤德胜	馆长	1987—1991
周佩弦	副馆长	1954—1956	李翔岭	副馆长	1991—1992
潘维信	馆长	1957—1958	李翔岭	馆长	1992—1992
夏明华	副馆长	1958—1959	蒋信楠	副馆长	1987—1993
蒋仁良	馆长	1959—1964	倪金才	副馆长	1991—1993
周亦民	馆长	1964—1969	倪金才	馆长	1993—2012
蒋仁良	馆长	1972—1975	王凤英（女）	副馆长	2001—2007
吴博威	馆长	1975—1976	杨秀妹（女）	副馆长	1998—2003
赵玉泉	副馆长	1975—1979	叶馨远（女）	副馆长	2007—2012
张绍香	副馆长	1979—1985	张　锐	副馆长	2007—
费炳荣	副馆长	1982—1987	叶馨远（女）	馆长	2012—
蒋季复	副馆长	1987—1989	恽新苗（女）	副馆长	2012—

2013年武进文化馆工作人员情况表

表4-3

姓　名	性别	出生年月	籍　贯	学历	职　务	参加工作时间
叶馨远	女	1975.09	常州武进	本科	馆长	1995.08
张　锐	男	1978.08	常州武进	大专	副馆长	1997.07
恽新苗	女	1975.11	常州武进	大专	副馆长	1997.08
刘建中	男	1959.05	常州武进	大专	横林分馆馆长	1992.04
杨　晖	女	1973.12	江苏丹阳	本科	馆员	1993.07
王凤英	女	1963.09	江苏无锡	本科	馆员	1987.07
李淑元	女	1979.02	常州武进	本科	文学创编部主任	2000.08
王　霞	女	1974.09	常州武进	大专	馆员	2000.12
方　凯	男	1979.03	常州天宁	本科	馆员	2004.08
壮　静	女	1975.12	常州武进	大专	辅导二室部主任	1996.08
姜　茜	女	1987.05	常州武进	本科	馆员	2006.12
王晓艳	女	1968.09	常州武进	本科	馆员	1992.05
袁可亚	女	1976.09	常州新北	大专	馆员	1996.08
丁旭晴	男	1955.09	常州武进	大专	馆员	1979.08
张　健	男	1980.09	常州武进	大专	馆员	2009.09
沈　浩	男	1976.04	常州武进	大专	馆员	1999.07
王舟华	女	1976.06	常州武进	本科	馆员	1996.07
于文英	女	1978.11	常州武进	本科	文化活动部主任	1997.12
黄孝亚	女	1980.01	常州新北	本科	馆员	2000.09
常雪娟	女	1961.11	常州武进	本科	馆员	1979.06
彭丽敏	女	1976.08	常州武进	本科	办公室主任	2000.03
王玲燕	女	1986.05	常州武进	本科	馆员	2009.02
韩　娜	女	1977.07	常州武进	大专	馆员	2001.03
钱　峰	男	1981.03	常州武进	本科	文学创编部副主任	2004.08
张　洁	男	1984.06	常州武进	大专	馆员	2006.09
林厚勇	男	1980.07	安徽天长	本科	馆员	2005.09
李梦璐	女	1990.03	常州武进	本科	馆员	2012.09
杨　雪	女	1989.12	山东临沂	本科	馆员	2013.09
陈　琳	女	1986.11	常州武进	本科	馆员	2008.08

（二）主要工作

中华人民共和国成立初期，文化馆的主要工作是向人民群众进行时事政策宣传，配合扫盲工作，组织群众学习文化知识，辅导群众开展业余文化体育活动。举办农业生产、土地改革、婚姻法、镇压反革命等图片展览，组织报告会和讲座，用黑板报、大字报、画廊和幻灯放映，宣传中国共产党的方针政策。周末或节假日期间举办音乐晚会、歌舞晚会、戏曲晚会、游艺晚会等文化娱乐活动。随着人们生活水平提高和对精神文化生活需求的增长，文化馆把对各类文化艺术骨干的培训提到主要工作日程。1954—1956 年，县文化馆为基层俱乐部培训骨干 1730 人。1972 年，县文化馆在湖塘举办第一期美术培训班，有 19 名业余爱好者参加。是年，县文化馆在漕桥公社举办第一期摄影艺术培训班，培训学员 60 多名。1973—1978 年，先后在县柴油机厂、化肥厂、奔牛米厂、奔牛照相馆、横林照相馆、横林中学、湖塘小学等地举办 12 期摄影艺术培训班，培训学员 600 多名。1973—1979 年，分别在湖塘镇、县“五七”农场、南夏墅师范等地举办 5 期美术培训班，培训学员 200 多名。1974 年 10 月，县文化馆在县委党校举办第一期小戏、曲艺创作学习班，有 52 名业余作者参加，创作作品 62 篇。同年，在南夏墅举办第一期故事创作学习班，创作故事 33 个，出版故事集《龙山炮声》。1982—1986 年，文化馆连续举办三期戏曲表演培训班，为各乡、镇和企事业单位培训文艺骨干 2000 多人次。进入 21 世纪，为适应不同层次人们对文化娱乐的需求，每年举办适合各个年龄层次兴趣爱好的文艺培训班。2011 年，举办戏曲、舞蹈、美术、摄影、声乐、器乐等培训班 25 期，培训学员 1950 人次。2012 年，办班 46 期，培训学员 2200 人次。2013 年，办班 53 期，培训学员 3600 多人次。

搞好业余创作、提供业余文艺演唱材料、开展业余文艺辅导、组织群众业余文化活动，始终是文化馆的主要职能。20 世纪 50—80 年代，文化馆编辑出版的《俱乐部》《革命文艺》《群众文艺》等刊物，是辅导群众文化的主要载体，向群众文艺团队提供武进创作和外地引进的文艺材料，为武进群众文化提供养分。文化馆工作人员面向群众，以自身一技之长深入农村、社区、工厂、校园、军营进行辅导，结合本地区、本单位特点开展创作、展演等文化活动，受到群众好评。

三、乡镇文化（体）站

（一）机构沿革

1958 年 3 月，根据中共江苏省委关于大力发展民办文化事业的指示，武进县成立第一批民办文化站共 40 个。是年 9 月，40 个民办文化站改为民办文化馆，190 个乡中心俱乐部改为民办文化站。1961 年，贯彻文化部关于“调整巩固、重点发展、提高质量、稳步前进”的方针，所有民办文化馆、站全部撤销。

1975 年 3 月 17 日，武进县革命委员会遵照江苏省革命委员会的指示精神，下发关于建立公社（镇）民办文化站的通知，要求全县 68 个公社（镇）建立民办文化站，配备专职干部 1 人。经费实行民办公助，即人员工资由县财政下拨，活动经费由地方自筹。至 1978 年所有公社（镇）民办文化站组建完成。1985 年，奔牛乡并入奔牛镇、湖塘乡并入湖塘镇、横林乡并入横林镇，文化站随之并入，时有乡镇文化站65个，有35名民办文化站干部转为国家干部。1986年，武进的青龙、潞城、三井、西林、北港5个乡划归常州市，武进县尚有60个乡镇民办文化站。

1991年，乡镇民办文化站更名为乡镇文化站，专职干部为文化站长。1992年，省文化厅授予前黄镇、运村乡、坊前乡、湖塘镇、马杭镇、鸣凰镇、牛塘镇、焦溪镇、横山桥镇、漕桥镇、小河镇、新安乡、三河口乡、东青乡、洛阳镇、奔牛镇、吕墅乡、卜弋镇、成章乡19个乡镇为江苏省群众文化先进乡镇称号。1993年，牛塘镇、湖塘镇、洛阳镇文化站被评为江苏省特级文化站；小河乡、东青乡、吕墅乡文化站被评定为江苏省一级文化站；邹区、横山桥、三河口、新安、九里、奔牛、鸣凰、马杭、雪堰、运村、寨桥、漕桥12个文化站被评为江苏省二级文化站；前黄、卜弋、戴溪、新桥、礼嘉等23个文化站被评为江苏省三级文化站。全县有41个乡镇文化站成为省级达标站。1995年，武进撤县设市，原辖区内的百丈、新桥、龙虎塘、圩塘划归常州市新北区。1999年11月，武进市行政区划调整，乡镇文化站由原来的56个缩并成30个。2000年，在机构改革中乡镇文化站由原文化局主管的全民事业单位调整为由乡镇主管的集体事业单位，文化站长的工资待遇不变。2002年4月，武进撤市设区，魏村、西夏墅、罗溪、孟城、小河、薛家、安家舍7个乡镇划归常州市新北区。2004年6月，武编办武编复[2004]28号文件，将乡镇文化站更名为乡镇文体站。2007年3月，因乡镇行政区划调整，23个镇文体站调整为14个镇文体站和1个街道文体站。至2013年，武进区有牛塘镇、湖塘镇、南夏墅街道、横林镇、洛阳镇、遥观镇、郑陆镇、横山桥镇、雪堰镇、礼嘉镇、前黄镇、奔牛镇、邹区镇、湟里镇、嘉泽镇15个文体站。

1975—2013年武进县（市、区）历任文化站长名录表

表4-4

镇别	历　任　站　长	2013年任职站长
雪堰	（雪堰）龚国兴、蒋德明、赵幼光；（潘家）钮志平、陈仲良；（漕桥）杨春耕、赵幼光；（南宅）陈仲良、秦卫中	吴　亭
礼嘉	（礼嘉）施义民；（坂上）庄国源；（政平）陆　鹤、唐炳良、陈友光、贾国柱	王宜南
前黄	（前黄）胥达华；（政平）贾国柱（寨桥）蒋福昌、孙　英；（坊前）江光迅、朱琴芳；（运村）朱惠萍、曹海明、陈洪岳	孙　英
湖塘	（湖塘乡）秦蔚成、张忠良、壮国良、王国铨；（马杭）金祥勋、凌虎林；（鸣凰）张允容、周国耀	周　华
牛塘	（牛塘）王国铨、朱凤秀、徐洪元；（卢家巷）徐松林、王水英、卢惠萍	卞小平
洛阳	（洛阳）王洪青、郑仁荣；（戴溪）陆细南、谢志元、许绪兴、赵岳清	陈仁荣
遥观	（遥观）奚炳华、居建平、吴国良、张金良（剑湖）朱金海、陆秋萍、王文辉、杜伯坤、傅奔大、杨国民	杨国民
横山桥	（横山桥）金小凤、章国光、宋雪明；（芙蓉）周金娟、钱庆平；（新安）蒋梦熊	韩　宇

续表 4-4

镇别	历任站长	2013年任职站长
横林	(横林镇) 陈国萍、谢丽英、陈　红； (横林乡) 潘国兴、秦得法、周建兴、夏文义 (崔桥) 沈东平、朱　红	朱　红
郑陆	(郑陆) 钱建初、袁文新；(东青) 李伯良；(焦溪) 姚如松；(三河口) 张世昌	姚国良
奔牛	(奔牛) 刘明生、郭林曦、顾华兴、徐宛妹、夏啸鸣 (奔牛乡) 朱琴梅、符锦昌、王龙祥；(九里) 罗润潮、徐宛妹	夏啸鸣
邹区	(邹区) 刁瑞华、吴国良、郭志武；(泰村) 陈杏英、郭志武 (礼河) 吴宝珍、吴国泉；(卜弋) 何荣焕、薛留坤、郭志武	王华芳
嘉泽	(嘉泽) 王良民、赵伟全、芮仲青、马志民、蒋兴民、申春芳；(厚余) 盛璋良、章文函、沈云泉、蒋晓华；(夏溪) 朱伯华、王炳铨、王和坤、周元纳、卢幼春、孙云泉；(成章) 王锁荣、陆连照	申春芳
湟里	(湟里) 刘永庆、贺培云、马建中、李建新；(村前) 刘培芳、姜叔军、祁　刚、马建中；(东安) 蒋金祥、许华芳、蒋建方、裴最良、蒋玉良	蒋玉良
南夏墅	(南夏墅) 戴效良、张泉良、徐友良；(庙桥) 谢达茂、路云松	路云松

1975—2002 年武进县（市区）划出乡镇历任文化站长名录

表 4-5

划出时间	乡镇别	历任文化站长
1986.12	潞城	陆雪琴
	青龙	徐芒大
	西林	傅留秀
	北港	周焕群
	三井	夏建英
1995.06	龙虎塘	王挺德
	圩塘	徐瑞庆、高建林
	新桥	龚　炳、蒋惠惠、陶红良
	北丈	冯云良
2002.04	小河	马兰萍、赵建新、史国新
	孟河	张国良、周大方、周艳萍
	西夏墅	(西夏墅) 袁华定、盛春华；(浦河) 吴国才；(万绥) 周大方
	罗溪	(罗溪) 莫彭龄、钟斌成、王永刚；(汤庄) 刘正范
	魏村	(魏村) 王玉娣、陈　刚、秦松华；(孝都) 屠玉林、陈金坤（代理）、赵仁保、史国兴、陈裕明、秦松华
	薛家	(薛家) 叶挺方、顾亚珍、吴兴法；(吕墅) 陈国良、吴兴法
	安家	倪金才、袁益华、陈裕明

注：1973 年武进县雕庄公社划入常州市，未列入此表。

（二）主要活动

乡镇文化站主要负责所在乡镇群众文化活动的组织、辅导工作。1958—1961 年，主要配合中心，利用黑板报、文艺说唱等形式宣传“大跃进”。自 1975 年后，文化站一方面利用自身阵地开展书报阅览、图片、书画、摄影展览、游艺等多种文化活动，一方面组织文艺队伍用说唱、快板、讲故事等形式宣传中国共产党的方针政策。2004 年起，乡镇文化站更名为乡镇文体站，承担所在乡镇群众文化、体育工作的指导、组织职能。

四、俱乐部、文化室

1953 年，县文化馆遵照县委和上级文化部门指示精神，在奔牛区六一乡第三农业生产合作社和鸣凰区万塔乡张来生农业生产合作社试点创办俱乐部，试点成功后随即在全县范围内推开。1954 年，全县建立 18 个农业生产合作社俱乐部。到 1955 年，全县农村俱乐部发展到 62 个。1956 年春节，县委提出“两天准备，三天战斗，五天完成”创建俱乐部的口号，第一季度全县创办俱乐部达到 1800 多个。俱乐部主任原则上由大队共青团支部书记担任，活动时间一般在晚上或者农闲季节。夏季，俱乐部利用群众有乘风凉的习惯，开展讲故事、读报等小型多样的文娱活动。农村俱乐部队员不计报酬，积极配合劳动竞赛，出板报、传播生产知识、表扬好人好事，开展田间场头说唱活动，有些俱乐部创办业余剧团，服装道具自己制作，剧团之间还开展相互交流演出活动，全县农村俱乐部活动开展得有声有色，1956 年，在江苏省召开的群众文化工作会议上，县文化馆作了俱乐部创办、巩固、发展的专题介绍。1957 年年底，安徽省群众文化观摩团到武进参观农村俱乐部，观摩奔牛镇 16 个俱乐部的读报活动，文化部《文化馆工作通讯》报道武进县巩固发展农村俱乐部的经验。

1964 年，农村开展社会主义教育运动，学《毛泽东选集》、唱革命歌曲、忆苦思甜，创办业余剧团成为基层俱乐部活动的主要内容。1966 年，“文化大革命”期间，俱乐部更名为文化室，业余剧团更名为毛泽东思想文艺宣传队，男女老少背毛主席语录，处处唱语录歌，人人跳“忠”字舞。1974 年，全国开展学习小靳庄十件新事活动，全县各地开办政治夜校，演唱革命样板戏，组织农民赛诗会，故事会、演唱会，种田的泥腿子纷纷走上赛诗台，有条件的生产队还办起规模不等的文化活动室。

1978 年，中共十一届三中全会以后，农村俱乐部活动继续巩固发展。1980 年，中共武进县委宣传部、县文化局对全县农村大队和企事业俱乐部进行全面整顿。通过检查、验收、评比，小河公社石桥大队、九里公社祁家大队、万绥公社仁厚大队、吕墅公社连江大队、孟城公社孟城大队、横林公社狄坂大队、洛阳公社岑村大队、龙虎塘公社万家大队、安家公社安家大队、北港公社港顶大队、魏村公社新华大队、邹区公社戴庄大队、卜弋公社林场、西林公社东岱大队、礼河公社东风大队、湖塘公社聚湖大队、庙桥公社张桥大队、坂上公社团结大队、鸣凰公社孙家大队、东安公社安北大队、成章公社龚家大队、漕桥公社楼村大队、雪堰公社谢家大队、礼嘉公社新路大队、横山桥公社共建大队、芙蓉公社钱家大队、三河口公社新沟大队、牟家大队俱乐部、武进粮食机械厂俱乐部、武进轧钢厂俱乐部、武进第二染织厂俱乐部、寨桥市镇俱乐部、焦溪公社财贸俱乐部33个俱乐部受到表彰。焦溪公社粮庄俱乐部参加常州市年度先进集体，先进个人表彰大会。1983年，全县各地贯彻中宣部〔1980〕1号文件和中共中央〔1981〕31号文件精神，农村集镇相继开始创建文化中心。在文化中心推动下，农村俱乐部建设又有新的提升。1983年年底，全县有俱乐部468个，文化室378个，图书馆150个，文艺宣传队61支，各类体育团队274个。全县以集镇为轴心，形成区、乡、村（单位）三级文化活动网络，武进群众文化事业得到巩固和发展。

2005年5月，各镇贯彻落实中共武进区委、区政府关于加强推进精神文明建设的指示精神，全面启动多功能文体活动场所建设。至2013年，全区246个行政村、120个社区文体活动室先后建成，总面积82263平方米。一大批功能齐全、门类众多的文体活动场所投入使用，至此，历史上发挥过积极作用的基层俱乐部、文化室被多功能的基层文体活动中心所替代。

五、农村集镇文化中心

1980年，中共中央宣传部下达《关于活跃农村文化生活的意见》，要求农村集镇文化中心把乡、镇政府所在地的文化阵地与文化队伍统一管理起来，扩大文化活动规模，延伸文化活动层面，形成文化、教育、卫生、科技、体育为一体的大文化格局。文化中心由文化站、影剧院、广播站、成校等部门组成，为便于协调管理，成立管理委员会，由乡镇党委副书记或副乡（镇）长任管理委员会主任，宣传委员和文化站长任副主任，履行本乡镇的时政宣传、科学普及、文化娱乐、业余教育和群众体育工作职能。文化中心要求有350平方米以上的活动场所，具备“两场、两队、两组、五室一栏”的设施，即影剧（场）院、篮球场，文艺宣传队、业余体育团队、文艺创作组和通讯报道组，乒乓室、图书室、阅览室、棋类室、电视室和户外宣传画廊。是年3月，县委宣传部在全县宣传工作会议上提出，建设文化中心要在党委统一领导下做到五个有：即有一套得力的领导和管理文化活动的工作班子；有一定规模的文化阵地和文化设施；有一支活跃的文体活动队伍；有一些经常性的文化娱乐活动；有一

奔牛镇文化中心

浦河乡文化中心

笔必要的活动经费。会后，县文化局选择横山桥公社作为创建试点。1981 年 9 月，横山桥公社文化中心正式成立，中共武进县委、县政府领导到场祝贺，县委宣传部向横山桥公社党委颁发文化中心批准书。新成立的横山桥公社文化中心有影剧院、书场、电视室、图书室、阅览室、乒乓室、棋类室和宣传画廊等设施，有美术、书法、摄影等兴趣小组，有一支业余文艺宣传队和一支业余体育活动团队，有一个业余文艺创作组和通讯报道组，还有一家亦工亦艺的文化站办工厂。1981 年 11 月 24 日，横山桥公社在全县宣传工作会议上作“因陋就简、逐步发展、依靠群众、挖掘潜力、广开财路、建设队伍、“五为一体”(时政宣传、科学普及、群众体育、文化娱乐、业余教育)、齐抓共管”的创建经验介绍，为全县的创建工作树立了榜样。

东青乡文化中心 1984 年 1 月 26 日落成，投入 40 余万元，建设面积 1460 平方米，文化中心为中西结合的三层楼建筑，设有小剧场、书场、游艺室、图书馆、书画室、桌球室、乒乓室、棋牌室、音乐茶座和老年活动室，还有餐厅、浴室、旅馆及南北杂货店，成为群众学习、娱乐和生活的多功能服务中心，被当地称为“乡村大世界”。1985 年 10 月，安徽、山东、浙江、江西、广西、云南、湖北等省、市、县 44 个代表团 2000 多人到文化中心参观、学习。全国政协副主席费孝通到东青文化中心视察并题字“东青文化宫”。1987 年 7 月，文化部文化司司长刘厦明视察时题字“文明之苑”。

1985 年 12 月，常州市组织农村集镇文化中心检查评比，横山桥、东青两个乡文化中心被评为优秀文化中心，安家、西林、运村、礼河、牛塘、马杭、新桥、焦溪、南宅、万绥 10 个乡文化中心被评为先进文化中心，常州市人民政府为先进文化中心颁发奖旗和奖金，马杭乡文化中心被评为 1985 年度常州市文明单位。

农村集镇文化中心的成立，促进各乡镇的文化设施改善和提升。1992 年，牛塘镇政府投入 300 多万元，在原来文化中心的基础上建成常州地区首家园林式农民公园——青云园，占地 1.2 万平方米，有曲廊水榭、假山凉亭、小桥流水和 1300 平方米的文化活动大楼，内设图书阅览室、录像放映室、桌球室、乒乓室、书场、茶室、歌舞厅，还开辟 1000 平方米的儿童乐园。1994 年 5 月 7 日，第二次全国文化先进县会议 300 多名代表到此参观。文化部常务副部长高占祥、中共江苏省委常委、宣传部部长王霞林、江苏省副省长张怀西、江苏省文化厅厅长潘震宙一同前往，文化部常务副部长高占祥为青云园题词：“青云美景看不够，天鹅飞来不想走”。至 1994 年，全县 57 个乡镇全都建立集镇文化中心。在 1999 年武进行政区划调整和 2000 年机构改革过程中，集镇文化中心自行解体，其主要功能仍由乡镇文体站承担。

省级特级文化站——牛塘镇文化站

第二节　演出团队

一、业余剧团

晚清时期，武进就有一批京昆剧爱好者和曲艺研究者。民国时期，武进县城有京剧爱好者组织票房活动，在农村则有以谋生为目的的六苏班、八音班等民间文艺组织活跃在婚丧喜庆场合。

票房最早出现的是20世纪30年代的“声声社”，以后影响较大的有赋和社、龙吟社、龙城社等。赋和社成立于抗日战争时期，社址设在磨盘桥，社长吴子镛，成员为一些资本家和高级职员；聘请专家老师，主要演员有焦吟社（程派）、黄克宝（梅派）、费心廉（马派）等人；演出节目有《失空斩》《宝莲灯》《三娘教子》《搜狐救狐》等。龙城社成立于抗日战争后期。龙吟社成立于1948年（民国37年），社址设在常州西门石龙嘴，成员以粮行职员为主。此外，奔牛、戚墅堰、湖塘、湟里、漕桥等较大的集镇，也有业余京剧爱好者的票房组织。1935年，奔牛票房曾联合常州铁路票房、赋和社票房，举行义演京剧片断及话剧《山河泪》。同年，湟里镇民众教育馆组织新生剧团，著名戏剧家阿甲曾在该剧团主演《苦儿流浪记》，将义演所得款项全部捐献给东北抗日联军。抗日战争胜利后，中小学校老师、学生、社会青年自发组织成立青联剧社，社址设在中山门椿庭大楼楼上。解放战争期间，青联剧社将苏联剧作家果戈里创作的讽刺喜剧《钦差大臣》改名《青云直上》，排练后在常州剧场演出。

中华人民共和国成立初期，农村普遍成立业余剧团。成员多为农民夜校的骨干分子，不计较报酬，就地取材，自编自演，配合各项政治运动进行宣传演出。1949年10月，武进第一个业余剧团——礼嘉中心区业余剧团成立。随后，漕桥、湖塘、奔牛、前黄等镇也相继成立业余剧团和文工团。在抗美援朝运动中，湖塘镇业余剧团在团长秦汉庭、副团长张祥林，副团长夏春海带领下义演《信陵公子》，为“鲁迅”号飞机捐献人民币180元。同年，郑陆乡春风剧团成立，成员80多人。为抗美援朝义演。礼嘉业余剧团创作演出大型京剧《抗美援朝》及锡剧《送子参军》等7个小戏，在周边乡村宣传演出。1950年，全县有业余剧团45个，1951年发展到119个。1952年全县有249个，1953年有448个。1956年，全县共有业余剧团或文娱小组1047个。

1958年，全县有41个业余剧团成为全脱产的文工团，专门从事宣传演出活动，活动经费由人民公社支付。1959年3月，县商业局成立县商业文工团，成员大部分为基层供销社职工，团长为章毅，导演为宗生贵，演职员有崔阿明等20余名，先后到运村、漕桥、横林、湖塘、奔牛等地演出小锡剧《木匠迎亲》等节目。1960年，为鼓励农村社员的生产情绪，县文化馆在6月份将参加县职工文艺会演的27个业余剧团和文娱小组组成7个“夏收夏种宣传鼓动团”，到全县33个公社296个大队，演出1773场次，观众达23

万余人次。1961 年春节期间，全县 108 个业余剧团（文工团）演出剧（节）目 430 个，观众 55 万人次。夏溪公社文工团自编自演《宋庄大队红旗飘》，反映夏溪人民在党的领导下树立人定胜天的精神风貌，该节目在县春节文娱会演中获一等奖。1962—1963 年，农村粮食紧张，经济困难，各地业余剧团演出活动基本停止。1964 年，全县开展社会主义教育活动，为配合宣传，全县建有 284 个业余剧团，春节期间有近千名文艺骨干参加演出活动。1965 年，全县有业余剧团、文工团 523 个，累计演出 2677 场次，观众 135 万余人次。

1966 年，“文化大革命”开始，业余剧团大多数改称为毛泽东思想文艺宣传队。宣传内容以“破四旧、立四新”为主。1967 年，全国推广革命样板戏，宣传队恢复为业余剧团。演出的主要剧目有《红灯记》《沙家浜》《智取威虎山》等。至 1969 年年底，全县有业余剧团 295 个。1970 年后，全县农村开展学习“小靳庄十件新事”活动，业余剧团又改称革命文艺宣传队，宣传内容以“抓革命，促生产”、“割资本主义尾巴（反对私人搞副业生产和个体经营活动）”、“农业学大寨”等为主。

1978 年，农村实行联产承包责任制，文艺宣传队基本停止活动，演出团队由乡、镇文化站组建，先后组建的业余剧团有湖塘区锡剧团、横山桥锡剧团、郑陆锡剧团、安家舍锡剧团等 13 个。演出剧目主要以《孟姜女》《秦香莲》《珍珠塔》《双珠凤》等古装戏为主。20 世纪 90 年代，文化市场开放，演出不景气，地方业余剧团先后解散。

进入 21 世纪，随着农村城镇化不断推进，自发组建的业余剧团又悄然兴起，至 2013 年，有湖塘地区的阳湖锡剧团、南夏墅街道的名流艺术团、牛塘镇的牛塘锡剧团、遥观镇的遥观锡剧团、武进区飞翔艺术团、常州市红艺锡剧团、横山桥镇芙蓉锡剧团、前黄镇雅韵艺术团、横林镇南方锡剧团、湖塘镇马杭采菱社区艺术团等 10 多个。

二、文艺宣传队

（一）业余文艺宣传队

业余文艺宣传队是在业余剧团的基础上派生出来的，队伍精干，人员一般在 20 人左右，表演的形式小型多样，内容丰富多彩，紧密配合各个时期的政治运动，宣传时效强，演出效果好，是群众文化活动的骨干队伍。

1966 年，全国开展“文化大革命”运动，武进农村业余剧团、文工团相继解散，成立毛泽东思想文艺宣传队，演出节目内容以宣传毛泽东思想、歌颂“文化大革命”为主。三河口公社成立文艺宣传队有 20 个。牛塘公社每个生产大队都有文艺宣传队，出现夫妻、父子、母女、全家登台演唱的场面。1967 年，为配合中心工作，全县各地相继成立大批判、政治宣讲、文艺演出“三位一体”的文艺宣传队，以大批判开路，向群众进行阶级斗争教育。洛阳公社各大队的文艺宣传队除在本大队宣传外，还到周边大队交流演出。1975 年，全县各公社成立民办文化站，一批半农半艺、半工半艺的业余文艺宣传队先后成立，宣传队人员临时抽调，活动经费及人员误工费由公社支付。有些公社为配合中心工作或参加上级组织的文艺会演，把文艺骨干统一安排到社办企业，便于随时抽调，人员工资由队员所在单位支付。1978 年，全县各地有 500 多支业余文艺宣传队，5350 多名文艺骨干参加演出活动，全年累计演出 4800 场，观众达 100 多万人次。

1980 年春节，全县乡、镇、村及企事业单位有文艺宣传队 124 支，2377 名文艺骨干参加活动，演出剧（节）目 516 个，演出 1860 场次，观众达 148 万人次。安家公社文化站宣传队除在本乡演出外，还到周边乡镇演出，演出的小戏、曲艺多次参加县、地区和省组织的文艺调演，小戏《朝天辣子盼媳妇》获江苏省调演二等奖。汤庄公社文化站宣传队除配合中心工作搞宣传外，还排演锡剧《珍珠塔》，到每个大队演出 2 场。1981 年，根据国务院关于开展以工补文，以工养文的指示精神，各公社文化站相继开办工厂。站办工厂主要招收文艺骨干，白天务工，晚上演出，亦工亦艺。文化站办企业的创办，为宣传队员解决后顾之忧，演出道具等设备添置也有了经济来源，减轻了地方政府的经济负担。郑陆公社文化站亦工亦艺宣传队成立后，自己创作、导演、演出的小戏、快板、表演唱等各类文艺节目有 200 多个，演出 180 多场次。牛塘公社文艺宣传队坚持常年下乡演出，被群众称为牛塘的“文艺轻骑”，受到镇江地区文化局的表彰。1982 年，全县有亦工亦艺文艺宣传队 51 支，春节期间累计演出 598 场，观众达 64 万人次。

20 世纪 90 年代，随着经济体制改革，全县各乡镇文化站开办的企业先后转制，文艺宣传队也随之解体，文艺骨干自谋出路，有的弃文经商，有的合伙组建民间艺术团队，也有部分文艺骨干仍活跃在农村业余舞台上。之后的文艺宣传队为配合政府中心工作、夏季乘凉活动、主题宣传活动等大都是临时组建的队伍，成员来自于教师、学生、企事业单位和乡镇文艺积极分子。

（二）专题文艺宣传队

1973 年年初，武进县革命委员会决定在全县推广水面养殖水花生、水芦葫、水浮莲和绿萍等绿色植物，为营造氛围成立有 43 人组成的“三水一绿”文艺宣传小分队，由县文化馆派员带队，到各公社巡回演出，演出节目有群口快板《横林盛开三水花》，表演唱《养猪姑娘》，小戏曲《半篮花生》等。

1974 年春节后，县计划生育办公室开展计划生育宣传活动，组建有 23 人参加的“计划生育文艺宣传小分队”，县卫生局派员带队到各公社演出。节目形式有舞蹈、数来宝、小锡剧、小演唱、快板、表演唱等。

1974 年下半年，全县各地大办沼气，宣传大办沼气的好处。县沼气办公室在县革命委员会副主任仓子和支持下，组建有 51 人参加的“沼气宣传小分队”，由文化馆吴英、张晓曙带队，蒋信楠、崔阿明任演出组组长，在全县各地巡回演出。省委宣传部副部长李维接见了小分队全体成员，部分节目由江苏电视台拍成专题片播放。

1977 年初，县知识青年上山下乡办公室抽调各知青点 25 名文艺骨干，组建“知青文艺宣传小分队”，到各乡镇演出后，参加镇江地区举办的知识青年文艺会演，演出节目有锡剧《掌秤第一天》《新嫂嫂》，表演唱《银河颂》，舞蹈《银茧舞》等。

三、戏迷票友协会

武进的戏迷票友协会是在业余剧团、文艺宣传队基础上发展起来的民间组织。2008年，在武进区戏曲协会、区锡剧团的倡导下，武进成立戏迷票友协会，各镇（街道）成立分会，并在镇文体中心、社区、行政村设活动点，形成区、镇、村（社区）三级组织和活动网络。至2013年，全区有雪堰、礼嘉、前黄、湖塘、牛塘、洛阳、遥观、横山桥、横林、郑陆、奔牛、邹区、嘉泽、湟里、南夏墅戏迷票友协会分会16个。

（一）郑陆京剧票友联谊会

成立于1996年5月，有会员20余人。2006年，会员有50余人，年高者95岁，年幼者5岁。会长高鸿福在全国京剧票友演出中，获得好评。2006年，中央电视台《过把瘾》栏目到郑陆为京剧票友录制节目，蔡晓峰、陆永清两位青年票友演唱的节目，于6月18日晚8点向全国播放。2013年，有会员60余人。

（二）横林镇戏曲联谊会

成立于2001年元月，有会员60余人，在企业和热心人士的资助下，添置音响、乐器、道具、服装，每周三晚上和周六下午为会员活动时间，演出节目有戏曲选段，锡剧小戏等，经常到企业、社区、村组演出。至2013年，每年的重阳节到敬老院慰问演出，深受广大群众欢迎。

（三）新安董村戏迷演唱队

成立于2002年，有队员20多人。发起人丁龙度自己出钱置办乐器、音响等设备，演出戏装也由自己裁制，还腾出自家房屋作为活动场所。演唱队每周四、周六晚上集中活动，先后排练《庵堂相会》《三请樊梨花》《吃面条》等锡剧节目。队员吴雅琴和陆才华合演的《双推磨》参加江苏省锡剧票友大赛常州赛区比赛，获得金奖。2013年，有队员30多人。

（四）邹区镇夕阳红文艺社

成立于2003年，成员以中老年人为主，活动经费自筹，或有企业赞助，有8万元的演出设备。2006年，获武进区委宣传部创新成果三等奖；2007年，获常州市先进团队奖。该社自成立至2013年，常年开展活动，除参加所在镇村社区活动外，还到卜弋、礼河、泰村、等周边乡村演出。

（五）陆连照家庭文艺队

成立于2003年，是嘉泽镇文化站站长陆连照发动12名家庭成员组建的文艺宣传队，配合中心，自编自演，常年开展义务演出。每年夏季纳凉活动都积极参与，演出节目小型多样，形式活泼，被常州市文化局评为“优秀特色团队”。至2013年，每年为群众义务宣传演出20余场次。

（六）卜弋夕阳红文艺社

成立于2004年，有社员50多人，有民乐演奏、戏曲演唱、舞蹈、腰鼓等多个活动项目，经常参加广场文娱晚会和国庆、春节、元宵等节日演出活动，常年活跃在村头、社区。

至2013年，经常参加活动的骨干有80余人。

（七）横林镇南方锡剧演唱队

成立于2006年春，由南方村党支部书记夏立新任队长。至2007年，先后排练《金玉奴》《寻儿记》《王老虎抢亲》等多个大型古装剧目，演出50余场，还培养了一批新生代文艺骨干，小戏《廉石记》获武进区文艺大赛银奖。2008年，演唱队更名为横林南方锡剧团，剧团每年参加镇文化站组织的送戏进社区进村活动。至2013年，累计演出150余场次。

（八）杨桥民俗文化艺术团

成立于2006年。隶属杨桥古文化研究会。活动项目和参与人员随着杨桥庙会的恢复逐年增多。艺术团有舞大刀、舞马叉、踩高跷、掮轮车、舞龙狮、舞火球、蚌舞、调大头娃娃、调财神、穿马灯、打莲湘、调三十六行、调犟牛、挑花担等项目。2010年12月，中央电视台《乡土》栏目到杨桥拍摄艺术团展演的民俗风情节目。2013年度，《调犟牛》表演队因中央《农民工春晚》栏目组邀请，赴北京参加演出。

（九）和谐郑陆戏曲演出队

和谐郑陆戏曲演出队由武进工商局退休干部周伯兴发起，成立于2009年5月，有队员20多人。演出队自掏腰包筹资6万多元，购置戏装道具、音响乐器。成立初期，演出队只能清唱或表演折子戏。2010年开始，排演《珍珠塔》《金玉奴》《夜明珠》《玉蜻蜓》等大戏。他们运输车辆自己租，戏台自己搭，饭钱自己掏，还自备板凳让群众坐着看戏，不拿群众一分钱，不给村民添麻烦。至2013年，每年为群众义演50多场。

（十）牛塘镇卢家巷“草台班”

组建于2010年，有成员40多人。其中有一支戏曲队、两支舞蹈队，演出的节目都是根据中国共产党和人民政府方针政策、社会上的好人好事、农村发展成果、家庭传统美德自己创编，有快板、歌曲、舞蹈、小品、诗朗诵等多种形式。2013年度，送戏进社区演出16场。

（十一）湖塘镇夕阳红合唱队

成立于1998年4月。开始是黄巧芳等10人自发组织的合唱小组，后逐步发展，成员有离退休干部、教师、社区中老年文艺骨干及音乐爱好者，每周集中练习一次。该合唱队除演唱新老歌曲100余首外，还创作歌曲12首。至2013年，有成员130余人，组织演唱活动120余场次。

（十二）前黄镇雅韵艺术团

成立于2008年，成员80余人。有戏曲演唱队、舞蹈表演队各1个。在镇文化部门的组织下，自筹资金12万元，添置演出设备，除演出小品、独脚戏、快板、说唱和舞蹈节目外，还排练大戏《珍珠塔》和折子戏《君臣游苑》《赠塔》《沙家浜》《摘石榴》《草桥结拜》等。艺术团成立后，常年走村串巷，到村头进社区，至2013年每年义务为群众演出不少于30场次，参加社区天天乐活动100余场次。

第三节　文化活动

一、文化艺术节

武进县文化艺术节是推动群众文化活动的重要举措，1986—2003 年，武进县（市、区）先后举办 9 届文化艺术节。

武进县首届艺术节

首届文化艺术节由文化局、文联、总工会于 1986 年 12 月 22—26 日在湖塘镇联合举办。艺术节设组委会，主任由副县长童方云担任，文联副主席汤德胜、文化局副局长秦蔚成任副主任。艺术节内容有文艺演出、美术、书法、摄影、文物精品展览、电影放映和书市活动。期间，有 34 个单位演出文艺节目 47 个。

第二届文化艺术节于 1989 年 9 月 1 日至 10 月 10 日举行，历时 40 天。艺术节结合庆祝中华人民共和国成立 40 周年活动，全县共组织文艺演出 229 场，观众超过 20 万人次。期间，文化局还举办书画摄影展览。前黄、奔牛、郑陆、湖塘、马杭、焦溪、西夏墅、浦河、寨桥、魏村、九里、庙桥等乡镇组织文艺演出和花卉、书画、摄影展览等多种形式的群众文化活动。

第三届文化艺术节结合中国共产党建党 70 周年庆祝活动，于 1991 年 6 月 12 日至 7 月 11 日举办，历时 30 天。主会场设在武进影剧院，各乡镇影剧院设分会场。主会场共演出文艺节目 6 台；书画、摄影协会与书画院联合举办美术、书法、摄影作品展览；新华书店组织优秀图书展销；县博物馆、淹城博物馆组织文物展览；电影公司举行第二届“童影奖”电影影评活动；文学协会举办文学作品征文等活动。期间，各乡镇分别举行形式多样的文艺演出、体育比赛、读书会、报告会等活动。

第四届文化艺术节于 1993 年 9 月 6—8 日举行，邀请南京前线歌舞团到武进影剧院、工人文化宫演出；组织全县业余优秀文艺节目专场演出；县锡剧团演出新编大型传统戏《香罗带》；举办武进美术、书法、摄影展览；县博物馆举办馆藏名人书画展；新华书店举办首届“武进书市”；电影公司举办第三届“童影奖”影评；60 个乡镇开展丰富多彩的群众性文化艺术表演展示等 8 项活动。

第五届文化艺术节于 1995 年 8 月 26—31 日举行，主题围绕纪念反法西斯战争胜利 50 周年和庆祝武进撤县设市活动。举办融歌舞、小品、相声、戏曲为一炉的文艺专场演出；举办第三届武进书市，特邀著名作家叶辛签名售书；举办武进书画展；举办“今日武进”摄影作品展；市锡剧团上演现代锡剧《孔繁森》；举办第四届“童影奖”影评征文活动；举办淹城文物精品展和《吴海军英雄事迹展》；举办《纪念抗战胜利 50 周年史料展》8 项活动。

第六届文化艺术节于1997年12月8—10日举行，组织业余文艺专场演出；锡剧团演出现代戏《红砖绿瓦》；举办“美在武进”书画摄影展、馆藏文物精品展；举办《武进5000年文明史》图片展；组织“我们的香港”读书征文；举办第五届“童影奖”电影影评征文等活动。

第七届文化艺术节于1999年4月开始到12月结束，历时9个月。艺术节围绕庆祝中华人民共和国成立50周年，武进解放50周年，迎接澳门回归，展示武进文化建设风貌等内容开展活动。主要活动有锦绣武进美术书法摄影展；庆祝中华人民共和国成立50周年专场文艺演出；中国台中、武进“两岸情”摄影展；中华人民共和国成立50周年优秀电影汇映；第六届“童影奖”影评活动；中国澳门历史与发展大型图书展等活动。

第八届文化艺术节于2001年12月25—30日举行。结合送文化下乡活动，组织锡剧团、文化馆、书画院、电影公司等单位，深入到各乡镇开展文艺演出、书画展览、电影放映等活动。

第九届文化艺术节于2003年1—12月举行，历时一年。艺术节以春之戏、夏之歌、秋之舞、冬之画“四季文化系列活动”为载体。“春之戏”全区有1000多名戏曲爱好者参与，经过各镇（街道）初赛，各片复赛后，有29名爱好者进入决赛，分别演唱锡剧、京剧、越剧、沪剧和黄梅戏等剧种；“夏之歌”在各镇（街道）和区级机关、单位中展开，有23个镇（街道）和21个区级机关代表队参加。在区行政中心广场上举行的大型歌会上，有1000多人登台，区四套班子领导全部上台演唱。“秋之舞”以中老年人广场舞形式为主，其中奔牛、寨桥、洛阳代表队分别获各片区第一名。“冬之画”吸引全区1300多名书画摄影爱好者参加，创作作品2500多幅，其中有233幅优秀作品在区行政中心展出。

首届武进区市民艺术节

从2013年起，区文化广电新闻出版局每年举办一届市民艺术节。首届武进区市民艺术节从2013年5月开始到10月结束，历时5个月，市民艺术节包括举办书法、美术、摄影展；各类艺术赛事和特色文艺团队展演三大系列活动。其间，穿插第二届武进锡剧艺术节系列活动、迎接第八届花博会“花为媒”大型文艺晚会、凤凰谷大剧院开院演出、中国上海国际艺术节武进专场演出等活动。

二、阵地文化活动

中华人民共和国成立前，除宣卷、说书、唱堂会戏等在庙宇、茶馆、厅堂、会馆等室内举行，其他活动大多在室外开展。中华人民共和国成立后，文化设施逐步完善，阵地活动不断丰富。

（一）演出活动

武进第一家室内演出场所是位于城区的逸仙戏园，始建于清宣统元年（1909年）。

民国期间，先后建有第一公园剧场（今人民公园内）、中华环球俱乐部（今常州剧院前身），还有振兴游艺场、新舞台等10余家。农村则利用空地、晒场或庙宇、戏楼开展演出活动。

湟里影剧院

中华人民共和国成立初期，广场仍旧是农村演出主要场所。专业剧团和业余剧团到农村演出，村民们凑出木料门板搭建舞台。演出时，群众象过节一样从四面八方赶来看戏。俗称为“草台板戏”，也叫“野场戏”。1958年，各公社先后建造大会堂（场），在解决公社、大队、生产队三级干部开会场所的同时，也为文艺演出提供室内场所。至1960年，全县建有大会堂58个，各类演出活动逐步由室外转向室内。

东安影剧院

20世纪80年代起，随着农村生活水平不断提高，人们对文化生活的需求日益增强，大会堂陆续改建成影剧院。1980年，奔牛影剧院建成。1982年，横林阳湖影剧院建成。1984年，武进影剧院建成。至1995年，全县建有影剧院55家。影剧院功能齐全，设施新型，各地文艺演出活动基本在影剧院内举办。

进入21世纪，随着农村城镇化进程，电视等媒体传播手段逐步现代化，文化呈多元化发展，集镇影剧院年久失修，功能减弱，至2006年，影剧院演出活动基本停止。2007年，区政府投资3亿人民币，建成区、镇、村（社区）三级文体活动广场50个，成为全县开展群众文化活动的主要阵地。每天早晨和晚间，文化广场上乐曲悠扬，人们在音乐声中翩翩起舞，文艺演出活动也从室内移向室外。

2008年，为适应城区群众文化活动特点，满足新老市民的文化需求，区委、区政府在湖塘新城区新天地公园开辟水上舞台，每周末举行一场文艺演出活动，形式有戏剧、小品、歌舞等。2008年共演出30场，观众超过10万人次。至2013年，累计演出200场，观众90万人次。

新天地公园水上舞台

2009年，奔牛镇在奔牛公园内开辟

奔牛文化公园内的演出舞台

文化广场，为专业剧团和全镇19支文艺队伍的演出活动提供阵地，全年除雨雪天气，每天都有文艺骨干在广场活动。2013年，在广场组织大型演出活动16场，观众10万人次。

自2010年起，各镇文体站及有条件的社区、村开设大家唱活动阵地，活动室舞台、灯光、音响等设施齐全。至2013年，全区有大家唱活动点58个。

（二）展览活动

展览活动是重要的文化宣传形式，中华人民共和国成立后，在政府部门重视下，文化部门经常利用阵地开展时事政治宣传、科学知识普及、文学艺术欣赏等展出。1951年，全县各地组织“镇压反革命”图片展；1952年，举办“取缔反动道会门”图片展；1953年，举办《中华人民共和国婚姻法》图片展；1954年，围绕宣传互助组、合作社、粮食统购统销等举办张来生农业合作社图片展。

1958年，为宣传“总路线”、“大跃进”，全县出现壁画标语热，墙壁、山体到处是漫画和标语；1959年，举办中华人民共和国成立十周年成就图片展，展出的图片大多是由文化馆组织专业人员绘制后到各地巡回展出，也有经过翻印后分发给乡、镇文化站、民校（夜校）、合作社、学校等单位展出。每次组织展览活动前，都由文化馆负责培训讲解员。展览活动小到由讲解员用一个柜台、一部推车、一副担子，把图片送到田头、场头、食堂、车间等场所，一边让群众观赏，一边为群众演讲。有条件的地方，则利用礼堂、民居等场所展出。

20世纪60年代，展览主要以宣传艰苦奋斗、学雷锋、阶级斗争等内容为主。1965年12月，县举办阶级斗争教育展览，组织图片、实物等在27个公社巡回展出134天，至1966年6月结束，历时6个月，共接待观众4.6万人次。

20世纪70年代后期，展览以揭批“江青反革命集团”、推广联产承包责任制等内容为主。1977年，县文化馆刻印一套揭批“四人帮”宣传漫画，分发到60个公社文化站展出。

1980年，为配合政府开展严惩危害社会秩序和破坏经济犯罪运动，全县各公社共出刊墙报、举办图片展览800多期，展出图片300多幅。20世纪80年代，各乡镇文化站先后开辟面积不等的宣传橱窗，并定期更换展出内容。

20世纪90年代起，各乡镇、文化阵地除展出图片外，还增加书画作品和摄影作品等内容。1993年，新安乡文化站举办《人民领袖——毛泽东》图片展览，展出11天，接待观众近万人次。1997年，为迎接香港回归祖国，全县各文化站共举办图片、照片展览56期。1998年，配合全国禁毒宣传，全县各乡镇举办《珍爱生命，远离毒品》大型图片展览，共接待观众18万人次。

进入21世纪，展览活动除在乡镇文体站开展外，有条件的村、社区和企事业单位也经常举办各种形式的展览会。2010年，为配合全区非物质文化遗产普查工作，文化局制作100幅图片在行政中心、图书馆、博物馆、湖塘镇各社区和牛塘、遥观、横林等镇巡回展出20次300余天。

（三）游艺活动

20世纪80年代，随着武进经济社会的快速发展，群众文化活动设施设备得以逐步改善。乡镇文化站在开设图书阅览室基础上增设录像放映室、电子游戏室、棋牌室、康乐球、桌球、乒乓球活动室，东青、湖塘等文化站还开设书场和茶室。全县阵地文化活动丰富多彩，其中猜灯谜活动是每个文化站在节日期间主要阵地活动之一。猜灯谜在武进民间由来已久，在明代史书中就有记载。在新的时代背景下，灯谜的内容和形式不断创新，内容涉及法律、卫生、环保、气象、生活、生产、计划生育等方方面面。活动一般在春节及元宵节期间举行，文化站准备数百条谜语，猜对者有奖或赠送小礼品。有的文化站还开展迎新春、猜灯谜一条街活动。至2013年，游艺活动仍作为乡镇文体站阵地活动的传统内容之一。

猜灯谜

三、送文化下乡活动

中华人民共和国成立初期，武进农村物质生活困难，文化生活十分贫乏。普通农民一年四季难得看上一场戏，一场电影。为丰富群众的文化生活，自20世纪50年代起，县人民政府要求县锡剧团、越剧团、电影队、文化馆等文化单位每年送戏、送电影、送图片到农村边缘地区演出、放映和展览。

1981年，根据中共中央《关于关心人民群众文化生活的指示》精神，文化局为满足人民群众的文化需求，组织全县文化单位和乡、镇文化站开展送文化下乡活动，文化馆组织文艺小分队到各乡镇巡回演出。

1992年，为配合农村第二次社会主义教育运动，全县各公社组织文艺宣传队排练节目，到农村大队巡回演出。卢家巷公社文化站组织一支有60余人的社教文艺宣传队，创作演出表演唱《三个大嫂话今昔》，天津快板《社会主义红旗永远飘》等20多个文艺节目，深入到全镇14个大队演出。漕桥文化站组织“共产党员先进性教育文艺演出队”，自编节目，到各村和企事业单

20世纪50年代县锡剧团送戏下乡

位演出，江苏省电视台等媒体为此进行专题报道。

1996年，遵照中共中央宣传部、文化部、农业部等10部委《关于开展科技、文化、卫生“三下乡”活动的通知》精神，文化局组织锡剧团、文化馆、书画院、新华书店、博物馆等单位开展集中送文化下乡活动。1月30日，首次文化下乡活动在焦溪镇拉开序幕，年内共送戏、综艺节目下乡演出80场次，放映电影300场次，送春联、书画1400余件，送图片到33个乡、镇展出。此后，武进文化主管部门每年都选择一个乡镇拉开送文化下乡序幕。1997年1月30日，送文化下乡活动在前黄镇举行，年内锡剧团、文化馆送戏、送综艺节目下乡演出130场次。送图片到34个乡、镇展览，送书画、春联1000余件，免费放映电影1600场次，优惠售书2.8万册。1998年1月23日，送文化下乡活动在马杭镇举行，年内送文艺节目下乡演出90场次，送书画、春联800余件，免费放映电影300场次。1999年2月12日，送文化下乡在吕墅乡举行，年内共组织送戏、送文艺节目下乡演出60场次，送书画、春联1200件，免费放映电影250场次，优惠销书2.7万册。2000年1月29日，在寨桥镇举行，年内共组织送戏下乡演出80多场次，免费放映电影280场次，送书画、春联1200余件。2001年，送文化下乡在湟里镇举行，年内共送戏下乡演出55场次，免费放映电影230场，送书画、春联1100余件，送图片到12个乡镇展览。是年，文化局配合区纪委宣传廉政建设，组建清风之歌文艺宣传队，到各乡镇和企事业单位巡回演出60场。演出节目有表演唱《醒世曲》《枕头风》，诗朗诵《我等你回来》，歌舞《公仆赞》，小锡剧《包公收礼》《阿二骂钱》，合唱《廉政歌》等。2002年1月18日，送文化下乡在薛家镇举行，年内组织送戏、送文艺节目下乡演出50场次，免费放映电影65场次。2003年1月20日，送文化下乡在嘉泽镇渔民村举行，年内组织文艺节目下乡演出40多场次，送书画、春联1200多件，免费放映电影60场次，

送文艺专场下乡活动

文化局送书下乡活动

电影公司送电影下乡活动

送图片到16个乡镇展览。

送春联活动

2004年，区文化局将每年一次集中送文化下乡活动改为每季度组织一次，每次活动都由局领导亲自指挥，各直属单位、乡镇文化站共同参与，内容和形式不变，但规模更大，惠及面更广泛。2005年3月至6月，为构建和谐社会，维护宗教和睦，区文化局配合区民族宗教局围绕《宗教事务条例》宣传，组织创编排练小品、小戏、歌舞等形式的文艺节目，在全区23个乡镇巡回演出，观众达7万人次。潘家镇2005年10月举办“廉政文化”主题月活动，内容有唱廉政歌、演廉政戏、读廉政书、说廉政话等活动，全镇开展各类主题活动55次，参加人数6000多人次，收到以廉政为创作主题的诗歌稿件300余篇，选出120篇汇编成《潘家镇廉政文化诗集》。

2006年，在常规送文化下乡基础上，区文化局组织送百场电影、百幅书画、千册图书为内容的“三送下乡”活动千余次，6万多人次受益。区电影公司在全区流动放映优秀电影100余场；书画院组织百幅书画新作品在各镇巡回展出；图书馆选配社科类图书千余册巡回各镇租借。

2007年，区文化局以构建社会主义和谐社会建设先进文化为核心，开展各种形式的送文化下乡活动，年内区锡剧团送戏下乡200余场，区电影公司送电影下乡200余场。

2008年，区文化局组织“送两百场戏剧、两百场电影”下乡活动，被列为武进区30项重点工作之一。年内武进锡剧团排演戏剧曲艺节目16台巡回下乡演出；区电影演出公司组织适合农村观众的影片120部巡回下乡放映，受到广泛欢迎，累计观众达120余万人次。

2009年，区文化局组织“先进文化进百村”巡演活动，被列入武进区30项为民办实事项目，“先进文化进百村”活动以“唱响新武进，唱响新农村”为宗旨，由百兴艺术团负责实施。年内该艺术团创作排练小品、歌舞、表演唱、戏曲等各类节目72个，共在全区演出200场，观众达60万人次。

2010年至2012年，区文化广电新闻出版局共组织送戏、送综艺节目下乡巡演1218场，观众400万人次。2013年，区文化广电新闻版局送戏、送综艺节目下乡巡演425场，观众110万人次；实施农村电影“2131”工程，放映电影3468场，观众逾90万人次；开展流动图书服务128次，外借图书1.2万余册。

四、特色文化活动

（一）夏季纳凉活动

夏季纳凉活动带有浓厚的乡土气息，是武进群众文化的一大特色。

每到夏季，乡村群众有在夜间乘风凉的习惯。一到晚上，劳作一天的村民们摇着扇子，提着凳子聚集在一起说古道今。民间艺人也乘此机会串村走巷，说书讲故事，卖唱做生意。

牛塘乡文化站文艺宣传队下乡演出

浦河乡文化站“大蓬车”到农村演出

文艺骨干在田头为群众演唱《红灯记》

新天地水上舞台举办大型夏季纳凉晚会

20 世纪 80 年代初，武进针对夏季纳凉的民间习俗，普遍在农村开展纳凉文化晚会活动。每年夏季来临前，县文化局都要召开乡镇文化站长会议，研究部署活动方案，提出要求，落实任务。县文化馆负责举办乡镇文艺骨干培训班，编印演唱材料；乡镇文化站召集回乡学生、教师、农村企事业单位中的文艺骨干成立小分队，到乡村举办纳凉晚会。纳凉晚会活动形式多样，有戏曲、歌曲、故事、快板、说唱、独脚戏、小品、舞蹈等，内容围绕中心工作、农技、卫生、计生、法制等方面，小分队一般由 20 人左右组成，自备音箱，自带灯光，在本乡镇各大队巡回活动。

1984 年夏天，浦河乡文化站利用卡车“一车载”的方式到农村演出。大篷车既当演出舞台，又当交通工具。一辆卡车，两只喇叭，三、四面彩旗，五、六件乐器，七、八个演员，九、十个节目。队伍精干、节目短小。一到演出地点，卡车一停，车厢板一放，电线一接，锣鼓一敲，乐器一响，演出就开场。小分队成员都是本乡本土人，身边人说身边事，群众看得真切，听得开心。1986 年《农民日报》刊登题为《深受农民欢迎的大篷车活跃在浦河》的文章。美国、法国、英国、德国、日本等国家报纸相继转载浦河乡乘凉活动的情况。1998 年 5 月，中央电视台农村栏目组到武进现场拍摄专题片，浦河乡文化大篷车被搬上屏幕，传遍全国。

1985 年夏季，全县有 120 多个文艺宣传队活跃在农村，演出 2000 多场，观众超过 50 万人次。横林镇夏家头村 90 多名文艺骨干及爱好者在该村第四村民小组打谷场上搭建舞台，每天晚上文艺骨干轮流上台演唱，每场有1000多名观众观看。小河乡文化站组织电声乐队到村头巡回表演；南宅乡文化站组织开展“消夏之乐”文化周活动，内容有广场文艺演出、体育竞赛、歌咏比赛等，省、市电视台为此分别作了报道。前黄区文化站组织全区10个乡镇乘凉活动节目大会串，到各乡、镇村交流演出。鸣凰公社文化站创新活动方式，1990年举办为期一个月的全镇夏季卡拉OK有线电视现场直播活动，全镇群众每晚足不出户，坐在电视机前看自己家人、亲友、熟人演唱比赛实况。常州日报、武进日报、武进电视台以《农村新鲜事》《鸣凰农民也上电视比赛唱歌了》为题作相关报道。

1993年，全县各地在夏季纳凉活动期间共演出732场，观众超过57.9万人次，举办舞会152场，参加活动2.3万余人次。1996年，夏季纳凉活动作为“三下乡”活动的载体，得到各级党委、政府的重视和支持，团委、妇联、计生、科技、卫生、综合治理等部门积极参与，形成合力，改变了往常文化部门唱独角戏的格局。1997年以后，武进夏季纳凉活动的形式从讲故事、说快板、演小戏向才艺展示、戏曲大家唱、卡拉OK演唱、广场舞表演等方面拓展。寨桥镇文化站还组织篝火晚会，吸引数以万计群众参与。至2013年，纳凉活动仍是武进区特色文化活动之一。

（二）民俗风情旅游节

1996年5月1日至3日，武进首届民俗风情旅游节在淹城遗址举行。活动期间，文化局组织龙灯100条，马灯80只，狮子60只，荡湖船50只参加活动，还有风筝队、掮轮车队、踩高跷队、青狮白象队、独轮车队、鱼鹰队等表演，以及仿古婚俗、盆景花卉、根雕造型、留青竹刻、剪纸、刻纸、文物精品、风光摄影、硬笔书法等600余件展品展出，组织文艺演出12场，共有12.5万人现场观看。

1997年9月28日至10月3日，第二届武进民俗风情旅游节在淹城遗址举办。文化局组织文艺、杂技专场演出10场；组织春秋人物巡展、火攻淹城电影实景拍摄表演和文物精品展览，接待中外游客18万人次。

1998年3月22—25日，第三届武进民俗风情旅游节暨’98新城杯江苏省风筝比赛在淹城遗址举办。其间，文化局组织各乡镇代表队参加，与来自全省10个城市的乡镇代表队进行7个大类、11种型号的风筝放飞比赛。横山桥镇代表队和遥观镇代表队分别获龙型大类和立体中型风筝比

武进民俗风情旅游节在淹城举办

赛第一名。2000年9月28日至10月28日，第四届武进民俗风情旅游节在淹城举行。其间，有来自四川自贡的大型灯展和武进民间艺术展示活动。2001年5月1日，第五届武进民俗风情旅游节在淹城举行。文化局组织各乡镇风筝队开展风筝放飞比赛。

2002年5月2日，第六届武进民俗风情旅游节在淹城举行。有来自各乡镇30多支舞龙队参加“太保杯”舞龙大赛，洛阳镇圻庄村女子舞龙队获金奖。2004年4月30日，第七届武进民俗风情旅游节在淹城举行。旅游节期间，女高音歌唱家宋祖英演唱了《爱我中华》《辣妹子》《好日子》《淹城之歌》等歌曲。

从2007年起，武进民俗风情旅游节每年于4月底至5月初举行。主题为“花都水城·浪漫武进”，活动内容有专场文艺演出、书画摄影比赛、非物质文化遗产展示、民间艺术表演、花车巡游等。

1996—2013年，民俗风情旅游节连续举办13届，为促进武进旅游产业、文化产业发展起到积极作用。

（三）社区邻居节

湖塘镇社区邻居节

社区邻居节是湖塘镇在城市化发展过程中的创新之举。随着城市化进程加快，大批农民告别田园村庄，集居城镇。为构建和谐社区，共享社会和经济发展成果，展现湖塘人民的精神风貌，中共湖塘镇党委、镇政府从2005年起，举办每年一届“社区邻居节”。至2011年，共办7届。

社区邻居节以弘扬先进文化，建设文化强镇；推动社会和谐共享发展成果；解放思想、科学发展等为主题，开展“社区书画、摄影作品展”、“睦邻友好趣味活动”、“美丽新生代歌咏比赛”、“今天我当家厨艺比赛”、“手拉手心连心文艺演出”，走访慰问折迁户，举办湖塘文化论坛“邻里学”（学习社会礼仪、家庭礼仪、生活礼仪，开展文明礼仪教育）、“邻里情”（邻里同唱一首歌、远亲不如近邻演讲会、楼道茶话会）、“邻里乐”（举办文艺演出、趣味运动会、才艺展示、新城一日游、烹饪大赛、文明使者评比、和谐邻里评选）、“邻里颂”（通过橱窗、板报、网站、媒体、宣传，反映邻里之间和睦互助的生动事迹，表扬、奖励好人好事）。社区邻居节活动期间，还开展“十佳爱心人物”“十佳爱心家庭”“十佳文明市民”评比等文化系列活动。2012年起，湖塘镇以举办“湖塘大舞台”来拓展社区邻居节，使活动内容丰富，形式更多样。

（四）马杭菊花节

马杭菊花节始办于1987年秋。马杭人传承明末清初画家恽南田爱菊情愫，数百年来形成种菊、赏菊、咏菊、画菊、诵菊的乡土文化特色。1981年，在王有成、凌虎林、吴一华、恽浩的发动下，马杭爱好菊花的农民自发组织较大规模的赏菊活动。1982年11月26日，马杭文化站围绕“菊”字办文化，举办第一次菊花展览，开展赏菊、诵菊、摄菊、画菊、咏菊比赛和文艺演出，吸引当地成千上万的农民和苏南地区菊花爱好者前来参加。之后，每年一次以菊花为主题的文化艺术活动延续至1986年。

马杭菊花节菊花展览

马杭菊花节文艺演出

1987年，经马杭镇人大代表会议决议通过，将每年的11月12日定为马杭菊花艺术节（简称“菊花节”），并增加文艺演出、体育比赛、商贸洽谈等活动，至2004年，共举办菊花节18届，举办菊花展览23次，参展的菊花品种500多个，70多万盆，参与人数超过20万。为提高菊花种植水平，马杭成立菊花协会，有会员38人，先后参加全国第二届至第九届菊花展览和比赛，共获得金奖23个，银奖17个，铜奖45个。菊花老人王有成一生酷爱菊花活动，由他个人举办菊花展览30多次，还先后编印《清风永怡》《奥情菊韵》等4本画册。1993年元月14日，中央电视台在《神州风采》栏目中播出《菊乡马杭》专题片。2005年，武进停办乡镇集市贸易节（俗称庙会、节场），马杭菊化节随之停办。

（五）文化周末活动

2008年，为打造广场文化品牌，促进文化强区建设，中共武进区委宣传部下发《关于举办“文化周末”活动的通知》，决定从2008年起每个周末晚上在湖塘花园街新天地广场的水上舞台举行一场免费的广场文艺演出活动（含电影放映）。

文化周末——天禄之夜

文化周末活动由区委宣传部、区文化局主办，区锡剧团、区文化馆承办。活动由专业和业余团体、乡镇（街道）有关部门和企事业单位参与，通过以大戏、小戏、小品、曲艺、歌舞等多种文艺形式宣传地方文化，体现武进精神、展示各自风采。

4月26日晚，由天禄房地产公司赞助的首场“文化周末——天禄之夜”在新天地水上舞台举行。区锡剧团、文化馆联袂参加演出，观众逾4000人。2008年11月15日，文化周末活动日，中共常州市委宣传部召集辖区宣传部门的领导到现场观摩，对武进的做法给予较高评价，决定从2009年起，在全市推广。武进的“文化周末周周演”活动获得常州市首届新闻文化最高奖——“广玉兰奖”中的“广玉兰创意文化活动奖”。

2008年，文化周末活动全年举办30场，观众逾10万人次。分别由区锡剧团、文化馆、教育局、建设局、财政局、南夏墅街道、横山桥镇、横林镇、牛塘镇、中天钢铁集团、交通局、奔牛镇、新科集团、湖塘镇、湟里镇、劳动局、洛阳镇、亚邦集团、民政局等30个单位参与。2009年，新天地水上舞台文化周末活动分别由区妇联、新城房地产公司、邹区镇、湖塘阳光幼儿园教育集团等30多个单位演出40场次，近20万人次进行观看。2010年，文化周末活动分别由区财政局、教育局、南夏墅街道、武进区法院、武进医院、药监局、经发区、人武部、人防局、规划局、水利局、高新区、百兴艺术团、文化广电新闻出版局等单位组织参加，演出共计30场次，观众超过15万人次。2011年，文化周末活动共举办30场，观众超过15万人次。先后由常州市市属艺术院团、百兴艺术团、常武电影演出公司、区人社局、区住建局、区文化广电新闻出版局、锡剧团、牛塘镇、湟里镇等单位参加。2012年，文化周末活动分别由区工商局、国土局、总工会、邹区镇、区妇联、农业局、雪堰镇、卫生局、前黄镇、商务局、教育局、经信局、发改局、地税局、环保局、礼嘉镇、区检察院、郑陆镇、文化广电新闻出版局、区残联等单位组织整场演出30场，观众近15万人次。

2013年，新天地水上舞台文化周末活动，先后由区公安局、见义勇为基金会、文化馆、锡剧团、湖塘镇、宣传部、常州市群星艺术团、区文明办等组织演出30场，观众达13万人次。

2008—2013年，在新天地广场举办的文化周末演出活动共200场，观众累计超过85万人次，形式多样，活动灵活，对全区的广场文化活动发挥积极的示范作用。

五、节日文化活动

春节猜灯迷活动

（一）春　节

春节期间，武进民间文化活动形式多样，主要有贴春联、挂中堂、画米囤、调龙灯、调财神、唱春、唱麒麟、猜灯迷等。20世纪70年代后，各乡镇文化站还组织文艺演出、篮球、乒乓球、象棋、朴克等赛事活动和书画、摄影展览。

（二）元宵节

农历正月十五闹元宵，是武进的传统

文化活动，主要活动项目有舞龙舞狮、荡湖船、踩高跷、调马灯、掮轮车等民俗文化表演。20 世纪 70 年代后，增加文艺演出和体育竞技比赛等内容。1984 年，遥观镇闹元宵活动，有龙灯、青狮、白象、腰鼓、马灯、荡湖船、大头娃娃、放风筝等 20 多支民间艺术团队参加，观众达 5 万余人。1985 年起，横山桥、芙蓉、新安、郑陆等乡镇每年都举办提灯会，男女老少共同参与，场面壮观热烈。1988—2005 年，湖塘镇连续举办 18 届元宵文艺活动，活动从正月十五至正月十八结束，内容分民俗文化展示、民间文艺巡游和文艺演出三部分。每届参加活动人数 1000 多人，观众达 6 万人次。1990—1995 年，牛塘镇连续举办六届元宵活动，每届参加展演、巡游的有狮子队、龙灯队、马灯队、荡湖船队、马叉队、秧歌队、腰鼓队、军乐队、彩车队等 10 多支队伍。晚上还组织文艺演出和燃放烟花。1996 年，南宅乡组织的元宵文艺晚会，邀请上海著名表演艺术家徐玉兰、茅善玉，锡剧表演艺术家梅花奖得主倪同芳、小王彬彬等到场与本乡文艺骨干同台演出。

区委宣传部、区文化局在行政中心广场举行“龙腾凤舞庆元宵活动

1997—2007 年，奔牛镇的闹元宵活动，除文艺演出、民俗表演、彩灯展示外，还连续举办十届“元宵杯”乒乓球邀请赛。湟里镇的元宵灯会始于明代，每年参加巡游的龙灯有 20 多条，各式提灯 18 种以上。20 世纪 90 年代后，还组织各种民间艺术项目参加展演。2010—2013 年，淹城旅游区举办的新春元宵灯会每年吸引 10 万多游客前来观赏，已成为淹城旅游的品牌产品。

奔牛镇举办闹元宵活动

（三）“三八”国际劳动妇女节

中华人民共和国成立后，各乡镇文化部门积极配合妇女联合会举办家庭演唱会，家庭才艺比赛，知识竞赛，戏曲、歌曲演唱会，拔河、跳绳比赛和健身操展示等活动。

（四）“五一”国际劳动节

劳动节期间，各乡镇文化部门积极配合工会举办演唱会、联欢会、座谈会、报告会等活动。2005 年开始，湖塘镇、横林镇、奔牛镇每年还举办“劳动者之歌”专场文艺演出。

（五）“七一”建党节

7 月 1 日，是中国共产党建党纪念日，全县各乡镇、村、社区每年一般以歌咏会、朗诵会、演讲会等文艺形式开展纪念活动。2011 年，在庆祝中国共产党成立 90 周年时，湖塘镇举办的庆祝活动主题是“向党报告”，报告分理想、信念、希望三大篇章，内容有表彰先进、党员宣誓，还有音诗画《绣红旗》、女声小组唱《党啊！亲爱的妈妈》、合唱《祖国不会忘记》等节目，文艺演出穿插其中，把宣传教育与艺术感染相结合。

（六）“八一”建军节

8 月 1 日，是中国人民解放军建军节，横山桥镇、湖塘镇、罗溪镇、寨桥镇等有关乡镇每年都举办形式多样的军民联欢活动。1990 年 7 月，前黄区文化站、寨桥镇文化站在寨桥中心小学操场与驻地部队举行军民联欢篝火晚会，演出节目有合唱、独唱、歌舞、快板、说唱、相声等形式。

（七）重阳节

农历九月初九，是重阳节，又称登高节，期间，县（市、区）文化馆和各乡、镇文化站每年都组织文艺演唱队到敬老院慰问演出，或举办老年人演唱会、开展老年体育等活动。

（八）国庆节

新天地水上舞台举办《歌唱祖国》大型歌咏晚会

10 月 1 日，是中华人民共和国国庆节，武进各乡镇每年都举办不同形式的庆祝活动，其中文艺演出是主要形式。1959 年，庆祝中华人民共和国成立十周年期间，全县 60 多个乡镇，演出文艺节目 1200 多个。1979 年，庆祝中华人民共和国成立三十周年期间，全县组织征文活动，并举行大型文艺演出。1994 年国庆期间，横山桥镇于 9 月 27 日开始至 10 月 1 日，组织荡湖船、调龙灯、扭秧歌、打莲相等民间艺术表演团队 500 多人在镇区主干道巡游。1996 年国庆期间，焦溪镇举办“焦溪在前进”大型国庆文艺晚会。2009 年 9 月 30 日，为庆祝中华人民共和国成立 60 周年，武进区在新天地水上舞台举办《歌唱祖国》大型歌咏晚会，分别有区部、委、办、局及乡镇 30 个代表队参加。同时，文化局还举办“明都房产杯”卡啦 OK 大奖赛，共有 300 多名选手参加比赛。

六、家庭、企业、校园文化活动

（一）家庭文化活动

20 世纪 90 年代初，以家庭为单位的文化活动逐步兴起。1991 年 8 月，省妇联、县文化局和漕桥镇妇联联合举办朱泰生家庭舞会，以此推动家庭文化建设。1992 年，新安镇根据当地居民有挂字画、栽花草、摆设工艺品的习俗，决定每两年举办一次家庭文化评比活动，是年 11 月，县召开家庭文化建设现场会，推广新安镇家庭文化活动的经验与做法，各级妇联发放《加强家庭文化建设，倡导社会主义文明新风》倡议书 2.85 万份。中央电视台新闻联播对新安家庭文化活动作 2 分钟的报道。自 1992—1999 年，新安镇连续举办四次家庭文化评比活动，第一次参加评比活动的家庭有 60 多户，第二次有 200 多

武进区举办家庭才艺大赛

户，第三次有500多户，第四次有600多户。全国妇联副主席刘海荣到新安视察后题词：“建设幸福家庭”。

2000年，在“五好文明家庭”创建活动中，武进有1.5万户家庭参加卡拉OK演唱、书画、摄影、手工技艺、盆景制作等比赛。2002年，各级妇联为推动“建设学习型家庭”，发放书籍1.5万余册。2006年，开展万人签名“禁毒从我家做起”活动，召开廉政文化进家庭推进会，向全区各级领导干部家庭发出《构建廉洁防线，共创幸福家庭》倡议书。2007年，区妇联、文化局等部门联合举办“与欢乐结伴，与幸福结缘”为主题的家庭才艺大赛，全国妇联宣传部部长王卫国、文化部文化处处长朱晓征及省、市、区有关领导亲临现场参加活动。

（二）企业文化活动

武进高新技术产业开发区
开展企业文化活动

武进企业文化活动从70年代逐渐兴盛。1981年，全县有15个工厂成立俱乐部，341个工厂创办图书室。1986年，武进柴油机厂为丰富职工的业余文化生活，从实际出发开展企业文化活动。一是办好一个站，即广播电视站，每周编排两档自办节目，早、中、晚播放一小时国家大事，科技信息和工厂新人新事；二是用好两个场，即影剧场和灯光球场，影剧场每月为本厂职工免费放映两场电影或观看两场文艺演出。利用灯光球场连续九年举办“五菱杯”职工篮球比赛；三是建好三个厅：即舞厅、歌厅和录像厅，供全厂职工与家属休闲娱乐；四是办好四种刊物：即《武柴报》《武柴简讯》《武柴科技》和《武柴青年》，及时报道工厂各个阶段的决策、会议精神、运行情况及好人好事；五是构建五支队伍：即管乐队、龙灯队、足球队、体操队和演唱队；六是培育六个兴趣小组：即集邮、信鸽、花卉盆景、书画、棋类、摄影。这些办法和做法，体现了企业的人文理念和时代精神。1989年，该厂厂歌《腾飞吧！五菱》在全国工厂歌曲征歌比赛中获优秀作品奖。1991年，该厂18位大学生职工抗洪救险的事迹在北京人民大会堂向首都人民作汇报，受到江泽民总书记亲切接见，当年，武柴厂被评为全国抗洪救灾先进集体。

1992年，武进第二印刷厂利用职工之家积极组织职工开展业余文体活动，职工马建国和沈雪英代表武进职工参加江苏省第二届“熊猫杯”国际标准舞比赛，获第四名。武进制药厂开辟职工文体活动场所，开放图书阅览室，成立通讯报道组、业余演唱队和艺术体操队、业余篮球队、乒乓球队等。1996 年，县总工会在企业职工中开展每天看一小时书报，每月读一本好书活动，旨在营造良好的学习氛围。

中天钢铁集团有限公司下属各生产厂都建有业余文艺演出队，自编自演身边的人和事，每年组织下属企业开展职工业余文艺会演。2003 年，该公司和区锡剧团联姻，组建中天钢铁艺术团，公司以开展文体活动为载体，以先进文化鼓舞职工、调动一切积极因素，展现企业精神，增强企业凝聚力，2004—2005 年，公司被评为常州市企业文化先进单位。

（三）校园文化活动

抗日战争时期，武进有多所学校组织学生宣讲团、艺术团，走上街头，深入民间，宣传抗日救国。中华人民共和国成立后，配合各个时期的中心工作，以多种形式宣传党的方针政策，起到重要作用。

20 世纪 90 年代，学校提倡素质教育，各类艺术团队应运而生，文化艺术活动精彩纷呈。1995 年，雪堰中学排练表演的锡剧《双推磨》，被选调参加武进第五届艺术节，获专场演出奖。1996 年 6 月 1 日，三河口中心小学举办“六一”少儿艺术节，艺术节由少儿民间艺术展演、少儿文艺专场演出、少儿书画艺术作品展览等活动组成，武进电视台作了专题报道。1997 年，芙蓉中心小学获江苏省青少年绘画作品获奖总数冠军。学生姚鹏程的《我爱蔬果》等 13 件作品先后在北京中国画研究室，香港、澳门等地展出；学生孔鹏飞的《寻找天空人》被中国美术馆收藏。嘉泽中心小学被定为“江苏省中华经典诗文诵读实验学校”，成章小学被命名为“常州市纸艺特色学校”。2000 年起，焦溪中学被被评为“江苏省校园诗词教育先进单位”。鸣凰中学老师房斐凭借竹刻之乡优势，编写竹刻艺术校本课程，开办竹刻艺术班，使竹刻艺术这一非物质文化遗产得到保护和传承。

奔牛高级中学校园文化艺术节

武进高级中学校园文化艺术节

在校园文化发展中，一些优秀文艺作品脱颖而出。横山桥中学表演的男子群舞《上梁》（由武进文化馆王晓艳编导），在市、省、全国各类比赛中演出 20 多场。2000 年 9 月，被第六届中国艺术节组委会选调到南京主会场演出。同年 12 月，在浙江台州举行的全国第十届“群星奖”舞蹈比赛中获金奖。2003 年，南夏墅中心小学演出的舞蹈《嬉莲》参加全国少儿舞蹈大赛获金奖。2004 年 12 月，星辰实验学校电视台摄制的少儿专题节目《走进无声世界》，在全国首届百家校园游戏电视节目评比活

刘海粟小学民乐队赴北京登上央视舞台

动中获金奖。2004年，武进洛阳中学7000平方米的艺术大楼落成，内设多功能表演厅、琴房、画室、音乐教室。学校建有舞蹈队、合唱队、铜管乐队、古筝美术兴趣小组等。至2007年，有近500名学生在国家、省、市各类艺术竞赛中获奖。2005年，湖塘中心小学排练的少儿舞蹈《小小摄影家》（王晓燕编排），代表江苏省赴香港参加第二届全国少儿音舞展演，获“大紫荆”奖。礼嘉中心小学排练的舞蹈《竹趣》参加2006年中国少儿才艺电视展演，获舞蹈类少年组一等奖。2008年，南夏墅中心小学排练的舞蹈《想爸爸，想妈妈》获全国第五届中小学生艺术展演一等奖。2008年12月，武进电大排练的舞蹈《花》获江苏省舞蹈大赛一等奖。政平中心小学多年来形成书法教育特色，学生的书法作品在参加国际、国家级大赛中先后获金奖，银奖，铜奖累计80余人次，2005年被中国教育学会授予“艺术教育特色单位”称号。牛塘小学少年民乐队在2006—2007年全国首届青少年艺术大赛中获2个特等奖，12个金奖，8个银奖。2012年2月5日，应文化部艺术服务中心邀请，湖塘桥中心小学合唱队到世界音乐之都——维也纳举办的第七届“文化中国维也纳金色大厅青少年文艺晚会”上演出。2013年1月，由刘海粟小学43名学生组成的民乐队，参加中央电视台音乐频道“魅力校园”新春民族乐器演奏会。

七、文化交流活动

从20世纪90年代起，跨地区的文化交流开始活跃。1990年，前黄镇与常州市天宁区新丰街道举办首届城乡文化艺术节，历时60天，先后开展文艺演出、民间艺术展示、体育比赛、书法、摄影展览等文化交流活动。1991年起，东青乡京剧票友社与常州市京剧票友社，每年组织交流演出活动。1992年，中央电视台戏曲频道《过把瘾》栏目，前来专题采访并作报道。2002年3月28日，祖籍横山桥芳茂村的是三行先生“故乡行”书画作品展在常州刘海粟美术馆开幕，展出作品100多幅。省政协副主席冯健亲、上海刘海粟美术馆副馆长王兆荣、南京艺术学院博士生导师周积寅等人以及常州市和武进区有关领导出席开幕式。

鉴于武进籍台胞数量较多，武进与中国台湾的文化交流日趋频繁。1990年，三河口乡举办台湾同胞书画展览，展出张大千、白崇禧等名人书画作品23幅。1993年，武进摄影家协会和中国台湾省台中市摄影家协会结为友好协会，每年举办摄影艺术交流活动。1993年，交流活动在武进举行。1994年6月4日至7月4日，武进县文联主席汤德胜应台湾《摄影天地》杂志社邀请，在中国台湾举办个人艺术摄影作品展，台湾摄影协会会长104岁的郎静山为汤德胜摄影作品展题词。1995年4月28日至5月4日，台中市摄影艺术团在湖塘镇大会堂举办摄影展，展出80多幅作品。1996年11月，武进市文联主席

武进摄影代表团应台中市摄影协会邀请，赴中国台北举办96“两岸情”摄影展

汤德胜、文化局局长许本源及刘建中、缪洪元等4人组成的武进摄影代表团应台中市摄影协会邀请，赴台北举办'96“两岸情”摄影展，展出武进20多位摄影家的120多幅作品。自1993年至2007年，共举办武进台中“两岸情”摄影艺术作品展9次，展出两地摄影家的摄影作品2000余幅，举办摄影艺术研讨会8次。2003年6月，武进台属联谊会文艺交流委员会成立。2004年，文艺交流委员会把演出的弹词开篇《思乡曲》、锡剧《赠塔》、小品《常回家看看》、民歌《茉莉花》、舞蹈《阿里山的姑娘》、歌曲《母亲》、小戏《回娘家》等11个节目，制作成题为《故乡情》的光碟5000张，分别赠送给武进台湾同胞、港澳同胞和海外华侨。2009年10月，武进台属联谊会文艺交流委员会应武进台北同乡会邀请，组织文艺演出小分队赴台湾交流演出，受到中国台湾同胞热情接待和观众一致好评。其间，前黄邹小兰的剪纸作品《穿针引线》作为礼品，赠送台北武进同乡会留作纪念。2003—2013年暑假期间，中国台湾大学生代表团曾多次到武进参观访问，并举行文艺交流演出活动。

八、文化品牌创建活动

2010年年初，武进区文化广电新闻出版局出台文化品牌创建活动方案，从文化艺术科、文化馆抽调人员组成工作小组，具体负责全区创建活动的协调和指导工作。各镇（街道）也成立相应工作班子，经过集思广益，梳理出代表本地区优势的品牌文化项目。是年10月，区委宣传部下发《关于“一镇一品”特色文化创建申请验收的通知》，并抽调人员会同文广新局成立验收小组，对创建合格的单位给予授牌和奖励。

2011年4月15日，《中国文化报》对武进创建特色文化品牌活动作专题报道。为检阅全区“一镇一品”特色文化创建成果，2011年10月17日，区委宣传部和区文化广电新闻出版局在新天地水上舞台组织全区14个镇1个街道文化品牌项目集中展演展示。11月8日，文化广电新闻出版局下发《关于公布“一镇一品星级特色文化项目”评比情况的通知》。其中，三星级特色文化品牌项目10个，分别是：雪堰镇（龙舟）、前黄镇（秧歌）、遥观镇（书画）、洛阳镇（舞龙）、牛塘镇（浅刻）、奔牛镇（广场文化）、横林镇（戏曲）、郑陆镇（诗词）、湖塘镇（邻居节）、湟里镇（锣鼓）。二星级特色文化品牌5个，分别是：礼嘉镇（锡剧）、嘉泽镇（风筝）、邹区镇（灯文化）、南夏墅街道（小戏）、横山桥镇（书画）。

（一）龙舟之乡—雪堰

有7.5公里湖岸线，国家龙舟竞赛基地位于该镇太滆村。该镇有5支龙舟队，有龙舟13条，每年组织竞赛多次，有江苏省“龙舟之乡”之称。

（二）秧歌之乡—前黄

有广泛的群众秧歌基础，有15支秧歌队，采取政企联手，企业冠名等方式，常年组织培训展演活动，人员队伍不断扩大。

（三）锡剧之乡—礼嘉

全镇活跃着一批锡剧戏迷，2005年成立锡剧协会，有会员50人。排练《珍珠塔》《红花曲》《哑女告状》《寻儿记》等10多个大型剧目到村、社区演出。2011年国庆节期间连续演出7天，吸引上万名群众。坂上小学开设锡剧兴趣班，锡剧艺术在礼嘉得到弘扬和传承。

（四）书画之乡—遥观

全镇书画有广泛的群众基础，拥有一批知名书画家。有4所学校被常州市评为书画特色学校。2009年12月，镇成立常州市东吴书院，经常开展送书画下乡活动。

（五）龙灯之乡—洛阳

该镇于2009年8月成立龙狮协会，全镇拥有26支舞龙队。2010年，开展元宵民俗文化巡游活动，舞龙队的精彩表演吸引无数的观众。2011年1月，举行全镇舞龙大赛。舞龙不仅活跃本地群众的文化生活，还展现了洛阳镇人民的精神风貌。

（六）浅刻之乡—牛塘

该镇于1975年开办特种工艺雕刻厂，有40多人从事浅刻工作，其中萧剑波、倪久晋、陈桂方等大师的作品在国家级工艺美术展中屡获殊荣。浅刻成为牛塘对外交流的文化名片。

（七）风筝之乡—嘉泽

风筝制作和放飞活动有着悠久历史，该镇每年都要组织风筝放飞竞赛。近年，全镇有15个风筝队，参与风筝活动的人员近160人。2011年，组织两次全镇风筝放飞活动。

（八）广场文化之乡—奔牛

奔牛古镇各类群众性文化活动常年不断，其中舞蹈最具特色，在省、市、区各类比赛中屡获佳绩。1995年，成立音舞协会，全镇拥有舞蹈队伍19支，常年活跃在村头社区。2012年，在奔牛公园广场举办13场展演活动，观摩超过6万人次。

（九）诗词之乡—郑陆

俗话说“湖山出诗人”。郑陆镇爱诗词的文人墨客众多，2001年7月创刊《舜溪风采》诗词集，至2012年已出刊39期，发行量由最初的500份发展到1500份。《舜溪风采》业务骨干帮助焦溪中学成立学生诗社——舜风诗社。《舜溪风采》成为展示郑陆，传承民族文化的平台。

（十）灯文化之乡—邹区

每年元宵节邹区的百姓点灯、放灯已成为该镇的传统文化。20世纪末，灯具市场兴起，形成闻名全国的大型灯具城。21世纪初，开设古灯展馆，陈列从古到今、不同国家的各种灯具。每年11月2日，举办全国灯具节。该镇幼儿园、中小学校以舞蹈、模特表演等形式展示灯的魅力。

（十一）戏曲之乡—横林

2002 年 1 月，该镇成立戏曲协会，会员由最初的 10 多人发展到 300 多人；剧种有越剧、沪剧、锡剧、京剧等。2007 年，镇成立业余锡剧团，有团员 30 多人。2010 年，镇戏曲协会和业余锡剧团到村、社区义务演出 54 场次。2011 年重阳节，在横林书场举办戏曲联谊活动，吸引周边乡村戏曲爱好者参与。

（十二）邻居节—湖塘

湖塘镇从 2005 年开始举办邻居节，每年举办一届，以开展文体活动为载体，围绕和谐主题，活动贯穿全年。至 2012 年，成功举办 7 届，主题鲜明，形式活泼，贴近群众，形成邻里间和睦相处的氛围。

（十三）小戏之乡—南夏墅

2008 年 6 月，南夏墅街道成立戏曲协会，有会员 50 余人。先后排练小戏《谁的错》《忏悔》《称娘》《捐款箱》以及 10 多个折子戏到村、社区演出，每年举办小戏曲艺会演。2013 年，街道建有戏曲之家 10 个，每周有戏迷大家唱活动。深受群众欢迎。

（十四）书画之乡—横山桥

该镇文化底蕴深厚。2002 年 5 月，成立书画研究会，有会员 82 人，2009 年达 120 余人。其中有中国书法家协会会员 2 名、江苏省书法家协会会员 8 名，该镇发挥书画研究会的作用。自成立起至 2013 年，每年都开展送春联、书画鉴赏、书画交流等活动。

（十五）锣鼓之乡—湟里

全镇有腰鼓队 8 支，军鼓队 4 支，欢庆锣鼓队 4 支，威风锣鼓队一支。参与活动人数 400 多人。镇文体站先后组织锣鼓、军鼓、腰鼓队开展“敲出我们的自信”、欢庆元宵节巡游等活动，威风锣鼓队还多次应邀参加市、区重大活动。

第四节　文艺创作

一、创作队伍

1955 年，武进县第一个群众业余文艺创作组—孟城创作小组成立。创作组长为孔榴生，成员有费益人、黄守时、蔡继珍等人。1956 年年初，武进创作新秀崭露头角，有寨桥陆忠宽、马杭钱汉章、嘉泽潘辉、鸣凰王怀兴、何留叶露、崔桥庄复兴、奔牛六一乡高培玉、奔牛铁木社季全、湖塘东风布厂顾洪大、遥观朱俊明、南宅潘英、三井陈北安、焦溪奚复兴、三河口姚永法等。至 1956 年 7 月，全县建有 53 个群众业余创作组。1957 年上半年，全县业余创作组有 120 个。1958 年“大跃进”期间据统计，全县群众业余文艺创作组有九千余个，但大都浮夸不实，只有在“大跃进”以前成立的创作组仍坚持活动。1963 年，全县群众业余文艺创作组在整顿中得到正常发展。1964 年，全县有文艺创作组 235 个。其中，新桥区年内就成立 17 个。

1966 年，“文化大革命”开始，有些作品无辜受到批判，文艺创作组织遭到破坏。至

1970 年，各地文艺创作组织基本停止活动。1972 年，县重新成立文艺创作组，各区、公社、工厂及大队基层群众文艺创作组也逐步恢复。创作组成员开始以教师为主，经过县创作组举办创作学习班，逐步形成以工人、农民和知识青年为主体的文艺创作队伍。武进 8 个区都成立中心创作组，定期碰头制订创作计划、研究创作题材、推荐文艺作品。1973 年，全县有基层群众文艺创作组 126 个，业余作者 648 人。1974 年，全县有文艺创作组 152 个，业余作者 701 人，其中经过县培训的工农作者有 122 人。1975 年，随着公社民办文化站的成立，各公社都建立中心创作组，各大队、生产队相继成立创作小组。1976 年，全县有群众文艺创作组 917 个、业余作者队伍 2000 多人。

1978 年 12 月，中国共产党十一届三中全会召开以后，党的文艺方针得到全面贯彻，通过落实政策，一些老作者恢复活动，业余青年作者纷纷加入，各地创作组的力量得到充实和发展。由于恢复高考制度和城市知识青年上调，部分青年业余作者考上大学或回到城市工作，创作组数量和人员也随之发生变化，至 1979 年，全县有基层创作组 66 个，业余作者 300 多名。

20 世纪 80 年代，全县文艺创作活动开始增加书画、摄影等门类，创作队伍一般由乡镇文化站组织。90 年代后，随着基层文联协会成立，创作人员均参加协会组织。进入 21 世纪，文艺创作队伍出现青黄不接现象，至 2013 年全区从事文学、戏曲业余创作人员有 200 余人。

二、活动与成果

1949 年 10 月 1 日中华人民共和国成立后，翻身农民为欢庆胜利，业余剧团以本地的现实生活为题材，编写剧本，歌颂共产党和人民民主革命丰功伟绩。在配合土地改革、抗美援朝、镇压反革命、互助合作等运动中，全县共创作剧本 296 个。土地改革时期，新闸区根据当地真人真事编写剧本《女恶霸姚生大》，演出后贫苦农民纷纷上台诉苦。在镇压反革命时期，郑陆区业余剧团创作小戏《匪特，你往哪里跑》，演出 19 场，观众 5 万多人次。抗美援朝运动中，奔牛前进文娱组创作剧本《一颗子弹头》。在“三反”“五反”运动中，奔牛工商联创作话剧《粉碎糖衣炮弹》。宣传新婚姻法开始，各地业余剧团创作上演《美满婚姻》《婚姻自由》《婚姻问题》等小戏剧。在开展扫盲运动时期，各地创作组创作《上冬学》《文化翻身》《不识字的痛苦》等剧目。在征兵工作中，鸣凰区卢家巷友联剧团创作演出《血债》一剧，观众深受教育。

坊前乡农民作者陆忠宽，从武进解放初就开始创作活动。1949 年年底，创作的话剧《解放前后》由前黄中学的文艺演出队排练演出。后又连续编写《雪恨》《大义灭亲》等多个剧本，配合中心宣传演出。1950—1951 年，礼嘉乡创作大型京剧《抗美援朝》，大型锡剧《铲除封建》《小白菜》《送参军》等剧本，排练后在周围四、五个区进行宣传演出；1955 年底，又创作舞蹈《庆丰收》，参加苏州地区的文艺会演，获得好评。1955 年，县文化馆创作组徐骏，以农业合作社为题材，创作剧本《社长的心事》在江苏省文化局《群众文艺》刊物上发表，这是中华人民共和国成立后，武进县创作的剧本首次在省级刊物发表。

1955—1957 年，县先后召开三次业余作者座谈会，学习文艺创作思想，交流创作题材、布置创作任务。1957 年上半年，县文化馆收到的稿件每天有 10 多篇。

1957 年，“反右倾”运动开始，一批文艺作品和创作人员受到批判。文化馆创作组在《俱乐部》刊物登载的《整风对象》顺口溜，内容是批评某些农村干部的不良作风，却被作为恶毒攻击农村干部的大毒草进行批判，全县创作活动基本停止。

1958 年，受“大跃进”影响，全县掀起“人人写诗，个个作画”的热潮。全年创作诗歌（包括民歌、民谣）、曲艺、舞蹈、剧本、歌曲计 140 万篇。作品的内容大都以夸张的手法反映“大跃进”的面貌。嘉泽公社创作的快板《肥山高》，开头四句是：“社员积肥热情高，堆堆肥料冲云霄，喜鹊飞来生个蛋，滚到半腰出了鸟”。湖塘的民歌《飞机经过要绕道》，被《江苏画刊》刊登，后被收进《全国新民歌集》。是年，县文化馆从各地创作的作品中，选择 58 首民歌，编写了《青山不老水长流》《共产党领导好》两本民歌集，由江苏文艺出版社出版。1959 年下半年，浮夸风继续发酵，中共江苏省委发出“广泛发动群众创作，放出文艺卫星，迎接中华人民共和国成立十周年”的号召，寨桥人民公社突击 15 天，组织编写文艺作品 3.3 万篇。据 1960 年 6 月统计，两年中全县创作的文艺作品 75 万篇，其中，创作的剧本和曲艺演唱材料只有 335 个。是年，县文化馆活动阵地搬到湖塘镇后，把湖塘镇文工团作为县业余文艺创作的“试验田”，挑选县内业余作者创作的比较好的剧本排练演出，以提高业余作者的创作积极性。

1961 年，文化工作贯彻调整方针，公社民办文化站撤销，县内大部分业余创作组停止活动。1963 年，农村经济形势好转，业余创作组逐渐恢复活动。是年，全县创作的剧本有 100 多个，曲艺节目近 500 个。其中湖塘公社创作小戏 8 个，孟城公社城北大队俱乐部创作曲艺作品 63 个。1964 年，故事创作活动得到发展。礼嘉公社业余作者殷冠文写的《三个年轻人》，王新亚写的《养蚕姑娘》，村前公社业余作者沈志敏写的《红梅相亲》，新安公社业余作者蒋梦熊和张产其写的《学农初记》等故事，都在省级刊物上发表。蒋梦熊于 1965 年 11 月 25 日至 12 月 15 日，赴北京参加全国青年业余文学创作积极分子代表大会。1965 年，各区共创作戏剧、曲艺作品 221 个。其中郑陆区创作小戏 42 个，说唱材料 26 篇。

1966 年“文化大革命”开始，有些作品无辜受到批判。湖塘顾洪大创作的《油盐记》和《找窍门》被批成“毒草”。前黄区陆忠宽和汪松年合作的《三双鞋》，被批成壮阶级敌人之胆灭自己威风的坏作品。1968 年，县文化馆撤销，创作人员下放劳动，全县创作活动再一次停止。1969 年下半年，在学习宣传革命样板戏活动中，县政工组又开始组织一些小型的文艺创作活动。1970 年 4 月，在县农机厂举办“文化大革命”期间第一期戏曲创作学习班，时间半个月。10 月，在厚余公社观后大队举办第二期创作学习班。是年，武进县在镇江地区召开的宣传工作会议上，作了《积极抓好工农兵创作队伍》的介绍，并在《红镇江报》上发表。1971 年，武进县革命委员会发出《关于庆祝中华人民共和国成立 22 周年，开展革命文艺创作》的通知，发动和组织广大业余文艺创作积极分子大力创作戏剧、曲艺、故事、报告文学等各种形式的作品。10 月上旬，为推动全县文艺创作活动，举行了全县业余创作节目会演。1972 年 3 月 12 日，县委发出纪念毛泽东《在延安文艺座谈会上的讲话》发表 30 周年的通知，各公社组织班子创作戏剧、曲艺节目。5 月 21 日，在湖塘举行全县业余文艺创作会演，演出的小戏《激浪红心》《补上这一课》，曲艺《三代学纪要》《诱蛾灯》等节目受到观众好评，并在全县推广。

1973 年，全县掀起农业学大寨高潮，县政府号召业余作者要围绕农业学大寨运动及时创作文艺作品。年内，县文化馆收到来稿 910 件，其中有 632 件戏剧、曲艺作品，208 件文学故事作品。1974 年 10 月，武进县在湖塘镇县委党校举办曲艺戏剧创作学习班，有 52 名业余作者参加，共创作 42 件文艺作品。

1975 年春，县文化局在第三招待所举办曲艺创作学习班。11 月，省出版社出版武进县创作的曲艺专辑《灯红竹翠》，内载作品 15 篇。其中有：叶亚平写的方言说唱《无底桶》，陆涛声写的苏州评弹《紫竹河上女民兵》，唐炳良、李中萱写的弹词开篇《灯红竹翠》，王兵秋、陈旭、巢小明写的天津快板《批宋江》，郑佩青写的快板书《除草记》，万叶树写的说唱《老虎灶上带新兵》，唐炳良写的表演唱《四大嫂争上游》，黄水清写的快板书《竹板的故事》，陈东夫写的评弹表演唱《送鱼苗》，施啸梅写的数来宝《究竟开啥会》，张浩法写的评弹表演唱《矿工的亲人》，翟晓阳写的快板书《雷雨之夜》，吴英写的表演唱《夸夸我们的队办厂》，马中原写的相声《变化》等。同年，文化局在南夏墅镇的镇江地区第二师范学校举办一期故事创作学习班，张焕良等业余作者创作的《龙山炮声》故事集由江苏人民出版社出版。

1975 年武进县文化局成立后，总结历年创作的文艺作品和参加会演的情况，认为小戏是武进县一大特色，因此，县文化局创作组主要任务是辅导全县业余作者进行小戏创作。之后，全县的小戏创作日趋繁荣，被省内外誉为“小戏之乡”。1976 年冬，为配合揭批“四人帮”运动，县文化馆在邹区举办创作学习班，创作一批以揭批“四人帮”为内容的文艺作品。代表作品有女作者华勤奋创作的《请宝像》，韩希明创作的《家信飞向北京城》，马中原创作的《剖鼠记》《帽子》等。1977 年 6 月，县文化局创作组在三河口举办小戏创作学习班，组织各地小戏作者创作和修改一批剧本。在 1978 年春节文艺会演中，郑陆区奚鸣鹤创作的《家家香》，新桥区陈云霞创作的《一碗水蒲蛋》，湟里区刘培芳创作的《请师傅》，漕桥区顾国南、张绍香创作的《婚后》等参加演出。陆忠宽和陆鹤合作，编写体现中共中央十一届三中全会精神的小戏《红绿绒线》，在 1979 年春节会演中影响很大，后参加镇江地区专业剧团会演，并获剧本创作一等奖。同年，陆忠宽和陆鹤创作的《房子与儿子》，横林区虞稼夫创作的《桃红李熟》，郑陆区陈东夫创作的《独女两婿》，参加镇江地区会演。同年，还开展了大戏创作和历史传统戏的创作活动。郑陆区祁和鸣编写多幕传统戏《老子与石子》，孟城费益人编写大型古装戏《鸳鸯鞋》，卢家巷公社白雪根据淹城的传说编写大型古装戏《奄王三公主》，郑陆区芙蓉公社陈东夫和朱福田根据当地的历史故事创作大型历史剧《芙蓉传》，三河口公社周才兴创作传统小戏《审公子》等。1979 年，县文化局还组织庆祝中华人民共和国成立三十周年征文活动，并编印《戏曲集》一本。1980 年 9 月，县文化馆在第二招待所举办曲艺、故事改稿学习班，汇集各地业余作者比较好的作品，逐个讨论，提出修改意见，年底编印《曲艺集》、《故事集》各一本。同年，全县各区举办创作学习班。在1981年春节会演中，比较有影响的创作节目有陆忠宽和陆鹤创作的小戏《油菜花开》，王国铨创作的小戏《蕃茄王》，钟斌诚、蒋玉祥合作的小戏《啊！户口》等。

1980年以后，由于业余作者年龄老化，创作队伍青黄不接等原因，武进业余创作出现人才荒、作品荒的局面。为改变这种状况，文化局向各乡镇文化站提出每年创作一个小戏、两个曲艺、三个故事的“一二三”创作目标。经过县、区、乡镇的共同努力，业余创作队伍得以稳定。1986年，全县有业余创作组74个，创作人员近500人。1987年，文化局组织开展业余创作征文活动，寨桥文化站蒋福昌创作的小戏《云散月更明》获剧本创作三等奖，孟城乡文化站张国良和钟斌诚创作的小戏《豆腐宴》、小河乡文化站马国新、徐静芳创作的轻音乐《小城故事多》参加常州市第三届兰陵音乐会演出。1989年，新桥乡业余作者陶红亮和陆忠宽合作创作的大戏《金戒指》获常州市大戏剧本征文三等奖，前黄文化站创作的小品《秤娘》获常州市小戏小品曲艺征文比赛二等奖。1990年，鸣凰镇文化站周国耀创作民乐合奏曲《鸣凰在飞跃》获常州市第五届兰陵音乐会创作一等奖；前黄区文化站创作的舞蹈《认新娘》参加常州市第五届兰陵音乐会；陆忠宽、陶红亮创作的小品《抢阿伯》由《剧影月报》(第六期)发表。1991年，前黄区文化站创作的舞蹈《送粮》参加武进庆祝建党70周年文艺专场演出。罗溪乡文化站钟斌诚创作的戏剧小品《陌生客》参加常州市庆祝建党70周年文艺调演。寨桥文化站蒋福昌创作的方言小品《一只金戒指》入选常州市小品集。遥观文化站吴国良创作的方言说唱《洋媳妇煮蛋》和庄复兴创作的表演唱《四大嫂送鸡蛋》入选江苏省抗洪救灾演唱作品集。1992年，遥观镇业余作者庄复兴创作的曲艺《送肥记》由江苏人民出版社出版。1996年，新桥文化站陶红亮创作的小品《老生意经》在《影剧月报》上刊出。1996年，吴国良创作的小品《都是真的》获常州市“阿甲杯”小戏小品曲艺征文大赛二等奖；庄复兴创作的故事《迟来的忏悔》由《故事世界》季刊刊出。1997年，杨秀妹创作的小品《左邻右舍》，刘光俊、秦学洲合作的歌曲《警中花》获江苏省首届“五星工程奖”提名奖。1999年，陆忠宽、陶红亮合作的小戏《马兰花开》获江苏省第三届业余戏剧曲艺大赛二等奖。杨秀妹、张咏梅合作的小品《品一品》入选中国戏剧出版社出版的《’98百优小品集》。

2003年，文化馆成立创作题材研究小组，设立文艺创作金点子奖，组织全区各艺术门类的重点作者召开创作座谈会，外出采风，一批年轻作者创作出舞蹈《桥》《耥》，歌曲《捕虾谣》《爱在人间》等一批有地方特色又不乏时代气息的艺术作品，2005年3月，由文化局剧目创作室、文艺学校牵头，举办为期一个月的小戏、小品、曲艺创作培训班，各乡镇文化站派员参加。原省文化馆馆长、编剧金恩渠，原常州市剧目室主任陈嘉敏为学员上创作理论课；原武进剧目室主任马中原，文学研究室主任陆涛声，文艺学校校长陆鹤分别为学员上改稿课。24名学员创作31篇文艺作品，其中有14件作品参加常州市小戏、小品、曲艺大赛，21件作品被《武进区戏曲创作培训班学员作品汇编》收录。

2007年，全区举办首届小戏、小品、曲艺征文比赛，收到各类征文48件，有16件分获一、二、三等奖。2008年，第二届全区小戏、小品、曲艺征文比赛共收到各类征文26件，其中郑陆镇刘建东创作的小品《寻找理想》、遥观吴国良创作的小锡剧《房前屋后》、陆鹤创作的小品《抢娘》获二等奖。横山桥戏迷演唱队创作的小戏剧《绿满李树湾》、文学研究室马雯创作的小品《阿贵回村》、张咏梅创作的小品《百万富翁》、牛塘镇王国铨创作的快板《君子谣》、礼嘉镇顾国南、王宜南合作的相声《人情》获三等奖。

2012年、为配合第八届花博会在武进举办，文广新局主办"幸福象花儿一样"征文比赛，内容涉及散文、诗歌、童话、剧本等。经过评审，评出一等奖2名，二等奖5名，三等奖10名。其中散文《小河记忆》(陈晓兰)、《桑树》(张昱)获一等奖。《江南竹事》(李丽)、《浮生怎记》(羊斌)、诗歌《蝴蝶山水》(邹晓慧)、散文《百合》(臧明艳)、《荷园记》(赵军)获二等奖。剧本《多彩》(徐佳俊)、诗歌《槐花》(马莉)、《那一树繁花》(俞利星)、《减字木兰花》(曾佳)散文《亲近自然》(青柠)、《东逝水》(邵小武)、《农归》(唐燕云)、《幸福原来就象花一样》(梅旭英)、《花事不容欺》(吴亚英)、获三等奖。同年，歌曲《小鸟住我家》(叶馨元词、恽新苗曲)、《水乡明月夜》(李淑元词、恽新苗曲)，舞蹈《快乐的迷你车》(王晓艳编舞)参加常州市第七届音乐舞蹈节新作品大赛。

2005—2013年，武进基层文艺创作组基本不复存在，创作活动均由文学研究所、文化馆组织开展。

第五节　文艺会演

20世纪50年代起，武进文化主管部门开始组织民间文艺会演，或参加上级单位举办的业余文艺演出活动。1956年，武进县在横林镇举行民间文艺会演，全县各乡镇组队参加。从会演中挑选小河乡的《猴灯》、前黄乡的《火流星》、礼嘉乡的《丰收舞》等节目，由县文化科副科长潘维新带队，参加苏州地区举办的文艺会演，其中前黄乡朱荣明表演的《火流星》获一等奖。1958年，焦溪公社文工团演出的锡剧《舜山之歌》参加常州地区业余文艺会演，和常州市春节联欢晚会演出。同年12月12—15日，武进县在湖塘镇举行全县业余文艺会演，演出戏剧、演唱、活报剧、快板、民歌、舞蹈、相声、合唱等45个节目。1959年2月，武进县在横林镇、南夏墅、常州市三个地点分别举行春节业余文艺会演，演出节目49个。奔牛文工团创作演出的《奔牛之光》、新桥文工团创作演出的《工业之花》被评为优秀创作奖、优秀演出奖。同年5月，全县举行职工文艺会演，共演出25个节目。1960年，县业余文艺代表队排演的小锡剧《一家人》《一包稻草》等节目，由县文化馆张晓曙带队，参加江苏省业余文艺会演。湖塘镇文工团王惠芳表演的《金鱼舞》，还先后参加省会演和全国群众业余歌舞会演。

1961年春节期间，举行全县职工业余文艺会演，有27个业余剧团和文娱小组参加演出。1963年底，举行全县业余文艺会演，有37个业余剧团参加演出。湖塘东风布厂业余作者顾洪大创作的小戏《油盐记》、坊前农民业余作者陆忠宽创作的小戏《三双鞋》在全县推广。1965年冬，县群众业余文艺代表队由文化馆馆长周亦民带队，参加镇江地区业余文艺会演。其中，表演唱《王杰颂》《找窍门》《山村小鼓》等节目作为优秀节目在镇江地区推广。1966年春节期间，全县8个区分别举行文艺会演，共演出节目184个。其中，奔牛区演出44个，横林区演出33个，前黄区演出28个。1971年国庆期间，县在湖塘镇举行样板戏会演。同年，工厂、学校等系统也分别举行样板戏会演。

1972年，镇江地区先后在丹阳、溧阳举行业余文艺创作节目会演，县代表队由陈学礼带队，演出小演唱《拾稻穗》《工农一家人》，对口词《祝庄民兵心向党》，舞蹈《蚌珠舞》等节目。1974年，县文艺小分队由文化馆馆长蒋仁良带队，参加镇江地区举行的业余文艺会演。演出小演唱《双取经》《纳鞋底》《二十五岁不出嫁》《横林盛开三水花》，男声表演唱《广积粮》，评弹《养猪姑娘》《大养绿萍夺高产》，相声《捕象记》，小锡剧《半篮花生》等节目。同年，县业余文艺代表队由文化馆馆长蒋仁良带队，参加在金坛举办的镇江地区业余文艺创作剧（节）目会演，演出小锡剧《三留老木匠》、《双取经》，评弹表演唱《养猪姑娘》，相声《捕象记》等5个节目。

1975年春节，全县有6个区、58个公社举行文艺会演，演出创作节目643个。比较有影响的作品有厚余陈国芳、王晓媛创作的小戏《双抢之后》，县农机厂张浩法等创作的评弹表演唱《矿工的亲人》，横林区庄复兴创作的小戏《审羊》，湖塘叶亚平创作的说唱《无底桶》。同年，县业余文艺小分队参加在句容举行的镇江地区业余创作节目会演，演出锡剧《双抢时节》《警钟长鸣》，快板《补天窗》，表演唱《四大嫂闹春耕》，评弹表演唱《矿工的亲人》等5个节目。1976年，武进业余文艺小分队由文化馆副馆长赵玉泉带队，参加镇江地区在高淳县举办的业余文艺会演，演出节目有小锡剧《战台风》《架跳》《新嫂嫂》，京剧《杜鹃山》片断等。1977年下半年，由县文化馆吴英带队的知识青年文艺宣传队，参加镇江地区知青文艺会演，演出节目有小锡剧《掌秤第一天》、《新嫂嫂》，表演唱《银河颂》，舞蹈《银茧舞》等。同年，业余文艺演出代表队由文化馆副馆长赵玉泉带队，参加镇江地区在宜兴县举行的业余文艺会演，演出小锡剧《卖猪记》、双簧《狗头军师张春桥》等节目。

1978年春节期间，县举行业余文艺调演，各区组织代表队参加。调演评出创作奖17个，演出奖27个，演员奖50个，受奖单位有三河口、郑陆、前黄、邹区、夏溪、奔牛等公社业余文艺宣传队，横林公社北港大队、龙虎塘公社万家大队、剑湖公社湖港大队、湟里公社湟里大队等文艺宣传队。同年，总工会、文化局在湖塘举行职工文艺会演。1979年，县业余文艺小分队由文化馆副馆长张绍香带队，参加镇江地区在镇江举行的创作剧（节）目调演。武进县有小锡剧《桃红李熟》《房子与儿子》，表演唱《迎新娘》《四大嫂卖菜》参加演出。

1981年，县业余文艺演出队由文化局庄旦良带队，参加镇江地区在镇江举行的“金山之秋”音乐会，演出器乐演奏、男女声独唱、重唱、合唱等12个节目。1984年，武进组织业余文艺演出队参加常州市农村文化中心创作节目调演，小戏《朝天辣子盼媳妇》获创作奖和演出奖，《放水记》《陶母责子》获创作奖和演出鼓励奖，表演唱《卖鸡》《外甥女看四舅妈》获创作奖，演出奖。1985年初，武进县小戏《朝天辣子盼媳妇》《莲花朵朵》，代表常州市参加省农村文化中心小戏竞赛，其中《朝天辣子盼媳妇》获创作三等奖，演出二等奖，《莲花朵朵》获创作鼓励奖，演出三等奖，冯兴大、鲁晓然分别获优秀演员奖。

1986年10月，常州市文化局、文联、教育局、总工会、妇联、团市委、广播台、常州日报社等8个单位联合举办的常州市第三届兰陵音乐会，武进有《珠乡笑影》等9个节目参加演出，获12个奖项。在参加的五个代表队中武进县参演的节目获奖率最高，县文化局被授予“繁荣群众文化，建设精神文明”锦旗一面。

1987年9月，武进县举办家庭演唱比赛，全县8个区在组织预赛的基础上推选出20个家庭参加决赛，横林区夏金元家庭，湖塘区白焕兴家庭，郑陆区史传芳家庭，前黄区姜金海家庭获最佳奖。1989年5月13日，常州市举办连环杯锡剧卡拉OK大奖赛。刘雪梅获一等奖，薛泉芳、郑彩娥获二等奖。同年9月，常州市举办庆祝中华人民共和国成立40周年文艺调演，小河乡农民管乐队和文化馆演出的舞蹈《珠乡笑影》参加演出，其中舞蹈《珠乡笑影》获一等奖并参加第二届中国艺术节（华东·南京）演出。同年9月，常州市第4届兰陵音乐会在溧阳举行，武进县文化馆组织15个歌舞节目参赛，共获单项奖23个，其中有两个节目获一等奖。1990年，常州市举办第五届兰陵音乐会，武进选调17个音乐舞蹈节目参加演出，共获26个单项奖和1个组织奖。其中文化馆创作排演的舞蹈《悔》和武进钢厂演出的民歌联唱《放春牛》获兰陵音乐会创作演出双优奖，前黄区文化站演出的舞蹈《认新娘》获演出奖。同年，文化馆演出的戏剧小品《抢阿伯》参加江苏省戏剧小品创作节目调演，获一等奖。

1992年10月，武进宾馆排演的节目参加由国家旅游局主办的文艺会演。其中舞蹈《小城情思》《好一朵茉莉花》获优秀演出奖。1995年，常州市举办长江客车杯短剧小品大赛，县文化馆王凤英编剧、雪堰文化站演出的小品《望子成龙》；杨秀妹编剧、戴溪文化站演出的《车站》均获演出一等奖。1996年，江苏省举办群众文化先进县（市）乡文艺会演，雪堰镇文化站演出的小品《望子成龙》获演出二等奖。

1998年，常州市举办庆祝常州解放49周年文艺调演，武进在常州剧院组织专场演出，演出小品《抢阿伯》《送鱼》《秤娘》《王经理对话》《太平巷勿太平》等节目。同年，由文化局主办，文化馆承办的武进首届“鹰象杯”戏剧小品电视表演大赛中，牛塘镇文化站演出的小品《草莓花开》获演出一等奖，南宅文化站选送的小品《魂》获演出二等奖，参赛获奖节目由武进电视台《万家灯火》栏目播出。之后，每两年举办一届，先后共举办四届。1999年4月28日，中共武进市委宣传部、文化局、总工会在武进工人文化宫联合举办“庆解放，迎五一”武进市职工文艺会演，武进柴油机厂等47个单位演出小品、歌舞节目50个。

2002年，“欢乐在农家”江苏省首届农民艺术节在南京举行，文化馆组织群舞《上梁》

和《日出东方》两个舞蹈节目参加演出。同年，常州市举办第二届艺术节音乐舞蹈新作品大赛，武进文化馆编排的双人舞《摆渡》、声乐《三月农家》、群舞《日出东方》获一等奖。12 月，江苏中国首届民间艺术节民歌、民乐、民舞比赛在南京举行，武进选送的双人舞《摆渡》、女声独唱《三月农家》、表演唱《逛花乡》均获金奖。2003 年 9 月，杨秀妹创作的小品《一对好姐妹》《生活透视》，陆鹤创作的小戏剧《心愿》参加常州市文艺会演，分别获特等奖和一等奖。2004 年，常州市第三届艺术节音乐舞蹈新作品大赛中，武进文化馆创作排演女声独唱《爱在家乡，爱在人间》，舞蹈《桥》获一等奖，声乐《捕虾谣》，舞蹈《小小气象家》《玩月亮》《竹趣》获二等奖。同年，武进国税局演出的音乐剧《眼睛》参加省“国税之光”文艺晚会演出获金奖。2008 年，文化馆创作、编排、演出的小品《迟到》参加常州市举办的“清之韵”大型文艺会演。《我听到了花开的声音》《水边的城市》《春姑娘》《黄梅秧歌》《放歌花园城市》等 7 首歌曲及舞蹈《想爸爸，想妈妈》参加常州市第五届音乐舞蹈新作品大赛，其中舞蹈《想爸爸，想妈妈》获舞蹈类特别奖，歌曲《龙城梦想》获声乐类一等奖，歌曲《水边的城市》《放歌花园城市》获声乐类二等奖。

2010 年 10 月 23 日，第六届常州市音乐舞蹈新作品大赛在红星大剧院举行，武进有 7 个节目参赛，分别为男声独唱《你从春秋走来》、舞蹈《高山流水》、女声独唱《淹城吟》、歌伴舞《好一座花都水城》、女声独唱《多情最是江南雨》、舞蹈《舞动乒乓》、女声独唱《幸福家园》，其中舞蹈《舞动乒乓》获一等奖，其余 6 个节目均获二等奖。2013 年 7 月 20 日，武进举办首届市民艺术节，在凤凰谷举行“恒源杯”十佳市民歌手卡拉 OK 比赛。有来自基层的 80 位业余歌手参加，横林镇的郭耀飞、杨刚，湖塘镇的马琼、范萍、沈丽，牛塘镇的徐国金，奔牛镇的姚鸿志，横山桥镇的赵烨，洛阳镇的蒋宏伟，雪堰镇的龚华益 10 位选手获区首届“十佳市民歌手”称号。何旭如、周圆、谢怡鸿、宋婵媛、张凌慧、陈海军、李文来、倪俣、士会、郑旭 10 位选手获“优秀市民歌手”称号，另外 15 名选手获“市民歌手”称号。

第六节　工作研讨

武进群众文化工作研讨活动主要以会议、汇报、工作总结、经验介绍、学术交流、刊物发表、专题讲座等形式进行。武进文艺工作者长期以来对群众文化工作边实践、边总结、边提高，认识不断深化。1985 年，江苏省群众文化学会批准县文化馆副馆长张绍香、奔牛区文化站站长周幼庆二人为江苏省群众文化学会第一批会员。1986 年，县文化馆和天宁区文化馆联合发起组织部分城市文化馆学术研讨会和十二县（市）文化馆改革与管理研讨会。1987 年后，苏州、无锡、常州、南通四个城市的群众文化工作学术研讨会每年举办一次。1987 年 9 月，常州市群众文化学会成立，同时举行常州市首届群众文化理论研讨会。此后，每两年举行一次。同年 12 月，《中国文化报》在海南召开全国 10 县（市）群众文化工作座谈会。局长蒋仁良在会上作《改革促进发展，发展必须改革》的发言，全文发表于 1988 年 1 月的《中国文化报》。武进广大群众文化工作者在积极组织开展文化活动的同时，结合各自工作实践，撰写大量的理论研讨文章，在有关报刊杂志上发表或在各级举办的征文竞赛中获奖。

为探索新时期群众文化工作的特点，寻求思路与对策。2009 年年初，由王国铨、蒋梦熊、姚如松、吴国良等 20 多位老文化干部提出创办群众文化研究会的建议，并得到区委宣传部、区文化局领导的关注和重视。同时，征求蒋仁良、许本源、汤德生等原局领导、局下属单位和乡镇文体站站长的意见，由局牵头，成立筹备小组，本着“起点高，队伍精，工作实，成效大”的总体要求，提出研究会的主要任务，并筹备出版群众文化理论刊物。2009 年 4 月 15 日，经区民政局批准，武进区群众文化研究会在博物馆举行成立大会。第一届理事会由文化局局长郝建成、副局长符大荣、常州市宝进集团董事长李琪明、常州明都房地产开发有限公司董事长姜祖明、中共湖塘镇党委宣传委员闻洁、奔牛镇文体站站长夏啸鸣、原文化工业公司经理、县文艺学校校长陆鹤等人组成。郝建成、李琪明、姜祖明任名誉会长，符大荣任会长，闻洁、夏啸鸣任副会长，陆鹤任秘书长。单位成员有：区图书馆、区文化馆、区博物馆、区文学研究室和剧目创作室。个人会员有新老文化工作者及热爱群众文体事业的各界人士 52 名，主办刊物《群文论坛》定期出刊，首刊于 2010 年 1 月问世，先后共出刊 8 期，内容涉及群文理论研究、学术交流、文化动态及作品推介等，每期刊印 600 多份，发送至省内各市、县（区）文化馆、区级各部门、乡镇领导、乡镇文体站及相关文化人士。研究会成立后，多次到镇、村和社区开展文化调研活动，为文化工作者建言献策，配合局开展非物质文化遗产普查，搜集线索 2000 余条，整理编印成 50 万字的普查资料汇编，配合局机关、乡镇文体站组织一镇一品文艺展示展演活动。

2013 年 4 月，研究会根据城乡广大锡剧爱好者及学校培训的需要，编写《锡剧基础知识读本》，由锡剧的起源与发展、锡剧的曲调与板式、锡剧的说白与唱词、锡剧的配器与锣经、锡剧部分唱段欣赏五部分组成，是一本锡剧入门的工具书。是年底，由江苏凤凰出版社出版发行。

1988—2013 年部分论文入选、发表或获奖情况表

表 4-6

作　者	年份	题　　目	入选、刊出、获奖情况	主办单位
王凤英	1988	《菊·菊乡·菊乡之菊》	在文化部《文化月刊》发表	文化部社文司
	1993	《田野·枢纽·乡镇文化》	入选华东地区第五届群文研讨会	中国群文学会
蒋福昌	1994	《浅谈农村文化市场管理》	入选全国乡镇文化站建设研讨会	中国群文学会
蒋梦熊	1996	《室雅与德馨》	获文化部社文司“和平杯”论文一等奖	文化部社文司
	1997	《文化站长要当知识工程排头兵》	获全国图书馆学会论文竞赛三等奖	全国图书馆学会
钱建初 奚鸣鹤	1997	《论巩固和发展农村图书馆要素》	获全国首届农村图书馆建设论文二等奖	文化部图书馆司

续表 4-6

作　者	年份	题　　目	入选、刊出、获奖情况	主办单位
冯建平	1997	《浅论我国乡镇图书馆建设》	获全国首届农村图书馆建设论文二等奖	文化部图书馆司
周　洁	1997	《关于乡镇图书馆建设与发展的思考》	获全国首届农村图书馆建设论文三等奖	文化部图书馆司
秦蔚成	1997	《摄影创作浅谈》	获中国摄影家杂志优秀论文奖	中国摄影家杂志
蒋梦熊	1998	《新故事是不是野孩子》	获全国新故事理论征文竞赛优秀奖	文化部社文司
赵幼光	1999	《文化下乡的时代思考与价值去向》	入选文化大视野、全国群众文化《论文集》	中国群文学会
赵幼光	2000	《家庭文化建设的社会功能及发展格局》	入选文化大视野、全国群众文化《论文集》	中国群文学会
杨秀妹	2002	《浅谈农村业余文化社团在农村文化建设中的作用》	获中国群文学会、中国文化报社论文优秀奖	中国群文学会
林志方	2003	《江南地区夏商文化断层及原因考》	在《东南文化》第九期发表	《东南文化》杂志
杨秀妹 王晓艳	2004	《特色文化—农村文化建设中的新亮点》	获文化大视野、全国群众文化、论文优秀奖	中国群文学会
庄旦良	2004	《“吃饭戏”与“会演戏”》	获第四届“新世纪之声”征文二等奖	《中国文化报》社
庄旦良	2005	《戏、情、意》	获第五届“新世纪之声”征文银奖	《中国文化报》社
王晓艳	2006	《农村老年文化建设——一个不容忽视的课题》	获文化大视野、全国群众文化论文优秀奖	中国群文学会
杨秀妹	2006	《文化馆站—新农村文化建设的主阵地》	获全国“文化馆站与新农村文化建设”征文二等奖	中国群文学会、
赵利娟	2010.05	《县级图书馆地方文献资源网络化服务的研究》	获全国第二届百县图书馆长论坛征文二等奖	文化部图书馆司
	2010.09	《中小型图书馆服务创新研究》	在《科技情报开发与经济》杂志发表	文化部图书馆司
赵利娟	2010.11	《开展地方文献创新服务策略、探索与实践》	获全国图书馆文献资料建设研讨会征文三等奖	文化部图书馆司
赵行卓	2010.11	《建立家谱研究服务收藏中心》	获全国图书馆文献资料建设研讨会征文三等奖	文化部图书馆司
邵文英	2010	《图书馆网站中创建“地方文献板块”的构想与探索》	获全国图书馆文献资料建设研讨会征文三等奖	中国图书馆学会
	2010	《公共图书馆的地方文献导读工作》	在《民营科技》期刊发表	中国图书馆学会
程凤妹	2012	《公共图书馆青少年阅读推广之我见》	获中国图书馆学会年会征文三等奖	中国图书馆学会
	2013	《乡镇图书馆现状和发展研究》	获中国图书馆学会论文评选一等奖	中国图书馆学会
赵利娟	2013	《基于公共媒体的图书馆服务现状探析》	在《图书馆工作与研究》第八期发表	中国图书馆学会

第五章　表演团体

在武进城乡演出的艺术团体主要以锡剧为主，另有京剧、越剧、评弹等。锡剧源于江南滩簧，早称里俗戏剧。民国前后，滩簧班少则三四人，多则五六人，乐器仅用一把二胡、一块响板。在武进城乡演唱的主要有牛塘高家村的高林福班子，湖塘王野鸡村的王嘉大班子和湖塘降子村的梅金海班子。滩簧班一般在城乡弄堂、茶馆、庙宇演唱。

滩簧演唱内容以讴歌劳动人民、讽刺剥削阶级、反对封建礼教、宣扬婚姻自由等为主，曾引起清政府的强烈不满。把滩簧视作“揣摩儿女私情，演习闺房秘戏”的淫戏，是社会不安定现象的祸根。为此下令取缔滩簧班，严禁演唱滩簧。在20世纪50年代至80年代，武进境内先后发现五块清政府“永禁滩簧”的石碑。“孙文闹革命，滩簧唱进城”。从民国初期开始，滩簧再次在武进城乡流行，在县城戏院、乡村庙会、传统节日，开始有京剧班演出。1946年（民国35年）初，滩簧班主丁凤奎召集演唱人员组建“友联锡剧团”，在武进地区演出。剧团因人员不定，时聚时散。1950年，浙江的越剧、上海的沪剧、苏州的评弹演出团队开始进入武进演出。

从1952年起，苏南行署、苏南文联和江苏省文化局相继颁发《民间职业剧团暂行管理条例》，对民间艺人和剧团进行清理整顿。在此基础上，武进县先后组建锡剧团、越剧团。

1969年，全国推广京剧样板戏。1970年，武进县相继解散锡剧团和越剧团，成立“战斗文工团”和“小京班”。同时，全县各公社、大队成立50多个业余剧团，排演京剧样板戏。

1975年后，武进县先后恢复锡剧团、越剧团和组建评弹团。1978年，湖塘区文化站、横山桥公社文化站、安家舍公社文化站、邹区公社文化站、郑陆公社文化站等文化站相继成立“亦工亦艺”半职业剧团，武进演出市场日趋活跃。

1985年后，随着文化市场全面开放，闭路电视、有线电视和网络电视相继进村入户，戏曲演出市场走向疲软，武进越剧团和评弹团相继撤销，仅留锡剧团一个专业演出团体。

锡剧团在地方党委、政府的关心与支持下，坚持“出人，出戏，走正路”的办团方针，坚持“立足本地、面向基层、为民服务”的基本原则，一手抓剧目生产，一手抓制度创新，在省、市乃至全国历届会演、调演中屡获大奖，取得了骄人的业绩。

第一节　武进锡剧团

一、历史沿革

武进锡剧团的前身为武进县友联锡剧团。友联锡剧团始建于1946年（民国35年）初，由原滩簧班班主丁凤奎组建并当领班。1949年以前，演员队伍不稳定，收入无保障，剧团时聚时散。乐师方木根兄弟俩人合穿一条裤，一人外出，一人无法下床。老艺人周伽侬，贫病交加，借贷无门，死后靠梨园朋友捐助，用一口薄木棺材草草入殓。

中华人民共和国成立后，濒临解散的友联锡剧团获得新生。1950年，剧团成立文艺工会，四处离散的艺人重新聚集。演员包文奎、徐玉珍、冯国良，编剧任子龙等先后应邀加入剧团。演出队伍基本稳定，全团演职员40余人，由丁凤奎和吴介良担当领班。剧团经营方式照旧，人员进出自由，生产资料归私人所有。分配方式为拆账制，投资者根据资产股份多少获取每场演出酬金，无投资者在投资者提成后，按等级予以分配。

1952 年 7 月，友联锡剧团全体人员参加苏南行署、苏南文联在苏州举办的集训班，学习毛泽东主席《在延安文艺座谈会上的讲话》和中国共产党的“改人、改制、改戏”的“三改”方针。这次集训为以后私营剧团的改革作思想和组织准备。集训结束后，友联锡剧团按规定在武进县登记，并正式定名为“武进县友联锡剧团”。

1953 年年初，经县政府批准，“武进县友联锡剧团”改名为“武进县锡剧团”，性质为县属大集体单位，团址设在常州关河路。第一任团长为丁凤奎，吴介良任副团长，任子龙任工会主席。全团演职人员 52 人。同年 7 月，包文奎带头将私人的演出用品交公归集体所有，其他人员也陆续将私有资产折价归公。从此，剧团按资产份额拆账分配的制度宣告结束。全团实行工资制，演职人员按艺术水准予以定级，最高工资为 60 元，最低为 28 元。

1954 年年初，县教育局派李金根到剧团任指导员。剧团根据演员中文盲居多，演剧本戏难以实行的实际情况，开办扫盲识字班，逐步废除“幕表戏”。

1956 年 4 月，包文奎、陈英英经县文化科副科长潘维新和科员徐永庭介绍，加入中国共产党。同年 6 月，经选举并报文化科批准，包文奎任剧团团长，陈英英任副团长。1957 年 8 月，文化科派王介俊到剧团当指导员，并与包文奎、陈英英三人，成立武进锡剧团党小组。此后，剧团党政机构健全，工作运营正常。1960 年春，副团长陈英英出席在北京召开的全国文教群英会。

1965 年 11 月，江苏省文化局号召文艺演出团体学习“乌兰牧骑”。“乌兰牧骑”是活跃在内蒙古大草原上的一支文艺巡回演出小分队，要求每个演员一专多能。在这次运动中，武进县锡剧团 32 位演员中有 16 位被下放，其中有 5 位艺人每月只领取 15 元生活费，其余 11 人虽有安排，但都因工作不合适而自找出路。

1966 年 6 月，“文化大革命”开始，锡剧团被列为重点单位，与县文化馆、广播站、电影管理站、越剧团等单位，集中到湖塘桥中共武进县委党校开展“文化大革命”。剧团停止演出，把演出古装戏的服饰、道具作为“四旧”，集中在县政府大门前全部烧毁，价值计 30 多万元。

运动初期，剧团领导包文奎、陈英英被打成“走资本主义道路的当权派”，主要演员徐玉珍、冯国良等被打成“反动艺术权威”遭到批斗。1968 年，全县实行军事管制，演职人员重新返回常州，集中进行“斗、批、改”，并成立锡剧团、越剧团革命生产领导小组，由堵盘洪、李茗贞先后任组长。1969 年年底，武进县锡剧团宣布解散，演职人员大部分转业或下放。锡、越两剧团仅留陈正文、马中原、彭加祺、庄全荣、黄达元、方玲玲、杨英英、周国良、王敖大、周美琴、裘晓昌、钱道立、郦晓啼 13 人。

1970 年 3 月，武进县革命委员会决定，以留守人员为基本队伍成立“武进县革命委员会战斗文工团”，后更名为“武进县文工团”。文工团成立初期，主要任务是配合中心工作，以歌舞、说唱、快板、对口词等形式宣传毛泽东思想。半年后，开始排演京剧样板戏。由于人员不够，文工团又招收下乡知青、退伍军人邵志强、张伟国、陈春燕、施丹妮、陈晏元、李寿庭、徐志良、祁士民、鞠金祥、王荣坤、谢洪生、杨洪发、吴全兴、沈昌禹等30余人，全团总人数达50多人。

1971年，由于深挖“5•16反革命集团”运动影响，文工团停止演出，部分艺术骨干作为“5•16”分子被隔离审查，有的被批斗，有的被关押，直至1972年5月平反，恢复名誉。1972年，文工团恢复演出。演出剧目主要以京剧样板戏和由革命现代京剧改编的锡剧，受到广大观众的欢迎。

1975年8月，武进县文工团撤销，恢复武进县锡剧团，性质为县财政差额补助集体事业单位，团址设在常州关河路。由沈国海任团长兼指导员，陈正文任副团长兼导演，包文奎落实政策后回剧团任副团长。武进锡剧团恢复后，在运村剧场排练古装戏《十五贯》，因演出古装戏的服装道具在“文化大革命”初期被全部烧毁，缺少资金添置，王丽华、庄全荣等演员亲自动手制作服装、头饰、鞋帽和道具。

武进锡剧团恢复后，坚持“立足本地，面向农村，送戏下乡”的原则，注重社会效益，注重现代戏的创作与演出，并在全省首创定点、跑面的演出方法。剧团被江苏省文化局、镇江地区文化局树立为“上山下乡演出标兵”，连续17年被常州市人民政府授予“精神文明先进单位”称号。

1977年12月，武进县锡剧团被评为江苏省先进剧团。江苏省文化局李进局长代表局党组号召全省文艺团体向武进县锡剧团学习。1978年10月，镇江地区文化局评定武进县锡剧团为“红旗单位”，并授予锦旗一面。1981年12月，副团长陈正文作为先进个人，出席在北京召开的全国农村文化艺术工作先进集体、先进工作者表彰大会。

1982年10月，江苏省电视台拍摄电视记录片《艺苑红梅》，记录武进县锡剧团坚持方向，上山下乡，艰苦奋斗，勤俭办团，以及积极创作、演出现代戏的先进事迹。同年，为解除剧团演职员下乡演出的后顾之忧，在常州北环永宁路新建一幢约1000多平方米的四层宿舍楼，后又建办公楼和排练厅。剧团团址也随之搬迁至永宁路116号。

1983年，剧团为充分调动演职人员的积极性，在管理体制和分配制度上作改革。改革的第一步是试行“净利提成奖励法”。剧团的演出收入盈余部分的50%提取为公积金，其余50%根据演职员的艺术水平、劳动态度、贡献大小，按照自报互评的方法作为奖励基金分发给演职员。第二步是根据“出人出戏走正路”的办团方针，处理好“让”与“上”的矛盾。彭加祺、庄全荣等老演员主动“让台”，张小国、沈惠兰、周建忠、朱伟民、朱国兴、薛文良等青年演员大胆“上台”，剧团的精神面貌和演出阵容焕然一新。

1983年至1985年，锡剧团连续三年被评为常州市“五讲、四美、三热爱”活动（“五讲”讲文明、讲礼貌、讲卫生、讲秩序、讲道德；“四美”心灵美、语言美、行为美、环境美；“三热爱”热爱祖国、热爱社会主义、热爱中国共产党）先进集体。1985年4月，副团长陈正文被县文化局任命为团长。同年，锡剧团成立党支部，由陈正文任支部书记。

2002年10月，锡剧团经过广泛发动，通过自荐互评，文化局任命汪伯平为团长，沈惠兰、杨兰芳为副团长，试用期一年。

2003年2月，锡剧团党支部撤销，所属党员划归电影演出公司党支部。至2011年7月，剧团恢复党支部，由刘爱玲任党支部书记。

2003年5月，锡剧团与中天钢铁集团公司联姻，组建“中天艺术团”，锡剧团与中天艺术团两块牌子、一套班子。联姻后，中天钢铁集团公司每年拿出部分经费资助剧团艺术生产，达到既提高企业形象，又解决剧团经费不足的双赢效果。10月，武进区文化局任命沈惠兰为锡剧团团长。

2007年12月，锡剧团团部从常州市永宁路搬迁至武进湖塘延政路武进文化艺术中心内。团部内设办公室、演员工作室、排练厅和小剧场等。

2011年10月，中央电视台《戏苑百家》栏目组专访剧团团长沈惠兰，以《小剧团，大宇宙》为标题，向全国电视观众介绍武进锡剧团的昨天和今天。

2012年，江苏省委宣传部为表彰、鼓励武进锡剧团送戏下乡，赠送给武进锡剧团一辆多功能流动演出汽车。2013年，武进锡剧团被省委宣传部、省文化厅、省广播电影电视局、省新闻出版局评定为“第四届江苏省服务农民、服务基层文化建设先进集体”。

1953—2013年武进锡剧团团长、副团长更迭情况表

表5-1

姓　名	职　务	任职时间	姓　名	职　务	任职时间
丁凤奎	团　长	1953.07—1956.05	陈正文	团　长	1985.04—2001.08
吴介良	副团长	1953.07—1956.05	汪伯平	团　长	2002.10—2003.10
包文奎	团　长	1956.05—1966.05	沈惠兰	副团长	2002.10—2003.10
陈英英	副团长	1956.05—1966.05	杨兰芳	副团长	2002.10—2003.10
沈国海	团　长	1975.08—1985.03	沈惠兰	团　长	2003.10—
陈正文	副团长	1975.08—1985.03	曾丽军	副团长	2013.01—
包文奎	副团长	1979.04—1985.02	薛平鸽	副团长	2013.01—

2013年武进锡剧团演职人员情况表

表5-2

姓　名	出生年月	职务	参加工作时间	姓　名	出生年月	职务	参加工作时间
沈惠兰	1964.12	团长	1979.10	梅奇峰	1975.01	演员	2001.11
曾丽军	1978.10	副团长	1999.11	潘　峰	1981.01	乐队	2008.01
薛平鸽	1981.01	副团长	2002.12	汪国秀	1962.12	会计	1983.03
郑建中	1959.08	指挥	1970.12	竺孝幸	1960.07	演员	1972.09

续表 5-2

姓　名	出生年月	职务	参加工作时间	姓　名	出生年月	职务	参加工作时间
张国娣	1959.11	演员	1971.12	范仙琴	1964.07	演员	2005.03
朱惠民	1957.11	演员	1970.09	梅慧妍	1979.01	道具	2006.09
陈华珍	1962.06	服装	1981.11	张新玉	1989.06	乐队	2009.05
李建南	1961.11	演员	1979.10	李珍英	1969.07	乐队	2007.05
宣惠娟	1960.09	演员	1981.05	戎　诚	1973.09	演员	2008.09
蒋爱菊	1963.09	幻灯	1981.09	陈　翠	1988.06	演员	2006.09
钱惠华	1966.03	音响	1983.02	韩　亮	1987.08	音响	2009.05
沈少锋	1964.10	灯光	1984.10	李金刚	1971.11	演员	2011.12
宗文英	1968.11	演员	1984.10	叶　亮	1980.03	演员	2011.01
邹建强	1966.03	乐队	1984.09	高忠伟	1970.08	演员	2011.05
赵燕君	1966.03	演员	1984.07	陈士伟	1992.05	演员	2011.01
叶红亚	1968.07	演员	1987.08	吴铁军	1971.06	演员	2012.05
李　芬	1966.09	乐队	1987.08	吕梦姣	1993.05	乐队	2013.02
刘爱玲	1968.08	演员	1985.08	周建中	1957.03	演员	2004.06
张林大	1955.07	技师	1971.07	姚冬英	1959.11	乐队	2006.10
夏志尧	1956.09	乐队	1985.03	陶全根	1962.04	勤杂	2011.02
胡子寅	1962.11	演员	1988.04	管炎鑫	1943.12	乐队	2006.02
牟亚芬	1976.03	乐队	1997.01	钱小忠	1970.02	演员	2010.10
戴彩琴	1976.11	演员	1997.09	费国瑞	1951.03	乐队	2011.05
叶建明	1957.06	灯光	1970.09	吴伟东	1969.06	司机	2012.02
王华锋	1981.01	演员	2002.12	毛　丹	1995.04	演员	2012.08
袁雪芬	1982.02	演员	1004.07	李珍芬	1966.02	乐队	2005.10
任　亚	1981.05	演员	2004.07	张小国	1959.08	演员	1975.09

二、剧目创作

中华人民共和国成立以后，锡剧团的演出逐步实行剧本制。自 1950 年至 1955 年间，为配合土地改革、抗美援朝、镇压反革命、新婚姻法颁布等中心工作，由剧团编剧任子龙、庞风、朱基、丁芝祥等人先后创作《扑灭邻火》《庆丰收》《婚姻问题》《枪毙赵根生》《回头走大路》《松柏长青》《爱洁同心》《周阿福》《试验田》《牛旺回书》等 10 多本现代戏。

1951 年春，编剧任子龙、庞风以抗美援朝为时代背景，以中国人民志愿军在朝鲜人民支持下打败美国侵略军的故事，创作现代大戏《扑灭邻火》。该剧参加苏南地区现代戏会演，获优秀创作奖。1956 年，编剧任子龙整理、改编的传统锡剧《李三娘打花轿》参加苏州地区锡剧会演，获得好评。1958 年，编剧任子龙根据本县芙蓉公社在“大跃进”浪潮中，一对恋人之间开展劳动竞赛，导致爱情一波三折的故事，创作八场现代锡剧《芙蓉花开》。该剧于 1958 年底参加常州地区会演。1959 年 11 月参加江苏省戏曲调演，获剧本创作一等奖。剧本发表于 1959 年 10 月的《江苏戏曲》杂志。

自 1960 年至 1966 年间，剧团又先后创作、改编《油盐记》《南海长城》《丰收之后》《兵临城下》《八一风暴》《焦裕禄》《雷锋》等 10 多个现代戏。1969 年锡剧团解散，剧目创作停止。

1975 年 8 月，武进县锡剧团恢复后，未设专职编剧，剧目创作的任务主要由县文化局创作组和陆忠宽等部分业余剧作者承担。

陆忠宽剧作选

刘兴中剧作选

马中原剧作选

1976 年，锡剧团排练由马中原与陆忠宽合作的小戏《桑篮记》，马中原与李祺合作的小戏《新嫂嫂》，参加镇江地区会演。由陆忠宽和马中原合作的小戏《三留老木匠》，陆忠宽和汪松年合作的小戏《书记的镰刀》《囡囡拾瓜》三个小戏，参加镇江地区和江苏省专业剧团创作剧目会演。其中《三留老木匠》剧本由江苏人民出版社出版。

1977 年初，县创作组编剧马中原在县文化局、商业局的支持下，深入到漕桥车站饭店体验生活，以粉碎“四人帮”后服务行业的新面貌为题材，创作了六场现代锡剧《春风万里》。同年 10 月，该剧参加了江苏省现代戏创作剧目会演。

1978 年，县锡剧团排练陆忠宽、蒋玉祥合作的《母女会》、陆忠宽、唐炳良合作的《拆墙记》、马中原创作的《巧巧借猪》三个小戏，参加镇江地区专业剧团会演。其中《母女会》《巧巧借猪》两个小戏又参加江苏省专业剧团创作剧目调演。《巧巧借猪》获剧本创作一等奖，剧本由江苏人民出版社出版。

1979 年，陆忠宽创作的小戏《三留老木匠》作为武进小戏创作的代表作，被收入江苏省《建国三十周年小戏选》。

1980 年，编剧马中原以海峡两岸一家

亲，两岸同胞祈盼和平统一为题材，创作六场现代锡剧《望海》。该剧先后参加镇江地区和江苏省戏曲创作剧目观摩演出。

1981 年，镇江地区文化局和武进县文化局抽调杨雪怀、马中原、陆忠宽 3 位编剧，将原由陆鹤、陆忠宽以发生在常武地区，震惊沪宁线的惨案为题材编写的大戏《褚凤娣》，改编为六场锡剧《金银案》，后又改名为《常陵义女》。该剧参加镇江地区专业剧团创作剧目调演。剧本发表于 1982 年《江苏戏剧丛刊》杂志。

1984 年 5 月，文化局创作组业余作者刘兴中调锡剧团任编剧。1984 年 8 月，锡剧团排练由刘兴中创作的《访瓜园》，刘兴中和张世昌合作的《莲花朵朵》，陆涛声创作的《鸭绒被》三个小戏，分别参加常州市专业剧团会演和江苏省首届锡剧节。其中《访瓜园》获创作二等奖，《莲花朵朵》和《鸭绒被》获创作三等奖。自 1975 年至 1985 年间，剧团创作、演出的现代小戏，在市、地区、省的会演、调演中屡屡得奖，在全省乃至全国颇有影响。武进县由此被誉为“小戏之乡”。

1986 年，由编剧马中原、刘兴中合作的七场现代大戏《风流母女》参加江苏省第二届锡剧节，荣获剧本一等奖，同年参加江苏省新剧目观摩演出，获剧本奖。剧本讲述苏南农村一家母女二人，在婚姻问题上悲欢离合的坎坷历程，最后冲破罗网，奔向幸福的故事。1987 年 2 月剧本发表于江苏《剧影月报》杂志。该剧于 1987 年 9 月代表江苏省参加在上海举行的中国艺术节华东片演出，1989 年 11 月，剧本获江苏省首届“兆丰杯”戏剧文学佳作奖。2001 年被推选参加在山西太原举行的第六届中国“映山红”民间戏剧节，获编剧一等奖。

1989 年，由编剧刘兴中创作的《风流母女》续集《凤飞何处》，被省文化厅选调，参加江苏省庆祝建国 40 周年新剧目献演，剧本发表于同年《剧本》杂志。

1991 年，马中原以宣传计划生育为主题的创作现代大戏《今日出梅》，先后由江苏省锡剧团及东台、大丰、溧水等县锡剧团排练演出。

1995 年，编剧刘兴中根据一生心系藏民，三次进西藏为民谋福利的人民公仆孔繁森的事迹，创作现代大戏《孔繁森》。该剧在武进县连续演出 200 多场，被上海电视台拍摄成录像片，多次在上海有线电视台和江苏电视台播放。1997 年获常州市首届“五个一”工程提名奖。

1997 年，锡剧团排练由编剧刘兴中根据关汉卿同名元曲改编的古装戏《窦娥冤》，于 1999 年参加江苏省第五届锡剧节和第三届戏剧节演出，获“新剧目”奖。2001 年该剧又被选调参加在山西太原举办的第六届中国“映山红”民间戏剧节演出，获编剧二等奖。

1998 年至 2002 年，锡剧团还排演由李祺创作的大型古装戏《香草丫头》，马中原创作的现代大戏《红砖绿瓦》。

2006 年，武进锡剧团排练根据同名豫剧改编的大型锡剧《浣沙谣》。剧作家姚金城以全新的视角，对吴越第一美人西施进行解读与挖掘，洗涤蒙在她身上的尘埃和污垢。该剧参加 2006 年在无锡举行的江苏省第七届锡剧节，获优秀剧目一等奖第一名。2007 年，参加江苏省第五届戏剧节。同年 10 月，经省文化厅领导和专家评定，该剧为江苏舞台艺术精品剧目之一。

武进锡剧团自成立以来，共组织创作、改编大戏、小戏 48 本。2007 年以后，由于剧团编剧青黄不接，剧目生产陷入困境，至 2013 年，剧团演出剧目主要以传统戏为主。

1950—2013 年武进锡剧团演出部分创作、改编剧目情况表

表 5–3

时间	剧目名称	编　剧	时间	剧目名称	编　剧
1950	《爱洁同心》	任志龙　庞　风	1978	《新嫂嫂》	李　祺　马中原
1951	《周阿福》	任子龙　庞　风	1978	《母女会》	陆忠宽　蒋玉祥
1951	《回头走大路》	庞　风　朱　基	1978	《拆墙记》	陆忠宽　唐炳良
1951	《扑灭邻火》	任子龙　庞　风	1978	《两个八点钟》	陆　鹤
1952	《试验田》	丁志祥	1978	《巧巧借猪》	马中原
1952	《悬崖勒马》	任子龙	1979	《红绿绒线》	陆忠宽　陆　鹤
1953	《庆丰收》	丁志祥	1979	《蚕室春风》	陆忠宽　蒋玉祥
1953	《枪毙赵根生》	朱　基	1980	《望海》	马中原
1954	《南海长城》	任子龙　奚有章	1980	《买牛》	陆　鹤
1955	《贵在鼓气》	任子龙	1981	《金银案》	杨雪怀　马中原　陆忠宽
1956	《李三娘打花轿》	任子龙	1982	《审医求医》	陆涛声
1956	《兵临城下》	奚有章	1984	《访瓜园》	刘兴中
1957	《槐树庄》	任子龙　庞　风	1984	《莲花朵朵》	刘兴中　张世昌
1958	《芙蓉花开》	任子龙	1984	《鸭绒被》	陆涛声
1959	《油盐记》	顾洪大	1986	《风流母女》	马中原　刘兴中
1960	《红色风暴》	剧团创作组	1988	《凤飞何处》	刘兴中
1969	《沂蒙赞歌》	剧团创作组	1989	《马兰花开》	陆忠宽　陶红亮
1973	《双抢季节》	王晓媛	1991	《今日出梅》	马中原
1974	《报产之前》	李　祺　奚鸣鹤	1995	《孔繁森》	刘兴中
1974	《三留老木匠》	陆忠宽　马中原	1997	《窦娥冤》	刘兴中
1975	《书记的镰刀》	陆忠宽　汪松年	1998	《红砖绿瓦》	马中原
1975	《囡囡拾瓜》	陆忠宽　汪松年	2001	《香草丫头》	李　祺
1976	《小卒子》	陆忠宽　汪松年	2006	《浣纱谣》	姚金城
1977	《春风万里》	马中原	2006	《腊梅花开》	陆　鹤

三、演出活动

中华人民共和国成立前，剧团的演出地点主要在江、浙、沪、皖一带的城镇和农村。演出形式以幕表戏为主，角色由领班分配，一人演多个角色。为吸引观众，剧情可任意选编。

中华人民共和国成立后，剧团对演出剧目开始有所选择，并提倡演出剧本戏和现代戏。1952 年 7 月，苏南行署和苏南文联在苏州举办有 15 个剧团参加的集训班，组织艺人系统学习毛泽东《在延安文艺座谈会上的讲话》，和“改人、改制、改戏”的“三改”方针。这次集训为以后私营剧团的改革作思想和组织准备。

（一）送戏下乡

苏州集训班结束以后，武进锡剧团整理和排练了一批传统戏剧。1952 年春节，剧团在江阴南闸镇，白天演出《金针记》，晚上演出《九件衣》，之后又演《文武香球》等，连续演出 10 天，场场客满。接着，剧团又到江阴北门菜场戏院，无锡北门三星戏院，南门福兴戏院，西门西新戏院，常州西区剧场等剧院演出，均受观众欢迎。

自 1950 年起，剧团为配合宣传土地改革、抗美援朝、新婚姻法、“大跃进”等中心工作，在演出传统戏的同时，还创作、排练《扑灭邻火》《婚姻问题》《芙蓉花开》《贵在鼓气》等 10 多个现代戏，深入到武进各乡镇和周边地区巡回演出，多次受到上级领导和政府的表扬。

1966 年，“文化大革命”开始，剧团停止演出。1969 年，锡剧团解散，大部分演职人员下放。1970 年 3 月，由原锡剧团、越剧团未下放人员在县革委会政工组领导下组建“武进县革命委员战斗文工团”。文工团排练的剧目主要以京剧样板戏为主。第一个剧目是京剧《海港》，由方玲玲饰主角方海珍，陈正文饰装卸队长高志扬，彭加祺饰码头工人马洪亮，黄达元饰青年工人韩小强。接着又排练《红灯记》，由陈正文饰李玉和，方玲玲和杨英英分别饰李铁梅和李奶奶。之后，又排练《沙家浜》，由陈春燕饰阿庆嫂，庄全荣饰郭建光。文工团排练的京剧样板戏先后在全县 60 多个乡镇巡回演出。

1972 年夏，文工团将京剧《龙江颂》改编成锡剧，江水英由方玲玲扮演，李志田由陈正文扮演。公演后受到干部群众的欢迎。在此基础上，文工团又根据京剧《红嫂》改编成锡剧《沂蒙赞歌》。红嫂由方玲玲、周美琴扮演，该剧参加镇江地区会演，得到肯定。1973 年，在常武地区军民春节联欢会上演出后，还被驻无锡部队邀请到无锡人民大会堂进行慰问演出。

1975 年 8 月，武进县锡剧团恢复后，坚持立足本县，面向基层演出，改变了过去公社跑得多，大队跑得少；交通方便的地方跑得多，不方便的地方跑得少；有剧场的地方跑得多，没有剧场的地方跑得少的“三多三少”现象。魏村公社江心洲大队，位于长江之中，由于交通不便，群众很少能看到戏，剧团就主动送戏上门。有一次因江潮退落，轮船搁浅，演职员等到凌晨两点才摆渡过江，回到驻地，没一人有丝毫怨言。同年，为便于到偏僻地区演出，武进锡剧团购买一艘轮船和一艘挂浆水泥船，还为每个演职员配置一张行军床。1980 年剧团演出 514 场，总收入达 9.5 万元，创造 1952 年以来

锡剧团到位于长江之中的魏村公社江心洲大队为群众演出

武进锡剧团购买的挂浆水泥船

收入的最高纪录。1979 年，剧团排练的传统大戏《寻儿记》赴上海演出，由上海电视台录像播放。1979 年至 1981 年，剧团共演出 1323 场，其中在农村演出 1100 场。

1976 年至 1985 年间，剧团先后排练《南海长城》《槐树庄》《兵临城下》《八一风暴》《焦裕禄》《双枪老太婆》《油盐记》《三留老木匠》8 个创作和改编的现代戏。排练《十五贯》《碧桃缘》《恩仇记》《寻儿记》《秦香莲》《珍珠塔》《孟丽君》《天要落雨娘要嫁》《三请樊梨花》《哑女告状》10 多本古装戏，到全县各地演出，平均每年演出 200 多场次。

1985 年，武进县乡镇公路全部开通，为方便送戏下乡，剧团购买 35 座客车一辆。1989 年，剧团排练的大型古装戏《青丝泪》参加镇江地区第二届青年演员大奖赛后，先后在武进及周边地区演出 1000 多场，成为剧团久演不衰的保留剧目之一。

20 世纪 90 年代，由于乡镇剧院大多年久失修变成危房，为适合广场演出，便于送戏下乡，剧团又添置适合广场演出的流动舞台。

2002 年至 2013 年连续 12 个春节，剧团送戏到溧阳山区演出。2010 年秋，剧团在雪堰镇连续演出两个月，观众达 15 万人次。2011 年 5 月，剧团到潘家桥村演出，连续上演 22 场，每场观众达 3000 多人次。2012 年 10 月，剧团到郑陆镇牟家村演出，连续上演 15 场。2002 年以来，剧团平均每年送戏下乡演出 200 余场。11 年间，共演出 2500 场次。

武进锡剧团自成立以来至 2013 年，先后演出传统戏 120 本，现代戏 119 本。

1953—2013 年武进锡剧团演出传统戏剧目情况表

表 5-4

序号	剧　目	序号	剧　目	序号	剧　目
1	《隋炀皇帝看琼花》	10	《僵尸拜月》	19	《唐明皇游月宫》
2	《蝴蝶杯》	11	《吕布与貂蝉》	20	《斩经堂》
3	《搜书院》	12	《四进士》	21	《花木兰》
4	《贤妻良母》	13	《杀子报》	22	《赵匡胤千里送京娘》
5	《胆剑篇》	14	《乾隆下江南》	23	《呆大富贵》
6	《杜十娘》	15	《清风亭》	24	《贩马记》
7	《落金扇》	16	《洪秀全大破干皇庙》	25	《芦花记》
8	《林子文》	17	《三笑》	26	《合同记》
9	《纯阳与牡丹》	18	《彩球缘》	27	《孟姜女》

续表 5-4

序号	剧 目	序号	剧 目	序号	剧 目
28	《林冲夜奔》	59	《三看御妹》	90	《庵堂认母》
29	《泪洒相思地》	60	《救风尘》	91	《十五贯》
30	《武松》	61	《女驸马》	92	《打面缸》
31	《闯王进京》	62	《诸葛亮招亲》	93	《李翠英打花轿》
32	《完璧归赵》	63	《相思树》	94	《皇帝与妓女》
33	《探阴山》	64	《百花台》	95	《范蠡与西施》
34	《秋香送茶》	65	《窦娥冤》	96	《状元打更》
35	《二度梅》	66	《珍珠塔》	97	《白蛇传》
36	《胭脂》	67	《孟丽君》	98	《三女审子》
37	《九件衣》	68	《红楼夜审》	99	《文武香球》
38	《玉蜻蜓》	69	《三拜堂》	100	《乔老爷上轿》
39	《秦雪梅》	70	《杀猪状元》	101	《金钗记》
40	《秦香莲》	71	《张飞审瓜》	102	《恩仇记》
41	《李三娘》	72	《柜中缘》	103	《寻儿记》
42	《何文秀》	73	《拾玉镯》	104	《十一郎》
43	《罗帕记》	74	《碧玉簪》	105	《三请樊梨花》
44	《女太子》	75	《王华卖父》	106	《养媳妇》
45	《珍珠衫》	76	《拜月记》	107	《金玉奴》
46	《赵五娘》	77	《边关审子》	108	《借亲配》
47	《麒麟宝》	78	《狸猫换太子》	109	《林则徐》
48	《梁山伯与祝英台》	79	《岳飞》	110	《杨乃武与小白菜》
49	《双枪陆文龙》	80	《封神榜》	111	《哑女告状》
50	《双珠凤》	81	《夜明珠》	112	《天要落雨娘要嫁》
51	《生死牌》	82	《济公传》	113	《碧桃缘》
52	《血滴子》	83	《尤三姐》	114	《红狐传》
53	《打銮驾》	84	《宝莲灯》	115	《红灯花轿》
54	《十三妹》	85	《红楼梦》	116	《五女拜寿》
55	《西厢记》	86	《牛郎织女》	117	《青丝泪》
56	《小五义》	87	《牛旺回书》	118	《浣纱谣》
57	《春草闯堂》	88	《双推磨》	119	《玉蜻蜓》
58	《追鱼》	89	《庵堂相会》	120	《香草丫头》

1953—2013年武进锡剧团演出现代戏剧目情况表

表5-5

序号	剧目	序号	剧目	序号	剧目
1	《扑灭邻火》	32	《槐树庄》	63	《两支人参》
2	《长夜到天明》	33	《耕耘序曲》	64	《划线》
3	《王贵与李香香》	34	《兵临城下》	65	《双抢季节》
4	《罗汉钱》	35	《八一风暴》	66	《报产之前》
5	《回头走大路》	36	《焦裕禄》	67	《新课堂》
6	《两兄弟》	37	《王杰》	68	《蚕室春风》
7	《婚姻问题》	38	《雷锋》	69	《拆墙记》
8	《试验田》	39	《就是他》	70	《母女会》
9	《中秋之夜》	40	《王婆卖鸡》	71	《巧巧借猪》
10	《悬崖勒马》	41	《小卒子》	72	《两个八点钟》
11	《红色的种子》	42	《骂粪》	73	《审医求医》
12	《白毛女》	43	《双教子》	74	《红绿绒线》
13	《赵小兰》	44	《打铜锣》	75	《红色风暴》
14	《庆丰收》	45	《补锅》	76	《园丁之歌》
15	《枪毙赵根生》	46	《不准出生的人》	77	《三亲家》
16	《活捉罗根元》	47	《老贺到了小耿家》	78	《半篮花生》
17	《松柏长青》	48	《海上渔歌》	79	《开栏之前》
18	《妇女代表》	49	《社长的女儿》	80	《海岛女民兵》
19	《积善世家》	50	《上课第一天》	81	《出租的新娘》
20	《走上新路》	51	《木匠迎亲》	82	《立场问题》
21	《芙蓉花开》	52	《木匠退亲》	83	《亲戚归亲戚》
22	《救灾如救火》	53	《三留老木匠》	84	《翻身姊妹》
23	《周阿福》	54	《双枪老太婆》	85	《雪堰催春》
24	《亮眼哥》	55	《渡口》	86	《争儿记》
25	《东风解冻》	56	《红领巾》	87	《采茶歌》
26	《油盐记》	57	《小店春早》	88	《捉妖记》
27	《南海长城》	58	《送粮》	89	《同心协力》
28	《丰收之后》	59	《好事体》	90	《妯娌俩》
29	《红色家谱》	60	《大年夜》	91	《除四害》
30	《杨立贝》	61	《小保管上任》	92	《白日梦》
31	《考新郎》	62	《贵在鼓气》	93	《老夫妻抗旱》

续表 5-5

序号	剧 目	序号	剧 目	序号	剧 目
94	《新事新办》	103	《江姐》	112	《鸭绒被》
95	《爱洁同心》	104	《杜鹃山》	113	《新嫂嫂》
96	《枫树湾》	105	《铁流战士》	114	《红砖绿瓦》
97	《沂蒙赞歌》	106	《龙江颂》	115	《孔繁森》
98	《红色娘子军》	107	《春风万里》	116	《腊梅花开》
99	《沙家浜》	108	《望海》	117	《泪别渔塘》
100	《智取威虎山》	109	《金银案》	118	《阿二骂钱》
101	《奇袭白虎团》	110	《访瓜园》	119	《风流母女》
102	《红灯记》	111	《莲花朵朵》		

（二）参加会演、调演

1951 年春，武进县锡剧团编排的第一本现代戏《扑灭邻火》，第一次参加苏南地区锡剧会演。包文奎、徐玉珍、冯国良获演员一等奖。夏桂仙、张行、唐云芳、吴介良获演员二等奖。

1954 年 4 月，武进县锡剧团由包文奎与江苏省锡剧团沈佩华搭档主演的《庵堂相会》，徐玉珍主演的《吊犯》，冯国良与周小依合演的《打面缸》参加江苏省专业文艺团体戏曲会演。包文奎和徐玉珍被选为参加华东戏曲观摩演出的江苏代表，留在南京集训。同年 9 月，包文奎与无锡锡剧团汪韵芝合演的《庵堂认母》，徐玉珍主演的《吊犯》，先后在上海人民大舞台、大众剧场作汇报演出。徐玉珍获演员三等奖，授铜质奖章一枚，上海广播电台进行实况录音和转播。同时，由冯国良与周小依搭档演出的《打面缸》，被选为江苏省赴京汇报演出剧目之一。9 月，在北京实验剧场，与河南著名豫剧演员常香玉主演的《拷红》同台演出。周恩来总理和彭德怀副总理观看了演出，并接见演出人员。

1956 年，剧团排练的《李翠英打花轿》参加苏州地区戏剧会演，包文奎、冯国良、徐玉珍、周小依、丁甲飞获演员一等奖。

1958 年，武进县锡剧团创作排练的现代大戏《芙蓉花开》参加常州地区戏曲会演。1959 年 11 月参加在南京举行的江苏省戏曲会演。该剧由编剧任子龙创作，徐天云导演，陈光彦作曲，符良生、钱柏生舞美设计，由包文奎、徐玉珍、丁甲飞主演，演出获优秀奖。会演结束后，该剧留在南京公演 20 天。之后，又到上海宁波大戏院演出，受到领导、专家和观众的一致好评。

1972 年，武进县文工团根据京剧《红嫂》改编的锡剧《沂蒙赞歌》参加镇江地区戏曲会演。1974 年 10 月，县文工团排练的《新课堂》《蚕室春风》《三留老木匠》三个现代小戏参加镇江地区专业剧团创作剧目调演。1976 年 10 月，县锡剧团排练的现代小戏《新嫂嫂》参加镇江地区专业剧团创作剧目调演，后又参加江苏省专业剧团调演。

1977 年，剧团创排的现代大戏《春风万里》参加江苏省专业剧团创作剧目会演，陈正文获导演奖，彭加祺、杨晓芳、朱国兴、朱伟民获演员奖。

1978 年，剧团排练的《母女会》《巧巧借猪》《拆墙记》三个小戏，参加镇江地区调演后，《母女会》《巧巧借猪》又参加江苏省专业剧团创作节目会演。方玲玲、杨晓芳、彭加祺、王丽华、任蓉蓉、刘雪梅获演员奖，陈正文获导演奖。

1980 年 12 月，剧团创排的现代大戏《望海》，参加江苏省创作剧目会演，获演出三等奖。

1981 年 8 月，剧团排练的现代大戏《出租的新娘》，参加镇江地区青年演员会演，方玲玲扮演归国侨胞徐文兰获优秀演员奖。张小国、周建忠获青年演员一等奖。朱国兴获二等奖，刘雪梅获三等奖。

1984 年，剧团排练的《访瓜园》《莲花朵朵》《鸭绒被》3 个小戏，参加江苏省首届锡剧节演出，获演出、导演、舞美、音乐设计、绘景、乐队伴奏、道具制作以及全团精神文明奖等多个奖项，其中彭加祺、沈惠兰获优秀演员奖。

1986 年，剧团创作排练的现代大戏《风流母女》，参加江苏省第二届锡剧节演出，获得大会所设 17 个奖项中的 12 个，名列榜首。其中，马中原、刘兴中获剧本创作一等奖；陈正文获优秀导演奖；沈惠兰、朱国兴、周建忠获优秀表演奖；张小国、朱伟民、薛文良、宗文英获表演奖；王星南、冯若民获优秀音乐设计奖；何德宝获舞台美术设计奖和绘景奖；张三达、朱伟民获道具设计奖；张林大获音响效果奖、舞台装置奖；全团获优秀演出奖、精神文明奖。同年 12 月，该剧参加由江苏省文化厅、省戏剧家协会共同举办的新剧目观摩演出，荣获剧本创作、优秀演出、导演、舞美、音乐、灯光、服装设计等 8 个奖项。其中，沈惠兰获优秀表演奖；张小国、周建忠、朱国兴获表演奖。1987 年 9 月，《风流母女》经省文化厅推荐，代表江苏省参加在上海举行的中国艺术节华东片演出。10 月 2 日，时任上海市市长的江泽民和文化部副部长周巍峙观看了演出。上海电视台全场录像，广播电台全场录音。2001 年，该剧参加在山西太原举行的第六届中国“映山红”民间戏剧节演出，沈惠兰被评为表演一等奖。2004 年 4 月，《风流母女》又参加在

1987 年 9 月，上海市市长江泽民和艺术节领导文化部副部长周巍峙观看《风流母女》演出

文化部副部长周巍峙接见《风流母女》剧组演职员

常州举行的中国戏曲现代戏优秀保留剧目展演，获中国戏曲现代戏研究会等单位颁发的突出贡献奖，沈惠兰、张小国获主演奖。

1989 年 9 月，剧团创排的现代大戏《凤飞何处》，参加江苏庆祝中华人民共和国成立 40 周年新剧目献演。1990 年 10 月，古装戏《青丝泪》中“扑火夺命”一折参加江苏省第二届戏曲青年演员大奖赛演出，陈云霞获优秀青年演员二等奖。

1999 年 4 月，锡剧团编排的大型古装戏《窦娥冤》参加江苏省第五届锡剧节演出，获优秀演出奖。陈云霞、刘爱玲获优秀演员奖；陈华珍、曹玲娣获优秀服装设计奖。同年 6 月，该剧参加在南京举行的江苏省第三届戏剧节。2001 年，《窦娥冤》被推荐参加在山西太原举行的第六届中国“映山红”民间戏剧节演出。10 月 3 日，在太原市梨园大剧场演出，荣获演出一等奖。窦娥扮演者青年演员陈云霞的出色表演，博得国家及各省、市戏剧专家的一致赞誉，获表演一等奖，2002 年 4 月，经“梅花奖”评委会评审，获第 19 届中国戏剧“梅花奖”，成为锡剧界继倪同芳、小王彬彬、周东亮之后第四位梅花奖得主。2003 年，《窦娥冤》获“江苏省第五届五个一工程”奖。

锡剧《窦娥冤》剧照

2006 年 3 月，锡剧团把根据同名豫剧改编的大型锡剧《浣纱谣》搬上舞台，2007 年参加在无锡举行的江苏省第七届锡剧节演出。演出结束后，数百名观众拥向台口表示祝贺，并邀请演员合影留念。《浣纱谣》在第七届锡剧节上获优秀剧目一等奖第一名，优秀编剧、优秀导演、优秀作曲、优秀舞美设计、优秀服装造型设计、优秀伴奏、优秀表演等奖项。沈惠兰、周建忠、朱伟民、朱国兴获优秀表演奖。2007 年 6 月，参加江苏省第五届戏剧节演出，荣获优秀剧目第二名，优秀编剧、优秀导演、优秀表演、优秀作曲、优秀伴奏、优秀服装设计、优秀舞美设计等 18 个奖项。2007 年 10 月，被江苏省文化厅领导和专家评定为江苏省舞台艺术精品工程。

锡剧《浣纱谣》剧照

2011 年 4 月，武进区人民政府举办首届锡剧节，锡剧团承担开幕式演出，并与无锡市锡剧团联合演出传统锡剧《珍珠塔》。

四、人才培养

武进锡剧团成立初期，人才培养主要采取个人带徒传艺的形式。20 世纪 70 年代末开始，采用在县开办的文艺学校内开设锡剧艺术训练班培养人才。1979 年，武进县锡剧团从县第一期业余艺校毕业生中招收沈惠兰、陈孝忠、盛明其、许岳伟、刘建国充实到剧团工作。1981年，从第二期县业余艺校毕业生中招收顾玉良、季小刚、刘素珍、陈平、蒋爱菊充实到剧团工作。1987年，从武进县第一届文艺学校学员中吸收陈云霞、李芬、叶红霞、李金刚、汪玲、陆彩萍、符卫娟、黄君秋，姜丽、高亚芬、陆伟忠、蒋治平、顾建新、万凤琴、李正芬到锡剧团工作。2000年，又从第二届艺校毕业生中吸收薛平鸽、王华锋、袁雪芬、任亚、叶良、潘峰充实到剧团工作。这些学生进团后，根据行当不同，用以老带新的办法，从配角到主角，经过多年的舞台实践，逐步成为剧团的中坚力量。

文艺学校停办后，锡剧人才的培养路径，一是采取拜师学艺的方式，继1986年沈惠兰拜著名锡剧表演艺术家梅兰珍为师后，2011年，青年演员曾丽军拜锡剧梅花奖得主小王彬彬为师。2013年，在锡剧团举办的收徒仪式上有徐萍萍、梅奇峰、薛平鸽、薛阿珍等10位专业、业余青年演员拜国家一级演员沈惠兰为师。二是鼓励青年演员参加各级举办的青年演员会演。2013年9月，武进锡剧团青年演员在参加常州市举行的青年演员会演中，薛平鸽、曾丽军、梅奇峰获演出一等奖；袁雪芬、任亚、王华锋获演出二等奖；叶亮、毛丹、陈士伟获演出三等奖；潘峰获器乐独奏二等奖；吕梦姣、张新玉获器乐独奏三等奖。三是开展锡剧艺术培训进校园活动。自2008年起，剧团先后在鸣凰中学、湖塘桥中心小学、刘海粟小学、九里小学、洛阳幼儿园、坂上小学开办锡剧兴趣班和开设锡剧培训基地，并派刘爱玲、王华锋、周建忠、张小国、袁雪芬、牟亚芬等专业老师到校定期辅导，传授演唱技艺。至2013年，共计为学校培训锡剧演唱学员500余人。

第二节　武进县越剧团

一、历史沿革

武进县越剧团的前身为“同兴越剧团”。1949年（民国38年）8月，浙江省嵊县春联乡淡竹村，曾多年从事越剧事业的民间艺人赵春山夫妇，会同嵊县春联乡横下村拥有一付戏衣箱底的马忠灿夫妇，发起组建同兴越剧团。经费由原苏州煤矿公司应惠南、王岳龙、钱忠惠三人合股投资。赵春山为领班兼导演，马忠灿为会计，聘请主要演员花旦王杏龙、小生尹瑞芳、老生陈艳芳、小丑袁哈哈与潘云楼、刘宝香等30余人。经过一个月演出，因经济控制在老板手里，老板未能遵守诺言，工资只发8折，到了第40天，工资减为对折，演员纷纷离团，同兴越剧团宣布解散。10月底，赵春山在自愿结合的基础上，重新建立合作式的姐妹共和班。演于苏州胥门戏院。1950年4月，姐妹共和班离开苏州，在无锡地区演出，受无锡市文联领导。1950年7月，姐妹共和班在常州东郊戏院演出时，向常州市文联提出申请，加入常州市文艺工会，并恢复同兴越剧团的名称，由赵春山任团长。

1955年4月，剧团根据江苏省文化局颁发的《民间职业剧团暂行管理条例》规定，向演出所在地武进县文化科提出登记申请。文化科派张晓曙、王允武等人到剧团进行为期一个多月的考察，于1955年8月正式宣布将“同兴越剧团”改名为“武进县越剧团”，团部设在常州市关河路。10 月，由江苏省文化局颁发剧团登记证和营业执照。县文化科派苏邦民任行政团长，负责抓政治思想工作，由赵春山任业务团长，马忠灿、沈金花、吴绍铨任副团长。

越剧团成立以后，对体制、组织等方面进行改革，取消股份投资和财产私有制；演出收入中提取 12% 的公积金和 8% 的公益金，作为职工劳保福利，其余全部为工资，实行拆帐制。1956 年第一季度，每人每月平均收入最高为 30 元，最低为 12.90 元。1956 年 5 月，国务院为减轻文艺工作者的经济负担，免去文化娱乐税。8 月，剧团实行服装折价归公，减轻演员服装购买费，并且把拆账制改为固定工资制，最高工资提高到每月 50 元。10 月，武进县越剧团由县文化科副科长潘维新带队，参加苏州地区专业剧团会演。期间，潘维新与吴县文化行政管理部门领导商洽，引进吴县友艺越剧团，后经省文化局批准，成立武进县越剧团二团，由陆鸣任团长。

1958 年 8 月，武进县越剧一团、二团在武进焦溪剧场合并，全团 54 人，由赵春山（见人物章）任团长，刘宝花、筱一枝任副团长。县委派陆正英任指导员，并建立共青团支部，由筱一枝任支部书记。

刘宝花，女，生于 1925 年（民国 14 年），浙江嵊县人，袁派花旦。12 岁拜师学艺。1946 年参加上海由袁雪芬、范瑞娟组建的“雪声越剧团”。1950 年受姐夫赵春山邀请参加同兴越剧团。1952 年当选为常州市第一届文代会代表。1958 年，任武进越剧团副团长。1959 年，当选为县人民代表，于 1982 年退休。

筱一枝，女，生于 1937 年（民国 26 年），浙江镇海人，范派小生。12 岁到上海“海潮越剧团”拜师学艺。1954 年 2 月参加同兴越剧团。1958 年任武进越剧团副团长。1979 年，武进越剧团恢复后仍任副团长。于 1982 年退休。

1959 年 10 月，由于邱美英、杜剑芳、黄曼君、钱明珠、裘翠香 5 名青年演员被抽调支援江苏省青年越剧团，削弱了武进越剧团的演出力量；又由于国民经济严重困难，演出市场萎缩，演员生活艰苦，剧团一度士气低落。剧团在政府的支持下，组织大家学习时事政治，提高思想认识，同时调整工资，提高待遇，队伍得到稳定。

1964 年 8 月，丹阳县越剧团被撤销，武进越剧团引进该团徐雅萍、彭加良、韩淑敏、高洪娟、孙佩丽、梅英英、刘洪亮、沈惠君、叶耀声、熊岳麟、陈丽飞 11 名青年演员，充实剧团的艺术力量。徐雅萍任越剧团副团长。

1965 年 2 月，全国文艺团体开展学习“乌兰牧骑”演出小分队，要求演员一专多能，剧团开始精兵简政，先后分两批精减人员。留团的 38 人组成两个小分队，分赴农村巡回演出。

1966 年 6 月，“文化大革命”开始，武进越剧团演出古装戏时用的服装、头饰、鞋帽等用品，全部在县政府大门前烧毁，价值约 20 余万元。1967 年元月起，剧团组织开展“文艺黑线”和“资产阶级学术权威”大批判，大跳“忠”字舞活动。演职人员停发工资，仅发放生活费。1969 年 4 月，武进县革命委员会宣布武进县越剧团撤销。1970 年 3 月，原越剧团的马中原、方玲玲、黄海芹、熊岳林、钱道立、王敖大、叶耀声、郦晓啼、黄影凤、邱美英、杨英英、潘凤菊、裘晓昌、朱仁林 14 人加入“武进县战斗文工团”。徐雅萍、孙秀英、黄曼君等转入湖塘武进县东风布厂；筱一枝、金彩英、李明珍等转业到鸣凰武进布厂；赵春山、刘宝花等转业到横林武进水泥厂工作。

1979 年 5 月，中共武进县委决定重建武进县越剧团，性质为县财政差额补助的集体事业单位，由县委组织部任命徐雅萍、朱政敏、筱一枝为副团长，全团 39 人。1981 年 7 月，县委组织部任命夏来娣为剧团副指导员，1982 年 9 月调离。1985 年 4 月，县文化局任名汤国柱任团长，马兰萍任指导员。1988 年由王达元任副团长。团部设在常州市永宁路 116 号。1989 年 10 月，因演职人员思想混乱等多种原因，剧团无法维持正常演出。武进县人民政府同意文化局《关于县越剧团整顿方案的报告》，作出保留建制，分流人员的决定，剧团宣告解散。

1955—1989 年武进县越剧团团长、副团长更迭情况表

表 5-6

姓　名	职　务	任职时间	姓　名	职　务	任职时间
苏邦民	团　长	1955—1957	徐雅萍	副团长	1964—1966
赵春山	团　长	1955—1963	筱一枝	副团长	1979—1985
马忠灿	副团长	1955—1957	徐雅萍	副团长	1979—1985
沈金花	副团长	1955—1957	朱政敏	副团长	1979—1982
吴绍铨	副团长	1955—1957	汤国柱	团　长	1985—1987
刘宝花	副团长	1958—1963	黄达元	副团长	1988—1989
筱一枝	副团长	1958—1964			

二、剧目创作

武进县越剧团自 1955 年 8 月成立后，排演的第一部传统剧目是由李自新执笔的《拜月记》。该剧于 1956 年 10 月参加苏州地区职业剧团创作剧目会演，获演出奖。主演刘宝花、刘凤芳、潘云楼获演员奖。1957 年，越剧团又改编、整理了神话剧《白莲仙子》。

1958 年，在剧团管理委员会和艺术委员会的支持下，李自新深入到本县礼嘉公社收集有关朱真烈士的英雄事迹，创作了第一部现代戏《江南赵一曼》。该剧参加 1959 年常州地区现代戏会演。朱真的扮演者王艳芳获优秀演员奖。1959 年，李自新以“大跃进”为时代背景，创作现代大戏《贝庄食堂》。同年秋，又创作以歌颂工人阶级自力更生、奋发图强为题材的现代大戏《蚂蚁啃骨头》。

1961 年，由赵春山、李自新合作，将幕表戏《日月雌雄杯》整理成剧本戏《汉宫曲》，歌颂爱国女英雄南征北战可歌可泣的事迹。1962 年，由李自新、马中原合作现代戏《贵在鼓气》。1963 年，由马中原创作现代戏《考三喜》和《还魂梦》，参加镇江地区专业剧团会演。同年，由李自新、马中原合作，将《霓虹灯下的哨兵》改编成越剧演出本。

1964 年，由马中原、筱一枝根据兰考县委书记的事迹，创作现代大戏《焦裕禄》。

由赵春山、马中原合作重新改编传统戏《九件衣》。

越剧团自1955年至1964年，共改编、创作12部剧目，其中《拜月记》《江南赵一曼》《考三喜》《还魂梦》四个剧目先后参加苏州、镇江和常州地区的创作剧目会演。

1979年越剧团重建后，剧团排演的创作剧目有李祺创作的《芳草缘》、朱国芳创作的《双剑姻缘》。其中《芳草缘》参加1984年常州市专业剧团创作剧目会演，获剧本创作二等奖。剧本载于《江苏戏剧丛刊》1985年第四期。

三、演出活动

武进县越剧团成立后，演出地点主要以江、浙、沪一带中小城镇和常武地区乡、镇剧场为主。

1950年8月前，剧团以演幕表戏为主。剧目有连台本戏《一女换太子》《孟丽君》《文武香球》等，武戏有《杨家将》《火烧红莲寺》等。1950年8月后，越剧团开始演出剧本戏和现代戏。1951年，为配合土地改革运动和新旧社会对比的教育，同兴越剧团排练第一部由赵春山导演、刘宝花主演的现代戏《白毛女》。先后在镇江金城戏院、常州明星戏院、武进漕桥、雪堰、寨桥等乡镇演出，得到观众的一致好评。

1952年，剧团排练第二部现代戏《祥林嫂》，由刘宝花饰祥林嫂。同年，剧团又排练由赵春山整理改编的传统戏《九件衣》，先后在常武地区巡回演出。此后，为配合新婚姻法宣传，剧团还排演《梁祝》《西厢记》等剧本戏。

1955年，剧团登记后，按照“百花齐放”、“推陈出新”的文艺方针，先后排演《春灯谜》《拜月记》《搜书院》《十五贯》《窦娥冤》《武则天》《宝莲灯》《恩仇记》等传统剧目。

1955年至1965年间，剧团为配合政府中心工作，还排演《技术员来了》《回娘家》《老王卖瓜》《红色女队长》《杨立贝》《霓虹灯下的哨兵》《焦裕禄》《红色家谱》《还魂梦》《社长的女儿》《芦荡火种》《南海长城》《双枪老太婆》《奇袭白虎团》《江姐》《黛诺》《山花烂漫》等现代戏。其中，1963年6月排练的《霓虹灯下的哨兵》在苏州浒墅关剧场连续演出9天，观众达8000多人次。1965年排练的《黛诺》，在常州人民剧院连演15场，场场客满。《山花烂漫》在新都剧场连演10天，深受观众好评。

1965年，国家号召文艺团体学习“乌兰牧骑”，县越剧团曾深入到魏村的江心洲、新桥的潘墅、史市大队，礼嘉的毛家大队，雪堰的周桥、无锡马山等偏僻农村演出。

1979年5月，武进县越剧团重建后，排演《沉香扇》《胭脂》《血手印》等传统剧目。其中《沉香扇》在常州东风剧场连演8天，深受观众欢迎。江苏人民广播电台将其中“书房会”、“三元夺妻”两场录音，中央人民广播电台进行转录。1979年8月，剧团在镇江新华剧院演出《沉香扇》后，受到法国艺术团的赞誉。

1984年7月，剧团排练由李祺创作的传统大戏《芳草缘》，参加常州市专业剧团创作剧目会演，获优秀演出奖和音乐、舞美设计奖。1986年6月，剧团排练的《红楼梦》“哭灵出走”一折，参加江苏省戏曲青年演员大奖赛，贾宝玉的扮演者孙艳文获优秀青年演员三等奖。

1988年，由于戏曲市场不景气，加上主要演员有的离团，有的结婚生子，难以维持正常演出，于1989年8月起，剧团停止演出。

越剧团自1950年至1988年（除去10年“文化大革命”）间，共排演幕表戏69本，剧本戏70本（其中，整理、改编、创作剧目14本，移植现代戏46本），共计139本。

1950—1985年武进越剧团部分演出剧目情况表

表5-7

序号	剧　目	序号	剧　目	序号	剧　目
1	《白莲仙子》	18	《还魂梦》	35	《黛诺》
2	《贝庄食堂》	19	《老王卖瓜》	36	《南海长城》
3	《孟丽君》	20	《红色女队长》	37	《山花烂漫》
4	《白毛女》	21	《红色家谱》	38	《姐妹缘》
5	《祥林嫂》	22	《贵在鼓气》	39	《春江月》
6	《九件衣》	23	《蚂蚁啃骨气》	40	《焦裕禄》
7	《春灯迷》	24	《霓虹灯下的哨兵》	41	《沉香扇》
8	《搜书院》	25	《考三喜》	42	《胭脂》
9	《拜月记》	26	《汉宫曲》	43	《血手印》
10	《十五贯》	27	《老贺到了小耿家》	44	《盘夫索夫》
11	《窦娥冤》	28	《社长的女儿》	45	《真假太子》
12	《武则天》	29	《年轻一代》	46	《西园记》
13	《宝莲灯》	30	《女子事件》	47	《古井沉冤》
14	《恩仇记》	31	《双枪老太婆》	48	《皇亲国戚》
15	《回娘家》	32	《芦荡火种》	49	《江南赵一曼》
16	《杨立贝》	33	《柯山红日》	50	《夺印》
17	《貂婵》	34	《江姐》	51	《芳草缘》

1979—1985年武进县越剧团演出情况表

表5-8

起　讫　年　月	演出场次	观众数	营业总收入（元）
1979年6月至1979年12月	244	263000	54676
1980年1月至1980年12月	447	356288	80157
1981年1月至1981年12月	342	260000	55000
1982年1月至1982年12月	388	206431	48877
1983年1月至1983年12月	361	223727	60000
1984年1月至1984年12月	387	228669	68631
1985年1月至1985年12月	328	201000	75431

四、人才培养

越剧团成立后，培养舞台新秀主要采用拜师收徒弟和集体培训两种方法。中华人民共和国成立初期，越剧团未曾有集体招收过学员，均为个别吸收私人徒弟。徒弟进团必须自带伙食费，三到六个月后，能跑龙套或演小角色者，开始由剧团供给伙食或给少量补贴。

1952 年招收学员有马桂芹、赵连娟、邱美英、赵琴钗 4 名。1954 年招收学员有钱明珠、杜剑芳、李惠仙、孙秀英、俞小芳、钟燕虹、郑金香 7 名。1957 年招收学员有倪玲玲、潘凤菊、黄影凤、吴海芹、肖玲铭 5 名。1959 年 9 月，由县长潘汉东提议，越剧团举行隆重的拜师活动，倪玲玲、黄影凤拜刘宝花为师，肖玲铭、潘凤菊拜刘凤芳为师，吴海琴拜王敖大为师，徐志善拜朱仁林为师。1962 年招收的学员张菊英拜筱一枝为师，王珊华、蒋媛如拜潘云楼为师，方玲玲拜丁惠民为师。1979 年招收学员常雪娟、张娟妹、李静芝 3 名。1981 年招收学员钱惠丽、张益妃、姚秋悦、葛桂卿、王皎、马玉妃、马建媛、陈华珍、王微、裘晓瑜、张晓乐、朱伟泽、钱素娟、徐玉华 14 名。

第三节　武进县评弹团

1975 年 9 月 23 日，武进县文化局向县委提交《关于招收曲艺演员、成立曲艺队的请示报告》。由于没有配备相声、快书等方面的演员，全是评弹、评话演员，于 1976 年 1 月，经县委批准，同意成立武进县评弹队。1978 年 1 月，改名为武进县评弹团。

武进县评弹团性质为县属大集体单位，冯伯明、张晓曙先后担任负责人。演员从苏州、昆山等地招考录用。1976 年春，吸收王仲君、王绿萍、朱传鸣、顾林影、程佩华、赵宜康、陈永明进团。1978 年 9 月吸收林娴，后又吸收秦怡、孙骅两名学员。到 1982 年 10 月，全团共有王仲君、王绿萍、朱传鸣、林娴、陈永明、顾林影 6 名固定演员。

1978 年 4 月，江苏省在苏州市举行评弹会演，武进县评弹团参演节目是由王绿萍、马中原创作的《银花赞》，表演者王仲君、王绿萍获演出奖。9 月，朱传鸣、林娴演出的现代书目《五十一号兵站》，在无锡春雷书场连演九场，观众达 7200 人次，营业收入 1440 余元，创建团以来营业最高纪录。

1980 年 8 月，朱传鸣自编自演的长篇弹词《翠蝶奇缘》，在上海南江、金山等地演出两年多时间，共演出 757 场，平均每月演出 29 场，观众达 125219 人次。

1981 年 4 月，王仲君被推选为武进县政协第五届委员，1984 年又被选为第六届政协委员，同年还被吸收为中国曲艺家协会江苏分会会员。

1985 年 7 月，县评弹团撤销。朱传鸣、陈小雯到镇江市曲艺团就职。王仲君、王绿萍、林娴转业到武进县文化工业公司经营部工作，顾林影病休。

武进县评弹团成立十年来，演出的主要节目有《杨乃武与小白菜》《唐伯虎智圆梅花梦》《武大郎做亲》《秦香莲》《五十一号兵站》《翠蝶奇缘》等 20 余个。

第四节　武进县曲艺联合会和曲艺团

1955 年 8 月，武进县文化科根据江苏省文化局关于《江苏省曲艺艺人登记管理试行办法》的精神，召开全县说唱艺人会议，为本县 77 位曲艺艺人办理登记手续，并正式成立武进县曲艺联合会，推选何云奇为负责人。

曲艺联合会成立以后，发挥武进民间艺人在宣传方面的积极作用，剔除带有封建迷信和黄色内容的曲目，充实一批具有教育意义和积极向上的，如《黄继光》《铁道游击队》等新节目，得到群众的一致好评。老艺人吕银郎说：“旧社会，我们是叫花子，现在人民政府称我们为光荣的艺人，我们一定要学习新书目，说好新曲目。”

1956 年 1 月 25 日至 28 日，县曲艺联合会召开有 84 人参加的全县民间艺人会议。会上布置在春节期间大力开展农业合作社的优越性、拥军优属、预防吸血虫等内容的宣传活动。会后，艺人们编排 13 个有关这方面内容的说唱节目，深入到全县各地，以及无锡、宜兴、江阴、金坛、丹阳等周边地区演唱。同年，县文化科同意县曲艺联合会制发徽章。

1957 年 8 月，由何云奇、吕银郎、谈仁荣、江志明等挖掘、整理的曲目《螳螂招亲》，用“常州道情”的演唱形式参加镇江地区的曲艺会演，获得观众和同行的一致好评。1966 年，“文化大革命”开始，县曲艺联合会停止活动。

1978 年，中共十一届三中全会召开后，一批原曲艺联合会人员和一些新生代曲艺艺人纷纷向县文化局提出登记申请。经考核，有 39 位艺人领到演唱许可证，其中有锡剧清唱、常州道情、评弹和魔术 4 个门类。

此后，县文化局把这批持有演唱证的曲艺艺人交给各区文化站管理。有的区自行成立曲艺团，吸收一些社会上的流散艺人参加，导致演出曲目内容低俗，在社会上造成不良影响。1979 年 4 月、1982 年 8 月县文化局先后出台《关于加强专业、业余剧团和流散艺人管理的通知》《武进县民间艺人管理细则》，对武进民间艺人和演出团队再次进行清理和整顿后，有 43 位职业民间艺人，6 位半职业民间艺人领到演唱许可证。

1991 年 1 月，经县文化局批准，成立武进县民间曲艺团，同年 2 月召开成立大会。县曲艺团有 23 名艺人组成，推选许云亭为团长。性质为自愿组织、自行管理的营业性民间职业表演团体，隶属县演出管理站管理。2002 年 5 月，文化局机构改革，演出管理站撤销，曲艺团随之解散。

第五节　武进县青年锡剧团

1956 年，武进县青年锡剧团成立，该团是苏州地区文化局为培养锡剧事业接班人，做好业余剧团的业务辅导工作，委托武进县试办的半职业剧团，成立于 1956 年 1 月。剧团由龙连生为团长，唐绍兴为编导，何文虎为会计，王立德为外勤。有方梅珍、曹爱娣等10名女演员和7名男演员。县文化馆派王允武负责带队兼导演。

剧团成立后，白天传授业务知识，教唱曲调，晚上外出演出。主要排演剧目有现代戏《中秋之夜》《牛是农家宝》，清装戏《养媳妇》《绣荷包》，传统戏《摘石榴》等。

因当时交通不便，下乡演出时，行李、服装、道具、布景只能自背自挑，加上生活条件差，每人每月工资仅20元左右。在当年夏收夏种开始时，剧团停止活动，办团仅半年时间。

第六节　武进县小京班

1970年9月8日，武进县小京班成立，由县革委会政工组王双林主持日常工作。原湖塘小学辅导员唐喆云，大学毕业待分配的朱静云、朱丹先后任课本教师。朱政敏、马莲生、刘瑞锡任武功老师，陶文魁任唱念老师，朱亚平为专职医生。小京班70名成员中，90%为小学四、五年级学生，平均年龄约十二岁。

小京班成员情况表

表5-9

姓　名	性别	原家庭住址	姓　名	性别	原家庭住址
薛文良	男	嘉泽	杨兰芳	男	万绥
李小奇	男	奔牛	叶建明	男	奔牛
袁　健	男	奔牛	张国平	男	湖塘
张林大	男	吕墅	郑建中	男	西林
顾宝兴	男	焦溪	周建国	男	安家
周小平	男	鸣凰	郦征宇	男	湖塘
梁建甫	男	湖塘	陆建芳	男	魏村
陆惠中	男	湖塘	梅欣春	男	湖塘
是兆华	男	焦溪	孙　力	男	湖塘
孙亚庭	男	礼嘉	祝汉民	男	马杭
屠　敏	男	奔牛	王国平	男	鸣凰
王耀中	男	焦溪	吴建平	男	奔牛
吴希成	男	鸣凰	徐建华	男	孟城
徐晓明	男	焦溪	许强华	男	湖塘
巢国玉	男	孟城	巢伟成	男	万绥
郑富康	男	孟城	朱小伟	男	孟城
崔常源	男	鸣凰	崔建平	男	湖塘
高逢华	男	圩塘	顾伟新	男	嘉泽
胡平兴	男	焦溪	霍德富	男	湖塘
解兴中	男	湖塘	周建中	男	马杭
朱伟民	男	湖塘	朱兆明	男	奔牛

续表 5-9

姓　名	性别	原家庭住址	姓　名	性别	原家庭住址
范鉴明	男	常州	陆志远	男	常州
吴祝平	男	常州	孟国泉	男	常州
竺孝辛	男	上海	田亚平	男	奔牛
张丙兴	男	鸣凰	陈丙旋	男	
周小英	女	湖塘	薛云娟	女	湖塘
薛志琴	女	魏村	姚冬英	女	奔牛
俞晓敏	女	孟城	李　萍	女	卜弋
刘玉湘	女	鸣凰	刘娟梅	女	无锡
陆丽华	女	鸣凰	邵爱梅	女	小河
曹慧敏	女	雕庄	宋惠娟	女	奔牛
张小国	女	圩塘	陶淑华	女	卜弋
王明霞	女	湖塘	谢惠琴	女	西林
孙洳珍	女	常州	陈新异	女	横山桥
黄　伟	女	奔牛	梅英英	女	上海

小京班演出的《奇袭白虎团》剧照

小京班成立后，先后排演《智取威虎山》《奇袭白虎团》《红灯记》《沙家浜》《杜鹃山》《盘石湾》和《铁流战士》等七本现代京剧。小京班的主要演出范围以本县和镇江地区为主，除此，到部队进行过多次慰问演出，还在南京进行过短期公演。

小京班在全县曾有一定影响。由于演出任务过重，不少学员发育不良，嗓子败倒。1975 年 8 月，小京班宣告解散。其中，顾伟新、周小英、梅欣春 3 人被推荐上学。周建中、张林大、郑建中、杨兰芳、叶建明、薛文良、张小国、曹慧敏、朱伟民 9 人吸收进武进县锡剧团。其余大部分人员安排至奔牛锁厂、横林钢厂工作，也有少数人员自谋职业。

第七节　其他演出团队

一、武进县湖塘区锡剧团

1978 年 12 月，经武进县文化局、湖塘区公所同意，湖塘区文化站组建武进县湖塘区锡剧团，性质为亦工亦艺半职业剧团，演职人员均为区文化站站办工厂职工。团址设在湖塘大队梅家村，后搬迁至湖塘上街区文化站站办工厂内。

湖塘区锡剧团由区文化站站长陆鹤兼任团长，崔阿明、周汉松任副团长。1981 年年初至 1985 年年底由钱绪良任团长，周喜伦任指导员，主要演员有崔阿明、陆培林、钱绪良、夏法林、唐梦荣、俞建元、丁金秀、汤秋琴、潘秀芳、郑彩娥、俞筱琴、陈晓华、陈强、徐金枝、毕丽娟、薛兴夫、庄金玉、许兴荣，以及来自宜兴戏校的宗文英、宗芳、沈静、卢晓然等 30 余人。期间，县文化局先后派徐玉珍、马中原、郑萍华、周和生等老师到剧团进行业务辅导，湖塘区委副书记叶光华、宣传委员沈祖善等领导也经常到剧团指导工作。

湖塘区锡剧团成立后，配合中国共产党和人民政府中心工作进行宣传演出，创作、排练现代大戏《褚凤娣》《超他八队》，现代小戏《红绿绒线》《油菜花开》《买牛》《番茄王》《朝天辣子娶媳妇》《大园园与小园园》等。表演唱《四大嫂买菜》《外甥女看望四舅妈》《谈谈看》等。另外，还排演大型古装锡剧《窦娥冤》《孟姜女》《玲珑女》《秦香莲》《八贤王》《奇巧姻缘》《五女拜寿》等剧目。剧团除在本县各乡镇演出外，先后到无锡、江阴、宜兴、金坛、溧阳、扬中、靖江等地及常州市内演出。每年平均演出达 200 场次。

该剧团多次参加常州市、镇江地区和江苏省的业余文艺会演、调演活动。还为南京市越剧团、武进县、宜兴县、丹阳县、靖江县锡剧团输送孙静、宗文英、唐兴华、徐金枝、庄亚等 10 多名艺术人才。

1986 年 10 月，因区文化站人事变更、演出市场不景气等原因，剧团停止演出，丁金秀、庄金玉、俞筱琴等部分演职员留在文化工厂工作，其余人员自谋职业。

二、常州市江焊锡剧团

2003 年 3 月，武进邹区镇常州市金狮焊接材料有限公司董事长陆良金投资 60 万元，组建邹区镇业余锡剧团，排练《哑女告状》和《夜明珠》两台大戏。在邹区影剧院一连演出十多场，场场爆满。公司再次投入资金 200 多万元，购置音响、灯光设备、服装道具和交通工具。6 月，正式注册成立常州市江焊锡剧团，是江苏省第一家经省文化厅批准的民营剧团。先后排演《兄弟拜堂》《三看御妹》《半把剪刀》《状元斩父》《哑女告状》《狸猫换太子》《三试浪荡子》《夜明珠》《美人泪》等 10 多部大型锡剧，演出足迹遍及苏州、无锡、常州、江阴、张家港、金坛、丹阳、扬中等地区，深受观众欢迎。7 月，中共常州市委表彰陆良金为弘扬民族文化建立民营剧团所作的贡献，颁发了荣誉证书。2004 年度，被中共常州市委授予共产党员“百佳实事”之一。由于对艺术团体管理经验不足，资金投入压力过大，江焊锡剧团于 2006 年 3 月宣告解散。

三、凤凰艺术团

武进区凤凰艺术团的前身为百兴艺术团。百兴艺术团成立于 2009 年 2 月，隶属区文化馆管理，活动经费由中国百兴集团资助，演出设备和流动舞台由区政府配备。

武进区凤凰艺术团进校园演出

演职员由民间文艺骨干和部分文化馆工作人员组成，共计32人。由区文化馆馆长倪金才任团长，副馆长叶馨远任副团长，杨晖任日常带团副团长。艺术团成立后，主要任务是配合党和政府的中心工作，在全区开展“先进文化进百村”巡演活动，演出形式有小戏、小品、歌舞、曲艺等，内容涉及时政、道德、法律、新风尚等多个方面。先后配合全国文明城市创建、迎接第八届中国花博会召开、普法教育、青年理想教育、“夕阳红”工程等，创作排练了《畅想花博，幸福万家》《法制绽放幸福花》《青武飞扬》《幸福晚年》等专题节目。每年深入村、社区、工厂、敬老院等基层演出不少于200场次。百兴艺术团成立4年，累计演出1000多场次，成为武进的一个文化品牌。

2013年，由武进区人民政府投入100多万元作为活动经费，维持艺术团正常演出。百兴艺术团也因此改名为凤凰艺术团，仍属区文化馆管理，由区文化馆馆长叶馨远兼任团长，副馆长恽新苗任副团长，林厚勇任带团副团长。

四、锡剧清唱组

武进县锡剧清唱组成立于1955年10月，隶属县曲艺联合会，由王君忠、周荷美等20多人分成3组，以“幕表”形式，在常武地区的茶楼、书场演出。剧目以中老年人熟悉的传统戏为主。1966年“文化大革命”开始，清唱组解散，大多数艺人下放到农村。

1979年，下放的锡剧清唱艺人陆续返回城镇，开始自发组织演唱。1982年县文化局对民间流散艺人和演出团队进行清理整顿。王君忠、贺时祥等30多位锡剧艺人领到演唱证，并分成4个演唱队。从1985年起，锡剧清唱组划归县文化局演出管理站代管。1988年后，专业剧团部分退休演员，如彭加其、王秋英、郑萍华、任蓉蓉等纷纷加入清唱队伍。到2005年，经文化局演出管理部门登记批准的锡剧清唱组有12个。

锡剧清唱组实行的是旧时的领班制，演职人员由领班聘请，自收自支、自负盈亏、配有衣箱、布景、灯光及流动舞台。清唱组演出剧目以连台本古装戏为主，以“幕表”形式演唱。演出一般有企业或个人出资包场，所到之处一般要连续演出少则十几场，多则几十场。至2013年，仍有锡剧清唱组在武进乡村演出。

第八节　文艺学校

一、机构沿革

1978年10月，为进一步繁荣地方戏曲事业，培养输送戏剧曲艺后备人才和乡镇文艺骨干，经县委同意，县文化局在湖塘桥横街原县文化馆内创办武进县业余艺术学校，负责人查龙福，教师有徐玉珍、冯国良、高云珠、周和生等。

1980年9月，由县文化局出资在湖塘新街建造三间教室、男女生宿舍和厨房。同年12月，由县文化局副局长沈国海兼任校长，教师有徐玉珍、徐骏、郑萍华、程正迪等。

1984年9月，为系统、规范培养文艺人才，县政府批准县文化局、教育局的请示，武进县业余艺术学校改为武进县文艺学校，校址设在常州市永宁路16号，性质为县财政差额拨款集体事业单位，学制两年。

1985 年 8 月，由徐雅萍任副校长，主持工作，蒋国勋任教导，季洪文任总务，凌玉萍任会计。1993 年 6 月，由顾盘正任校长。1995 年 8 月至 2005 年，由陆鹤兼任校长。2006 年起，由副校长杨兰芳主持工作。

2007 年 12 月，文艺学校搬迁至湖塘延陵中路武进文化艺术中心。2012 年 6 月，武进区编制委员会发文撤销文艺学校。杨兰芳、凌玉萍、钱素娟等教职工转至武进晓园艺术馆工作。

二、教学活动

（一）武进县业余文艺学校

县业余艺术学校成立后，先后于 1978 年和 1980 年招收两期学员。第一期学员招收沈惠兰、李建南等 30 人。课堂教学时间为三个月，以唱念、形体为主要内容。后阶段以排练现代戏《大年夜》、传统戏《珍珠塔》中《见姑》《赠塔》《跌雪》和《庵堂相会》中《认母》等教材戏为主。学习期满后，在武进巡回演出三个月，于 1979 年 5 月结束。

武进县业余艺术学校第一期学员合影

学员中有沈惠兰、陈孝忠、盛敏其、许岳伟、刘建国等 5 人被吸收进武进县锡剧团；李静芝、常雪娟、张娟妹进武进县越剧团；汪伯平、钱亚云、刘雪英、周建利进扬中县锡剧团；李建南等进东台县锡剧团。其余学员有的回本乡、镇文化站工作，有的自谋职业。

武进县业余艺术学校第一期学员名单

表 5-10

序号	姓　名	性别	年龄	公社（镇）	序号	姓　名	性别	年龄	公社（镇）
1	沈惠兰	女	15	剑湖	12	李静芝	女	18	小河
2	李建南	男	17	礼嘉	13	屠琴芳	女	17	孟城
3	倪惠娟	女	17	礼嘉	14	姚永芳	女	16	奔牛
4	王雪娟	女	18	政平	15	陈彩娥	女	18	万绥
5	冯华妹	女	19	鸣凰	16	陈小琳	女	17	邹区
6	金秋萍	女	18	牛塘	17	王新光	男	16	礼嘉
7	岳亚伟	女	20	芦家巷	18	陈孝忠	男	16	坊前
8	刘宪芬	女	17	戴溪	19	盛敏其	男	16	南宅
9	张娟妹	女	19	遥观	20	许岳伟	男	19	戴溪
10	钱亚云	女	18	芙蓉	21	刘建国	男	15	汤庄
11	刘雪英	女	19	安家	22	常雪娟	女	18	薛家

续表 5-10

序号	姓　名	性别	年龄	公社（镇）	序号	姓　名	性别	年龄	公社（镇）
23	汪伯平	男	17	东青	27	俞建元	男	19	`政平
24	周建利	男	20	三河口	28	殷亦峰	男	17	戴溪
25	陈晓华	女	16	坊前	29	马阿平	男	16	焦溪
26	陈志明	男	16	坊前	30	姚加荣	男	16	三河口

第二期是在 1980 年上半年武进县歌咏比赛的基础上，通过县、区、公社（镇）层层选拔，招收孙小香、钱素娟等 30 名学员。于 1980 年 12 月 26 日开学，前三个月为课堂学习期，内容以唱念、形体为主，后三个月为排练实习期。学员先后排演现代戏《摇篮曲》，传统戏《三访桑园》《打面缸》《摘石榴》等。于 1981 年 8 月学业结束。学员中有顾玉良、季小刚、刘素珍、陈平、蒋爱菊 5 人充实到县锡剧团；钱素娟、徐玉华充实到县越剧团；池凤仙到安徽郎溪县锡剧团，蒋友康、陈建芬、孙丽萍到大丰县锡剧团；万菊华、孙小香、居琴英、邵爱妹、吴岳坤到六合县锡剧团；王浩强、董冬香、汤秋琴到东台县锡剧团；蒋菊芳到靖江县锡剧团；潘秀芳、丁小妹、袁益华、黄明杰等到句容县锡剧团。其余人员回乡镇文化中心工作。

武进县业余艺术学校第二期学员名单

表 5-11

序号	姓　名	性别	年龄	公社（镇）	序号	姓　名	性别	年龄	公社（镇）
1	袁益华	男	20	安家	16	刘素珍	女	19	三河口
2	孙小香	女	17	南夏墅	17	王小芬	女	18	鸣凰
3	岳建新	男	16	芙蓉	18	丁小妹	女	17	东青
4	顾玉良	男	16	焦溪	19	陈　平	女	18	郑陆
5	吴文林	男	17	三河口	20	蒋爱菊	女	17	九里
6	蒋友康	男	18	马杭	21	陈建芬	女	18	潞城
7	王浩强	男	20	鸣凰	22	孙丽萍	女	16	坂上
8	黄明杰	男	18	戴溪	23	居琴英	女	15	遥观
9	薛兴甫	男	19	湖塘	24	邵爱妹	女	18	小河
10	季小刚	男	17	西夏墅	25	吴榴妹	女	18	新桥
11	吴岳坤	男	18	新安	26	蒋菊芳	女	17	东安
12	池凤仙	女	17	漕桥	27	徐玉华	女	18	安家
13	钱素娟	女	18	寨桥	28	董冬香	女	19	万绥
14	万菊华	女	17	龙虎塘	29	汤秋琴	女	18	戴溪
15	潘秀芳	女	18	焦溪	30	梅玉萍	女	16	横山桥

武进县业余艺术学校的一、二期学员，经过多年的舞台实践，有的已成为剧团的主要角色，如第一期学员沈惠兰，已多次在全省锡剧节获优秀演员奖，成为国家一级演员，中国剧协会员，2003 年任武进锡剧团团长，2008 年任武进区文化局副局长。第二期学员孙小香，1993 年从六合县锡剧团应聘到宜兴县锡剧团，曾多次在全省锡剧汇演、调演中获奖。1998 年当选为无锡市第十二届人大代表。

（二）武进县文艺学校

1984 年 9 月，经武进县人民政府批准，武进县业余艺术学校更名为武进县文艺学校，学制两年，设表演和演奏两个专业。于 1985 年下半年招收陈云霞、顾建新等首期学员 27 名，学业为文化和业务两门课程，文化课设语文、政治、历史，每周 12 节，由县三里职中蒋义方、张晒度等老师授课。业务课设唱念、形体、把子功、戏曲常识、乐理知识、演奏、伴奏等内容，教师有周和生、王丽华、钱素娟等。学校于 10 月开学，第一年以基础教学为主，第二年排练折子戏。重点在学员的基本功上下功夫，为适应舞台演出打基础。学员于 1987 年 12 月毕业。学员中有陈云霞、李芬等 15 人充实到武进县锡剧团，陆彩萍、严旭东等 4 人充实到武进县越剧团，部分学员到周边县、市锡剧团就业，其余的安排到各乡、镇文化活动中心工作。

武进县文艺学校第一届学员名单

表 5-12

序号	姓　名	性别	年龄	专业	原籍	序号	姓　名	性别	年龄	专业	原籍
1	陈云霞	女	19	演员	孝都	15	朱春雷	男	18	演员	泰兴
2	汪　玲	女	17	演员	焦溪	16	李金刚	男	16	演员	江阴
3	夏秀华	女	18	演员	九里	17	巢文忠	男	19	演员	安家
4	陆彩萍	女	19	演员	焦溪	18	常伟年	男	18	演奏员	薛家
5	叶红霞	女	19	演员	薛家	19	严旭东	男	18	演奏员	西林
6	符卫娟	女	17	演员	坊前	20	顾建新	男	21	演奏员	靖江
7	黄君秋	女	17	演员	西夏墅	21	张爱英	女	17	演奏员	三井
8	万协娟	女	17	演员	西夏墅	22	王　艳	女	17	演奏员	武进
9	姜　丽	女	18	演员	北港	23	万凤琴	女	19	演奏员	龙虎
10	施文香	女	16	演员	溧阳	24	李　芬	女	19	演奏员	江阴
11	高亚芬	女	18	演员	罗溪	25	徐明霞	女	15	演奏员	江阴
12	陆伟忠	男	17	演员	夏溪	26	李正英	女	19	演奏员	江阴
13	蒋治平	男	20	演员	浦河	27	谢勤奋	女	19	演奏员	坊前
14	王　强	男	17	演奏员	横林						

1996 年下半年，经武进市人民政府批准，艺校继续招收薛平鸽、潘峰等学员 25 名，分表演和演奏两个专业。由于艺校部分教师退休，师资力量薄弱，为提高教学质量，提

升学生业务素质，学员全部委托江苏省戏校培训，并聘请王丽华为带班老师。学制四年，于 2000 年学习期满。其中薛平鸽、王华锋、袁雪芬、任亚、叶良、潘峰 6 人进武进锡剧团，其余学员自择职业。

武进县文艺学校第二届学员名单

表 5-13

序号	姓　名	性别	年龄	专业	原籍	序号	姓　名	性别	年龄	专业	原籍
1	薛平鸽	女	15	表演	前黄	14	陆卫香	女	15	表演	成章
2	方黎春	男	15	表演	魏村	15	李　花	女	16	表演	邹区
3	叶　亮	男	16	表演	薛家	16	赵　英	女	15	伴奏	前黄
4	张　健	男	16	表演	卢家巷	17	张江平	男	16	伴奏	丹阳
5	王华锋	男	16	表演	魏村	18	潘　峰	男	16	伴奏	东安
6	郁俊杰	男	16	表演	雪堰	19	陈丽华	女	16	伴奏	高邮
7	黄中伟	男	16	表演	东青	20	陈传青	男	17	伴奏	西夏墅
8	蒋　欢	男	15	表演	东安	21	姚海涛	男	15	表演	安家
9	顾军凯	男	14	表演	政平	22	丁霄琳	女		表演	圩塘
10	薛　渊	男	14	表演	湖塘	23	刘　刚	男	15	表演	东青
11	袁雪芬	女	14	表演	焦溪	24	叶丽敏	女	15	表演	东青
12	顾晓霞	女	16	表演	戴溪	25	刘　宾	男	15	表演	南宅
13	任　亚	女	15	表演	芙蓉						

在武进文艺学校一、二届学员中，陈云霞获中国戏剧“梅花奖”桂冠，薛平鸽担任武进锡剧团副团长。

文艺学校在停止招生期间，主要工作是为乡镇文化站、企事业单位、社区、街道培训文艺骨干，并深入到九里、焦溪等学校开办锡剧培训班。

第六章 图书

唐宋时期，武进民间就开始流传“读万卷书，行万里路”的格言。明清时期，许多大户人家都设有藏书楼，将书籍收藏起来供子孙阅读。清末民国初，武进城乡私塾和学堂逐年增多，县城内从事经营图书的书铺、书局应运而生。1932年（民国21年），武进县政府接收县城内的原商会图书馆，后更名为“武进县立图书馆”。馆内设有书报阅览室，经营图书对外出借业务，满足民众的读书需求，城乡的民众教育馆同时设立图书阅览室。抗日战争爆发，1937年11月29日武进地区沦陷，图书馆、室停止对外开放。到1949年，武进城乡有经销图书的店铺33家。

1949年10月1日中华人民共和国成立后，武进县政府清理整顿了图书市场，公共图书事业逐步发展。1956年武进新华书店成立后，迅速成为图书发行的主渠道。新华书店始终秉承“服务、诚信、创新、卓越”的企业精神，倡导“售书、导读、育人”的营销理念，坚持城镇与农村“两条腿走路”的方针，实现经济效益与社会效益双丰收。1988年，武进新华书店列全国县级新华书店图书销售第一名。自20世纪90年代起，连续20年书刊发行总量名列全省前列。

1958年，武进县图书馆成立，馆藏书籍1.6万册，2013年增加至32万册。1999年，武进市图书馆被国家文化部评为“一级图书馆”。自20世纪80年代起，各乡镇开始在原文化站图书室的基础上创建万册图书馆，至1991年底，武进56个乡镇全部完成创建任务。2013年，武进16个镇（街道）图书馆藏书28.5万册，366家行政村（社区）图书室藏书21.5万册。

自20世纪80年代起，武进新华书店、武进图书馆和乡镇图书馆（室）先后在农村、社区、机关、学校开展形式多样的读书活动。1991—2007年，武进新华书店连续17年获全国青少年读书活动组织奖，武进图书馆每年在暑假期间举办“红领巾读书征文”活动。2003—2012年连续10年荣获常州市读书征文活动优秀组织奖。邹区镇自1993年起连续举办农民读书节15届。武进建筑安装公司自1995年起举办读书讲座、知识竞赛30余次。读书活动在武进影响深远，被列为精神文明建设的重要内容。

第一节　图书发行

一、书　铺

清朝末年，武进民间私塾增多，新办学堂逐渐兴起，书铺也应运而生。至清宣统三年（1911年），武进县城有9家书铺和1个刻经处，除天宁刻经处专门出版发行经书外，书铺都是经销四书五经、医卜星相和劝人为善的木版古书等。

（一）天宁刻经处

位于天宁寺内，又名毗陵刻经处，清同治二年（1863年）创办，是天宁寺的附属机构。刻经处设有印制经书的作坊，佛经书版本源于天宁寺藏经中的一部分。到1949年4月23

日武进县解放时，累计刻印960多种、2900多卷。所印制的佛经书流传国内外，国内有江苏、湖南、湖北、江西、浙江等省的寺院前来请经（购买佛经书），国外有日本、美国、英国、法国、德国、苏联等国的寺院都派人来请经。外国人所请的经书大都是《华严经》《金刚经》《心经》《南无咒》《观音咒》《大悲咒》等。多卷本多者请一二十部，单卷本多者请二三百部，配齐后用木箱装好运回各国。天宁刻经处的佛经书最旺销时期在1929—1932年（民国18年到21年）之间，最多一次运往国外的佛经书有几十箱。

（二）麟玉山书房

位于县城西瀛里中段，开设于清光绪三十年（1904年），是武进开设的第一家书铺，自印自销四书五经、经史子集等书籍。

（三）乐善堂书铺

位于县城大庙弄城隍庙内，开设于清光绪三十二年（1906年），店主为丹阳人束老川。该书铺主营“劝人为善”的书籍，兼营四书五经等书籍。

（四）苑委山庄书铺

位于县城千秋坊，开设于清光绪三十四年（1908年）。店主王义甫，丹阳人。自印自销四书五经等木版书籍。该书铺的特点是资金足，存书多，品种全，办法好，是城内图书品种最全的一家书铺。

（五）王维谷书铺

位于县城县巷内，开设于清宣统元年（1909年），专营古旧古籍业务。

（六）文新堂书铺

位于县城西大街织机坊，开设于清宣统二年（1910年），设有小型印书作坊，自印自售四书五经等图书。

（七）吴豹隐书铺

位于县城县巷内，开设于清宣统二年（1910年），专营古旧书籍。

（八）吴明德书铺

位于县城局前街，开设于清宣统三年（1911年），专营古旧书籍。

（九）日新书庄

位于县城局前街化龙巷口，开设于清宣统三年（1911年），店主为武进余巷人薛庭荣，经营四书五经、医卜、星相等图书。

（十）通志堂书铺

位于县城千秋坊中段，开设于清宣统三年（1911年），店主为丹阳人束老老，专门经销通俗唱本和《三字经》《百家姓》及簿本图书，小唱本品种有《朱买臣休妻》《秦雪梅吊孝》《秦香莲》《赵五娘》《梁祝姻缘》《孟姜女》等。

二、书　局

辛亥革命后，开始用铅字印刷书、报，洋装本代替线装本，以白报纸、油光纸、道林纸等代替土产纸。1919 年（民国 8 年）成立图书业同行公会，成立时位于北大街玉隆观巷口，属武进县商会领导。1920 年迁至柴行街。1945 年迁至北大街临川里。公会的主要职能是召集同业会员开会，传达县商会会议精神，代表商会向同业会员征收捐款及税款，组织联合经营课本、议订统一价格等事宜。是年，县城又增设新群书社、商务图书局、文化书局、世界书局、日新书局、光华书局、东雅书局 7 家图书发行店铺。1949 年 4 月武进解放前夕，武进城乡有书店 33 家，其中武进县城内有书店 23 家，奔牛、戚墅堰、新安、焦溪、湟里、横山桥等先后开办书店 10 家，一般都主营百货，兼营图书和文具用品。

（一）新群书社

创办时位于县城局前街铁拐弄东首，1915 年（民国 4 年）创办，负责人王冠时，武进人。主要经销经史子集，四书五经等图书。1918 年，该社扩充吸引外来投资，更名为“新群股份有限公司”，下设新群门市部、新群印刷所。新群门市部经销新、旧图书，中、小学教科书、纸张、账簿、文具等。新群印刷所的印刷设备与规模在武进县城首屈一指，对外承印书籍、喜帖、讣闻、账册、信笺、信封等，其木刻水印账簿曾获巴拿马产品优质奖章。1937 年，全面抗日战争开始后，社址迭经变更；1945 年年抗日战争胜利后迁至县直街。

（二）商务图书局

创办时位于县城北大街中段，1921 年（民国 10 年）创办，店主为丹阳人陈佩卿。主营四书五经、医卜星相、学校用书及文具用品。1930 年迁至县巷内营业。

（三）世界书局

位于县城北大街钟楼下，1922 年（民国 11 年）创办，店主为武进人张云荪。主要经销新版图书，特约经销上海世界书局学校课本及图书，兼营文化用品。

（四）文化书局

位于县城南大街铁市巷口，1923 年（民国 12 年）创办，店主为武进人刘浩初。主营四书五经、经史子集、学校用书，兼营中式账册、文具用品等。

（五）东雅书局

位于县城东横街，1931 年（民国 20 年）创办，店主为泰兴人严光祖。专销上海中央书局的标点书，兼营古旧书籍。

（六）光华书局

位于县城千秋坊惠民桥堍（现东大街），1935 年（民国 24 年）创办，店主为武进人徐广顺，专营新书。因出售进步书籍，1937 年店主被国民政府当局拘捕，书局关门。

（七）日新书局

位于县城北大街甘棠桥北首，1936 年（民国 25 年）创办，店主为武进人薛庭荣，主营学校课本及图书，特约经销上海商务印书馆中、小学课本。后因课本由县图书业公会组织联营，日新书局日益衰落。

1949年武进县城乡书局（店）情况表

表6–1

书店名称	店主姓名	开设时间	经营品种	地　址
天宁刻经处	方　丈	1863年	佛经书	县城天宁寺
新群书社	王冠时	1915年	图书文具	县城局前街
文明书局	彭懋功	1920年	图书文具	湟里镇
商务图书局	陈佩卿	1921年	图书文具	县城北大街
世界书局	张云荪	1922年	图书文具	县城北大街
文化书局	刘浩初	1923年	图书文具	县城南大街
东雅书局	严光祖	1931年	标点书、古旧书	县城东横街
光华书局	徐广顺	1935年	图书文具	县城千秋坊
日新书局	薛庭荣	1936年	中小学课本	县城北大街
世界教育用品社	程继泽	1939年	课本文具	县城北大街
新新书社	程康德	1940年	图书文具	县城北大街
文明书局	彭懋功	1940年	图书文具	县城南大街
传古斋书店	李和生	1940年	古旧书	县城双桂坊
世界文具店	王玉廷	1940年	图书文具	奔牛镇
元昌文具社	鞠洪大	1940年	图书文具	奔牛镇
中大药房	潘菊生	1940年	图书文具	戚墅堰镇
大东书局	凌海曙	1941年	图书文具	县城惠商商场
新文化书局	洪云山	1941年	图书文具	县城南大街
新亚书店	伍菊坡	1942年	新图书	县城北大街
大中书局	吴蕴初	1942年	图书文具	县城北大街
青年书店	包家良	1942年	出租小说	县城县直街
大民书店	凌敏生	1942年	图书文具	县城县巷
文华古旧书店	黄祯祥	1943年	古旧书	县城县巷
三民书店	叶顺金	1944年	图书文具	县城县直街
大众书店	余林洪	1944年	图书文具	县城县直街
生活书店	叶友生	1944年	新旧书	县城县巷
新民书店	戴惠芳	1945年	出售小说	县城双桂坊
进德书店	宣进德	1945年	图书文具	戚墅堰镇
元元书店	胡光华	1947年	图书文具	县城青果巷
人民书店	章　毅	1948年	新图书	县城东大街
儿童文具社	包焕璋	1949年	图书文具	横山镇
义成文具社	姚义成	1949年	图书文具	焦溪镇
新兴文具社	周碧琴	1949年	连环画图书	新安镇

说明：表内年份均用公元纪年，不再注民国纪年。

三、武进新华书店

（一）机构沿革

位于常州市武青路的武进新华书店

1956年4月，武进县新华书店（因武进行政区划变更较快较多，以下统一简称武进新华书店）在常州市局前街鹤园弄7号成立，财权属江苏省新华书店，人事权属中共武进县委宣传部。常州市新华书店调给该店7位业务人员张岳、蔡念苏、陈桂华、吴锡元、韩中天、戈礼敬和盛秋萍。县委宣传部派叶光华任武进新华书店经理。全店有15人，分农村、业务两个组，秦根海、陆产祥、施顺全、彭其源、孔亚任农村发行员，郑幼萍任会计，蒋道春管储运；进货、批发、课本、储运归业务组管理，农村组负责对未设立供销社的乡镇搞图书流动供应。

1957年6月，武进新华书店根据上级书店的通知停业，其人员、设备、图书等全部并入常州市新华书店。1970年9月，县革委会根据江苏省革委会1969年12月17日发布的《关于加强农村发行工作》的文件精神，研究决定并报镇江地区革委会批准，成立江苏省新华书店武进支店（简称武进支店），负责全县书刊发行工作，常州市新华书店分给武进支店原东方红路（今小营前）22号公房4间、南门仓库12间、流动资金3万元，调10位工作人员顾国璋、孔亚、陈佳骅、朱继忠、李方、赵克泰、王坤兴、蒋道春、顾萍、孙伯荣到该店工作，财权属武进县地方财政，全店共12人。

1976年，武进新华书店因图书发行业务逐渐扩大，小营前的营业房不够用，省新华书店下拨基建款18万元，在新丰街武青路口建造营业大楼7间5层，于1978年冬竣工，总面积1700平方米，一二三层分别为门市部、仓库和办公区，四层为会议室和职工活动区，五层为职工宿舍。

1984年，武进新华书店逐步积累资金，先后在湖塘、奔牛、横林、新桥、卜弋兴建营业大厅，在常州北环路新建书库1000平方米，建造职工宿舍楼1栋，购买汽车2辆、小客车1辆。1985—1997年，武进新华书店的人事、组织隶属武进县文化局领导，财务、资产、业务由江苏省新华书店领导与管理。1998年起，武进新华书店党组织隶属武进市直属机关党委代管，人事、财务、业务归省新华书店管理。2001年，江苏新华发行集团批准，常州市新华书店、武进新华书店组建江苏常武新华书店有限责任公司。2007年，常武新华书店有限责任公司、武进新华书店、金坛新华书店、溧阳新华书店按江苏省新华发行集团公司的要求，实行资产重组，成立常州新华书店有限责任公司，李志明担任总经理、执行董事，下设武进分公司、金坛分公司和溧阳分公司。

（二）人员更迭

1970年9月，县革委会成立江苏省新华书店武进支店，政工组派孙旭光担任行政领导，范桂珍任会计。1976年，武进新华书店武青路新店建成、初具规模时，杨祥林任书店党支部书记兼经理。1979年，武进新华书店首届工会成立，选举姚瑞方为主席，李志明、赵克泰、王坤兴、赵玉英分别担任财务、宣传、生产、女工委员。12月，书店共青团支部成立，陶淑华任支部书记。1984年，工会、团支部改选，李志明当选为工会主席，马迎虎任团支部书记。1985—1993年，杨祥林任武进新华书店经理。至2011年，李志明、姚瑞方、何志峰、丁卫、刘志军先后担任副经理。1993年起，李志明任武进新华书店经理。2001年、2007年，江苏常武新华书店有限责任公司、常州新华书店有限责任公司先后组建成立时，均由李志明担任总经理。2008—2012年，何志峰担任常州新华书店有限责任公司总经理、执行董事兼武进分公司经理，刘志军任武进分公司副经理，章叶任武进分公司经理助理。2012年，刘志军任武进分公司经理，章叶任武进分公司副经理。

1956—2013年武进新华书店负责人更迭情况表

表6-2

姓　名	经理任职时间	姓　名	副经理任职时间
叶光华	1956.04—1957.04	姚瑞方	1985—1992
孙旭光	1971.01—1973.08	李志明	1985—1993.04
杨祥林	1975.08—1993.04	何志峰	1988—2007
李志明	1993　—2007	丁　卫	1995—2001
何志峰	2008　—2011	刘志军	2001—2011
刘志军	2012　—	章　叶	2012—

（三）发行工作

中华人民共和国成立后，新华书店成为图书发行的主渠道。1950—1955年，武进县的图书发行工作均由常州市新华书店负责。1956年，武进县新华书店成立时，未设立下伸门市部，农村书刊发行工作依靠各区供销社承担，未设立供销社的地方均由新华书店农村组的发行员用肩担、身背的方法，将图书送到农村及其学校，或在边远地区搞流动批销。同年，武进新华书店图书发行总额33.5万元，负责图书批销的网点有前黄、奔牛、夏溪、新桥、横林、郑陆、湖塘、卜弋和鸣凰9个供销社。

武进新华书店

1970年，江苏省新华书店武进支店成立后，主要以发行毛泽东著作、样板戏剧本、年画、“农业学大寨”和“批林批孔”读本为主。至1977年底，累计发行《毛泽东选集》（1–4卷）5万余套，《毛主席语录》《为人民服务》《愚公移山》和《纪念白求恩》等单行本计100余万册，发行《红灯记》《沙家浜》《智取威虎山》等样板戏剧本5万余册、样板戏年画50万张、“农业学大寨”图书9万余册、“批林批孔”读本19万套。1977年，全县有57个供销社从事图书批销业务。

新华书店举办优秀读者表彰座谈会

1978年起，县新华书店先后在湖塘、漕桥、奔牛、新桥、湟里、卜弋、郑陆、横林8个区公所所在地设立下伸门市部，以节约人力，缩短发行流转时间，每个门市部配备工作人员3—5名。武进新华书店取消全县57个供销社在农村的图书批发机构，改由8个区门市部负责。1979年春，武进新华书店新丰街门市部开业，采取“分柜核算、责任到人”的办法管理，调动了营业员的积极性，开张3个月营业额达5.4万元。

武进新华书店郑陆店

1980年农村实行联产承包责任制以后，农民的生活水平不断提高，新建住房日益增多，春节期间农村年画、挂历、门对的销售量成倍增长，同年底发行113万张。读者对科普知识、古典文学、历史、小说的需求也不断增长，发行《家庭副业生产手册》《河蚌育珠》《养兔知识》《水貂饲养》等读物10万余册，发行《三国演义》《红楼梦》《水浒》《西游记》等古典小说3万余套。武进新华书店改革课本发行办法，采取在开学前提前将部分教科书发放到学校，供教师备课应用，坚持做到课前到书、人手一册，受到学校和教师的欢迎。1981年，武进新华书店出台“门市部营业员守则”，各门市部公布服务纪律，设读者意见簿，增加为读者代找、代邮图书等服务。当年，武进新华书店门市部可供图书4023种，其中科技类图书2407种、其他读物1616种，完成年销售收入30.9万元。是年，县新华书店按照省新华书店的指示精神，坚持“两条腿走路”的图书发行工作方针，依靠基层供销社，畅通农村发行渠道。1981年，全县设有售书网点81个，其中新华书店门市部8个、供销社售书点62个、合作商店售书点11个。1981年，新桥门市部被评为江苏省新华书店系统先进门市部。1983年底，全县设有售书点161个，

武进新华书店卜弋店

凤凰武进书城

其中书店门市部9个、供销社66个、农村“双代店”80个、个体户4个和文化站2个。

1983年，武进新华书店开始销售有声读物（录音磁带），门市部有图书17大类5000余种。各区门市部图书均达1500种。其中，雪堰供销社书柜陈列图书达1080种，年销售额4万余元，被省、地、县评为图书发行先进集体，发行员李成才被评为全省图书发行先进工作者，武进县新华书店首次被评为江苏省新华书店系统先进单位。1984年，武进新华书店在卜弋门市部进行图书发行改革试点，对发行质量实行“四定一保”，即定销售、定库存、定损耗、定品种、保质量，试行承包经营，将工资、福利、奖金等与效益挂钩的分配制度，调动了职工的积极性。经过1年试点取得显著成效后，在全县逐步推广。武进新华书店同年发行书刊673万余册，销售年画、挂历54万张，完成营业额356.8万元，被常州市评为先进集体、文明单位，县政府为新华书店颁发“嘉奖令”。1985年，武进新华书店先后在农村集镇、学校等举办规模较大的书市、书展13次，完成图书年销售额达420.5万元，实现利润30.7万元，居全省县级书店首位。

1986年起，武进新华书店连续多年举办读书知识讲座、名人名家签名售书等活动。先后有陆星儿、叶辛、姜文、王姬、水均益、梅兰珍、林清玄、王铁成、赵忠祥、宋世雄、周冰倩、周洁茹等20多位作家、名人参加活动。1987年，武进新华书店以“面向农村、服务社会”为宗旨，精心挑选适应农民读者需求的书籍，在各乡镇网点设立农村读物专柜，在机关、学校、事业单位设立图书流动供应点，配合“科普宣传周”和“送文化下乡”等活动，到乡镇举办书市和书展。1988—1991年，武进新华书店先后支持乡镇、村、企业创建万册图书馆58个。

1993—2002年，武进新华书店在湖塘、郑陆、湟里、奔牛、前黄、横林等集镇连续举办了武进书市10届。1994—1998年，先后在常州市区增设县北书店、翠竹休闲书店、北直街书店和天安书城(即常武购书中心)。其间，在江苏省前黄高级中学和奔牛高级中学、武进高级中学、湖塘桥实验中学等12所学校开设校园书店。1997年，武进新华书店被中国书刊发行协会评为“成绩优异，服务优良”双优单位。2010年，常州新华书店有限责任公司武进分公司被国家新闻出版总署评为全国新闻出版行业文明单位。2011年，凤凰武进书城在湖塘镇花园街开业，营业面积2800平方米。武进新华书店同年被国家新闻出版总署、人力资源和社会保障部评为全国新闻出版系统先进集体。1993—2012 年，武进新华书店连续 20 年被评为江苏省文明单位。2013 年底，常州新华书店有限公司武进分公司管理书刊发行销售网点（包括有证个体书店）156 个，年书刊销售总额 11238.35 万元。

1970—2013 年武进新华书店图书销售情况表

表 6-3　　单位：万元

年份	销售额	年份	销售额	年份	销售额	年份	销售额
1970	20.98	1981	158.47	1992	1236.48	2003	6808.21
1971	22.11	1982	158.2	1993	2488.89	2004	7195.32
1972	22.22	1983	239.1	1994	2600.69	2005	7775.57
1973	40.83	1984	356.78	1995	3288.00	2006	7907.79
1974	51.89	1985	420.49	1996	5018.00	2007	8053.16
1975	63.72	1986	451.92	1997	6688.66	2008	5865.26
1976	66.07	1987	477.00	1998	8028.49	2009	9085.40
1977	80.29	1988	650.00	1999	8168.09	2010	9272.22
1978	83.19	1989	800.66	2000	8538.63	2011	9478.36
1979	108.07	1990	1001.6	2001	5863.98	2012	10581.67
1980	139.34	1991	1075.61	2002	6318.37	2013	11238.35

（四）业务培训

1970 年，武进县新华书店成立后，重视提高职工的文化素质和业务技能，每年组织多次业务培训和技能比赛。1981 年，有 20 人分 8 批参加江苏省和镇江地区举办的业务培训班，推选 8 名职工参加镇江地区举办的业务技能比赛。1982 年，赵克泰获江苏省图书发行业务比赛第二名。李志明、何志峰分获镇江地区业务技能比赛第二、第三名。1985 年 9 月，何志峰通过江苏省统一考试被安徽大学图书馆学专业录取。1988—2013 年，武进新华书店每年都按江苏省统一的行业标准，组织职工培训和考核，按考试成绩确定学徒转正、青年职工的工资定级等事宜，书店开展的系列业务培训活动既提高了工作人员的操作能力，又为书店的发行工作增加了活力和后劲。

第二节　图书阅览

一、武进县立图书馆

清光绪三十年（1904 年），武进商会借常州铁市巷岳宅为馆址，成立武进商会图书馆。清光绪三十四年十二月，搬迁到双桂坊季子祠（今人民公园内），馆藏图书 10 万余卷，大部分是线装古籍，也有少量的平装书和报刊杂志。武进商会图书馆除为上层知识分子提供服务外，也对商业职员、社会青年和妇女儿童开放。1932 年（民国 21 年）1 月，武进县教育局与县商会协商决定，由教育局接管商会图书馆，改名为武进县立图书馆。翌年12月，县教育局派县立民众教育馆馆长金番兼任图书馆负责人。1936年1月，该馆经两年时间的筹备正式对外开放，馆内设阅报、阅书、儿童阅览等室，部分图书对外租借。1937年，抗日战争爆发后，县立图书馆关闭。1945年秋，武进县政府接管图书馆，派潘家柱任馆长。因图书缺失较多，开放后只限在馆内阅览，不对外租借。1949年4月23日武进县解放，旋划武进县城厢及近郊设立常州市，与武进县分治，隶苏南行署区武进行政分区（11月28日，武进行政分区更名为常州专区）。武进行政分区文教处接收武进县立图书馆，任命孟锡祥为馆长。同年10月，该馆改属常州市文教局领导，改名为常州市图书馆。

二、武进县民众教育馆图书室

1931—1933年（民国20—22年），武进除县城设有县立民众教育馆外，卜弋、新桥、湖塘、奔牛、三河口、礼嘉、潘家、雪堰、夏溪、新闸、前黄、湟里、横山、马迹山等乡镇相继成立民众教育馆。民众教育馆均设图书阅览室，把图书阅览作为馆内的主要活动。1937年抗日战争爆发后，民众教育馆全部被迫关闭，图书阅览活动随之停止。抗日战争胜利后，武进除常州城内的县立民众教育馆恢复外，其余未恢复。1949年10月，武进县民众教育馆被常州市文教局接管，更名为常州市人民文化馆。

三、武进图书馆

（一）机构沿革

武进图书馆

武进图书馆阅览室

武进县图书馆1958年8月在奔牛镇公园成立，隶属县文教局，为全民所有制事业单位，配备工作人员两名。1960年7月，县教育局根据县政府的意见，撤销县图书馆，馆内图书、设备由奔牛搬迁至湖塘桥，与县文化馆图书室合并为文化馆图书室，馆长沈乐山调县文化馆工作。1968年6月，县文化馆干部到县“五七”干校参加劳动，县文化馆图书室停止开放。1972年7月，武进县革委会决定，拨款4000元在湖塘的县文化馆旧址重建武进县图书馆。1974年7月，县文教局针对部分馆舍年久失修、危及读者安全的情况，投资2.5万元，翻建4间两层楼房1幢，馆舍面积增至250平方米，于1975年春节投入使用。10月，县文化局投资5.5万元，在湖塘镇上街征用土地4亩，新建图书阅览大楼716平方米，于1978年夏落成，10月1日对外开放。

1980 年 9 月，县文物工作划归县图书馆负责。1981 年 10 月，县计委、县文化局决定，把湖塘横街图书馆的两层楼房作价 3 万元，转让给湖塘镇商店，在新馆阅览室西新建 258 平方米的两层楼房，底层作文物陈列室（1983 年搬到新博物馆），二层为书库，1982 年落成，馆舍面积 2360 平方米。1982 年 5 月，县文化局根据《江苏省图书馆工作条例》关于“县图书馆在搞好馆内阵地工作的同时，还要搞好基层图书馆、室辅导工作”的规定，召开了全县农村文化中心图书管理工作会议，通过《基层图书馆（室）评比条例》和《图书管理员岗位责任制细则》。1988 年，县图书馆开办制帽厂，同年增加计划外收入 6400 元，弥补了事业经费。1990 年，县图书馆创办半月刊《经济信息》，聘请庄严任执行编辑，每期发行 1000 份，直接为乡镇企业提供经济信息。

1995 年 6 月，武进撤县设市，武进县图书馆相应更名，内设采编部、借阅部、辅导部和办公室，部、室的主任由馆长聘任。1997 年，武进市图书馆获“江苏省文明图书馆”和“常州市先进集体”称号。1999 年，被国家文化部命名为“一级图书馆”。2002 年，武进撤市设区，武进图书馆随之更名。2007 年，区图书馆搬迁至武进延政路文化艺术中心内，馆舍面积 5000 平方米，下设办公室、采编部、外借室、阅览室和地方文献展览馆。2009 年，区图书馆与中共武进区委宣传部、区文化局联合举办的“阳湖大讲堂”开讲，首讲为包丽娜主讲的《塑造孩子良好的个性品质从家庭开始》。至 2013 年底，“阳湖大讲堂”累计开设讲座 43 期（其中地方文献系列 4 期）。

2010 年 9 月，区图书馆承办全国图书馆系统地方文献培训会议，接待全国 56 个单位的 88 名代表。10 月，全区镇级图书馆文化信息共享工程建成，实现由传统图书馆向现代图书馆的转变。2011 年，实行图书统一采购、统一编目、统一配送，异地借还的办法。雪堰、前黄、礼嘉、洛阳、遥观、横林、横山桥、郑陆、奔牛、湟里、邹区、嘉泽、牛塘、湖塘、南夏墅街道、嘉泽花木园的 16 个图书馆成为武进区图书馆分馆。2012 年 5 月，武进书画院 5 名党员组织关系从区文化广电新闻出版局党支部转入武进图书馆党支部，同时进行支部换届选举，王晓刚任书记，孙琦、卞琴分别担任组织委员、宣传委员。8 月，馆内成立采编技术部、读者服务部和办公室，2013 年，与锦绣小学合作共建的武进图书馆绵绣分馆成为区图书馆第十七个分馆。

2009—2013 年阳湖大讲堂活动情况表

表 6–4

时 间	地 点	主讲人	主 讲 内 容
2009.03.28	图书馆三楼报告厅	包丽娜	塑造孩子良好的个性品质从家庭开始
2009.04.24	图书馆三楼报告厅	许抗生	“老子哲学的现代价值”
2009.05.22	图书馆三楼报告厅	汪维钧	“藏独”揭秘
2009.06.26	图书馆三楼报告厅	潘建丽	防病、养生与保健
2009.07.20	图书馆二楼大厅	DVD 播放	百家讲坛：易中天品三国之一

续表 6–4

时 间	地 点	主讲人	主 讲 内 容
2009.08.20	图书馆三楼报告厅	刘 仰	阅读改变人生
2009.09.26	图书馆三楼报告厅	VCD 播放	伟大的历程
2009.10.24	图书馆三楼报告厅	DVD 播放	百家讲坛：于丹论语心得
2009.11.15	图书馆三楼报告厅	聂 国	不同家庭环境背景下成长的孩子
2010.03.08	图书馆三楼报告厅	解 晴	如何寻找适合自己的色彩与风格
2010.04.23	图书馆三楼报告厅	翁经方	建筑风水与财富聚集
2010.05.23	图书馆三楼报告厅	包丽娜	塑造孩子良好的个性品质从家庭开始（之二）
2010.06.25	图书馆三楼报告厅	解 晴	职场工作礼仪
2010.07.26	图书馆二楼大厅	DVD 播放	百家讲坛：易中天品三国之二
2010.08.26	图书馆三楼报告厅	DVD 播放	百家讲坛：易中天品三国之三
2011.03.18	图书馆三楼报告厅	王旭东	幸福武进——春季养生讲座
2011.04.26	花园社区	李素君	《建设“三个武进”率先实现基本现代化讲座》
2011.05.24	南街社区	恽兴中	传统理念的回归与谱牒文化的兴盛
2011.05.26	老年大学报告厅	薛 锋	齐梁文化
2011.06.20	图书馆三楼报告厅	王鹤鸣	血缘相承—从家谱看炎黄子孙的寻根情结
2011.07.01	图书馆三楼报告厅	张尚金	光辉的历程
2011.08.20	图书馆二楼大厅	DVD 播放	《水浒传》成书之谜
2012.03.15	老年大学报告厅	恽兴中	谱牒文化
2012.04.20	公路管理处	解 晴	职场工作礼仪
2012.06.26	图书馆三楼报告厅	解 晴	职场工作礼仪
2012.06.30	老年活动室	张正和	家庭阅读环境与青少年的成长和发展
2012.07.28	常州驻警十二中队	李素君	加强道德修养做勤政廉政模范
2012.08.03	常州驻警十二中队	李素君	社会主义核心价值体系
2012.08.17	图书馆三楼报告厅	刘诗莎	我家宝贝一级棒
2012.08.20	图书馆三楼报告厅	刘 仰	阅读改变人生
2013.03.03	图书馆三楼报告厅	单 旭	亲子密码体验课
2013.03.31	图书馆三楼报告厅	鲜于凉	如何成为合格的父母
2013.04.21	图书馆三楼报告厅	徐 放	关系是一面镜子
2013.04.24	御城小学	狄卫星	书法讲座

续表 6-4

时　间	地　点	主讲人	主　讲　内　容
2013.04.26	淹城中学	赵　军	经典名著阅读
2013.05.12	图书馆三楼报告厅	王尔东	打开你的心结
2013.07.07	图书馆三楼报告厅	吴　英	成为孩子的知己
2013.07.30	图书馆三楼报告厅	春　晓	亲子教育中的盲区
2013.08.24	图书馆三楼报告厅	吴　英	走进孩子的内心世界
2013.10.14	图书馆三楼报告厅	姚金祥	地方文献系列讲座
		吴之光	
		谢达茂	
		李　祥	

（二）人员更迭

1958—2013 年，武进图书馆先后由沈乐山等 9 人担任馆长、副馆长。1958 年 8 月沈乐山任馆长。1960 年 7 月，县文化馆图书室由谭琴芳负责。1972 年 7 月起，先后调徐炳念、杨小芸、于庆贤、陈辉到图书馆工作。1979 年 7 月，胡华、张蕾先后调图书馆工作，胡华先后负责图书外借、分类编目和兼任财务工作。1980 年 4 月，县文化局任命张蕾、徐炳念为副馆长；9 月，蒋季复分管文物工作。1983 年，县图书馆工作人员有张蕾、胡华、杨小芸、徐炳念、于庆贤、冯建平 6 人。1985 年，横林区文化站站长章兆义调入县图书馆工作。1990 年 10 月，蒋季复任馆长，冯建平任副馆长。1994 年，冯建平副馆长主持工作。1995 年，胡中、田国方、周洁、曹惠敏分别担任采编部、借阅部、辅导部和办公室的主任。翌年 10 月，冯建平任馆长。1997 年 1 月，杨春耕任副馆长，负责地方文献搜集工作。2007 年，赵利娟通过竞聘，担任区图书馆副馆长。2012 年 7 月，通过单位负责人竞聘，王晓刚任馆长，赵利娟任副馆长；8 月，通过竞聘，程凤妹、孙琦、邵文英分别任部门主任。2013 年底，全馆有工作人员 15 名。

1958—2013 年武进图书馆馆长、副馆长更迭情况表

表 6-5

姓　名	职　务	任职时间	姓　名	职　务	任职时间
沈乐山	馆　长	1958.08—1960.05	冯建平	馆　长	1996.05—2012.07
张　蕾	副馆长	1980.04—1990.10	杨春耕	副馆长	1997.01—2010.10
徐炳念	副馆长	1980.04—1983.07	赵利娟	副馆长	2007.07—
蒋季复	馆　长	1990.10—1994.12	王晓刚	馆　长	2012.07—
冯建平	副馆长	1990.10—1996.04			

2013 年武进图书馆人员情况表

表 6–6

姓　名	性别	出生年月	籍　贯	学　历	职　务	参加工作时间
王晓刚	男	1977.02	常州武进	本科	馆　长	2000.08
赵丽娟	女	1977.07	常州武进	本科	副馆长	1999.02
邵文英	女	1974.01	常州武进	本科	办公室主任	2003.05
孙　琦	女	1974.05	常州武进	本科	读者部主任	1996.04
程凤妹	女	1961.08	常州武进	本科	采编部主任	1980.01
周　洁	女	1960.11	常州武进	高中	馆　员	1976.06
何美芳	女	1964.05	常州武进	大专	馆　员	1980.12
赵行卓	女	1978.02	常州武进	本科	馆　员	1999.05
周利群	女	1971.12	常州武进	大专	馆　员	1992.09
秦　磊	男	1981.01	常州武进	本科	馆　员	2004.08
周　燕	女	1985.03	常州武进	本科	馆　员	2007.09
徐　怡	女	1989.02	常州武进	本科	馆　员	2012.02
赵明娟	女	1970.05	常州武进	大专		1998.03
蒋　琳	女	1988.08	常州武进	大专		2011.12
汤　征	男	1972.02	常州武进	高中		1996.03

（三）书刊阅览

1960 年，武进文化馆图书室设报刊阅览室、儿童阅览室和图书外借室。1978 年，武进图书馆新馆落成，内设综合阅览室、报刊阅览室和书库。综合阅览室陈列通俗读物，设阅读座位 30 个。报刊阅览室陈列报刊杂志，设阅读座位 40 个。书库分设流通书库、提存书库和报刊书库，流通书库存放可供外借的图书，提存书库存放破损、报废的图书，报刊书库存放建馆后收藏的报刊。1981 年，武进图书馆增设少儿阅览室，同时开辟少儿读物外借室。1988 年，图书馆制订采编部、阅览室、外借室、辅导组、后勤、财务和馆长工作目标责任制，开展对基层图书馆（室）书刊阅览的辅导，受到省文化厅的表彰。1991 年 7 月，图书馆在县政府机关内开设图书阅览室。1994 年，被江苏省文化厅命名为“文明图书馆”。1998 年 10 月 1 日，市政府投资 15 万元新建的机关图书室对外开放。2010 年，区图书馆自行设计，以武进人文历史和地方文献为主要内容的网站开通，读者可在网上阅读或者下载相关资料。

（四）图书购置

1958 年，武进图书馆藏书 1.6 万册，设有阅览、借书两个室。1960 年，武进文化馆图书室藏书 1.7 万册。1972 年，武进图书馆重建后，县财政拨款 4000 元，购买新书 3000 册。

1981年，少儿阅览室陈列适合儿童阅读的报纸5种，画报、杂志27种，连环画1500多册。1983年，购置新书6147册。

1984年，购置新书5050册，征订报刊262种，馆内累计藏书10.3万册。1987年，县财政拨款4.5万元，购置《四库全书》1套，累计馆藏图书11万册。1989年，整理古籍9800多册。1994年，馆内累计藏书达16.1万册。1995年，武进市政府拨款35万元，购置《续修四库全书》和相关设备。1998年，武进市财政投入30万元购置了图书自动化管理设备，图书采编启用计算机系统，外借图书进行数据录入，同时拨购书经费21万元。1999年7月，市财政拨款15万元，购置《四库未收书辑刊》301册，馆藏图书20.2万册。2001年，市政府拨款15万元，购买电脑20台、服务器1台和配备相应的软硬件设施，图书馆多媒体电子阅览室对外开放。2006年，购置新书6800册，征订报刊511种，年末藏书25.8万册。2010年，购置新书5000册，征订报刊500种，年末藏书28.6万册。2013年，购置新书1.557万册，征订报刊520种，年末藏书32万册。

（五）图书借阅

1958年，发放借书证1700张，图书流通4.2万册（次）。1972年，武进图书馆阅览室每天开放，外借室每周二、四、六开放，基本读者300余人。1981年，可供外借儿童读物达6000多册，少儿读者达600多人。1983年，报刊阅览室和少儿外借室先后实行开架借阅，全馆读者增至11.2万人次。1985年，图书外借室实行全开架借书。1986年，持证读者1647人。同年末机关图书室有诗证读者600多名。1999年，少儿阅览室、机关图书室相继完成图书收录工作，全馆业务实现自动化管理。到2005年，全馆借阅读者增至12万人次，流通书刊提高到15.2万册次。

2007年，图书馆调出部分设备、新书1000多册和报刊70多种，在湖塘镇老年活动中心开设图书阅览室（城区分馆），解决了读者到新馆借阅图书之不便。为满足外来民工居住区读者的需求，图书馆调出1000多册图书和100多种报刊，在武进高新技术产业开发区南湖家园设立图书阅览室。2008年，图书馆制订“走出馆门，上门办证，发展读者”的方针，上门办理借书证1483张，对馆内读者借书、阅览、查阅资料等无偿服务，改变过去节假日、星期天部分时间开放为全年每天开放。2009年，区财政按照国家文化信息资源共享工程的要求，投入资金60万元，购置、安装计算机服务器、卫星接收器等软硬件设施设备。2010年，借阅读者12万人（次），流通书刊15万册（次）。

2011年，全区乡镇（街办）图书馆实施图书统一采购、统一分类编目、统一调配使用的办法，利用“一卡通”技术，实现图书异地借还。下半年，区政府为区图书馆配备图书流动车1辆，定时送书下乡，在东安实验学校、成章小学、邹区新东方小学、卢家巷实验学校、崔桥小学、芙蓉初中、芙蓉小学、庙桥初中、庙桥小学、戴溪小学、坂上小学、政平小学、礼嘉小学、运村小学、杨区小学、武进运管处、夕阳红敬老院设16个为民服务点。2012年，馆内开架借阅图书全部贴上防盗磁条。流动图书车送书到全区15个乡镇（街道）服务点100多次，流通书刊5500余册。2013年，图书馆把乡镇少儿读者作为流动图书车的主要服务对象，与全区12所中、小学结对，送书下乡，办理新借书证1700张，流通图书1.3万册次。首次举办“图书跳蚤市场”，组织学生将自己的藏书摆摊销售，共享资源。开展中小学生走进图书馆日活动，年内有清英外国语学校、锦绣小学、鸣凰中心小学3所学校200多人参加活动。图书馆网站完成升级改版。同年，全馆读者访问量首次突破170万人次，年借阅读者19.8万人次，流通书刊20.6万册次。

1984—2013年图书馆书刊阅览及藏书情况表

表6-7

年份	购书经费（万元）	新购图书（册）	征订报刊（种）	累计藏书（万册）	读者（万人次）	流通（万册次）
1984	0.8	5050	262	10.3	11.2	13.4
1985	0.8	2900	275	10.0	5.5	6.5
1986	1.0	3050	328	10.9	5.7	8.8
1987	0.7	1614	335	11.0	5.8	6.2
1988	1.0	1917	301	11.2	5.9	6.8
1989	0.6	2064	280	11.4	5.8	6.5
1990	0.6	1479	292	11.6	4.6	5.2
1991	2.1	4702	320	12.1	4.1	4.3
1992	2.5	4114	360	13.8	4.3	5.9
1993	4.2	2860	365	15.4	3.7	3.8
1994	8.0	5200	368	16.1	5.2	6.2
1995	9.0	5118	368	16.9	6.0	6.2
1996	11.5	5180	374	17.7	6.5	6.9
1997	15.0	5186	380	18.3	6.3	11.5
1998	21.0	8630	506	19.2	8.5	13.1
1999	35.0	6500	508	20.2	8.6	15.5
2000	20.0	8300	511	21.1	8.2	12.5
2001	20.0	6250	508	21.8	8.2	10.2
2002	20.0	7700	502	22.9	7.6	11.5
2003	21.0	8000	519	23.7	10.0	15.3
2004	21.0	6800	530	24.4	12.5	16.3
2005	20.0	680	508	25.1	12.0	15.2
2006	20.0	6800	511	25.8	12.5	16.0
2007	21.0	9600	519	26.7	9.0	13.2
2008	20.0	7800	512	27.5	6.8	9.5

续表 6-7

年份	购书经费（万元）	新购图书（册）	征订报刊（种）	累计藏书（万册）	读 者（万人次）	流 通（万册次）
2009	20.0	6000	513	28.1	13.1	15.3
2010	20.0	5200	508	28.7	12.2	15.3
2011	40	14580	505	29.2	12.1	15.2
2012	40	14500	509	29.8	12.2	15.6
2013	40	15570	520	32.0	19.8	20.6

（六）文献征集

1995 年，中共武进市委宣传部、统战部和武进市文化局、文联、侨联、地方志办公室为挖掘地方文化和人才资源，展示武进的历史人文底蕴，联合发出征集武进地方文献的公函 600 多封，得到全国各地武进籍人士和海外侨胞的积极响应和大力支持，征集到自古以来武进的乡镇志、村志、部门志、行业志，写武进人、记武进事的著作和出版物 500 多册，在国内外有影响的学术论文 200 多篇。1995 年，武进图书馆继续征集地方文献，安排专人清理整修馆藏古籍。1996 年，收到上海李伯堂教授捐赠的古籍 300 册，武进坂上中学捐赠古籍 1369 册。1998 年，收到捐赠地方文献 600 多册，累计收到捐赠文献 1.76 万册。图书馆建立地方文献室。1998 年，馆藏古籍在清理、整修的基础上，完成了分类、登记、编目和排架工作。

1999—2004 年，武进市委宣传部、统战部、文化局、文联、侨联、地方志办公室再次向海内外武进籍人士发出地方文献征集函 500 多封。先后收到捐赠地方文献 3000 余册。2007 年年底，图书馆地方文献展览馆开馆，展出文献资料 4500 多册。至 2008 年，接待本地和外地参观人员 60 余批 2000 多人次。地方文献展览馆的开放，为帮助人们了解武进史，知晓武进事，认识武进人起到积极的作用。江苏省图书学会秘书长、图书馆专家王学熙参观后评价说："这样档次和规模的地方文献展览馆，全省第一家。"

从 2008 年起，武进图书馆对家谱征集工作进行广泛宣传，参与家谱发谱活动 50 多次。2011 年，图书馆和武进谱牒文化研究会共同举办苏南地区谱牒文化高层论坛，出席会议的有来自上海、苏州、无锡、江阴、丹阳、金坛等地的专家学者 170 多人。至 2013 年，图书馆地方文献展览馆收到捐赠的家谱 310 部，馆藏古籍总数为 15485 册。

四、乡、镇图书馆（室）

中华人民共和国成立初期，为配合农村扫盲工作、土地改革和宣传《中华人民共和国婚姻法》（1950 年 5 月 1 日颁行），县教育局和文化科等部门联合发动社会各界捐赠农村通俗读物 1.7 万余册，支持奔牛、湖塘、横林、湟里 4 个镇建立图书阅览室，其余乡镇设立图书阅览点 57 个。至 1958 年底，全县建有乡、镇图书室 37 个，藏书总册数 2.1 万余册。1966 年，"文化大革命"开始后，全县农村图书室停止开放。1974 年，全国农村文化工作推行“小靳庄”经验。武进农村逐步恢复图书阅览室，但书刊大多是以“样板戏”“批林批孔”“评法批儒”等内容为主。

1982年，县政府号召全县各乡镇在集镇创建文化活动中心，图书借阅为其主要功能，满足农民精神文化生活的需求。5月，全县文化中心图书管理工作会议召开，奔牛区文化站图书室、运村乡文化站图书室、牛塘镇文化站图书室在会上作交流发言。8月，运村乡文化站图书室被评为镇江地区农村先进图书室，出席了镇江地区农村文艺工作先进表彰大会。同年底，全县有乡（镇）图书室43个，藏书6万册。1983年1月，文化局举办为期4天的全县文化中心图书室管理员培训班。4月，全县基层图书室先进表彰大会召开，运村、礼河、西林、万绥等10个乡（镇）图书室和丁文军、范桂仙、吴月玉、张秉良等10位图书管理员受到表彰和奖励。1986年，常州市开展创建文明图书室活动，武进县奔牛、湖塘、牛塘、运村、洛阳、礼河文化站图书室被评为常州市文明图书室。1987年，中共武进县委宣传部、县文化局组织各乡镇创建万册图书馆。年内，东青乡、湖塘镇率先完成创建，成为武进首批乡（镇）万册图书馆。1990年，前黄区文化站发动社会各界捐款、捐书、捐物，成立万册图书馆。

1991年，湖塘镇创建成全省第一个农村“科技图书馆”，馆藏科技、工具图书1万余册，征订科技报刊30余种。1993年4月6日，文化部常务副部长高占祥在江苏省文化厅厅长王鸿陪同下视察科技馆，给予高度评价，为其题词“书画飘香”。1994年，区公所撤销后，奔牛区、前黄区文化站图书馆与所在乡镇图书室合并，产权、人事权归乡（镇）政府所有。1996年4月，中共武进市委宣传部把创建万册图书馆列为评选文明乡镇的必备条件，推动乡镇创建万册图书馆。1997年，全市56个乡镇全部建成万册图书馆，乡（镇）图书馆藏书总量达60余万册，成为江苏省第九个乡乡建有图书馆的县（市），入选常州市1997年度“十佳好事”。乡（镇）图书馆建成后，由乡（镇）文化站长兼任馆长，配备专职管理员1—2名。图书馆大都按“以书养书”(即收取借书租金)的办法来弥补图书馆经费不足。1999年，武进市文化局出台乡（镇）文明图书馆的评比条例，经检查验收，全市56个乡（镇）图书馆中有50个图书馆被评为文明图书馆。全市乡(镇)文明图书馆现场会在政平乡召开，组织图书管理员开展图书分类、编目等业务竞赛。

1999年以后，由于乡镇撤并，文化站管理体制发生变化等原因，被撤销乡镇的图书馆有的关门，有的房屋被移作他用，造成图书大量流失，暂存的图书馆有的因购书经费不足，有的因管理不善，农村图书事业的发展受到严重影响。2007年，武进行政区划再次调整，撤乡并镇后，雪堰、前黄、礼嘉、洛阳、横林、遥观、横山桥、郑陆、奔牛、邹区、嘉泽、湟里、湖塘、牛塘、南夏墅15个镇（街道）设有图书馆，其中除前黄镇馆址在寨桥外，其余馆址都设在镇政府、街道办事处所在集镇。2010年，全区15个镇（街道）图书馆均开放电子阅览室，建成文化信息共享工程。2012年，全区镇（街道）图书馆相继成为武进区图书馆分馆，实行图书统一采购、分类编目和调配与异地借还的办法，实现资源共享。2013年，全区有镇（街道）图书馆分馆16个，藏书28.5万册。

2013年武进区图书馆镇（街道）分馆情况表

表6-8

分馆名称	馆舍面积（平米）	购书经费（万元）	新购图书（册）	征订报刊（种）	配置电脑（台）	累计藏书（册）
湖塘镇	80	5.0	3500	25	6	16887
牛塘镇	300	5.0	3500	30	10	23802
洛阳镇	350	5.0	3500	35	6	16206
遥观镇	60	5.0	3500	30	6	16375
横林镇	268	5.0	3500	30	30	11756
横山桥镇	90	5.0	3500	26	10	34690
郑陆镇	100	5.0	3500	30	10	21056
雪堰镇	80	5.0	3500	28	10	18658
前黄镇	120	5.0	3500	25	10	15563
礼嘉镇	96	5.0	3500	25	10	16228
邹区镇	80	5.0	3500	30	6	16480
嘉泽镇	180	5.0	3500	25	6	10567
湟里镇	200	5.0	3500	30	4	21694
奔牛镇	180	5.0	3500	30	10	13259
南夏墅街道	300	5.0	3500	30	10	13967
西湖街道	110	5.0	3500	30	10	16702

五、村级图书馆（室）和农家书屋

（一）村级图书馆（室）

1965年前，农民到乡镇所在地图书室或农村俱乐部阅览书报。1966年，“文化大革命”开始后，农村俱乐部停止活动，图书室全部关闭。至1974年，俱乐部图书室逐步恢复。翌年，武进全县各乡镇先后成立民办文化站，在农村以大队为单位建立俱乐部，把图书阅览列为俱乐部主要活动项目。据统计，年内建立大队图书室360个，有图书7.8万余册。1982年，县政府要求全县农村集镇建立文化中心，各村建立文化活动室、图书阅览室。至1985年年底，全县有村级图书室396个。1990年，常州市开展先进文化乡镇评比活动，把村级俱乐部、图书室建设列入评比项目。1993年底，全县村级图书室发展到403个。1997年，厚余乡满墩村成立江苏省第一个村级万册图书馆。2007年，全区15个镇（街道）建有村级图书室315个，其中湟里镇28个行政村有24个村建有图书阅览室，藏书均达1000册。

（二）农家书屋

2008年，随着城乡一体化发展和新农村建设步伐的加快，国家新闻出版总署等8个部委颁发《农家书屋工程实施意见》,江苏省和常州市相继下发《农家书屋建设规划》和《农家书屋工程实施意见》的文件。武进区政府出台《2008—2010 年文化发展纲要》,把行政村（社区）建设农家书屋列为 2009 年 30 件为民办实事项目，要求全区 403 个行政村（社区）都建成 1 个有千册图书、30 种报刊的农家书屋，下拨专项资金 58 万元购置图书 5.7 万册，在全区组织开展“爱心系民生，书香进农村”的捐书送书活动。2009 年底，全区 403 个行政村（社区）均建成农家书屋,其中藏书达 2500 册的农家书屋有 16 个。2013 年，全区有 366 家农家书屋正常开放，藏书达 21.5 万册。

六、企业、机关、学校图书馆（室）

（一）企业图书室

1980 年，县总工会要求员工达 200 名的工厂成立职工俱乐部，把办好图书阅览室作为俱乐部的主要工作，活跃了职工群众的业余文化生活，提高了职工的科学文化水平。1982 年，全县有厂办图书室 45 个、藏书总册数 5 万余册，其中武进化肥厂、武进柴油机厂、武进制药厂、武进第一棉纺织厂的图书室藏书均达 3000 册，设有专职图书管理员。1990—1996 年，武进的工厂图书室由于图书室资金短缺及企业改制等原因，仅剩武进钢厂图书室等 6 个。1998 年，孟河镇第六无线电厂在中共武进市委宣传部和市文化局、总工会支持下，创办全省首家乡镇民营企业万册图书馆。2004 年，区总工会号召企事业单位开展职工读书活动，工厂图书室开始逐步恢复。

2005 年，区总工会先后在遥观镇前杨村、今创集团，横林镇红联集团、崔桥街道办，武进高新区东华集团、南湖家苑，奔牛镇新进鞋业有限公司，横山桥镇宏昌电子公司，牛塘镇特种轴承有限公司、湖塘镇武进区社区教育学院等农民工集聚的 12 个地区和企业建立千册读书站，总共赠送书籍 5 万册。2007 年 7 月，全国总工会宣教部的领导到武进职工读书点调研考察时给予高度评价，分别向今创集团、南湖家苑两个职工书屋赠送价值 3 万元的图书 1000 册，将其列为全国总工会职工书屋示范点。12 月，江苏省总工会农民工工作会议代表参观了南湖家苑职工书屋。同年底，全区建有藏书万册职工书屋 21 个、千册职工书屋 236 个。

2010 年，武进区总工会要求全区年产值达 2000 万元的规模企业创办职工图书室，申报国家和省、市级职工读书示范点。2013 年底，全区工业企业图书室建有 90 个，藏书总册数 8 万余册，其中今创集团公司等 4 家企业申报国家示范点，常州嘉宝印染制衣有限公司等 5 家企业申报省级示范点，江苏常发实业集团公司等 36 家企业申报市级示范点。

（二）机关图书室

中华人民共和国成立后，县委宣传部、党校和县文教局、人民医院等县级机关事业单位先后设有资料室，所藏书籍均以业务工作所需的工具书为主。1958 年以后，增购文学类书刊，成为单位图书室。1991 年，县政府在县级机关内开设图书阅览室。1998 年，投资 15 万元，新建机关图书室，配备管理员 3 名，常年开放，常年持证读者 600 多名。2000 年起，部分具备条件的机关、事业单位先后开办图书室。2013 年底，区法院、财政局、税务局、水利局、民政局、国土资源局、城乡建设局、中国银行武进支行、人民医院、党校等 26 家区级机关企事业单位设立图书室，藏书总册数达 5 万余册。

（三）学校图书馆

1982 年，全县有部分学校设立图书室，县教育局要求学校建立不同规模的图书阅览室，全县初中及以上的 70 所学校设有图书室，总藏书 20 万册。其中，武进师范学校、前黄中学、奔牛中学藏书均达 5 万册。至 2013 年底，全区建成学校图书馆（室）190 个，藏书达 470 万册。

第三节　读书活动

一、新华书店图书导读活动

武进新华书店成立后，坚持倡导“售书、导读、育人”的发行理念。1989 年起，每年配合学校德育教育活动，先后在全区中、小学举办了“寻伟人足迹，学雷锋精神”“爱我中华”“放飞梦想”等为主题的大型读书征文活动 20 余次，每次吸引 10 多万青少年参与，累计收到读书心得、征文 1.8 万篇，获全国读书活动组委会颁发的奖项 100 余个。20 世纪 90 年代起，武进新华书店每年邀请多名全国著名作家走进校园，开展人文交流活动，激发广大青少年的读书兴趣，得到社会、学校、家长、学生的一致好评。1996 年，武进县新华书店百篇征文佳作集《民族精神代代传》由中国青年出版社结集出版。1991—2006 年，武进新华书店连续 17 年获得全国青少年读书活动组委会颁发的“导读育人”先进奖。

二、图书馆“红领巾”读书活动

1996 年，江苏省图书馆学会在全省公共图书馆系统组织红领巾读书征文活动。读书征文活动以爱国主义教育书目为依据，每年暑假发动小学三年级至初中二年级学生参与，由各省辖市文化局、教育局、图书馆组织实施。省、市和县（市）区文化教育部门分别设立中学组、小学组征文等级奖、集体组织奖和老师辅导奖，每年活动结束时各级分别颁奖。武进的“红领巾读书”活动主要由武进图书馆拟定计划，各中小学组织学生参与，征文以阅读本馆藏书或参加本馆主题活动的心得体会为主要内容。

1998 年，武进图书馆、湖塘实验小学等 4 个单位联合开展《二十一世纪的中国》知识竞赛和《展望二十一世纪》读书征文活动，1000 余人参赛。1999 年，武进市图书馆在学校中开展“祖国颂、社会主义颂、改革开放颂”（简称“三颂”）读书征文活动，庆祝建国 50 周年，收到优秀征文 50 多篇，开展了“三颂”读书征文演讲比赛，被列入第七届武进艺术节系列活动，经各片预赛，推荐 15 名选手参加总决赛，决出一、二、三等奖 10 名。2000 年，湖塘实验小学的周怡鸽的征文获常州市小学组一等奖。2001 年，开展“党在我心中”读书征文演讲比赛，武进新湖小学的冯丽萍的征文获常州市小学组一等奖。2002 年，武进图书馆在 7 所学校中开展“公民道德建设实施纲要”活动，全区有 12 篇文章获常州市征文等级奖。2003 年，常州市文化局与市教育局、团市委、市妇联联办的“红领巾读书”征文竞赛以“向抗击‘非典’英雄致敬”为主题。2004年，“红领巾读书”活动的主题是“知识与我同行，读书伴我成长”，活动结束后图书馆组织省、市征文比赛中获奖的学生与指导老师到上海科技馆参观。2005年，全区“红领巾读书”征文比赛和知识竞赛以“纪念抗日战争60周年”为主题，收到答卷1250多份，还利用图书馆电子文献，开设“预防青少年犯罪”专题讲座15场（次），有600多名学生参加。武进新湖小学学生薛子安的征文《读〈小兵张嘎〉有感》获江苏省“红领巾读书”活动征文比赛小学组一等奖，图书馆获全省竞赛优秀组织奖。

2006年，全区青少年学生读书征文活动以学习十六大精神、“三个代表”重要思想为主要内容，武进区郑陆中心小学学生潘琦的征文《永远的红飘带》获江苏省征文比赛小学组一等奖，武进花园小学学生钱晓翔、马杭中心小学学生陈韵涛获常州市“红领巾读书”征文比赛小学组一等奖。2007年，“红领巾读书”活动的主题是“同享知识、共建和谐”，区图书馆通过安排图书专架、报刊、电子文献、讲座等形式，组织学生收看、收听和阅读，有9所小学3000多名学生参与，收到征文302篇，选送省、市参赛文章50篇，有30多篇征文分获全省、全市比赛的奖项。2008年，“红领巾读书”活动的主题是“迎奥运、讲文明、树新风”。全区有36所中小学校1.13万名学生参加，收到学校推荐征文502篇，选送85篇优秀征文参加省、市征文比赛，其中获全省比赛二等奖1个、三等奖2个和全市比赛一等奖1个、二等奖3个、三等奖5个。花园小学、湖塘实验初级中学获全省比赛优秀组织奖。

2009年，“红领巾读书”活动的主题是“在阳光下成长”，全区有54所中小学校1.42万名学生参加活动，收到征文900多篇，评选出150余篇文章参加省、市征文比赛，5篇文章参加省、市征文演讲比赛。本次征文获省二等奖4个、三等奖3个，武进图书馆获江苏省组织奖、常州市优秀组织奖。2010年，“红领巾读书”活动的主题是“走进世博、走向世界”，有68所学校3万多名学生参加活动，各中小学校选送征文506篇。2011年是中国共产党成立90周年、中国“十二五”规划开局之年，“红领巾读书”征文活动以“听党话跟党走”为主题，增强青少年学生继往开来的历史使命感，继承和发扬中共光荣传统和优良作风，从中小学校推荐的500多篇优秀征文中评选出一等奖30篇、二等奖29篇、三等奖28篇和优秀奖10篇，选送34篇参加省、市优秀征文比赛，获省一等奖、二等奖各1篇和三等奖5篇，获常州市“红领巾读书”小学组一等奖、二等奖各2个和三等奖4个，中学组一等奖1个、二等奖2个和三等奖3个。2012年，全区组织放映“弘扬雷锋精神，建设心灵家园”专场电影，开展“红领巾读书”励志活动，有60多所中小学校参加，选送文章219篇，评选出一、二、三等奖和优秀奖65篇，其中获省一等奖、二等奖各1篇和三等奖5篇。武进图书馆分别获省、市优秀组织奖。2013年，全区“红领巾读书”活动以“中国梦”为主题，收到征文300多篇，选送30篇优秀征文至省、市参赛，其中有6人的征文获省级荣誉奖，23人的征文分获常州市一、二、三等奖。至2013年底，武进县图书馆累计收到“红领巾读书”活动征文5000余篇，其中有150余篇征文分别在省、市征文比赛中获奖；武进图书馆 15 次获江苏省、常州市“红领巾读书”活动优秀组织奖或组织奖，1999—2009 年除 2004 年、2007 年外连续获得市优秀组织奖；湖塘实验初中等 12 所中、小学先后获常州市团体组织奖。

第四节　民间藏书

一、名人书屋

武进历史上儒风蔚然，早在南朝梁代就有民间收藏书籍的记载。历朝历代民间所建藏书楼、藏书室数以百计。

（一）陈氏书楼

位于武进奔牛镇西，由梁武帝萧衍于南朝梁天监年间（502—549 年）建造。萧衍少时生活在武进万绥镇，与武进奔牛镇乡绅之子陈文表为学友。天监元年（502 年），萧衍在南京称帝，立即召陈文表入京为官，陈文表遵从父亲的临终遗嘱“奉母育儿，召不入仕”，婉言谢绝进京做官。梁武帝为此选宫中“皇家典籍数车相赠”，在奔牛镇西（今奔牛高级中学校园东北侧内）建小楼一座供藏书之用，房权归陈氏所有，地方志书称之为“陈氏书楼”，所藏之书后皆散佚。今该校校园内有碑记此盛事，。

（二）御书楼

位于武进县漕桥镇楼村，由宋皇室燕王赵子嶙的曾孙赵必遵建于南宋中期。北宋末年宋室受金国侵略大举南渡，燕王赵子嶙逃到浙江定居。南宋中期，他的曾孙赵必遵在赴常州探望兄弟途中，得知皇室南渡时有许多皇家典籍散落民间，即在晋陵县太平乡（今漕桥镇）落户定居，致力搜集整理散落民间的典籍，在楼村修建藏书楼，收藏典籍数万卷，后人称之为“御书楼”。后楼中藏书因家庭变故、战乱等原因散佚一空。

（三）易书堂

位于常州青果巷，为唐顺之（号荆川先生）藏书之所。据《唐氏家谱》载，易书堂的藏书雄视东南，五楹之楼“插架充十万卷”，其子唐献可、孙唐宇昭等后人精心保护，一直珍藏了 400 余年，抗日战争期间毁于日军侵占常州的战火。

（四）平津馆

位于武进县城常州双桂坊孙氏祠堂内。清乾隆年间（1236—795），榜眼孙星衍致力于书籍收藏，几十年间搜集到经学、诸子、天文、地理、史学、医律、金石、诗赋、书画等 12 大类书籍约 12 万卷，兴建孙氏藏书房，编成《孙氏祠堂书目》1 册存世。

（五）寄　园

位于常州城东门外白家桥附近。藏书楼是钱向杲、钱振锽父子的藏书处，钱向杲在世时藏书已达一万卷。钱振锽继承父业，不断增加藏书，藏书楼放不下，部分图书被移放于寄园家中大厅，四壁尽是书橱，藏书 3 万余册（卷）。抗日战争时期，寄园被毁于日寇引起的战火，书籍大部分流失，少数存于好友处。

（六）愚　斋

位于常州大马园巷，为盛宣怀的藏书处，藏有历代状元年迹、名人著作和《常州先哲遗书》10 万余卷。抗日战争时期，藏书被搬运到上海愚园路盛宣怀故居。中华人民共和国成立后，全部捐献给华东师范大学图书馆。

二、家庭藏书

中华人民共和国成立后，武进民间图书收藏随着“五好家庭”、“文明家庭”、“书香家庭”等创建活动的开展，普及千家万户，多则数万册，少则几百册。至 2013 年底，武进民间有 20 余户家庭藏书达 1 万册，50 多户家庭藏书达 5000 册。

（一）白清渊

牛塘镇漕溪村人，自幼酷爱读书，从 20 世纪 60 年代起致力于收藏书籍。至 2013 年底他家中藏有古今中外小说、诗词、散文、戏曲、评论、文摘等书刊近 3 万册。1999 年，中央电视台《走遍中国》栏目曾作了专题报道。

（二）孙　杰

湖塘镇花园社区人，长期从事基层文化工作。自 20 世纪 80 年代起业余时间潜心收藏书刊，至 2013 年年底，收藏各类历史、方志、文献、书画、摄影等书刊 2 万余册。

（三）狄思安

郑陆镇西街村人，出生于中医世家，1997 年开始收藏古典书籍。他常年奔波于无锡、江阴、南京、南通等城市的古旧书刊市场，到 2013 年底，搜集到医典、家谱、诗词、经书、方志等古书籍 1 万余册，在家中建立藏书室。

第五节　典藏书目

本节收录《四库全书》和《续四库全书》收录的武进人士作品录。

一、晋代至唐代

萧子显　《南齐书》59 卷，史部正史类，《四库全书》史部 259 册。

萧　统　《昭明太子集》6 卷，集部别集类，《四库全书》集部 1063 册；文选六臣注 60 卷本，集部总集类，《四库全书》集部 1330—1331 册；

萧　绎　《古今同姓名》2 卷，萧绎撰，唐陆善经续，元叶森增补，史部传记类，《四库全书》集部 887 册。

萧　吉　《五行大义》5 卷，子部术数类，《续修四库全书》1060 册。

二、宋代至元代

胡　宿　《文恭集》40 卷，集部别集类，《四库全书》集部 1088 册。

张　守　《毗陵集》15 卷，集部别集类，《四库全书》集部 1127 册。

蔡　戡　《定斋集》20 卷，集部别集类，《四库全书》集部 1157 册。

邹　浩　《道乡集》40 卷，集部别集类，《四库全书》集部 1121 册。

孙 觌 《鸿庆居士集》42卷，集部别集类，《四库全书》集部1135册；《内简尺牍编注》10卷，孙觌撰，李祖尧编注，《四库全书》集部1135册。

史能之 《重修毗陵志》（咸淳）30卷（存卷1—19，卷21—30），史部地理类，《续修四库全书》699册。

钱杲之 《离骚集传》1卷，集部楚辞类，《续修四库全书》1301册。

谢应芳 《辨惑编》4卷附录1卷，子部儒学类，《四库全书》子部709册；《龟巢集》17卷，集部别集类，《四库全书》集部1218册；《思贤录》4卷续录2卷，史部传记类，《四库全书存目丛书》史部82册。

三、明 代

徐 贲 《北郭集》6卷，集部别集类，《四库全书》集部1230册。

王 㒲 《王文肃公集》12卷，集部别集类，《四库全书存目丛书》集部36册；《思轩文集》23卷附录1卷，集部别集类，《续修四库全书》集部1329册。

朱 昱 （成化）《重修毗陵志》40卷，卓天锡修，孙仁增修，朱昱纂，史部地理类，《四库全书存目丛书》史部179—180册；（成化）《重修三原志》16卷，史部地理类，《四库全书存目丛书》史部180册。

张 恺 （正德）《常州府志续集》8卷，《四库全书存目丛书》史部181册。

陆 简 《龙皋文集》，集部别集类，《四库全书存目丛书》集部39册。

叶 夔 《毗陵忠义祠录》4卷附录1卷，史部传记类，《四库全书存目丛书》史部90册，《艺文志》为佚；《毗陵人品记》10卷，叶夔撰，毛宪、叶金续，吴亮增修，史部传记类，《四库全书存目丛书》史部110册、《续修四库全书》541册。

黄 俊 《周易通略》，经部易类，《续修四库全书》第5册。

徐 紘 《明名臣琬琰录》24卷续录22卷，史部传记类，《四库全书》史部453册。

毛 宪 《毗陵人品记》10卷，叶夔撰，毛宪、叶金续，吴亮增修，史部传记类，《四库全书存目丛书》史部110册；毗陵正学编1卷，《四库全书存目丛书》史部90册、《续修四库全书》541册；《毛古庵文集》10卷，集部别集类，《四库全书存目丛书》集部67册。

徐 问 《读书札记》8卷，子部儒家类，《四库全书》子部714册；《山堂萃稿》16卷续稿4卷，集部别集类，《四库全书存目丛书》集部54册。

吴 仲 《通惠河志》2卷附录1卷，史部地理类，《四库全书存目丛书》史部221册，《续修四库全书》850册。

潘 恩 《潘笠江先生集》12卷近稿12卷附录1卷，集部别集类，《四库全书存目丛书》集部81册。

白 悦 《白洛原遗稿》8卷，集部别集类，《四库全书存目丛书》集部96册。

薛应旂 《四书人物考》40卷，经部四书类，《四库全书存目丛书》经部157册；《宋元通鉴》157卷，史部编年类，《四库全书存目丛书》史部9—11册；《宪章录》46卷，史部编年类，《四库全书存目丛书》史部11册；《宪章录》47卷本，史部编年类，《续修四库全书》352 册；《甲子会纪》5 卷，史部史表类，《四库全书存目丛书》史部 11 册；《重编考亭渊源录》，史部传记类，《四库全书存目丛书》史部 88 册，《续修四库全书》517 册；《薛方山纪述》1 卷，子部儒家类，《四库全书存目丛书》子部 210 册；《薛子庸语》12 卷，子部儒家类，《四库全书存目丛书》子部 16 册，《续修四库全书》940 册；《方山先生文录》22 卷，集部别集类，《四库全书存目丛书》集部 102 册；《方山薛先生全集》68 卷，集部别集类，《续修四库全书》1343 册。

唐顺之 《武编前集》6 卷后集 4 卷，子部兵家类，《四库全书》子部 727 册；《荆川稗编》120 卷，子部类书类，《四库全书》子部 953—955 册；《荆川先生文集》12 卷，集部别集类，《四库全书》1276 册；文编 64 卷，集部总集类，《四库全书》1377—1378 册；《历代史纂左编》，史部史钞类，《四库全书存目丛书》史部 133—137 册；《两汉解疑》2 卷，史部史评类，《四库全书存目丛书》史部 282 册；《两晋解疑》2 卷，史部史评类，《四库全书存目丛书》史部 282 册；《荆川先生右编》40 卷．诏令奏议类，《四库全书存目丛书》史部 70—71 册，《续修四库全书》459—460 册；《诸儒语要》20 卷，子部儒家类，《四库全书存目丛书》子部 10 册；《奉使集》2 卷，集部别集类，《四库全书存目丛书》集部 90 册。

陆奎章 《香奁四友传》2 卷，子部小说类，《四库全书存目丛书》子部 250 册。

徐常吉 《六经类雅》5 卷，子部类书类，《四库全书存目丛书》子部 198 册；《新纂事词类奇》30 卷，子部类书类，《四库全书存目丛书》子部 198 册。

唐鹤徵 《周易象义》4 卷，经部易类，《四库全书存目丛书》经部 10 册；《皇明辅世编》6 卷，史部传记类。唐鹤徵撰，陈睿谟评，《四库全书存目丛书》史部 98 册，《续修四库全书》524 册；《宪世前编》1 卷《宪世编》6 卷，子部儒家类，《四库全书存目丛书》子部 12 册，《续修四库全书》941 册；《赐余堂集》14 卷，集部别集类，《四库全书存目丛书》集部 156 册。

钱一本 《像象管见》9 卷，经部易类，《四库全书》33 册；《像抄》6 卷，经部易类，《四库全书存目丛书》经部 14 册；《四圣一心录》，经部易类，《四库全书存目丛书》经部 14 册；《黾记》4 卷，子部儒家类，《四库全书存目丛书》子部 14 册；《范衍》10 卷，子部术数类，《四库全书存目丛书》子部 58 册，《续修四库全书》1048 册；《遁世编》，子部杂家类，《四库全书存目丛书》子部 132 册。

王国宾 《新刊君子亭群书摘草》5 卷，子部杂家类，《四库全书存目丛书》子部 129 册。

董逢元 《唐词记》16 卷，集部词曲类，《四库全书存目丛书》集部 421 册。

吴瑞登 《两朝宪章录》20 卷，史部编年类，《四库全书存目丛书》史部 16 册，《续修四库全书》352 册；《皇明绳武编拟续大学衍学》34 卷，史部杂史类，《四库全书存目丛书》史部 53 册。

蒋一葵 《尧山堂外记》100 卷，子部杂家类，《四库全书存目丛书》子部 147—148 册，《续修四库全书》1194—1195 册；《唐诗选》7 卷《附录》1 卷，李攀龙选，蒋一葵笺释，集部总集类，《四库全书存目丛书》集部 309 册；《尧山堂偶隽》7 卷，集部诗文评类，

《四库全书存目丛书》补编 45 册;《木石居精校八朝偶隽》,集部诗文评类,《续修四库全书》1714 册。

庄起元　《漆园卮言》17 卷，集部别集类，《四库全书存目丛书》集部 184 册。

吴　亮　《毗陵人品记》10 卷，叶夔撰，毛宪、叶金续，吴亮增修，史部传记类，《四库全书存目丛书》史部 110 册,《续修四库全书》541 册;《名世编》8 卷，史部传记类，《四库全书存目丛书》史部 110 册，《艺文志》为佚;《万历疏抄》50 卷，集部总集类，《续修四库全书》468—469 册，《四库禁毁书丛刊》58—60 册。

孙慎行　《玄晏斋困思钞》3 卷，经部四书类，《四库全书存目丛书》经部 162 册;《事编类篇》8 卷，史部传记类，《四库全书存目丛书》史部 108 册;《玄晏斋集五种》，集部别集类，《四库禁毁书丛刊》123 册。。

钱　春　《湖湘五略》10 卷，史部政书类,《四库全书存目丛书》史部 65 册,《艺文志》为佚;《五行类应》9 卷，子部术数类，《四库全书存目丛书》子部 69 册。

张弘道　《明三元考》14 卷，史部传记类，《四库全书存目丛书》史部 271 册。

刘敬纯　《诗意》1 卷，经部诗类，《四库全书存目丛书》经部 72 册。

陈祖绶　《诗经副墨》8 卷．经部诗类，《四库全书存目丛书》经部 71 册。

胡慎柔　《慎柔五书》5 卷，子部医家类，《续修四库全书》1005 册：

吴钟峦　《十愿斋文集易笺》2 卷易说 1 卷,经部易类,《四库全书存目丛书》经部 24 册。

董承诏　《重订批点类辑练兵诸书》18 卷传略 1 卷,子部兵家类,《四库全书存目丛书》子部 33 册。

周诗雅　《南北史钞》不分卷，史部史钞类，《四库全书存目丛书》史部 147 册,。

陈睿谟　《皇明辅世编》6 卷,史部传记类,唐鹤徵撰,陈睿谟评,《四库全书存目丛书》史部 98 册。

邹忠胤　《诗传阐》23 卷《阐余》2 卷，经部诗类，《四库全书存目丛书》经部 65 册。

四、清　代

邹之麟　《鼎镌邹臣虎增补魏忠雪先生诗经脉讲意》8 卷首 1 卷，经部诗类，《四库全书存目丛书》经部 66 册。

庄应会　《经武要略正集》19 卷，子部兵家类，《四库禁毁书丛刊》22 册。

吴阐思　《匡庐纪游》，史部地理类，《四库存目丛书》史部 255 册。

薛　寀　《诸葛忠武侯全书》20 卷，王士骐辑，薛寀评，史部传记类，《四库全书存目丛书》史部 84 册。

唐宇昭　《拟故宫词》1 卷，集部别集类，《四库全书存目丛书》集部 216 册。

金　敞　《金暗斋先生集》12 卷，集部别集类，《四库全书存目丛书》补编 8 册。

吴见思　《杜诗论文》56 卷，集部别集类，《四库全书存目丛书》集部 8 册。

庄鼎铉　《古音骈字续编》，庄履丰、庄鼎铉合撰，经部小学类，《四库全书存目丛书》经部 228 册。

龚士炯 《历代纪事年表》100卷，龚士炯撰，周清源、王之枢修，史部别史类，《四库全书》387—391册。

杨文言 《历象本要》1卷，子部历算类，《续修四库全书》1040册。

恽　格 《画筌》1卷，笪重光撰，王翚、恽格评，子部艺术类，《续修四库全书》1066册。

邵长蘅 《施注苏诗》42卷《总目》2卷、《续补遗补注》2卷、《王注正讹》1卷、《东坡先生年谱》1卷、集部别集类；苏轼撰，施元之注，邵长蘅删补，《四库全书》1110册；《邵子湘全集》30卷《附录》2卷，《四库全书存目丛书》集部247—248册；《二家诗钞》20卷，集部总集类，《四库全书存目丛书》补编36册。

陈玉璂 《学文堂集》不分卷，集部别集类，《四库全书存目丛书》补编47—48册；《农具记》1卷，子部农家类，《续修四库全书》976册。

邹祗谟 《倚声初集》20卷前编4卷，邹祗谟、王士祯选，集部词曲类，《续修四库全书》1729册。

周清源 《历代纪事年表》100卷，龚士炯撰，周清源、王之枢修，史部别史类，《四库全书》387—391册。

杨大鹤 《香山诗钞》20卷，集部别集类，《四库全书存目丛书》集部9册。

赵申乔 《赵恭毅公自治官书》20卷，史部政书类，《续修四库全书》880—881册，《艺文志》为佚；《赵恭毅公剩稿》8卷《附裘萼剩稿》3卷，赵申乔、赵熊诏撰，集部别集类，《四库全书存目丛书》集部244册。

陈　炼 《印说》1卷，子部艺术类，《续修四库全书》1092册；《印言》1卷，子部艺术类，《续修四库全书》1092册。

钱名世 《渊鉴类函》450卷《目录》1卷，张英、钱名世等撰，子部类书类，《四库全书》982—993册；《骈字类编》240卷《目录》1卷，吴士玉、钱名世等撰，子部类书类，《四库全书》994—1004册；《佩文韵府》440卷，张玉书、钱名世等撰，子部类书类，《四库全书》1011—1028册。

周嘉桢 《历代纪事年表》100卷，龚士炯撰，周清源、王之枢修，史部别史类，《四库全书》387—391册。

赵熊诏 《赵恭毅公剩稿》8卷《附裘萼剩稿》3卷，赵申乔、赵熊诏撰，集部别集类，《四库全书存目丛书》集部244册。

张兰皋 《周易析义》15卷前图1卷，经部易类，《四库全书存目丛书》经部44册。

赵灿英 《诗经集成》31卷图考1卷，经部诗类，《四库全书存目丛书》经部74册。

唐执玉 （雍正）《畿辅通志》120卷、图1卷，唐执玉、李卫修，田易纂，史部地理类，《四库全书》史部504—506册。

管　棆 《师宗州志》2卷，管棆纂修，夏治源增修，史部地理类，《四库全书存目丛书》史部214册；《据梧诗集》15卷附小游仙集1卷，集部别集类，《四库全书存目丛书》集部267册。

刘於义　（雍正）《陕西通志》100 卷首 1 卷，刘於义监修，沈青崖纂，史部地理类，《四库全书》551—556 册。

杨　椿　《孟邻堂文钞》16 卷，集部别集类，《续修四库全书》1423 册。

杨祖楫　《词谱》40 卷，集部词曲类，王亦清、杨祖楫等编，《四库全书》1495 册。

胡　掄　《礼乐通考》30 卷，经部礼类，《四库全书存目丛书》经部 111 册。

谢　旻　（雍正）《江西通志》162 卷首 3 卷，谢旻修，陶成纂，史部地理类，《四库全书》513—518 册。

赵彪诏　《说蛇》1 卷，子部谱录类，《续修四库全书》1120 册。

蒋　骥　《山带阁楚辞》6 卷，卷首 1 卷、余论 2 卷、说韵 1 卷，集部楚辞类，《四库全书》1062 册。

潘思榘　《周易浅释》4 卷，经部易类，《四库全书》51 册。

杨述曾　《历代通鉴辑览》116 卷，附明唐桂二王本末 4 卷，弘历批，傅恒、杨述曾编，史部编年类，《四库全书》335—339 册。

杨方达　《易学图说会通》8 卷《续闻》1 卷，经部易类，《四库全书存目丛书》经部 40 册；《尚书通典略》2 卷，经部尚书类，《四库全书存目丛书》经部 59 册；《尚书约旨》6 卷，经部尚书类、《四库全书存目丛书》经部 59 册；《春秋义补注》12 卷，经部春秋总义类，《四库全书存目丛书》经部 142 册；《易学图说会通》8 卷《续闻》1 卷，经部易类，《续修四库全书》21 册；《正蒙集说》，子部儒家类，《续修四库全书》951 册。

邹金生　《新定九宫大成南北词宫谱》82 卷，周祥钰、邹金生等辑，集部词曲类，《续修四库全书》第 1753—1756 册。

庄纶渭　《问义轩诗钞》2 卷，集部别集类，《四库存目丛书》集部第 281 册。

庄存与　《彖象论》1 卷，经部易类，《续修四库奎书》22 册；《彖传论》1 卷，经部易类，《续修四库全书》22 册；《系辞传论》2 卷，经部易类，《续修四库全书》22 册；《八卦观象解》，经部易类，《续修四库全书》23 册；《尚书既见》3 卷，经部尚书类，《续修四库全书》44 册；《周官记》5 卷，经部周礼类，《续修四库全书》80 册；《周官说》5 卷《周官说补》3 卷，经部周礼类，《续修四库全书》80 册；《春秋正辞》11 卷《举例》1 卷《要旨》1 卷，经部春秋总义类，《续修四库全书》141 册。

钱维城　《钱文敏公全集》31 卷，集部别集类，《续修四库全书》第 1442—1443 册。

赵　翼　《历代通鉴辑览》120 卷，史部史评类，《续修四库全书》453 册；《廿二史札记》36 卷《补遗》1 卷，史部史评类，《续修四库全书》453 册；《瓯北集》53 卷，集部别集类，《续修四库全书》1446—1447 册；《瓯北诗话》12 卷，集部诗文评类，《续修四库全书》1704 册。

钱维乔　（乾隆）《鄞县志》30 卷首 1 卷，史部地理类，《续修四库全书》706 册；《竹初文钞》6 卷，集部别集类，《续修四库全书》1460 册；《竹初诗钞》16 卷，集部别集类，《续修四库全书》1460 册。

胡文英　《吴下方言考》，经部小学类，《续修四库全书》195 册；《屈骚指掌》，集部楚辞类，《续修四库全书》1302册。

庄有可 《毛诗说》6卷《诗蕴》2卷，经部诗类，《续修四库全书》64册；《周官指掌》，经部周礼类，《续修四库全书》81册；《春秋小学》7卷附《春秋异文小学》1卷，经部春秋总义类，《续修四库全书》144册；《春秋慎行义》2卷，经部春秋总义类，《续修四库全书》144册；《春秋使师义》1卷，经部春秋总义类，《续修四库全书》144册；《春秋刑法义》1卷，经部春秋总义类，《续修四库全书》144册。

洪亮吉 《毛诗天文考》，经部诗类，《续修四库全书》65册；《春秋左传诂》20卷，经部春秋左传类，《续修四库全书》124册；《比雅》19卷，经部小学类，《续修四库全书》192册；《汉魏音》4卷，经部小学类，《续修四库全书》245册；《乾隆府厅州县图志》50卷，史部地理类，《续修四库全书》625—627册；(嘉庆)《宁国府志》36卷，首1卷、末1卷，史部地理类，《续修四库全书》710—711册；《晓读书斋初录》2卷、二录、三录、四录各2卷，子部杂学类，《续修四库全书》1155册；《更生斋集》28卷，集部别集类，《续修四库全书》1468册；《北江诗话》，集部诗文评类，《续修四库全书》1705册；《更生斋诗余》2卷，集部词曲类，《续修四库全书》1725册。

赵怀玉 《亦有生斋集》54卷：集部别集类，《续修四库全书》1469—1471册。

黄景仁 《两当轩集》22卷，附录4卷、考异2卷，集部别集类，《续修四库全书》1474册。

庄述祖 《尚书今古文考证》7卷，经部尚书类，《续修四库全书》46册；《五经小学述》2卷，经部群经总义类，《续修四库全书》173册；《说文古籀疏证》6卷，经部小学类，《续修四库全书》243册；《珍　宧文钞》7卷《诗钞》2卷，集部别集类，《续修四库全书》1475册。

孙星衍 《周易集解》10卷，经部易类，《续修四库全书》25册；《尚书今古文注疏》30卷，经部尚书类，《续修四库全书》46册；《明堂考》3卷，经部三礼总义类，《续修四库全书》110册；《苍颉篇》3卷，经部小学类，《续修四库全书》243册；《急就章考异》1卷，经部小学类，《续修四库全书》243册；(嘉庆)《松江府志》84卷首2卷图1卷，史部地理类，《续修四库全书》687—689册；(嘉庆)《庐州府志》54卷图1卷，史部地理类，《续修四库全书》709—710册；《汉仪》1卷，史部政书类，《续修四库全书》764册；《寰宇访碑录》，史部金石类，《续修四库全书》904册；《京畿金石考》，史部金石类，《续修四库全书》906册；《廉石居藏书记》2卷，史部目录类，《续修四库全书》923册；《孔于集语类》，子部诸子类，《续修四库全书》931册；《黄帝金匮玉衡经》1卷，子部术数类，《续修四库全书》1054册；《黄帝龙首经》1卷，子部术数类，《续修四库全书》1054册；《平津馆鉴藏书画记》1卷，子部艺术类，《续修四库全书》1054册；《琴操》2卷附《补遗》1卷，子部艺术类，《续修四库全书》1054册；《燕丹子》3卷，子部诸子类，《续修四库全书》126册；《孙渊如先生全集》21卷附《长离阁集》1卷，集部别桑类，《续修四库全书》1477册；《续古文苑》20卷，集部别集类，《续修四库全书》1609册。

恽　敬　《大云山房文稿》，集部别集类，《续修四库全书》1482 册；

张惠言　《周氏虞氏义》9 卷，经部易类，《续修四库全书》26 册；《周氏虞氏消息》2 卷，经部易类，《续修四库全书》26 册；《虞氏易礼》2 卷，经部易类，《续修四库全书》26 册；《虞氏易侯》1 卷，经部易类，《续修四库全书》26 册；《虞氏易事》2 卷，经部易类，《续修四库全书》26 册；《虞氏易言》2 卷，经部易类，《续修四库全书》26 册；《周易郑氏注》12 卷叙录 1 卷，经部易类，《续修四库全书》26 册；《周易郑氏义》2 卷，经部易类，《续修四库全书》26 册；《荀氏九家义》1 卷，经部易类，《续修四库全书》26 册；《易图条辨》1 卷，经部易类，《续修四库全书》26 册；《易纬略义》3 卷，经部易类，《续修四库全书》40 册；《读仪礼记》2 卷，经部仪礼类，《续修四库全书》90 册；仪礼图 6 卷，经部仪礼类，《续修四库全书》90—91 册；《说文谐声谱》50 卷附《录校录》27 卷，张惠言撰，张成孙校，经部小学类，《续修四库全书》247 册；《茗柯文初编》1 卷、二编》2 卷，三编、四编各 1 卷，集部别集类，《续修四库全书》1488 册；《茗柯文补编》2 卷《外编》2 卷，集部别集类，《续修四库全书》1488 册；《茗柯词》1 卷，集都词曲类，《续修四库全书》1725 册；《词选》2 卷《续词选》2 卷，张惠言辑，董毅续辑，集部词曲类，《续修四库全书》1732 册；《七十家赋钞》6 卷，集部总集类，《续修四库全书》1611 册。

刘嗣绾　《尚絅堂集》56 卷，集部别集类，《续修四库全书》1485 册。

张　琦　《宛邻集》，集部别集类，《续修四库全书》1486 册。

臧　庸　《周易郑注》12 卷，附叙录 1 卷，叙录臧庸撰，经部易类，《续修四库全书》26 册。

李兆洛　（嘉庆）《凤台县志》12 卷，史部地理类，《续修四库全书》710 册；《历代纪元编》3 卷《未》1 卷，史部政书类，《续修四库全书》826 册；《养一斋文集》20 卷，补遗 1 卷，集部别集类，《续修四库全书》1495 册；《养一斋诗集》8 卷，集部别集类，《续修四库全书》1495 册；《骈体文钞》31 卷，李兆洛辑，集部总集类，《续修四库全书》1610 册。

丁履恒　《形声类篇》2 卷《余论》1 卷《校勘》1 卷，丁履恒、庞大堃撰，经部小学类，《续修四库全书》247 册。

陆耀遹　《宝石续编》21 卷《首》1 卷，史部目录类，《续修四库全书》893 册。

庄翊昆　《常郡八邑艺之志》12 卷，卢文绍原编，庄翊昆校补，史部目录类，《续修四库全书》917 册。

陆继辂　《合肥学舍札记》12 卷，子部杂家类，《续修四库全书》1157 册；《崇百药文集》20 卷《续集》4 卷《三集》12 卷，《续修四库全书》1496—1497 册。

洪饴孙　《三周职官表》，史部职官类，《续修四库全书》747 册。

李述来　《读通鉴纲目条记》20 卷首 1 卷，史部编年类，《续修四库全书》342 册。

刘逢禄　《虞氏易言补》1 卷，经部易类，《续修四库全书》26 册；《尚书今古文集解》30 卷，经部尚书类，《续修四库全书》48 册；《书序述闻》1 卷，经部尚书类，《续修四库全书》48 册；《左氏春秋考》证 2 卷，经部春秋类，《续修四库全书》125 册；《春秋公羊经何氏释例》10卷《后录》6卷，经部春秋类，《续修四库全书》129册；《谷梁废疾申何》2卷，经部春秋类，《续修四库全书》132册；《刘礼部集》11卷《附录》1卷，集部别集类，《续修四库全书》1501册。

汤贻汾　《画筌析览》1卷，子部艺术类，《续修四库全书》1083册；《琴隐园诗集》36卷，集部别集类，《续修四库全书》1502册。

吴孝铭　《枢垣题名》4卷，史部职官类，《续修四库全书》751册。

董士锡　《齐物论斋文集》6卷，集部别集类，《续修四库全书》1507册；《齐物论词》1卷，集部别集类，《续修四库全书》1726册。

邹　澍　《本经疏证》12卷《本经续疏》6卷本经序疏要8卷，子部医家类，《续修四库全书》993册。

董祐诚　《割圜连比例术图解3》卷，子部历算类，《续修四库全书》1047册；《董方立文甲集》2卷《乙集》2卷，集部别集类，《续修四库全书》1518册。

屠　英　（道光）《肇庆府志》22卷《首》1卷，史部地理类，《续修四库全书》713—714册。

费伯雄　《医方论》4卷，子部医家类，《续修四库全书》1003册；《医醇剩义》4卷，子部医家类，《续修四库全书》1006册。

董　毅　《词选》2卷《续词选》2卷，张惠言辑，董毅续辑，集部词曲类，《续修四库全书》1732册。

赵烈文　《能静居日记》不分卷，史部传记类，《续修四库全书》560—564册。

徐寿基　《知味轩文稿》2卷，集部别集类，《续修四库全书》1272册。

周世澄　《淮军平捻记》12卷，史部杂史类，《续修四库全书》413册。

盛宣怀　《愚斋存稿》100卷《首》1卷《末》1卷，集部别集类，《续修四库全书》1571—1573册。

吴翊寅　《周易消息升降爻例》1卷，经部易类，《续修四库全书》39册；《易汉学考》2卷附《易汉学师承表》1卷，经部易类，《续修四库全书》39册。

屠　寄　《国朝常州骈体文钞》31卷附结一宦骈体文1卷，集部总集类，《续修四库全书》1693册。

恽毓鼎　《崇陵传信录》1卷，史部杂史类，《续修四库全书》446册。

李宝嘉　《官场现形记》，集部小说类，《续修四库全书》1800册。

第七章 电影

清宣统三年（1911 年），武进县城玉带桥西堍设有“幻仙影戏社”，开始放映类似幻灯的影片。1918 年（民国 7 年），在白龙庵青年社游艺场和县城公园广场开始放映无声电影。当时，江苏省教育厅有一个电影队，到各地巡回放映，第一次到武进县城放映是在大庙弄中山纪念堂，放的也是无声电影。1937 年，在杨柳巷乾元市场一楼设有电影院，同年 12 月在日军侵占常州时被烧毁。1942 年，由叶辛荷、巢光融、顾全大等人集股在南大街 117 号建造星光影业公司，同年被日本片商霸占，更名为东亚电影院。1946 年由国民党县党部接收该院，改名为凯旋电影院。同年，武进县警察局警官邓祖禹集股在县直街筹建大光明电影院，上映的影片是通过上海国联电影院协理冯士章的关系租赁使用。1947 年，武进县警察局警官邓祖禹、李浩康等筹资在县城西门创建大华大戏院，首次放映国产有声影片《母与子》。1951 年，实行公私合营，该院改称为新华大戏院，后又改名为新华电影院。

1935 年（民国 24 年），武进农村开始有电影放映活动，当年三河口民众教育馆向省立镇江民众教育馆购买卫生教育、共赴国难、防空的影片，10 月 13—14 日在三河口放映，15 日在焦溪放映，每场观众达 2000 余人。抗日战争胜利后，前黄等地开始有电影放映活动。

中华人民共和国成立后，武进的电影事业得到快速发展，先后组建公办、社办及工厂、学校、农村俱乐部电影放映队，除在城市、乡镇影剧院放映外，还到全县农村边缘地区放映，电影成为武进群众文化生活的重要组成部分。进入 21 世纪，武进电影事业逐步向数字化电影拓展，并在全区范围内实施“2131”工程，不断满足人民群众文化娱乐的需求。2013 年，全区共放映电影 5186 场，观众达 130 万人次。

第一节　电影发行放映机构

一、机构沿革

武进电影发行放映公司是在武进县电影机械修配站的基础上发展起来的。武进县电影机械修配站成立于 1958 年 7 月，地点设在关河路县政府内，占房 20 平方米。1959 年，搬迁至常州东门文笔塔下。由周苏进负责放映机的修理，朱振中负责发动机发电机修理。1960 年，修配站又迁址常州新丰街 362 号。

1962 年，贯彻国家“调整、巩固、充实、提高”的方针，武进县成立电影管理站。站址设在常州市新丰街原电影机械修配站，性质为县属集体企业，占地 100 平方米。管理站负责人束志康，会计奚全珍。管理站负责全县放映业务管理，组织开展劳动竞赛，制定全县电影事业发展规划和各电影队财务、器材、审核等工作。修配站则成为管理站领导下的一个小组。是年 9 月，县文教局在常州师范毕业生中招收唐永昌、吴寿根、张志兴、卞岳来、喻百成、顾华兴、卞伯南 7 人充实县电影放映队伍。1964 年 7 月，又在教师队伍中抽调韩华方、张正夫、于炳海、孙伯清 4 人加入县电影放映队伍。1967 年，县政府拨款在县北新村建造 10 间平房为管理站用房。1968 年县电影管理站成立临时革命生产领导小组，负责全县电影放映业务。1970 年正式成立革命生产领导小组，由蒋志平任组长。同年建立党支部，蒋志平任支部书记。至2013年，先后由胡汉震、蒋锡祥、顾盘真、秦国祥、吴寿根、汤国柱、贺晓东担任党支部书记。

1977年2月7日，全县8个区设立电影管理辅导组，管理辅导组人员由县电影管理站派驻负责所属公社电影放映队的放映管理工作，并在技术等方面进行辅导，配合各地中心工作，定期组织公社放映员学习政治、业务和组织劳动竞赛。派驻人员有漕桥区奚惠荣、湖塘区唐永昌、湟里区秦广德、奔牛区张正夫、新桥区张志兴、郑陆区张进度（后是奚友方）、横林区喻百成、卜弋区沈瑞元。

1980年9月25日，武进县电影发行放映公司成立，地址设在县北新村，为隶属县文化局管理的集体企业。负责人先后有蒋锡祥、顾盘正、秦国祥、汤国柱、贺晓东。公司下设4个组和3个放映单位。放映管理组由卞岳来任组长；宣传发行组由卞伯南任组长；后勤财务组由杨长发任组长；机械修理组周苏进任组长。放映单位有湖塘镇县一队，由赵荣昌任队长；公司与奔牛镇合办的影剧院放映队，由陈荀大任队长；流动队由毛国良、韩华方、喻百成等人组成，由毛国良任队长。县电影发行放映公司（以下简称“县电影公司”）成立后，县电影公司的影片由镇江地区发行放映公司供给，常年有1100多个16毫米拷贝存储周转，供应社办队的电影片放映。

1981年，为统一全县放映管理，8个区的电影管理辅导组撤销，派驻人员回电影发行放映公司工作。9月，县文化局派顾盘真任电影公司经理，秦国祥任副经理。1984年下半年顾盘真调离电影公司，由秦国祥任经理、吴寿根任副经理。1985年4月，江苏省文化厅召开省电影放映工作会议，县电影公司被评为江苏省电影发行放映先进集体。

1987年，武进县电影发行放映公司改为自收自支全民事业单位。1992年4月，县电影公司被省文化厅评为省电影发行放映系统“1991年度达标创优先进单位”。1998年，市电影公司被江苏省文化厅评为电影发行放映先进单位。

2002年4月，武进电影发行放映公司和武进演出管理站（演出公司）合并成立武进区电影演出公司，地址在常州北环路58号，由汤国柱任经理，杨兰芳任副经理。2007年，公司有员工27名，总资产达2000万元。2009年9月，武进区实行文化体制改革，武进区电影演出公司和武进影剧院于2010年5月28日完成转企改制工作，并于2010年6月人员合并，成立常州市常武电影演出有限公司，由贺晓东任经理兼党支部书记。

1962—2013年电影演出公司负责人更迭情况表

表7-1

姓　名	职务	任职时间	姓　名	职务	任职时间
束志康	站长	1962—1970	顾盘真	经理	1981—1984
蒋志平	站长	1970—1975	秦国祥	经理	1984—1998
胡汉震	站长	1975—1978	汤国柱	经理	1998—2010
蒋锡祥	经理	1978—1981	贺晓东	经理	2010—

二、影片发行

影片发行是县电影发行放映公司的主要职能。2000年以前，影片发行实行计划经济模式，由上一级电影发行公司统一供片，通过县电影公司发放到各电影放映单位进行放映。

20世纪70年代，随着武进各乡、镇电影队的成立和集镇影剧院的相继建造，武进电影市场十分活跃，武进电影公司根据农村特点和观众需求，抓住机遇，拓展电影发行工作。影片发行量逐年增加，有时出现供不应求的现象。

为配合农村科学普及工作，满足广大农民对科学文化知识的需求，自1985年至1993年，县电影公司每年组织100多部科教影片到农村放映，其中1985年发行103部；1986年发行126部；1987年发行130部；1988年发行112部；1989年发行122部；1990年发行136部；1991年发行109部；1992年发行124部；1993年发行106部，深受农村种植、养殖等专业户的欢迎。

为配合精神文明建设和保持共产党员先进性教育等主题活动，县电影公司每年在春节、元旦、劳动节、建党节、建军节、国庆节和人大、政协两会期间，千方百计组织有针对性的影片到各地放映。自1986至2005的20年间，先后组织《毛泽东和他的儿子》《周恩来》《大决战》《焦裕禄》《孔繁森》等80多部主旋律影片供广大干部、群众观看。1996年，在纪念中国共产党成立72周年和反腐倡廉活动中，全县有6万多名党员、30多万群众观看电影《孔繁森》。

为配合对中小学生进行爱国主义、社会主义、集体主义教育，自1989至2005年间，公司共组织《刘胡兰》《雷锋》《张思德》等200多部影片供学生观看。

2000年，电影影片发行体制改革，实行“院线制”发行模式，武进影片发行归属“东方院线”，全面走向市场化运行轨道。针对农村影剧院放映队片源短缺情况，公司除自筹资金购买部分拷贝外，积极与周边省、市、县（区）加强联系，协调组织片源，确保影剧院及流动放映队正常放映。2010年6月，武进电影公司与武进影剧院合并，改制成立常武电影演出公司后，放映单位的片源直接由“东方院线”供给发行。2013年，数字电影放映厅的片源主要由院线连锁统配或自行购买的办法解决。

三、业务培训

1957年，为提高电影放映水平，县文教局选送陆宪明、王志洪、刘兴宝、李春芳、高孝中、华焕松、杨振、郭子康、王友庆、陈耈大、沈瑞元、徐玉珍12名学员到江苏省文化干校学习放映技术，学习结束回县充实电影放映队伍。1962年，县电影管理站成立后，每年抽调各放映队人员分批参加省、地区举办的各类业务培训。

20世纪70年代，社办电影队相继成立，县电影管理站每年分期分批组织基层电影队放映员参加业务培训，放映员必须通过考试合格后才能从事电影放映工作。

1988年，为提高放映员的思想素质和业务技能，武进电影公司在常州北环建造面积1800平方米电影培训中心。培训中心建成后，每年定期组织电影系统干部职工政治思想、职业道德、专业技术培训活动。

1991 年 4 月,苏南 7 县 (市) 电影发行放映业务研讨会在武进电影放映培训中心召开。宜兴、丹阳、江阴、常熟、张家港、无锡、武进 7 县（市）电影公司经理、发行科（组）长、省文化厅电影处、省电影公司、《江苏电影放映》编辑部及苏州、无锡、常州、镇江 4 个市文化局、电影公司等部门 50 人参加，收到论文 15 篇。会议就如何取得电影发行放映的最佳效益，如何保护和增强电影发行放映在大文化市场中的竞争能力，怎样引发主旋律影片的轰动效应等问题作研究讨论。

至 2007 年，培训中心组织放映员职称培训班、16 毫米放映技术培训班、农村影剧院经理培训班、片库剪片技术培训班、农村放映员培训班等 96 期，培训人数 3500 人次左右。

2010 年 9 月，武进区文化广电新闻出版局内设广播影视科，负责全区放映行业的规划管理；组织安排电影公司全体放映人员参加网上远程业务培训活动，提升放映员队伍的职业素养和业务能力，提高农村数字电影放映服务质量和水平。

第二节 放映队伍

一、公办电影放映队

1952 年 9 月 9 日，武进县第一个电影放映队——武进县中苏友好协会电影队成立。隶属中共武进县委宣传部领导，县中苏友好协会管理。中苏友好协会电影队由周苏进、李兴堂、朱振中、张铨、杨国中、马玉霞（女）六人组成。租用一只渔船为运输工具。同年 9 月 15 日在罗墅湾中学操场放映第一场电影《儿女亲事》。中苏友好协会电影队的放映活动范围主要是在全县节场、庙会放映，一般由当地工商联负担经费，后改为售票放映。1953 年 1 月 1 日，中共武进县委宣传部调新闸区委宣传科长程振亚任中苏友好协会电影队队长。同年 7 月，被江苏省电影教育工作队统一收编，改称为江苏省电影教育工作队镇江第一中队第六小队（为县第一放映队）。队长钱义方，活动范围在武进南部各乡镇。是年，又成立江苏省电影教育工作队镇江第一中队第三小队（为县第二放映队）。队长周岚，活动范围在武进县北部各乡镇。1954 年 9 月，武进县第三放映队成立，钱义方从一队调到第三队任队长，活动范围在小河、奔牛、新闸、西夏墅、百丈等区域。1955 年 7 月，成立武进县第四放映队，蒋季复任队长，活动范围在圩塘、魏村、新桥等地。同年 9 月又成立武进县第五放映队，陶明义任队长，活动范围在焦溪、郑陆、三河口等地。当年，武进县有 5 个公办电影放映队，133 个放映点，达到乡乡有放映点。1956 年 4 月，江苏省人民委员会通知，电影队的体制由省下放给县文化科领导。1957 年，县文化科并入教育局（文教局），电影事业属文教局领导。是年 6 月，县第六放映队成立，顾根生任队长，活动范围在东安、湟里、嘉泽、卜弋等地。8 月成立县第七放映队，束志康任队长，活动范围在百丈、龙虎塘、三井等地。1958 年，成立县第八放映队和第九放映队分别由周苏进和李春方任队长。第八放映队为 35 毫米城镇电影队，是镇江地区第一台 35 毫米机器，实行双机放映，声光效果好。因放映设备多，流动在奔牛、横林、湖塘、鸣凰、前黄、漕桥、运村、潘家、雪堰等交通方便的城镇放映。第九放映队活动范围在九里、汤庄、礼河、泰村等地。

1963年贯彻调整方针，将芙蓉人民公社电影队转为公办队，编为武进县第十放映队，队长赵荣昌，活动范围在芙蓉、新安、横山、潞城、崔桥等地。1964年，为配合镇江地区社教运动，先后抽调杨长发、卞伯南、许绍基、卞岳来、汤虎才、吴寿根赴句容、溧阳参加社教运动电影放映工作队。1965年1月，成立武进县第十一放映队，奚友方任队长，活动范围在魏村、安家舍、孝都等地。后又成立第十二放映队，队长卞岳来，活动范围在寨桥、坊前、南夏墅等地。10月，第十一放映队改船只运输为独轮车运输，城镇第八队由板车改为三轮车运输。1966年至1970年间，先后成立第十三至第十六4个电影放映队。第十三放映队，队长唐永昌。活动范围在庙桥、坂上、马杭等地。第十四放映队，队长杨长发，活动范围在横林、剑湖、崔桥等地。第十五放映队，队长王志洪，活动范围在奔牛、卜弋等地。第十六放映队，队长束志康，活动范围在新桥、龙虎塘等地。

1978年2月，县第一放映队出席镇江地区电影放映先进工作者代表大会，同年3月又出席江苏省电影放映先进集体和先进工作者会议。

1981年，由于各公社电影队的成立，公办电影队保留湖塘镇、奔牛镇各一个队，另有一个队在一些大的集镇流动放映，其余人员均转入业务管理工作。至1985年年底，公办电影放映队全部撤销。

二、社办电影放映队

1958年，芙蓉公社成立全县第一个农村社办电影放映队。1971年10月，东安公社、汤庄公社相继成立8.75毫米电影放映队。由于社办电影放映队便于领导管理，便于深入农村，因此得到迅速发展。至1974年，先后有雪堰、南宅、卢家巷、万绥、小河、圩塘、西夏墅、百丈、芙蓉、焦溪、嘉泽、礼河、戴溪、洛阳、漕桥、遥观、横林、剑湖、卜弋、村前、泰村、薛家等22个公社成立8.75毫米电影放映队。其中，泰村公社电影队是武进县唯一的一支女子放映队。1975年，全县贯彻“加强领导、因地制宜、积极发展”的方针。又有潞城、寨桥、潘家、政平、坊前、马杭、牛塘、南夏墅、奔牛、孟城、三井、安家、东青、三河口、新安、礼嘉、运村、鸣凰、剑湖、青龙、崔桥、卜弋、东安、湟里、汤庄、邹区、北港、夏溪、孝都、坂上、前黄、湖塘、庙桥、魏村、新桥、龙虎塘、九里、吕墅、罗溪、厚余、西林、横山、郑陆、成章等44个公社先后成立16毫米和8.75毫米电影放映队。其中雪堰、潘家、牛塘、孟城、小河、西夏墅、邹区、芙蓉、洛阳、遥观、横林等11个公社分别成立有16毫米和8.75毫米两个电影放映队。至1976年底，社办电影队发展到77个，实现社社都有电影队。

社办电影队一般有2人组成，业务上接受县电影管理站指导，行政上属当地政府管理。20世纪80年代起，随着乡镇影剧院的建立和有线电视的普及，社办电影队并入乡镇影剧院统一管理。

三、工厂、学校、俱乐部放映队

随着公社电影队的迅速发展，一些条件较好的工厂、学校、场圃、农村大队俱乐部等单位也相继成立电影放映队。

1972 年，县“五七”农场首先成立 8.75 毫米电影放映队。此后，县“五七”干校、武进师范学校、武进农机厂、运村农场和魏村公社江心洲大队等成立电影队。江心洲大队位于长江之中，群众看电影需渡江到魏村公社所在地，因此很少能看到电影，自大队成立电影队后，每月能看到 10 次左右电影，很受群众欢迎。之后有武进化肥厂、武进第一染织厂、苏南煤田建井处等成立 16 毫米电影队。1978 年开始，武进太湖医院、武进炼铁厂、武进水泥厂、邹区公社施桥大队、村前公社新渎大队相继成立俱乐部放映队。至 1983 年年底，全县有工厂、学校、场圃、农村俱乐部放映队共 28 个。1985 年年底，随着各乡镇影剧院的建立，工厂、学校、场圃、农村大队等俱乐部放映队全部撤销。

第三节　设备更新

一、机械更新

武进县电影放映设备的发展经过进口设备——仿制设备——国产设备三个阶段。从中苏友好协会电影队成立起，使用的是国外进口机器，型号为 P-16 毫米，捷克 OP 型、东德蔡司、苏联乌克兰等机种。1956 年，江苏南京电影机械厂仿照苏联乌克兰放映机制造了长江 FL-54-16 型放映机。1957 年，武进县淘汰了外国进口放映机，全部使用国产机。1958 年，县第八放映队使用 54-35 毫米提包式放映机，采用双机放映，特点是光线好、声音清晰，使放映质量有了新的提高。1971 年，社办电影队使用的 8.75 毫米放映机有江苏 I 型和 II 型、上海工农兵等放映机。此三类机型体积小、重量轻、全套设备重 28 公斤，后该机种被淘汰，均由 16 毫米机替代。1974 年，武进县使用国产的长江 F16-4 型放映机，该机特点是较原来的 FL-54-16 型放映机体积小、重量轻、式样美观大方，更适合农村流动放映队使用。1981 年 10 月，县工人文化宫、奔牛影剧院使用了松花江 5501 型 35 毫米座机。1982 年 9 月 1 日起，芙蓉、焦溪、新安、漕桥、夏溪、湟里、小河、孟城等影剧院先后使用上海八一电影机械厂、无锡电影机械厂生产的 104X 和太湖牌 35 毫米放映机，并采用两机换片自动讯号设备，使两机实行交换自动化。1983 年，洛阳、寨桥、雪堰、东安、卜弋、邹区、龙虎塘、横山桥等影剧院也相继使用 35 毫米放映机器。至 1983 年年底，全县共有放映机 152 套。其中 35 毫米座机 9 套、35 毫米提包机 9 套、16 毫米放映机 126 套、8.75 毫米放映机 8 套。

长江 FL-54-16 型放映机

随着放映机的更新，扩音器也不断改进。20 世纪 70 年代以前，使用的是电子管扩音器。1971 年社办电影队成立后，8.75 毫米电影放映机使用 5W 的晶体管扩音器，使用 F16−4 型放映机后，扩音器输出功率就变为 15W，质量更加先进。

在电影事业发展过程中，发电机也从体积、质量、外观、输出功率等方面加以改进。最初使用的美国 GE 型四冲程 2 瓩汽油发电机，重为 250 公斤。1957 年，使用国产柳州 1103 型、1101 型发电机，重为 100 公斤，L0−75 型，重仅 28 公斤。20 世纪 80 年代使用的发电机有 L0−75 型、PF−1101 型、FP−12 型等。

二、光源改革

光源是提高放映质量的关键。旧式放映机使用的灯泡是 J750 瓦 /110 伏白炽放映灯泡，有效光通量为 250 流明。1957 年，全部使用长江 FL−54−16 型放映机后，放映光源采用圆柱形低压大电流灯泡，有效光通量由 250 流明提高到 400 流明。1974 年，使用 F16−4 型放映机后，使用电压双曲面 250W/24 伏全反射式灯泡，有效光通量达到 400 流明，这样放映机的灯箱可就缩小，放映灯泡耗电也能减少。后又将这种灯泡改制成溴钨灯，使有效光通量达到 500—600 流明。1980 年，薛家公社电影队和武进化肥厂电影队首先使用镝灯作为放映光源，使有效光通量提高到 1200 流明。此后，在 1981—1983 年，全县 90% 的放映单位都普及使用了镝灯光源，提高了放映质量。县公司还出席了全国农村电影放映新光源推广使用经验交流会，并在会上作了经验介绍。

1982 年 9 月，芙蓉影剧院首次使用 2000 瓦疝灯，有效光通量达 4500 流明。之后，小河、孟城影剧院开始使用的是 3000 瓦疝灯，光通量可达 7000 流明，放映效果明显提高。

三、数字电影

电影使用胶片拷贝，一个拷贝的成本高达上万元，农村等边远地区为节省拷贝费用，只能购买大城市使用过的旧拷贝，因此同一部影片在农村的上映时间至少要比大城市晚半年以上。而数字拷贝的成本仅相当于胶片拷贝的几十分之一，因此有利于农村及偏远地区及时购买最新影片的拷贝。2007 年，随着文化产业化深入发展，创作活力进一步激发，国产故事片数量也创新高，越过了 400 部大关。经过努力，中国数字电影技术有了突飞猛进的发展。2007 年起，先进的数字放映技术有力地推动电影事业的蓬勃发展。大地影院于 2009 年 6 月 24 日在湖塘富克斯流行广场正式开业，成为武进第一家数字影院。至 2013 年年底，武进共有国信东方、橙天嘉禾、武进吾悦、金逸、大地、时代经典、洛阳影剧院、耀莱成龙、凤凰谷 9 家数字影院，座位超 7000 个。2013 年，放映 4 万余场次，观众达 200 万人次。

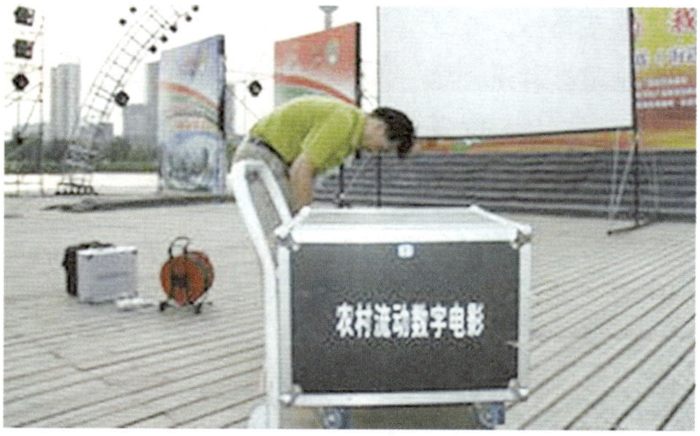

数字电影

（一）大地数字影院

位于常州市武进区湖塘常武中路定安路口富克斯流行广场五楼，面积 818 平方米，于 2009 年 6 月 24 日建成，隶属广东大地院线，为武进区成立的第一家数字影院。注册

大地数字影院

资金1000万元，法人代表刘荣。内设3个标准放映厅，可容纳542人同时观影。影厅均采用享誉世界的杜比电影立体声技术、德国ISCOOPTIC放映镜头、BARCO-90电影放映机，以及高6米宽超10米的超大银幕。大地数字影院采用连锁经营的方式，统一供片，统一管理，保证片源的准时，维持优质服务与舒适观影体验。2009年，票房收入187万元。2010年，票房收入600万元。2011年，票房收入383万元。2012年，票房收入346万元。2013年，票房收入246万元。

（二）耀莱成龙国际影城

耀莱成龙国际影城

位于常州市武进区湖塘镇花园街178号常州茂业泰富城五楼，由国际巨星成龙及耀莱集团共同投资，是目前国内首家融入“绿色环保、低碳节能、生态安全”全新建设理念的国际化五星级影城。面积4650平方米，于2010年6月22日建成，隶属江苏耀莱腾龙影城管理有限公司管理。注册资金1500万元，经理薛超。内设7个标准放映厅，座椅全部采用新型航空座椅，可容纳1241人同时观看。

影城采用最新问世的美国科视二代数字放映机，全部配置世界顶级音响设备，并全部安装进口的哈克尼斯高增益银幕。是国内首家将全角度地面投影系统安装在影厅大堂的影院。

2011年，影城票房收入1400万元。2012年，票房收入1500万元。2013年，票房收入1600万元。

金逸国际影城

（三）金逸国际影城

位于常州市武进区湖塘镇花园街33号路劲又一城购物中心C区三楼，于2012年8月14日建成，注册资金200万元，隶属广东金逸珠江院线。法人代表陈欢笑。经营面积4600平方米，内设7个国际标准专业放映厅，其中有2个双机3D放映厅，可同时容纳1330人观影。影城采用国际最先进的高端数码视听音响设备、TMS 自动播放系统和巴可 DP2K-20C 放映设备及进口哈克尼斯金属银幕。2013 年，影城票房收入 871 万元。

（四）凤凰谷大剧院影艺宫

位于常州市武进区延政中路，集大剧院、青少年活动中心、电影放映等功能于一体，是武进区 2010 年城建十大工程之一，占地 31 亩，建筑面积 48000 平方米，总投资 4 亿元。影艺宫内设 3 个电影放映厅和 1 个多功能厅，分别以春、夏、秋、冬命名，其中春厅和冬厅同时配有 3D 播放设备，夏厅为多功能厅，配有专业舞台设备、音响，具备电影放映、戏剧演出、讲座等功能。影艺宫由区政府投资，委托东上海百老汇剧院管理有限公司经营管理，于 2013 年 6 月开始营业，至 2013 年 12 月，共放映电影 958 场。

凤凰谷影院

第四节　电影放映

一、映前宣传

幻灯放映是电影映前宣传的一种主要形式，能配合中心工作，及时宣传时事新闻，表彰好人好事，传播科学文化知识，帮助群众看懂看好电影。一套质量较高的幻灯片需要有生动的素材，精致的画面，鲜艳的色彩，强烈的光线相匹配，还要有灵活变换的操作镜头，动听的配音、流畅的解说互为一体，才能吸引观众。幻灯片除有专业厂家生产外，大部分靠放映员自己动手制作。武进制作的许多幻灯片，在省、地区汇映中获奖，深受广大观众好评。

（一）幻灯制作

中华人民共和国成立初期，制作幻灯片是用毛笔或蘸钢笔，蘸着墨汁在玻璃片或透明玻璃纸上书写文字、作画，这种方法称墨刻。县第一放映队周苏进，一次在制作幻灯片用蘸钢笔书写时，由于墨汁易干，被粘住笔头无法展开。当时，镇江第一中队副队长张文奎介绍说：“用萝卜可以去粘”。以后，每当墨汁粘住笔尖时就用此方法，效果很好。

1956 年，第五放映队秦国祥改变了幻灯片原来的制作方法，采用广告粉涂抹在玻璃上，用竹笔或骨针、铁笔等工具，在玻璃片上刻字画画，再用透明照相颜料进行着色。用这种方法制作幻灯片，其特点是制作方便，色彩鲜艳，放映效果明显，灯片也易于保管。

1965 年，全国电影战线学习河北张志诚映前宣传工作法（即自编、自制、自说）。江苏省电影公司举办宣传工作业务训练班，武进派张洪兴、王友庆、吴训义三人参加。回县后，在他们的带动下，电影队先后掀起一个苦练基本功的热潮：一块竹板不离手，几把胡琴船上奏，讲话说起普通话，刻制幻灯搞烟熏。其中张洪兴的幻灯题材创作，王友庆的幻灯片制作，吴训义的普通话最为出色，合作的影片《夺印》内容介绍和人物介绍幻灯片为全体放映人员作示范。在参加镇江地区汇报映出受到地区领导的赞赏。

1971年社办电影队成立后，幻灯宣传发展迅速。1974年，县电影管理站成立宣传组，由卞伯南负责。邵耀忠用3镜头幻灯机特技，制作《孙悟空腾云驾雾》《花篮转动》《开火车》《测血压》《钢水飞流》《三毛抖动》等幻灯片，人们看后感到新鲜神奇。1974年9月14日，邵耀忠制作的幻灯片参加镇江地区在丹阳举行的幻灯调映中获得一等奖。

1979年，在县电影管理站的辅导下，三河口电影队何云松首次制作照相幻灯片。照相幻灯片比原来的墨刻、粉刻、烟熏等又有更多的特点：真实感强、富有戏剧性、把真人真事搬上银幕，宣传效果提高。有时还请业余剧团和专业艺术团体，根据宣传内容进行表演说唱，再拍成照片，制成幻灯片。1979年，三河口电影放映队制作的照相幻灯片《转变》参加江苏省幻灯调演，获二等奖。

（二）宣传内容

影前放幻灯片宣传

幻灯放映一般被排在放映正片之前，因此更能吸引观众。在学习河北省张志诚工作法以后，幻灯放映题材逐步趋于故事化，内容更加丰富。社办电影队成立以后，由于放映员长期活动在农村，熟悉农村生活，因此幻灯的题材内容更加广泛。如三河口电影队为配合扭转社会风气，根据本公社一起因赌博引起家破人伤的事件，制作题为《转变》的幻灯片。内容围绕“刘阿龙原是养猪能手，一家五口和睦可亲，自从迷上赌博后，落得人财两丧”。在片中最后写道：“公社大队来抓赌，目标对象全是我，逃也无处逃，躲也无处躲，亲戚群众揭发我，支部书记来找我，苦口良言教育我，我还是悔改自新把人做，奉劝诸君莫像我。”幻灯题材真实，真切感人。新安公社电影放映队，针对中共十一届三中全会以来农村出现的新形势，制作《恭喜发财》的幻灯片，启发大家广开门路，寻找财源。放映后，广大观众反映强烈。

（三）宣传形式

省、地区举办的幻灯调演，促进和提高了幻灯的宣传效果。1972年，县电影队卞岳来根据前黄公社寺乔大队东埝生产队养猪经验，制作《猪多、肥多、粮多、贡献多》的幻灯片参加镇江地区调演，现场说唱解说，得到观众的一致好评。1977年9月14日，三河口公社电影队冯仲云用锡剧说唱的形式制作幻灯片，参加镇江地区幻灯调演获得优胜奖。随着农村社队工业的发展，幻灯宣传又创新录音配唱、配解说的形式，有说有唱有音乐伴奏。新安公社电影队曾请江阴县锡剧团录制的锡剧说唱，穿插在《恭喜发财》的幻灯放映中，吸引广大观众。

1977—1980 年出席镇江地区幻灯调演节目和获奖情况表

表 7–2

年份	队别	节　目	获　奖	年份	队别	节　目	获　奖
1977	罗溪	罗溪新貌	优秀奖	1979	南夏墅	凉山战斗出英雄	二等奖
1977	万绥	沼气好	一等奖	1979	新安	龙飞凤舞	三等奖
1978	县站	“三毛”遨游记	一等奖	1980	新安	恭喜发财	一等奖
1979	三河口	转变	一等奖	1980	礼嘉	破镜重圆	二等奖
1979	村前	告状	一等奖	1980	戴溪	南阳湖畔一枝花	三等奖
1979	县站	觅宝记	一等奖				

二、放映活动

电影放映既能满足和丰富群众的文化生活，又能潜移默化起到团结人民，教育人民，激励人民斗志的作用。

1952 年 9 月 15 日，武进县中苏友好电影队在罗墅湾中学操场放映故事片《儿女亲事》，邻近四、五个乡近 3000 多群众前往观看，是中华人民共和国成立后，在武进农村放映的首场电影。1954 年 7—8 月，武进县第一电影队放映故事片《南征北战》和《白毛女》46 场，观众 4.8 万人次，放映收入 2666 元。

20 世纪 50 年代，放映影响较大的影片有苏联片《斯大林格勒大血战》《夏伯阳》《卓娅和舒拉》，国产片《一江春水向东流》《鸡毛信》等。越剧戏曲片《梁山伯与祝英台》更为群众所喜爱。县第一电影队放映该片时，每场观众约 3000 人左右。

20 世纪 60 年代，颇有影响的电影有戏曲片《孙悟空三打白骨精》；喜剧片《欢天喜地》《满意不满意》《女理发师》；故事片《雷锋》《光辉的节日》《民兵的儿子》《大浪淘沙》等。1962 年，放映戏曲片《孙悟空三打白骨精》时，为满足广大群众需求，组织两个电影队在礼嘉桥和走马塘（政平）跑片放映。一个晚上两个点放映收入 1060 元，观众 8000 多人次，创武进县电影放映史上的新纪录。1963 年，贯彻华东地区农村普及放映工作会议精神，实行以农村大队为基点的普及放映。12 个公办电影放映队，在全县 67 个公社（镇）的 800 多个大队巡回放映，使社员群众都能就近看上电影。1964 年，新的现代题材影片大量涌现，有反映农村两条道路、两个阶级斗争的影片《夺印》《槐树庄》《箭杆河边》；有反映农民热爱集体、积极参加社会主义建设的影片《李双双》《金光大道》《五朵金花》《阿诗玛》；还有朝鲜故事片《红

放映电影《雷锋》

色宣传员》等。县电影管理站采用两个电影队联合分点跑片放映的办法，放映前用电影海报介绍故事内容和人物，放映中针对故事情节进行映间插话，放映后召开群众座谈会听取反映。1965 年放映《雷锋》《光辉的节日》《农奴》《汾水长流》《夺印》等现代题材的影片。7—9 月共放映 643 场次，观众 68 万人次。影片《雷锋》在寨桥小学放映后，该校学生积极主动做好事，帮助剧场搬凳子、排座位等。1966 年“文化大革命”开始，《毛主席接见百万红卫兵》公映后，武进县立即组织各放映队在全县各地巡回跑片放映，各地敲锣打鼓、鞭炮齐鸣、热烈欢迎。从 1968 年开始，陆续上映的影片有革命现代京剧《红灯记》《沙家浜》《智取威虎山》《奇袭白虎团》《龙江颂》《海港》《杜鹃山》和现代芭蕾舞剧《白毛女》《红色娘子军》。

1972 年 5 月，为纪念毛主席《在延安文艺座谈会上的讲话》发表三十周年，县委、县革委会联合下发“举行革命样板戏影片汇映”的文件。县委主要负责人在公社党委书记会议上作“革命样板戏影片汇映”动员部署。县政工组召开公社政工干部会议，制定汇映路线。全县 36 个电影队以区为单位组成 8 个小组，到各公社集镇、大队放映 658 场次，观众 88.25 万人次。1973 年，朝鲜宽银幕故事片《卖花姑娘》，在全县放映引起轰动，出现一票难求的现象。1974 年，为便于 35 毫米放映机的运输，减轻放映人员体力强度，县电影管理站购置 12 吨水泥船一条，改装为机动船。1978 年 12 月，购上海 130 卡车一辆，并于 1979 年在奔牛汽修厂改装为旅行面包车。1976 年粉碎“四人帮”以后，放映的影片有《艳阳天》《金光大道》《战洪图》《野猪林》等。全县 90 多个电影放映队共放映 5.68 万场次，观众 7100 多万人次。中共十一届三中全会以后，《小花》《庐山恋》《巴山夜雨》《天云山传奇》等影片陆续上映，在“文化大革命”中遭到禁映的影片《红楼梦》《渡江侦察记》等也相继开放，电影事业出现新气象。

1982 年 6 月，功夫片《少林寺》在武进县上映，湖塘、奔牛两个放映单位跑片放映，8 天共放映 146 场，收入达 2.3 万元，观众 14.2 万人次。1983 年，彩色故事片《16 号病房》《在被告后面》《乡音》《咱们的牛百岁》；武打片《武林志》《武当》；历史题材影片《火烧圆明园》《垂帘听政》；戏曲片《秦香莲》《白蛇传》《珍珠塔》；外国片《巴黎圣母院》等影片相继上映。10 月 24 日，彩色立体声宽银幕电影《欢欢笑笑》首次在孟城影剧院亮相。1984 年，上映的影片有《龙女》《滴水观音》《喜盈门》《红牡丹》《红日》等。为纪念武进解放 35 周年，对广大青少年进行革命传统教育，重点放映反映老一辈无产阶级革命家业绩的影片《风雨下钟山》（以下简称《风》）上下集。县委宣传部下发关于组织观看《风》片的通知。武进县首先在新桥影剧院开展该片放映的试点工作，召开新桥区各乡镇宣传委员、文化站长、电影队长会议，宣传部副部长周佩弦对《风》片放映提出要求，电影公司书记、经理直接抓好《风》片的放映，周苏进、戴龙度负责放映机器设备的检修，卞伯南、唐永昌、张维中负责组织电影队放映。该片从 6 月 16 日起至 8 月，共放映 1092 场次，观众 95.2 万人次，放映收入 23.1 万元，发行收入 13.2 万元。1985 年，为配合“四有”（有理想、有道德、有文化、有纪律）教育，在全县放映国产故事片《高山下的花环》617 场，观众

52.3 万人次；放映音乐舞踏史诗《中国革命之歌》968 场次，观众 61.8 万人次。1986 年，上映国产影片《神鞭》《侠女十三妹》《波斯猫在行动》《铁道游击队》《血战台儿庄》《早春三月》和日本影片《追捕》《望乡》。全年放映电影 15081 场次，观众 1989 万人次，放映收入 212 万元，发行收入 85 万元。1987 年，全县各影剧院开始实行经理承包责任制，各放映单位除了抓好故事片的正常放映外，都重视科教影片的放映。武进县电影发行放映公司，圩塘、潘家、万绥、横山、洛阳、薛家影剧院和九里电影队被农牧渔业部、林业部、文化部、国家科委、中国科协授予“全国农林科教电影汇映月”活动先进集体，授予坊前电影队陈益民为“全国农林科教电影汇映月”活动先进个人。12 月 22—26 日，县文化局与县总工会、县文联联合举办“武进县首届艺术节”，县电影发行放映公司组织开展电影放映周活动，全县 37 个影剧院上映《彭大将军》《黄河大侠》等 18 部影片，放映 311 场次，观众 25 万人次。同年，县电影发行放映公司获江苏省文化厅“省电影系统先进集体”荣誉。1988 年陆续上映的有《孙中山》《西安事变》《大上海 1937》《阮氏三雄》《洋妞寻师》等影片。放映电影 3.54 万场次，观众 1527.2 万人次，放映收入 321 万元，发行收入 131.7 万元。1989 年，在举办少儿影片放映月暨首届“童影奖”影评征文活动期间，组织中小学生观看《红高粱》《芙蓉镇》《城南旧事》《豆蔻年华》《湘女潇潇》《汪洋中的一条船》等 32 部影片，共放映 1400 场，观众 107 万人次。观看率占学生总数的 95%，收到影评及观后感 4 万余篇。国家儿童电影协会会长于蓝发来贺电，省文化厅于 9 月在第 8 期《文化工作简报》中介绍活动的情况。县电影发行放映公司获中共常州市委、常州市人民政府颁发的 1989 年度先进集体荣誉，经理秦国祥被国家广播电影电视部授予“全国电影发行放映先进工作者”称号。1989 年共放映电影 38072 场次，观众 1553 万人次，放映收入 410 万元，发行收入 169 万元。

1990 年，县电影公司在暑假期间组织《雷锋》《今天我休息》《白求恩大夫》《百色起义》《开国大典》等优秀影片，在全县各地放映 350 场次，收到青少年学生影评文章 43240 篇。中国台湾影片《妈妈再爱我一次》在全县放映 719 场次，观众 51.48 万人次。9 月，县委宣传部、文化局组织迎亚运电影奖券发售活动，共发售 30 万张，并以武进县人民政府名义向亚运会基金会捐款 2.5 万元。同时，县电影公司在全国《人口与健康》科教电影汇映活动中，成绩显著，受到文化部等 12 个部委表彰。全年共放映电影 45773 场次，观众 1576 万人次，放映收入 430 万元，发行收入 176 万元。1991 年，县电影公司以社会效益为准则，发挥主旋律影片的形象教育功能，在全县组织放映《焦裕禄》《开天辟地》《周恩来》《大决战》等影片，共放映电影 4.35 万场次，观众 1526.7 万人次，放映收入 445 万元，发

影片《焦裕录》

行收入 180.7 万元。在第二届“童影奖”影评活动期间，为全县中小学生放映《元帅的思念》《我们的邓大姐》等 37 部优秀影片共 1398 场，99 万学生观看。收到影评文章 4.3 万篇，评出一等奖 3 篇，二等奖 10 篇，鼓励奖 47 篇。1992 年 4 月，县委宣传部、县教委、文化局、团县委、县总工会、妇联联合举办“烛光杯”影评征文竞赛，组织全县中小学校师生观看影片《烛光里的微笑》。共放映《烛》片 253 场，观众 13 万人次，收到影评文章 8.35 万篇。评委会评出教师组一等奖 6 篇，二等奖 12 篇，三等奖 15 篇；学生组一等奖 6 篇、二等奖 12 篇、三等奖 15 篇；组织奖 10 个。同年，县电影公司和各级放映单位积极开拓农村电影市场，在洛阳、焦溪等影剧院开展夜市电影放映活动，共放映 201 场次，放映收入占全年放映总收入的 20%。1993 年 4 月 20 日至 9 月 10 日。县委宣传部、县文化局、教委、广播电视局、文联、妇联、团县委、电影公司联合举办儿童电影放映活动暨武进县第三届“童影奖”影评活动。放映《蒋筑英》《白山英雄汉》《兰花女》等教育影片 30 余部，放映学生专场 1837 场，学生观众 129 万人次，收到影评文章 15 万多篇。同年，县电影公司被中国儿童少年电影学会授予全国县级唯一的全国第五届儿童少年电影“童牛奖”。1993 年全年放映达 33003 场次，继续保持江苏省县级市第一。1994 年，全县电影放映 3.6 万场次，放映收入 460 万元，发行收入 730 万元。年内，县电影公司配合县委宣传部等部门在全县进行爱国教育活动，组织放映《革命家庭》《中国出了个毛泽东》《周恩来》《董存瑞》等 100 部爱国主义教育影片 1007 场，观众 120 万人次。同年、江苏省《党的生活》（1994 第 1 期）在《飘扬的旗帜》一文中介绍武进县电影公司开展儿童电影放映活动，对学生进行爱国主义和传统美德教育的情况。1995 年，市电影公司在电影市场疲软的严峻形势下，抓住主业，搞活副业，走多元化发展之路。全年电影放映收入 450 万元，电影发行收入 130 万元。成功地举办了第四届“童影奖”影评活动，组织放映爱国主义教育影片 38 部，放映爱国主义影片专场 1458 场，学生观众 116 万人次。

1996 年，遵照中共中央宣传部、文化部等 8 部委关于开展“送文化下乡”活动的通知精神，市电影公司组织送电影下乡放映 1600 多场次。市委宣传部、市文化局等五单位联合举办“武进市首届农民电影节”。市电影公司选择《杨开慧》《天网》《天国逆子》《被告山杠爷》《张鸣岐》《再生勇士》等 14 部影片，从 4 月至 9 月，在全市各乡镇放映 403 场次，观众 28.7 万人次。电影题材反映农民身边的人和事，贴近农民生活，受到农民群众的欢迎。郑陆、浦河、洛阳等乡镇组织全体党员干部观看，收到良好的效果。年内，配合司法部门开展社会治安综合治理和“严打”活动，放映纪录片《打击团伙犯罪》《严禁赌博》等影片 870 场次。配合中国共产党建党 70 周年纪念活动，全市各乡镇放映电影《孔繁森》327 场，观众 30 万人次。全年放映电影 24700 场次，观众 450 万人次，完成放映收入 450 万元，发行收入 120 万元。

1997 年 1 月，根据中共中央宣传部、文化部等 8 部委关于开展第二届“送文化下乡”活动通知精神，市电影公司组织 30 部优秀影片到各乡镇放映达 3000 场次。4 月 1 日，芙蓉影剧院推出电影年卡销售，农民只要花30元钱购买一张年卡，可凭卡观看一年电影。共销售年卡2000余张，收入6万元。4—9月，市电影公司在第五届“童影奖”影评征文活动期间，放映爱国主义专题影片25部，670场次，学生观众41万人次，收到影评文章3.1万篇。全年放映电影21865场次，观众720万人次，放映收入410万元，发行收入115万元。1998年，文化、科技、卫生“三下乡、常下乡”活动深入开展。市电影公司组织送电影下乡放映1200多场次。全年共放映电影20853场次，观众665万人次，放映收入300万元，发行收入120万元。1999年，市电影公司在第四届“送文化下乡”活动中，组织放映电影30场次。在第六届“童影奖”电影评论征文活动中，组织放映《少年雷锋》《良心》等30部国产优秀儿童影片968场次。电影公司组织放映庆祝中华人民共和国成立50周年优秀影片680场次。全年完成电影放映21650场次，观众635万人次，放映收入306万元，发行收入125万元。

2000年，市电影公司为庆祝中国共产党建党79周年，配合全市党员干部开展反腐倡廉教育，组织《昨日的承诺》《生死抉择》等主旋律影片，在全市机关事业单位和30个镇放映213场次，观众10万人次，全年完成电影放映20150场次，放映收入300万元，发行收入130万元，观众530万人次。2001年，市电影公司开展第六届“送文化下乡”活动，到湖塘镇敬老院等地放映电影35场次。举办“纪念中国共产党建党80周年电影展”，组织放映《国旗在我心中》《毛泽东在1925》《开国大典》《宇宙与人》等影片，放映学生专场电影100多场。全年完成电影放映1.98万场次，观众380万人次，放映收入265万元，发行收入115万元。2002年，配合第七届“送文化下乡”活动，区电影演出公司组织科技题材影片，免费为农民群众放映20多场次。2003年，免费为群众放映科技电影30场次。2004年，免费放映科技电影50多场次。2005年，配合全区各镇开展以“爱国、爱家、文明新风”为主题的社区广场文化月活动，区电影演出公司开展“百场电影进社区”放映活动，先后在大学新村、市民广场等地放映公民道德教育等影片20余场，观众达2万人次。8月，武进影剧院放映纪念抗日战争胜利60周年的影片103场，有12万中小学生观看。区、镇两级关心下一代工作委员会组织放映抗日战争电影200场次，受教育人数12.8万人次。全年放映电影14500万场次，观众200万人次放映收入148万元，发行收入30万元。2006年，区电影演出公司开展送百场电影下乡活动，组织《冲出亚马逊》《神话》《英雄》等影片在全区流动放映100余场。全年放映电影1.35万场次，观众180万人次，放映收入120万元，发行收入27万元。2007年6月，配合中共武进区委宣传部、区文明办等有关部门联合举办纪念中国人民解放军建军80周年“六个一”系列教育活动，区电影演出公司组织放映《平原枪声》《浴血太行》等抗日战争故事片211场次，观众人数达10.9万人次。“送两百场戏剧、两百场电影下乡”活动被列为武进区2008年30项重点工作之一。区电影演出公司组织适合农村观众的影片120部，巡回下乡放映200多场次，观众达120余万人次。全年放映电影4000场次，放映收入112万元，发行收入10万元。2009年，区电影演出公司组织影片免费为120个村、社区放映科普、爱国主义题材电影120场次。全年放映电影4500场次，放映收入102万元，发行收入10万元。

2010年，结合"3•15"消费者维权活动及法律法规实施纪念日，深入开展"法律六进"（送法律进机关、进农村、进企业、进学校、进单位、进社区）活动，送法制题材影片放映256场次，受教育群众5万人次。放映残疾人励志电影50场次。同年开始实施农村21世纪实现一村一月放映一场电影（以下简称"2131"工程）。全年放映电影4838场次，放映收入156万元。其中在全区289个行政村和57个社区流动放映《未来警察》《唐山大地震》等电影3609场，受惠村民110万人次。2011年，常武电影演出有限公司在全区246个行政村和120个社区流动放映《陈真》《喋血孤城》《人在旅途》等影片3468场，同时还放映《新少林寺》《让子弹飞》《关云长》等电影4846场，观众120万人次，放映收入达225万元，受惠群众100余万人次。2012年，城区各影城纷纷上映进口3D影片《泰坦尼克号》《变形金刚》《超人》，国产片《南京！南京！》《一代宗师》等影片。配合全区开展"先进文化进百村"活动，放映《龙门飞甲》《财神客栈》《绝色武器》等影片5006场，观众120万人次，放映收入230万元。2013年，国产大片《十二生肖》《天机·富春山居图》，进口大片《惊天危机》、《环太平洋》等上映，城区影院放映《金陵十三钗》《黄金大劫案》《毒战》等电影5186场，观众130万人次，放映收入240万元。农村电影"2131"工程放映电影3468场，放映的影片有《中国合伙人》《忠烈杨家将》《不二神探》等，观众90万人次。

三、劳动竞赛

20世纪50年代，电影放映机器靠进口，放映在露天，放映人员多数是年轻干部和社会青年，未经过专业培训。由于放映设备差，放映技术低，在放映中屡有故障发生。为提高放映操作技术，达到安全放映目的，电影队在由省管理时期，就开展安全放映竞赛活动。即"十场安全放映""三十场安全放映"。后又提出"百场安全放映"。在竞赛活动中，县一队使用的英国D-16毫米放映机和半成新的美国GE发动发电机，在认真操作、精心保养的基础上，全年放映204场，完成安全放映199场，受到省文化局的表扬。

1956年，开展以"宣传好、安全好、服务态度好、完成任务好"为内容的四好竞赛活动。第六放映队沈沆工作一丝不苟，认真刻苦钻研业务，专心保养机器，创造了646场安全供电新纪录。在竞赛活动中，沈沆、秦国祥、张洪兴、周苏进被评为先进工作者，并出席县文教先进工作者代表会议。1957年1月，沈沆、张洪兴、周苏进出席江苏省第一次电影先进工作者代表会议，沈沆受到大会的表扬。

1960年，在劳动竞赛中，县第三放映队沈瑞元、第二放映队陈苟大和高孝中等三人被评为先进工作者，参加县文教局在奔牛中学召开的文教群英大会，陈苟大还出席江苏省文教群英大会。社办电影队对照完成任务、宣传工作、普及放映、爱机护片、执行规章制度五个方面的要求，每年评选先进电影队和先进个人。1976年，万绥公社电影队放映员巢志定，符如方，坚持自己挑机器，不吃招待饭，不要群众请，主动把电影送上门，被评为全县先进集体。庙桥公社电影队放映员莫定一、李永勤工作积极主动，放映认真负责，被评为全县电影放映先进工作者。

1978年2月，镇江地区召开电影先进集体和先进工作者代表大会，武进县出席镇江地区电影先进代表大会的有县第一电影队、村前、崔桥、庙桥、万绥公社电影队等先进集体，先进工作者有戴龙度、赵荣昌、于炳海、张涵中、王玉焕、谢晓卫、蒋银度、巢志定、石锡凡、魏来宝、吴国泉、莫定一、张亚平、金志华、王汉忠、朱网荣、孙炳海、吴柏中、严忠明、朱建华等22位。同年8月，江苏省电影放映先进集体和先进工作者会议召开。县第一电影队、万绥、庙桥公社电影放映队三个电影放映队被评为先进集体，严忠旺、刘荣根、何云松、张炳海、戴龙度、石锡凡、金志华等七人被评为先进工作者。

1982年8月，吴寿根、陆关荣因工作积极，贡献突出，出席县政府召开的全县劳动模范和先进工作者会议。

21世纪初，电影演出公司每年组织开展各影剧院、电影放映队先进集体、先进个人评比活动，并召开会议予以表彰。

1953—2013年武进电影发行放映情况表

表7-3

年份	放映场次	观众人次（万人）	放映收入（万元）	发行收入（万元）
1953	297	66.5	—	—
1954	476	73.9	—	—
1955	704	80.8	—	—
1956	1383	108.1	6.05	—
1957	1790	139.1	9.29	—
1958	2703	304.5	15.26	—
1959	2340	234.5	13.65	—
1960	2243	221.8	12.13	—
1961	2403	219.4	11.95	—
1962	2243	165.0	10.28	—
1963	2565	187.0	11.83	—
1964	2700	243	13.62	—
1965	3275	444.1	13.37	—
1966	2155	161.2	8.21	—
1967	505	92.5	2.17	—

续表 7-3

年份	放映场次	观众人次（万人）	放映收入（万元）	发行收入（万元）
1968	580	101.3	3.06	—
1969	960	132.1	5.99	—
1970	1015	138.1	6.52	—
1971	1890	175.0	8.75	—
1972	2987	890	9.73	—
1973	3066	779	10.86	—
1974	3577	961	10.85	—
1975	4673	743	12.05	3.68
1976	3229	995	11.26	4.39
1977	19568	2157	25.88	8.74
1978	38365	4963	48.50	16.90
1979	45409	6283	60.90	21.10
1980	43458	6157	57.25	21.01
1981	41388	5534	71.75	26.48
1982	38805	4841	96.71	27.24
1983	36318	4411	133.71	51.87
1984	40169	4445	163.00	63.50
1985	31048	2170	193.14	77.29
1986	15801	1989	212.00	85.00
1987	35753	1630	230.00	93.00
1988	35400	1527	320.00	131.70
1989	38072	1553	410.00	169.00
1990	45773	1576	430.00	176.00
1991	43543	1526	445.00	181.00
1992	41277	1772	490.00	196.00
1993	33003	1452	500.00	200.00
1994	36000	1370	460.00	160.00
1995	20196	1201	450.00	130.00

续表 7–3

年份	放映场次	观众人次（万人）	放映收入（万元）	发行收入（万元）
1996	24685	1200	450.00	120.00
1997	21865	720	410.00	115.00
1998	20853	665	300.00	120.00
1999	21650	635	306.00	125.00
2000	20150	530	300.00	130.00
2001	19800	380	265.00	115.00
2002	18000	320	232.00	81.00
2003	16000	210	196.00	59.00
2004	15000	200	163.00	45.00
2005	14500	180	148.00	30.00
2006	13500	200	120.00	27.00
2007	13000	180	126.00	12.00
2008	4000	120	112	10.00
2009	4500	133	102	10.00
2010	4850	125	156	—
2011	4850	120	225	—
2012	5010	125	230	—
2013	5186	130	240	—

第五节　影评活动

1989 年，由中共武进县委宣传部、县教育局、县文化局、县广电局、团县委、县妇联、县关心下一代工作委员会等单位联合举办，武进电影公司承办武进首届“童影奖”电影影评活动。此后，每两年举办一届，至 2005 年 10 月，连续举办九届。

首届“童影奖”影评活动开幕式

每届“童影奖”电影放映活动都举行隆重的开幕式和闭幕式，由（县、市）区四套班子分管领导及主办单位负责人参加。

“童影奖”活动颁奖典礼

活动得到中国儿童少年电影学会及全国中小学生影视教育协调工作委员会的关注、肯定和赞扬。中共江苏省委宣传部副部长潘震宙，电影表演艺术家于兰、田华、陈锦俶、王澍、朱小欧等领导和专家先后到武进参加活动，并作指导。

历届“童影奖”电影影评活动期间，以放映国产优秀影片为主，组织全（县、市）区中小学生集体观看并召开主题班会和开展电影夏令营活动，同时组织影评征文评选和征文演讲比赛。九届“童影奖”活动共放映国产优秀影片 298 部，放映学生专场 12665 场，受教育学生达 956.7 万人次，收到影评文章 31 万余篇，评出获奖征文 1450 多篇。

“童影奖”活动使全（县、市）区广大中小学生受到爱国主义、集体主义、社会主义思想教育，有力地促进学校的素质教育活动，在省内外有较大的影响，受到社会各界的关注和各级领导的表彰。1992 年和 1994 年，武进电影公司获由广播电影电视部、文化部、国家教委、全国妇联、共青团中央五部委委托，中国儿童少年电影学会颁发的第五届、第六届儿童少年电影“童牛奖”，为全国县级唯一获奖单位。1998 年，“武进市第五届‘童影奖’电影影评活动”被中共常州市委宣传部评为 1996—1997 年度优秀宣传思想工作成果奖。

2004 年 6 月 1 日，武进“童影奖”电影活动成果展板被教育部、文化部、广电总局推荐在北京人民大会堂参加全国中小学生影视教育成果展览。

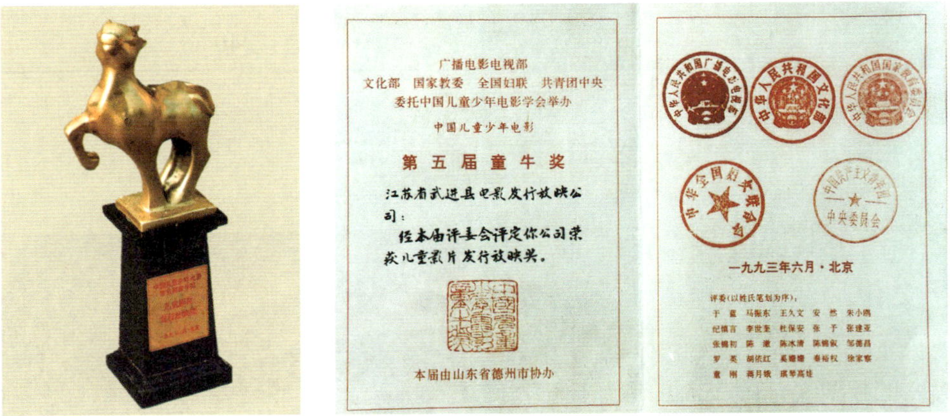

武进电影公司获由广播电影电视部、文化部、国家教委、全国妇联、共青团中央五部委委托，中国儿童少年电影学会颁发的第五届、第六届儿童少年电影放映“童牛奖”。

第八章 文物

武进历史文化源远流长，在5000多年的漫长岁月里，一代又一代武进人，先后在不同时期创造出辉煌的物质成果和精神财富。随着岁月的流逝，虽然有些遗存已经消失，或留在方志典籍之中，但仍有圩墩马家浜文化遗址、寺墩良渚文化遗址等古文化遗址、形制独特的淹城、阖闾城等西周、春秋时期的古城池遗址；有数百年以上的古园林、古戏楼、古寺庙、古桥、古民居等古建筑；有年代久远的古墓葬等留存至今，保存完好。这些遗址遗存遍布武进城乡，见证着武进悠久的历史。

中华人民共和国成立以来，武进的文博事业蓬勃发展。自1956年县政府成立文物管理委员会以来，在全区范围内开展三次不同规模的文物普查和文物征集工作，先后获得文物线索3000多条，征集文物2000余件。经申报并由各级人民政府公布的文物保护单位现有88处，历史文化街区2处。从1983年起，先后成立武进博物馆、淹城博物馆、武进名人馆、晓园艺术馆等。考古工作有序推进，文物的收藏、管理、展示工作卓有成效。至2013年底有馆藏文物3293余件。其中，1958年以来出土的独木舟、青瓷器、玉琮等国家一、二级文物有48件。

武进现存众多的历史遗迹、遗存和文物珍品，生动展示武进先民的聪明智慧，充分证明5000年来祖先在这块土地上创造的灿烂文化，是后人研究武进历史极其重要的实物例证。

第一节　博物馆、纪念馆

一、武进博物馆

（一）机构沿革

1983年2月，武进县人民政府武政发[1983]22号文件，批准成立“武进县博物馆”。其性质为全民事业单位，核定编制3人，隶属县文化局领导。职能是负责收藏本县内的历史文物（包括地下出土文物和革命历史文物），并对其保护、管理、研究和展示，对广大群众和青少年进行历史唯物主义和爱国主义教育。馆址设在湖塘镇县图书馆内，由图书馆蒋季复具体分管文博工作。1983年12月，恽南田纪念馆在马杭乡成立，隶属县博物馆管理。艺术大师刘海粟，著名画家黄胄到场祝贺。馆内存有恽南田生平事迹介绍和部分书画作品。1984年，县人民政府拨款12万元，在湖塘新街建造六间二层面积480平方米的馆舍，馆内设“历史文物”、“淹城遗址”、“武进风俗”、“名人书画”四个展室。1986年2月落成并对外开放，应邀参加落成典礼和开馆仪式的有江苏省文化厅副厅长曹德进，南京博物院副院长王英，

1984年位于湖塘新街的武进县博物馆

2007年位于淹城旅游区的武进博物馆

南京艺术学院院长保彬，常州市委宣传部、市文化局、市文管委负责人，武进县委、县政府、县人大、县政协领导及有关人士100余人。省文化厅副厅长曹德进和武进县委书记蒋惠良为博物馆开馆剪彩，艺术大师刘海粟、书法家武中奇分别题写“武进博物馆”和“集千古文物，刊万代文明”。同时，博物馆与图书馆分开，由蒋季复主持工作。1984年4月，林志方从部队转业，分配到博物馆工作。1985年1月，胡友成从龙虎塘文化站调至博物馆工作。1986年2月，武文发〔1986〕7号文件任命蒋季复为博物馆副馆长，主持工作。1986年5月，武编复〔1986〕12号文件确定博物馆编制由3人增加至8人（含恽南田纪念馆）。1986年7月，金祥勋从马杭文化站调至博物馆工作。同年10月，王岳群从县统计局调至博物馆工作。1985年，蒋季复被省文博系统评为文博工作先进个人。1986至1990年，博物馆连续5年被县人民政府评为文明单位。被县公安局评为安全保卫工作先进集体。1987年7月，武文发〔1987〕36号文件，任命蒋季复为武进县图书馆副馆长，免去博物馆副馆长职务。任命林志方为武进县博物馆副馆长，主持工作。费炳荣从文化馆调至博物馆工作。1988年2月，夏星南从浙江长兴县博物馆调至武进县博物馆工作。1989年8月，武文发〔1989〕31号文件任命林志方为博物馆馆长，夏星南为副馆长，胡友成负责财务工作。1990年，博物馆被江苏省文化厅评为思想政治工作先进集体。1996年4月博物馆党支部成立，由林志方任支部书记。1998年至今，由谭静芬负责财务工作。2001年，经江苏省文化厅苏文物[2001]第91号文件同意，武进博物馆增挂“南京博物院武进分院”的牌子，为武进博物馆与省内、外市、县、区开展交流协作提供了平台。2006年，由区政府投资9000余万元在武宜路西、淹城旅游区内，建造总面积8728平方米的武进新博物馆。新建的博物馆为仿古园林建筑，整体风格与春秋淹城仿古群体保持一致。馆内设有陈列区、学术报告厅、办公场所等区域。陈列区分四个展厅，第一展厅《史河流韵》，主要展出新石器时代至清代各历史时期的文物精品。第二展厅《淹城遗址》，主要展出春秋淹城遗址、历史风貌和出土文物。第三展厅《馆藏书画》，主要展出博物馆收藏的名人名家书画作品。第四展厅为机动展厅，用于临时性展览。所有展区均采用声、光、电、影视等多媒体、高科技手段，融知识性、观赏性、趣味性于一体，真实、艺术地再现武进人文历史风貌，成为武进标志性文化建筑和展示、传递历史文明的重要窗口。

2007年12月，新馆落成。原武进博物馆和淹城博物馆合二为一，同时迁址新馆，组建成新的武进博物馆。12月12日，举行开馆揭牌仪式。常州市、武进区有关领导参加开馆揭牌仪式。2007年12月，文化局任命王岳群任武进博物馆馆长，林志方任副馆长兼党支部书记。2008年5月起，由林志方主持博物馆工作。

2012 年，通过岗位竞聘，区文化广电新闻出版局任命施建刚为武进博物馆馆长，芮路俊、张宇为副馆长。内设办公室、文物部、陈列开放部、安保部，分别由谭静芬任办公室副主任兼财务工作，张彩英任文物部副主任，王颖任陈列开放部主任，唐学军任安保部主任。至 2013 年，全馆共有员工 37 名，其中正式在编人员有施建刚、林志方、芮路俊、张宇、谭静芬、许亚英、吴海燕、金霆蔚、陈富华、刘明生、孙官宝、张彩英、周璞、陈黎佳、王颖、唐学军、薛忠达 17 人。

2013 年，武进博物馆被江苏省科协、科技厅、教育厅命名为“江苏省科普教育基地”，被常州市推进终身教育工作领导小组命名为“常州市民终身学习服务基地”，被共青团武进区委员会命名为“武进区青少年社会教育基地”。

1986—2013 年武进博物馆馆长、副馆长更迭情况表

表 8-1

姓　名	职　务	任职时间	姓　名	职　务	任职时间
蒋季复	副馆长	1986.02—1987.07	林志方	副馆长	2007.12—2012.06
林志方	副馆长	1987.08—1989.08	施建刚	副馆长	2009.03—2012.06
夏星南	副馆长	1989.08—1999.08	施建刚	馆　长	2012.07—
林志方	馆　长	1989.08—2007.12	芮路俊（女）	副馆长	2012.07—
王岳群	馆　长	2007.12—2008.05	张　宇（女）	副馆长	2012.07—

（二）考古发掘

早在 1935 年（民国 24 年），就有卫聚贤和陈志良等人到武进淹城实地踏勘，发现许多几何印纹陶片和原始青铜器等，并发表《奄城访古记》一文。确认淹城为西周和春秋时期居民活动的遗址。1958 年 4 月，淹城农业合作社社员在淹城内城河挖河泥发现了三条独木舟和一批青铜器，提升了淹城遗址的价值地位，推动对淹城遗址的考古研究工作。1983 年，武进博物馆成立后，配合淹城管理委员会对淹城遗址进行全面调查，制订保护、开发、利用规划等工作。1986 年 5 月至 1991 年 8 月，博物馆配合南京博物院、常州市博物馆、武进县文物管理委员会等单位联合组成“江苏省淹城遗址考古发掘队”，对淹城遗址进行五期考古发掘，先后出土文物 500 余件。

1997 年 5 月，博物馆组织力量，对位于武进横山桥镇奚巷村的王洛家族墓群进行抢救性考古发掘，共清理明代墓葬 6 座，出土文物 203 件。其中出土的一批纺织品反映当时高超的织造艺术和明代贵族的舆服制度。1999 年，博物馆联合文管办对位于剑湖乡明代墓葬进行考古发掘，出土青瓷碗和釉陶罐等文物 10 多件。

2006 年对前黄两座明代墓进行考古发掘，共出土文物 19 件，其中瓜棱葫芦形金耳坠和金发簪极为珍贵。2009 年 4 月，博物馆配合江苏省考古研究所和区文管办对常州科教城工地上三处明代墓葬进行抢救性考古发掘，清理吴氏家族墓 6 座，出土墓志铭 2 块，金、银、铜、锡器、陶瓷器等 69 件。蒋氏家族墓 8 座，出土金属器、陶瓷器等 24 件。恽氏家族墓11座,出土金银铜器、玉器、陶瓷器等22件。这次考古发掘共清理明代墓葬24座,清代早期墓葬1座,出土金、银、铜、锡、陶瓷等各类文物115件,其中明代晚期孔雀绿釉盖罐具有较高的文物价值。

2010年至2011年间,配合常州市博物馆、常州市文物保护管理中心、武进区文管办对常州胥城遗址控制地带进行为期50天的考古勘探工作。2011年,配合江苏省考古研究所、常州市文物保护管理中心对太湖湾明代墓葬进行勘探和发掘。2012年6月,经专家考察论证,确定遗址为明代东林党人钱一本的陵园,并定名为“钱一本陵园遗址”。

(三)文物收藏

武进博物馆成立以前,文物工作人员几经更替,管理机构多次转换。全县文物工作一度失管,许多文物遭到破坏或遗失。

1986年,武进博物馆有馆藏文物500余件,其中出土文物300件,有西林乡、寨桥乡发现的鹿角化石、象牙化石;有郑陆乡寺墩遗址、横林镇青墩遗址出土的玉琮、玉璧;有淹城遗址出土的独木舟、青铜器和陶器;有雪堰、青龙、洛阳、小河等地发现的青铜器、玉器和金银器,还有不少珍贵的石碑、石刻;有艺术大师刘海粟、黄胄、陈大羽、夏伊乔为纪念常州画派创始人恽南田诞辰350周年合作的《双鹰图》《泼墨画驴图》等,还有历代武进籍著名书画家的作品100多幅。

为加强馆藏文物的保护和管理工作,武进博物馆制定《武进博物馆规章制度汇编》,确定各类岗位责任制,对馆藏文物逐一登记编号和造册,为国家级文物建立档案,并实行专人管理。2000年,邀请常州市文物鉴定专家对623件馆藏历史文物进行时代鉴定、规范名称,请有关专家对19件局部残损的文物进行抢救性保护修复。2005年,完成对633件展出文物的照片拍摄工作,为2000多件馆藏文物建立电子账册。2007年,为1600多件主要文物制作文物锦盒。

为做好文物收藏工作,博物馆通过考古发掘,走访征集,社会捐赠,接收移交等途径,不断增加藏品数量。1998年,全年共增馆藏文物411件,其中有潘家塘土墩墓出土的春秋时期文物39件,接收民间捐赠文物200多件,征集文物160余件。2000年,博物馆还对流散在各乡镇的石碑、石雕等文物开展征集工作。

至2013年,武进博物馆共有馆藏文物3293余件,其中国家一级文物7件,二级文物41件,三级文物545件。

武进博物馆馆藏一、二级文物情况表

表8-2

序号	名　称	年代	级别	出土地点	出土时间
1	玉带钩	新石器	一级	郑陆寺墩遗址	1994
2	十一节兽面纹玉琮	新石器	一级	郑陆寺墩遗址	1994
3	独木舟	春秋	一级	淹城内城河	1965

续表 8-2

序号	名　　称	年代	级别	出 土 地 点	出土时间
4	原始青瓷鼎	春秋	一级	淹城城外土墩	1993
5	漆纱珠翠庆云冠	明	一级	横山桥王洛家族墓群	1997
6	勾编网纹叠花贴绣素缎残片	明	一级	横山桥王洛家族墓群	1997
7	舞凤折枝花缎织金襕残片	明	一级	横山桥王洛家族墓群	1997
8	大玉璧	新石器	二级	郑陆寺墩遗址	1994
9	兽面纹玉琮	新石器	二级	横林青墩遗址	1972
10	石锛	新石器	二级	前黄寨桥	1984
11	石斧	新石器	二级	前黄寨桥	1984
12	石钺	新石器	二级	横林	1984
13	石钺	新石器	二级	雪堰乡南山采石场	1972
14	石纺轮	新石器	二级	青龙志英潘家塘遗址	1977
15	石锛	新石器	二级	青龙志英潘家塘遗址	1977
16	蟠螭纹双耳铜盘	春秋	二级	小河收购站	1980
17	几何印纹硬陶罐	春秋	二级	淹城遗址	1965
18	原始青瓷鼎	春秋	二级	淹城遗址	1987
19	青铜鼎	春秋	二级	淹城内城河	1976
20	青铜斧	春秋	二级	淹城内城河	1983
21	羊形盖钮青铜鼎	战国	二级	孟城砖瓦厂	1980
22	青铜剑	战国	二级	芙蓉镇双庙村宋家圩	1991
23	带盖活环提梁卣	战国	二级	万绥收购站	
24	青铜熊足尊	西汉	二级	湖塘金鸡墩	1971
25	青釉虎子	西晋	二级	坊前乡坊前大队牛马墩	1975
26	文臣木俑	唐	二级	横林陶庄村工厂工地唐墓	1990
27	武士木俑	唐	二级	横林陶庄村工厂工地唐墓	1990
28	越窑葵瓣青瓷碗	五代	二级	雪堰大巷	1971
29	漆盒	宋	二级	剑湖砖瓦厂	1987
30	影青瓜棱带盖瓷执壶	北宋	二级	郑陆施桥大队	1977
31	景德镇窑青白釉斗笠碗	北宋	二级	剑湖砖瓦厂	1987
32	“上京路万户”铜印	金	二级	湖塘收购站	1985
33	漆托盏	元	二级	卜弋下港大队孙家村	1976
34	漆碗	元	二级	卜弋下港大队孙家村	1976
35	嵌木镂雕带	明	二级	横山桥王洛家族墓群	1997

续表 8-2

序号	名　　称	年代	级别	出　土　地　点	出土时间
36	素缎织金狮子补服	明	二级	横山桥王洛家族墓群	1997
37	如意云花缎织金襕折裥单裙	明	二级	横山桥王洛家族墓群	1997
38	四合如意云花缎织金狮子补服	明	二级	横山桥王洛家族墓群	1997
39	四合如意云花缎织金狮子补服	明	二级	横山桥王洛家族墓群	1997
40	四合如意云花缎织金孔雀补服	明	二级	横山桥王洛家族墓群	1997
41	漆纱发冠	明	二级	横山桥王洛家族墓群	1997
42	人物纹金饰	明	二级	前黄明墓	2000
43	孔雀绿釉盖罐	明	二级	常州科教城明墓出土	2009
44	木梳	明	二级	横山群丰大队十二队	1976
45	张鹏翀山水轴	清	二级	馆藏	1983
46	恽南田横琴坐思图轴	清	二级	经谢稚柳介绍于上海文物商店购买	1983
47	恽源成荷花轴	清	二级	馆藏	1983
48	恽源濬牡丹轴	清	二级	馆藏	1983

武进博物馆馆藏主要革命文物情况表

表 8-3

序号	名　　称	捐献人	用　　途
1	货郎担	章根生	抗战时期地下交通作掩护用
2	抗属优待证	吴桂大	抗战时期用
3	入团志愿书	吴桂大	抗战时期用
4	司法手册	刘产大	抗战时期用
5	队旗	刘产大	抗日自卫队用
6	烈士印章	沈兰珍	抗战时期用
7	公文包	储少白	抗战时使用
8	七大党章	刘镇芳	抗战时期用
9	荣誉剑	刘镇芳	抗日战争战利品
10	匕首	刘镇芳	抗日战争战利品
11	领粮证	蒋锦霖	解放战争时期用
12	饭票	储顺光	解放战争时期用
13	大刀	郑茂全	抗战时反清乡用
14	入团志愿表	王菊邨	解放战争时期用
15	《武进调查》	周必达	解放战争时期用
16	箩筐	贾永红	地下交通站护送文件用
17	墨晶眼镜	宋亚欣	地下工作用
18	抗美援朝纪念章	沈龙孝	纪念抗美援朝用

武进博物馆馆藏书画情况表

表 8–4

序号	名　称	年代	作　者	等级
1	山水轴	清代	张鹏翀	二级
2	山水图轴	清代	张鹏翀	三级
3	横琴坐思图轴	清代	恽寿平	二级
4	荷花图轴	清代	恽源成	二级
5	牡丹图轴	清代	恽源濬	二级
6	札稿拓片镜片	清代	恽南田	三级
7	篆书八言联	清代	汪　洵	三级
8	楷行书八言联	清代	陈　冕	三级
9	山水图轴	清代	陈崇光	三级
10	花卉图轴	清代	吴树本	三级
11	仕女轴	清代	陈崇光、燕子坚	三级
12	行书八言联	清代	郑孝胥	三级
13	行书七言联	清代	何　栻	三级
14	松菊轴	清代	庄曜孚	三级
15	新秋风味图轴	清代	丽永康	三级
16	秋江晚渡图镜片	清代	袁兆龙	三级
17	松竹梅图轴	近代	龚铁梅	三级
18	行书四言联	近代	萧　娴	三级
19	行书轴	近代	萧　娴	三级
20	行书轴	近代	萧　劳	三级
21	墨竹图轴	近代	黄竹荪	三级
22	行楷书七言联	近代	吴稚晖	三级
23	四体条幅	近代	丁锡如	三级
24	行书七言联	近代	朱兆新	三级
25	行书轴	近代	张芝瑞	三级
26	行楷书五言联	近代	唐　驼	三级
27	隶书五言联	近代	许同章	三级
28	楷书四条屏	近代	许同章	三级
29	隶书对	近代	许同章	三级
30	篆书轴	近代	邹光鲁	三级
31	楷书对	近代	邹光鲁	三级
32	杂书三条屏	近代	邹光鲁	三级

续表 8–4

序号	名　称	年代	作　者	等级
33	篆书五条屏	近代	张寿贤	三级
34	墨竹拓片轴	近代	笏　山	三级
35	花卉图轴	近代	陆曙轮	三级
36	绿葵含露图轴	近代	闲　鸥	三级
37	花卉图轴	现代	郑　惠	三级
38	行书轴	现代	沙孟海	三级
39	草书轴	现代	沈尹默	三级
40	行草书轴	现代	陈叔亮	三级
41	行书轴	现代	周谷城	三级
42	草书轴	现代	林散之	三级
43	虎图轴	现代	房　毅	三级
44	芝兰图轴	现代	王个簃	三级
45	篆书轴	现代	王个簃	三级
46	“大柏地”图轴	现代	钱松嵒	三级
47	人物图轴	现代	叶浅予	三级
48	公鸡图轴	现代	陈大羽	三级
49	篆书轴	现代	陈大羽	三级
50	奔马图轴	现代	尹瘦石	三级
51	荷花图轴	现代	沈柔坚	三级
52	草书轴	现代	舒　同	三级
53	草书轴	现代	胡公石	三级
54	行草书七言联	现代	费新我	三级
55	行书轴	现代	费新我	三级
56	行书四言联	现代	黄养辉	三级
57	行书馆牌镜片	现代	谢稚柳	三级
58	翠竹图轴	现代	黄幻吾	三级
59	隶书轴	现代	钱君匋	三级
60	花卉轴	现代	钱君匋	三级
61	行书条幅	现代	钱君匋	三级
62	山水图轴	现代	陆俨少	三级
63	春不老轴	现代	沈迈士	三级
64	行书轴	现代	朱屺瞻	三级
65	冰肌玉骨图轴	现代	杨建侯	三级
66	松竹梅图轴	现代	吴青霞	三级

续表 8-4

序号	名 称	年代	作 者	等级
67	梅竹图轴	现代	张辛稼	三级
68	行书轴	现代	卫瓦翁	三级
69	行草书轴	现代	程十发	三级
70	行书馆牌镜片	现代	刘海粟	三级
71	行书轴	现代	刘海粟	三级
72	行书重修恽南田墓记	现代	刘海粟	三级
73	行书镜片	现代	刘海粟	三级
74	行书馆碑轴	现代	刘海粟	三级
75	双鹰图镜片	现代	刘海粟等四人合作	三级
76	清秋图镜片	现代	刘海粟、陈大羽合作	三级
77	陶渊明镜片	现代	刘海粟、黄胄合作	三级
78	苏东坡图轴	现代	刘海粟、黄胄合作	三级
79	泼墨画驴图镜片	现代	刘海粟、黄胄合作	三级
80	荷花游鱼图镜片	现代	亚 明	三级
81	花卉轴	现代	张大壮	三级
82	小楷轴	现代	承名世	三级
83	山水轴	现代	承名世	三级
84	红梅报春图镜片	现代	陈大羽	三级
85	雏视图镜片	现代	陈大羽	三级
86	行书轴	现代	武中奇	三级
87	篆书轴	现代	胡一飞	三级
88	篆书诗轴	现代	胡一飞	三级
89	行书轴	现代	周而复	三级
90	花卉轴	现代	陆抑非	三级
91	竹图轴	现代	唐云兰	三级
92	篆书轴	现代	方去疾	三级
93	秋风扁豆花轴	现代	张大风	三级
94	花鸟图条幅	现代	张 培	三级
95	花鸟图条幅	现代	宋 端	三级
96	墨竹图轴	现代	蒋风白	三级
97	春兰图轴	现代	蒋风白	三级
98	兰竹同春轴	现代	蒋风白	三级
99	兰花图轴	现代	蒋风白	三级
100	行书轴	现代	蒋风白	三级

（四）展览活动

1984年4月，为庆祝武进解放35周年，博物馆与县委宣传部联合举办《武进革命烈士事迹展览》，展出30天，参观者达1万人次。1985年1月，博物馆举办《武进文物普查成果展览》，展出历史文物、革命文物共400余件，参观者达3万多人次。1986年，博物馆开设历史文物、淹城遗址、武进风俗、名人书画四个展室，展出文物500余件。当年接待参观者4万多人次，还接待日本、澳大利亚、美国、加拿大等外国宾客。当年8月，为纪念李公朴遇难40周年，博物馆与民盟常州市委、湖塘镇人民政府联合举办《李公朴事迹展览》，李公朴烈士女儿及3000多名观众前来观看展览。1988年，博物馆组织《武进婚俗展览》，先后到东青、前黄、洛阳和南京莫愁湖、宜兴等地展览，让观众了解武进解放前的婚姻习俗，引起对民俗学的浓厚兴趣。

1991年，文化部等六部委发出通知，要求各级博物馆充分利用历史文物、革命文物，对广大青少年和人民群众进行爱国主义和革命传统教育。为贯彻这一精神，武进博物馆充分利用现有的展室，坚持常年对外开放，采取“走出去、请进来”多渠道、纵横向联合的方法，开展展览活动。当年，为纪念中国共产党成立七十周年，武进博物馆引进南京博物院《没有共产党就没有新中国》中200多件文物和300余幅图片，在博物馆展出。期间有59个单位1.1万余人观看展览。一位中学校长说，展览内容丰富，是对学生进行近代史和国情教育一个极好的课堂。1995年，为配合“我为武进添光彩”主题活动，博物馆举办“95武进文物古迹游”活动，组织中小学生参观博物馆、郑陆寺墩遗址、横山桥大林寺、白龙庙及澄西革命烈士陵园，激发广大师生爱家乡、爱祖国的热情。同年，还设计制作《纪念抗日战争胜利50周年史料展》，先后在15个乡镇的中小学巡展，累计3万多名师生观看展览。

1997年，为迎接香港回归祖国，博物馆设计制作的《香港历史与发展》展览，展出图片220幅，采取馆内阵地展览和馆外巡回展览相结合，历时120天，全县73所中小学校的师生，30多个机关和企业单位干部职工计6.7万人观看展览。1998年，博物馆为发挥历史文物的作用，让青少年了解武进历史，制作《武进5000年文明史》图书展览，从3月至12月，历时10个月，共有87所学校6.4万名师生观看展览。同年，为配合全国禁毒宣传活动，博物馆举办《珍爱生命，拒绝毒品》图片巡展，展出图片资料260余幅，巡回48个乡镇，观众达17余万人次。1999年，博物馆举办《纪念武进解放50周年》图片展，展出图片资料223幅，各类文物50余件，历时一个月，参观者达5万人次。

2000年以后，博物馆的工作重心是围绕陈列文物的修复、年代考证和鉴定、讲解词编写、标志牌制作等工作展开，为进一步发挥展示武进历史文明窗口作用做基础工作。2009年1月起，博物馆实行免费开放。至2013年年底，累计接待各类参观团队990多个90余万人次。接待外宾1.7万人次。主办和协办各类书画、文物等展览50余场次。

2009—2013年武进博物馆承办展览情况表

表8-5

展览名称	展出时间	主办单位
抗日战争时期武进地方币展	2009.01.25—02.09	武进区博物馆
“明心见性”圆霖法师书画展	2009.04.29—05.05	常州市佛教文化研究会
“探索与发现”大型海洋生物科普展	2009.05.16—06.01	武进区博物馆
画象名家刘清傲精品展	2009.08.28—09.06	武进区文化广电新闻出版局
“城管杯”武进花鸟画作品展	2009.09.26—10.07	武进区文化广电新闻出版局、区城管局
武进区非物质文化遗产普查成果展	2009.10.27—11.15	武进区文化广电新闻出版局
河南中州书画院名家作品收藏精品展	2009.12.23—01.05	武进区博物馆、河南中州书画院
狄卫星书法作品展	2010.02.12—02.23	武进区博物馆
汪鹤鸣中国烙画艺术展	2010.02.28—03.17	常州市宣传部、市文化广电新闻出版局
南京魏紫熙艺术馆山水画作品展	2010.04.25—05.10	南京美术家协会、南京市魏紫熙艺术馆
陈海良书法艺术展	2010.05.15—05.24	武进区文化广电新闻出版局、区文联
春秋淹城旅游门票展	2010.05.28—06.10	春秋淹城门票收藏联谊会
台湾名家沈以正、罗芳书画艺术作品展	2010.06.18—06.27	武进区文化广电新闻出版局
“繁荣武进文化市场、幸福武进新市民”中国书画名家作品展	2010.08.28—09.05	武进区文化广电新闻出版局、团区委、北京国尚画院
武进现代书画家作品展	2010.09.29—10.08	武进区文化广电新闻出版局、武进区团委
武进区老干部“庆世博·庆省运”书画展	2010.10.18—10.29	区委老干部局、区委老干部书画协会
诗境·墨意——旅加著名画家孟宝清书画展	2010.12.23—2011.01.02	区政协港澳台侨委会、区海外联谊会和区侨办、侨联
武晓临书法作品展	2011.01.09—01.18	武进区文化广电新闻出版局
李金谷山水画作品展	2011.01.22—02.09	武进区文化广电新闻出版局
“花都水城浪漫武进”摄影作品展	2011.04.27—05.03	中国摄影家协会
武进“高新区杯”艺术摄影展	2011.09.25—10.07	武进高新区党工委、管委会、区文化广电新闻出版局
全国旅游门票收藏展	2011.11.27—12.06	春秋淹城旅游区管理委员会
许琪萍〈梦江南〉艺术作品展	2011.12.28—12.30	武进区文化广电新闻出版局
“龙腾华夏”著名工笔画家王龙飞精品画展	2012.01.01—01.08	武进区文化广电新闻出版局
“汇鸿印象”书画名家走进常州书画展	2012.03.18—03.25	江苏省文联、常州市文联、武进区委宣传部、武进区文化广电新闻出版局
姜昆书法艺术展	2012.03.30—04.08	武进区文化广电新闻出版局
“墨香阳湖”六人书法展	2012.04.15—04.25	武进区文化广电新闻出版局、常州市书协、金坛市书协

续表 8-5

展览名称	展出时间	主办单位
“阳湖书韵”青年书法家八人展	2012.05.01—05.04	武进区文化广电新闻出版局
路怀中山水画精品展	2012.05.06—05.12	武进区文化广电新闻出版局
江苏省“五星工程奖”优秀摄影作品展	2012.05.22—07.15	江苏省文化馆、武进区文化广电新闻出版局、武进区文学艺术界联合会
武进区老干部局“喜迎十八大”书画展	2012.09.12—09.20	中共武进区委老干部局、武进区老干部书画协会
狄卫星九体千字文书法展	2012.09.23—10.11	武进区政协、区文化广电新闻出版局、区文联
庆十八大迎花博会——大鲁艺朱泽诗书画展	2012.10.14—10.21	武进区文化广电新闻出版局、江苏环太湖艺术城发展有限公司
“花博墨香”武进区前黄片小学十校师生书法展	2012.11.02—11.06	雪堰中心小学、礼嘉中心小学、前黄中心小学、南宅实验学校、潘家小学、漕桥小学、运村小学、寨桥小学、政平小学、坂上小学
喜庆十八大书画、摄影、工艺美术品精品展	2012.11.12—11.14	区文联、区文化广电新闻出版局
陆涛声《书法丛帖》、《心情墨迹选》首发式暨丛帖原作展	2012.11.17—11.21	中国文联书画艺术交流中心、中国农工民主党常州市委、中共常州市武进区委统战部、湖北美术出版社
牛塘镇庆十八大书画作品展	2012.11.23—11.28	牛塘镇政府
阳湖书韵青少年书法精品展	2012.12.08—12.14	武进区文化广电新闻出版局
郭林曦·徐慰刚、张家毅中国画作品展	2013.02.02—02.18	江苏省美术家协会、江苏省花鸟画研究会、武进区文化广电新闻出版局
石上墨韵——江苏海州湾地面石刻拓片精品展	2013.04.21—05.08	连云港市重点文物保护研究所
“和谐武进，众缘和合”武进区龙承博物馆佛、道教文化展	2013.05.18—06.18	常州市武进区龙承博物馆、常州市武进区博物馆
“经典迎花博”——武进青少年书画精品展	2013.06.01—06.05	武进区文化广电新闻出版局、武进区文学艺术界联合会
喜迎花博——美丽常州集邮藏品展	2013.06.15—06.21	常州市武进区花博会事务协调局、常州市淹城门票联谊会、常州市老年集邮协会

（五）学术研究

武进博物馆成立后，在考古发掘的同时积极推进学术研究工作。至 2013 年，在省级以上发表论文 22 篇，出版研究专著一部。

1991 年，由秦蔚成任主编，林志方、王岳群任副主编的《武进馆藏文物》一书，由江苏古籍出版社出版发行。1996 年，王岳群撰写的论文《江苏寺墩遗址第 4、第 5 次发掘》录入海南国际新闻出版中心出版的《东方文明之光——良渚文化发现 60 周年文集》。1999 年，林志方撰写的《武进明代王洛家族墓》一文在《东南文化》杂志上发表，文章提出明代中期我国纺织品“勾编网纹叠花贴绣”工艺已经成熟的观点，否定了该工艺是1985年由国外传入的论说。

2001年，博物馆开始对武进夏、商、周时期古文化的研究，2003年完成良渚文化晚期至春秋时期武进历史沿革的研究和考证，绘制新的武进历史沿革表，编写参展文物标志牌说明书。2004年，林志方撰写的论文《江南地区夏、商、周文化断层及原因考》被中国管理科学院收录在《中国当代思想宝库》一书中。2005年，林志方的论文《江南地区晚期良渚文化的迁徙原因》被列入浙江社科院良渚文化研讨课题。2007年，林志方主编的专著《淹城探秘》由黑龙江人民出版社出版发行，该书对涉及春秋时期吴国、越国、楚国等江南地区历史文化作了诠释。2009年，武进博物馆创办文博研究刊物《武进文博》，每半年出刊一期，每期发放1000本。主要内容有“考古发现”“藏品鉴赏”“人物考评”“学术研究”“武博纪事”等。刊物发行至全省博物馆系统，省外部分兄弟馆、院，本区各部委办局及中小学校。

2013年，武进博物馆编写的《明代王洛家族墓考古发掘报告》和《武进博物馆典藏精萃》两本书初稿完成。《武进博物馆典藏精萃》一书收录博物馆馆藏文物精品215件，分玉石、陶瓷、金银、铜器、骨木漆器、织绣、书画七大类。

二、淹城博物馆

淹城博物馆，成立于1985年9月，全民事业单位，隶属文化局领导。馆址设在武进博物馆内，两块牌子一套班子。1988年移址古淹城内，独立开展业务工作。主要职能是对春秋淹城遗址进行保护、利用、考古和研究。馆内设有淹城遗址出土文物展览室，展出文物100余件，常年对外开放。先后与73所中、小学签订德育教育基地协议书，并举行授牌仪式。1997年，被江苏省委宣传部命名为“江苏省爱国主义教育基地”。1988年12月，县文化局任命赵玉泉为淹城博物馆副馆长，主持工作。2001年4月，赵玉泉调文物管理办公室工作，由王岳群任副馆长，主持工作。2002年10月，文化局任命王岳群为馆长，壮宏亮负责财务工作。

1992年，淹城博物馆联合有关文物专家对出土文物独木舟进行保护和抢修。1996年4月，邀请全国著名文物考古保护专家在湖塘金龙饭店召开《淹城遗址保护、利用总体规划》论证会。同年6月17日，由国家文物局批准该方案。1998年，博物馆组织力量，修复遗址子城内的春秋竹木井，并建造了仿春秋格局的竹木井亭。

2002年，淹城博物馆制定《淹城遗址城墙保护方案》。2005年与文管办合作，完成《春秋淹城遗址——中国世界文化遗产预备名录》的文本制作和申报工作。2007年，淹城博物馆与武进博物馆合并，迁移至新的武进博物馆。

三、武进名人馆

武进名人馆，坐落在春秋淹城城楼内，面积1000平方米，分上下两层，于2007年9月对外开放。馆内设有季札、萧统、唐荆川、张惠言、恽敬、恽南田、赵翼、洪亮吉、盛宣怀、丁甘仁、李宝嘉、刘海粟、周璇、赵元任、吴伯超、张志让、洪深、阿甲、恽

武进名人馆

逸群19位个人展区，19位齐梁帝王和9名状元，1457名进士展区，还有瞿秋白、恽代英、张太雷、李公朴、董亦湘5位革命烈士，冯仲云、王铮两位将军和吴稚晖等47位武进籍三院院士的展区。

名人馆集声、光、电多媒体为一体，向人们展示武进的人文精神，文化底蕴，成为人们了解武进的门径，沟通友情的桥梁，素质教育的课堂。自2007年开放以来，累计接待观众达30余万人次。

名人馆开馆时，由区文化局委托区书画院管理，2009年划归武进区博物馆管理。至2013年有电工、技术员、讲解员等3名职工。

四、晓园艺术馆

晓园艺术馆开馆

晓园艺术馆，位于武进博物馆旁，面积780平方米，全民事业单位，隶属区文化广电新闻出版局领导。主要职能是收藏、管理、展示、研究袁晓园先生的艺术作品和相关实物。由张振任馆长，凌玉萍负责财务工作。

袁晓园是武进湖塘夏雷村人，是中国现代第一位女税务官、女外交官，民革中央委员，曾任职于纽约联合国总部。20世纪中叶，其放弃美国国籍，回国致力于政治协商和祖国统一大业，是国内外有重大影响的爱国民主人士、社会活动家、语言文字学家、书画家，一生留下许多珍贵的书画艺术作品。

2011年初，武进区委、区政府为传承晓园精神，弘扬晓园艺术，出资600万元建造“晓园艺术馆”，馆内珍藏和展出袁晓园艺术作品1000余件，于当年12月对外开放。

五、民间博物馆

进入21世纪以来，武进区民间博物馆发展迅速，至2013年陆续开办的有10多家。经江苏省文物局批准的有5家。其中综合类的有位于郑陆镇牟家村的“常州牟家村博物馆”、位于横山桥镇清琪雅苑的“常州横山桥博物馆”、位于湖塘镇新城南都的“常州市武进区湖塘博物馆”、位于湖塘镇淹城常乐坊的“常州武进区龙承博物馆”等4家，艺术类的有位于湖塘镇江村的“常州市武进区藏龙龙文化博物馆”1家。

六、民间收藏

在武进民间有数以百计的收藏爱好者，收藏门类和品种五花八门，最具特色的有以下几种：

（一）奇 石

1964年，湖塘镇马杭恽仲坤开始收藏奇石，40多年足迹遍及新疆、内蒙、广西及越南、马来西亚等10多个地区和国家，采集各式天然奇石2100余件。2000年12月，创办常州首家奇石馆，展出奇石600余件（块）。后又在无锡创办“龙吟”、“锡城”两家奇石科普馆。收藏的灵璧石《鹅》获2004年文化部、建设部联办的“世界博览会奇石精品展”金奖。

灵璧石《鹅》

（二）钱 币

郑陆镇钱云从1951年开始收藏古钱币，现有南北朝至清代的钱币1000多个品种5000余枚。材质有铜、锡、铅、铁、玉、骨、纸、泥等。1988年，武进博物馆曾举办“钱云古钱币展”。在武进收藏钱币的还有殷生岳和王宇清，分别收藏钱币各有500余种。

（三）铜 镜

横山桥镇周荣华自20世纪80年代起开始收藏铜镜，至今已收藏160多面。其中最早的是春秋时期圆形“弦纹素镜”，距今最近的是清朝中期“湖州薛惠公造”圆形铜镜。镜面最大的是宋朝八边菱花“长命富贵”镜，直径23厘米。最小的是汉代“四乳禽兽”圆镜，直径6厘米。

（四）酒 瓶

湖塘镇鸣凰张小兴收藏酒瓶始于20世纪80年代初，至今已收藏600多个品种7000余只，材质有玻璃、紫砂、陶瓷、竹木、铜、锡、银等。造型有人像、动物、几何图形等。其中容量最大的达15千克，最小的仅50克。藏品中有“金陵十二钗”、“福禄寿禧”和古代“四大美女”等套瓶50余种。张小兴还撰写研究酒瓶取名、材质、造型、图文的文章150多篇。

酒瓶《福禄寿禧》

（五）粮 票

20世纪60年代，横山桥镇包立本开始收藏粮票，至今已收藏百余种一万余张。面额存粮达15多万千克。主要品种有全国粮票、地方粮票、定额粮票、特种粮票和临时粮票等。面额最大的是0.7万千克，最小的仅5克。粮票材质分纸、塑料、竹、木等。北京粮票图案为十三陵水库，浙江粮票图案为杭州西湖、岳王庙，上海粮票图案为石库房民居。各地粮票都富有地方特色。最具时代特色的是套红印的毛泽东主席语录粮票。

（六）龟文化

郑陆镇顾博贤自1991年开始收藏龟文化资料，至今已收藏“龟玩”工艺品400余件，其材质有玉、石、陶瓷、紫砂、铜、木等，品种有砚台、笔洗、香炉等。其中最古老的有逾万年的无盾龟化石，最大的重数十斤。同时，顾博贤还搜集龟成语典故54条，对联集锦90副，龟歇后语398条，谜语52条，有关龟的吉祥图案244幅，邮票53张，为研究龟文化提供大量的珍贵资料。

七、纪念馆

（一）武进革命烈士陵园

位于淹城路的武进革命烈士陵园

武进县革命烈士陵园前身为“武进革命烈士纪念馆”，纪念馆始建于1984年，位于新常漕公路旁湖塘镇东庄村，面积1.72万平方米。1987年8月1日对外开放。馆内陈列有瞿秋白、恽代英、张太雷、董亦湖、李公朴烈士的半身塑像以及他们的事迹介绍。有1924年至1945年第一、二次国内革命战争和抗日战争时期牺牲的786位烈士像片。有1945年至1986年期间牺牲的1262位烈士像片，还有351件烈士遗物和相关资料。

1996年，县委、县政府决定将纪念馆迁移至淹城遗址西侧，占地8.525万平方米，总投资4500万元。1998年更名为“武进革命烈士陵园”。1999年4月5日落成并举行揭碑仪式。开园以来共接待55.6万人次前来参加悼念活动。2004年被江苏省委宣传部命名为“江苏省爱国主义教育基地”。

（二）澄西革命烈士纪念馆

位于横山桥镇清明山的澄西革命烈士纪念馆

澄西革命烈士纪念馆，坐落在武进县横山桥镇清明山南，大林寺西侧。由武进县、江阴县、无锡县有关乡镇共同出资建造。于1990年10月兴建，1991年6月竣工并对外开放。占地面积5939平方米。有接待室、牌楼、烈士纪念碑、烈士事迹展览室等四部分组成。馆内陈列原澄西地区600位烈士的像片和事迹介绍，有原澄西县委第一任书记、故宫博物馆馆长彭炎题写的“澄西县革命烈士纪念馆”门额，原澄西县县长张志强题写的“澄西县革命烈士纪念碑”碑名。

1994年8月，澄西革命烈士纪念馆由武进县属地管理，并进行整修和增建，现占地面积达8366平方米，于1996年竣工。原全国人大副委员长叶飞题写了“澄西地区烈士陵园”的门额。自1996年至2013年，纪念馆共接待前来参加悼念活动的有38.8万人次。

（三）恽南田纪念馆

恽南田纪念馆位于马杭镇南街。馆舍原是马杭八房村人宋雪琴于1935年（民国24年）建造的家祠，解放后收归国有。1983年，为纪念恽南田诞辰350周年，武进县人民政府拨专款改建为恽南田纪念馆。纪念馆坐北朝南，砖木结构，为歇山顶勾连搭式建筑，飞檐斗拱，四角起翘，颇具古风，总面积173平方米。纪念馆南檐中堂檐下挂有艺术大师刘海粟先生题写的“恽南田纪念馆”横匾一块。馆内陈列恽南田塑像和其书画、书迹、碑刻等，还收藏刘海粟、黄胄、陈大羽、吴青霞、程十发、萧娴等书画家作品百余件。纪念馆东、南、西建有垣墙，构成独门独户庭院建筑，总面积1000余平方米。院内建有一歇山顶凉亭，挂有书画家谢稚柳先生题写的“恽南田纪念馆”匾额。2008年2月，被常州市人民政府公布为市级文物保护单位。

恽南田纪念馆

第二节　古遗址

一、古文化遗址

（一）圩墩遗址

圩墩遗址，位于常州市戚墅堰大运河南侧的圩墩村一带。于1960年发现，1972年试掘后，又经1974年、1978年、1985年、1992年4次发掘，面积1900.25平方米，文化层堆积厚度为1.5米左右。上层为崧泽文化层，下层为马家浜文化层，共出土釜、豆、罐、盆、钵和炉条形火架等陶器，凿、刀等石器，石丸、石球、石镞、纺轮和竹、木、骨制品等数百件，并有保存完好的木针、纺织物、绳子等遗物，还发现许多碳化米粒和完好的木桨两柄、木橹一支。木桨和木橹是我国新石器早期遗址中的首次发现，被称为“中华第一橹”，说明圩墩人早已能制造木舟之类的水上交通工具。1992年1—2月，因城建用地需要，常州市文物管理部门再度组

位于圩墩村一带的圩墩遗址

织人员对遗址部分地域进行发掘，发掘面积586.25平方米，新出土骨器、玉石器、陶器等文物数百件。

1982年3月，经江苏省人民政府批准，该遗址被确定为省级文物保护单位。

（二）寺墩遗址

位于郑陆镇三皇庙村的寺墩遗址

寺墩遗址，地处武进区郑陆镇三皇庙村。墩高约20米，东西长约1000米，南北宽80米，呈椭圆型。经5次考古发掘，专家认定寺墩原为一大型祭坛，周围有良渚文化时期的贵族墓葬。1979年，南京博物院考古队在寺墩东侧一墓中挖出玉琮、玉璧、陶器、石器等大批随葬器物，其中一件玉琮为13节，高36厘米，是我国至今发现最大的一件玉琮，被称为“惊世之宝”。在之后的4次考古发掘中，又出土玉琮、玉璧、玉带钩等器物。

从寺墩地层中出土的木器经碳14测定，遗址距今已有4500年左右，是太湖流域良渚文化的重要遗存地。1995年4月，被江苏省人民政府公布为省级重点文物保护单位。

（三）乌墩遗址

位于郑陆镇张家湾村的乌墩遗址

乌墩遗址，位于武进区郑陆镇东青张家湾村，现存面积2000平方米。1992年至1993年，江苏省成立乌墩遗址考古队，对遗址两次考古，发掘面积600平方米，出土文物有石斧、石锛、陶罐、陶壶、陶盒等37件。根据遗址不同的堆积层和出土文物的造型、纹饰等特点，专家推断遗址为原始社会新石器时代崧泽文化遗存，距今约有6000余年。

（四）金鸡墩遗址

金鸡墩遗址，位于武进区湖塘镇桥北池塘村南首，墩原高7米，长和宽各50米左右，面积约2500平方米。经过多次考古发掘，先后出土文物有新石器时代的穿孔石斧、陶罐等，还有汉代的铜钫、铜碗、铜斗、铜洗等。根据专家鉴定，遗址为新石器时代遗存，距今约5000年左右。1956年，被江苏省人民委员会公布为省级文物保护单位。1974年，县房产公司在遗址上建造居民新村，现遗址无存。

（五）姬山遗址

姬山又名“鸡墩”，位于武进区嘉泽镇姬山村。1984年文物普查时发现，遗址东西长约350米，南北宽约300米，总面积约10万平方米。遗址中部有一圆型土墩，高出地面15米。1990年6月以来，遗址中出土的文物有崧泽文化类型的敞口黑衣陶壶、红陶三足壶、陶纺轮，也有良渚文化类型的带柄石刀，还有商代湖熟文化类型的印纹陶片等。经考古专家推测，姬山是太湖流域崧泽文化遗存地。

位于嘉泽镇姬山村的姬山遗址

（六）潘家塘遗址

潘家塘遗址，位于武进区青龙乡潘家塘村一带（现属常州市天宁区），面积约15万平方米，经江苏省、常州市考古队于1972年、1976年、1977年三次发掘，先后出土陶、石、玉等各类型完整器物数百件，各类标本数以万计，还有大量新石器时代的生产工具、生活用具和装饰品。经专家测定属新石器时期聚落遗址，距今有4500多年历史。

（七）青墩遗址

青墩遗址，位于武进区横林镇张村村，墩高约8—10米，东西长约80米，南北宽约60米，经由江苏省博物院和常州市博物馆组成的考古队于1972年、1975年、1982年三次发掘，先后出土石刀、石斧、玉琮、玉璧等文物100余件，还有新石器时期的生产用具和生活用品。经专家测定，属新石器时期良渚文化的遗存地。

二、古城池遗址

（一）淹城遗址

淹城遗址，位于武进区湖塘镇境内，从里向外由子城、子城河，内城、内城河，外城、外城河三城三河相套组成。遗址东西长约850米，南北宽约750米，面积约65万平方米。城墙高约8米，基宽约30至40米，是用开挖城河泥土堆筑而成。护城河深约5米，宽40至60米，常年碧波荡漾，水流不息。这种建筑形制，在我国乃至世界上至今独一无二，素有“淹城奇观甲天下”之称。

位于湖塘镇境内的淹城遗址

在遗址四周，原有大小土墩百余座。考古证明，遗址周边的土墩为西周和春秋时期江南地区流行的土墩墓葬。其中南北排列高15米至20米的土墩三座，名曰“头墩”、“肚墩”和“脚墩”，相传是淹王公主的墓地。新中国成立以来，经多次考古发掘，其出土各类珍贵文物2000多件，其中独木舟分别被国家博物馆、江苏省博物馆、武进博物馆收藏。经碳14鉴定，独木舟已有近3000年历史，被专家称之为“天下第一舟”。1959年，淹城遗址被江苏省人民委员会公布为省级文物保护单位。1988 年，被国务院列为全国重点文物保护单位。

（二）阖闾城遗址

位于雪堰镇城里村的阖闾城遗址

阖闾城遗址，位于武进区雪堰镇城里村与无锡市胡埭镇交界处，横跨武进、无锡两地。遗址东西长约 2100 米，南北宽约 1400 米，面积约 29.4 万平方米。呈长方形，分东西两部分组成，城东较小，在无锡境内，城西较大，在武进境内。东西两城留有残墙，城墙均为堆土而成，高约 4 米，基宽约 20 米。城墙四周有护城河，河宽约 30 至 40 米。城内留存点将台、练兵场、兵器库等遗迹。

新中国成立后，经多次考古发掘，先后出土的文物有春秋战国时期的铜矛、陶器、石器、玉器等生产、生活用具和装饰品 2000 余件。1959 年 10 月 18 日，阖闾城遗址由江苏省人民委员会公布为省级文物保护单位。2008 年，国家考古“十大新发现”确认阖闾城是吴王阖闾时期吴国的都城，建于周敬王六年（阖闾元年、公元前 514 年），是春秋战国时期吴国的一个重要古城遗址。

2013 年 5 月 3 日，被国务院公布为全国重点文物保护单位。2013 年 5 月 27 日，阖闾城遗址由国家文物局、财政部列入 150 处《大遗址保护“十二五”专项规则》。2013 年 12 月 18 日，阖闾城遗址由国家文物局公布列入第二批国家考古遗址公园立项名单。

（三）胥城遗址

位于湖塘镇龙潭庵村的胥城遗址

胥城遗址，位于武进区湖塘镇上店东侧，南北长约 100 米，东西宽约 90 米，占地面积约近万平方米，呈长方形。现存单道城墙由夯土垒筑，高约 8 米，基宽约 10 米，有史料记载：吴王阖闾构筑阖闾城 8 年后（公元前 506 年），命伍子胥在此构筑攻伐楚国的补给基地，故后人称此为“胥城”。明嘉靖年间，后人在城址上建造佛寺，名为“胥城禅寺”。2008 年 2 月，被常州市人民政府公布为市级文物保护单位。

（四）留城遗址

留城位于武进区湖塘镇何留墅境内，面积大小和形状与淹城子城相仿。城周边有土夯围墙，向南有一通道。一说留城为春秋战国时期屯兵之用，二说为吴王囚越质子勾践处。明朝时，士人吴姓建观音庵于其中，由一尼姑主持，香火旺盛。1958 年，庵堂拆除，建造窑舍。1978 年为改造里底河，平整土地，留城遗址被毁。

（五）兰陵古城遗址

兰陵古城遗址，位于常州市新北区万绥镇，为武进初始治所地。“武进”之名，始见于三国东吴嘉禾三年（234 年），地域为今丹徒县。晋太康二年（281 年），武进县改名为丹徒县，在丹阳东 50 里外区域新置武进县。治所东近郡城常州，西连丹阳、丹徒，北临长江，时为集市、商贸中心。20 世纪 70 年代，在万绥周边出土的城砖、井砖、店牌等古建筑遗物，结合史书记载，经专家考证确定万绥镇为武进县的治所地。

第三节　古建筑

一、古园林

（一）离　宫

离宫又称“毗陵宫”，位于武进区湖塘镇夏城村周围。隋大业十二年（616 年），隋炀帝诏令毗陵郡守路道德，集郡匠数万人，在湖塘夏城桥建造毗陵宫，宫地周长 6 千米，内建凉亭 4 座，宫殿 16 座，建筑仿洛阳西苑，环以清流，荫以嘉木，每宫回廊复阁、丹碧绚丽，后毁于战火。

（二）陈渡草堂

陈渡草堂又名“陈渡庄”，为原武进明代散文家、抗倭英雄唐荆川少年时读书处，地处现常州荆川公园内。草堂原有五言楼、春池馆、懒云阁、压溪榭等建筑。至清代，草堂屡易其主，抗日战争期间又毁，现旧址仅存石门楼一座，明代礼部尚书孙慎行手书的“荆川先生读书处”横额一块。1989 年，在原址附近重建唐荆川读书处，名为“陈渡草堂”。2008 年被常州市人民政府公布为市级文物保护单位。

位于荆川公园内的陈渡草堂

（三）商会公园

商会公园，即今常州人民公园。公园始建于清光绪三十三年（1907 年），原为季子庙场废址，武进县商会会所建成后，在余基上辟建商会花园，占地 3130 平方米。内有商会图书馆楼，左有落星亭，东北有水西馆，园内有假山清池，佳木珍卉，四周绕有围廊。常州解放后改称“人民公园”。

人民公园

本世纪初，拆除原有围墙，在保留原有季子亭、落星亭等文物景点的基础上扩大绿化面积，增设娱乐场所，扩建成为开放式公园。

（四）近　园

近　园

近园原居武进四大古典园林之首，位于今常州市晋陵路化龙巷常州宾馆内，近园初建于清康熙十一年（1672 年），占地近 6 千平方米，有“城市山林”之称。后几易其主，恽氏购得近园后改称“静园”。园内有天香阁、欲语阁、安乐窝、得月轩、秋爽亭、三梧亭等古建筑，回廊均依假山而建，缀以不同景色，错落有致。1982 年被江苏省人民政府公布为省级文物保护单位。2013 年，由国务院公布为全国重点文物保护单位。

（五）约　园

约　园

约园为原武进四大古典园林之一，位于今常州市兴隆巷内。约园原为明代官府鹿宛，清乾隆年间成为谢旻别墅，称“谢园”。后有清代史学家赵翼孙赵起购得，改造成 24 景 12 峰的约园，又名“赵家花园”。全园占地 1.14 万平方米，园内奇峰异石，曲溪长廊。太平军攻打常州，约园被毁，后由赵氏中徐太夫人重建约园，遗存至今。现园内奇石环绕，曲桥相通，垂柳绕岸，风景优美，1987 年被常州市人民政府公布为市级文物保护单位。

（六）意　园

意园为原武进四大古典园林之一，位于今常州市后北岸县学街。其前身为清康熙状元赵熊诏的宅邸花园。同治三年（1864 年），清军收复常州，意园被毁，仅存大门、大厅及园中的魁星阁。光绪十二年（1886 年），湖北潜江知县史干甫归里后购得园基，改建为史氏宅邸花园。园内建有亭、台、楼、阁、假山石洞、清溪曲桥。史家败落，意园易主，内园、外园分别由杨、徐两家购得，各自朝南开门，重新装饰一新。1987 年被常州市人民政府公布为市级文物保护单位。

意　园

（七）未 园

未 园

未园为原武进四大古典园林之一，位于今常州市天王堂弄少年宫内。未园由武进木商钱遴甫建于1920年（民国9年），为其宅邸花园。未园坐北朝南，现园门朝东，占地2000平方米。园内建池塘假山，临水建有四宜厅、乐鱼榭，四周有滴翠轩、波玉亭、垂虹桥等。园内植有香樟、银杏、罗汉松、黄杨、金桂等百年古树，为武进县民国年间古典园林的代表作品。1987年被常州市人民政府公布为市级文物保护单位，1995年4月被省人民政府公布为省级文物保护单位。

（八）舣舟亭

舣舟亭

舣舟亭公园即今东坡公园，原名东郊公园，位于今常州市延陵东路水门桥南堍。公园四周环河，采用传统雕砖工艺营建，主要景观舣舟亭是后人为纪念北宋大文豪苏东坡建造，数百年来屡毁屡建，古为武进文人雅士吊古唱和处。1954年重新建园，“文化大革命”时期又遭破坏。1984年重修，并开辟半月岛新景区。还将横跨大运河的明代三孔石拱桥（广济桥）移建在半月岛与该公园的运河上，使半月岛新景区与公园连成一体。进门有苏东坡塑像，内有东坡洗砚池、乾隆御碑亭、御码头、官亭、双燕亭、垂虹桥、抱月堂等景点。1964年，常州市人民委员会公布“舣舟亭”和“东坡洗砚池”为市级文物保护单位。

二、古戏楼

（一）万绥东岳庙戏楼

万绥东岳庙戏楼

万绥东岳庙戏楼，位于原武进区万绥镇（今属常州市新北区）北街东岳庙山门内，坐东朝西，台口正对东岳庙大殿。戏楼为砖木结构的殿宇式建筑，前台面宽6米，进深5.6米，戏台前有千余平方米广场。戏楼曾在太平天国时毁损，后经修复如旧。戏楼前台主柱上有对联一副，上联是“皇通重镇文经武纬万岁高风泽流长”，下联是

"兰陵要塞设都置县齐梁故里传颂久"。自古以来，戏楼每年农历十月三十日举行庙会唱戏。2006 年 6 月，被江苏省人民政府公布为省级文物保护单位。

（二）顺庄戏楼

顺庄戏楼

顺庄戏楼，坐落在武进区横林镇顺庄村，建于清代。戏楼坐南朝北，面对东岳庙大殿，砖木结构。前台面宽 6 米，进深 4.5 米。台口正上方原有"为我苍生"、"凤凰来仪"横匾两块。台上两侧石柱上刻有对联一副，上联为"为善不倡，祖有余殃，殃尽必倡"，下联为"为恶不灭，祖有积德，德尽必灭"。1993 年，因年久失修，部分倒坍，由武进籍旅日华侨张剑耀捐款 21 万元，将戏楼修复如旧。2006 年 6 月，被江苏省人民政府公布为省级文物保护单位。

（三）礼嘉戏楼

礼嘉戏楼

礼嘉戏楼又名"五云楼"，位于武进区礼嘉桥中学内。建于清嘉庆四年（1799 年），为烈帝庙附属建筑。戏楼坐南朝北，台口直对烈帝庙大殿。戏楼砖木结构，属殿宇式建筑。正台发八角顶，如白鹤殿翅，欲飞欲立。台两侧有出入口，两旁有石柱，木板墙上刻有清末民初到此演出的戏班名称、剧目、演员姓名等。1995 年，由武进市人民政府和礼嘉镇人民政府共同出资 12 万元，将戏楼修缮一新。2006 年 6 月，被江苏省人民政府公布为省级文物保护单位。

（四）西夏墅梅村戏楼

梅村戏楼，位于原武进市西夏墅镇梅村村，今常州市新北区西夏墅梅林村，始建于宋代，为真武庙附属建筑。戏楼分上下两层各三间，砖木结构，殿宇式建筑，为古代武进县城西北一带主要戏楼之一，2004 年重修。2006 年 6 月，被江苏省人民政府公布为省级文物保护单位。

西夏墅梅村戏楼

（五）杨氏家庭戏楼

杨氏家庭戏楼又称"杨氏雕花楼"，位于原武进县城，今常州市钟楼区东下塘中段。戏楼建于晚清，坐东朝西，古典庭院式建筑，砖木结构，分上下两层，为武进状元杨廷鉴后裔所有。戏台除东面外，三面置长窗，平时自成一室，演出时开窗即可演出。2006 年 6 月，被江苏省人民政府公布为省级文物保护单位。

杨氏家庭戏楼

（六）城隍庙戏楼

城隍庙戏楼，位于原武进县城司徒巷，今常州市天宁区和平南路的新坊桥小学内。建于清同治九年（1870 年），重修于光绪二十二年（1896 年）。为歇山顶两层木结构，两边下层由四根麻石方柱支撑。后台为子楼三间，作为演员化妆室，下层出入走道砖雕门框上保存“歌舞”、“升平”砖额一方。戏台楼下东墙上嵌有刻于清光绪二十二年的《阳湖县增修城隍庙记》碑。2006 年 6 月，被江苏省人民政府公布为省级文物保护单位。

城隍庙戏楼

三、古寺庙

（一）天宁寺

天宁寺，位于原阳湖县孝仁乡东直街，今常州市延陵东路。初建于唐代贞观，永徽年间，唐末建成，名“广福寺”，北宋政和元年改名“天宁寺”。明代号称“东南第一丛林”。清代与镇江金山寺、扬州高旻寺、宁波天童寺，并称全国禅宗四大丛林。后毁于太平天国战火，至晚清同治、光绪年间重建。1925 年（民国 14 年），全寺有殿堂楼阁、偏房杂舍 479 楹。寺后有大片林园，解放后辟为红梅公园。天宁寺山门朝南，位于中轴线上的主体建筑有天王殿、大雄宝殿、藏经楼等。乾隆皇帝下江南时曾进寺顶礼，并题有“龙城象教”匾额一块。近年又陆续修复学戒堂、功德堂，增建放生池、假山、水榭、亭廊等。新建的天宁宝塔为 13 层，高达 108 米，为目前国内寺塔之最。1982 年 3 月，被江苏省人民政府公布为省级文物保护单位。1983 年 4 月，经国务院确定为全国汉族地区佛教重点寺院。

天宁寺

（二）清凉寺

清凉寺，位于今常州市清凉路，为武进历史上第二大寺院。史料记载，由武进先贤

清凉寺

胡宿于北宋治平元年创建，元末时毁于兵火。明永乐元年重建，太平天国时期又毁，清光绪末年重建。清凉寺山门朝东，中轴线上建有天王殿、大雄宝殿、藏经阁、大悲阁、海镜堂、法堂、禅堂等309间。北侧还建有方丈楼、荷花厅、凉亭、荷池、假山等。1982年被江苏省人民委员会公布为省级文物保护单位，至今寺内建筑完好，香火旺盛。

（三）大林寺

大林寺

大林寺，位于武进区横山桥镇黄猫岭西侧，清明山南坡，依山而筑。全寺占地17800平方米，建筑面积11000平方米，寺内建有天王殿、大雄宝殿、藏经楼、玉佛殿、罗汉殿、龙母宫、佛学院、放生池等殿舍。寺周围山幽，泉清，松苍，竹翠，环境优美，现已成为常州市旅游胜地，市级文物保护单位。陈代始筑“登仙观”，明洪武初改建为大林庵，为南朝梁代王八百修道炼丹处，宋祥符二年改名“冲虚观”，清康熙四十四年赐名“大林寺”，现为江苏省重点寺院，全国百大寺庙之一。

（四）宝林禅寺

宝林寺

宝林寺，位于武进区湖塘镇淹城村。该寺一说为梁武帝萧衍家庙，一说是北周（557年）闵帝舍业始建。据传鼎盛时有殿宇1408间，清代被毁，存寺舍百余间。1958年拆除，仅留3间作生产队仓库之用。1997年，由慧闻法师主持寺务，经多方集资，在古寺旧址建造新寺。寺内建有天王殿、大雄宝殿、藏经殿、观音殿、罗汉殿、药师殿等，建筑面积5220平方米。2012年，由春秋淹城旅游区负责扩建宝林佛教文化园，园内高达91.9米的观音阁为目前东南亚地区之最。

（五）吴黄禅寺

吴黄寺，位于武进区南夏墅街道庙桥恽家村。始建于唐咸通4年（863年），初名“道成寺”，宋朝修缮后改名“永宁寺”，清乾隆年间改名为“吴黄禅寺”。相传寺内有古井48

口，古碑数十块，现存古井2口，古碑4块。解放初殿宇留存10余间，改作校舍使用。1995年12月，居士吴富荣等和法师募资300万元在原址建造天王殿、观音殿等佛殿计3178平方米。之后，吴黄寺又经数次扩建，建筑规模宏大，寺内香火旺盛。

吴黄禅寺

（六）三圣禅寺

三圣禅寺原名“三义庙”，以刘、关、张三结义而命名。禅寺位于武进区横山桥镇前巷村鸡笼山，始建于清咸丰元年（1851年）。后屡毁屡建，1994年仅存房屋3间。1995年，宗才法师率众恢复重建。1997年更名为“三圣禅寺”。寺内现有大雄宝殿、卧佛殿、忏悔殿、六合阁、罗汉堂、万佛塔等建筑，面积达7800多平方米，寺内设有大小玉佛80多尊，更有一尊千手观音佛像高12米，是江苏省寺院中最高的室内佛像。

三圣寺

（七）如来寺

如来寺，位于武进区嘉泽镇夏溪甘塘王村。据传，如来寺始建于明洪武年间，毁于抗日战争时期。1995年，慈亭法师动员信众捐款重建，有大雄宝殿、观音殿、玉佛殿、财神殿等，面积达3800平方米。念佛堂留有对联一付，上联为“不贪即富即贵”，下联为“能舍即荣即华”。1998年，慈亭法师率领梵呗音乐演唱团一行33人应邀赴法国、德国、瑞士和意大利等国家进行佛教文化交流。2003年，又应邀赴俄罗斯进行学术交流活动。

如来寺

（八）智宝寺

智宝寺，位于武进万绥乡，今常州市新北区。梁天监七年（508年）梁武帝萧衍舍宅而建，初名慧炬寺，因为皇帝舍宅敕建，又名“敕建南寺”；民间念梁武帝功德，又称为“万岁寺”；并因寺址座落在萧氏皇族聚居地的南兰陵，故又称其为“兰陵寺”。太平天国年间修缮后改为“智宝禅院”，又称“智宝寺”。寺内除供奉菩萨金身外，另有专殿供奉萧梁王（梁武帝）和该寺首任主持智宝禅师（俗称志公和尚）木像。至2013年智宝寺大部分已不存，寺门上方保留有“敕建南寺”的砖雕门楣一块。

（九）蓼莪寺

蓼莪寺

蓼莪寺，位于武进区雪堰镇潘家桥百渎村东湾王裒岭南，现于中华孝道院内，相传以孝子王裒得名。寺始建于东晋时期，明初香火旺盛，明末时只存大殿三间。后有众僧屡次修建改造，恢复了蓼莪寺原有规模。康熙元年（1662 年）立碑记建寺经过。寺左有晋孝子王裒之墓，旁有古松、双桂等数百年古树。寺右有清户部尚书江阴张有誉所撰《蓼莪禅寺碑记》一块，明解元苏州祝允明（号枝山）手书的“无事山家”匾额一块。

（十）白龙庙

白龙庙

白龙庙又称“白龙观”,俗称“龙母庙”，位于武进区横山桥镇黄猫岭东。宋绍兴元年，为纪念传说中的“白龙娘娘”，而初建寺庙，名为“潜灵观”。传说明嘉靖辛卯年（1531 年）大旱，蝗灾，官民在此祈祷应验，而隆蝗灭，官绅为还愿扩建，后庙宇屡毁屡建，至清光绪四年（1878 年）重建，占地 3 万余平方米，时为常州城东寺庙之冠。1997 年，由道士孔新芳主持观务，恢复道教活动，更名为“白龙观”。庙内设有王母殿、三宝殿、华佗殿、东岳殿、阎王殿、白龙宫等庙舍 19 间。现为江苏省省级文物保护单位。

（十一）蜡烛庙

蜡烛庙

蜡烛庙原名祠山庙，坐落在武进、金坛、宜兴三县交界处的湟里镇蒲村，始建于吴赤乌年间（238—251 年），为武进历史上最早的寺庙。据传在元末时，朱元璋起兵抗元，为元兵追逼到此庙避难。朱元璋登基后，该寺重建庙宇，重塑金身，并设可插御赐大蜡烛、高达 1.66 米的石烛台一对，并建有供奉诏书的“龙亭”。蜡烛庙在历史上屡毁屡建，2001 年廓诚法师主持庙务，扩建庙宇。至 2013 年，建筑面积达 2080 平方米。

（十二）东青天主堂

天主堂，位于常州市武进区郑陆镇和平村陈家村，始建于道光二十年（1840 年），清宣统三年重建，建筑为中西合璧式风格，坐北朝南，三开间面阔8.2米，进深五间26.4米。正面建有体现天主堂特色的圆顶，顶高6.05米，稍下有圆形拱窗，上方中央有铁制“十字架”，下端有“天主堂”3字。大门两侧砖柱刻写对联一副：“圣会至公统环区单行不二、教会弗替与天地并立而三。”中华人民共和国成立后教堂停止活动，至1981年10月恢复至今。2008年2月，被常州市人民政府公布为市级文物保护单位。

东青天主堂

（十三）同心堂

同心堂原名守真堂，位于鸣凰纪墅村。始建于1946年（民国35年），1959年起停止活动。1994年8月，基督教徒集资在鸣凰镇张家村购买旧房151.6平方米，恢复活动。同年10月，经上级批准，在纪墅村征地4062平方米建造基督教同心堂，建筑面积达1941平方米。全区基督教大型活动均在此举办，现为武进区“三自”爱国会驻地。

鸣凰同心堂

四、古　桥

（一）新坊桥

新坊桥，始建于南北朝萧梁大同元年（535年），元皇庆年间重建，明弘治十一年重修，20世纪80年代再修。位于原武进县城，今常州市和平南路，连接麻巷、椿桂坊，为南北走向的单孔石拱桥，长35米，面宽6.5米，拱跨直径10.3米，拱券为分节并列式砌法，上部以花岗岩条石起拱，下部用条石砌筑桥台，桥底用条石砌成反拱，支撑桥脚。新坊桥青砖皮石，用灰浆糯汁浇灌，十分坚固，是古运河上武进城区段现存历史最久远的单孔石拱桥。2011年，被江苏省人民政府公布为省级文物保护单位。

新坊桥

（二）万缘桥

万缘桥，位于武进区奔牛镇东街，是

万缘桥

一座东西走向，横跨孟渎河的花岗岩独拱石桥。始建年月不详，据《武进阳湖合志》载：清光绪4年（1878年）重建。桥长40米，面宽6米，桥拱跨径12.6米，拱顶高10.5米。桥顶石柱顶端原有4只石狮（现存两只）。桥面两侧设有吴王靠背式石栏，每块长3米，高0.6米，供临桥者闲坐或夏天乘凉之用，这是武进现存唯一的一对吴王靠背石座的石拱桥。2011年，被江苏省人民政府公布为省级文物保护单位。

（三）五洞桥

五洞桥

五洞桥，位于武进、宜兴两县的漕河上。桥中心线为两县的分界线。五洞桥是一座南北走向的五孔石桥，全长31米，桥高3.7米，面宽2.9米，中孔拱跨直径5.3米，其余四孔均为4.2米。五洞桥始建于明成化年间（1465—1487年），清雍正十一年（1733年）重修，道光十七年（1837年）再修。历来由武进、宜兴两县人民共建共管，桥型至今保存完好，存有清代名士李兆洛撰写的《重修五洞桥碑记》一块（今存在武进博物馆内）。2011年，被江苏省人民政府公布为省级文物保护单位。

南杨桥

三元桥

（四）南杨桥

南杨桥又称“月亮桥”，位于武进区前黄镇杨桥村。南北走向，横跨杨桥浜。南杨桥为独拱石桥，长18米，面宽2.5米，拱跨直径4.4米。桥两侧有长方形石栏，南有石阶11级，北有石阶15级，桥中心石上的圆点为武进、宜兴分界点。南杨桥始建于元末明初，起始是用大杨树建成的木桥，所以起名为南杨桥，据史料记载，清康熙四十九年（1710年）重修，道光六年（1826年）再修，现保存完好，存有《重修杨桥碑记》一块。2008年，被常州市人民政府公布为市级文物保护单位。

（五）三元桥

三元桥，位于武进区郑陆镇焦溪龙溪河上，是一座东西走向的单孔石拱桥。桥长18.8米，面宽2.5米，拱跨直径6.6米，东西分别有石阶25级、22级。桥梁用花岗岩和石灰石建成。三元桥始建于清乾隆二十六年（1761 年）。民国时期曾局部维修，现保存完好。拱桥两岸的垂柳、香樟与民居、石驳岸相映，构成一幅江南“小桥流水人家”的美丽画卷。2008 年，被常州市人民政府公布为市级文物保护单位。

（六）兴隆桥

兴隆桥，位于武进区邹区镇鹤溪河上，是一座东西走向的单孔石拱桥。桥长 22 米，面宽 4.5 米，东西两侧分别有石阶 20 级、22 级。兴隆桥始建年月不详，据史料记载，明代为平板石桥，清初改造石拱桥，乾隆 51 年（1786 年）重修，光绪三十一年（1905 年）再修，至今保存完好。桥面上当初专为独轮车推行的石条，经独轮车、自行车、摩托车车轮碾压，已留下了很深的痕迹，但桥梁仍坚固如初。2011 年，被常州市人民政府公布为市级文物保护单位。

隆兴桥

（七）白家桥

白家桥原名“政成桥”，位于武进采菱港西首，是一座横跨京杭运河的大型单孔石拱桥。桥长 47 米，面宽 5 米，拱跨直径 10.7 米，桥身、桥基由长方石砌成。白家桥始建于明成化十七年（1481 年），因桥紧靠明代刑部尚书白昂的白家祠堂，因此称为“白家桥”。白家桥先后经过四次修缮，至 1916 年（民国 5 年）重建时，将原桥址东移百余米，落成后凌空飞架运河南北，气势雄伟壮观。

白家桥

（八）毛家桥

毛家桥，位于武进区礼嘉镇毛家村禹城河上，是一座南北走向的单孔石拱桥。桥长 27.2 米，面宽 3.7 米，南北各有石阶 17 级。始建于明正德十五年（1520 年），清康熙年间首次重建，1931 年（民国 20 年）再次重建，位于刘村，称“刘村桥”。后因刘村毛姓日增，故改称“毛家桥”。至今保存完好。2011 年，被常州市人民政府公布为市级文物保护单位。

毛家桥

翠华桥

（九）翠华桥

翠华桥，位于横林镇江村村南的横玉河上，是一座南北向的三孔石梁桥。桥长22米，高4.8米，宽2.1米，两侧各有石阶8级，全由花岗岩石砌成。据说，翠华桥是由在清代实业家盛宣怀家当佣人的翠萍姑娘将自己所得佣金建造的。当地民众为纪念她，在桥梁上刻上“翠华桥”三个大字，并将其善举刻石立碑，以志纪念。这是常州、武进地区唯一以女人名字命名的桥梁。2011年，被常州市人民政府公布为市级文物保护单位。

五、名人故居

（一）唐荆川故居

唐荆川故居

唐荆川故居，位于原武进县城、今常州市青果巷。原有门厅、轿厅、大厅、二门和内宅楼。现门厅已拆，轿厅已翻建，内宅楼于清代重建，仅3间楠木厅保存原貌。楠木厅面宽13.4米，进深9.5米，柱高4.5米，正间大梁有彩绘。厅东侧廊墙嵌有明礼部尚书孙慎行撰写的《保全堂记》条石。1982年，故居被江苏省人民政府公布为省级文物保护单位。

（二）孙慎行故居

孙慎行故居

孙慎行、孙星衍故居，位于原武进县城（今常州市）双桂坊59号，是孙慎行做官时所建。故居北临双桂坊，东、西、南三面均为邻居宅区。到清代乾隆年间，其族七世孙、著名学者孙星衍继承并居住此宅。清代后期，房地产仍由孙氏子孙继承并居住。故居呈倒置瓦刀形，入门为长通道备弄，备弄尽头为长方形建筑。东首为明式船厅，西有天井，天井北有清式花厅5间，花厅左右空地有假山和花圃。1987年，被常州市人民政府公布为市级文物保护单位。2006年，故居原地修复。

（三）吕宫故居

吕宫故居，位于原武进县城（今常州市）前北岸64号，坐北朝南，前后共五进，硬山式砖木结构。头进门厅，面阔6楹6间；二进大厅，面阔6楹6间；三进属独立庭院。主楼高二层，面阔7楹7间，楼前有天井，天井的东西两侧各建有二层厢楼；四进面阔9楹5间，其中正屋进深5楹；五进为厨房，面阔6楹5间，房前天井内有古井一口。故居的东西两侧都有贯穿前后的夹弄，可通达各建筑及天井。建筑东西两侧外墙顶端砌筑的封火墙起落有致，高低参差。2011年12月，江苏省人民政府公布为省级文物保护单位。

吕宫故居

（四）赵申乔故居

赵申桥、赵熊诏、赵怀玉故居，位于原武进县城（今常州市天宁区）后北岸。宅第最盛时东起县学街，西至白云溪，共有二十八进。赵怀玉在园外增建了方玉堂、云窝、水阁、亭榭等景点。咸丰十年（1860年），太平军攻占常州后在这里设立圣库。同治三年（1864年），清军复占常州城时，圣库建筑大部被焚毁，仅有头门，延桂山房、魁星阁等建筑幸存。光绪十一年（1885年），时任湖北潜江知县的武进人史干甫，将赵申乔、赵熊诏府邸的残剩建筑群购下，改建成“意园”。

赵申乔故居

（五）管干贞故居

管绍宁、管干贞故居，位于原武进县城（今常州市天宁区）前北岸27—28号。原有房屋四进，二进为楠木大厅，面阔3间13.8米，进深9.8米，为抬梁式建筑，梁柱粗大，为常州罕见。厅后有小路与第三、四进隔开。第三进后厅5间，进深6檩。第四进为楼厅，上下各五间，称“读雪山房”，干贞曾读书作画于此。清末，故居房屋大部分由管氏后人分住。1937年(民国26年)，部分房屋为徐、唐两姓购得。1995年，被江苏省人民政府以“管干贞故居”的名称公布为省级文物保护单位。

管干贞故居

（六）庄存与故居

庄存与、庄培因故居，位于原武进县城马山埠（今常州第一人民医院内）。故居始建

庄存与故居

赵翼故居

吕思勉故居

洪亮吉故居

于明代万历年间，原占地面积 14 亩多，初名“宝砚堂”。庄培因考中状元后，宝砚堂称“状元第”。宅分中、西、东三路，正中原有“榜眼及第”、“状元及第”竖匾两方，旧有水码头、照壁、戟门及启裕堂、循陔堂、慎馀堂、赐砚堂、薇晖堂等屋宇 100 多间。庄存与、庄培因兄弟均诞生、逝世于此。故居后由庄氏后裔分住，直到清末。1987 年，被常州市人民政府公布为市级文物保护单位。

（七）赵翼故居

赵翼故居，位于原武进县城（今常州市天宁区）前北岸。原有房屋 5 进，均为硬山式砖木结构建筑，现存二进轿厅 2 间，三进大厅 5 间，四进“湛贻堂”3 间和书房 3 间。1987 年，被常州市人民政府公布为市级文物保护单位。

（八）吕思勉故居

吕思勉故居，位于今常州市十子街，其祖父懋先在清咸丰年间任江西奉新县知县时建，占地面积约 1300 平方米。原分并列的西宅和东宅，西宅毁于抗日战争时期，今存东宅房屋四进共 21 间，依次为门屋、大厅、卧室和客堂。吕思勉出生于西卧室，幼时生活、读书于此。第四进为 3 开间两层楼房，存吕氏所藏古籍、图书、字画等 20 余箱。1987 年，公布为常州市文物保护单位。2004 年 9 月，“吕思勉纪念馆”对外开放。2011 年 12 月，江苏省人民政府公布为省级文物保护单位。

（九）洪亮吉故居

洪亮吉故居，位于原武进县城（今常州延陵东路）西狮子巷，占地面积 350 平方米，建筑面积 255 平方米，坐北朝南，有屋三进：头进为门厅，二进西首 3 间为“风雪授经堂”，展出洪氏手迹等资料。东首一间辟为书房“更生斋”，陈列原在更生斋壁间的洪亮吉墓志石一合。第三进辟为洪亮吉六世孙、现代著名戏剧家洪深纪念室，展出其生平事迹及著作、手迹等遗物。1987 年，被常州市人民政府公布为市级文物保护单位。

（十）盛宣怀故居

盛宣怀旧宅原有 4 处，分别为常州市盛家湾、鲜鱼巷、铁市巷和青果巷大马园巷。因城市建设拆迁，现存青果巷大马园巷一处。故居坐北朝南，原占地 6600 平方米，现存大厅 5 间，花厅 4 间，两开间两层楼房以及花园、假山等建筑。2006 年，被江苏省人民政府公布为省级文物保护单位。

盛宣怀故居

（十一）吴稚晖故居

吴稚晖故居，位于武进区雪堰镇南街中段四房里弄。坐北朝南，硬山式砖木结构。通三间平房，面宽 9.4 米，进深 7.5 米，建筑面积约 65 平方米。具有鲜明的清末建筑风格。故居堂前挂有“吴稚晖故居”匾额。2008 年被常州市人民政府公布为市级文物保护单位。

吴稚晖故居

（十二）刘国钧故居

刘国钧故居，位于原武进县城（今常州市）青果巷，于清光绪年间府第改建而成，有屋四进，分别为门屋、大厅、客堂、经楼，均为清代建筑风格。房屋两侧有走廊贯通前后，每进间隔有天井。1987 年被常州市人民政府公布为市级文物保护单位。

刘国钧故居

（十三）李伯元故居

李伯元故居，位于原武进县城（今常州市）青果巷。原有房屋 64 间，占地 1700 平方米，均为晚清砖木结构建筑。故居留馀堂房屋分三路：中为主厅，一进为轿厅；二进为大厅，屏门上悬有“留馀堂”匾额；三进为住房；四进为两层转楼。其东首原

李伯元故居

为唐氏“礼和堂”遗址。其西首即李伯元全家起居处。今存屋二进，每进进深六檩，各5间。后进为明式建筑，厅后存明代木格窗、古井等。1987年，被常州市人民政府公布为市级文物保护单位。

瞿秋白故居

（十四）瞿秋白故居

瞿秋白故居在常州市内存有两处，一处是出生地青果巷84号，一处是居住地延陵西路188号瞿氏宗祠。瞿秋白家住东厢屋，头进1间为厨房，二进2间为厅房，三进5间屏前为起坐间，屏后东首为瞿秋白父母卧室，四进三间，屏前住瞿秋白弟妹，屏后为瞿秋白卧室。建筑坐北朝南，1996年被国务院公布为全国重点文物保护单位。

张太雷故居

（十五）张太雷故居

张太雷故居，位于常州市清凉路子和里，为两进平屋各三间。占地面积271平方米，坐北朝南。故居头进大门常年关闭，第二进为起居间。张太雷夫妇住西室，其母住东室，平时出入前后门均可。2006年被国务院公布为全国重点文物保护单位。

赵元任故居

（十六）赵元任故居

赵元任故居，位于今常州市青果巷16弄西侧的湛贻堂。占地面积达3000平方米，建有平屋、回形楼多进。楼房均为二层，坐北朝南，南临青果巷，东、北、西三面均邻民房。1950年房产登记时，赵元任故居湛贻堂南首房地产易主为倪、宋、褚姓所得，仅存北首房屋，产权人仍为赵氏后裔赵锡年。今存平屋二进、楼屋二进，上下各10间，为清代硬山式砖木建筑。2006年被江苏省人民政府公布为省级文物保护单位。

李公朴故居

（十七）李公朴故居

李公朴故居，位于武进区湖塘镇古方行政村东村129号。原有房屋五进四个天井。20 世纪 90 年代仅存两进主楼。1997 年，武进市人民政府拨专款修复门楼、花厅、主楼及天井的花墙，展出李公朴生平图片，并对外开放。2003 年公布为常州市文物保护单位，并被常州市委宣传部命名为爱国主义教育基地。2012 年 12 月江苏省人民政府公布为省级文物保护单位。

史良故居

（十八）史良故居

史良故居，位于原武进县城（今常州市）和平南路。由其父史子游租自丁姓房主，坐西朝东，面临和平南路，北、西均为民居，南为空地。现存硬山式晚清砖木结构大厅三间，进深八檩，中有屏门相隔。中间起坐室铺罗砖，两边房间铺地板作卧室，结构完好。厅前大天井石板铺地，栽有花木，并设坦墙围护，环境清幽。史良出生于此，在此度过 23 个春秋。1987 年被常州市人民政府公布为市级文物保护单位。

王诤故居

（十九）王诤故居

王诤故居，位于武进区洛阳镇戴溪天井桥杨巷，现有房屋五进。头进、二进、三进均为 3 开间平房，四进为楼房，五进为平房，建筑面积 140 平方米。故居坐北朝南，砖木结构，进间有天井相隔。2008 年被常州市人民政府公布为文物保护单位。

冯仲云故居

（二十）冯仲云故居

冯仲云故居，位于武进区横林镇余巷薛家村 16 号。故居坐北朝南，砖木结构，建筑面积 400 余平方米。原有房屋三进，前两进为 3 开间平房，第三进为楼房，屋后有园。现三进楼房改为平房，二进平房改建成楼房，一进保持原貌。2008 年被常州市人民政府公布为市级文物保护单位。

董亦湘故居

（二十一）董亦湘故居

董亦湘故居，位于武进潘家镇董家村，

原存平房3间，坐北朝南，硬山式砖木结构。故居面阔10米左右，进深7楹7米余。建筑面积约65平方米，颇具清代风格。故居正中为厅堂，东厢房为董亦湘卧室，南间为半墙半窗，室内尚保存有董亦湘烈士生前家居时的床柜、梳妆台、箱笼等遗物。西厢房为当年办私塾的授学之室。2013年拆除，现在该村村委开设董亦湘陈列室。

（二十二）杨守玉故居

杨守玉故居，位于原武进县城（今常州市）局前街顾家弄6号。建于咸丰年间，由其先祖杨兼湄建造，共七进。头进正门写着“清自家声远，弘农四知堂”，二进是轿厅，三进是花厅，四、五、六进是大厅，后进是正房，其它尚有厨房、书房、厢房、下房等百余间，并有后花园。现仅存花园、正房、东西厢房等建筑。2002年，因鹤园弄地块改造，杨守玉故居被拆。

第四节 古墓葬

一、古墓群

（一）淹城土墩古墓群

淹城土墩古墓群

淹城土墩墓群，位于淹城遗址四周1公里范围内，原有大小土墩百余个。土墩高度最低有2米，直径最小为25米。1987年10月，江苏省淹城考古队对其中的“千家墩”进行考古发掘，出土春秋时期江南罕见的瓷盅、盘等珍贵文物40余件，经专家鉴定，这批土墩属春秋中晚期至西汉早期的墓葬。1988年11月，被武进县人民政府公布为文物保护控制单位。

（二）城湾山石室土墩古墓群

城湾山石室土墩古墓群

城湾山石室土墩墓群，分布在武进区雪堰镇环太湖城湾山区，共百余座，土墩高约3至7米，直径约10至20米。自1981年以来，文物部门曾多次在大茅山、牛头山、蓼莪山等山区进行考古发掘，出土西周至战国时期几何印纹硬陶器为主的文物数百件。经专家鉴定，这些石室土墩为春秋战国时期吴、越地区的墓葬。2008年2月，被常州市人民政府公布为市级文物保护单位。

（三）雅浦陆氏家族古墓群

雅浦陆氏古墓群，位于武进区雪堰镇雅浦村。古墓群由两处墓群组成，一处为陆完学家族墓，有古墓5座。一处为雅浦陆氏始祖墓，有古墓10座。陆完学为明万历年间进士，升浙江巡抚，修筑海堤万里造福百姓，后官至兵部尚书。雅浦陆氏古墓群保存完好。2011年，被常州市人民政府公布为市级文物保护单位。

雅浦陆氏家族古墓群

（四）前黄杨氏家族古墓群

前黄杨氏古墓群，位于武进区前黄镇西。据《毗陵前黄杨氏宗谱》载：墓地有11500平方米。墓地葬有杨氏10对夫妻，属杨氏四世至八世祖坟，当地称“十举坟”。20世纪30年代土墩高大，古木参天。1925年（民国14年），杨锡类、杨木斋等在景德寺开办景德小学，墓地辟为苗圃，作为学校实验田。

（五）横山桥王洛家族墓群

王洛，武进人，明弘治年间地方望族，生前筑室于武进区横山桥芳茂山西麓，称“横麓山居”。1997年考古发现有6座墓葬，出土金饰品、纺织品等文物175件。墓地开掘后，仍将棺木遗骸埋入原墓，并建有“横麓山居”的牌坊。

横麓山居

（六）骨城墩古墓群

骨城墩原名“骨成堆”，位于武进区洛阳镇虞桥村。据地方志载：在宋末抗元斗争的虞桥大战中，守将麻士龙及其部卒数百人全部壮烈牺牲，尸骨遍地，当地百姓将他们集体安葬，墓地当时称为“骨成堆”，后改称“骨成墩”。该墩高约7米，东西长80米，南北宽70米。2008年，被常州市人民政府公布为市级文物保护单位。

骨城墩古墓群

二、名人墓

（一）蔡邕墓

武进区湟里镇东安夏庄村北首有一土墩，墩高7米，占地700多平方米，民间称“伯谐墩”。据《广舆记》载：武进互村有蔡邕墓。蔡邕，字伯谐，著名女诗人蔡文姬之父，东汉文学家，书法家，汉灵帝时官至议郎。民国时期，常有蔡氏后人前来祭扫，20世纪70年代，墓地平作社场，现为民居建筑。

（二）隋　墓

隋　墓

隋墓，位于武进区湖塘镇中凉亭原武进供销干校内。两座墓朝西向，南北并列，形制相同，大小一致，长约5米，宽2米，均为竖穴土坑砖结构壳体。1984年，建造武进供销干部学校时发现，墓内棺木已朽，主人不详，出土文物有青瓷壶、陶罐、铜镜等30余件。经专家鉴定属隋代名人墓葬。1995年，被江苏省人民政府公布为省级文物保护单位。

（三）卞长卿墓

卞长卿墓

卞长卿曾任宋兵部尚书。宋高宗时保驾南渡，与金兵激战于镇江、常州间，不幸负伤，卒于常州，赐葬于永昇西里徐司徒巷（今前黄镇后黄村）。《武进阳湖合志》载："卞尚书长卿事宋时为统制兼兵部尚书，以捍金人，疾作还。过常州卒，赐葬。"据《卞氏家谱》记载，该墓元末尚存。中华人民共和国成立后曾被列为江苏省文物保护单位，土地改革后为村人平毁。

（四）陈洽墓

陈洽墓

陈洽，武进人，字叔元，明代进士，官至兵部尚书。宣德元年，在南征叛乱中身先士卒，英勇殉职。陈洽墓位于武进区湖塘镇老坝村，是其与夫人杨氏合葬墓。原占地约1900平方米，坐西向东，入口处设有石牌坊，两侧有石人、石马，石质墓体用糯米浆浇灌，十分坚固，迄今完好无损。2008年，被常州市人民政府公布为市级文物保护单位。

（五）唐荆川墓

唐荆川墓

唐荆川墓，位于原武进县怀南乡唐家村，今常州市西南郊永红乡唐家村西（荆川公园内），原占地面积12亩。抗日战争时，因唐为抗倭名将，读书处楼屋及墓碑、树林等遭日寇焚毁。1980年修复。现有墓地5500平方米，东西长120米，南北宽45米，墓地西南百余米有陈渡草堂遗址，为荆川少年时读书处，也是他早年辞官归里后潜心读书的地方，原有懒云阁、五言楼、春池馆、压溪榭等建筑。荆川去世后，陈渡草堂曾数易其主。1982年，被江苏省人民政府公布为省级文物保护单位。

（六）孙觌墓

孙觌，武进区礼嘉人，字仲益，别号鸿庆居士，官至宋吏、户两部尚书。墓址位于礼嘉镇禹城桥姜家头村，墓原高约10米，东西长40米，南北宽30米，占地近1200平方米，东南有刻“宋吏部尚书户部尚书孙觌公之墓”14字墓碑一块。2008年2月，被常州市人民政府公布为市级文物保护单位。

孙觌墓

（七）恽南田墓

恽格，字寿平，号南田，素有“常州画派鼻祖”之称。恽南田墓位于武进区湖塘镇马杭上店村。墓前有光绪年间所立的“逸士恽南田先生之墓”石碑一块，墓左侧是其父恽日初之墓，两墓周围砌有围墙，占地约700平方米。墓南侧立有刘海粟1984年撰书的《重修恽南田墓记》石碑一块。1995年被江苏省人民政府公布为文物保护单位。

恽南田墓

（八）钱一本墓园

钱一本墓，位于武进区雪堰镇城湾村梅岩岭西。2011年，当地经济建设过程中发现。2011年底至2012年5月，常州市考古研究所、武进区博物馆联合对该墓园进行考古发掘。墓园结构完整，规模宏大，占地8000余平方米，坐北朝南，依山势而建，四周有围墙，是一座封闭式墓园。在江南地区已发掘的近千座明代墓葬中，钱一本墓是墓园结构保存最完整的一座。钱一本墓园的考古发现为研究明代历史、社会生活及丧葬制度提供了重要依据，也为常州地区增添了一处重要的历史文化遗产。2012年6月，江苏省文物局专家认为钱一本墓园的考古发

钱一本墓

现具有很高的历史价值，是江南地区明代墓葬考古的重要成果之一。2013 年 4 月，钱一本墓园被常州市人民政府公布为市级文物保护单位。

第五节 文物保护

一、保护机构

文物管理委员会是地方文物保护的行政管理和行政执法机构。为加强对文物的保护和管理工作，武进县于 1959 年成立文物管理委员会。由副县长张钦奇兼任主任，许和庭兼任副主任。文教局有一名干部负责文物的宣传、保护和管理，并与淹城、阖闾城两个省级文物保护单位所在乡镇订立保护协议，同时开始向社会征集文物。

1984 年，县政府认真贯彻《中华人民共和国文物保护法》精神，重新成立文物管理委员会。由副县长周亚瑜任文物管理委员会主任，宣传部、文化局的负责人任副主任，县政协、财政局、公安局、教育局、环保局、银行、供销社等 13 个部门为管理委员会成员单位，履行全县文物保护和执法的行政职能。因当时办公室没有专职工作人员，由武进博物馆代行文物管理办公室的管理职能。

1997 年 9 月，为进一步加强对文物管理工作力度，县文物管理委员会在县文化局内设立文物管理办公室（简称“文管办”），核定编制 3 名，履行武进地区文物保护、管理、执法的职能，承担国家、省、市级文物保护单位、历史文化名镇、名村的申报工作，由王岳群负责，办公地点设在李公朴故居。文管办成立后，首先抓各级文物保护单位的保护网络建设，建立对文物保护单位定人定点长效管理机制，同时坚持做到“四有”、“五纳入”。“四有”，即文物保护单位有建设控制地带、有标志说明牌、有文字记录档案、有专人管理。“五纳入”即把文物保护纳入国民经济和社会发展规划，纳入体制改革，纳入财政预算，纳入各级领导责任制，纳入城乡建设规划。

2005 年，文管办与淹城博物馆完成《春秋淹城遗址——中国世界文化遗产预备名录》的文本制作和申报工作。同年，根据苏文综〔2005〕24 号《转发国家文物局关于加强文物单位应急管理工作的通知》精神，制定切实可行的应急方案。至 2013 年，文物保护做到零事故发生。2010 年 9 月，根据（武编复〔2010〕11 号）文件精神，撤销武进区文物管理办公室，成立文物保护科。文保科成立后，本着“保护为主，抢救第一，合理利用，加强管理”的方针，先后对白龙庙、大林寺、顺庄戏楼、礼嘉戏楼、李公朴故居等文物保护单位进行修缮和修复。

二、文物普查

文物普查是国情、国力调查的重要组成部分，是确保历史文化遗产安全的重要措施。至 2011 年，武进已开展了三次文物普查工作。

第一次文物普查是 1956 年，这次普查规模小，工作缺乏经验，加上人们文物意识淡薄，对文物认知度不高，普查工作基本没有留下完整的资料和数据。

武进区第一次全国可移动文物普查工作会议

第二次文物普查是1984年。武进县委、县政府根据1981年国务院关于加强文物工作意见的9号文件和1983年江苏省人民政府〔1983〕167号文件精神，决定在全县范围内开展文物普查工作。当年4月，成立由副县长周亚瑜任组长，宣传部、文化局负责人任副组长的县文物普查工作领导小组。各区、乡镇也成立相应的文物普查工作班子，配备兼职普查工作人员。普查工作分为建立组织、培训骨干、宣传活动、群众找寻、普查登记、复查鉴定、建立档案、提出各级文物保护单位建议名单等步骤进行。这次普查工作，全县共培训文物普查员1790余人，召开座谈会820余次，走访群众5480户，得到文物线索12691条，其中革命文物406件，古建筑151处，石刻653块，古墓葬61处，出土文物646件，传世器物6670余件，古书画813幅，古园林1处。为巩固普查成果，1985年1月举办了文物普查成果展，共展出历史文物、革命文物、名画等400余件，受到了省、市、县各级领导的表扬。

2007年4月，国务院下发《关于开展第三次全国文物普查的通知》。武进区委、区政府根据通知精神，决定从2007年10月开始至2011年12月结束，进行第三次文物普查。具体分为三个阶段实施：2007年10月至2008年8月为普查工作准备阶段，2008年9月至2009年12月为调查登记阶段，2010年1月至2011年12月为数据处理阶段。为切实完成任务，武进区委、区政府办公室下发了《关于成立武进区第三次文物普查领导小组的通知》，由副区长张美任领导小组组长，区政府办公室副主任李荣、区文化局局长王才中任副组长。成员由区人武部、宣传部、宗教事务局、发改局、教育局、公安局、民政局、财政局、国土资源局、建设局、规划局、交通局、水利局、农林局、广电局、统计局、旅游局等17个部门的副职领导组成。普查领导小组办公室设在文化局，由副局长巢鸿泉兼任办公室主任，抽调文博专业人员组成普查工作队伍。全区各镇、街道也成立相应工作机构，构建区、镇（街道）两级文物普查工作框架。第二阶段为普查登记阶段，工作队伍到现场实地调查登记。这次普查涉及全区404个行政村，1000余个自然村，实现全覆盖。2009年12月，通过由江苏省、常州市联合组成的专家组对武进区第三次文物普查实地调查阶段工作的验收。

2010年，区普查办按照上级普查办要求，以“真实、完整、实用、高效”为原则，对已形成的普查数据进行复核，完成了武进区文物普查数据库的建设，收录文物点502处，图片和照片1500多件，其中现存文物419处。文物普查数据库的建设，巩固了武进区第三次文物普查成果，并为以后文物保护、考古发掘提供依据。

三、保护单位

自1956年至2013年，通过三次文物普查和申报，武进现有国家级文物保护单位2处，省级文物保护单位10处，市级文物保护单位76处，其他文物点331处。前黄镇杨桥老街和郑陆镇焦溪老街被列为历史文化街区。

2013年武进区市级以上文物保护单位情况表

表8-6

序号	名　　称	级别	地　　址
1	淹城遗址	全国	湖塘镇淹城行政村
2	阖闾城遗址	全国	雪堰镇阖闾城村
3	寺墩遗址	省级	郑陆镇三皇庙村
4	恽南田墓	省级	湖塘镇马杭上店
5	隋墓	省级	湖塘中凉亭
6	礼嘉烈帝庙戏楼	省级	礼嘉镇礼嘉中学内
7	顺庄戏楼	省级	横林镇顺庄村
8	礼嘉王氏宗祠	省级	礼嘉镇鱼池村
9	白龙庙	省级	横山桥镇
10	万缘桥	省级	奔牛镇东街
11	五洞桥	省级	前黄镇夏坊村
12	李公朴旧居	省级	湖塘东村129号
13	大林寺	市级	横山桥镇西崦村
14	港桥	市级	南夏墅港桥村
15	白塔	市级	遥观镇塘桥村
16	节孝牌坊	市级	戴溪镇管城村
17	大刘寺	市级	礼嘉镇坂上中学内
18	姬山遗址	市级	嘉泽镇嘉泽行政村
19	城湾山石室土墩墓群	市级	雪堰镇
20	胥城遗址	市级	湖塘镇马杭上店
21	孙觌墓	市级	礼嘉镇属城村姜家头
22	骨成墩	市级	洛阳镇虞桥村章家头村
23	牟氏竹林公墓	市级	郑陆镇武城村牟家头
24	陈洽墓	市级	湖塘镇老坝村
25	横林赵氏宗祠	市级	横林镇赵家塘
26	梅里张氏宗祠	市级	横林镇崔北村
27	余巷冯氏宗祠	市级	横林镇余巷村

续表 8-6

序号	名　称	级别	地　址
28	芙蓉奚氏宗祠	市级	横山桥镇芙蓉双庙村
29	卢庄徐氏宗祠	市级	湖塘镇龙潭村卢西小组
30	万寿庵	市级	郑陆镇顾家头村
31	奚巷桥	市级	横山桥镇奚巷桥村
32	南杨桥	市级	前黄镇杨桥村
33	咸安桥	市级	郑陆镇焦溪老街
34	三元桥	市级	郑陆镇焦溪老街
35	青龙桥	市级	郑陆镇焦溪老街
36	中市桥	市级	郑陆镇焦溪老街
37	村前桥、亭	市级	湟里村孟津河东侧
38	太平桥	市级	前黄镇杨桥村
39	牧斋院	市级	前黄镇杨桥村老街 38 号
40	丁家塘丁宅	市级	前黄镇杨桥村丁家塘
41	吴稚晖故居	市级	雪堰镇“四房里”弄
42	王诤故居	市级	洛阳镇天井桥浜头村
43	冯仲云故居	市级	横林镇余巷村
44	天主堂	市级	郑陆镇和平村
45	百岁庄	市级	前黄镇杨桥村
46	恽南田纪念馆	市级	湖塘镇马杭南街
47	新四军南杨桥地下交通站	市级	前黄镇杨桥村
48	澄西抗日民主政府旧址	市级	郑陆镇焦溪翟家村
49	胜西古墓	市级	南夏墅街道胜西村
50	雅浦陆氏古墓群	市级	雪堰镇雅浦村
51	戈楫墓	市级	洛阳镇洛东村戈家头
52	周家湖青龙桥	市级	湟里镇武宜村周家湖
53	青司塘义井	市级	横林镇青司塘村 53 号南
54	周陈桥	市级	礼嘉镇周陈桥村
55	隆兴桥	市级	雪堰镇雪东村东街
56	杨氏祭祀亭	市级	横山桥镇西崦村
57	芳茂里方氏宗祠	市级	横山桥镇省庄村方家塘

续表 8-6

序号	名　称	级别	地　址
58	李家桥李氏宗祠	市级	横山桥镇芙蓉李象桥村
59	斜桥	市级	郑陆镇三河口丰北村
60	礼嘉双桥	市级	礼嘉镇老街
61	碧云庵	市级	横林镇余巷村
62	余巷薛氏宗祠	市级	横林镇余巷村薛家前
63	殷家旦殷氏宗祠	市级	雪堰镇南山村殷家旦村
64	漕桥	市级	雪堰镇漕桥西街
65	后塘村青龙桥	市级	武进经发区西湖街道
66	彩虹桥	市级	奔牛镇虹桥村
67	顺庄诸氏宗祠	市级	横林镇顺庄村诸家塘
68	钱垛桥	市级	前黄镇红旗村
69	殷墅桥碑亭	市级	前黄镇运村殷墅村
70	石佛新桥	市级	邹区镇新桥村前巷
71	隆兴桥	市级	邹区镇西街
72	西崦桥	市级	横山桥镇横山中心小学北
73	镇龙桥	市级	湟里镇迈步村委湾头村
74	毛家桥	市级	礼嘉镇毛家村
75	翠华桥	市级	横林镇江村村
76	洪庄砖窑	市级	遥观镇洪庄村
77	胡发坚烈士墓	市级	洛阳镇谈家头村
78	淹城骆驼墩	市级	武进区烈士陵园内
79	钱一本墓园	市级	雪堰镇梅岩岭西
80	北洋桥	市级	南夏墅街道纪墅南河花苑
81	振声高等小学堂旧址	市级	雪堰镇漕桥中学内
82	崔桥朱家村朱氏宗祠	市级	横林镇崔桥朱家村
83	芙蓉西柳塘村刘氏宗祠	市级	横山桥镇芙蓉西柳塘村
84	横林江村周氏宗祠	市级	横林镇江村村
85	崔桥舍头村朱氏宗祠	市级	横林镇崔桥舍头村
86	张塘桥	市级	郑陆镇焦溪梧岗村
87	虎臣桥	市级	洛阳镇虎臣村
88	五七农场排灌东站	市级	武进区经发区延政西路北

第九章　非物质文化遗产

武进历史悠久，人文荟萃，不仅拥有十分珍贵的物质文化遗产，而且还拥有丰富多彩的非物质文化遗产。1963 年 4 月，在中国音乐家协会江苏分会的协助下，全县共搜集民歌 176 首，其中有“山歌好唱口难开”等 17 首被收入于 1982 年 9 月出版的《中国民间歌曲集成·江苏卷》。1987 年，遵照文化部关于开展民间故事、民间歌谣、民间谚语（简称“三套集成”）搜集整理工作的指示，武进县成立民间文学集成领导小组，在全县 60 个乡镇开展搜集工作。1990 年 9 月，县文化馆馆长李翔岭主编的《武进民间文学集》由南京大学出版社出版，选入民间故事 435 篇、民间歌谣 243 首、民间谚语 1508 条。

1991 年，县文化局配合江苏省文化厅和常州市《舞蹈志》《戏曲志》的编纂工作，组织人员深入乡镇，搜集整理 20 多个民间舞蹈项目。其中，前黄的《火球舞》、寨桥的《调蚌舞》、东青的《大头娃》等 7 个项目参加 1992 年常州市举办的民俗民间舞蹈展演。2003 年，武进区开展对民间工艺和特色文化调查，搜集整理《留青竹刻》《象牙浅刻》《烙画》《剪纸》等 30 多项民间工艺和特色文化项目，并由中共武进区委宣传部、武进区文联编撰出版 16 万字的文化丛书《阳湖流韵》。

2005 年，根据国务院办公厅《关于加强我国非物质文化遗产保护的意见》和《关于加强文化遗产保护的意见》两个文件，武进区成立民俗、民间文学保护工程领导小组，办公室设在文化局，每年下拨专项资金，保障非物质文化遗产的普查保护工作。

2008 年年底，江苏省非物质文化遗产保护普查工作推进会议在常州召开，区普查领导小组通过广播、电视、报纸等多种渠道，对非物质文化遗产保护普查工作进行广泛深入的宣传发动，并对全区 404 个行政村、68 个居委会进行拉网式普查，获得各类线索 2000 多条。在此基础上，“非遗”编纂小组选择 200 个项目，完成 50 万字的《常州市武进区非物质文化遗产资料汇编》的撰写工作。陆鹤主编的《武进遗韵》由南京大学出版社出版，图文并茂地记述了在武进有影响的 100 个“非遗”项目。2010 年，中央电视台到武进拍摄“非遗”专题片，分上、下两集。在《乡土》栏目播放。2011 年，区文化广电新闻出版局被江苏省文化厅评为“非遗普查先进集体”，局长郝建成被江苏省文化厅评为“非遗工作先进个人”。2012 年以后，武进区的非遗申报、保护工作由区文化馆具体负责。

经专家评定，至 2013 年，武进区非物质文化遗产项目中列入保护名录的有 105 个，其中国家级保护名录 4 个、省级保护名录 5 个、市级保护名录 20 个、区级保护名录 76 个。

第一节　传说、歌谣

一、淹城的传说（已列入常州市非遗保护名录）

淹城遗址，迄今有近 3000 年历史。1988 年 1 月，被国务院列为全国重点文物保护单位。淹城遗址的概貌可用当地一首民谣来概括：“里罗城，外罗城，中间方形紫罗城；内高墩，外高墩，四周林立百余墩，城中兀立玉女墩；内河坝，外河坝，通道唯有城西坝，独木舟渡本无坝。”关于淹城的来历和主人是谁，史学界和考古学界众说纷纭，至今仍无定论。

有关淹城的传说《神龟救奄》。相传早在西周，成王东征，讨伐奄国。奄王南逃至长江边，被滔滔江水所阻。追兵越来越近，奄王手足无措，仰天长叹："天灭吾奄也！"这时，一只自幼被奄王养大，有六只脚的乌龟突然开口道："主公勿忧！"随即爬下车来，变成庞然大物，示意奄王族人站在其背上，伸出两脚变成翅膀，一声长啸，腾空而起。不知过了多久，落到江南一块沼泽地上。乌龟因劳累而气绝身亡，化成一只白玉石龟。奄王和族人见状，放声大哭。是日，神龟托梦奄君曰：此乃奄族安顿之地。奄族为纪念神龟，按其形状在这里开河筑城，安营扎寨。奄国在白玉石龟的保佑下，日趋强大昌盛，白玉石龟因此成为奄国的镇国之宝。

《火攻淹城》。相传，淹城北邻，有座留城。留王觊觎淹城已久，但淹有三城三河防御，固若金汤，难以攻取。于是设法骗得淹君信任，将留城公子招为驸马。留公子百般献媚，建议淹君在外城墙上遍种枸橘，因枸橘的刺密密匝匝，连狗也钻不进，可以护城。淹君纳言照办。留公子又出一计，在城墙上种满扁豆，说叶绿花红，藜藤相牵，既可观赏，又可防卫。淹君又言听计从。至夏天，扁豆花开，淹君站在城头观看，果然风景十分美丽。谁知到了秋冬，扁豆藜叶枯黄，点火即燃。留王见时机已到，指使儿子偷取淹城镇国之宝白玉龟，令士兵用带火的箭射向城墙上干枯的扁豆藜叶，淹城顿时一片火海。淹君败走后，四处奔波，联络邻邦，搬来重兵，数日后杀回淹城，一举歼灭了留王父子。

《淹王斩女》。传说奄君造城定居后，生有一女，以三河为意，取名为"淼"。"奄"亦改称"淹"。公主淼自幼聪明伶俐，酷爱琴棋书画，能文能武，才貌双全。邻城留公子炎对淹城心存野心，垂涎于公主淼，勾结淹城贪官木大夫，骗取淹君的信任，成为东床驸马。有一天，公子炎趁淹君外出、公主练兵之际，私通奸人，入宫偷走护城国宝白玉龟。淹君得知，火速追缉，截住盗贼，夺下了白玉龟。木大夫谎称此事乃公主里通外国所为。淹君一怒之下，将公主一斩三段，分葬三处，称为头墩、肚墩、脚墩。后来真相大白，淹君后悔不已。遂令族人封土堆坟，植树造林，每年清明，亲临坟前忏悔。

有关淹城的传说，还有《龙泉通海》《孙武点将》《岳飞屯兵》等在百姓中口口相传至今。

二、滆湖的传说（已列入武进区非遗保护名录）

滆湖，俗称"沙子湖"，亦称"西太湖"，东临太湖，西接长荡湖，南连宜兴西氿，北经扁担河通长江。滆湖南北长25千米，东西宽6.6千米，水面积约24.9万亩，是江苏省五大湖泊之一。有关滆湖名称的来历和形成原因，民间有许多传说。如《观音造湖送福音》，说的是观音为拯救黎民，治理水灾，从天而降，落脚之处便变为湖泊。因此，滆湖形似鞋形。如《神龙升天城变湖》，说的是滆湖原是商界云集的繁华之地，后因神龙升天，暴雨如注，城池被淹下沉，变成湖泊。如今的滆湖，碧波荡漾，渔舟唱晚，两岸桃红柳绿，花果飘香，成为人们休闲度假的好地方。但滆湖真正形成的原因，至今仍无考证。

三、白龙娘娘的传说（已列入常州市非遗保护名录）

宋朝时候，横山桥清明山黄猫岭脚下有一村庄叫杏花村（即今观前村）。村上有位姓项的员外生有一儿一女，女名凤秀，年方十八。有人上门说媒，项员外当即答应，却不料凤秀潜心修行，不愿嫁人。一天与嫂嫂两人来到河边，忽见水上飘来两只桃子。嫂嫂捞起，各人一只。凤秀吃了连声说“甜”，嫂嫂尝了连声说“苦”。凤秀一连吃了两只都觉得鲜甜。过了三四个月，凤秀有了身孕。父母得知，认为女儿行为不端，败坏名声，要架火焚女。嫂嫂得知后，送来一双绣花鞋，让凤秀穿上，催她连夜逃走。凤秀哭别嫂嫂，来到村后冲虚观（即今大林寺），跪在井旁痛哭之余，便脱下绣花鞋，跳入井内。刹那间，狂风大作，雷雨倾盆，地动山摇，只见两条白龙伴护着凤秀，从井下窜出穿过黄猫岭山腹，向东直到潜灵观（今白龙观）井底，又穿井而出，腾飞而起，直上九天。第二天，人们奔走相告：凤秀姑娘羽化成仙，并争相捐资为她建庙，现称“白龙庙”，也称“龙母庙”。说白龙每年农历八月初一要回横山桥探母，庙里香火旺盛。久而久之，八月初一便成了横山桥的庙会集市。

四、白泰官的传说（已列入常州市非遗保护名录）

白泰官，清代雍正、乾隆年间四大侠客、八大名剑客之一。其武功高超，行侠仗义，扶贫济困，建桥铺路，兴办义学的传说故事短则几百字，长则数千字，见诸于各种典章、书刊的有数十篇。小说《剑客》《清代宫廷艳史》《僧尼孽海》，电视剧《南少林三十六房》，京剧《大侠白泰官》以及评书《童林传》、长篇评话《常州白泰官》等都有关于白泰官的文字记载。如《大破延庆寺》，说的是常州东门有座延庆寺，寺里的超凡和尚是朝中东宁王的党羽，其倚仗权势，为非作歹，附近百姓无不切齿痛恨。因超凡诡计多端，白泰官曾为救一孕妇，深受其害，后经人指点，拜侠士“一枝梅”为师。白泰官有个嫂子，年轻漂亮，婚后多年，尚未得子。是日，去延庆寺烧香，超凡见后顿生邪念，拨开机关，让她落入暗设的地穴之中。白泰官得知嫂子未回，便料定落入恶僧之手。天色将晚，白泰官穿上行衣，带上镖袋，到延庆寺外，飞身上墙，跳跃前行到大殿之前，见超凡正欲去地穴作恶，白泰官见状，气得七窍生烟，跃身跳下与之搏斗。超凡见势不妙，欲将白泰官引至暗道。谁知白泰官早已识破，飞出一镖，超凡血流如注，夺路逃窜，被闻讯赶来的民众捉拿归案。白泰官打开机关，救出嫂子和被害妇女，并点燃大火，把延庆寺烧成灰烬。

《仗义为渔翁》，说的是一次白泰官到常州城访友，路经一绅士家门口，见一渔翁拎一篓鱼走过，门里出来一壮汉向渔翁买鱼，只肯付一半钱，渔翁不依，壮汉将鱼倒在地上，并将渔翁毒打一顿。白泰官目睹现场，记下壮汉的面相，将渔翁送回渔船，并掏出一千文钱，以补损失。第二天，白泰官又来看望渔翁，向渔翁家要了个鱼篓和几条小鱼，穿上渔翁的衣服至那绅士家门口叫卖，那壮汉误认为是上次卖鱼的老头，又想白吃鱼虾。白泰官不从，壮汉出手一拳，白泰官抬手一挡，壮汉觉得手臂一阵剧痛。这时，白泰官背起鱼篓就走。晚上，壮汉手臂剧痛，请来医生诊断，医生说：“这是点脉功所伤，无法治疗，只有请发功人来解救，否则，到天亮就没命了。”壮汉家人四处打听，方知是白泰官装扮渔翁所为，只得上门请求解救。白泰官提出要壮汉出 50 两黄金，给渔翁治病和补偿损失，壮汉只得连连答应。从此后，再也不敢为非作歹，仗势欺人了。

有关白泰官的传说，还有《投师一枝梅》《惩罚土豪》《针炙为农夫》《狼山除凶僧》《收徒制强盗》《建造白家桥》等在民间广为流传。

五、朱元璋的传说（已列入常州市非遗保护名录）

朱元璋，安徽凤阳县人。少时在皇觉寺出家为僧，后率农民军推翻元朝统治建立明王朝，在位 31 年。朱元璋的一生饱经风霜，足智多谋，英雄善战，充满传奇色彩。在武进境内转战多年，留下许多传说。

《蜡烛庙与枪架桥》，说的是元朝末年，朱元璋起兵打江山，与陈友谅交战，大败而逃。至湟里镇东，眼看追兵逼近，便躲在一座由三块石板搭成的小旱桥下，等追兵过去，再择路逃跑。至镇西蒲村时，见有一座土地庙，门上结满蜘蛛网。朱元璋即下跪祷告："求神灵保佑我逃脱灾难。"说完便钻进庙里，追兵赶到，发觉庙门上蜘蛛网完好，门上灰尘未动，以为无人便没有进庙搜寻。朱元璋躲过一劫，又夺路向西而逃，却被一条大河拦住去路，被追兵发现后，喊声震天，朱元璋暗中叫苦："这下真的没命了。"突然，只见尘土飞扬，对面来一支人马，并大喊："主公，我救你来了。"原来是手下大将常遇春，他跳下战马，把枪往河上一架，让朱元璋过河。后来这三块地方便被老百姓称之为"偃龙桥"、"蜡烛庙"和"枪架桥"。

《弯弓射箭符》。相传，有一年大年三十，朱元璋带领部队来到雪堰镇，老婆与侍女上街看花灯，看到一盏花灯很别致，便上前询问叫什么灯？有一老头说："这叫大脚灯"。谁知她听了气得脸色发青，暴跳如雷。因为她是打花鼓出身，生就一双大脚，平时最忌讳别人说"大脚"二字。于是从口袋里摸出一张画有"弯弓射箭"的纸贴在老头子家门口，怒气冲冲返回军营，要朱元璋下令将这家人捉来满门抄斩。朱元璋考虑到自己江山尚未坐稳，为了区区小事而无辜杀人，岂不失了民心。于是一边劝老婆先休息，一边吩咐太监连夜画出了几百张"弯弓射箭"的纸，贴在镇上各家门上。第二天一早，朱元璋按老婆要求去捉拿门上贴有弯弓射箭符的人前来问罪，谁知差人回来说："雪堰桥街上东、南、西、北家家都有此符。"他老婆听后，只得张口结舌，无话可说，那老头也免遭杀身之祸。从此，每年大年三十，雪堰桥街上家家户户都在门上贴画有"弯弓射箭"的纸符，成为过年的习俗。

有关朱元璋的传说，还有《落难卖乌草》《常遇春大战牛塘谷》等 10 多个，至今仍在民间口口相传。

六、宋剑湖的传说（已列入武进区非遗保护名录）

清光绪《武进阳湖合志》载，宋剑湖在县东 30 里安尚乡，东西 5 里，南北 3 里，北靠戚墅堰，南傍湖头村（即现遥观镇境内）。近千年来，湖名有"送剑湖"、"宋建湖"、"送仙湖"、"宋剑湖"等多次变更。每一次更名，都留下一段传奇故事。相传季札使齐途经徐国，宴间心许徐王佩剑，归途惊闻徐王驾崩，"冢树挂剑"后，狂风吹剑落于湖心，故改称"送剑湖"。南北朝时宋文帝到此治水，湖底日挖夜长，便命士兵用兵器夜插湖底，湖水见红，湖始成，因名“宋建湖”。又雌雄二蛇，湖心作祟，化舌为莲，骗人登莲笳升天成仙，吞吃登莲者无数，常州府尹智灭雄蛇，改湖名为“送仙湖”。后雌蛇变美妃蛊惑皇帝索取府尹心肺，府尹带桃木剑进宫斩雌蛇于金殿，帝命送剑于湖永镇湖怪，又复名“送剑湖”。另有《通天芦和牵线磨》《玉螺神姑斗恶蟒》《金牛滩上出金牛》等传说在民间口口相传，经有关人员搜集整理，今已形成10万字文稿，并结集成书。目前，宋剑湖保留着原始的湿地风貌。2012年，被评为国家3A级旅游景区。

七、伯牙渎的传说（已列入武进区非遗保护名录）

相传在春秋时期，楚国有位音乐家叫俞伯牙。有一年八月十五傍晚，伯牙乘船云游至武进奔牛西街一小河边。面对月光，抚琴而弹。岸边有位叫钟子期的樵夫听了，拍手叫好，称赞这琴声“巍巍乎，意在高山！荡荡乎，意在流水。”伯牙听后，既高兴又激动，对钟子期说在这个世界上只有你懂我的琴声，并约定来年中秋节再来这里相会。一年后，俞伯牙如期而至。但钟子期已在三个月前病故，临终前嘱咐家人，要将他安葬在那条小河旁，以候俞伯牙的到来。伯牙闻知，悲痛欲绝，来到坟前，痛哭之余，为子期弹起一曲《高山流水》，而后仰天长叹一声，将心爱的瑶琴砸烂，并抛至河中。后来，人们把两位“知音”相遇的那条河称之为“琴渎”又叫“伯牙渎”。

八、白鱼庙的传说（已列入武进区非遗保护名录）

据武进有关乡、镇志记载：“白鱼庙”在武进境内有六座庙址，其来历均与白鱼有关。现香火较旺的是坐落在礼嘉镇禹城村西的白鱼庙。

相传禹城村上有一大户人家。有一天，户主从街上买回一条大白鱼，让女仆去杀了做菜肴。女仆到了河边准备开刀，只见白鱼两眼落泪不止。女仆心地善良，就将白鱼放入河中。白鱼朝她看了几眼，就向东游去。女仆回到家中，将此事告诉主人。谁知主人大怒，将女仆毒打致死，将其葬在村西的一块高地上。来年那天早上，只见禹城河上成千上万条白鱼由东向西而来，围绕女仆葬身之地转了三圈，又向东游去。此后，年复一年，每到这天，白鱼准时前来。当地群众传说女仆是白鱼精的化身，便集资在她墓地建造庙宇，并起名为“白鱼庙”。

九、田螺精的传说（已列入武进区非遗保护名录）

相传江南某村有个小伙，父母早逝，家境贫寒，到了三十多岁尚未娶妻。一天，他提篮上街，见一田螺趴在路中，他怕被人踩碎，便将田螺拾起放进路边水沟里。回来时又见田螺爬到了路上，他又拾起，干脆带回家养在水缸里。第二天，当小伙从田间回家，发现家中打扫得干干净净，开锅一看，热腾腾的饭菜已经做好。几天下来，天天如此，小伙觉得奇怪。有天，他假装出门，躲在窗下守候。时近中午，只见水缸里走出一位漂亮姑娘，帮他扫地做饭。小伙想，她一定是田螺精变的，于是向她求婚。田螺姑娘一口答应，第二年为他生了一个活泼可爱的儿子。有一天，儿子哭着要到舅家去，他爹指着缸里的田螺壳说：“你舅家就在这里。”说时迟那时快，一眨眼工夫，田螺姑娘和田螺壳都不见了，从此就剩下了他们父子俩。

十、民间歌谣、谚语、歇后语（已列入常州市非遗保护名录）

武进民间歌谣、谚语和歇后语起始于远古时代，源远流长，丰富多彩，是历代先祖集体智慧的结晶。随着时代的变迁，人们以口口相传的方式流传至今，形成了独特的口头民间文学体系。武进的民间歌谣主要有童谣、情歌、劳动歌、生活歌和礼仪歌等。民间谚语主要有道德类、生活类、生产类和气象类等。1987 年，武进县搜集整理的 243 首歌谣和 1508 条谚语分别在《常州歌谣谚语集》《武进民间文学集》及各乡、镇志中均有记载。

（一）歌　谣

1. 童　谣

《找朋友》：找呀找，找呀找，找到一个好朋友，敬个礼，握握手，你是我的好朋友。

《搀嫂嫂》：搀郎郎，一道道，搀了哥哥搀嫂嫂。嫂嫂要去罗锅灶，害得宝宝嘴一翘。

《打大麦》：劈劈啪，劈劈啪，大家都来打大麦。麦子多，麦子好，我来磨面做馍馍。馍馍香，馍馍甜，大家都来吃馍馍。

2. 劳动歌

《山歌好唱口难开》：樱桃好吃树难栽，鲜鱼好吃网难抬。白米饭好吃田难种，山歌好唱口难开。

《莳秧歌》：莳秧要唱莳秧歌，脚膀弯弯泥里拖。背朝天来面朝水，从左到右栽六棵。

《摇船歌》：天要落雨大风狂，雄鸡啼前拍翅膀。船要快来两支橹，一橹分出两路浪。用力摇，用力撑，追到前船一同航。前船就是孟姜女，后船就是万杞良。

3. 情　歌

《放春牛》：春来春光春水流，春男春女放春牛。春男骑在牛背上，春女躲在牛背后。

《郎扮渔公妹扮婆》：情郎生来爱“莺歌”，正月十五上街头。青铜明镜照照脸，郎扮渔公妹扮婆。

《盼郎归》：夏至到来日头长，情郎出门种田忙。上昼要车四二水，下昼要莳六分秧。田鸡打更不上岸，阿妹等得好心伤。勿思勿想倒也罢，我越思越想痛肝肠。

4. 婚礼歌

《拜堂歌》：红绿丝巾六尺长，两头两个小鸳鸯。当中挽个同心结，一对夫妻福寿长。

《叠被歌》：我叠被头四角方，称心如意在中央。龙凤双双在被窝，五子登科状元郎。夫妻恩爱常相伴，罗纱帐内桂花香。多子多福多富贵，长生不老万年长。

5. 上梁歌

《祭梁歌》：请梁请到厅堂前，一对喜烛插两边。紫金地上造新房，财源滚滚不断链。手捧两盅敬八仙，张班鲁班坐两边。黄道吉日来上梁，福禄寿喜万万年。

《抛梁歌》：抛梁抛到东，东方日出满堂红。抛梁抛到西，麒麟送子接双喜。抛梁抛到南，子子孙孙出状元。抛梁抛到北，囤囤白米年年满。

（二）谚　语

1. 道德类

树靠人修，人靠自修。人无廉耻，王法难治。
一日为师，终身为父。拾金不昧，于心无愧。
勿怕人勿敬，只怕己勿正。有福要同享，有难要同当。
皇帝勿差饿兵，发财勿欺穷人。送佛送到西天，摆渡摆到江边。

2. 生活类

勤是摇钱树，俭是聚宝盆。上了白粮船，莫忘吃糠团。
吃尽苦中苦，方为人上人。三天勿吃青，肚里冒火星。
夏天勿吃蒜，病在门口转。寒从脚底起，病从口中入。
病来一支箭，病去一条线。一只碗不响，两只碗叮当。

3. 生产类

不怕田疲，只怕田漏。水没黄秧，到老勿长。
麦老一日，蚕老一歇。油菜干冻，一半送终。
秋前勿干稻，秋后要懊恼。养猪勿赚钱，回头看看田。
要使害虫少，除尽田边草。季节勿饶人，种田赶时分。

4. 气象类

上看初二三，下看十五六。日落乌云涨，半夜听水响。
迷雾出日头，晒开癞痢头。雪落有晴天，瑞雪兆丰年。
东虹日头西虹雨，霜下东风一日晴。小暑头上一声雷，半月黄梅倒转来。
晴到冬至落到年，落到冬至晴到年。年内立春春勿冷，年后立春冻三春。

（三）歇后语

额角头上放扁担——头挑
戏台上的胡子——假佬
县老爷的面孔——官腔
钥匙挂在胸口头——开心
石磨上放夜壶——谦虚
大年夜打浆——贴对
嘴上搭石灰——白说
城头上出棺材——远转
浴锅里放屁——后翻泡
白布落在染缸里——洗勿清
猫哭老鼠——假慈悲
老和尚敲木鱼——实笃笃
弄堂里拔木头——直拔直
癞痢头上的虱——明摆着
和尚拜丈姆——头一趟
箩里坐笆斗——稳笃定
棺材里伸手——死要钱
蜻蜓吃尾巴——自吃自
八仙过海——各显神通
包公断案——铁面无私
兔子不吃鸡——形状难看
泥菩萨过河——自身难保
癞痢头撑洋伞——无法无天
老鼠钻进风箱里——两头受气
两个哑子睏一头——无说话
黄鼠狼给鸡拜年——勿怀好意
瞎子吃馄饨——肚里有数目
哑子吃黄连——有苦说勿出
王小二过年——一年不如一年
碗里的芋头——拨一拨动一动

第二节　戏剧、曲艺

一、锡　剧（已列入国家非遗保护名录）

纪念锡剧创始人王嘉大专场演唱会

锡剧是常锡剧的简称。常锡剧生成早期叫“常州滩簧”和“无锡滩簧”。

锡剧的音乐属曲牌板腔综合体，以簧调、大陆调、玲玲调为基础，吸引多种江南民间小调组合而成，最明显的是有男、女腔之分。念白以吴侬乡音为主，必要时用“京腔”和“本白”。锡剧的演唱内容主要来源于民间传说故事和现实生活，代表性剧目有《珍珠塔》《双珠凤》《风流母女》《双推磨》《拔兰花》等。湖塘的王嘉大是锡剧的创始人之一。武进籍或在武进生活的主要传承人有周甫艺、沈阿焕、徐林美、李如祥、王汉清、吴雅童、王兰英、梅兰珍、刘洪儒、杨企雯、沈素珍、徐玉珍、陈正文、沈惠兰等。

二、小热昏（已列入国家非遗保护名录）

小热昏

“小热昏”是常武地区一种独特的曲艺形式，是伴随常州梨膏糖的生成历史应时而生的艺术门类，至今已有150多年历史。

“小热昏”是以方言说唱为主，形式有“单档”和“双档”两种。单档是一人说唱，双档是男女二人搭配说唱。程序分开场、走口、唱曲、卖糖四部分。说唱曲调一般运用地方小调，如《青年曲》《杨柳青》《十二月花名调》等。小热昏说唱内容一般是即兴创作，生动风趣，说白滑稽幽默，唱词通俗易懂，深得观众喜爱。武进前黄的赵启明、湖塘的费华兴等曾留下60余篇说唱材料，许多段子记录武进的民俗风情，为后人留下了宝贵的文化资源。

唱　春

三、唱　春（已列入常州市非遗保护名录）

唱春，源于明代，是从吴歌演变而成的一种民间曲艺。至清代已广泛流行于武进城镇和农村，在民俗学者伍受真编著的《武进礼俗》一书中，有这样的记载：“新春农闲乡人携一小锣，名春锣，在城市乡村唱七言短歌，谓之‘唱春’。有能按眼前景物随时编唱者，大家则须给钱为酬。”

武进的唱春一般有单档（一个人）和双档（两个人）两种演唱形式。单档艺人一手提黄铜春锣，一手持红木春板，沿村挨家挨户演唱。每到人家门口，先敲响春锣，再开始唱曲。双档艺人以轻锣小鼓伴唱，唱的曲调为一迭四句，每句七字，内容多为迎合现场的吉利话，唱到主人付酬银为止。

四、宣　卷（已列入武进区非遗保护名录）

宣卷是江南地区一种特殊的文化现象，始于元朝末年，盛于清末民国初。早期是由僧人召集信徒在寺庙举行，后因战乱等原因，人们缺乏正常的娱乐活动，宣卷才逐渐在民间流行。

宣卷场景

宣卷是用宣讲和诵唱的形式，以“宝卷”为脚本，通过讲述民间传说故事宣扬行善积德，惩恶除霸，善有善报，恶有恶报等思想。农闲时节，在大户人家堂中置一方桌，桌上点燃香烛，放上供品，男女老少聚集一堂，由一人端坐桌前，一边敲打木鱼，一边照本咏诵。一人唱众人和，台上台下配合默契。宣卷曲调类似和尚念的经调，一般是七字一句，二句一调，一起一落，周而复始，十分热闹。

五、道　情（已列入常州市非遗保护名录）

道情也叫“说因果”，是江南水乡特有的地方曲艺。始于3000年前，周文王父子以讲故事形式向百姓游说兴周灭纣的因果关系。最初，武进农村的“说因果”，是百姓在劳作休息时用砖瓦片一边敲打节拍，一边说唱顺口溜，目的是自娱自乐。到清朝嘉靖年间，说唱艺人开始进入茶馆和寺庙演唱。“说因果”改称为“唱道情”。

唱道情

唱道情，一般由两人搭档，上手为主，下手为副，用方言说唱，内容大多以劝人为善为主，代表曲目有《济公传》《忠孝节义》《方卿见姑》《十张台子》等。中华人民共和国成立后，马杭的屠产法艺人在道情演唱方式和内容方面作了改进，有《十攀十不攀》等多个节目在镇江地区和常州市曲艺汇演中获奖。

六、六　苏（已列入武进区非遗保护名录）

据《武进县志》记载，唱六苏于明末清初流行于江南地区，起初以唱昆曲为主，后

六苏班演唱

发展为以唱京腔为主，迄今已有400多年历史。

六苏班子一般有六位男性艺人组成，个个吹、拉、弹、唱件件皆能。艺人们围桌而坐，自拉自唱，一人多角，一人千面，在民间婚丧喜事、祝寿、祭祀、庙会等活动中时常可见。中华人民共和国成立前，武进唱六苏的班子遍及全县各地，以洛阳、礼嘉地区最为盛行。演唱的主要曲目有《打龙袍》《借东风》《空城计》《苏三起解》等。因唱六苏形式独特，对艺人嗓音条件和乐器操作要求较高，该艺术形式目前已濒临失传。

第三节　音乐、舞蹈

一、白龙观道教音乐（已列入常州市非遗保护名录）

武进横山桥白龙观的教道音乐起源于东晋，兴盛于明、清时期。音乐由鼓乐、器乐和声乐三部分组成，主要用于玄门日诵，早晚念经和做阴阳法事。鼓乐用于法事开始、结束和列队变换时，常用的有“打冲头”、“四击头”、“走马锣”等。待人员到位后开始奏乐，乐曲随阴阳法事情绪而定，一般在庄严时用“朝天子”,凄苦时用“天河水”，欢快时用“迎仙客”；声乐是以似念似唱的形式咏诵经文。咏诵时用木鱼敲击作伴奏，一字一板或两字、多字一板，有时还吸纳戏剧曲调和民间小调穿插其中。白龙观道教音乐古朴典雅，抑扬顿挫，优美动听，能起到让信徒陶冶情操，净化心灵的作用。

白龙观道教音乐

二、调犟牛（已列入常州市非遗保护名录）

调犟牛是以艺术的形式展示人与牛之间从相识、相知、相伴到相助的过程。舞蹈一般有三人为一组，一人扮农夫，二人一前一后组合扮牛。表演时，可一组单独上场，也可由多组同时上场。内容分放牛、斗牛、训牛、嬉牛、牛耕田、牛推磨等。

调犟牛

表演中，集民间舞蹈、民间杂技为一体，跌、打、滚、爬、跳，动作粗犷，乡土气息浓厚，深受老百姓喜爱。

调犟牛旧时一般在春季庙会上出现。相传乾隆皇帝第三次下江南，途中路过杨桥村，在太平庵门前广场上看了调犟牛表演后，连连拍手叫好，称其为“江南一奇”、“杨桥一绝”。

三、穿马灯（已列入常州市非遗保护名录）

穿马灯表演源于《昭君和番》的历史故事，由马队护送昭君出塞的形式演变而来。最早出现在武进境内的有雪堰城西村的“回民马灯”、横林南方村的“太平马灯”、湟里新庄村的“新庄马灯”和湖塘浒路村的“浒路马灯”，迄今已有150多年历史。穿马灯表演除旗、伞、牌、灯笼、锣鼓等配套物件外，主要道具是马。马用竹篾绸布制作而成，分马头和马尾两截。表演时前后两截固定在人身上，通过跑、跳、走、穿等动作，表演马队出征的情景。穿马灯表演一般有50人以上，9匹马上场。还有如“拍马屁佬”、“拾马粪佬”、“种田佬”、“打野鸡佬”等人物穿插其中，表演各种有趣动作，摆出“燕架阵”、“梅花阵”、“双龙阵”、“满天星”等造型。“穿马灯”舞蹈，气氛活跃，生动有趣，深受群众欢迎。

穿马灯

四、荡湖船（已列入常州市非遗保护名录）

荡湖船是江南水乡地区特有的一种民间舞蹈形式。据史料记载，始于唐代，明清时期盛于武进。目前，芙蓉、横林、寨桥、湖塘、礼嘉、湟里等地的表演各有特色，在各种节庆、喜庆、庙会活动中均有出现。

荡湖船表演的主要道具是船，用木条和竹篾扎制成船形，再用彩绸包装而成。演员用绸带将船挂在肩上表演。荡湖船表演一般有4只大船，8只小船上场。船头有渔公身摇芭蕉扇，船尾有渔姑舞动花手帕，两人模拟摇船、撑船、划浆等动作，随着音乐，前后左右晃动。渔公渔姑一问一答，风趣幽默。船队后面还跟随蚌壳精、虾兵蟹将、大头娃娃、八仙和挑花担的贺客人物。整个表演动作整齐，诙谐夸张，具有鲜明的地方特色。

荡湖船

五、调三十六行（已列入常州市非遗保护名录）

中国古有“三百六十行，行行出状元”之说。调三十六行，是将民间各种行当用跳舞形式展示出来，从而告知人们，每个行当都有各自的市场，只要敬业，都有出息，具

调三十六行

有较强的现实意义和教化功能。

调三十六行，表演的人物主要有种田佬、做官佬、拾粪佬、换糖佬、摇船佬、捉鱼佬、磨刀佬、木匠、瓦匠、铁匠、竹匠、媒婆、接生婆等。表演时，演员展示各个行当的代表性动作和表白代表性话语。如种田佬，肩扛锄头钉耙，一边劳作一边高唱“面朝黄泥背朝天，种田行当万万年”；如账房先生，身穿长衫，头戴礼帽，手托算盘，一边打珠，一边高唱“算盘珠子滴答响，一分一厘算清爽”。表演形式有个体表演和集体表演两种，有时在固定场所表演，有时边走边表演。

六、调龙灯（已列入武进区非遗保护名录）

调龙灯

中华民族是龙的传人，武进有史以来人们就用调龙灯的形式来祭祀祖宗，祈求天下太平，风调雨顺，民生安康。调龙灯一般是从正月初一开始，至正月十五结束。平时则在节庆、庙会期间表演。

龙灯是用竹篾扎制龙骨，用青色绸布包装龙身的称“青龙”，用黄色绸布包装龙身的称“黄龙”，龙身内装有彩灯。表演时，队员都穿彩色衣裤，头扎彩巾，手持彩绲，一人支起一节。开始时，由一人在鼓声中手执彩球跃翻上场，在龙头前上下左右舞动。紧接着由几十个人组成的龙灯随球跃出，通过走圆场、盘龙、回龙、串龙、滚龙、跪舞、坐舞、卧舞等技巧动作，将龙盘成“龙塔”。龙头在塔顶昂首张嘴，喷火吐彩，气氛达到高潮。调龙灯可有一条龙表演，也有双龙表演，有男队，也有女队，还有儿童队。2002 年，武进有 20 多个乡镇的 30 多支龙灯队参加了常州市“百龙大赛”。

七、调狮子（已列入武进区非遗保护名录）

调狮子

有关调狮子的记载，早见《汉书·礼乐志》，至唐代，作为一种舞蹈项目进入宫廷表演。武进地区盛于清代，流传至今。

狮子舞多见于节日期间及喜庆场合。由一对狮子表演，也可由多对狮子同时表演。出场的狮子有雌、雄之分，一般以红色为雄，绿色为雌。每只狮子由二人（一头一尾）组合而成。调狮头者要掌握狮口的张闭，眼珠转动等技艺。调狮尾者要不断摆动胯部，带动尾巴，抖出各种姿态。表演时，有一人手持彩球，引逗狮子跳跃、跌扑、登高、翻转，摆出“白鹤展翅”、“金鸡独立”、“狮口夺珠”等造型。调狮子喜庆热烈，有很高的艺术观赏价值。

八、调蚌舞（已列入武进区非遗保护名录）

调蚌舞又称“蛤蜊舞”，起源何时无考。调蚌舞道具是用竹篾扎成大蚌骨架，以绸布饰面，彩墨绘成，其壳可张可合。表演时由一女演员扮成河蚌仙子，藏身于蚌壳之中，蚌壳时张时合，晚上表演时，蚌壳边沿的电珠闪亮，分外美丽。由一男演员扮成渔翁，下网捕鱼捕得河蚌，于是与河蚌仙子演出一场“蚌嬉渔翁”的佳剧。由于内容幽默风趣，演技生动活泼，深受群众喜爱。至今，在各地举办的喜庆活动中均有表演。

调蚌舞

九、火球舞（已列入武进区非遗保护名录）

火球舞也叫“甩火球”，源自于民间杂耍，是农民在晒场上庆祝丰收时的一种娱乐活动。火球舞的道具是一根长 2 米的火绳和两只火篮。表演时，火蓝装入事先烧红的木炭系在火绳两头，用打击乐器配合，可以独舞、双人舞，也可群舞。表演的形式有“车轮向前”、“蝴蝶双飞”、“雪花盖顶”、“一字扁担”等。火球舞最适合于夜间表演，火花飞舞，星光闪烁，场面壮观刺激。

火球舞

火球舞是集跳舞与杂技于一体的综合艺术，表演难度较高，表演者必须掌握熟练的技艺。该项目在湟里、嘉泽、鸣凰、前黄等地较为流行。1953 年，前黄区代表队曾参加苏州地区民间舞蹈会演，荣获一等奖。

十、打连厢（已列入武进区非遗保护名录）

打连厢

打连厢最早起源于黄河、淮河流域。明末清初，因连年战乱和灾荒，难民拄一根竹棒，提一只竹篮，用民间小调，边说、边唱，沿途乞讨，故武进有“叫花子唱莲花乐”之说。后来，这顶活动逐步被人们接受，成为民间一项自娱自乐的舞蹈项目保留下来。

“打连厢”表演是利用装饰特异的竹棒为道具，集唱、念、做、打、舞为一体的形式，并加有杂耍的元素，随着欢快的音乐，在用竹棒敲打自身各部位的同时翩翩起舞，并摆出各种造型。至今，在民间庙会或社区、农村大型活动中常有表演。

第四节　工艺、美术

一、常州梳篦（已列入国家非遗保护名录）

常州梳篦

梳与篦是两种器物，即木梳和篦箕。常州梳篦制作技艺形成于东晋时期，迄今已有1500多年历史。武进是常州梳篦的主要产区，至20世纪50年代和60年代，梳篦仍是湖塘、牛塘一带的支柱产业之一。

制作木梳的主要材料是选用百年以上树龄的黄杨、枣木、石楠等。制作篦箕的材料是选用四年以上的“阴山（山北坡）毛竹”和牛骨、生漆等。木梳制作要经过28道工序，篦箕制作要经72道工序。梳篦在制作过程中要运用“雕、描、刻、烫、嵌”五种工艺。雕，即在梳背上浅雕花鸟、鱼虫、人物和花草等图案；描，就是在骨梁上用彩笔绘出各种人物和花草图纹；刻，是用刀刻出多种文字和图形；烫，是用铁笔烫烙出各式图案；嵌，即在梳背、篦箕上嵌上金、银、珠宝等。常州梳篦现有月亮梳、蝴蝶梳、竹节梳、四大美女、金陵十二钗、戏剧脸谱等700多个款式。

二、留青竹刻（已列入国家非遗保护名录）

武进的留青竹刻艺术始于明末清初。作者留用竹子表层青筠雕刻成图案，使画面线条粗细明显，明暗对比强烈，是雕刻工艺和书画艺术的完美结合。鸣凰的徐素白、徐秉方、徐秉言、徐风一家三代有“海内留青竹刻第一家”之称。除徐氏一家，还有蒋曙光、徐小微夫妇，范遥青、房斐等造诣颇深的中青年竹刻家。代表作有徐素白的《月季草虫笔筒》，徐秉方的《云海北涛》，徐秉言的《秋之歌》，蒋曙光的《松鹰》，房斐的《观沧海》等。

留青竹刻

留青竹刻是独具中国特色的传统工艺美术瑰宝，具有很高的实用、审美和文化交流价值。

三、象牙浅刻（已列入江苏省非遗保护名录）

中国象牙浅刻的历史可以追溯到七千多年之前，至唐宋时期，形成北京、广东、江南三大派系。武进的象牙浅刻始于明末清初，主要流行于牛塘、湖塘一带。其工艺主要特点是在象牙平面上，以水墨写意的刀法，将书画、浅刻技艺融为一炉，表现出中国绘画和书法的深远意境。表现手法有以线画为主的，有以笔墨写意加彩的，有将浅刻与微雕相结合的，也有自画自刻彰显个性的。作者根据作品要求，巧施勾、刮、雕、刻、琢、铲的刀下功夫，使作品显出层次、明暗、浓淡，具立体感的艺术效果。

象牙浅刻

近年来，武进涌现出以箫剑波、倪久晋、陈桂方、王清源为代表的领军人物，他们许多作品被海内外博物馆、美术馆收藏。形式主要有象牙鼻烟壶、工艺插屏、工艺挂件、笔筒、摆件等。

四、掐丝珐琅画（已列入江苏省非遗保护名录）

掐丝珐琅画为武进横林黄氏家族始创，自清咸丰九年（1859年）起传承至今，已有150多年历史。

掐丝珐琅画是采用掐丝珐琅工艺制作的大平面装饰画，具有鲜明地方特色的美术品种。一件作品的问世，要经过图案设计、落料、成型、掐丝、焊丝、点蓝、上色、粗磨、补色、细磨、再补色、上光、镀金等十多道工序的精细制作而成。由于其画面经彩嵌、上光、镀金等多种特殊工艺处理，因而作品具有明显的耐酸性，永不变形，永不褪色的特点，深受海内外知名美术馆和收藏家的青睐。黄氏家族第五代传人黄洪德的代表作有《五牛图》《吹箫女》《母性》《梦》等。

掐丝珐琅画

五、烙　画（已列入常州市非遗保护名录）

烙画又叫烫画，也叫“火针刺绣”。据《常州府志》记载，常州梳篦的篦梁上、梳背上的龙凤花卉、仕女人物等，均是用铁笔烫烙而成的。由此可见，烙画与梳篦的

烙　画

发展历史相近，亦有千年之久。

烙画是用烙铁在竹、木、绢、纸上，应用刺、拉、拖、推、磨、熏六法作画。一般来说，刺是画点，推拉是画线，磨是画色块，熏是画云雾或水气，必要时还用火喷来加强色彩。烙画风格古朴典雅，凝重大气，山水、花鸟、人物均可作为题材，尤其是在宣纸上烙画，更彰显出烙画的魅力。目前，常武地区传承人有汪鹤鸣、毛怀青等，代表作品有汪鹤鸣的《熊猫喜迎世博会》，毛怀青的《清明上河图》，周兆荣的《冲浪》等。

六、剪　纸（已列入常州市非遗保护名录）

剪纸作品

明末清初，苏南民间妇女喜爱在拖鞋、枕套、门帘上剪贴自己设计的花样，内容有“福、禄、寿、喜”等文字类，“十二生肖”等动物类，花卉蔬菜类、场景和人物等。作品要经过选材、构图、画稿、剪刻、装裱等工艺才能完成，其中画稿和剪刻是主要工序。

剪纸艺术在武进流传广泛。马杭剪纸传承人贺加元曾出版过《剪纸作品集》，湖塘丁敏的代表作有“十二生肖”，前黄邹小兰的代表作有“穿针引线”。这些作品构思巧妙，风格独特，刀法精致，具有很高的艺术欣赏价值。

七、捻　纸（已列入常州市非遗保护名录）

捻　纸

捻纸，是中国纸艺中的一个门类，起始于汉代南北朝时期，明末传入武进。捻纸是以纸为主要材料，用手工捻制成各种工艺品。一件作品需经过设计、选材、裁剪、上浆、刮浆、压制、捻制、拼装等十多道工序才能完成。

捻纸作品的内容十分丰富，有生产习俗类的，如：“三十六行”、“打渔人家”等，有民间故事类的，如：“西游记”、“水浒传”等，有生活习俗类的，如“十二生肖”、“调财神”等，还有各种字画类的。世间万物，都可入捻。捻纸早先在丧葬习俗中广泛应用，后用于庆典、祝寿、上梁、乔迁等喜庆活动。杨桥村捻纸传人朱琪的作品被日本、美国等国外艺术家收藏。

八、堆花糕团（已列入常州市非遗保护名录）

堆花糕团是用面粉和米粉为主要原料制作而成的工艺品，源于江南地区百姓对美好生活的追求和民俗文化的影响，广泛流传于牛塘、奔牛、前黄、鸣凰、礼嘉、洛阳一带。根据史料记载，至今已有150多年历史。

堆花糕团是制作工艺与造型艺术相结合的独特艺术品。一件作品的制作要经过和面、笼蒸、冷却、型造、上油、着色、堆花、修整等工序完成。作品的主要形式有寿桃、元宝、龙凤、喜娃、脸谱等。主要作品有“八仙过海”、“龙凤呈祥”、“五女拜寿”、“孔雀开屏”、“天女散花”、“鲤鱼跳龙门”等。作品色彩鲜明，形象逼真，充满生活气息和艺术情趣，主要用于建房上梁、生日寿宴、乔迁新居、祭拜神灵等场合。是人们祈求太平、寄托愿望、寻求精神慰籍的艺术作品。

堆花糕团

九、面　塑（已列入武进区非遗保护名录）

面塑源于传统的饮食文化，是用面粉捏制成各种形状供人食用。自清代起，面塑已成为独立的艺术形式，不仅可食用，还可供观赏。至近代，面塑内容与形式不断出新，已成为供人欣赏和馈赠的礼品。

面　塑

面塑的主要原料是精面粉和糯米粉，根据不同的用途加配添加剂和颜料，然后用手揉、搓、捏，用刀断、刻、划等精细制作，塑出各种神仙八怪、戏剧人物、衣物饰品、花鸟虫鱼、瓜果植物等。湖塘镇的面塑传人吕信芝，号称“面人吕”，代表作有《八仙过海》《牛郎织女》《天仙配》《嫦娥奔月》《姜太公钓鱼》等。作品生动活泼，神形兼备，成为一种特殊的艺术载体，演绎着流传千年的传说故事，深受群众喜爱。

十、木　雕（已列入武进区非遗保护名录）

有史料记载，中国的木雕技艺始于春秋时期，最初是在建筑物上雕刻各种图案，素有“雕栋画梁”之说。后发展在木制家具上或实用品上雕刻，图案一般有人物、动物、山水、花鸟、文字等。民间称木雕师傅为“雕花匠”。

木　雕

木雕工艺风格独特，线条流畅，栩栩如生。一件作品的完成，首先要选择经高温烘干后不变形的硬质木材，其次是设计放样，最后是精雕细刻，磨平打光。武进地区，木雕技艺源远流长，传授方式主要以师承和家传为主。较有名气的有坊前高梅村陈耀奎班，代表性作品有《二龙戏珠》《吉祥如意》《喜鹊登枝》等。

十一、铜　塑（已列入武进区非遗保护名录）

铜　塑

铜塑，也称“铜铸”，中国铜塑始于夏商时期，至今已有4000多年历史。

武进地区的铜铸品主要以生活用品为主，如铜勺、铲刀、铜盆、铜锅、脚炉、汤婆子等。铜塑的主要原料有黄铜、紫铜等铜材，工具主要有坩锅、模子等。制作时，先按铜器要求制好模具，再将铜材装入坩锅，加温至2000摄氏度以上，把铜材化成铜水，经去杂后灌进模具内一次成型。目前，武进的铜塑制品除一些生活、生产用品外，还浇铸一些如铜牛、铜马、铜兔等家庭装饰用的吉祥物。厚余许舍平制作的“鹤龟图”等多件作品被国外艺术家收藏。

十二、根　艺（已列入武进区非遗保护名录）

根　艺

根艺是用天然树根经加工而成的造型艺术，始于清末民初，流行于北京、福建、上海、江苏等地。根艺作品集真、奇、古、怪的特征为一体，造型独特，物象逼真，具有很高的艺术观赏价值。

湖塘镇邵效忠的微型根艺，分微型根雕和微型盆景两类。根雕主要是用天然树根，雕刻加工成各类动物的形象。盆景主要是用树根、树叶和花草，经加工处理后拼装成各种图案。作品小而有趣，深受国内外艺术家的好评。其代表作有《百猴图》《梅花》《花好月圆》等。

第五节　体育、游艺

一、阳湖拳（已列入江苏省非遗保护名录）

阳湖拳，原名“常州南拳”，源自道家武术。《武进县志》载：阳湖拳发祥于武进，传说为宋代南侠展昭所创。阳湖拳集“南腿北拳”之长，历经姚訔、唐荆川、白泰官、陈坤书、蒋浩泉等历代武术大师的传承发展，独创“南北兼收，拳腿并重，原地旋转，快速勇猛，精悍灵巧，近身短打，进多退少”的武术风格，共有500多种套路。

阳湖拳使用的常规兵器有刀、枪、剑、戟、斧、钩、鞭、棍、棒、锤、锏，还有船桨、鱼叉、扁担、板凳、绳索等。阳湖拳以地域分为阳湖派、茅山派、横山派、阳山派、西山派五大流派。武进传承人朱全海、杨金孝、刘雪梅等，分别在淹城中学和武馆当教练，多名阳湖拳传人在全国武术大赛中争金夺银，屡创佳绩。

阳湖拳

二、掮轮车（已列入常州市非遗保护名录）

掮轮车，又称“云车舞”，起源于隋代。朝廷命官陈杲仁用自制的云车翻越城墙，攻下南京城。为庆祝攻城胜利，军中将士登上云车手舞足蹈，高呼口号，满街游行。因陈杲仁是武进人，后人为纪念他，在各地建庙塑像，“掮轮车”也成为庙会活动中不可缺少的项目。

掮轮车

轮车是由竹架和铁架组成，竹架上缀有珠花、绢花、亮片，呈现出“二龙戏珠”、“八仙过海”等图案。铁架上，坐一对童男童女，扮成牛郎、织女或许仙、白娘子等。表演时，每组由一人扛起轮车，随着鼓乐，做各种惊险动作。左右有两人护卫，多组队伍表演，气氛热烈，声势浩大，场面壮观。

三、踩高跷（已列入常州市非遗保护名录）

踩高跷起始于尧舜时代，汉朝称“跷技”，宋代称“跷桥”，清代以来称“高跷”。踩高跷是将双脚踩在跷杆的横档上，双腿缚住跷杆，腾空行走。高跷低则数尺，高则一丈多。表演者身穿戏装，头戴面具，扮演渔公、媒婆、公子、道姑、和尚、八仙、济公等角色，作舞剑，劈叉、扭秧歌、跳桌子等动作，主要表演内容取自《西游记》《水浒》《八仙过海》等故事。

踩高跷

高跷有文跷和武跷之分。文跷主要表演走唱及简单的舞蹈动作，武跷一是踩得高，二是动作难度大。1946 年（民国 35 年），为庆祝抗日战争胜利，常州高跷队应邀到上海表演，技惊上海城。踩高跷表演既有技艺性，又有趣味性。旧时，踩高跷一般在庙会上表演。

四、放风筝（已列入常州市非遗保护名录）

放风筝，也称“放鹞子”。据《阳湖县志》记载：武进的鹞子制作和放飞起始于元末明初，

放风筝

从扯天灯杀“鞑子”演化而来，迄今已有600多年历史。

风筝，先用竹杆和竹篾扎制成龙、凤、蝴蝶等各种动物的骨架，然后糊上纸或布，系上线即可随风放飞。遥观镇用一只只灯笼串联的风筝，装上彩灯，夜间放飞，在空中形成一串串光带，尤如天女散花。嘉泽镇成章村的板鹞，周边挂上百只响铃，在空中发出一阵阵美妙的音乐，令人陶醉。放风筝活动普及全区各地，男女老少均有参加。放飞风筝的季节一般为春秋两季。自2008年起，每年春、秋季节，淹城旅游区都要举行放风筝比赛。

五、赛龙舟（已列入武进区非遗保护名录）

赛龙舟

赛龙舟，也称“龙舟竞渡”。据《阳湖合志》记载：武进在清光绪年间，每年农历五月初五端午节，常州白云溪河上都要开展龙舟竞渡活动。参加竞渡的龙舟一般长8米，宽2.5米，船头、船尾分别刻有龙头、龙尾图案，船腹扎上彩色绸带，插上旌旗。船头置一大鼓，船舱内还有管弦乐队，划舟者分坐船身两侧，每边人数相等。

开赛时，以锣声为号，鼓乐喧天，划舟人随鼓点奋力划浆，船尾还有童男童女摇旗呐喊。河面上数舟竞发，场面十分壮观。2008年，武进太湖湾被国家体育局授予“全国龙舟竞赛基地”之后，每年国际国内龙舟大赛都在武进举行。

六、拔　河

拔河，古代人称“牵沟”，源于春秋战国时期。最初拔河主要用以训练兵卒在作战时钩拉的能力，之后成为一项民间体育活动。

拔　河

拔河比赛，分为人数相等的两支队伍，双方队员手执绳子，相向站立，凭借身体和心理素质以及战术等要素，以将对方拉过规定标记线为优胜者。由于拔河道具是一根绳子，活动简单易行，男女老少皆宜，不仅是一项大众健身活动，还是培养团队精神的有效手段，广为群众欢迎。近年，拔河比赛已列为武进区全民健身活动和竞技比赛的主要项目之一。

七、打陀螺

打陀螺，俗称“打婆螺”，也叫“打不死”、“打杀坯”。陀螺的名字最早出现在明朝《帝京景物略》一书中。打陀螺在民间广为流行，至今已有200多年历史。

打陀螺

打陀螺的道具主要是一个陀螺和一条鞭子。陀螺一般采用硬质树木削制而成，呈三角圆锥形，底部平滑光洁，腰部刻上螺纹，顶尖钉上铁针。为增强色彩，有的还涂上红、黄、绿三种颜色。鞭子一般采用桑树皮或细麻搓捻成一头粗、一头细的绳子。活动时，把粗的一头系在一根短棒上，把细的一头缠在陀螺上，然后用力抽拉鞭子，让陀螺在平地上快速旋转，等陀螺将要停下时再用力抽打，如此反复，让陀螺越转越快，旋转时间越长越好。打陀螺活动简单有趣，老少皆宜。

八、击鼓传花

击鼓传花，又称“传绣球”，早在唐代就是宫廷酒宴上的助兴游戏。顾名思义，该游戏是既击鼓又传花，娱乐性、趣味性较强。

击鼓传花

击鼓传花是一项群众性集体娱乐项目，道具有一面锣或一只鼓，一朵花或一只绣球，参与者可多可少，围坐一圈，其中有一人击鼓，其余人在鼓声中传递花朵或绣球，鼓止花落，得花者按预先约定，或赏或罚，或唱歌或表演节目。周而复始，气氛紧张热烈，无论在学校、机关、企事业单位或同事聚会等场合均有所见。

第六节 传统技艺

一、横山桥百叶制作技艺（已列入江苏省非遗保护名录）

百叶，古称“千张”，用优质黄豆制成，既为民间供神敬佛，祭祖祈福必用之物，又为寻常百姓日常佳肴之一。横山桥百叶早在明末清初就闻名遐迩。传人王根产、王德兆父子，制作百叶的技艺可追溯到300年前，成为当地有名的“百叶之家”。横山桥百叶的制作要经过选料、浸泡、磨浆、煮浆、点花、闷缸、压榨等工艺。各个环节都十分讲究，

横山桥百叶

用石磨磨黄豆浆是横山桥百叶制作的基本特点，而“点花”是其中的核心技艺。

横山桥百叶洁白如玉，烹饪后淡黄似奶，鲜嫩柔软，食而不腻，肥而爽口，百吃不厌，成为长三角一带宾馆、饭店的时尚佳肴。现已被列入《中国名菜大典·江苏卷》。

二、常州大麻糕制作技艺（已列入江苏省非遗保护名录）

常州大麻糕

经考证，常州大麻糕始创于清代咸丰年间，出于常州长乐茶社点心师王长生之手，迄今已有150多年历史。常州大麻糕主要原料是面粉，制作要经和面、发面、搅拌、揉搓、包馅、成形、烘烤等工序。

常州大麻糕具有色泽金黄，香脆松软，皮薄馅鲜，葱香扑鼻，肥而不腻，层次分明等特点，成为人们馈赠亲友的名点佳品。20世纪60年代被载入《中国小吃谱》；1983年被评为“江苏省名特食品”；2006年，武进传人严玉华制作的“西职牌”大麻糕被评为“江苏名点”。常州大麻糕营养丰富，老少皆宜，年逾百岁的武进籍语言学家周有光曾感叹道：“多少年离别故乡，最难忘常州麻糕香。”

三、湟里牛肉烧制技艺（已列入常州市非遗保护名录）

湟里牛肉烧制

湟里，俗称“埠头”，旧时有“四县十八镇交界”之说，湟里以牛市交易享有盛名。湟里人不仅从事牛市交易，还研究牛肉烧制，久而久之，湟里牛肉也出了名，其烧制技艺发展至今已有百年历史。

烧制“湟里牛肉”，要选用4—6齿的公水牛，经过屠宰、分割、腌制、浸泡、清洗后入锅，再加陈酒、生姜、茴香、食盐、鸡精、花椒、桂皮等佐料煮熟后即可食用。湟里牛肉肉肌鲜嫩，色泽均匀，醇香可口，风味独特，具有很高的营养价值。不仅是百姓饭桌上的美味佳肴，也是馈赠亲友的时尚佳品。湟里镇现有烧制作坊10多家，产品远销江苏、浙江、上海、安徽等地。

四、焦店扣肉烧制技艺（已列入常州市非遗保护名录）

焦店扣肉，又名“二花脸红烧肉”，形成于清末明初。因其肉质肥而不腻，香甜可口，近年来成为苏、锡、常地区民间宴席上的一道传统大菜。2006 年，被武进区农林局评为“武进十大名菜”之一。

焦店扣肉烧制

焦店扣肉的取材，必须是焦溪或其周边地区用传统方法饲养的“二花脸”黑猪肉。制作过程是将洗净、煮熟的二花脸猪五花肉，切成约长 8 厘米，宽 6 厘米，厚 1.5 厘米的扇形块状，排列整齐，皮朝下放入碗内，加上冰糖、陈酒、生姜、精盐等佐料，再放在蒸笼里，用大火烧，小火焐，约一个小时后取出，将肉倒扣在另一只碗内，即可上桌食用。焦店厨师陆傲度、陆继东、翟耀忠等人烧制的扣肉远近闻名，现已批量生产，用真空包装远销外地。

五、毛氏蟹糊烧制技艺（已列入武进区非遗保护名录）

毛氏蟹糊

武进礼嘉镇毛家桥“毛氏”蟹糊的烧制技艺，师承于雪堰的“吴氏”大厨师，至今已有 100 多年历史，烧制毛氏蟹糊的主要原料有蟹黄、蟹肉、鱼脑、鱼肉、猪肉、鸡蛋、淀粉等。烧制前，先将螃蟹、鱼头煮熟，取出蟹黄、鱼脑、鱼肉，再将肥猪肉烧熟、剁碎，最后一起入锅，加上蛋清、淀粉和陈酒、葱姜、胡椒等佐料，搅拌均匀，用文火烧透即可上桌。

毛家桥毛惠建烧制的蟹糊颜色清淡，香气扑鼻，味道鲜美，不仅有丰富的营养价值，还有较高的药用价值，是常武地区宴请贵宾和喜庆宴席上的一道特色名菜。

六、虎头鞋制作技艺（已列入武进区非遗保护名录）

虎头鞋是中国民间手工制作的一种童鞋，因鞋头呈虎头模样，故称“虎头鞋”。人们认为虎为百兽之王，穿上虎头鞋，可以驱病辟邪，保佑儿童健康成长。明代以来，武进城乡流行为新生儿做虎头鞋的习俗，该技艺也传承至今。

虎头鞋制作

虎头鞋制作工艺十分复杂，要剪鞋样、纳鞋底、做鞋头、绣鞋帮等，其中关键工艺是制作鞋头上的虎嘴、虎鼻、虎眼，要用彩色条线缝制而成，表现出虎头憨厚、威猛的效果。虎头鞋工艺精致，外观漂亮，蕴含鲜明的民俗风情和地域特色，具有较高的实用和观赏价值。

七、竹器编制技艺（已列入武进区非遗保护名录）

竹　器

有史以来，武进盛产竹子，竹质优良，很适宜编制竹器。竹器在人们日常生活、生产中应用广泛，常见的有竹篮、箩筐、筛子、畚箕、竹床、竹椅、竹席等，人们称竹器编制艺人为“竹匠”。

编制竹器的主要材料是竹，制作前有断料、开料、劈篾、刮篾和蒸煮等过程，然后根据竹器的用途来编制造型，确定竹篾排列的密度。许多竹器上还编出“二龙戏珠”、“龙凤呈祥”、“百年好合”等图案和字样。郑陆、礼嘉、前黄一带，部分农户把编制竹器作为传统家庭副业，产品远销上海、杭州、南京、合肥等地。

八、鸣凰镰刀制作技艺（已列入武进区非遗保护名录）

鸣凰镰刀制作

有史料记载，中国的镰刀制作始于新石器时代，是祖先农耕、劳作的必备工具。鸣凰镰刀以独特的制作工艺名扬大江南北，至今已有150多年历史。中华人民共和国成立后，曾多次被评为“国优”、“部优”、“省优”产品。

制作鸣凰镰刀的主要材料是A3钢和进口锉刀钢，主要流程有拔料、嵌钢、出片、做背、开桶、磨口、粹火、上油等20多道工序。鸣凰镰刀有四大特点：一、形似木梳；二、口如剃刀；三、背似鼠尾；四、装柄的口内宽外紧，像针箍。随着农村机械化程度的提高，鸣凰镰刀不再批量生产。目前，王根青、徐苗兴等传人用制作镰刀的技艺制成的菜刀、屠刀在市场上十分畅销。

砖瓦坯制作

九、砖瓦坯制作技艺（已列入武进区非遗保护名录）

砖坯制作是先将泥土捣碎，用水浇泼，经人力反复踩踏成胶泥状，再用泥叉切成块，用力掼进“坯盒”，使劲挤压，撑足四角，用推弓割去多余泥土，用刮板将正反面刮平，脱去坯盒，用泥板托送至坯垅，待阴干发白后上堆备烧。瓦坯制作是将坯泥反复踩踏后，用泥叉裁成块状，用推弓推成长条薄片，双手轻托在“瓦架”上，围成一圈，用水帚洒湿泥面，用“木手”依次拍打，用断钩划去多余坯泥，然后抽出瓦架，脱去瓦衣，四片瓦成圆筒状，晒干后拍成瓦片上堆备烧。

据史料记载，武进砖瓦坯制作起始于北宋年间。20 世纪 80 年代前，遥观、马杭、坂上、礼嘉、庙桥等地区，几乎家家户户把制作砖瓦坯当作农闲时的主要副业。

十、烧酒酿制技艺（已列入武进区非遗保护名录）

饮酒是中国古老的文化现象，历史上素有“以酒壮行”、“以酒浇愁”、“酒逢知己千杯少”等美谈。有史以来，武进人同样有饮酒的习惯。20 世纪 90 年代前，每逢春节，农村几乎家家户户都要酿酒，用以在节日期间款待客人。

烧酒酿制

烧酒，因酒精度高而得名。烧酒酿制也叫“吊烧酒”。烧酒酿制的原料，在武进一般以米、麦为主。首先将米或麦浸泡一昼夜后上锅蒸熟，然后拌入酒药，装进缸内发酵，一月后往缸内掺入砻糠灰，搅拌均匀后装进大铁锅上的木桶里，木桶上端装有一只盛满冷水的锡锅，加热后让蒸气在锡锅内形成蒸馏水，经过锅内槽口冷却，再通过一根竹管流入酒坛，变成烧酒。有的人家还在酒坛内放冰糖或药材，以增强口感和营养。礼嘉镇禹城村的徐英夫妇，继承祖业，是远近闻名的酿酒高手。

第七节　传统医药

一、孟河医派（已列入常州市非遗保护名录）

孟河医派以费、马、巢、丁四大家为主要代表，在中国医界享有“吴中医学甲天下，孟河名医冠吴中”的美誉。

《清史稿》称：“清末江南诸医，以伯雄为最著。”费伯雄在临床上擅长治肝病，主要疗法有疏肝解郁法、平肝熄风法、清肝泻火法、温肝散寒法、补肝养血法，肝胆、肝肺、肝脾同治法等。马培之曾应诏入宫给慈禧太后治病。治愈后，慈禧赐有“福”字和扁额“务存精要”。京城传有“外来医生以马文植最良”之说，并有《外科传薪集》之著。巢氏以巢峻、巢渭芳、巢崇山为代表，

孟河医派国际高层论坛

擅长内外科兼治，著有《巢崇山医案》等医籍。丁氏丁甘仁集费、马两家之长，是中医寒温融合学派创始人之一。1916年（民国5年），丁甘仁在上海创办中医专科学校。近代多位名医皆出其门下，故有“医誉满海上，桃李满天下”之称。孟河医派以高深的学术造诣，丰富的临床经验，为中国医学事业发展作出过卓越的贡献。

二、钱氏中医儿科疗法（已列入常州市非遗保护名录）

钱氏中医儿科

据国内多种医学文献记载，钱氏中医儿科疗法由明末钱祥甫首创，传承延续12代，至今已有300多年历史。钱氏第10代传人钱同高曾创办过“武进国医专科学校”，钱今阳曾编著出版《中国儿科学》，创办过中国第一本《新中医药》杂志，并受到周恩来总理的接见。钱氏中医儿科疗法代代相传，名医辈出，治疗疑难杂症不计其数，赢得广大民众的高度赞誉，亦极大地丰富了中华传统医药的宝库。

钱氏中医儿科疗法，集中医大成，博采众长，经不断探索发展，形成一套独特的学术思想和用药方法。如独创的治热八法，能治疗多种病源引起的发热，效果极为显著。其中，用泻肝清肺法治疗百日咳，用调气清化法治疗黄疸，用疏和运化法治疗脾胃病，用玉葛宁心汤治疗心律不齐等。

三、蒋氏烧烫伤疗法（已列入武进区非遗保护名录）

烧伤、烫伤属人们在日常生产、生活中的意外碰伤事故。治疗方法以轻度、中度、重度区别对待。湟里东安村蒋菊华的治疗方法，源于清末明初湟里一药店坐堂郎中之手。轻度，在煮熟冷却后的生石灰中加麻油搅匀，涂在伤处，一天2—3次，数天即可痊愈。中度，除在伤处涂生石灰水外，还需口服抗感染的中草药。重度，是将地榆和枣树皮分别烧成灰，再加入麻油搅拌均匀后敷在伤口，并服用抗感染的中草药即可治愈。其中，抗感染的中草药材分别有金银花、黄芩、黄连、地丁、甘草、地榆、枣树皮等。目前，该疗法被多地医院在临床中广泛采用。

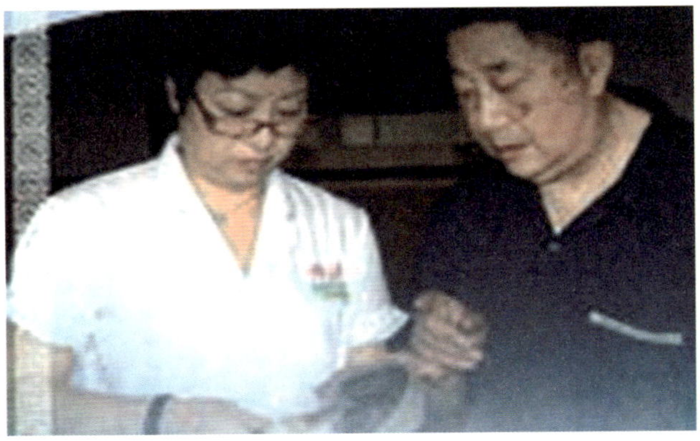

狗皮膏药制作

四、狗皮膏消散疗法（已列入武进区非遗保护名录）

狗皮膏药最早是将配制好的药物，放在洗净、晾干后的狗皮上，然后贴于患处，让病毒消散。在中医经典《黄帝内经》中有详细记载。

横林镇李文歧家祖传秘方，是根据患者病症属阴症还是阳症来对症下药。主要药材有雄黄、梅片、冰片、樟脑、麝香、丁香、白芨、桂肉等。制作时，将选用的药材放入铁锅中捣碎，碾成粉末，再加上豆油拌匀，用文火烧烤，制成膏药。其自行研制的“乳块散”等多种药膏、药丸，对瘤注、瘤痰、小叶增生、淋巴结等病症有显著疗效，得到医学界认可。

五、张氏疗疮疗法

张氏疗疮疗法形成于 20 世纪 20 年代。医师张正光自幼拜师学医，学成后自办诊所，认真钻研传统中医，根据临床实践，摸索一套专治疗、疮类疾病的独特中医疗法和中草药配制秘方。经张佰先、张玉清、张龙、孙丹等三代传承，现已形成成熟的治疗方法。原鸣凰卫生院中医外科就称“张氏医科”。

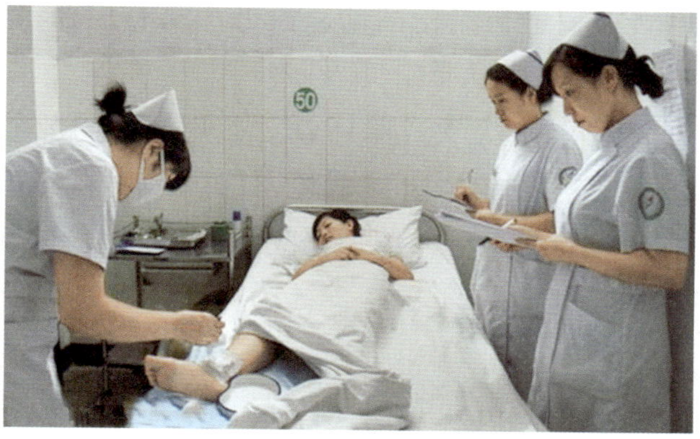

张氏疗疮疗法

第八节　民风习俗

一、传统节日

（一）春　节

相传，年兽最害怕红色、火光和爆炸声，而且通常在大年初一出没，所以每到大年初一这天，人们便有贴春联、贴窗花、放爆竹、发红包、穿新衣、拜年等习俗。春节期间还要开展各种辞旧迎新的活动，以示万象更新、生机勃勃的新面貌。春节是中国民间最隆重的传统节日。

（二）元宵节

又称为小正月、元夕或灯节，是春节之后的第一个重要节日。中国幅员辽阔，历史悠久，关于元宵节的习俗在全国各地也不尽相同。在武进有吃汤圆、赏花灯、舞龙、舞狮子、闹元宵等民间习俗。

（三）清明节

古时又称“踏青节”，它不仅是人们祭奠祖先、缅怀先烈的节日，也是中华民族子孙认祖归宗的纽带，至今已有 2500 多年历史。与七月十五的中元节、十月初一的寒衣节，并称为中国“三大鬼节”。清明在二十四个节气中，既是节气又是节日。武进地区民间有扫墓、祭祖、踏青、插柳、放风筝、荡秋千等习俗。

（四）端午节

每年农历五月初五称“端午节”，俗称“端阳节”。最初是老百姓祛病防疫的节日，春秋之前，吴越地区有在农历五月初五以龙舟竞渡形式举行部落图腾祭祀的习俗；后因诗人屈原在这一天死去，便成了华人纪念屈原的日子。在武进地区，端午节有吃粽子，喝雄黄酒，挂菖蒲、蒿草，艾叶，薰苍术、白芷，赛龙舟，以及新女婿要到丈母娘家看望长辈等习俗，俗称“张端阳”。

（五）中元节

时值农历七月十五，俗称鬼节。传说中元节当天阴曹地府将放出全部鬼魂，所以民间普遍要进行祭祀活动。武进历来有用茄饼等供奉祖宗，还有焚烧纸锭、放河灯等习俗。

（六）中秋节

又称仲秋节、拜月节、女儿节或团圆节。中秋节自古便有祭月、赏月、拜月、吃月饼、赏桂花、饮桂花酒等习俗。因中秋节以月之圆兆人之团圆，所以还有在节日期间，出嫁的女儿或在外地工作的儿孙们，都会带上礼品，回家看望父母长辈，吃团圆饭的习俗，称为“张八月半”。

（七）重阳节

每年农历九月初九，二九相重，称为“重九”。民间在该日有登高的风俗，所以重阳节又称“登高节”。由于九月初九“九九”谐音是“久久”，有长久之意，在节日期间，各地都要开展一系列的敬老活动。在武进有赏菊、旅游、放纸鹞、吃重阳糕等习俗。

（八）腊八节

据说佛教创始人释迦牟尼成道之日是在农历十二月初八，因此也称之为“佛成道节”。先秦时期，腊月初八是民间祭祀祖先和神灵，祈求丰收吉祥的节日。自宋代起，每逢这一天，无论官府、朝廷、寺院，都要用八种果实做“腊八粥”。到了清代，喝腊八粥的习俗更为盛行。时至今日，在腊月初八喝腊八粥仍为民间一大习俗。

（九）除　夕

时值每年农历腊月的最后一个晚上，又称“大年夜”。这一天，与清明节、中元节一样，是中国传统的祭祖大节。武进人在除夕素有祭祖宗、谢宅神等各类祭祀活动。流传至今的还有守岁、贴门神、贴春联、贴年画、挂灯笼等习俗。

二、庙　会（已列入常州市非遗保护名录）

庙会，亦称“庙市”，是中国民间的一种特殊文化现象。武进的庙会生成于宋代，盛于明清。武进解放前后，有 40 多座寺庙举行庙会。庙会一般持续 3—5 天。其间，信男信女聚集寺庙烧香拜佛，亲朋好友串门作客，青年男女相亲恋爱，集市上商贾云集，艺人扎堆，一派热闹繁荣景象。

武进区前黄镇杨桥庙会

“出会”是庙会的重头戏，是将“菩萨”用轿子抬出庙门，到民间巡视。出会队伍由金鼓、铜锣开道，后面跟着“肃静”、“回避”的旗牌队和持有刀、枪、剑、戟的仪仗队，在轿子后面有民间艺术表演队，一边行走一边表演。队伍路过村庄，家家户户放鞭炮、烧纸钱迎接，以示祈求菩萨保佑。中华人民共和国成立初期，武进境内每年有 50 多个庙会节场，其中以运村杨桥和横林余巷的庙会影响较大。

1949 年武进境内主要庙会节场情况表

表 9−1

日期（农历）	地　点	日期（农历）	地　点
正月初九	郑陆三皇庙	三月十五	庙桥、卜弋桥
正月十五	浦河、南宅	三月十八	嘉泽、马杭、潞城
二月初二	西夏墅、潘家、横林	三月十九	郑陆桥
二月初八	鸣凰、戴溪、杨桥	三月二十	礼河桥
二月十二	卢家巷万塔	三月廿二	夏溪
二月廿八	圩塘	三月廿六	漕桥、湟里
清明	牛塘、洛阳、小河、孟城、吕墅	三月廿八	奔牛、东青、新安遥观、厚余、万绥、魏村
三月初一	成章		
三月初三	雪堰、百丈、罗溪	四月初一	三河口、东安
三月初五	坂上	四月初八	崔桥
三月初八	邹区、南夏墅	八月初一	横山桥
三月十一	芙蓉、泰村、安家舍、九里	八月廿八	小新桥
三月十二	礼嘉桥	十一月十三	汤庄桥

三、上　梁（已列入武进区非遗保护名录）

上梁，就是将桁条依次搁在房屋两侧墙壁的立柱上。数百年来，凡砌房造屋人家，上梁时举行仪式的习俗在武进一直延续至今。

上　梁

上梁仪式分“请梁”、“祭梁”、“上梁”、“抛梁”和“待匠”五部分组成。上梁前，由主人选择黄道吉日，在新屋内贴上大红对联，将正梁抬至新屋中央，挂上装有五谷和万年青的红布袋,贴上“阳光普照”、“三星高照”等横批。梁前放一祭桌，供有鸡、鱼、肉等酒菜，由当家夫妇跪拜祷告。随后，由瓦木匠将正梁搁在墙上，一边说好话，一边手托装有糕、团、糖果等物品的花盘顺梯子爬上房顶，一边说好话，一边顺着东、南、西、北方向将糖果、水果、糕、粽等食品抛给围观群众。当日中午，由主人设宴招待瓦木匠和前来贺喜的亲朋好友，整个仪式至此结束。

四、闹元宵（已列入武进区非遗保护名录）

元宵节，也称“灯节”。相传，汉文帝刘恒平乱登基之日，恰巧是正月十五，为庆贺

闹元宵

登基，每年此夜汉文帝出宫赏灯猜谜，与民同乐。因正月为元，古称夜为宵，故称"元宵"。隋朝时，每年元宵节都要举行盛大灯会。宋代，"灯节"由一夜延长至五夜。明朝朱元璋规定正月初八开始张灯，至正月十七落灯，是中国历史上最长的"灯节"。

太平军攻克常州后，常武地区的元宵节增加了"太平锣鼓"、"太平马灯"、唱滩簧、演杂耍等项目，通宵达旦，热闹非凡。中华人民共和国成立后，元宵节又增加了调龙灯、舞狮子、扭秧歌、荡湖船、打连厢等文体活动，男女老少走上街头载歌载舞，故称之为"闹元宵"。元宵节习俗内容丰富，还有吃汤圆、放烟火、唱春台戏等。

五、祭　祖

祭祖，又称"祭祖宗"，是江南地区广为流传的民间习俗，早在宋《咸淳毗陵志》中就有详细记载。祭祖，既是对先祖怀念的行为表达，又是希望先祖对后辈保佑的心理寄托。祭祖活动一般是在每年清明的上午、农历七月十五的中午、除夕的晚上举行。具体过程是先在厅堂置一方桌，桌上按祭祖人数放上酒杯、筷子，由主人手持清香，站立门口，呼喊祖宗，并接回厅堂就坐。再由主人点燃香烛，斟酒上菜。菜肴一般是三荤三素一汤，加点心或水果。然后先男后女，先长后幼，向祖宗磕头、祷告。整个仪式一般要敬三次酒，磕三次头，时间约为一炷香燃完，其间还要给祖宗烧化纸钱、冥币、佛经等。最后，由主人开门送别，仪式宣告结束。祭祖活动，在民间代代传承，虽各地区在仪式和供品上有所不同，但其内涵始终没有改变。

六、贴春联

贴春联

中国贴春联的习俗由来已久。据史料记载，五代时的后蜀帝孟昶在门上书有："新年纳余庆，佳节号长春"的春联。当时的春联是写在桃符上的。到了宋代，渐为红纸代替，一是红色表示喜庆，二是传说春节时出来伤人的"年"最怕红色，所以春联都用红纸书写张贴在门上，以示有驱凶辟邪之意。

春联的形式与要求与对联相通。上下联字数相等，平仄相应，内容以喜庆、祝福、歌颂为主。自明朝起，春节贴春联的习俗在武进开始盛行，至今写春联、送春联、贴春联已成为民间春节文化活动的主要内容之一。

2013年武进区非物质文化遗产保护项目情况表

表9-2

项目名称	申报单位	公布单位	代表性传承人
锡剧	江苏省锡剧院	国务院	沈惠兰
小热昏	常州市文化馆	国务院	赵亮星　叶莉莉★★
留青竹刻	天宁区文化馆	国务院	徐秉方★★★　徐秉言★★　房　斐★
常州梳篦	常州市梳篦厂	国务院	蒋震伟
阳湖拳	湖塘镇	江苏省	杨金孝★★　朱全海★　王　宁★　刘雪美
象牙浅刻	牛塘镇	江苏省	肖剑波★★　陈桂方★★　倪久晋★★　王清源★
掐丝法琅画	横林镇	江苏省	黄洪德★★　陆惠红
横山桥百叶制作技艺	横山桥镇	江苏省	周志方★　张泉发★
常州大麻糕制作技艺	湖塘镇	江苏省	方兆兴★　刘长山★　严玉华★　陈　平
烙画	洛阳镇	常州市	毛怀青
调犟牛	前黄镇	常州市	刘达林　唐正元
掮轮车	前黄镇	常州市	朱近南　朱达伟
遥观鹞灯	遥观镇	常州市	戚进大★　刘国兴★
回民马灯	雪堰镇	常州市	董伯衡　韩福松
杨桥捻纸	前黄镇	常州市	朱　琪
杨桥庙会	前黄镇	常州市	唐祖厚　朱玉泉　朱寿康　刘锡明
湖塘剪纸	湖塘镇	常州市	贺加元　丁　敏
武进民歌	区文化馆	常州市	杨琪龙　肖　飞
芙蓉荡湖船	横山桥镇	常州市	朱小红
调三十六行	前黄镇	常州市	王和平　徐勤芬　朱金娥
淹城的传说	湖塘镇	常州市	金志新
白泰官的传说	湖塘镇	常州市	万叶树
朱元璋的传说	湟里镇	常州市	贺培云
白龙娘娘的传说	横山桥镇	常州市	殷盘方
白龙观道教音乐	横山桥镇	常州市	孔新芳
堆花糕团制作技艺	牛塘镇	常州市	陈正华
湟里牛肉烧制技艺	湟里镇	常州市	庄文奇
焦店扣肉烧制技艺	郑陆镇	常州市	翟耀忠

续表 9-2

项目名称	申报单位	公布单位	代表性传承人
铳管糖制作技艺	邹区镇	常州市	堵小军
面塑	湖塘镇	武进区	吕信芝
宣卷	横山桥镇	武进区	达　胜
火球舞	前黄镇	武进区	蒋兴良
调龙灯	洛阳镇	武进区	赵岳清
调狮子	郑陆镇	武进区	高志华
调蚌舞	前黄镇	武进区	邹玉兰　潘秀芳
唱六苏	礼嘉镇	武进区	王槐清
唱麒麟	湟里镇	武进区	贺培云
赛龙舟	雪堰镇	武进区	金方明
大七拳	湟里镇	武进区	蒋盘生
舞马叉	前黄镇	武进区	蒋仲荣
拜观音	前黄镇	武进区	徐琴芬
夹山词	雪堰镇	武进区	王鉴风
嵌字联	雪堰镇	武进区	王鉴风
竹木浅刻	湖塘镇	武进区	徐　风
微型根艺	湖塘镇	武进区	邵效忠
坊前木雕	前黄镇	武进区	陈立波
武进铜塑	西湖街道	武进区	许含平
湟里石刻	湟里镇	武进区	吴和林
武进铜雕	湖塘镇	武进区	殷卫国
湖塘马灯	湖塘镇	武进区	吴明德
邹区马灯	邹区镇	武进区	姜金大
太平马灯	横林镇	武进区	秦亚珍
新庄马灯	湟里镇	武进区	曹菊芳
太平大刀	前黄镇	武进区	刘阿兴
上梁仪式	横林镇	武进区	夏丽芬
庙桥春台戏	南夏墅街道	武进区	沈瑞生
青狮白象舞	湖塘镇	武进区	周　华

续表 9-2

项目名称	申报单位	公布单位	代表性传承人
闹元宵习俗	湖塘镇	武进区	孙　杰
湟里八音班	湟里镇	武进区	李和俊
滆湖的传说	嘉泽镇	武进区	朱惠芳
灵台的传说	前黄镇	武进区	蒋坤荣
奔牛的传说	奔牛镇	武进区	高　平
卜灵望的传说	湟里镇	武进区	陈小宝
郑陆桥的传说	郑陆镇	武进区	蔡福元
恽南田的故事	湖塘镇	武进区	凌虎林
陈圆圆的传说	奔牛镇	武进区	高　平
伯牙渎的传说	奔牛镇	武进区	何国斌
田螺精的传说	前黄镇	武进区	邹玉兰
宋剑湖的传说	遥观镇	武进区	张浩良
白鱼庙的传说	礼嘉镇	武进区	宋来兴
红楼夜审的故事	奔牛镇	武进区	何国斌
闻雷泣墓的故事	雪堰镇	武进区	陈仲良
饴糖制作技艺	湟里镇	武进区	史新元
字画装裱技艺	湖塘镇	武进区	张　遂
民间养蚕技艺	雪堰镇	武进区	张珣琰　韩惠忠
禹城酿酒技艺	礼嘉镇	武进区	徐　英
虎头鞋制作技艺	湖塘镇	武进区	杨爱娣
鸣凰镰刀制作技艺	湖塘镇	武进区	徐苗兴
梨膏糖制作技艺	前黄镇	武进区	赵明亮
砖瓦坯制作技艺	遥观镇	武进区	居培宏
狗皮膏制作技艺	横林镇	武进区	李文歧
周氏皮肤病疗法	湖塘镇	武进区	周政来
蒋氏烧烫伤疗法	湟里镇	武进区	蒋菊华
毛氏蟹糊烧制技艺	礼嘉镇	武进区	毛志伟
阿兴鸭头烧制技艺	嘉泽镇	武进区	潘阿兴　赵小冬
卜弋鱼圆烧制技艺	邹区镇	武进区	陈国方

续表 9-2

项目名称	申报单位	公布单位	代表性传承人
卜弋猪头肉烧制技艺	邹区镇	武进区	周松元
寨桥老鹅烧制技艺	区烹饪协会	武进区	石正祥　谢建良　蒋朱明
雪堰雅浦酿酒技艺	雪堰镇	武进区	陆建兴
脚踏糕制作技艺	郑陆镇	武进区	何金兴
竹器具制作技艺	郑陆镇	武进区	陈才忠
寨桥折纸技艺	前黄镇	武进区	魏盘娣
“何氏唐”鸡爪烧制技艺	邹区镇	武进区	何亚康
“炮仗”羊肉烧制技艺	郑陆镇	武进区	淡旭东
“新月”茶叶制作技艺	雪堰镇	武进区	高忠浩
毛靴筒制作技艺	郑陆镇	武进区	施宝娣
郑陆打铁技艺	郑陆镇	武进区	唐泽兴
郑陆纸扎技艺	郑陆镇	武进区	李傲兴
杨桥头船制作技艺	前黄镇	武进区	陈仲华
杨桥面饺制作技艺	前黄镇	武进区	徐芳娣
遥观风筝制作技艺	遥观镇	武进区	许兴南
“八宝”豆腐汤烧制技艺	南夏墅街道	武进区	卞海洋
回民丧葬习俗	雪堰镇	武进区	韩福松
嘉泽盂兰会习俗	嘉泽镇	武进区	高龙根
大林寺梵呗音乐	横山桥镇	武进区	达　胜

注：“★★★”表示所列传承人已被授于国家级非物质文化遗产代表性传承人称号，“★★”表示所列传承人已被授于省级非物质文化遗产代表性传承人称号，“★”表示所列传承人已被授于市级非物质文化遗产代表性传承人称号，不带符号的所列传承人均被授于区级非物质文化遗产代表性传承人称号。

第十章 文化市场

文化市场，是指按价值规律进行文化艺术产品交易，也指提供有偿文化服务活动的场所。目前武进文化市场主要有电影、演出、娱乐、音像、网吧、书刊、印刷等门类。

武进文化市场最早始于唐代，主要是书刊印刷作坊和书铺、书局、书店，随着文化兴盛，书刊出版业和发行业日益繁荣。至1949年，武进城乡有从事印刷的企业13家，书刊销售商店33家。

明末清初，戏剧演出在武进民间流行。当时没有固定戏院、剧场，一般都在野外搭台演出，广场、晒场成为人们看戏的主要场所。至清末民国初，武进县城陆续建有戏院10余家，观众可在室内看戏。农村则利用寺庙门前的祭台改造为戏楼，用于庙会或农闲时节剧团演出。

中华人民共和国成立后，大部分乡镇建造大会场。20世纪80年代以后，武进城乡相继新建或将大会场改造成影剧院共有55家，成为文艺演出、电影放映的主要场所。

中国共产党十一届三中全会以后，中国改革开放的步伐不断加快，武进文化多元化带来文化大繁荣。至20世纪80年代末期，武进的歌厅、舞厅、录像放映厅像雨后春笋，音像制品、游艺活动遍地开花，个体书刊摊点重现街头，文化市场呈现出百花齐放的景象。

在文化市场繁荣的同时，也出现一些有害人们身心健康的文化产品。为使文化市场健康发展，1989年9月，武进县成立文化市场管理委员会，在文化局设立办公室，负责协调全县文化市场的管理工作。1996年8月，成立武进市文化市场稽查队。2010年9月，成立常州市武进区文化行政综合执法大队，根据国家、省、市有关文化市场的法律、法规，对全区文化市场实施行政监督、检查、执法。至2013年，武进文化市场管理日趋规范，运作有序。

第一节　演出市场

一、书　场

1929年（民国18年），武进城区织机坊出现第一家以上演苏州评弹为主的曲艺演出场所，名玉波楼。张全海徒弟刘全海等经常在县城城隍庙（今常州市区大庙弄内）设摊说唱，后在西门开设留芳茶店，带徒说唱。直至1937年，说书、唱道情、评弹等地方曲艺遍及城乡各地书场，书场一般都设在茶店内，由茶店主人负责经营。

自1929—1948年（民国18年至民国37年），城区相继落成的书场有位于文亨桥的近水阁茶园、新丰街的新丰茶园、青果巷的中南书社、杨柳巷的听真畊书场、化龙巷的且座茶园、尉史桥的一乐天茶园、广化桥的广化茶店、青山桥的青北茶园、乐安茶园、西仓桥的玉川茶园、新生茶园、西直街的民众茶园、文亨桥近水阁茶园、惠民桥的沧洲书场、临川里的晋中书场15家。

中华人民共和国成立前，武进农村先后开设的书场有40余家。中华人民共和国成立后，集镇中的书场，多数仍由茶馆兼营，农村一些较大村庄的书场，由集体或个人开设。据统计，1986年，全县有书场60多家。1990年，经县文化局登记的书场有180家。后随着歌舞等新兴娱乐项目兴起和乡镇区划调整，全区书场因观众老、盈利少，大部分已歇业和改行，至2013年，从事正常演出活动的书场仅有武进老年协会、横林、湖塘、奔牛、东青5家。

（一）横林书场

最早的横林书场附设在集镇的茶馆内，第一任老板黄玉坤早年在上海做生意，1937年（民国26年）抗日战争爆发，为避战乱，回到横林老家，买下集镇上的三开间两层小楼“雅闲楼”，做起茶馆书场的营生。春节期间，书场每天要说3场书才能满足客人需求。除横林当地人外，江阴、戚墅堰、洛阳、横山桥、无锡洛社等地都有人赶来听书，横林书场号称常州东门外的“书码头”。

20世纪50年代，书场改为集体经营，生意仍是火爆。黄玉坤被聘为书场负责人。“文化大革命”期间，书场被迫关门歇业。20世纪70年代末复开，书场也从“雅闲楼”搬迁至横林桥堍的“松鹤茶馆”。1986年5月，搬迁至新建的工人俱乐部内，由工人俱乐部管辖。开业时邀请常州评书名角邢晏芝、邢晏春到书场演出《杨乃武与小白菜》，轰动一时。

横林书场历经几任承包者，年年亏损，从2004年起，横林镇政府把书场列入社会公益事业规划，除免收房租、补贴水电外，每年再补贴2—5万元，同时，动员社会人士赞助等实施扶持。2013年春节期间，从年初一到年初八，听客均免费听书，经费由政府“买单”2天，个体私营老板邹焕伟、陆文清等包场6天，。

（二）奔牛书场

1927年（民国16年）奔牛镇上设有茶店书场（即在茶馆内附设书场），不定期邀请艺人说唱。说唱形式以唱“道情”为主，后出现评话、弹词等。至中华人民共和国成立前，全镇茶店书场有“万缘”“夏兴”“萧正兴”“常州”4家。中华人民共和国成立后，茶店书场仍以说书、评弹、唱道情为主。艺人报酬分包书和拆账两种：包书，艺人的住宿、膳食由茶店负责，并给予固定的报酬；拆账，据书资收入，双方按议定比例分成拆账。全镇附设书场的茶店有：“玉泉”“上林春”“常州”等6家。1963年8月，6家茶店和2家浴室联合投资800元，在中街办起“奔牛书场”，时有平房2间，座位100余个。嗣后，各茶店附设书场随之歇业。奔牛书场仅演出评话和弹词。1966年，“文化大革命”开始，书场被取缔关闭，场地另作他用。1978年以后，奔牛镇的“人民茶店”开设书场，说书时间一般为白天，形式以评话居多。90年代起，书场停业，被带有现代色彩的音乐茶座取代。至2013年，全镇有音乐茶座12家。

（三）湖塘书场

清末民国时期（1912—1949年9月30日），湖塘镇周围先后办有周家巷、何留、蒋湾等10多家书场。1950年，湖塘书场在中街江姓茶店内开张营业，定期邀请评弹艺人到茶店说唱，每场观众爆满。“文化大革命”开始，书场停办。1979年，为满足听众需求，借县图书馆三楼重开书场，有座位120个。1992年12月，书场搬迁至湖塘镇老年活动中心内，有湖塘镇老年协会负责经营管理。至2013年，书场仍坚持开放营业。

1912—1949 年武进县书场情况表

表 10-1

书场名称	负责人	地　址	书场名称	负责人	地　址
近水轩	蒋跃兴	东岱镇	李山苟	李山苟	村前镇
复　兴	周五大	新闸镇	申长乐		夏溪镇
龙　泉	夏四保	卜弋镇	仁　记	石孝裕	东安镇
农　乐	王绍旦	丫河集镇	吴源兴	关汉林	嘉泽镇
祥　生	王祥生	牛塘桥	湟里书场	薛荷根	湟里镇
马祥林	马祥林	仙现桥	真　记	龚洪荣	降子桥
王士大	王士大	厚余镇	王家弄茶社	王菊娣	鸣凰镇
长　乐	凌德孝	孟河镇	三星园	张焕六	魏村镇
陈六五	陈六五	吕墅桥	陈明甫	陈明甫	汤庄桥
仁　记	马仁荣	安家舍	秦永清	秦永清	洛阳镇
民　生	王生大	南夏墅	谢　记	谢和生	礼河桥
老和尚	老和尚	何留墅	张金生	张金生	东罝河桥北
长　乐	范山大	上店镇	姜鸿兴	杨凤娣	西林镇
张　记	张 XX	东门白塔塘桥	瞿荣昌	瞿荣昌	圩塘镇
魏　记	魏须洪	吕墅镇	万　缘	李裕生	奔牛镇
群英楼	唐和尚	马杭东罝桥	夏　兴	张腊子	奔牛镇
复　兴	余关通	马杭河东桥	萧正兴	萧青海	奔牛镇
乐　园	邱虎连	马杭中街	常　州	夏咸福	奔牛镇
王振江	钱仁娣	龙虎塘	老松泉		郑陆镇
陈林胜	陈林胜	横林马鞍墩	灵　溪	金腊英	夏溪镇
人　民	蔡金坤	厚余镇	荣　华		坂上镇

1990 年武进县书场情况表

表 10-2

单位名称	性质	地　址	座位数	负责人
蒋湾书场	个体	湖塘蒋湾村	100	壮龙宫
何留书场	个体	湖塘何留前西村	200	何荣兴
聚湖村民会场	个体	湖塘聚湖村汤家组	400	陈伯荣
浒路墩村民会场	集体	湖塘马元村	300	陆祥生
张家坝村民会场	集体	湖塘张家坝	300	张浩炳
古方村民会场	集体	湖塘古方村	600	李浩兴

续表 10-2

单位名称	性质	地 址	座位数	负责人
邱墅村民会场	集体	湖塘邱墅村	380	周炳官
周公岸村民会场	集体	湖塘周公岸村	300	周志忠
坂上书场	集体	坂上镇	80	包洪发
百丈书场	个体	百丈中街	80	沙仲养
潘市书场	个体	龙虎塘潘市	120	白良元
仙乐书场	集体	郑陆镇南街	400	谈勤荣
东古村民会场	集体	郑陆镇古村	602	沈未清
塾村村民会场	集体	郑陆塾村	550	钱林华
胡庄村民会场	集体	郑陆胡庄	520	陆洪芳
羌家头村民会场	集体	郑陆羌家头	400	羌德兆
孝都书场	集体	孝都闸北	160	董保华
青城村民会场	集体	孝都青城文化室	700	朱金度
牛塘浴室书场	集体	牛塘浴室	250	陈德祖
南街书场	个体	牛塘南街	100	张洪根
东后村民书场	集体	牛塘东后队	500	许祥根
农乐书场	个体	牛塘丫河集镇	200	王绍旦
丫河书场	个体	牛塘丫河集镇	80	吴昌大
白家村民会场	集体	牛塘白家村	340	白桂方
遥观书场	集体	遥观新街	120	傅仲清
汤庄村民会场	集体	汤庄西街	728	谈听大
魏村书场	个体	魏村东街	80	钱幼珍
钱家边书场	集体	魏村钱家边	450	陈正清
奔牛人民书场	集体	奔牛中街	120	薛国兴
安北书场	集体	东安安北东沟里村	120	蒋龙生
新雅书场	个体	东安中街	120	石孝裕
村前蒋塘书场	个体	村前乡蒋塘村	300	朱木孝
焦溪文化会场	集体	焦溪新街	400	姚如松
后街村民会场	个体	焦溪后街	350	黄荣林
陆家书场	集体	湖塘陆家村	240	王良大
罗溪书场	集体	罗溪镇中街	160	陈敬堂
厚余饭店书场	集体	厚余镇新街	100	蔡金坤
窖上村民会场	集体	厚余窖上村	300	陆仁泰
安家书场	集体	安家镇中街	120	左培友
杨巷村民会场	集体	安家镇杨巷村	600	杨雪坤

续表 10-2

单位名称	性质	地 址	座位数	负责人
塘东村民会场	集体	安家镇塘东村	700	陈根大
圩塘书场	集体	圩塘镇	100	丁二荀
小河书场	集体	小河镇	200	裴玉成
蔡歧村民会场	集体	三河口蔡歧村	580	刘炳法
新沟村民会场	集体	三河口新沟村	450	徐建度
丰北村民书场	集体	三河口丰北村	450	唐荣德
潘家书场	集体	潘家桥西街	40	宋小明
马杭浴室书场	集体	马杭桥中街	80	杨钱荣
林家巷村民会场	集体	横山桥林家巷村	400	张培明
东湖城村民会场	集体	横山桥群丰村	300	俞仁浩
崔桥书场	集体	崔桥镇中街	100	顾法华
嘉泽书场	个体	嘉泽镇中街	80	吴仁元
丰野村民会场	集体	嘉泽丰野村	500	汤荣生
鸣凰书场	集体	鸣凰茶室内	75	张国海
孟城书场	集体	孟城茶水门市部	80	王扣庚
黄天荡村民会场	集体	郑陆乡黄天荡街东	460	李听耀
虎臣村民会场	集体	戴溪乡虎臣村	350	薛岳兴
张市桥村民会场	集体	奔牛镇张市桥	360	姜仁祥
姚家村民会场	集体	郑陆姚家村	400	姚永望
郭塘桥村民会场	集体	新桥乡郭塘桥	450	邹文华
马安村民会场	集体	新桥乡马安村	500	李仁芳
湟里浴室书场	集体	湟里镇新街	180	包贞华
刘家村民会场	集体	东青乡刘家村	500	刘金浩
西野书场	集体	厚余乡金鸡村	150	俞书金
邹坵书场	个体	邹坵镇东街	80	姚金风
林家书场	集体	湖塘镇林家村	120	邹留珍
欢乐书场	集体	泰村乡西毛村吴家二组	250	薛忙保
三茅殿村民会场	集体	小河乡茅殿村	300	裴春林
邵家坝会场	集体	魏村乡金牛村	320	周仁宝
裴家巷会场	集体	魏村乡杨园村	410	姚云海
东青文化宫书场	集体	东青镇	350	邱明度
东长巷村民会场	集体	小新桥马鞍村	300	孙佩芳
东柳第四村民会场	集体	芙蓉乡东柳	300	吴阿兴
石家桥会场	集体	剑湖郑村	400	刘产兴

二、戏　楼

明末清初，戏剧演出在武进农村盛行，每逢春秋两季或庙会期间，都有戏班演出。明崇祯十一年（1638 年），吴人张宏在常州曾作画《广场演出图》，绘有百艺杂戏各据一方的热闹场面。清乾隆年间，诗人赵翼在他的《瓯北全集》中有戴溪村头演出“里俗戏剧”的记载。因当时农村室内演出场所很少，除在晒场搭台演出外，寺庙为供奉菩萨而建造的祭台（俗称戏楼）成了戏剧演出的主要舞台。礼嘉戏楼台北西侧墙上，至今留有当时演出的剧目《扫花》《训子》《玉麒麟》等字样。演出时，观众在广场上看戏，不收分文，演出费用一般由集资或当家和尚捐助解决。

戏　楼

西夏墅梅村城隍庙戏楼始建于宋朝，是武进最早的一座戏楼。坊前乡高梅殿戏楼建于明朝。其他绝大部分建于清朝，有少数则建于民国初年。至 2013 年，除西夏墅的梅村戏楼、礼嘉的烈帝庙戏楼、万绥的东岳庙戏楼、横林镇顺庄东岳庙戏楼保留完好，其余都已拆除。

武进古戏楼情况表

表 10−3

名　称	年代	地　点	现状	名　称	年代	地　点	现状
梅村戏楼	宋	西夏墅梅村	完好	樟村戏楼	清	安家舍樟村庙	已拆
高梅殿戏楼	明	坊前高梅村	已拆	珠龙山戏楼	清	汤庄乡珠龙山	已拆
烈帝庙戏楼	清	礼嘉桥中学内	完好	东岳庙戏楼	清	奔牛东岳村	已拆
东岳庙戏楼	清	横林顺庄村	完好	城皇庙戏楼	清	三河口西街	已拆
东岳庙戏楼	清	万绥集镇	完好	观庄戏楼	清	西夏墅观庄村	已拆
白龙庙戏楼	清	横山桥白龙庙	已拆	万佛阁戏楼	清	圩塘乡	已拆
双庙戏楼	清	芙蓉双庙村	已拆	水龙宫戏楼	清	新安乡	已拆
东岳庙戏楼	清	新安时家村	已拆	明月戏楼	民国	牛塘镇庙场	已拆
施庄庙戏楼	清	郑陆中学内	已拆	蜡烛庙戏楼	民国	湟里蒲村村	已拆
新桥戏楼	清	新桥集镇	已拆	五都庙戏楼	民国	遥观镇后街	已拆
安家舍戏楼	清	安家德胜河西	已拆	魏村戏楼	民国	魏村集镇	已拆
前舍戏楼	清	安家舍庙前	已拆	焦溪戏楼	民国	焦溪镇	已拆

三、戏　院

为满足城乡观众看戏的需求，清末民国初，在武进县城先后开设的戏院有逸仙戏园（西河沿）、第一公园剧场（人民公园内）、中华环球俱乐部（公园路）、第二公园剧场（文在桥旁）、新舞台（博爱路）、西区游艺场（怀德北路）、东郊大戏院（水门桥）、乾元市场（杨柳巷）、贻园大戏院（马元巷）、中央大戏院（化龙巷）、广化大戏院（木匠街）、和平大戏院（县直街）、光华大戏院（鸣珂巷）、大乐大戏院（怀德北路）、三星大戏院（青果巷）、新丰大戏院（新丰街）、胜利大戏院（戚墅堰）、明星大戏院（局前街）、大华大戏院（留芳路）、新都大戏院（北直街）、东兴大戏院（北后街）、黄金大戏院（怀德南路）、京沪大戏院（戚墅堰）等 20 余家。

民国时期，在武进农村先后开设的戏院有焦溪鹤仙戏院（1947 年改为大华戏院）、湟里戏院、东青戏院、郑陆戏院、奔牛戏院、湖塘戏院、横林戏院、三河口戏院、运村戏院、小河戏院、寨桥游乐场、政平华渡桥戏院、南宅南声戏院、牛塘戏院、漕桥戏院、雪堰戏院、遥观戏院、横山戏院、魏村戏院、孟城戏院等 20 余家。

四、影剧院

影剧院的前身为大会场（堂）。中华人民共和国成立后，中国共产党和地方人民政府为满足广大群众文化生活的需求，先后筹资在农村乡、镇所在地建造大会场（堂），供开会、演出、放电影之用。至 1980 年，全县乡、镇共建有大会场（堂）40 家。

1951—1980 年武进乡、镇大会场情况表

表 10-4

大会场名称	座位	建造年份	大会场名称	座位	建造年份
三河口大会场	748	1951	崔桥大会场	1041	1976
孟城大会场	620	1953	三井大会场	871	1977
湖塘大会场	800	1955	新安大会场	901	1975
运村大会场	490	1958	东青大会场	870	1974
潘家大会场	775	1958	泰村大会场	850	1975
鸣凰大会场	860	1958	礼嘉大会场	984	1958
横山大会场	800	1959	庙桥大会场	806	1976
魏村大会场	680	1955	薛家大会场	1066	1977
坂上大会场	519	1968	小新桥大会场	1109	1977
遥观大会场	960	1970	马杭大会场	1009	1978
成章大会场	606	1970	运村大会场	840	1978
前黄大会场	900	1973	安家大会场	910	1980
漕桥大会场	874	1974	新华大会场	1092	1981
戴溪大会场	850	1974	万绥大会场	952	1980
政平大会场	800	1972	嘉泽大会场	720	1959
湟里大会场	920	1958	芙蓉大会场	680	1953
洛阳大会场	860	1958	寨桥大会场	590	1951
郑陆大会场	820	1957	坊前大会场	580	1964
焦溪大会场	730	1956	礼河大会场	580	1959
厚余大会场	680	1958	邹区大会场	728	1965

中共十一届三中全会以后，随着武进社会、经济快速发展，原来没有大会场的乡、镇开始筹建影剧院。20世纪50年代建造的大会场，通过翻建、改造，成为设施、设备现代化的影剧院。至1995年，全市城乡建有影剧院55家。

1995年武进市影剧院情况表

表10-5

单　位	座位	建造年份	单　位	座位	建造年份
漕桥影剧院	874	1974	湟里影剧院	1273	1983
雪堰影剧院	1189	1983	嘉泽影剧院	1068	1978
潘家影剧院	1126	1988	东安影剧院	1110	1983
运村影剧院	840	1978	夏溪影剧院	1120	1979
礼嘉影剧院	984	1975	厚余影剧院	1108	1980
坊前影剧院	747	1975	邹区影剧院	1152	1983
寨桥影剧院	1200	1978	卜弋影剧院	1174	1983
南宅影剧院	1162	1981	礼河影剧院	1070	1984
政平影剧院	1094	1979	小新桥影剧院	1109	1984
前黄影剧院	1021	1984	龙虎塘影剧院	993	1983
湖塘影剧院	1120	1979	魏村影剧院	1080	1985
鸣凰影剧院	1164	1982	薛家影剧院	1066	1977
庙桥影剧院	806	1976	新华影剧院	1092	1981
马杭影剧院	1009	1978	安家影剧院	910	1980
牛塘影剧院	1106	1982	孝都影剧院	1115	1987
卢家巷影剧院	1156	1982	奔牛乡影剧院	1082	1979
横林影剧院	1019	1979	奔牛镇影剧院	1226	1980
阳湖影剧院	800	1984	孟城影剧院	1180	1981
洛阳影剧院	1155	1983	罗溪影剧院	1232	1978
戴溪影剧院	1056	1974	九里影剧院	913	1980
遥观影剧院	960	1970	汤庄影剧院	1179	1984
崔桥影剧院	1041	1978	小河影剧院	1205	1982
郑陆影剧院	1126	1988	西夏墅影剧院	1100	1988
横山桥影剧院	1124	1982	万绥影剧院	952	1980
三河口影剧院	748	1983	武进影剧院	1309	1984
新安影剧院	905	1978	文化宫影剧院	1529	1981
芙蓉影剧院	1205	1979	新渎影剧院	760	1982
焦溪影剧院	1430	1982			

（一）乡镇影剧院

乡镇影剧院大多坐落在政府所在集镇，性质属乡、镇集体事业单位，主要职能是接待剧团演出，组织电影放映和承接大型会议。是广大群众文化娱乐的主要场所之一。1993年至1996年间，南宅影剧院、焦溪影剧院、奔牛影剧院、湟里影剧院先后被江苏省文化厅评为明星影剧院。2000年以后，由于戏剧、电影市场滑坡，乡、镇撤并等原因，有的影剧院移作他用，有的由个人承包经营，有的影剧院因年久失修变成危房停止开放。至2013年年底，全区对外营业的影剧院有潘家、前黄、寨桥、礼嘉、洛阳、焦溪、芙蓉、横山桥、郑陆、奔牛、邹区、东安、牛塘、嘉泽14家。

（二）武进工人文化宫影剧院

坐落于湖塘镇，建于1981年，占地面积8900平方米，建筑面积3657平方米，分上、下两层，有1529个观众座位。除舞台、化妆室、更衣室、演员宿舍、美工室、电机室、售票处等演出设施外，还有食堂、浴室、小卖部、橱窗等配套服务设施。1983年11月，县总工会任命王道南为工人文化宫主任兼影剧院经理，宋瑞德为副主任兼副经理，陈振喜为副经理，辛克勤为主办会计。

位于湖塘新街的武进工人文化宫影剧院

武进工人文化宫影剧院最后一场演出

历年来，影剧院在进行正常的放映、演出外，还接待一些重要会议。1985年9月，全国煤炭工业会议在这里召开，时任国务院副总理的李鹏、江苏省代省长陈焕友等出席会议。1989年1月4—5日，县演出公司、县工人文化宫在影剧院联合举办新年文艺联欢晚会，由上海电视台著名节目主持人叶慧贤主持，上海电影制片厂演员于飞，南京军区前线歌舞团著名歌唱家葛军，上海沪剧院著名沪剧演员、梅花奖获得者茅善玉，江苏省首届霹雳舞大赛冠军杨永新，上海著名滑稽演员方艳华等应邀参加演出。此外，江苏省锡剧团、无锡市锡剧团、前线歌舞团等著名演员姚澄、王彬彬、梅兰珍、王兰英、沈佩华、费兴生、倪同芳，著名歌剧演员陈桂兰、葛洪发等先后到此演出。1989年被江苏省文化厅评为“明星剧场”。2003年，因城区建设需要，影剧院拆除，改建为阳湖广场。

（三）武进影剧院

坐落在常州市关河路，武进县政府西侧，设有1309张座位，于1984年9月落成，1985年1月正式对外开放。

武进影剧院

影剧院建成后，由武进县政府办公室管理，性质为自收自支全民事业单位，2000年3月，划归武进市文化局管理。有固定资产总额2500万元，职工22名，由李华锋任经理。武进影剧院主要职能是组织电影放映，接待剧团演出，承接重大会议。自1986年至1996年期间，影剧院平均每年放映电影1500多场次，观众180万人次。1996年后，电影放映大多以学生包场为主，平均每年放映500多场。1986至2007年间，影剧院先后接待北京、上海、天津、辽宁、安徽、江苏等地区的演出团队100多个，刘晓庆、彭丽媛、屠洪刚等著名演员、歌唱家先后到影剧院演出。2000年，为纪念抗日战争胜利60周年，淮安市文化局改编的音乐剧《石头城的记忆》在该院连续上演103场。2006年，金坛锡剧团编排的锡剧《永远的雪梅》在影剧院连续上演146场，创造历史记录。2000年，武进影剧院被定为中国第六届艺术节演出场馆。2010年，影剧院改制，职工分流至常武电影演出公司。

阳湖影剧院

（四）阳湖影剧院

坐落在武进横林镇，1982年落成，共有800张座位，是武进电影演出公司下属独立核算的全民企业，常年从事电影放映活动。1986年以来，平均每年放映电影800多场次，观众达50多万人次。1990年，电影公司投资35万元，对阳湖影剧院改造，建成全省第一家立体声电影院。2010年，改制为民营企业。

（五）奔牛影剧院

坐落在奔牛镇新街41号，建于1980年，建筑面积1792平方米，是由武进电影发行放映公司和奔牛镇人民政府分别出资20万元和21万元共同兴建，采取共同经营、利润各半的分配办法，是当地电影放映和艺术表演的主要场所。2010年，改制为民营企业。

（六）凤凰谷大剧院

坐落于武进区湖塘延政路南，环府路东，2010年5月开工建设。剧院有座位855张，分上、下两层。舞台具有升降功能，音响灯光等全部为进口设备。2012年8月10日，武进区文广新局受武进区人民政府委托与上海百老汇剧院管理有限公司签订委托管理合同，并于2012年12月20日成立常州凤凰谷剧院管理有限公司，以商业运作模式全权经营管理，独立核算，自负盈亏。2013年8月20—25日，举办中国音乐小金钟奖——第三届全国少儿小提琴比赛。9月22日，举办上海精品文化江苏行——越剧经典折子戏专场演出；

凤凰谷大剧院

10月20日至28日，作为第十五届中国上海国际艺术节“花为媒”武进专场演出场馆，期间先后演出美国百老汇音乐集锦《摇滚百老汇》，意大利翁布里亚弦乐四重奏、中外民族风情文艺演出、“小梅花奖”获奖演员演唱会等。还先后接待上海青年昆剧团、青海省歌舞剧团、上海戏剧学院、哈尔滨话剧院、苏州文化艺术中心芭蕾舞团、河南嵩山少林武术馆、法国女子爱乐乐团、上海越剧院等中外著名剧团和演员到剧院演出，现已成为武进城区主要演出场所。

第二节　娱乐市场

一、歌舞厅

20世纪70年代末期，武进有歌舞厅、卡拉OK问世。1979年，位于湖塘镇的武进工人文化宫开办武进地区首家歌舞厅。1989年，横林工人俱乐部歌舞厅开业。至年底，全县开办歌舞厅有13家。

1992年2月，武进县物资公司开办“好莱坞”歌舞厅，位于常州西新桥木材公司新大楼六楼，面积460平方米，内设110人的卡座包厢和38人的散座，采用高雅时尚的欧美风格装潢，美国EV音响系统，日本产超大屏幕碟影全遥控KTV，一流优雅的设施环境成为当时常州市最好的歌舞娱乐场所。同年2月，武进县文化馆综合文化大楼建成投入使用，内设歌舞厅、卡拉OK厅、游艺厅、录像厅、展览厅、排练厅、音乐室等15个文化活动项目，满足湖塘及周边人民群众的文化娱乐生活需求。是年，文化馆“丽都”歌舞厅、横林镇“百花”歌舞厅对外开放。1993年，先后开办的歌舞厅有洛阳影剧院“夜总会”歌舞厅、崔桥供销社“星月”歌舞厅、运村供销社歌舞厅、戴溪供销社“云梦”歌舞厅、洛阳粮管所“星辰”歌舞厅、牛塘青云园歌舞厅、邹区青风园歌舞厅等20家。至年底，全县歌舞厅累计达58家。1994年12月，总投资200万元的万绥乡多功能文化中心竣工交付使用，内设歌舞厅、卡拉OK厅等文化娱乐项目。同年，武进丝绸厂开办的“雅苑”歌舞厅对外开放。至年底，全市有歌舞厅115家，卡拉OK厅11家。1999年，全市有歌舞厅192家，卡拉OK厅35家。

随着生活水平的提高和社会经济的发展，歌舞、卡拉OK娱乐已逐渐成为人们排解工作压力，调适紧张情绪的一种方式。但有些设施差的歌厅、舞厅开始被淘汰。至2005年，全区有歌舞厅90家，卡拉OK厅15家。2007年，全区有歌舞厅45家，卡拉OK厅7家。自2010年起，武进的歌舞厅、卡拉OK厅经营规模不断扩大，硬件设施设备不断完善，服务质量不断提升，有力地促进全区经济发展和文化建设。2011年至2012年，武进高新区海乐迪娱乐城（武进购物中心E区4楼）、常州霓乐源娱乐有限公司（花园街新城上街B区2号楼4—5F）、常州市武进区湖塘星尚娱乐中心（定安中路富克斯流行广场5楼）、常州市卡卡娱乐有限公司（花园街茂业泰富城5楼）、武进湖塘水调歌头娱乐中心（又一城商业广场3楼）、武进区湖塘云顶新天地歌舞厅（新天地公园南大门西侧）、武进区湖塘名苑国都歌舞娱乐中心（花园街新天地不夜城7号楼）等高档次的歌舞娱乐场所在中心城区纷纷亮相。至2013年年底，全区有歌舞厅、卡拉OK厅55家。

2013年武进区歌舞厅情况表

表10-6

序号	名称	地址	法定代表人或负责人	企业组织形式	面积（平方米）
1	武进高新区牧歌娱乐中心	湖塘镇常武北路1号1号楼三楼	何和军	个体	2300
2	常州市武进前黄大酒店有限公司	前黄镇景德西路38号	张荣春	有限公司	250
3	武进区湖塘云顶新天地歌舞厅	新天地公园南大门西侧	庄　伟	个体	2200
4	武进区雪堰天赐音乐茶吧	雪堰镇雪湖北路3号	吴秀军	个体	252
5	武进区湖塘卡乐迪歌厅	湖塘镇凤栖路2号	郑小雷	个体	2000
6	武进区湖塘菲尚糖果娱乐城	湖塘镇武宜路188号新城万博广场	胡晓伟	个体	1200
7	常州市和天下娱乐有限公司	邹区新街常金路188号	赵雪利	有限公司	2742
8	常州市武进区横林百花歌舞厅	横林镇工农新村	王　辉	个体	260
9	常州亿维娱乐有限公司	湖塘镇花园街159号新天地不夜城9号楼三、四层	顾卫东	有限公司	3000
10	武进区奔牛璀璨之星歌厅	奔牛镇南园村525–526号	熊　刚	个体	1300
11	武进区邹区馨怡休闲中心	邹区镇卜弋友谊北路18号	洪德伟	个体	600
12	常州市卡卡娱乐有限公司	湖塘镇花园街176号	范晓静	有限公司	2000
13	常州市武进区横山宏桥娱乐城	横山桥镇镇江南路	曹桂兰	个体	400
14	武进区湖塘名苑国都歌舞娱乐中心	湖塘花园街159号新天地不夜城7号楼	胡　蓉	个体	3140
15	武进区邹区风情密码歌厅	邹区镇岳津路邹区宾馆	严　辉	个体	600
16	常州锦湖酒店管理有限公司红磨坊大剧院	湖塘镇常武中路89号	陈文斌	有限公司	300
17	武进区奔牛萍萍歌厅	奔牛镇（常州机场南路2号）	叶丽萍	个体	290
18	武进区郑陆星辰歌舞厅	郑陆镇三河口村	谈建国	个体	220
19	武进区湟里镇嘉柒号客栈	湟里镇金鼎路1号	张振华	个体	500
20	常州市武进区芙蓉圆梦歌舞厅	横山桥镇芙蓉镇湖山路7号	莫冬林	个体	300
21	常州市雅乐歌舞厅	邹区镇杨庄新街	王惠英	个体	550
22	武进区横山桥镇雅典娜娱乐中心	横山桥镇星辰村	成其华	个体	2000
23	常州市星时空假日娱乐中心	湖塘镇阳湖广场3号楼	吴雪荷	个体	1100

续表 10-6

序号	名　　称	地　　址	法定代表人或负责人	企业组织形式	面　积（平方米）
24	武进高新区海乐迪娱乐城	湖塘镇定安路武进购物中心 E 区 4 楼	管　刚	个体	4500
25	武进区湖塘镇星光大道歌厅	湖塘镇花园街与广电路交汇处（新天地不夜城 SP8-4001-4062）	郁澄清	个体	3089
26	常州霓乐源娱乐有限公司	武进区湖塘镇花园街 B 区 2 号楼	李一军	有限公司	1200
27	常州市武进区湖塘星尚娱乐中心	湖塘镇定安路与常武路交界口富克斯广场 5 楼	杨晓明	个体	3000
28	常州市武进区卜弋梦娜歌舞厅	邹区镇下港村	周惠明	个体	400
29	武进区前黄新富缘宾馆	前黄镇景德西路 69 号	朱小丹	个体	400
30	常州市武进雪堰漕桥蓝调音乐茶座	雪堰镇漕桥北园路 50 号	李　麒	个体	250
31	武进区邹区水天堂大浴场	邹区镇兴隆东街 100 号	于春妹	个体	1988
32	武进区湖塘九十九度娱乐中心	湖塘鸣凰新村 8 号	费益方	个体	980
33	常州市畅想歌厅	湖塘镇鸣新中路 25 号 302 室	邵路成	个体	900
34	常州市武进区横山桥新世界娱乐中心	横山桥镇星辰村星辰路 30 号	蒋尧方	个体	1780
35	武进区雪堰漕桥凯帝金殿休闲娱乐中心	雪堰镇新康村	卞益民	个体	836
36	武进区湖塘宝路娱乐中心	湖塘镇花园街新城公馆 HG1-11	侯镇生	个体	1600
37	浙江开元酒店管理有限公司常州分公司	雪堰镇太湖湾度假村	陈妙强	有限公司	250
38	武进区高新区伯爵一号歌厅俱乐部	武进高新区广电东路 8 号南洋商贸广场 2 号楼 3 楼	王　涛	个体	4839
39	武进区横林碧海金沙大酒店	横林镇国际地板城 A12 幢 312 室	徐云峰	个体	1500
40	武进区横山长江娱乐城	横山桥镇省庄村	韩杏珍	个体	2500
41	武进区湖塘协和花都酒店	武进区常武北路 22 号	姚　勤	个体	10000
42	常州市武进万家富商城歌舞厅	奔牛镇万家富商城内	朱金大	个体	295
43	常州市武进区湟里仁和大酒店	湟里镇镇西	朱　刚	个体	300
44	常州市武进区横林新天地休闲娱乐中心	横林镇东大街 120 号	薛志红	个体	580
45	武进区礼嘉梦江南歌舞厅	礼嘉镇坂上建中路 147 号	徐梦楠	个体	498
46	武进区雪堰鑫凯缘音乐茶吧	雪堰镇雪湖北路 19 号	殷雪娟	个体	450
47	武进经发区唛霸娱乐会所	经济开发区锦润路 52 号 3 楼	宋希英	个体	1312
48	武进区邹区唛霸娱乐会所	邹区镇邹新公路西侧	宋　颖	个体	750
49	武进区礼嘉湟嘉柒号量贩歌城	礼嘉镇礼新街西首（百兴商贸城）	周海林	个体	890
50	常州市武进区奔牛聚乐歌厅	奔牛镇金牛西路 6 号	汤亚东	个体	180
51	武进区雪堰唛秀世界歌厅	漕桥金三角东路 68 号	姜小健	个体	420

续表 10-6

序号	名　　称	地　　址	法定代表人或负责人	企业组织形式	面　积（平方米）
52	武进区前黄凯乐假日酒店	前黄镇景德西路	卞琴芳	个体	2000
53	常州市庙桥新宇娱乐有限公司	南夏墅街道庙桥街	章雪松	个体	600
54	武进区雪堰漕桥凯富门歌厅	雪堰镇漕桥金三角东路 44 号	张凯伦	个体	500
55	常州金麦克娱乐有限公司	湖塘镇花园街 6 号澳新风情街 2 幢 1019−1	吕志贤	有限公司	1700

二、音像市场

20 世纪 80 年代，特别是中共十一届三中全会召开以后，随着国民经济快速发展和社会全面进步，人民群众对精神文化生活的需求显著提高。电视机、DVD 机、MP3 等影视音像器材日益普及，为音像产业的发展创造市场空间，推动音像市场的迅猛发展。

1983 年 10 月起，武进供销社系统、县新华书店开始销售录音磁带等有声读物。1984 年 7 月 3 日，江苏省广播电视厅第 243 号文件同意武进县广播电视站试办营业性影像放映队，7 月 27 日，县广播电视站和村前乡的陆传大等 6 人联办电视录像放映队，在村前乡芸渎村会场首次营业，放映设备有日产索尼二分之一录像放映机 2 台，46 厘米彩色电视机 1 台，51 厘米彩色电视机 2 台。此后，全县各地申报开办营业性录像放映的单位日益增多。县工人文化宫、县炼铁厂、县化肥厂、村前乡文化站和罗溪、卜弋、郑陆乡广播站等先后购置录像放映机。1986 年，县文化馆、各乡镇影剧院的门楼厅和文化站、宾馆等场所相继开设录像放映室。1987 年，武进县电影公司、县文化馆开办音像制品发行站，电影公司在奔牛、湖塘、雪堰等地开设分站，租售结合，当年收入达 11.28 万元。是年，对音像制品销售点和录像放映点进行整顿，年底，全县有营业执照的销售点 166 家和录像放映点 38 家。1988 年，全县有录音磁带销售点 191 家，录像放映点 58 个，共发行录像带 6788 盘，其中，科教片 300 套，录音磁带 21 万盒。1989 年，全县新增录音磁带销售点 44 个，累计共 235 个。有营业性录像放映点 73 个，共发行出售录像片 1.9 万盘次，销售录音带磁带 29 万盒。1990 年，广电系统和社会办的录像放映点由广播电视局管理，文化系统办的录像放映点由文化局管理。1991 年，文化市场管理部门先后制定《电视录像发行放映管理规定》《加强音像管理工作的意见》等法规，使音像文化市场管理逐步走上制度化、正常化轨道。1993 年，全县新开办音像放映点 16 家，累计达 87 家。1996 年，一些商场、超市等均增设音像制品销售柜，个人经营的音像租售店也开始面世。2000 年，全市有录像放映点有 73 家，音像制品租售点 273 家，音像制品批发单位 4 家。

2000 年以后，影碟机进入千家万户，音像制品需求量逐步增加。为加强音像市场的管理，促进音像市场的健康繁荣，文化市场管理部门在全区开展大规模收缴非法音像制品活动。2003 年 8 月 16 日，全区 260 多位音像制品经营单位的负责人在《音像制品经营单位目标管理责任书》上签字，承诺不经营非法音像制品。按照承诺书的要求，在营业场所的显著位置悬挂《音像制品经营许可证》、营业执照和“不得经营违法音像制品”的公示牌及监督举报电话。

2001 年，根据江苏省《音像制品管理条例》第 49 条规定，不再审批设立经营性影像制品单位，已经设立的，不得更新现有设备，并于 5 年内予以关闭。2007 年起，大部分录像放映室因经营惨淡而改行或关门歇业。至 2013 年，全区有音像制品的经营单位仅存 165 家。

三、游艺市场

20 世纪 90 年代初，台球室、游戏机开始在武进城乡流行，吸引许多青少年。武进开设游戏室最早的是湖塘“英才”游戏室，老板蒋建成除了开游戏机室外，还组装游戏机销售及电脑板零件修配业务。游戏机无论从外观还是技术逐渐从粗糙低档型向精细高端型发展，并随着电脑的产生，“红警”、“星际”等电脑硬盘游戏机风靡一时。

1990 年 2 月 28 日，根据《常州市营业性电子游艺活动暂行规定》、《常州市营业性桌球活动管理暂行规定》等法规，武进县办理登记、领证的桌球台有 525 张，游戏机有 13 台。1991 年 3 月，县文化市场管理委员会作出《关于取缔变相赌博的圆盘游戏机的通知》，并与公安部门对利用圆盘型弹子游戏机和电子游戏机搞赌博的经营单位和个体户进行查处，有力地打击利用游戏机赌博活动，保障文化市场健康发展。1992 年，武进县有桌球室 146 家，电子游戏机 85 台。1994 年，武进县新增电子游戏机室 18 家，累计 116 家；新增桌球室 16 家，累计 162 家。1997 年，武进市有电子游戏室 93 家，桌球室 186 家。至 1999 年，武进市有电子游戏室 149 家，电子游戏机 1509 台；有桌球室 181 家，桌球台 375 张。

2000 年 7 月至 9 月，根据国务院统一部署，武进市文化局会同公安、工商等有关部门联合下发《关于在全市开展电子游戏经营场所专项治理工作的意见》，集中治理电子游戏经营场所。对无证照或证照不全，学校周边 200 米内、经营面积和机型机种不符合要求的，有严重违法违规经营行为的一律予以取缔。通过整治，取缔电子游戏机经营场所 83 家，审核合格重新登记发证的 81 家。2006 年，为贯彻落实省文化厅等有关部门关于加强改进未成人思想道德建设、促进网吧经营文件精神，区文化局、工商局、公安局、区关心下一代工作委员会等联合部署开展以网吧、电子游戏经营场所为整治重点的“百日整治集中活动”，取缔无证电子游戏经营场所 23 家。至年底，全区有电子游戏室 69 家、桌球室 126 家。2009 年，武进区对电子游戏经营场所的游戏机实行“标签式”管理，强化问责追究制度和落实常态化检查机制，并在检查中先后取缔无证无照游戏室 30 余家，收缴赌博游戏机 420 余台。2011 年，区文化市场管理部门、区文化行政综合执法大队共查处无证游戏室 6 家，收缴电子游戏机 10 台，电路板 28 块。

2013 年，全区有证照齐全的电子游戏、游艺经营场所 91 家。

2013年武进区游艺娱乐场所情况表

表10-7

序号	名称	地址	法定代表人或负责人	企业组织形式	面积（平方米）
1	常州市武进区奔牛欣乐游戏室	奔牛镇金牛东路42号	林文其	个体	96
2	常州市舒心游戏室	奔牛镇金牛西路	芮国强	独资	100
3	常州市武进区奔牛苏华游艺室	奔牛镇金牛中路6-12号	陈绕仁	个体	90
4	常州市武进区湖塘永乐游戏室	湖塘新城上街B区303、305室	邱永明	个体	760
5	常州市武进区东安新街游艺室	湟里镇东安迎宾中路12号	刘洪娣	个体	300
6	常州市武进区牛塘镇凯源游戏室	牛塘镇湖滨路314号	陈如康	个体	100
7	常州市武进区遥观浪狐游艺厅	遥观镇观景苑商铺	赵建芬	个体	128
8	常州市武进区震涛游戏室	遥观镇剑湖街126号	顾洪涛	个体	63
9	常州市武进区遥观镇天龙游艺厅	遥观镇临津路	刘　松	个体	68
10	常州市东大游艺厅	湖塘鸣新中路19栋111-112	缪晓东	个体	300
11	常州市东景游艺室	湖塘鸣新中路9-102号	缪晓东	个体	350
12	常州市连岱游艺室	湖塘镇丰乐公寓北5号	缪东勇	个体	260
13	常州市群明游艺室	湖塘镇鸣凰模具市场	滕群明	个体	270
14	常州市武进区湖塘鹏飞游戏室	湖塘镇鸣凰鸣新中路32-8	缪晓东	个体	340
15	常州市武进区湖塘新机地电子游戏厅	湖塘镇长虹东路88号	徐立峰	个体	760
16	常州市武进区东安宏达游艺室	武进区南夏墅南塘路65号	薛文秀	个体	180
17	常州市武进牛塘文化站游艺室	牛塘镇文化站内	徐洪元	个体	160
18	常州市俊益游艺室	前黄镇寨桥振兴路20号	张国华	个体	100
19	常州市柒捌玖游艺娱乐有限公司	邹区镇殷村村	刘建锋	合资	538
20	常州市武进区焦溪建武娱乐室	郑陆镇三河口市场	贾　武	个体	160
21	武进高新区新飞扬游乐园	湖塘镇天禄商务广场F区1-77号	胡　颖	个体	7000
22	常州市武进区湖塘马杭华芳娱乐室	湖塘镇纺织城A区12栋111号	戚华芳	个体	40
23	常州动力火车娱乐有限公司	横山桥新利贸业广场7幢3室	詹长钰	个体	300
24	常州市武进洛阳文化宫	洛阳镇洛阳路9号	郑仁荣	集体	60
25	常州市武进区洛阳天才游戏室	武进区西太湖风情街D幢38-39号	马国东	个体	80
26	常州市武进区湖塘中盛游艺厅	湖塘武宜中路188号（吾悦广场三层）	林如根	个体	2208
27	常州市武进区横山美士兴游戏室	横山桥美士兴街130号	丁　耀	个体	200
28	常州市武进区横山百乐游戏室	横山桥镇省农副产品批发市场商业街	周银度	个体	200
29	常州市手牵手游艺室	湟里镇埠新中路216号	陈仁兴	个体	200

续表 10-7

序号	名　　称	地　　址	法定代表人或负责人	企业组织形式	面　积（平方米）
30	常州市武进区焦溪洪峰游艺室	焦溪镇红星路 78 号对面	陈礼华	个体	200
31	常州市金辉游戏室	前黄镇景德西路	章　金	个体	100
32	常州市武进区湖塘常发游艺室	湖塘镇金鸡东路 7-17 号	刘玉彪	个体	200
33	常州市武进区郑陆镇新世界游艺厅	郑陆镇河口村	高清华	个体	80
34	常州市武进区湖塘富都游艺厅	湖塘镇安定中路 1 号	齐国富	个体	200
35	常州市武进区湖塘星星游戏室	湖塘镇丽华南村 18 幢 -1-2 号	陈如意	个体	126
36	武进区湖塘天空之城游戏城	花园街 33 号（路劲又一城商铺第一层）	刘明常	个体	1700
37	常州市武进区礼嘉电子游戏室	礼嘉镇讲学街 2 号	王文浩	个体	80
38	常州市武进区湖塘常福游戏厅	湖塘古方新村 25 幢 9 号	滕春仙	个体	400
39	常州市武进区湖塘富克斯游艺游乐中心	湖塘安定路 2 号	陆　敏	个体	800
40	常州市武进区湖塘常武游艺室	湖塘镇湾里新村 53 幢 1 室	周高星	个体	300
41	常州市武进区雪堰阿玲游艺室	雪堰镇综合市场新兴南路 1 号	许　玲	个体	200
42	常州市武进区湟里镇聚龙游艺馆	湟里镇埠新街 6 号	邱吉恩	个体	90
43	常州市武进区夏溪美芳游戏室	嘉泽镇厚余街	钱美芳	个体	44
44	武进区湖塘酷玩电玩游艺厅	湖塘镇中凉菜场 1 楼	陈志富	个体	490
45	武进区横林光大游戏机室	横林镇昌盛路 183 号	黄国光	个体	50
46	常州市武进区遥观双龙游戏室	遥观镇商贸中心 11 幢 2 号	杨富兴	个体	80
47	常州市武进区遥观奇乐游艺厅	遥观镇今创路观景苑 1 号楼 1-12	林健清	个体	80
48	常州市忆涵游艺室	湟里镇东安南环西路 92 号	马　丽	个体	90
49	常州市武进区湟里聚星游艺馆	湟里镇埠新中路	陈　星	个体	50
50	武进区遥观好迪游戏室	遥观镇劳动东路 233 号	缪晓东	个体	50
51	武进区遥观飞鱼游戏室	遥观镇宋剑湖家园	韩国庆	个体	280
52	武进区卜弋智力电子游艺室	邹区镇卜弋常金西路 2 号	薛留坤	个体	70
53	常州市武进区湖塘湖都游艺厅	湖塘镇人民中路 64 号 2 楼	程来喜	个体	160
54	常州市方园游艺室	湖塘镇定安中路 97 号	吴雪荷	个体	251
55	常州市鸿乐游戏厅	武进湖塘阳湖世纪苑	徐志梅	个体	112
56	常州市武进区漕桥风泽游戏室	漕桥镇北园路 48 号	凌丽娟	个体	100
57	常州市先都游艺室	雪堰镇漕桥振兴东路 11 号	杨　华	个体	200
58	常州市武进区湖塘日月星游戏室	湖塘镇人民中路 115 号	曾加兴	个体	100
59	武进区邹区王者至尊游艺室	邹区镇东风路 188 号	刘玉闯	个体	107
60	常州市武进区湖塘常星游艺厅	湖塘镇常武北路 2 号 4-1 号	吴文勤	个体	250

续表 10-7

序号	名　　称	地　　址	法定代表人或负责人	企业组织形式	面　积（平方米）
61	常州市庆都游艺室	洛阳镇珠光大街 88 号	滕家庆	个体	200
62	常州市安富游艺室	湟里镇埠新中路 336 号	孙　勇	个体	200
63	武进区湖塘星力游艺厅	湖塘消费品综合市场 2 楼	吴秀燕	个体	1500
64	常州市武进区潘家兴乐电子游戏室	雪堰镇潘家北街 1 号	张金大	个体	150
65	武进区南夏墅南河游戏室	南夏墅南河商业街 210-16 号	潘静秋	个体	100
66	常州市武进区雪堰正梅游艺室	雪堰镇新兴南路 1 号	董珍梅	个体	100
67	常州市武进区雪堰镇锦妹游艺室	雪堰镇影剧院	龚锦妹	个体	100
68	常州市武进区郑陆镇嘉乐游戏室	郑陆镇东青车站	陈　武	个体	120
69	武进区湖塘弟兄游艺室	湖塘镇凤栖路 2 号	邱洪峰	个体	160
70	常州市武进区焦溪百乐门游艺厅	郑陆镇三河口街	潘群跃	个体	100
71	常州市武进区湖塘兴旺游戏室	湖塘镇常武中路广成东方大厦	韩　霞	个体	80
72	常州市边锋游艺室	湖塘镇河东路	陈如海	个体	80
73	常州市武进区湖塘常乐游艺室	湖塘镇东方路 21 号	潘文娟	个体	80
74	常州市武进区湖塘金海马游艺厅	湖塘镇阳湖广场 9 幢 4 楼	缪本瑶	个体	100
75	常州市武进区湖塘和艺天游艺厅	湖塘镇花园新村 S3 栋 1-4、4-5 号	林　斌	个体	80
76	常州市武进区潘家群乐游艺室	雪堰镇潘家潘南路 1 号	郑东斌	个体	86
77	常州市武进区横林闽都游艺室	横林镇大桥南路 88 号	钟珍美	个体	300
78	常州市武进区湖塘正大娱乐室	武进区马杭张家巷	陆正大	个体	80
79	常州市武进区遥观飞扬游艺室	遥观镇邱墅村 118 号	邱宏国	个体	250
80	武进区邹区九都游艺室	邹区镇江凌路 11-101 号	林莺钗	个体	210
81	常州市武进区郑陆顺龙游艺室	郑陆影剧院	毛纪英	个体	120
82	武进区前黄日鑫游艺室	前黄镇景德西路	芮国梅	个体	148
83	武进高新区金地电玩厅	武进高新区常武路 26 号	林　文	个体	200
84	常州市武进区湖塘平平游艺娱乐	湖塘镇新城花苑 17-5 号	王秋平	个体	120
85	常州市武进区湖塘荣欣娱乐室	武进湖塘星火路 50 号	陈美玲	个体	100
86	常州市武进区横林圆圆游艺中心	横林镇崔桥崔横南路 52 号	周云华	个体	200
87	武进区湖塘康乐电子游戏室	湖塘武宜北路 443 号	吴裕娣	个体	120
88	武进区横山桥阿拉丁游戏室	横山桥羊绒城 12 区 107 号	曹素芳	个体	120
89	常州市武进区横山桥芙蓉影剧院	横山桥镇芙蓉柳山路 16 号	宋全民	集体	200
90	武进区礼嘉天意游戏室	礼嘉镇礼坂路西侧	唐秋吁	个体	55
91	武进区邹区凌都游戏室	邹区凌家塘批发市场 3 幢 2 号	庄登峰	个体	96

四、网 吧

武进区网吧业主大会

1999年，武进市电信部门开通上网业务后，电脑游戏房开始接入网线，从事互联网服务经营活动，称之为“网吧”。武进湖塘“英才”游戏室业主蒋建成开办武进地区首家网吧。刚开始，网吧规模都很小，一般经营面积仅40平方米，10台电脑，供青年人上网浏览、游戏或聊天。后来出现的网吧，规模越来越大，营业面积有几百平方米，配置电脑几十台，甚至几百台。

2001年，武进市文化局贯彻执行中华人民共和国文化部等4部委局出台的《互联网上网服务营业场所管理办法》，与市电信局、市公安局、市工商局配合，调查清理120多个互联网经营场所，对符合开办条件的113家场所核发《互联网文化准营证》。2002年初，区文化局会同工商等部门，按照省、市的统一部署，全面清理整顿全区104家网吧，对经营面积不足60平方米、电脑不满30台的经营单位实行整改。责令距离学校不足200米的经营场所进行搬迁，对接纳未成年人的网吧实施处罚。通过整治，逐步规范互联网服务营业场所经营行为。2005年，区文化主管部门开展以城区，特别是常州大学城为重点的网吧专项整治行动，聘请“五老”（老干部、老教师、老模范、老战士、老专家）网吧义务监督员172名，全年检查28次，查处违规网吧21家，取缔黑网吧30家。同时，为发挥技防作用，对所有网吧安装“净网先锋”管理软件。2007年7月31日，由区文化市场办公室牵头，经区民政局审核同意成立武进区网吧协会，全区有146家网吧加入协会。常州市中南网吧等5家当选为常务理事单位，常州市风云网吧等13家当选为理事单位，常州市中南网吧当选为会长单位。网吧协会致力推动全区网吧行业有序经营，开展星级网吧的评定及授牌工作，加强协调有关部门对黑网吧的打击力度。

2007年，全区有网吧146家，电脑2万多台，营业面积达4万平方米。2010年7月，区文广新局根据省、市有关文件精神，下发《武进区各镇（街道）文体站特色连锁网吧发展实施意见》。年底，确定由南京欣网易家网络服务有限公司和常州市逸枫网络科技有限公司2家连锁企业参与特色连锁网吧建设。2011年5月28日，武进区首家特色连锁网吧——欣网易家殷村店隆重开业。该店由南京欣网易家网络有限公司与邹区镇联合兴办。总投资500万元，配有高档电脑200台，设有公益性免费上网区、图书阅览区、中老年影视区等，并配有专业服务人员15名。至2013年，全区有网吧111家，电脑17474台。

2013年武进区互联网上网服务营业场所登记表

表10-8

序号	名称	地址	法定代表人或负责人	企业组织形式	面积（平方米）	实际机器台数
1	常州市湟里文化游艺馆	湟里镇金泉路12号	符建勋	独资	320	120
2	常州市西园网吧	鸣新东路20—17号三楼	张亚芳	独资	1020	300
3	常州兴盛网吧	湖塘镇鸣凰鸣新东路	庄伟忠	独资	512	120
4	常州飞跃网络服务有限公司	卜弋镇友谊南路25号	汪维明	合资	280	110
5	常州市思源网吧	牛塘镇卢家巷卢新街44号	滕用统	独资	140	60
6	南京欣网易家网络服务有限责任公司常州二店	湖塘武宜中路155-33号	张　良	合资	480	168
7	常州市传奇网吧	牛塘镇延政路22号	郑为星	独资	330	150
8	常州市格调网吧	牛塘镇延政路76号	王小东	独资	500	240
9	常州市扬飞网吧	牛塘镇竹园村（牛塘镇政府对面）	王小东	独资	400	200
10	常州市蓝精灵网吧	湖塘镇鸣凰鸣新东路邮局旁	管中明	独资	520	258
11	常州欣网易家爱在海天网吧	南夏墅街道庙桥村	陆俊杰	独资	196	95
12	常州市飞鸟网吧	邹区镇礼河街165号	周志强	独资	260	160
13	常州蓝梦网吧	夏溪镇厚余鸿余路2号	周志强	独资	240	150
14	常州市华喜风云网吧	牛塘镇师源路网吧110号	宋生荣	独资	344	160
15	常州市淘缘网吧	湖塘镇马杭兴隆街77号	黄志群	独资	250	40
16	常州市新东欣网易家网络服务有限公司	夏溪新东街50号	王　奇	合资	264	102
17	常州泓杰网吧	湖塘镇滆湖路	陆涵奇	独资	800	200
18	常州市欣网易家意乐网吧	湖塘江村庵村纺织生活服务公司	胡正兴	独资	486	150
19	常州渊博网吧	前黄镇前进村（科磊电子公司内）	陆正大	独资	290	145
20	常州市中达网吧	湖塘镇小庙村前沟圩	彭利庆	独资	400	96
21	常州市三国网吧	湖塘镇鸣新中路13-4楼	阚锡凤	独资	1500	420
22	常州市天拓网吧	武进区西湖家园公建2号三楼	朱　旦	合资	450	200
23	常州市骏驰网吧	寨桥镇寨灵路30号	徐益梅	独资	315	150
24	常州市冰蓝网吧	湟里镇金水路226号	缪本忠	独资	280	100
25	常州市欣网易家振兴网吧	南夏墅南河花园商业街A210-16号	朱秋娟	独资	350	150
26	常州市南苑欣网易家网络服务有限公司	南夏墅街道南苑商业街	梅筱伟	合资	295	125
27	常州市天伦网吧	南夏墅镇西街59号	张　裕	独资	150	65

续表 10-8

序号	名　称	地　址	法定代表人或负责人	企业组织形式	面　积（平方米）	实际机器台数
28	常州市南都网吧	南夏墅西街	陈立芳	独资	150	50
29	常州欣网易家网络服务公司	湖塘花园街新城帝景商业街 B315	张建刚 王　奇	合资	290	120
30	常州市聚缘网吧服务部	前黄镇前进村（科磊电子公司内）	周道磊	独资	450	140
31	常州荣鑫网吧	东安镇人民路 11 号	顾国芳	独资	300	150
32	常州市步步高网吧	东安镇人民路 52 号	方志大	独资	450	111
33	常州市风行网吧	前黄镇景德西路 47—2 号	周凤娟	独资	472	150
34	常州男孩女孩网吧	湖塘滆湖中路 19 号 25 室	孙建新	独资	900	118
35	常州市中南网吧	湖塘镇鸣新中路 19—501	缪本瑶	独资	2000	737
36	常州市欧风网吧	武进纺织城 F1 幢	陶文洪	独资	500	218
37	常州澳亚达网吧	湖塘纺织城 G1—115、116、117	陈亚娣	独资	450	198
38	常州市云上网吧	南夏墅街道庙桥东环路 73 号	许伯平	独资	320	150
39	常州市火云网吧	南夏墅街道庙桥华联超市二楼	赵玉坤	独资	160	80
40	常州市湛蓝海网吧	湖塘镇鸣新中路 16−1−2 号	林建华	独资	273	135
41	常州浩瀚星空欣网易家网络服务有限公司	遥观镇剑湖街 46 号	汪维明	合资	293	120
42	常州市凯旋网吧	前黄镇景德西路 13 号	杨铭锦	独资	508	200
43	常州市彩虹网吧	湖塘鸣新西路（常州大明纸管机械公司 1 幢 14—19 号）	张　裕	独资	590	200
44	常州市梦幻时空网吧服务部	湖塘镇鸣新中路 3—305	吴　恺	独资	330	166
45	常州市鹏鹏网吧	湖塘镇马杭菊花路 1 号	夏国梅	独资	85	40
46	常州市雄霸天下欣网易家网络服务有限公司	湟里镇丰乐路 20 号	汪维明	合资	295	130
47	常州市欢乐谷网吧	湖塘镇鸣新路 8 号	吴晓鸣	独资	1500	300
48	常州市星光灿烂网吧	湟里镇埠新中路 336 号	郑　云	独资	349	170
49	常州市兵峰网吧	牛塘镇东龙路 1 号	王伯松	独资	280	130
50	常州市西湖欣网易家网络服务有限公司	武进经发区聚新家园锦润路 9−1 号	王　奇	合资	293	132
51	常州市前都物资有限公司	前黄镇景德西路	林信香	合资	420	210
52	常州市卢家巷网吧	牛塘镇卢家巷卢市街 105 号	蒋玉萍	独资	220	100
53	常州市大富翁网吧	湖塘镇鸣新中路 3—303 室	徐　庆	独资	288	128
54	常州市金点时代网吧	邹区镇礼河街	焦建军	独资	256	36
55	常州市格林暖语网吧	湖塘镇新城南都 251−1 幢 402 号	王　俊	独资	310	126

续表 10-8

序号	名称	地址	法定代表人或负责人	企业组织形式	面积（平方米）	实际机器台数
56	常州市秀芳网吧	武进南湖家苑二期商业街	许亚英	独资	330	150
57	常州市海阔天空网吧	湖塘镇湖塘人民中路 115 号	郑书滨	独资	450	120
58	常州市新景像网吧	横林镇昌盛路 183 号	张　裕	独资	750	200
59	常州市新潮流网吧	湖塘新天地不夜城 SP3—3F	杨晨健	独资	480	150
60	常州市情缘网吧	洛阳镇东都西路 52 号	刘兴国	独资	250	100
61	常州市激浪网吧	横山桥镇后街	滕忠坤	独资	200	80
62	常州市成成网吧	横林镇崔桥崔横南路 52 号	周云华	独资	500	110
63	常州市草源网吧	横林镇崔桥村崔横北路 199 号	吴大平	独资	900	300
64	常州市七色光网吧	横山桥羊绒城 12 区 105 号	侯　健	独资	520	140
65	常州市观澜网吧	湖塘金鸡安置区市场二楼	余盛镇	独资	300	140
66	常州市湖塘天天大网吧	湖塘武宜中路 158—1 号	何光亮	独资	260	134
67	常州市皇都网吧	湖塘镇定安中路 97 号	徐晓英	独资	350	150
68	常州市佳佳乐网吧	漕桥镇广电路 1 号	卞亚萍	独资	300	150
69	常州市小鱼饵网吧	湖塘镇国茂新家园商铺 30 号	朱卫忠	独资	298	190
70	常州市逸枫网盟佳缘网吧	嘉镇百货商贸城 10 幢 108、109 室	施国方	合资	433	150
71	常州市三人行网吧	礼嘉镇工业园区工业大道南侧	蒋沫英	独资	610	250
72	常州市腾飞网吧	武进区高新区凤翔路 12 号二楼	冯仁惠	独资	290	133
73	常州市佳伟网吧	湖塘镇华家村	彭利庆	独资	450	200
74	常州市榕都网吧	湖塘镇金鸡东路 7—17 号	余训汉	独资	550	238
75	常州市江南易点网吧	湖塘镇人民中路 64 号二楼	余盛镇	独资	800	310
76	常州市雷霆网吧	遥观镇综合市场 6 号房	周晓峰	独资	250	100
77	常州市阳湖网吧	湖塘镇武宜北路综合楼 2 楼	陈如铸	独资	220	100
78	常州智多星计算机网络信息部	湖塘镇湖塘街阳湖广场 9 幢 4 楼	缪本瑶	独资	900	400
79	常州市欢乐无限网吧	湖塘花园街 137 号	赵建伟	独资	338	130
80	常州市帝豪网吧	湖塘镇人民中路 33—35 号	吴秀燕	独资	750	200
81	常州市逸枫网络科技有限公司遥观店	遥观镇观景苑 1 号楼 77−80 号	余忠榆	合资	298	145
82	常州市力立网吧	遥观镇塘桥村	张　立	独资	328	150
83	常州市点点网吧	横林镇昌盛路 136 号	姜丽琴	独资	360	150

续表 10-8

序号	名称	地址	法定代表人或负责人	企业组织形式	面积(平方米)	实际机器台数
84	常州市千里目网吧	遥观镇印墅村五组	孙荣	独资	290	145
85	常州市超速网吧	横林镇大桥南路苏果超市三楼	臧玉萍	独资	700	320
86	常州市千渡网吧	湖塘镇星火北路 46 号	黄志群	独资	300	80
87	常州市浪狐网吧	遥观镇留道村委对面	陆敏	独资	200	100
88	常州市挚友网吧	雪堰镇锡湖北路 7 号	赵峰	独资	280	280
89	常州市武进洛阳新浪狐网吧	洛阳镇东都东路	余彩虹	独资	180	33
90	常州市天欣电脑服务部	湖塘镇中凉花园 30 幢 8—9 号	陈锋	独资	400	200
91	常州市逸枫网络科技有限公司	礼嘉镇毛家村委常发南路	余忠榆	合资	250	120
92	常州市大都会网吧	丽华南村 36 幢二楼	滕家雄	独资	420	111
93	常州市凤美网吧	雪堰镇新兴南路 1—65 号	董珍梅	独资	300	100
94	常州市天禧网吧	雪堰镇南宅村南潘公路东侧	张益	独资	272	100
95	常州市天赐缘网吧	潘家镇影剧院	张建华	独资	300	150
96	常州市逸枫网络科技有限公司	雪堰镇漕桥金三角东路 44 号	余忠榆	合资	295	140
97	常州市天骄网吧	礼嘉镇坂上老卫生院	庄亚华	独资	250	60
98	常州市新绿网吧	洛阳镇东都西路 10 号	吴荣伟	独资	270	83
99	常州市源辉网吧	横林镇大桥南路 45—1 号	庄登峰	独资	380	180
100	常州市零距离网吧	礼嘉镇工业园区	朱优光	独资	496	150
101	常州市河苑网吧	采菱路河苑家园 38 幢 6 号	朱春培	合资	480	152
102	常州市逸枫网盟刚刚网吧	遥观工业大道新华昌公寓 4 幢 2 号	戚志刚	独资	250	120
103	常州市洛都网吧	洛阳镇珠光大街 88 号	谢清	独资	800	300
104	常州市文汇网吧	芙蓉镇李象桥信特超市二楼	吴东明	独资	480	150
105	常州市东明网吧	横山桥镇新安新民街 35 号	邱伟	合资	115	39
106	常州市逸枫网络科技有限公司	横山桥农副产品 1 号 3 号铺	刁玉彬	合资	240	90
107	常州市克克网吧	横山桥镇星辰村 86 号二楼	姜慧芸	独资	295	91
108	常州市旗帜网吧	洛阳镇戴溪荷花东路 1 号	潘晓华	独资	350	150
109	常州市风云天下网吧	湖塘镇花园街商住楼	徐益锋	独资	500	250
110	常州市情怡网吧	漕桥镇运村新街 52 号	赵峰	独资	350	150
111	常州市开心网吧	常武中路 6 号金都大厦 3-4 号	潘平芳	合资	180	82

第三节　印刷市场

一、印刷市场的形成

唐代，武进地区始有雕板印刷，明代起有书铺和印书作坊，清末民初，私塾、学堂兴盛，城乡书铺较多，部分书铺设有印刷作坊。武进县城内有麟玉山房、乐善堂、苑委山庄等9家书铺和天宁刻经处，内有印刷作坊，采用木板刻字，雇佣人工印刷。清宣统年间，县城千秋坊杨日升印刷刻字作坊首改机械铅印。1926年（民国15年），湟里镇文明书坊兼营印刷，有1台印刷机，专事印刷广告、名片等。

1956年，县域内有大同、五友、人文和焦溪等4家印刷所，合并为公私合营大同印刷所（后改厂）。1958年，创办武进报社印刷厂和湖塘镇印刷厂。1961年，在调整国民经济时停办。是年，大同印刷厂和武进报社印刷厂合并为国营武进印刷厂，拥有四开胶印机和其他印刷机共30余台、对开和四开制版设备各一套，能印刷书报和彩色图片，1970年，从奔牛迁至常州西新桥。1970年起，全县各公社、大队、学校和基层单位相继兴办印刷厂和誊印社。1985年，全县有印刷厂46家，其中有县办厂2家，其余均为乡镇和村办企业。乡办印刷厂中，村前、横林和焦溪等厂能印书报和彩色印刷品，印刷技术由铅印发展到彩色印刷。

1990年，武进县文化局开始行使对印刷企业的管理职能，由县文化工业公司对县内183家印刷企业进行清理整顿。经工商局核准，符合开办条件的有166家，这些企业大多是乡镇和村级集体企业。1991年，根据国家新闻出版署统一部署，全县有345家印刷企业通过验审，领取了《印刷业许可证》。1995年，印刷企业划归县文化局新闻出版科管理。

武进区印刷行业安全生产工作会议

随着改革开放步伐的加快，武进个体印刷厂、打字复印店迅速发展。1999年，全市各类印刷企业发展到826家。武进市文化局新闻出版科和文化市场办根据江苏省新闻出版局《关于对全省印刷业进行全面清理的实施方案》的要求，针对武进印刷企业“小、散、乱”的状况，逐个进行清理整顿，对符合开办条件的640家印刷企业重新登记发证，全市印刷企业的规模、质量有所提高，企业行为逐步规范。至2013年底，全区共有印刷企业570家，其中出版物印刷企业5家，包装装潢印刷企业434家，其他印刷企业131家。另外，还有个体复印打字企业120家。

二、印刷企业的种类

（一）出版物印刷企业

出版物印刷企业的经营范围，包括报纸、期刊、书籍、地图、年画、图片、挂历、画册及音像制品、电子出版物的封面装帧等。企业要有适应业务需要的固定生产经营场所，厂房建筑面积不少于 800 平方米；注册资本不少于 200 万元人民币；具备 2 台以上最近十年生产的且未列入《淘汰落后生产能力、工艺和产品目录》的自动对开胶印印刷设备。

1991 年，根据国家新闻出版署关于实施书刊印刷定点制度的有关规定，加强书籍报刊印刷管理，制止非法印刷活动，促进书籍报刊印刷企业的健康发展。年内有 7 家印刷企业，经市、县新闻出版部门审核并报省新闻出版局批准为承印书刊印刷企业，并核定承印业务范围，领取省新闻出版局颁发的《书刊印刷许可证》。其中，武进印刷厂、武进第三印刷厂获《图书、期刊印刷许可证》；武进第二印刷厂获《书籍、图书印刷许可证》；武进凹凸彩印厂、武进商标装潢印刷厂、武进县三河口印刷厂获《书籍印刷许可证》；铁道部戚墅堰机车辆工艺研究所建农彩印厂获《期刊印刷许可证》。此后，随着国家新闻出版署对出版物印刷企业审核条件的提高，至 2013 年，全区有常州市华彩印刷有限公司、江苏大自然印刷有限公司、常州市武进第三印刷有限公司、常州市建农印刷包装有限公司、江苏省丽晶彩印有限公司等 5 家出版物印刷企业。

（二）包装装潢印刷企业

包装装潢印刷企业的经营范围包括商标标识、广告印刷品及为产品包装装潢的纸、金属、塑料等印刷企业。企业要有适应业务需要的固定生产经营场所，厂房建筑面积不少于 600 平方米；注册资本不少于 150 万元人民币；具备 2 台以上最近十年生产的且未列入《淘汰落后生产能力、工艺和产品目录》的胶印、凹印、柔印、丝印等后序加工设备。

包装装潢印刷企业总数占全区印刷行业总量的 70% 以上。至 2013 年，有外商独资企业 1 家、中外合资企业 1 家、股份合作制企业 4 家、有限责任公司企业 291 家、有限公司企业 52 家、集体企业 3 家、合伙企业 5 家、私营企业 6 家、个人独资及个体企业 71 家，共计 434 家。

（三）其他印刷品企业

其他印刷品，包括文件、资料、图表、证件、名片等。企业要有适应业务需要的固定生产经营场所，厂房建筑面积不少于 150 平方米，且不在有居住用途的场所内；注册资本不少于 50 万元人民币。至 2013 年，全区印刷品企业有集体企业 2 家，有限责任公司 26 家、有限公司 7 家、合伙企业 3 家、个人独资及个体企业 93 家，共计 131 家。

第四节　书刊市场

武进的书刊销售市场，自唐代有印刷作坊开始，就在城区出现。清末民国初，由于私塾、学堂兴盛，武进城乡相继开设书铺、书局和书店。至 1949 年底，武进城乡共有书刊经营店铺33家。（详见第六章《图书》）中华人民共和国成立后，书刊发行和销售由新华书店统一经营，原有书刊经营商铺全部歇业。

20世纪80年代起，文化市场开放，书刊销售有国营和民营两条渠道。1988年，武进改革开放后第一家民营书店“江南春书屋”在湖塘花园街开张营业。自此以后，全县各乡镇集体和民营书刊商店陆续开办。1990年，全县有个体书报刊物销售店128家。20世纪90年代后，武进个体书刊经营快速发展，有专营商店，也有文化用品商店兼营。至1999年，共有书报刊物销售店396家。进入21世纪，书报刊物市场日趋繁荣，常州市邮政局开始在各乡镇所在地设立报刊亭。2002年，全区各镇设有报刊亭60个。2013年，全区有报刊亭36个，持有《书刊出版物经营许可证》的书刊经营单位208家。

第五节　管理机构

一、武进县电影管理站

详见第七章《电影》。

二、武进县（市、区）演出管理站（演出管理公司）

为适应改革开放形势发展的需要，进一步加强演出市场管理，繁荣文化阵地，活跃群众文化生活，1988年5月18日，经武进县编委批准成立武进县演出管理站（对外称演出管理公司），性质为自收自支全民事业单位，编制3名，隶属县文化局领导。由卞伯南任站长，汤国柱、杨兰芳任副站长。演出管理站以服务演出团体、演出市场为宗旨，坚持“开放、搞活、管好”的原则，积极引进演出团体，满足多层次观众的需求。同时承担歌厅、舞厅、录像放映室、桌球室、民间个体艺人等文化市场管理工作。

1988年5月至12月，演出管理站共接待各类艺术表演团体72个，演出1450场次，观众75万人次，收入131.2万元。1988年至1992年期间，演出管理站先后引进锡剧、越剧、沪剧、黄梅戏、丹剧、滑稽戏、歌舞以及杂技魔术、木偶戏、皮影戏等10多个剧种301个专业表演团队到武进演出6817场，观众累计达349.3万人次。1993年到2000年，演出管理站共接待来自北京、天津、上海、江苏、安徽、浙江等20多个省、市10多个剧种的表演艺术团体共508个，共演出6122场次，票房收入达1621万元，观众累计达302.5万人次。

2002年4月，演出管理站与武进电影发行放映公司合并，成立电影演出管理公司。

三、文化市场管理委员会办公室

1989年9月，武进县成立文化市场管理委员会，由副县长童方云任主任。办公室设在县文化局内，负责牵头协调全县文化市场管理工作。核定编制3人，其中1名为办公室专职人员，2名为文化市场稽查人员，性质为全民事业单位。由县文化局副局长秦蔚成兼任办公室主任，龚业勤、陈汝华兼任办公室副主任。1991年，文化市场管理部门先后制定《文化市场稽查工作暂行办法》《文化市场收费标准及管理办法》《舞厅管理暂行规定》《演出管理暂行条例》《民间职业剧团和个体艺人管理规定》《营业性桌球活动管理细则》《溜冰活动暂行管理规定》《电视录像发行放映管理规定》《加强音像管理工作的意见》9个法规和条例。力求做到全县文化市场管理有法可依，依法管理，为繁荣和净化文化市场，促使文化市场逐步走上制度化、正常化轨道起到积极作用。1997年，武进市文化市场管理委员会办公室被江苏省文化厅评为文化市场管理先进单位；1998年，被评为江苏省文化市场稽查工作先进单位；2006年，被江苏省委宣传部、文化厅评为“服务农民，服务基层”文化工作先进集体。2007年获全省净化未成年人成长社会文化环境整治工作先进集体；2008年获常州市文化市场行政执法先进单位。2010年9月，区文化市场管理委员会办公室被撤销。

四、新闻出版管理科

1988年，县文化局根据省、市部署增设新闻出版管理股。1992年，武进市实行股改科，新闻出版管理股改为新闻出版管理科，2003年，新闻出版管理科与文化市场管理科合署办公。职能是对出版物市场和印刷企业进行登记管理。2010年9月，新闻出版管理科被撤销。

五、文化市场稽查队

1996年8月，武进市成立文化市场稽查队，与文化市场办公室合署办公。由龚业勤任稽查队队长，钱志坚任副队长，核定专职稽查人员3名。主要职责是根据国家、省、市、区有关文化市场的法律、法规对全区文化市场进行监督、检查。文化市场办公室、稽查队成立后，演出管理站只行使对演出市场的管理职能。2002年4月，演出管理站与电影公司合并后，演出市场的管理职能由文化市场办承担。2005年至2009年，由王文献任稽查队队长，2009年9月起，由胥志新任稽查队队长。2010年9月，文化市场稽查队被撤销。

六、文化行政综合执法大队

2010年9月，根据武进区机构编制委员会《关于成立常州市武进区文化行政综合执法大队的批复》文件精神，在整合文化、广电、新闻出版执法队伍基础上，区文化广电新闻出版局组建成立常州市武进区文化行政综合执法大队，同时撤销武进区文化市场管理委员办公室、武进区文化市场稽查队和武进区文物管理委员会办公室，实行行政许可和行政执法正式分开。其主要职责是：贯彻执行国家、省、市有关文化、广播电视、电影、新闻出版、版权和文化遗产保护等方面的法律、法规、规章和方针政策，做好有关法律法规和方针政策的宣传工作；负责涉及娱乐、互联网上网服务营业场所、音像、演出、美术品、出版物、计算机软件、印刷和复制、可移动文物、不可移动文物、考古发掘、文物经营活动、非物质文化遗产、广播电视、电影等方面的违法查处工作；承担法律、法规规定的其他相关的行政处罚、行政强制及监督检查职能；承担区文化市场管理工作领导小组办公室（区“扫黄打非”工作领导小组办公室）工作职能；承担上级机关交办的其他事项。

2011年5月，由谈大庆负责执法大队工作。2012年9月，谈大庆任常州市武进区文化行政综合执法大队大队长。

2013 年文化行政综合执法大队人员情况表

表 10-9

姓　名	出生年月	职务	参加工作时间	姓　名	出生年月	职务	参加工作时间
谈大庆	1964.03	大队长	1980.12	韩燕婷	1983.11	科员	2001.12
钱志坚	1955.08	副大队长	1971.12	高志贤	1987.10	科员	2010.07
陈建良	1964.07	副主任	1982.10	汤志波	1988.02	科员	2012.02
秦　栋	1976.01	副科长	1999.08	蒋培文	1990.06	科员	2011.10
陈小方	1978.01	副科长	1997.08	周超乾	1986.08	科员	2008.12
黄建峰	1976.11	副科长	2003.05	王　琼	1985.07	科员	2007.08
吴永铨	1955.10	科员	1973.05				

执法大队于 2010 年、2012 年获江苏省文化市场综合执法先进单位；2011—2012 年度江苏省文物法制先进集体。2013 年 4 月获常州市首届文化行政综合执法技能大比武一等奖，9 月获 2013 年全省首届文化行政综合执法技能大比武一等奖，《嬉戏谷在市级文物保护范围内进行建设工程案》获第二届江浙沪文物行政处罚案卷评比三等奖。

第六节　行政执法

一、依法管理娱乐场所

1987 年，全县歌厅、舞厅、溜冰场、录像放映室、桌球游艺室等文化娱乐市场由县演出管理站扎口管理。是年，完成全县 375 张营业性台球桌的登记发证工作，并配合县公安局、工商局、广播电视局开展对歌厅、舞厅、溜冰场、录像放映室不定期检查，打击、收缴非法出版物、黄色书刊、淫秽录像等活动。1988 年，完成全县 8 家歌舞厅、7 家溜冰场、480 张营业性台球桌的验收、登记、发证工作。

1991 年，县文化局、县工商局、县公安局、县广播电视局联合发出《关于申请办理公共场所有关证照手续的通知》，规定开办文化娱乐场所必须领取文化主管部门核发的文化经营许可证，公安部门核发的治安合格证和工商行政管理部门核发的营业执照方可营业。同年 3 月，县文化市场管理委员会发出《关于取缔变相赌博的圆盘型弹子游戏机的通知》，文化局联合公安部门对利用游戏机搞赌博的单位和个体业主进行查处。1997 年，根据《江苏省常州市关于查禁歌舞娱乐场所营利性“三陪”活动》的通知精神，武进市文化局组织 4 个执法检查组，对全市 49 个乡镇的 116 家歌舞厅、卡拉 OK 厅突击检查，责令 53 家单位限期整顿，2 家单位停业整顿，12 家无证经营场所被依法取缔。

2000 年 2 月，根据全国“扫黄打非”工作部署，武进市成立由市委宣传部、市委办公室、市政府办公室、市文化局、市公安局、市工商局、市广播电视局、市交通局等部门组成的“扫黄打非”工作领导小组，由副市长梅鹤训任领导小组组长，副市长陆志奋、宣传部部长顾佩华任领导小组副组长，领导小组办公室设在市文化局，由市文化局副局长秦蔚成兼任办公室主任。7—9 月，市文化局会同公安、工商等有关部门联合下发《关于在全市开展电子游戏经营场所专项治理工作的意见》，对全市 164 家电子游戏经营场所进行集中整治。通过整治，全市取缔电子游戏经营场所 83 家，重新登记发证的有 81 家。2002 年年初，武进市文化局会同公安、工商等部门按照省、市统一部署，暂停审批新的互联网上网服务经营单位，对经营面积不足 60 平方米、电脑不足 30 台的单位要求整改，责令距学校不足 200 米的经营场所搬迁。2004 年 3 月，针对农村演出市场非法演出团体，特别是带有色情表演的大篷演出现象，武进区文化局出台《坚决取缔非法演出团体、严厉打击色情淫秽演出活动》文件，先后取缔非法演出团队 16 家。7 月，区网吧市场专项整治协调小组成立，并制订《关于开展网吧等互联网上网服务营业场所专项整治工作实施意见》。区文化行政主管部门与网吧业主签订目标管理责任书，引导网吧合法经营。年内取缔黑网吧 30 家，查处接纳未成年人或超时经营等违规经营网吧 21 家，传阅传播有害信息网吧 18 家，存在事故隐患网吧 35 家。2005 年，区文化局查处超时经营和接纳未成年人进入网吧 39 家，取缔无证经营网吧 38 家。同时，为全区 108 家网吧安装“净网先锋”管理软件。2006 年 5 月 24 日至 8 月 31 日，区文化局、工商局、区关心下一代工作委员会联合开展以网吧、电子游戏机经营场所为整治重点的“百日整治集中行动”，检查网吧 1260 家次、电子游戏经营场所 532 家次，取缔无证网吧 55 家，无证电子游戏经营单位 23 家。2007 年，查处违法接纳未成年人网吧 18 家，查处超时经营网吧 26 家。2008 年 7 月 1 日至 8 月 31 日，区文化市场管理部门组织开展“迎奥运，促和谐”暑期整治行动，检查网吧 350 家次，歌舞娱乐场所 76 家次，电子游戏机经营场所 87 家次；查处未按照有效身份证进行登记的网吧 22 家，违法接纳未成年人电子游戏机场所 3 家，收缴赌博型电子游戏机电路板 37 块，取缔无证电子游戏机经营场所 8 家，取缔无证照经营网吧 2 家。9 月 1—20 日，区文化市场管理部门组织人员，对横山桥芙蓉初级中学、奔牛中学、大学城等学校周边文化市场开展检查整治，共检查网吧、游戏娱乐场所 37 家，取缔无证电子游戏机室 2 家、收缴电子游戏机 4 台，取缔无证经营场所 27 家。2009 年，区文化局等有关部门开展对网吧、娱乐场所专项治理，检查各类文化经营

消防安全检查

武进区娱乐场所业主大会

单位1340家次，立案66起，区文化广电新闻出版局取缔无证网吧25家，共收缴电路板236块，赌博型游戏机68台。2010年5—12月，区文化广电新闻出版局先后组织开展文化市场安全专项检查，下发《关于加强文化市场安全工作的通知》，责令限期整改单位23家。2011年，区文化市场管理部门检查网吧740家次，立案29起。检查娱乐场所146家次，取缔非法大篷演出6家，查处无证游戏室6家，无证网吧11家，收缴电子游戏机10台，电路板28块，电脑134台。

2012年3月9日，由区文化广电新闻出版局牵头组织成立武进区娱乐行业协会，有170家单位参加。5—10月，区文化广电新闻出版局联合区公安、工商等部门查处城区非法卫星电视地面接收设施“小耳朵、大锅盖”销售点5家。同期，区文化行政综合执法大队开展卫星电视检查工作，检查酒店、宾馆、足浴店等场所328家。各镇文广教体科劝拆村民（居民）擅自安装的卫星接收装置323套。

2013年，区文化行政综合执法大队检查各类文化娱乐场所2521家次，受理群众举报11起，取缔大篷演出7起，立案查处文物案1起，其他案件11起。

二、专项整治音像书刊市场

1985年2月1日，武进县公安局、武进县工商行政管理局、武进县广播电视局联合发出《关于营业性录像放映管理有关问题的通知》。1986年7月，武进县成立音像管理领导小组，由广播电视局和县电影公司双方派员组成。9月22日，领导小组下发《武进县电视录像带发行暂行办法》，规定文艺节目和电影录像带发行实行“两个渠道，一个窗口，统一供片”的原则，实施出租办法供片，片租费按上级规定执行。1988年，县广播电视局、县公安局联合发出《关于整顿录像放映管理，坚决查禁淫秽录像的通告》，通过检查，没收非法录像片30盘，非法录音带260盒，取缔无证营业录像放映点2个，无证磁带销售点20个，全年共销毁非法出版录像磁带3711盒。1989年9月，文化市场管理办公室会同有关部门对全县107个书刊发行点进行整顿，取缔无证经营书摊（亭）10个，收缴违禁书刊212种10373册，收缴非法出版年历、图片1300余张。1993年，县文化系统两次集中开展“扫黄打非”活动，收缴非法录像带1530盒，书刊137册，取缔无证经营点32个。1994年，县文化局与县工商、公安部门3次集中开展“扫黄打非”活动，查处收缴黄色书刊、非法出版物383册，非法出版录像带3252盒，盗版录音磁带1471盒，并全部予以销毁。

1996年6月，中共武进市委宣传部、市文化局、市广电局、市公安局、市工商局根据全国音像工作会议精神，联合印发《武进市音像集中治理实施方案》，采取自我检查、条线检查、联合检查的形式，对全市音像市场清理整顿，取缔无证经营店7家，收缴非法音像制品4900盒。1998年，全市开展“’98全国文化市场法制年”活动。年内组织两次“扫黄打非”专项治理活动，取缔无证经营录像店19家，收缴盗版音像6700盒，非法出版书刊450册，取缔无证经营音像摊点42个。1999年3月，市委宣传部、市政府办公室、市文化局、市广电局、市公安局、市工商局等部门采取经常管理和集中行动相结合的办法，分阶段、分地域、分重点，对音像、书刊市场进行整治。共检查37个乡镇的音像、书店105家，收缴盗版VCD4076盒，非法出版书刊387册，取缔无证经营摊点23家。2000年2月，市文化局根据全国“扫黄打非”统一部署，收缴非法音像制品和“法轮功”类出版物1.25万盒，非法图书17万册，取缔无证摊点24家。2001年，武进市委宣传部和市文化、广电、公安、工商等部门组成联合检查组，检查音像和书刊摊点232个，取缔无证音像、书刊摊点24家，收缴非法音像制品8612盒，非法书刊3230册，依法取缔有严重违法违规行为的娱乐场所93家。

2003年，区文化局根据江苏省文化厅关于在沪宁线创建音像管理示范区的统一部署，在全区开展音像管理示范区、示范街、示范镇的创建工作。按照“正版经营，规模经营，畅通发行渠道”的目标，与各音像制品经营单位签订经营正版音像责任状和承诺书。年内，区文化局会同公安、工商等部门组成联合检查组，两次对湖塘、牛塘、前黄、漕桥、雪堰等镇的出版物市场进行检查，收缴非法音像制品2.6万张，非法书刊4600余册，取缔无证照音像摊店32家。5月，区文化局会同区法制办对全区文化站长进行文化市场稽查执法业务培训，通过业务考试，有29人取得文化行政执法资格，至年末，有16家音像店被江苏省文化厅批准为音像经营示范店。2004年8月25日，区文化局召开以保护知识产权为主题的“反盗版百日行动”工作会议，各有关业主和文化站长250人参加。这次行动共上缴盗版音像制品5.2万张，取缔无证音像经营摊点32家，查处经营盗版和淫秽音像制品单位8家。2005年7月20—30日，区文化市场稽查队根据文化部等四部委关于《音像市场整顿规范方案》的精神，对全区357家音像单位进行检查，取缔21家无证音像店。2006年，根据全国“扫黄打非”办、中共中央宣传部、政法委、文化部、新闻出版总署等十部门《关于开展集中打击盗版音像和计算机软件制品的行动通知》精神，区文化局召开反盗版百日行动工作会议，全区各镇文化站站长、音像经营业业主及相关人员250人参加。2007年，区文化市场管理部门加大对地摊、游商等盗版非法行为打击力度，全年取缔无证经营音像制品摊点19家，收缴非法音像制品8.5万张，收缴非法书刊2610册。2009年初，区文化局等有关部门开展“保护知识产权周”打击经营非法音像制品专项行动，检查音像经营单位285家，收缴非法音像制品4万张，取缔无证音像摊点25家，取缔无证网吧25家，收缴电路板276块，赌博型游戏机68台。2010年，区文化行政综合执法大队检查音像、书刊经营场所127家，收缴非法音像制品15854张，非法书刊1841册。

2011年，区文化行政综合执法大队取缔音像摊点8家，收缴非法音像制品1.84万张，责令无证书店停业3家。2012年，全区有35家音像书摊点被取缔，6.2万张非法音像制品和1750册非法书刊被销毁。

2013年，区文化行政综合执法大队结合开展校园周边文化环境整治、安全生产月、文化市场整治月等活动，进一步加大对音像、书刊市场的整治力度。

三、清理整顿印刷行业

1990年，武进的印刷市场由武进县文化工业公司扎口管理，负责指导印刷企业落实《印刷业管理条例》，依法查处印刷、复制业违法经营活动，规范印刷复制行为，保护知识产权，净化文化市场环境，促使印刷企业健康发展。同时，对全县183家小型个体和私营印刷企业进行清理，经工商部门核准的有166家。1991年，根据国家新闻出版署统一部署，对印刷企业实行“两证一照”即：《印刷许可证》《特种行业许可证》和《营业执照》，文化局新闻出版股通过对印刷行业验审，核发《印刷行业许可证》的有345家。1999年5月，武进市根据江苏省新闻出版局等部门《关于对全省印刷业进行全面清理的实施方案》精神，成立由文化、工商等部门组成的清理整顿领导小组，按照江苏省政府确定的“控制总量，优化结构，适度发展”的要求，对全市826家印刷企业进行清理，符合开办条件的640家印刷企业重新登记发证，武进印刷企业“小、散、乱”的状况得到改变。

2003年6月，区文化局文化市场办公室在武进影剧院举办两期印刷行业法规培训班，全区640家印刷业负责人参加。2004年，区文化市场管理部门对全区印刷、复制企业进行检查，查出违法印刷复制企业46家，收缴侵权假冒商标3.02万张，违法广告410张，取缔地下印刷复印点1个。2005年，根据省、市文化行政管理部门统一部署，区文化市场管理部门对全区印刷、复制业进行检查，查出违规印刷、复制活动54起。2006年2月13日至3月20日，区文化市场管理部门对全区印刷企业进行年检，有4家违规经营的印刷企业被责令限期整改。

2008年，全区有600家印刷企业通过年检，核发新证。其中，出版物印刷企业5家，包装装璜企业363家，其他印刷企业152家，复制打印企业80家。2009年，文化市场管理部门检查印刷企业403家，查处违规行为23起。2010年，文化行政综合执法大队检查印刷企业432家，查处违规行为32起。2011年，文化行政综合执法大队检查印刷企业456家，查处违规行为53起。2012年，文化行政综合执法大队检查印刷企业482家，查处违规行为48起。

2013年年初，区文化行政综合执法大队制订印刷企业巡查工作计划，分3个小组，重点检查中心城区、遥观、郑陆、横林、邹区等地区的印刷企业，检查印刷、复制企业450家，发出《责令整改通知书》28份，对检查中发现安全问题的78家企业进行警告教育，6家无证印刷企业报工商行政部门处理。

第十一章 条线企业和文化产业

条线企业是指文化条线创办的企业。武进文化系统办企业起始于1977年。为安排剧团超编人员，武进县革命委员会根据镇江地区计划委员会文件批复，同意成立武进县文化用品综合厂，性质为县属集体所有制企业，隶属县文化局主管。1978至1981年期间，先后有前黄、牛塘、三河口、湖塘区等文化站开办小工厂。1982年，根据中共中央、国务院关于以工补文、以工养文的文件精神，省、市、县税务、工商等部门相继出台文化系统办企业的优惠政策。至1984年，全县文化系统创办的工厂有53家，产值368万元，创利51.6万元，用于补助文化活动经费18.6万元，安排业余文艺骨干653人。1984年8月，武进县人民政府同意县文化局成立武进县文化工业公司，承担全县文化条线工商企业的管理和产品销售等职能。1985年底，全县文化系统共有工、商企业76家，产品销售额1260万元，净利润133.4万元，用于补助文化活动经费45.2万元，安排各类文艺骨干就业885人。1985年后，在国家税收政策扶持下，文化企业逐年壮大，产业结构不断调整。由为大中型企业加工产品零部件，逐步发展形成文化用品、照相器材、服装、机械、化工、建材、电器、塑料制品等八大行业。至1995年，文化条线企业销售额达3.2亿元，实现利税2500万元，补助开展文化活动和添置文化设备等经费226万元。1996年，武进市文化局根据上级有关清理整顿条线办企业的通知精神，对文化系统所办企业进行资产清理，体制改革。至2002年，文化系统所有企业转制结束，部分企业转为私营企业，部分企业划归乡镇管理，与主办单位脱钩。

文化产业是指生产文化产品和与文化相关产品的企业。2010年9月，根据文化部《关于支持和促进文化产业发展的若干意见》和武办发〔2008〕108号《关于加快文化事业和文化产业发展若干政策的意见》精神，区委宣传部和区文化广电新闻出版局分别设立文化产业发展办公室和文化产业科，负责对文化产业的规划、协调和引导。至2013年，全区属文化产业范围的企业有3206家。

第一节　文化条线企业

一、行政管理

1977年至1983年，文化系统创办的企业先后由文化局艺术股和文化股负责登记和管理。随着政府各级各部门对文化系统办企业扶持政策的出台，全县文化系统开办企业的数量逐年增加，企业规模不断扩大。为加强对企业的管理，1984年8月，武进县人民政府发文，批准成立武进县文化工业公司，性质为县属大集体。1984年10月，文化局从县电影管理站、县新华书店、湖塘区文化站抽调顾盘正、姚伟炳、陆鹤3位专职干部到公司任职，顾盘正任经理。

文化工业公司成立后，具体承担文化系统工商企业审批、指导、协调、监督等职能。

1990年7月，武进县编制委员会根据国务院《关于进一步清理整顿公司的决定》精神，将文化工业公司转为全民事业单位，核定编制5名，负责管理全县文化系统所属工商企业，不再承担经营业务。之后，原文化工业公司的经营职能由下属文化物资公司承担。

1993 年 5 月，经县委宣传、组织部门同意，文化局任命陆鹤为文化工业公司经理，成员先后由袁全庆、姚伟炳、陆关荣、贺平、吴汉兴、巢一新等。1996 年，根据上级关于清理整顿条线办企业的通知精神，文化工业公司协助企业主办方对企业进行资产、财务清理，在此基础上实行所有制改革。转制工作至 2002 年结束，文化工业公司完成历史使命。公司 5 名在编人员中，吴汉兴、巢一新分别分流到区博物馆和区人事局工作，其余 3 人暂留处理公司善后事宜。至 2005 年 5 月，文化工业公司撤销，陆鹤、姚伟炳、贺平提前退休。

二、企业选介

（一）武进县文化用品综合厂

武进县文化用品综合厂，是根据武进县革命委员会、计划委员会文件精神，为安排剧团超编、富余人员和落实政策后文化干部的家属及子女而开办的工厂。该厂成立于 1977 年 10 月，性质为县属集体所有制企业，厂址设在湖塘桥新街西侧，占地 2.7 亩。开办时有职工 20 名，主要产品有日用小五金、转移照相底片册和保安器材等。历任厂长为朱政敏、高华清、夏来娣、秦广德、谢达茂等。1993 年 6 月，由文化工业公司经理陆鹤兼任厂长，并对该企业的资产与债务进行清理。因产品无市场、生产不正常、企业负担重，于 1995 年初，经与县纺织品公司多次协商，决定将占地 1.2 亩的五金车间和吴耀铨、许建伟等 21 名正式职工划归县纺织机械配件厂。朱银海等 3 位到退休年龄的职工办理退休手续。曹惠敏、谭静芬两位职工分别安排到县图书馆和博物馆工作。1995 年底，县文化用品综合厂歇业。

1977—1995 年武进县文化用品综合厂负责人更迭表

表 11-1

姓　名	职　务	任职时间	姓　名	职　务	任职时间
朱正敏	厂　长	1977—1980	秦广德	厂　长	1984—1986
高华清	厂　长	1980—1982	谢达茂	厂　长	1986—1988
夏来娣	厂　长	1982—1984	陆　鹤	厂　长（兼）	1993—1995

（二）武进县文化物资公司

武进县文化物资公司的前身是县文化工业公司经营部。成立于 1985 年 5 月，性质为县属集体所有制企业。地址设在常州火车站西侧戴家村 2 号。开办时，经营部安置县越剧团、评弹团裘晓昌、叶梅英、王仲君、王绿萍、林娴等 6 名演职人员。经营部先后由陆鹤、王国铨任经理，金华任会计。经营范围是本系统企业生产所需的原辅材料和产品。1986 年，经营部获净利 9.2 万元。1990 年，根据上级关于清理、整顿公司的文件精神，文化工业公司转为全民事业单位，不再参与经营活动，裘晓昌等剧团安置人员全部办理退休手续。经营部改名为文化物资公司由袁全庆承包经营。1994 年初，文化工业公司会同有关部门对文化物资公司进行财务审计，公司因管理不善，造成严重亏损，于年底停业。

（三）武进县阳湖布厂

武进县阳湖布厂前身为县文化用品综合厂的织布车间，1988 年 7 月，经县工商管理局同意，成立武进县阳湖布厂，厂址设在县文化用品综合厂内，性质为县属集体所有制企业。由冯玉琴承包经营，隶属县文化工业公司管理。开办时，工厂拥有 56、75 英寸织布机 16 台，干部职工 38 人。1988 至 1990 年，工厂年产值均超 400 万元。1990 年，被常州市评为文化明星企业。1991 年后，因经营管理不善，市场信息滞后，造成产品积压，加上财务制度不健全，资金流转困难，至 1993 年，银行贷款额 170 余万元。1994 年初，文化工业公司开始对阳湖布厂进行审计，在资不抵债的情况下，于 1995 年 12 月，宣布关闭。

（四）江苏百花影集厂

江苏百花影集厂前身是武进县文化用品综合厂的照相器材车间，1988 年 4 月，经武进县工商管理局同意，成立武进县百花影集厂。1992 年，经江苏省工商部门同意，更名为江苏百花影集厂，厂址设在湖塘镇降子村，租用土地 16 亩，招收职工 250 名，性质为县属集体所有制企业，由张发定承包经营，隶属县文化工业公司管理。江苏百花影集厂的主要产品是各类相册和照相底片册，产品远销日本、韩国、台湾、香港等地。在北京、西安、乌鲁木齐、哈尔滨、沈阳、济南、上海、武汉、广州、昆明等大城市设有代理商和销售点。自 1991 至 2004 年，年销售总额均超过 2000 万元。1992 至 1994 年，连续三年被武进市、常州市评为明星企业。1998 年改为股份制企业，文化工业公司以企业 60 万元免税金额和“百花”商标作无形资产入股，年底按股分红。2004 年年底与文化工业公司脱钩，转制为私营企业。

（五）武进县图片摄影广告公司

武进县图片摄影广告公司成立于 1993 年 9 月，性质为县属集体所有制企业，隶属文化局管理。公司设在常州关河路原武进县政府 1 号楼，先后由刘建忠、汤国柱、贾根根任经理，招收职员 6 名。生产及经营设备均由文化局投资，主要经营相片冲洗、印刷、图片制作、广告设计和照相器材等业务。1997 年，文化局根据上级有关清理、整顿条线办企业的精神，由贾根根出资买断公司的资产和经营权，将图片、摄影广告公司转制为私营企业，原公司正式职工汤国柱、刘建忠、卞琴、汪国秀分别安排到县演出公司、文化馆、书画院和锡剧团工作。

（六）三河口文化站塑料厂

三河口文化站塑料厂创办于 1979 年 5 月，原厂址设在文化站内，站长章建镇兼任厂长。文艺宣传队队长张世昌任副厂长，负责工厂具体工作。工厂安置 20 名文艺骨干就业。主要生产各类塑料包装袋和塑料制品。1982 年，塑料厂用所得利润 10 万余元，征用土地 15 亩建造 7 间 4 层楼，计 600 平方米的文化活动大楼，于 1983 年底落成。文化局组织全县乡、镇文化站长召开现场会，站长章建镇作以工补文，以工养文的经验介绍。1984 年，因产品市场需求量大，为扩大生产规模，乡政府将该厂纳入乡办企业管理，改为乡办集体企业。

（七）湖塘区文化站服装五金厂

1978年年底，湖塘区文化站在区工委、区公所和县文化局支持下，创办湖塘区锡剧团为稳定演出队伍，区文化站自筹资金，于1979年初开办湖塘区服装五金厂，厂址设在湖塘上街原区文化站内，演职人员和一线生产员工共56人，主要产品有戏剧服装、劳保用品和鞋眼等。先后有王兰华、何珍、沈瑞生、倪国方任厂长，丁金秀任会计。工厂开办后，剧团、工厂由区文化站统一管理，实行全员工资制，演职人员农闲时演出，农忙时务工。至1985年，工厂拥有固定资产12万元（其中剧团6万元）。1987年，工厂搬迁至湖塘东风桥堍。1994年，与区文化站脱钩，划归湖塘区工业办公室管理。

（八）郑陆文化站塑料厂

郑陆文化站塑料厂开办于1979年10月。站长钱建初兼任厂长，文艺宣传队队长李祖良任副厂长。开办时，由18名文艺骨干集资3000元，租借两间平房，生产各种塑料包装袋。1981年，文化工厂出资3万元，购置舞台灯光、音响、乐器、服装和道具组建郑陆锡剧团，定期送戏到各大队和周边乡镇。1989年，工厂投资9.5万元为文化站建造图书阅览室，成立万册图书馆，文化工厂自开办以后，累计用于开展群众文化活动和文化设施建设经费31.6万元。历年被文化局评为先进单位，1997年转制为私营企业。

（九）牛塘文化站弹簧厂

牛塘文化站弹簧厂开办于1980年3月。站长王国铨兼任厂长，业余作者徐仁兴任副厂长，文艺骨干朱凤秀任会计。开办时租用青云大队两间平房作厂房，借公社500元钱购置设备和原材料，生产收音机上的卡簧和电池夹簧。当年产值3万元，获利润6000元。1983年，工厂增加铁丝编织、塑料、油漆加工等项目。工厂开办后，政府不再向文化站划拨活动经费，还用工厂创造的利润购买6间平房作为群众文化活动场所，添置图书、乒乓、棋类等文化体育用品，为文艺宣传队购置服装、道具、乐器、音响等。文化工厂20多名职工都是文艺骨干，白天上班，晚上演出，被群众称为牛塘文艺轻骑。1983年，受到镇江专署的表彰。1996年，转为私营企业。

（十）吕墅文化站无线电元件厂

吕墅文化站无线电元件厂创办于1980年5月，先后由站长陈国良、吴兴发兼任厂长，生产无线电配件。开办时，设备是租借的一台脚踏冲床，厂房是由站长和文艺骨干自带材料，在吕墅街旁一块荒地上建造的两间简易房。经过3年打拼和诚心经营，企业快速发展壮大。1983年，征用土地建造6间厂房和2间生活用房，同年成立吕墅民乐队。1986年，为方便群众出行，工厂出资铺设一条通往奔牛方向，长达2公里的水泥路。1987年出资举办“江苏吕墅杯”摄影大奖赛。1990年，再次扩建厂房，同时为文化站建造图书楼。吕墅文化站无线电元件厂开办15年，先后安排文艺骨干122人，累计支付补文经费96万余元。1995年划归乡工业公司管理。

（十一）雪堰文化站密封件材料厂

雪堰密封件材料厂前身为雪堰文化站塑料厂，开办于1983年6月。厂址设在雪堰影剧院内，文化站长蒋德明兼任厂长，安排文艺骨干 18 名，工厂主要产品是塑料包装袋和日用塑料制品。1984 至 1988 年间，工厂所得利润，一方面用于再生产，一方面用于添置图书和开展文化活动。4 年中共支付补文经费 6 万余元。1989 年，工厂搬迁至原镇政府大院，主要生产各类机械密封件，工厂更名为雪堰文化站密封件材料厂，由供销员马玉兴承包经营，每年上交文化站补文经费 0.6 万元。。1990 年，该厂被常州市评为文化明星企业。1993 年，工厂搬迁至雪堰桥东，年产值 500 多万元。1996 年，划归镇政府工业公司管理。

（十二）汤庄文化站机械厂

汤庄文化站机械厂开办于 1984 年 4 月。开办时靠集资 3000 元，租用 20 平方米厂房，生产硬糖机头起家。文化站聘请当地村办企业干部谈良春任厂长，当年销售额达 10 万元，上交补文经费 2000 元。1985 年，由县文化工业公司帮助协调银行贷款 15 万元，征地 4.9 亩建造厂房，生产糖果机械，工厂更名为武进县食品机械厂。1986 年，工厂与中国纺织大学等大专院校、科研单位合作，研发、生产高精度纺织机械，工厂又更名为常州市第八纺织机械厂。1995 年，工厂出资 45 万元，为文化站建造汤庄文化楼，出资 5 万元添置文化活动设施设备。工厂连续多年被武进市、常州市评为明星企业。1996 年底，工厂转制为合资企业。当年，工厂拥有固定资产 350 多万元，年销售 1800 万元。工厂自开办至转制的 12 年中，为文化站提供补文经费共计 200 万元。

（十三）前黄区文化站彩印厂

前黄区文化站彩印厂开办于 1985 年 8 月，厂址设在前黄中街原区农机站院内，主要印刷信封、信笺、账册等办公用品。区文化站聘请谈兴维担任厂长。工厂开办时，由区文化站集资 2 万元，购置方向机、圆盘机、切纸机等印刷机械设备。1986 年返回投资。1987 至 1988 两年中，印刷厂每年上交区文化站补文经费 8000 元。1989 年，为区文化站支付青年艺术团演出工资 1.2 万元。1990 年，为成立区万册图书馆，彩印厂出资 1.5 万元购置新书和书柜等设施。1991 年起，由陈国良承包经营，每年上交区文化站补文经费 8000 元。1993 年被县文化局评为补文先进单位。1996 年转制为私营企业。

1981—1995 年武进文化条线企业情况表

表 11-2

年份	企业（家）	年产值（万元）	净利润（万元）	补文金额（万元）	安排文艺骨干（名）
1981	9	82	8.2	6.5	156
1982	16	166	18.1	8.6	219
1983	32	281	37.4	15.3	445
1984	53	368	51.6	18.6	653
1985	76	980	133.4	45.2	885
1986	76	1420	150.2	50.5	885
1987	76	1830	188.3	56.2	885

续表 11-2

年份	企业（家）	年产值（万元）	净利润（万元）	补文金额（万元）	安排文艺骨干（名）
1988	72	2560	232.8	59.4	806
1989	68	3255	325.6	62.5	761
1990	65	5360	503.4	83.6	755
1991	65	7930	719.7	91.7	755
1992	64	9980	881.3	105.4	728
1993	64	13670	1026.6	156.8	718
1994	54	22450	2393.8	192.5	653
1995	51	32000	2502.3	226.3	636

第二节　文化产业

一、发展概况

根据国家统计局2012年公布的产业分类标准，文化产业包括文化产品的生产和文化相关产品的生产两大部分、十大类。20世纪80年代前，武进文化产业主要是电影放映、图书发行、文艺演出等行业，规模小，产业特征不明显。20世纪80年代后，随着经济社会的快速发展，特别是随着乡镇企业的崛起，文化相关产品的生产得到发展，涌现了江苏百花影集厂等文化用品制造企业。广播影视、歌厅舞厅等文化休闲娱乐行业也随着人民群众生活水平的提高而加快发展。进入21世纪，在国家的推动下，文化产业呈现出全面快速发展的势头。

为加快发展文化产业，2010年9月，武进区文化广电新闻出版局根据武政办发[2010]124号《关于武进区文化广电新闻出版局职能配置，内设机构和人员编制规定的通知》，设立文化产业科，先后有史立华任科长，朱小斌、王莹任副科长。文化产业科负责拟定并指导全区文化、广电、新闻出版产业的发展规划，研究拟订相关产业发展政策，指导、协调产业发展中的重大问题，参与重大项目的立项论证、统计、分析与评估全区文化、广电、新闻出版产业发展状况，建立产业发展档案，指导、协调文化、广播电视、新闻出版产业科研项目的宣传推广等工作。

2011年2月，武进区成立以区委常委、宣传部部长江建文为组长，区政府副区长王明昌为副组长的武进区文化产业发展领导小组。同年4月，区委宣传部增挂武进区文化产业发展办公室，负责研究拟订全区文化产业的发展规划，重点项目的引进、推广、扶持政策的制定和落实等工作。

自2010年起，武进区在全面落实国家、省、市、区对生产文化产品增值税、营业税、企业所得税等方面优惠政策的基础上，根据《深化文化体制改革、加快文化常州建设三年行动计划》和《武进区文化发展“十二五”规划》精神，设立文化产业引导资金，优先支持一批市场前景好、成长性强、对全区文化产业具有示范效应和拉动作用的重大项目，包括动漫游戏业、影视传媒业、文化旅游业、工艺美术业、印刷复制业、广告会展业、电视节目生产、文化品牌打造等。资金扶持主要采取贷款贴息、项目补贴和以奖代补等方式。至2013年年底，武进区拥有生产文化产品的企业3206家，增加值占全区比重5.5%。

自2010年以来，武进区文化产业快速、健康发展，主要呈现四个方面特点：一是产业集聚有新载体。春秋淹城和嬉戏谷旅游区被评为江苏省文化产业示范基地，武进工业设计园被评为江苏省文化科技产业园。二是项目建设有新发展。2013年，全区确定15个总投资40亿元的文化产业项目，成功引进江苏省玉玲珑珠宝科技等一批辐射能力强，发展前景好的文化产业项目。三是龙头企业有新突破。至2013年，全区拥有资产超亿元的文化企业40家，超千万元的企业160家，瑞声科技等重点文化企业销售收入突破300亿元。一批涉及信息服务、文化旅游、创意设计、动漫游戏、广告印刷、演艺工美等领域的龙头企业快速崛起。四是扶优扶强有新成效。2013年，在区文化产业发展办公室和文化广电新闻出版局的积极协调下，嬉戏谷和淹城春秋乐园分别获国家文化产业专项扶持资金800万元和250万元，环太湖艺术城和恒鑫包装2个项目分别获江苏省政府扶持资金150万元和70万元；宋剑湖生态旅游区、中华孝道园和城镇数字平台新媒体等12个项目获常州市政府扶持资金345万元。年内全区16个项目获上级扶持资金超过1500万元，26个项目获区政府扶持资金达575万元。

二、企业选介

（一）常州市春秋淹城建设投资有限公司

2008年，春秋淹城建设投资有限公司依托春秋淹城遗址，按照唤醒历史记忆，再现人文精神，弘扬民族文化，发展休闲旅游的思路，遵循保护、利用、开发、创新的原则，将中华文化与旅游产业有机结合；采用现代科技手段，深度开发春秋文化旅游产品，以情景体验的形式，设置春秋文化意境下的静态观赏型项目、互动演艺性项目和体验游乐式项目相结合，打造集文化、旅游、休闲、保护、地产开发为一体的综合旅游区；以建立国家5A级旅游区为目标，以淹城遗址为核心，以春秋文化为基点，全面扩展文化内涵，打造国内第一家春秋文化主题公园。2010年4月29日，春秋乐园盛大开幕，在武进区旅游资源匮乏的当时被视为震世之作。开园近5年的时间，淹城春秋乐园认真贯彻落实政府对旅游行业的十二五规划，立足淹城旅游区资源、环境和经济社会发展实际，以实现打造春秋文化千秋万世的宏伟愿景为目标，依靠品牌培育、质量振兴、科技进步和自主创新，逐步走出一条服务

常州市春秋淹城建设投资有限公司

质量高、经济效益好、资源消耗低、环境污染少、竞争能力强的文化产业发展道路。先后被授予江苏省服务业名牌、常州市质量管理奖、国家4A级旅游景区、文化产业示范园区和示范基地、十一五最佳区域发展成就奖、2012年度中国优秀游乐园、常州市优秀旅游企业等荣誉。春秋乐园开园4年多时间里，凭借对社会各界和广大游客的诚信优质服务，坚持走中国传统文化与现代娱乐休闲紧密结合的道路，树立良好的企业形象。至2013年底，累计接待游客近550万人次，游客满意度达到97%以上。春秋乐园已成为国内最具特色的主题公园之一。

（二）江苏嬉戏族集团有限公司

嬉戏族有限公司

嬉戏族有限公司成立于2007年10月29日，注册资本3.6亿元人民币，是一家集文化创意、数字科技产品研发应用、动漫游戏技术研发应用、主题文化旅游、商品贸易、会展演艺、影视科技、信息咨询、工程建设及管理、实业投资等一体的国有综合性文化骨干企业。该公司投资建设的环球动漫嬉戏谷规划用地面积约1200余亩，计划总投资30亿元，主要建设有数字文化博览中心、电子竞技训练竞赛中心、原创动漫游戏产品体验区、数字原创技术及智能科技研发区、数字文化风情街区等，是一个以数字文化为核心，自主创新为动力，智能科技为依托，集创、研、游、产、销为一体的综合型文化产业创意项目。

近年来随着公司的不断发展和嬉戏谷的影响力日益扩大，公司先后荣膺中国十大高端旅游品牌、最受欢迎的十大出游目的地景区、中国创意产业最佳园区等称号，先后被评为国家4A级旅游景区、全国科普教育基地、全国电子竞技运动基地、中国少年儿童动漫活动体验基地、江苏省文化产业示范基地、江苏省现代服务业（数字文化产业）集聚区、江苏省五一劳动奖状等。2013年，获得国家文化产业发展专项资金800万元。

（三）江苏环太湖文化艺术城发展有限公司

江苏环太湖艺术城有限公司

江苏环太湖文化艺术城有限公司成立于2011年8月。艺术城由美术展览馆、综合演艺馆、文化艺术培训馆、学术研究馆、艺术家会馆、艺术馆6个馆群区和文化旅游休闲街区、艺术家生活区2大区域为主体格局。

环太湖文化艺术城有限公司将历史文化内涵与现代文化产业元素相结合。集艺术创作、艺术培训、展示展览和文化产业集聚等多种功能于一体。是一个布局合理、功能齐全、特色彰显、规模宏大的文化艺术生态体系和集聚区。2013 年，获江苏省文化产业发展引导资金 150 万元。

（四）江苏亚示照明集团有限公司

江苏亚示照明集团有限公司主要生产高效节能照明产品。产品广泛应用于城市夜景景观亮化、体育场馆、演艺场馆、会展中心等场所。产品技术含量高，可以智能控制、七彩变幻，具有光效高、寿命长、节能环保无污染等特点。不仅能提供照明，还能设计出绚丽的光彩变化，给人以无限的想象和美感，各项指标均达到国际先进水平。2013 年，企业被常州市命名为文化产业示范基地。

江苏亚示照明集团有限公司

（五）常州恒鑫包装彩印有限公司

常州恒鑫包装彩印有限公司拥有世界最先进的全电脑控制 10 色环保印刷生产设备，有连结园压、园切、凹凸、压痕烫金生产流水线。有德国进口全自动电脑控制的 7 色胶印生产线，全自动电脑模拟机和后加工设备。公司成立以来，每年以 30% 的速度增长，现有固定资产 1.5 亿元，年产值超 1.6 亿元。2013 年，获江苏省文化产业发展专项引导资金 70 万元。

（六）武进淹城文化街

淹城文化街位于淹城旅游区怡乐坊，使用面积 5800 平方米。2009 年 4 月，武进区文化局抽调以陈勤贞为组长的工作组负责文化街的招商、协调、管理工作。文化街共引进各类属于文化产业范围的工商企业 25 家，并对入驻企业实行三年免收房租、税收和规费的优惠政策。

入驻企业经营各类高档文化艺术制品 2000 余种，项目涉及象牙浅刻、玉石、字画、收藏、展览、鉴赏、留青竹刻、烙画、乱针绣等，其中有一批国内闻名的书画名家和工艺大师所设的所、斋、轩、馆，如有雕刻大师萧剑波的萧剑波艺术馆，有海内留青第一家之称的徐秉言刻艺雕塑研究所，有软玉法工艺大师吴京山的璞玉斋，有以展销乱针绣、麦秆画等特色旅游工艺品的常州工艺美术精品馆，有集艺术鉴赏、研究、交流、展览、收藏于一体的春秋淹城美术馆，有书画大师刘海粟幼女刘蟾的书画工作室抱朴斋。文化街的形成，发掘和传承了武

淹城文化街

进地区的非物质文化遗产资源，凸显武进地方特色文化和传统文化产品的精华。

文化街还多次举办各类书画、古玩、奇石、玉器等高层次作品、物品展示交流活动，多次邀请省内外资深工艺美术家进行座谈研讨，组织入驻企业积极参与区政府和文化局组织的各类展示活动。经过3年的培育、发展，淹城文化街运营逐步趋向正常，氛围日益浓厚。据统计，文化街2009年9月28日开街至2013年底，累计营业总额超过6000万元，在创造较好经济效益的同时也创造很大的社会效益。全国政协副主席张梅颖、文化部副部长周和平等国家和省部级领导亲临文化街视察，并给予很高的评价。文化街因经营的文化产品档次高，集武进地方特色和传统产品的精华，对提高群众的文化素养，为淹城旅游区聚集人气、文气，提升淹城知名度均起到积极的促进作用。

2010—2012年获常州市、武进区文化产业扶持资金情况表

表11-3

序号	项目名称	申报单位	金额（万元）	年度	级别
1	牟家文化旅游业项目建设	常州牟家农业旅游观光园	50	2010	市级
			20	2012	区级
2	姬山古镇景区	武进农博园姬山景区旅游开发有限公司	50	2010	市级
3	杨桥老街民俗文化村旅游开发	常州杨桥老街旅游开发有限公司	50	2010	市级
4	常州天人合一少儿剧场	江苏天人合一传媒有限公司	20	2010	市级
5	中华孝道园旅游文化建设项目	常州市武进蓼莪山旅游发展有限公司	20	2010	市级
6	环球数字文化体验项目	江苏环球数字文化体验园有限公司	100	2011	市级
	数字文化研发孵化平台	江苏嬉戏族有限公司	10	2012	市级
7	常州国家动画产业西太湖基地津通园区一期	江苏慧德科技发展有限公司	100	2011	市级
8	武进文化产业推广网	常州市武进新闻网站	20	2011	市级
9	武进双向互动电视平台	武进广播电视信息网络有限责任公司	50	2011	区级
10	武进“社区电子宣传屏联播网”	常州智城文化传媒有限公司	40	2012	区级
11	灵通会展服务项目产业园	常州灵通展览用品有限公司	50	2011	区级
12	全球领先、全国第一广告会展创意设计与产品生产基地	常州灵通展览用品有限公司	35	2012	市级
13	大型文艺演出LED舞美工程	常州杰出广告文化艺术传媒有限公司	10	2011	区级
14	常州掐丝珐琅画产业化运营	常州市延龄工艺厂	5	2011	区级
15	新一代节能广告喷绘反光材料	常州市日月反光材料有限公司	35	2012	市级
16	常州横山清琪雅苑文化产业园	江苏清琪雅苑文化产业发展有限公司	35	2012	市级
17	环太湖艺术城	江苏环太湖文化艺术城发展有限公司	60	2012	区级
18	文化旅游折叠用品系列	常州侨裕旅游用品有限公司	40	2012	区级

续表 11-3

序号	项目名称	申报单位	金额（万元）	年度	级别
19	新型环保防辐射农植物支架、多层盘景架	常州市庭园装饰用品有限公司	30	2012	区级
20	软膏管印刷设备智能化研发及应用项目	常州百扬包装有限公司	30	2012	区级
21	全省唯一 10 色数字化绿色凹印产能建设项目	常州市恒鑫包装彩印有限公司	14	2012	区级
22	状元坊	常州市江南花卉产业有限公司	30	2012	区级
23	园林、陈设艺术及其他陶瓷制品制造	江苏恒源园艺用品有限公司	30	2012	区级
24	智慧健康云平台项目	江苏振邦医用信息系统有限公司	25	2012	区级
25	江苏蓝火翼电子商务平台	江苏蓝火翼网络科技有限公司	30	2012	区级
26	宋剑湖生态旅游区	常州宋剑湖生态旅游发展有限公司	30	2012	区级
27	多层瓦楞纸片、纸箱技术改造	常州创时包装有限公司	20	2012	区级
28	2 万吨 / 年 PTT-BCF 地毯纱	常州灵达特种纤维有限公司	20	2012	区级
29	中国药品电子监管码电码印刷	常州市江源印刷有限公司	20	2012	区级
30	数字艺术电子商务公共服务平台	常州欧开通信技术有限公司	10	2012	区级
	数字艺术电子商务公共服务平台		10	2012	市级
31	绿色印刷技术应用项目	常州市中天印务有限公司	10	2012	区级
32	智能玩具研发生产销售一体化	常州市宇花电子玩具有限公司	10	2012	区级
33	丝网印刷技术研发及生产	江苏省飞鹏新材料有限公司	10	2012	区级
34	常州易宝网络服务有限公司	土木行业知识文化与人才培训网上服务平台	20	2011	市级

2013 年度武进区文化产业获各级扶持资金情况表

表 11-4

序号	项目名称	申报单位	金额（万元）	级别
1	环球数字文化体验	江苏嬉戏族集团有限公司	800	国家
2	春秋民俗文化拓展	常州淹城建设投资有限公司	250	国家
3	环太湖文化艺术城建设	江苏环太湖文化艺术城发展有限公司	150	江苏省
4	数字化凹印建设	常州恒鑫包装彩印有限公司	70	江苏省
5	环球数字文化体验	江苏嬉戏族有限公司	50	常州市
6	环太湖艺术城建设	江苏环太湖艺术城有限公司	50	常州市
7	生态旅游建设	常州宋剑湖生态旅游公司	50	常州市
8	环保水性柔印研发	江苏吉春集团公司	30	常州市
9	数字化模块技术应用	灵通展览系统股份有限公司	30	常州市

续表 11-4

序号	项目名称	申报单位	金额（万元）	级别
10	中华孝道园二期	常州市武进蓼莪山旅游发展公司	30	常州市
11	户外装饰用灯生产	常州市明泰视觉艺术发展公司	15	常州市
12	绿色环保标签	常州市中天印务有限公司	15	常州市
13	花木行业媒体平台建设	常州夏溪花木信息有限公司	15	常州市
14	环保防辐射农植物支架	常州市庭园装饰用品公司	15	常州市
15	汽泡信封	鸿邮包装（常州）有限公司	15	常州市
16	城镇数字平台新媒体	江苏天人合一传媒公司	15	常州市
17	雪堰城西回民村休闲观光项目	常州市伊清农业观光有限公司	20	武进区
18	文化旅游休闲用品研发与生产	常州东源旅游用品有限公司	30	武进区
19	舞台 LED 灯研发	常州同泰光电有限公司	30	武进区
20	南田文化城建设	常州三勤生态发展有限公司	30	武进区
21	现代农业产业园	三勤现代农业发展有限公司	20	武进区
22	标识、标牌产业链	江苏超凡标牌有限公司	30	武进区
23	文化创意家居产品	常州欧德隆装饰材料公司	30	武进区
24	印刷设备提升扩能	常州时代包装有限公司	30	武进区
25	郑陆季子文化公园	常州市舜溪旅游管理公司	30	武进区
26	新纸板箱生产	常州宏业包装材料公司	10	武进区
27	光纤通信	常州新盛电器有限公司	20	武进区
28	碎纸机刀芯总成	常州西典办公设备公司	10	武进区
29	工艺美术品制造	常州奥阳纺织品公司	30	武进区
30	中会孝道园古建筑群	常州神州园林建设有限公司	15	武进区
31	汉韵广场景观工程	常州创意园林工程公司	15	武进区
32	嬉戏谷汽车营地建设	常州喜马拉雅户外用品公司	20	武进区
33	风景园林设计工程	常州市田园造景设计公司	25	武进区
34	花木交易信息平台	夏溪花木市场控股公司	30	武进区
35	智慧旅游信息平台	江苏甲子网络科技公司	20	武进区
36	外宣资料检索库	武进新闻网站	40	武进区
37	武进工业设计园	江苏同天工业设计公司	20	武进区
38	“最美常州”文化宣传	常州国宇环保科技公司	20	武进区
39	游戏产品研发	常州藏君翰墨文化公司	10	武进区
40	电子商务培训	西太湖电子商务培训学校	10	武进区
41	动漫应用与运营	常州后天动漫艺术公司	10	武进区
42	整搜卫士网络、整合营销	江苏整搜电子商务公司	10	武进区

第十二章 人物

武进素为文化名区，文化底蕴深厚，文人辈出，代不乏人。境内圩墩、寺墩等遗址出土的文物表明，早在5000多年前，就有先民在此繁衍生息，创造出灿烂的文明。自春秋设邑，延至齐、梁、唐、宋、元，文化日臻昌盛。出现季札、萧衍、萧统、萧颖士、胡宿、谢应芳等一大批文化名人。及至明清，流派纷呈，文人迭出，著述繁富，出现常州词派、常州画派、阳湖文派、常州学派（今文经学派）等文学艺术流派，恽南田、黄景仁、赵翼、孙星衍、洪亮吉、李宝嘉等文学艺术领军人物。武进文风昌盛、人文荟萃为全国罕见，享有“天下名士有部落，东南无与常匹俦”之誉。近现代涌现出诸多文学家、戏剧家、书画家、摄影家，享誉海内外。为传承历史，缅怀先哲，对已故的文化前辈立传略；为至今健在的享受国务院特殊津贴的文化工作者，省、部级劳动模范及先进人物，高级职称专业人员，中国文联下设协会、相关学会会员及对文化有突出贡献的知名人士列名录。

第一节 传 略

季 札（前576—前485）春秋时著名政治家、思想家、外交活动家、音乐鉴赏家、中国道德文化开创者、先于孔子的圣人、武进的人文始祖。吴王寿梦第四子，公元前547年封于延陵，史称“延陵季子”，又因加封延州来，又号“延州来季子”。季札生于礼崩乐坏，诸侯征战讨伐，群雄争霸的春秋中后期，其洁身清行，仰高履尚，守礼诚信，仁义贤达，其“三次让国”“观乐议政”“冢墓挂剑”“大义救陈”“躬耕延陵”等事迹，在“春秋三传”和《史记》等数部国史、以及数十部方志、数百部典籍中传载歌颂，盛赞其“清风足以竦万古之人心；高节可以励千载之愚俗”。92岁时终老于延陵。相传有孔子题“呜呼有吴延陵君子之墓”的十字碑铭以祭，古延陵和吴地以及季札出使中原所经的地区，先后建有十余座季子祠，岁岁致祭，历代帝王、名家撰文赋诗者有数百人之多。

朱 凤（生卒年不详）西晋时晋陵人。东晋大兴（318—321）初，经秘书监华谭推荐入朝为官，擢著作佐郎，后迁中书郎。著有《晋书》10卷。《旧唐书经籍志》和《新唐书艺文志》作14卷，今有辑本。

徐 邈（343—397）西晋时著名学者，文学家。祖籍山东东莞姑幕，西晋“永嘉之乱”时，其祖父徐澄之、父亲徐藻为避战乱渡江南迁，侨居晋陵东南，遂为武进人。徐邈自幼勤奋读书，少时渐成一方儒士。晋孝武帝即位后“招延儒学之士”，经著名政治家、太傅谢安推荐，入仕为中书舍人，历任祠部郎、东宫前卫率、中书侍郎等职。徐邈博学多通，积学以经学为主，兼之文学。著作有《集古文》和《徐邈集》等数百卷。其《春秋穀梁传注》等尤为学者所重。

徐 广（352—425）徐邈之弟，生于武进。幼承家学，修百家数术，诸经无不研习。后以博学入仕，历官秘书郎、员外散骑常侍、祠部郎、著作郎、秘书监等职。著有《徐广集》等数百卷。《晋书》《宋书》《南史》有传。

萧道成（427—482）生于晋陵武进东城里（今常州市新北区万绥），14岁时随父出征，宋明帝时以军功封西阳县侯，后历任刺史、侍中、司空、录尚书事、太尉、仆射、竟陵国公、相国，进为齐王。昇明三年（479）代宋自立建南朝齐，史称“萧齐”。其在位5年期间，抚流民，重农耕，行吏治，开学馆，禁奢靡，国事有所起色。博涉经史，能诗文，善书法。《淳化阁帖》有其书迹；《全齐文》收其著作2卷；《先秦汉魏南北朝诗》中存诗2首，另有《名画集》。《南史》《南齐书》有传。

萧子良（460—494）南朝齐尚书令、文学家。南兰陵（武进）人。南朝宋时历官参军、长史、太守等职。齐时先后任镇北将军、徐州刺史、侍中、司徒、中书监、尚书令，史称“竟陵王”。其崇尚儒道佛学。在西邸集范云、萧琛、任昉、王融、谢朓、沈约、陆倕等，研讨汉语语音规律，创“四声、八病”理论，展开文学的创作活动，史称“竟陵八友”。萧子良还在建康（今南京）鸡笼山邸召集学士抄《五经》与百家著作，并依《皇览》体例编撰《四部要略》1000卷。著述有《竟陵王集》等数种。《南史》《南齐书》有传。

萧　衍（464—549）南朝著名文学家、佛学家、诗人。南兰陵（武进）人，齐高帝萧道成族侄。其博学多才，年轻时与沈约、谢朓、王融、范云、任昉、萧琛、陆倕交游，号“竟陵八友”。齐明帝时任雍州刺史，镇襄阳。齐末政局紊乱时起兵易主，任相国。中兴二年（502）代齐立梁，史称“萧梁”，是为梁武帝。其在位48年，86岁时为叛将侯景所逼，囚于台城饥饿而死。其长于文学，精通音律，尤善词诗，是中国词学的开山祖，有“诗人皇帝”之誉。著作有《制旨连珠》《乐论》《孝纪讲疏》《梁武帝兵法》《武帝集》等数十种。《梁书》有传。

刘　勰（约465—532）南朝梁著名文学家、文学批评家。先祖为山东莒县（今山东日照市）人，西晋“永嘉之乱”期间，过江避战乱，侨居晋陵（今武进）（另一说避于京口）。南朝梁出仕兼任东宫通事舍人，后世称其为“刘舍人”。刘勰少年时依高僧僧佑学佛法，后攻经史文论，以著有中国文学史上首部文学评论《文心雕龙》而负盛名。其间应昭明太子萧统召，参与编纂《昭明文选》。刘勰一生未婚，晚年出家为僧，法号慧地，卒于佛门。《梁书》有传。

萧子显（489—537）萧道成孙，南朝梁国子博士、诗人、史学家。南兰陵（武进）人。齐末时历任宁都县侯、给事中。入梁后历官记室参军、吏部尚书、吴兴太守等。其博学工文，尤重史学，萧衍称其“神韵峻举，宗中佳器。可谓才子”。其撰《文学传论》提倡“新变”，成为中国文学史上的名篇。其编纂《南齐书》60卷史料翔实，与《南史》并列同入中国二十四史，清代史学家赵翼赞其为“良史也”。著作主要有《南齐书》《萧子显文集》等。《梁书》有传。

萧子云（490—552）南朝时史学家、文学家。南兰陵（武进）人。南齐末任新浦县侯。入梁后历官秘书郎、太子舍人、参军、司徒主簿、丹阳尹丞、尚书左长史、太守、侍中、南徐州大中正等职。太清二年（548年）侯景作乱，萧子云奔武进，饿死于显灵寺僧舍。

其性格沉静，淡于仕进，勤于积学。弱冠时即留心前代史事，见晋代无全史后传，即倾心以著，历二十六年书成，为《晋书》110 卷。另著有《东宫新记》《萧子云集》等。《梁书》有传。

萧 统（501—531）南朝著名文学家。南兰陵（武进）人，梁武帝萧衍长子。3 岁读《孝经》，5 岁时能通读《论语》。天监十四年（515 年）行弱冠礼后，开始参与政务，批阅奏折，辨析认真，办事合理。为人性仁，宽刑恤贫，世人共称之。30 岁时去世后，谥“昭明”，世称昭明太子。其生前力编《文选》之外，还著有《古诗正声》《古今诗苑英华》《昭明太子集》等。《梁书》有传。

萧 纲（503—551）南朝梁文学家、诗人。梁武帝萧衍第三子，南兰陵（武进）人。天监五年（506 年）赐受封晋安王，历官刺史、丹阳尹、侍中等职。太清三年（549 年）继帝位，史称简文帝。在位两年被叛将侯景杀害。萧纲与梁元帝萧绎为梁代文学“主流派”人物，在南北朝诗歌向唐代诗歌的转变中，起到了承前启后的作用，其《乌栖曲》《东飞伯劳歌》被后世称为唐人七绝之先声。主要著作有《易林》《昭明太子传》《梁简文帝集》《玉简》等 700 余卷，诗 262 首。《梁书》有传。

萧 绎（508—555）南朝梁元帝，文学家。自号金楼子，南兰陵（武进）人，梁武帝萧衍第七子。历官太守、刺史、侍中、大都督、司徒、相国。侯景作乱时，萧绎命王僧辨率师讨伐，承圣元年（552 年）即位于江陵，史称梁元帝。在位 3 年，西魏重兵围江陵，萧绎被俘遇害。其雅好文学，长于诗赋，工书擅画，才思敏捷，下笔为文，时人誉其文、书、画“三绝”，称其为“奇才”。著作有《梁武帝小传》《梁元帝集》《锦带书》《金楼子》等，共计 400 余卷。《梁书》有传。

萧思话（406—455）南兰陵（武进，另一说京口，今镇江）人。南朝刘宋孝武帝萧皇后弟之子，袭爵封阳县侯。历任青州、兖州、徐州、郢州刺史等职，官至中书令（宰相）。萧思话好书史，善弹琴，解音律，书法以隶书为长，“走墨连绵，字势屈强，若龙跳天门，虎卧凤阙”，梁武帝萧衍评价：“萧思话书如舞女低腰，仙人啸树。”《南史》有传。

萧德言（558—654）唐高宗时帝师、史学家。字文行，南兰陵（武进奔牛）人。隋文帝时授校书郎，唐太宗贞观年间任著作郎、弘文馆学士，后为晋王李治讲授经学，奉为帝师。高宗继位后拜为银青光禄大夫。其著《括地志》550 卷，为历史上的名志。另著有《萧德言集》30 卷。《旧唐书》有传。

萧颖士（708—759）唐代文学家、散文家。南兰陵（武进）人。梁武帝萧衍八世孙。唐开元二十二年（734 年）进士，萧颖士有“天才少年”之誉，4 岁能文，10 岁补为太学生，15 岁驰誉天下。自称“平生属文，格不近俗，凡所拟议，必希古”，志在“以中古而今世”，“以名教为己任”。主张文学应重视教化作用，教导学生不要一味追求绮丽之词。著有《萧茂挺集》。《旧唐书》《新唐书》有传。

独孤及（725—777）字至之，河南洛阳人。唐天宝十三年（754 年）举洞晓玄经科，授华阴尉。历任左拾遗，礼部、吏部员外郎，出为濠、舒两州刺史。大历九年（774 年）

任常州刺史，多有善政，三年后卒于任上。独孤及为唐代古文运动先驱，宽畅博厚，长于议论，其文用意在立法诫世，褒贤贬恶，不徒以词采取胜。代表作有《仙掌铭》《古函谷关铭》《琅琊溪述》《风后八阵图记》等。著有《毗陵集》20卷，其中诗3卷、文17卷。《新唐书》有传。

萧圆肃（539—584）字明恭，南朝梁南兰陵（武进）人，武陵王萧纪子。初封宜郡王，北周时任咸阳郡守，升太子少傅，授洛州刺史，晋大将军。隋开皇初授贝州刺史。雅好史文，著有《淮海乱离志》、《萧圆肃集》、《文海》等60卷。《南史》有传。

萧　立（726—？）祖籍唐南兰陵（武进）人。天宝元年（742年），以17岁身举贤良方正（特科）第一名，终官殿中侍御史。博学强论，文学政事为一时之领袖，时人比之贾谊、司马相如，与独孤及等多有唱和。著有《文章集录》5卷。

刘绮庄（生卒年不详）字玉峰，唐宣宗时晋陵（武进）人。曾出为苏州昆山县令，后归里于学，时与白敏中等友善。曾采摭书事类，分20门，凡50余万言成《集类》100卷，上之于朝。其善诗赋，东府格调尤高，有《刘绮庄诗集》4卷，另有《刘绮庄词》10卷。《全唐诗》收其诗3首。

张　佖（928—996）祖籍滁州，其祖父张训出为毗陵太守时，其族遂入籍武进。南唐时南唐时举进士第一状元及第，曾任句容县尉，后主时由考功员外郎进为中书舍人。宋开宝五年（972年）后主贬损制度，改官内史舍人。八年随唐后主李煜入宋，任职史馆。自奉甚俭，人称"菜羹张家"。亲友至亦食以糁饭菜羹。分俸以瞻养南唐李氏子孙之穷困者。后罢官归里不出。工诗，长于七言。有诗一卷，其中《寄人》收入《唐诗二百首》。长于词及小说，作有《张舍人词》一卷。附有《尸媚传》《蒋琛传》《韦安道传》《妆楼记》等短篇小说四种。

胡　宿（996—1067）宋代诗人、文学家。晋陵（武进）人。天圣二年（1024年）进士，历任扬子县尉、湖州太守、两浙转运使、枢密副使。治平三年（1066年）罢为观文殿学士，知杭州。次年改任太子少师，未及上任即去世，谥"文恭"。其学问赅博，尤工骈体文，"五七言律诗波澜壮阔，仿佛有盛唐遗响"。著作《文恭集》40卷收入《四库全书》。另有《制词》《名贤碑铭》《胡宿集》等。《宋史》有传。

丁宝臣（1010—1067）字元珍，宋晋陵（武进）人。景祐元年（1034年）进士，历官峡州军事判官、杭州观察判官、太子中允、知剡州、太常博士，累官秘书校理。有时誉，英宗每论人物必称之，与欧阳修等交往甚密。雅好诗词，时多与名家唱和，有《丁宝臣文集》40卷。宋《咸淳毗陵志》有传。

苏东坡（1037—1101）名轼，字子瞻，号东坡居士。宋大文豪，四川眉山人，一生11次来常，终老于晋陵城厢（今常州市区）前北岸孙氏藤花旧馆。

东坡进士出身，曾任礼部员外郎，密州、徐州、湖州、杭州、颍州等地知州或通判之职，官至礼部尚书。因与王安石新法政见不合，先后贬谪黄州、惠州、儋州等地，最后北还，病死常州。在常州期间，留恋阳羡（今宜兴）山水，往返途中留有遗迹。在今漏湖西岸武进县东安乡有香泉井，据《常州府志》载，东坡途中曾饮此泉，赞其泉冽，故名香泉。后代树碑建亭，悬“坡仙遗迹”匾额。今井、亭、碑已毁，残迹尚在。其为文汪洋恣肆，明白畅达，为“唐宋八大家”之一，与父洵弟辙合称“三苏”。其诗清新豪健，独具风格。词开豪放一派，影响深远。书法用笔丰腴跌宕，自创新意，有天真烂漫之趣。能画夕喜作枯木怪石，画迹有《枯木怪石图》《竹石图》。书法有《黄州寒食帖》等多种遗世，诗文有《东坡集》等。

邹　浩（1060—1111）宋代诗人，字志完，号道乡。晋陵（武进）人。元丰五年（1082 年）进士，任府学教授、太学博士。徽宗即位后召为左司谏，进中书舍人，参修《神宗国史》。其学识渊博、德行清正，以诗文著称于时。其著《道乡集》40 卷入《四库全书》。《宋史》有传。

胡交修（1078—1142）宋晋陵（武进）人。崇宁二年（1103 年）进士，授泰州推官。政和五年（1115 年）试词学兼茂第一。建炎三年（1129 年）任给事中，首论天下形势。绍兴中以翰林学士迁刑部尚书、兵部尚书。为文坦然直白，不事雕琢，在词苑号为称职，著作有《四世丝纶集》。宋《咸淳毗陵志》有传。

孙　觌（1081—1169）宋代文学家、骈文家、诗人。晋陵（武进）人。宋大观三年（1109 年）进士，历官兵部员外郎、侍御史、中书舍人、翰林学士，吏部、户部尚书。孙觌博学多才，与汪藻、洪迈、周必大并列为“宋四家”。明初《诗渊》《永乐大典》收录其诗百余首，宋《诗钞》《全宋诗》收辑其作 700 余首。著作有《鸿庆居士集》入《四库全书》。

张　守（1083—1143）宋代诗人。晋陵（武进）湖塘人。崇宁二年（1103 年）进士，历官御史中丞、礼部侍郎、知绍兴府、监察御史、参知政事（宰相）。其擅长制订律令条例，有《绍兴重修敕令格式》125 卷，其中包括《绍兴新敕》《随敕申明》《申明刑通》《令》《格》《式》及《看样》。其著《毗陵集》15 卷入《四库全书》。《宋史》有传。

蔡　戡（1141—约 1206）宋代诗人。世居武进。宋乾道二年（1166 年）进士，历官广东京西转运判官、淮西总领、广西经略师、安抚史，官至宝谟阁直学士等。其学养深厚，著有《定斋集》20 卷，入《四库全书》。

谢应芳（1296—1392）元末明初理学家、诗词家、教育家。武进汤庄人。自幼专心研读理学。元至正初年，隐居武进西南白鹤溪上，筑室题名“龟巢”，并以龟巢作号。元末时避战乱入吴中以教授为业，时吴人争延为第子师，明初平定还武进徒居横山桥，一生未入政界。尽己能传学乡里，多育俊才，曾参与编纂《永乐大典》的陈济即出其门。著作《思贤录》《辨惑编》《龟巢集》收入《四库全书》。

吴克恭（生卒年不详）字寅夫，一作寅甫，元武进人。幼好读书，以举科业无益于学，故终生致力于诗古文。其诗体格古淡，为时所称。至正十二年（1352 年）参与反元活动而被杀。著有《寅夫集》入《元诗选》。

陈祖仁（1313—1368）字子山，祖籍汴梁（今河南开封），随父陈安国为常州尹时定居晋陵，遂为武进人。至正二年（1342 年）壬午科左榜进士第一（状元），授翰林院修撰，历任同知制诰、国史馆编修、太庙署令、太常博士、翰林院侍讲等职，迁参议中书省事为宰相。其学识渊博，文笔简质，诗句清丽，为世人称道，所著皆佚。《元史》有传。

徐　贲（1335—1380）明初诗人、书画家。祖籍巴蜀（今四川），徙居毗陵（武进）。洪武七年（1374 年）被荐入朝，九年奉使晋、冀，授给事中，历任御史、刑部主事、广西参议，河南左布政使。徐贲能诗擅画，与高启、杨基、张羽称“吴中四杰”。其山水画取法董源，笔墨圆润，亦精墨竹。小楷秀整端慎，草书雄劲跌宕。其诗擅五、七排律，长句尤佳，前后呼应，一气呵成。著作《北郭集》，收入《四库全书》。

陈　济（1364—1424）明史学家、领《永乐大典》都总裁。武进人。洪武十八年（1385 年）拜同乡大儒谢应芳为师，遂博贯经史，精通百家之言，时称“两脚书橱”。永乐元年（1403 年），明成祖朱棣诏修《永乐大典》，陈济任都总裁，组织由两千文人学士参与的写作班子。经 4 年修成的《永乐大典》，在世界文化史上绝无仅有。书成后，陈济被授予左春坊右赞善，居职 15 年。著作有《书传通正》《思斋集》等。《明史》有传。

王　㑆（1424—1495）明代学者。祖居武进汤庄，后迁隐武进横山。明景泰二年（1451 年），授翰林院编修。弘治六年（1493 年）改吏部尚书。为官治行严厉，在国子监任上精修教规，先后撰有《常州府新城记》《重修忠佑庙记》《重修毗陵志序》等。其著《王文肃公集》12 卷，入《四库全书》，另有《思轩文集》23 卷入《续修四库全书》。

毛　宪（1469—1535）明代教育家。字式之，号古庵，武进人。正德六年（1511 年）进士，授刑部给事中。其性格豪放，为官刚正，常抗旨直言，指摘朝政失缺，疏劾构党权臣。十三年改授礼部给事中，十五年以朝政污渎而辞官归里，言不复出。毛宪与王守仁、湛若水、唐顺之、徐问等名士多有交往，归里后讲学龙城书院，授学以不欺为主，以恕为用，以克己为功夫。务笃实，敦行谊，重师范，学者多尊师之。晚年立室名“三近斋”专致于著述。他尤重邑内人文史事的彰理，其著有《毗陵正学编》《毗陵人品记》《三近斋语录》《谏院奏草》《古庵文集》。清《武进阳湖合志》有传。

徐　问（1480—1550）明代名臣、学者。字用中，武进横山桥人。弘治十五年（1502 年）进士，授直隶广平推官。历任刑部主事、登州知府、长芦盐运使、广东布政使等职。嘉靖十一年（1532 年）任贵州巡抚，迁兵部右侍郎，后因病归里。二十一年召为南京礼部侍郎，迁户部尚书，转工部尚书，罢职还。隆庆初谥“庄裕”。徐问以清节自励，归里时“箧空无银仅有书籍”，家中破败老屋萧然，鸟雀阶上，为寒士之不能居。后筑“道源草堂”于横山北，以耕读著述素度晚年。治学宗朱程理学，主张理致知，敬义方直，所作诗文体通达。唐顺之尊其为师，学者尊称其为“养斋先生”。著有《读书札记》《山堂萃稿》《续稿》《养斋二集》《养斋三集》。《明史》有传。

潘　恩（1496—1582）明代官员、学者。字子仁，号湛川，改号笠江。武进人，后徙居上海。嘉靖二年（1523）进士，授知县，擢祁州知州，调知钧州，升南京刑部员外郎，迁广东提学佥事，署按察使事，又迁山东副使。曾因叶经劾严嵩忤旨案下诏狱，谪广州河源典史。后任河南巡抚、都察院左都御史，官至刑部尚书。嘉靖三十二年按部浙江海盐时，曾会同武官击退自东海来犯倭寇。卒赠太子少保，谥“恭定”。其勤于积学，知识渊博，史、志、易、礼、诗韵词章无所不涉。著作有《周易辑义》《诗经辑说》《诗韵辑略》《潘笠江先生集》《皇明经济文录》《美芥录》《祁州志》《笠江集》《笠江近稿》《潘尚书集》《明史》附周延传。

薛应旂（1500—1572）明代文学家、理学家、史学家。武进横林余巷人。明嘉靖十四年（1535 年）进士，授浙江慈溪知县，历官南京考功郎中等职。为官正直，不畏强权，因弹劾严嵩被降为建昌通判，后因政绩显著又升浙江提学副使。在任上历时十载，七易其稿，修《浙江通志》72 卷，为后来修志者垂范。其工文史，时与王鏊、唐顺之齐名，是常州学派的旗手。著作《薛方山集》等 6 种 270 卷，收入《四库全书》。另有经史、文学类著作数十种。

唐顺之（1507—1560）明代文学家、理学家、军事家。武进陈渡桥人。明嘉靖八年（1529 年）进士，为庶吉士，授兵部主事，调吏部，改翰林院编修。其博学多才为一大宗，与归有光、王慎中并称“嘉靖三大家”，后人将其与方孝儒等并称为“明六大家”。其著《荆川先生文集》等 8 种 200 余卷，入《四库全书》。另有《乐论》等著作十余种数百卷。《明史》有传。

王慎中（1509—1559）字道思，晋江人。四岁能诵诗，十八举嘉靖五年（1526 年）进士，授户部主事，寻改礼部祠祭司。曾任常州通判。散文代表作有《海上平寇记》《送程龙峰郡博致仕序》《金溪游记》《游清源山记》《朱碧潭诗序》等。诗文集有《遵岩集》25 卷，清康熙间由县人张汝瑚编纂成书，并为之作序，乾隆间刊行。还著有《玩芳堂摘稿》《遵岩子》《王参政集》《王遵岩先生集选》《王遵岩文选》等。

蒋 孝（生卒年不详）字维忠，明武进人。嘉靖二十三年（1544 年）进士，官户部主事。工诗文，善散曲。辑《中唐十二家诗集》78 卷。编成第一部由南曲曲牌填词的《南九宫谱》，系现存南曲谱中最古之谱。有《户部集》传世。清《武进阳湖合志》有传。

陆奎章（约 1544 年前后在世）字子翰，自号孤陈山人，又号东坤子，明武进人，陆简之子。嘉靖七年（1528 年）举人，授武康知县。不乐政事，求改教职，为宁波教授。与诸生朝夕论难，居常手不释卷，官至泰宁知县。著有《陆诗别传》、《道在编》、《香奁四友传》2 卷入《四库全书存目丛书》子部小说类 250 册等。清《武进阳湖合志》有传。

薛近兖（生卒年不详）明代戏曲作家。武进人，著名文士薛应 之子。薛近兖于明万历二十三年（1595 年）中进士，累官至河南布政史，以“清介绝俗”称于史。他著有《绣襦记》传奇 4 卷，取材于唐代白行简的小说《李娃传》，写书生郑元和与风尘女李亚仙的爱情故事。此剧刊印后，消息不胫而走，搬演者甚众，后来许多戏曲剧种都进行过改编演出，其中以昆剧和滑稽戏为多。现存明代套印本、《古本戏曲丛刊初集》本和陈继儒评的两卷《六合同春》本。

徐常吉（生卒年不详）字士彰，弱冠能文。嘉靖四十三年（1564 年）举人。授上海县教谕。万历十一年（1583 年）以职科考中进士，授中书舍人，迁南京户部。任上数十次上疏请减赋税，并弹劾贪墨。曾揭发东厂太监恶事罪责，力为海瑞抗辩。后迁浙江按察佥事，未抵任而卒。所舍多蓄经籍诸书，闲暇手不释卷，尤通经学，著述丰硕。有《诗翼张》《四书原旨》《事词类奇》《杜诗注》《诗家要选》《唐诗选》《六经类雅》等。清《武进阳湖合志》有传。

吴中行（1540—1594）明代诗人。武进名宦吴性之子，字子道，号复庵。明隆庆五年（1571 年）进士，选庶吉士，授翰林院编修。万历五年（1577 年）罢官归里。万历十年复出，赠礼部右侍郎，逝于乡里。其长诗文，信手随笔。著有《皇明历科状元全策》《赐余堂集》《复庵娱晚诗抄》。《明史》有传。

钱一本（1546—1617）明代理学家，字国瑞，号启新。武进新塘（今雪堰）人。万历十一年（1583 年）进士，授江西庐陵知县，擢福建道御史，出按江西。万历十九年，因进《论相疏》《建储疏》，留中三月后罢归。回乡后讲学于常州知府欧阳东风所建经正堂。万历三十二年（1604 年）重修东林书院后担纲主讲。生平潜心六经、濂洛诸书，尤精于《易学》。其著《四圣一心录》等收入《四库全书》。另著有《启新斋集》等十余种。《明史》有传。

孙慎行（1565—1636）明代理学家、教育家。武进人，唐顺之外孙。万历二十三年（1595 年）进士探花，授翰林院编修，擢礼部右侍郎，进左侍郎，代理尚书事务，立朝正直，操守峻节为一时冠。其为东林书院名师，著作《玄晏斋困思钞》《玄晏斋集》。收入四库全书另著有《明四大家文选》等十余种。

周诗雅（1584—1643）字廷吹，号樾林，万历四十七年（1619 年）进士，授广平知县，后调宝坻，多有政德。天启四年（1624 年），因著《指鹿为马论》讥讽魏忠贤而编管。阉党铲除后，擢户部员外郎，迁湖广参议，分守湖南，又移贵州提学。未上任乞归，母丧三年不入内，建造一亭曰“退谷”，兄弟唱和其间。著书 20 余种藏于家。《南北史钞》不分卷入《四库全书存目丛书》史部 147 册。清道光《武进阳湖合志·宦绩》有传。

恽本初（1586—1655）明末清初画家。武进上店人。明崇祯二年（1629 年）入复社。明崇祯十七年（1644 年）举贤良方正，授内阁中书不就，弃官归里。其博学好诗文，尤善画山水。作品苍郁雄深，纵横淋漓，自成一家。著作有《画旨》《香山近诗》《香山诗钞》等。清《武进阳湖合志》有传。

张　玮（1587—1643）明代官员，学者，儒师。武进湖塘人，字席之号二无。万历四十七年（1619 年）进士，授户部主事。历官提学佥事，江西参议，擢福建、山东副使、尚宝臣，官至左都御史。幼时家贫，靠借书自学和私塾旁听启蒙，师从高恕行、薛敷教、孙慎行，造诣日深，崇尚理学，以程朱为宗。著作有《易卦义》《程朱语要》《叶先生偶言》《如此斋诗集》《如此斋词集》《二无集》。《明史》有传。

郑　鄤（1594—1639）明代官员、学者。字谦止，号峚阳，武进横林人。天启二年（1622 年）进士，改庶吉士，供职都察院，因进《谏留中疏》，弹劾魏忠贤窃弄朝权，“必有伏戎援奥之奸”，遭到报复而贬职调外。天启五年（1625 年）又作《黄芝歌》被夺籍勒归为庶民。

崇祯初诛灭魏党，郑鄤复官起用，又困讥阉党余孽而再次受诬，并被伪构“逼父杖母不孝罪”而下狱，遭腰斩碎尸之刑，成千古之冤。郑鄤早年讲学于东林书院，修学以经、史为主。著有《禹贡注》《中庸说》《大学意》《论语咏》《孟子略》《诗书论世》《论语笔解》《峚阳草堂文集》等十余种。清《武进阳湖合志》有传。

恽日初（1601—1678）明末清代诗人、画家。武进上店人。明崇祯六年（1633 年）副榜贡生。十六年上书《备边五策》未被朝廷采纳，浩然而归故里。明末带领次子恽恒和三子恽格，携图书千卷隐居天台山。清顺治六年（1649 年）携二子投王祈义师抗清，兵败潜回故里，讲学道南书院。其能文善诗，更以画作名世。著作有《恽逊庵先生文稿》《不远堂诗文集》等十余种。《清史稿》有传。

唐宇昭（1602—1672）明末清初诗人、画家。武进陈渡桥（今属常州市区）人，唐顺之长孙。明崇祯九年（1636 年）举人。自幼承家学，后从孙慎行学诗文，又宗陈元素学书画，积淀日深自成一家。重友笃谊有雅量，常与同邑恽南田、常熟王石谷等会于半园四并堂，切磋画艺诗韵，更有大进。对“毗陵画派”和常熟“虞山画派”的创立有不没之功。著作有《拟故宫词》《桃花笑传奇》《月午词》等。清《武进阳湖合志》有传。

吕　宫（1603—1664），字长音，一字苍忱，号金门，武进县城马山埠（今常州前后北岸历史文化街区）人。清顺治四年（1647 年）丁亥进士第一（状元），授秘书院修撰，升右中允，迁秘书院学士、吏部侍郎。顺治十年授弘文院大学士（宰相）。越年受命编修《资政要览》，书成后加太子太保。十二年因病上辞疏，康熙三年（1664 年）卒于家。吕宫为官矜尚气节，能持大体，不立异同，为人称道，大学士范文程称其为“本朝第一人物”。著作有《五经辨讹》《群书通解》等，但交与门人吴侗校理时，不慎尽皆遗失。《清史稿》有传。

杨廷鉴（1603—1665）明末学者。武进前黄人。明崇祯三年（1630 年）庚午乡试，摘得头名。后曾两应会试，但未能登榜，入京随张玮学。崇祯十六年殿试第一为状元，授翰林院编修，明亡后归里隐居，一度受聘为江宁府学教授，擅文学、经术，工书法。著有《静山日抄》《静山诗》《东皋草堂集》等。

庄同生（1627—1679）清初画家、藏书家。武进人。顺治四年（1647 年）进士，授翰林院检讨，升右允。康熙十年（1671 年），转左庶子兼翰林院侍读，声望日重时突然抱病卒于任上。其工诗善书，画作长于山水，所画骏马颇得顺治帝赏识，赏赐御前金碗等物。又致力训诂校勘，曾着手仿《永乐大典》例，手自纂辑类书数百卷。著作有《澹庵集》《红窗百咏》《长安春词》等。清《武进阳湖合志》有传。

董以宁（1629—1670）清代学者、诗人。武进人。初喜为歌词与排律文，后专攻于诗。数年后又着力于古文词，天文、历象、乐律、方舆多有阐发。创作的诗歌作品中折射出时代影子和烙印，表现形式范围宽泛，在清代诗坛有一定影响。与陈玉璂、邹祇谟、龚百药合称“毗陵四家”。著有《正谊堂诗文集》，存诗近 800 首。清《武进阳湖合志》有传。

恽　格（1633—1690）字寿平，号南田。清初著名画家、诗人、书法家。武进上店人。8岁作《咏莲花诗》，令塾师惊叹。初从堂伯父本初学画山水，后改习花卉，学北宋徐崇嗣“没骨法”并有所创新。为“常州画派”创始人，被列为清初六大家之一。其诗、书、画相得益彰，精妙绝伦，有“南田三绝”之高誉。著有《南田诗草》《瓯香馆集》《寿平尺牍》等。《清史稿》有传。

杨文言（生卒年不详）字道声，别号南兰外史，清武进人。少聪颖勤学，于学无所不窥，尽得其父杨瑀家传，通《易学》，精历算。曾游于闽中，为耿精忠部下幕客。晚年依徐乾学最久，终隐于乡里。毕生以著述讲学为事，著有《历象本要》《握奇发微》《南兰纪事诗》等。

陈玉璂（1636—1700）清代文学家、诗人。武进人。康熙六年（1667年）进士，官内阁中书。康熙十七年，因“北闱事”革职回家。毕生致力于著书和乡邦文献的整理。陈玉璂少有大志，苦学不息，凡天文、地理、兵刑、礼乐、河渠、赋役诸大事，莫不讲求烂熟。写诗作文下笔千言，旬日之间稿纸尺高，撰史论达数百卷。其作与董以宁、邹祗谟、龚百药之文刻印合称《毗陵四子文》，著有《学文堂文集》《诗馀》等。清《武进阳湖合志》有传。

邵长衡（1637—1704）清代文学家、诗人。武进政平人。9岁能文，康熙年间到京师，声名彰著。受顺治十八年（1661年）“江南奏销案”牵连，庶身在乡。其散文作品取法唐宋诸大家，为文简练质朴，传记峻洁有法。诗歌题材广泛，格调高古，主张博采众长，形成自己的创作风格。著有《明十家文钞》《邵青门文录》《邵子湘全集》等21种。《清史稿》有传。

杨大鹤（1646—1715）清代著名学者，字艺田。武进前黄人，状元杨廷鉴之子。康熙十八年（1679年）进士，改庶吉士，授翰林院编修，官至左春坊左谕德。督学顺天时遭忌者所劾，罢官归里。其幼承家学，所学以史学、诗词见长。在朝时奉命与修《渊鉴类函》，为清代重要官书，并著有《芝田诗草》《稻香楼词》等。清《武进阳湖合志》有传。

陈　炼（1645—1715）字道柔，所居名西林，学者称西林先生，晚号半缘居士，清武进人。以教授为业，邑内文士徐永宣、杨椿等皆为其弟子。长经史之学，尤善古文诗词，有晚唐之遗风。著有《印言》《印说》《西林诗集》《西林文集》《醉饮雅集编》等。

恽　冰（生卒不详）约在清雍正、乾隆时期，字清於，又字浩如。号南陵女史，亦署南兰陵女子。武进马杭人。恽氏画家中名噪一时、声誉较高、传世作品最多的女画家。乾隆时，总督尹继善将恽冰的画“进呈孝圣太后，高宗见赏，题诗嘉奖，声誉大起”。其画迹有《仿王若冰花鸟图》、1927年上海商务印书馆出版《清於女史仿宋人花果真迹》影印本、上海博物馆藏有恽冰《花卉画册》等。

钱名世（1660—1730）清代著名学者。武进人。康熙四十二年（1703年）进士，授编修，历官至翰林院侍讲。雍正四年（1726年），因作诗为同科进士年羹尧歌功颂德，被雍正究治，革职逐还，成为清代文字狱中最著名的受害者。其幼承家学，工诗能文，参与《佩文韵府》

的修纂，参与编修《渊鉴类函》和《骈字类编》等官书。著作有《古香亭诗集》《钱名世诗选》等。《清史稿》有传。

庄令舆（1662—1740）清代诗人。武进人。康熙四十一年（1702年），作五经文二十三艺为皇上所赏识而赐举人。康熙四十五年进士探花，改翰林院庶吉士，授编修。康熙五十三年（1714年）任浙江乡试副主考官，以亲老辞官。归里后以授徒著述为业，学生中有许多科考出仕者。著有《双松晚翠楼诗抄》《毗陵唱和集》《毗陵六逸诗钞》等。清《武进阳湖合志》有传。

赵熊诏（1663—1721）清代官吏、学者。字侯赤，一字裘萼，江苏武进人，赵申吉之子。康熙四十八年（1709年）举进士第一（状元），授编修。后以大臣子效力西陲，督运者再，节运费归公，人服其才守。官至翰林院侍读，以父忧归，哀毁卒。熊诏生平笃恩义，工诗文，通籍后，肆力天文勾股之学。著有《裘萼公剩稿》3卷，《四库总目》附刊于其父恭毅剩稿之后。

庄　楷（1667—1735）清代诗人。武进县人。康熙五十二年（1713年）进士，改翰林院庶吉士，授编修，升国子监司业，实录馆纂修。雍正元年（1723年）任四川乡试正考官，二年任会试同考官。后以老致仕。庄楷年少即以诗名传闻乡里，康熙南巡时闻其诗名谕召进见得嘉奖。其诗出于唐宋长律，崇尚李商隐和陆游诗风。著作有《蓼原山房诗集》《十笏斋诗》等。清《武进阳湖合志》有传。

董大伦（1666—1705）字敷五、畴叙，号叔鱼。清诸生，在毗陵六逸中，其年最少。四岁成孤儿，学习勤奋，师从钱陆灿学诗。参与同乡文友“浣花会”作诗，其咏诗为时人称赞。著有《梅坪诗钞》3卷。

徐永宣（1674—1735）清代著名诗人。清阳湖人。康熙三十九年（1700年）进士，初授部曹，官至户部主事。其淡于仕进，辞官家居数十年，肆力于诗古文辞，早年诗作刻入《江左十五子诗选》，人称其有“晚唐风韵”。曾召集同社19名诗友举行苏轼六百年纪念祭，留下一批悼苏诗作。著有《醉吟雅集》等。又收恽格、胡香昊、陈炼、唐恽宸、董大伦、杨宗发等六人诗，撰《毗陵六逸诗钞》23卷。清《武进阳湖合志》有传。

赵彪诏（1678—1769）清代历史学家。武进人。雍正九年（1731年）入蜀摄会理州事，雍正十一年补遂宁县丞。无意仕途求进，专志于稽古积学，年60辞官归里。在乡期间，倾力搜集稗官小说、习俗谚语、里中史事，其积存的大量史料，乾隆三十年（1765年）为编纂《武进县志》《阳湖县志》所选用入志。著作有小说《鬼话》《神话》《稗俎》等，另有《悔亭诗话》《萧斋落落词》《毗陵百家诗钞》等。

钱人麟（1689—1772）清代学者。武进人。康熙五十九年（1720年）举人，代理浙江淳安知县，后调黄岩、铜庐、萧山等县。任上以海瑞自励，颇有政绩。乾隆九年（1744年）因赈济灾民，得罪上官下狱，还乡后扶持文教，从事著述。主持筹划纂修武进、阳湖两县县志。著有《毗陵科第考》《太湖风土记》等10余种，清《武进阳湖合志》有传。

恽源濬(1692—1763)清代书画家、诗人。武进马杭人。康熙年间入太学,任天津县丞,署大名府通判。后定居天津。恽源濬以书画名,其作画强调用笔的风动感,布局合理,喜欢挺拔,追求完美。花卉用色鲜艳,染法层次分明,对比强烈又交错衬托。他是恽氏家族中继恽南田后作品传世最多的画家,与当时宫廷画家蒋廷锡、邹一桂齐名,其画无论大小均与题诗、题句、诗、画、书法合页相融,成为把南田画风带到北方的主要画家。其诗擅七律,格调清新、高雅,咏花卉诗缤纷艳丽。清《武进阳湖合志》有传。

杨述曾(1698—1767)清代学者、书法家。武进前黄人。乾隆七年(1742 年)进士一甲二名(榜眼),授翰林院编修,晋侍读,曾经四典乡试。书法工蝇头小楷,曾为朝中百官书法之师,职书法总裁官。纂修《历代通鉴辑览》,为清代精纂之官书。另著有《南圃文稿》和《使车集》。清《武进阳湖合志》有传。

刘　纶(1711—1773)清代史学家、诗人。武进人。乾隆元年(1736 年)举博学宏词科第一(状元),授编修。六年预修《世宗实录》,乾隆十五年以工部侍郎兼军机大臣,乾隆三十六年授文渊阁大学士兼工部尚书。在军机处十年间,与刘统勋同为高宗倚重,有”南刘北刘“之称。其诗词功底颇深,著作有《清世宗实录》《绳庵内集》《绳庵词》等。《清史稿》有传。

庄存与(1719—1788)清代经学家。武进人。幼承家学,尤其偏好经学。清乾隆十年(1745 年)进士(榜眼)。授翰林院编修,迁侍讲学士、侍读学士,任湖北、浙江乡试主考官,乾隆辛卯恩科会试总裁。其为清代著名经学家,著作《尚书说》《周官记》等被收入《续修四库全书》。另有《乐说》等数 10 种。《清史稿》有传。

钱维城(1720—1772)清代书画家、诗人。武进人。幼承家学,习书画尤具天赋。乾隆十年(1745 年)进士(状元)及第,授翰林院撰修之后,历官右中允、侍读、侍讲、内阁学士,礼部、工部侍郎,终官刑部左侍郎。乾隆三十七年,因父亲去世回乡奔丧,哀伤劳累致旧病复发于同年去世。著作《茶山诗钞》《茶山文钞》入《四库未收书辑刊》。《钱文敏公全集》入《续修四库全书》。另编有《毗陵七子诗》。《清史稿》有传。

庄培因(1723—1759)清代学者。武进人。10 岁时通晓《五经》、《史记》,以少年秀才誉乡里。乾隆十九年(1754)进士(状元),任翰林院侍讲学士,充日讲官,起居注修撰。乾隆二十一年(1756 年)秋主福建乡试;乾隆二十三年提督福建学政;乾隆二十四年奔父丧回武进。至家仅一日因哀恸过度而卒,年仅 37 岁。其好鼓琴,工书法,善为文。每逢国家大典,凡碑、祭诸文等皆出其手。庄培因突然去世,遗文大多散失,后由其子庄述祖收拾断楮残墨,综编为《虚一斋集》存世。清《武进阳湖合志》有传。

赵　翼(1727—1814)清代文学家、史学家、诗人,字耘松,号瓯北。武进戴溪人。乾隆十九年(1754 年)会试取明通榜,会考选内阁中书,引见留用,辞教习。两年后入值军机处。乾隆二十六年(1761 年)举进士为探花。历任翰林院编修、广西镇安知府、广州知府,升贵州分巡贵西兵备道。乾隆三十七年因广州谳狱旧案议降级调用,即辞官回乡。其诗与袁枚、蒋士铨并称“江左三大家”。著作《瓯北集》《瓯北诗话》等收入《续修四库全书》。另著有《静思堂诗钞》《客窗偶笔》《唐宋以来十家诗话》等十余种。《清史稿》有传。

汤大奎(1728—1786)清代诗人。武进人。乾隆二十八年(1763年)进士,历官河南柘城、浙江德清、福建连江等知县。乾隆五十一年任福建凤山（今台湾高雄）知县。其善书工诗,少年时以“飞近马头晴雪处,立残牛背夕阳时”句一时名起。著作有《纬堂诗钞》《纬堂诗略》等十余种。清《武进阳湖合志》有传。

董　潮（1729—1764）清代诗人、骈文家。武进人。乾隆二十六年（1761）以举人入选出仕，任《通鉴辑览》纂修官。乾隆二十八年举进士，改翰林院庶吉士。后请假归里营葬，期间受县衙请，编修（乾隆）《武进县志》和《阳湖县志》。其师从赵翼，能诗善画,词作绮丽清逸有六朝气韵,“红豆诗人”由此名传。著有《红豆诗人集》《东亭诗选》等十余种。清《武进阳湖合志》有传。

管干贞(1734—1798)清诗文家。武进政平人。乾隆三十一年(1766年)进士,改庶吉士,授编修，迁御史。历外任后入京为工部侍郎，乾隆五十四年（1789年）擢漕运总督。治理骆马湖得乾隆嘉奖。嘉庆时因抗户部议“江浙白粮全运京仓”旨而革职。其能诗善画,花鸟画得恽南田真髓,尤精于设色牡丹。诗词别具一格,著作有《松崖诗钞》《五云草》《旧雨集》等十余种。《清史稿》有传。

伍宇昭（1736—1819）字青望,别号止斋,清阳湖（武进）人。诸生,少时则能吟咏,攻诗近40年，诗名重于乡里。曾客游济南十年读书稽古，所作古文得韩柳笔意。有《舣舟亭集》5卷、《毗陵伍氏合集》12卷。

管世铭（1738—1798）清代诗文家。武进政平人。乾隆四十三年（1778年）进士，授户部主事值军机处。历官户部云南司员外郎、浙江道监察御史。长于古文，深于经术，尤以能诗著名。著有《诗说》《读雪山房唐诗抄》《鸣和合籁》等。《清史稿》有传。

钱维乔（1739—1806）清代戏曲作家、文学家、书画家、诗人。武进县人。乾隆二十七年(1762年)举人。历任长兴代理知县,遂昌、鄞县知县、宁波府通判。其少时聪慧,7岁时听其父举杯偶吟“老年唯爱酒”句,应声以“少日但攻书”作对。有剧作《碧落缘》存世。著作《竹初诗钞》收入《续修四库全书》。另有《鸣秋合籁》《竹初乐府》等。清《武进阳湖合志》有传。

钱孟钿（1739—1786）清代诗人。字冠之，号浣青，乾隆年间状元钱维城之女。自幼聪慧，读书过目不忘，爱父母熏陶善绘画好吟咏，娴史事，通音律。著有《浣青诗草》《纫秋诗草》等。

洪亮吉（1746—1809）清代著名文学家、经学家、方志学家。武进县城人。乾隆三十九年（1774年）肄业于扬州安定书院，乾隆五十五年举进士第二为榜眼，历任翰林院编修、国史馆纂修、贵州学政、咸安宫官学总裁。嘉庆四年（1799年）因极言朝政失缺而谪戍伊犁，次年赦回。自号更生居士，主讲旌德、扬州等地书院。其博通经史、音韵、训诂,尤精舆地之学,诗文卓然成家,著作有《更生斋集》《北江诗话》《宁国方志》等9种,收入《四库全书》。《清史稿》有传。

赵怀玉（1747—1823）清代诗人。武进县城人。乾隆三十八年（1773 年）入四库馆任编校，乾隆四十五年高宗南巡时召试赐举人，授内阁中书。后历任山东青州府海防同知，登州、兖州知府。晚年主讲通州文正书院，陕西关中书院及湖州爱山书院。为“毗陵七子”之一。著作《亦有生斋集》被收入《续修四库全书》。另著有《云溪乐府》等。《清史稿》有传。

黄景仁（1749—1783）清代诗人。武进人。4 岁丧父，受母启蒙，8 岁时即能诗作文，17 岁应童子试取为生员。乾隆三十四年（1769 年）开始浪迹南北。乾隆四十八年逝世于山西解州途中，其挚友洪亮吉千里奔丧，扶柩归葬故里。其为“毗陵七子”之一。著作有《如无录》《两当轩诗集》《竹眠词》。《清史稿》有传。

左　辅（1751—1833）清代诗词家。武进县人。乾隆五十八年（1793 年）进士。历安徽南陵、霍邱、合肥、怀宁知县，升泗州知州，晋颍州知府、浙江按察使、湖南布政使，官至湖南巡抚。其工诗词古文，与同邑名家黄景仁、恽敬、钱季重、李兆洛、丁履恒、陆继辂为“茗柯七友”。所著诗文词集有《念宛斋文集》《念宛斋诗集》《念宛斋词钞》《书牍》等。《清史稿》有传。

孙星衍（1753—1818）清代经学家、金石学家、方志学家、目录学家。武进人。乾隆五十二年（1787 年）进士第二为榜眼，授翰林院编修。历任三通馆校理、刑部主事、山东按察使、山东督粮道、布政使。嘉庆十六年（1811 年）引疾归里，曾主讲钟山书院。其博学多通，著作巨丰。《续修四库全书》收其《寰宇访碑录》《孙渊如先生全集》等共计 39 种。另有《说文解字》等 60 余篇。主纂《庐州府志》等 9 部。

吕星垣（1753—1821）清代戏曲作家。武进县城人。历官新阳县训导、海州学正，河南邯郸、赞皇、河间知县。其工诗文辞，高古简洁，自成一家，为“毗陵七子”之一。著有以《万年辑瑞》“万”字开头的杂剧 10 种，合称为《康衢新乐府》，是典型的清代宫廷戏，被称为“案头剧”代表作之一。另著有《白云草堂诗钞》等。清《武进阳湖合志》有传。

王采薇（1753—1776）女，字玉瑛，初名薇玉，又字玉珍。武进人。孙星衍妻。好读汉晋文史。喜吟咏诗赋，善工小楷书，著有《长寓阁集》。

恽　敬（1757—1817）清代词学家，常州词派、阳湖文派创始人之一。武进人。乾隆四十八年（1783 年）举人，历任咸安宫官学教习，浙江富阳、贵州江山，山东平阳、江西新喻、瑞金等县知县。嘉庆十九年（1814 年），因遭人诬告家人得赃，遂以失察罪罢官。年轻时喜为骈文，后来致力于古文，与张惠言等同为“阳湖文派”创始人。著作有《大云山房文稿》收入《续修四库全书》。

张惠言（1761—1802）清代词学家、“常州词派”创始人。武进县人。乾隆五十年（1786 年）举人，嘉庆四年（1799 年）进士。历任景山宫官学教习、实录馆纂修、武英殿协修、翰林院编修等职。少年时习司马相如、杨雄诸家诗赋，青年时效法韩愈、欧阳修古文，致力于辟学新径，对《周易》《仪礼》的研究亦深。著作《茗柯文编》《茗柯文补编》《词选》等收入《续修四库全书》。《清史稿》有传。

刘嗣绾（1762—1820）室名尚絅堂，清代诗文家。武进县人。嘉庆十三年（1808年）进士，改庶吉士，散馆授编修。后为文颖馆和国史馆纂修，授奉政大夫，归里后主讲东林书院。幼承家学，师从杨芳灿。善诗词骈文，著作有《尚絅堂骈体文》《尚絅堂骈文》《尚絅堂诗集》等。清《武进阳湖合志》有传。

戈裕良（1764—1830）阳湖（今洛阳镇东陈戈家头）人。家贫，自幼帮人造园，人称“花园子”。遂以种树累石为业。营造名园有苏州虎邱榭园、苏州环秀山庄、南京五松园、常熟燕园黄石假山、扬州意园小盘谷、如皋文园，以及有“淮南第一园”之名的仪征朴园。在家乡于清嘉庆五年（1800年），为洪亮吉建西圃，亮吉题瑟赠七绝三首。裕良叠石，相石就形，构图于胸，奇峰万变，不损一石，改革传统石板架洞之法，创大小石钩带联络一法，使洞壑浑成，顶壁一气。苏州环秀山庄被列入全国重点文物保护单位和联合国科教文组织世界文化遗产。

张　琦（1764—1833），初名翊，又名与权、季鹰，字翰风，又字玉可，号宛鄰，又号默成居士。清阳湖县定西乡德安里人。工诗文、书法，精舆地、校勘，旁通医、兵。文名与兄惠言并列，人称“毗陵二张”。合编《词选》，开创了常州词派。嘉靖十八年（1813年），50岁中举人，以誊录议叙知县。60岁以后，历任山东邹平、章邱、馆陶等县知县，主县政11年。著有《宛鄰文》《宛鄰诗》《立山词》《鸳鸯剑》《战国策释地》《素问释义》《宛鄰杂著》《兵家杂著》《本草述录》等12种。生四女荟萃一门，才名满天下。诸集均录《清史稿·艺文集》。道光年间有《阳湖张氏四女集》辑本。

李兆洛（1769—1841）清代方志学家、文学家、经学家。武进县人。嘉庆九年（1804年）乡试第一名，被誉为“江南名解元”。翌年会试中式，殿试第五名进士。授翰林院庶吉士、武英殿协修。嘉庆十三年（1808年）散馆朝考一等第七，授安徽凤台知县。嘉庆十九年（1814年）因父丧休官归里，后以教授为业，先后主讲安徽真儒书院、敬敷书院和江阴暨阳书院。其著《养一斋文集》《骈体文钞》等收入《续修四库全书》。

丁履恒（1770—1832）清代文学家。武进人。嘉庆六年（1801年）被选拔为贡生，授赣榆县学教谕。道光七年（1827年）任山东肥城知县。擅诗文，工词曲，与同里黄景仁、恽敬、钱季重、李兆洛、左辅、陆继辂为“茗柯七友”。著作有《写韵斋集》《思贤阁词草》等17种。清《武进阳湖合志》有传。

恽　珠（1771—1833）字星联，号珍浦，晚号蓉湖道人，又称蓉湖散人，自称毗陵女史，清代江苏武进（今常州）人。恽寿平族孙女，肥乡典史毓秀女，满州泰安知府完颜廷璐妻，能诗善绘，闺中有“绝”之目。教子有成，子完颜麟庆，官至河南总督。著有《红香馆诗词草》，纂有《兰闺宝录》及《国朝闺秀正始集》，并传于世。

陆继辂（1772—1834）清代诗人，剧作家。武进人，举人。46岁时任安徽合肥县学训导。后任江西贵溪知县，3年后因病归乡。一生写诗4000多首，为“茗柯七友”之一。生平于诗致力最深，比兴之旨，道源三百，格律时出入于中。其著《崇百药斋文集》收入《续修四库全书》。

刘逢禄(1776—1829)清代经学家、“常州学派”奠基人。武进县人。嘉庆十九年(1814年)进士，选翰林院庶吉士，散馆改礼部主事，道光四年（1824 年）补仪制司主事。少从外祖父庄存与，专治《春秋公羊传》，晚年精研韵学。著作《刘礼部集》《词雅》《八代文苑》等 49 种 210 余卷。《清史稿》有传。

汤贻汾（1778—1853）清代戏剧家、书画家、诗人。武进人。历官凤阳守备、浙江抚标营参将、乐清副将、温州副总兵，后病归寓居金陵。咸丰三年（1853 年）太平军攻江宁，城陷时作绝命诗后投池殉职。汤贻汾虽任武职，却多才多艺，其画在清代山水画史与戴熙并称“绝艺”。著有杂剧《逍遥巾》《双补恨》。《琴隐园诗集》收入《续修四库全书》。

宋翔凤（1779—1860），字虞庭，一字于庭，江苏长洲（今苏州）人。其母是庄述祖之妹，其常随母至常州，得闻庄氏今文经学。嘉庆五年（1800 年）中举人，选为泰州学正，历官湖南新宁（今资兴）、耒阳等县知县。咸丰九年（1859 年）以名儒重宴鹿鸣，加衔为知府。著有《论语郑注》《大学古义说》《孟子赵注补正》《孟子刘熙注》《四书释地辨证》《卦气解》《尚书说》《尚书谱》《尔雅释服》《小尔雅训纂》《五经要义》《五经通义》《过庭录》以及《论语发微》《经问》《朴学斋札记》等。

董士锡（1782—1831）清代词家、阴阳家。武进人。幼从母受《孝经》及就外傅读诸经史，悉能通解有体会。16 岁时随舅父张惠言学，古文、辞赋、诗词皆精，有殚心于阴阳五行家之言数十载，所得甚深。曾座馆张敦仁、阮元等处，又力主南通紫琅书院、扬州广陵书院、泰州书院讲席，深得文人雅士敬仰。他在常州词派前后期代表人物张惠言和周济之间，起到承前启后，继往开来的作用。著作有《蓉影词》《萍聚词》等十余种。清《武进阳湖合志》有传。

方履篯(1790—1831)清代金石家、方志学家。武进人。嘉庆二十三年(1818 年)举人，道光六年(1826 年)任福建永定知县，调闽县知县。博学多通为奇才，所作骈体文沉博绝丽。曾行程万里搜访金石碑刻近万种。著作有以其“万善花室”为名的杂著、文稿、诗集、词集、骈文钞等共 17 种。清《武进阳湖合志》有传。

陈　森(1796—1780)字少逸，号采玉山人，清武进人。早年科举不得志，道光三年(1823年)游京师，入兵部尚书汪氏幕中，常出入青楼搜集异闻，创作传奇小说。著有《品花宝鉴》60 回，又名《燕京评花录》，另有《梅花梦传奇》。

汤成烈(1805—1880)清代史志学家，阳湖学派、常州词派重要成员，方志学家。武进人。道光二十一年（1831 年）举人。历任浙江武康、永嘉、仁和知县，玉环同知，为官期间以办学兴教为急务。同治二年（1863 年）归里后，执教延陵书院十余年，致力于培养真才实学经世之才，著有《桑梓潜德录》《毗陵历代传史》《古今诗词》《杂记》《右藤书屋文集》等共计 33 种。清《武进阳湖合志》有传。

左锡璇（1829—1895）女，号芙江。武进人。左锡璇幼受教于张孟缇，工诗词，善书画，画宗恽寿平，花卉、竹石，秀逸有致，而书法尤精。后人藏一书联："傍人鸥鸟自然熟，到处藤花无数开。"其书法字字挺拔，笔笔扎实，看得出有着娴熟的技艺和深厚的功力，在古代女子书法中实属少见。其著作有《碧梧红蕉馆诗》《碧梧红蕉仙馆词》《常州历代女子诗词选》中有其24首诗词。

盛宣怀（1844—1916）近现代实业家、教育家，字杏荪，号愚斋。武进人。同治九年（1870年）入李鸿章幕，历任轮船招商局督办、中国电报局总办、中国红十字会会长、邮传部尚书等。光绪二十二年（1896年）起，相继接办汉阳铁厂、大冶铁厂、萍乡煤矿，创办中国铁路总公司，中国通商银行，曾经创办两所大学。工诗文，致力于乡帮文献，光绪中曾延缪荃孙刻本，成《常州先哲遗书》初集和续修共72种749卷。著作有《盛杏荪宫保尺牍手迹》《三公奏议》《盛氏图书馆善本书目》《皇朝经世文续编》《愚斋存稿》等。

黄山寿（1855—1919）清宫廷画师、近代画家。武进人。自幼喜糙笔涂鸦，十余岁即有画名，后受业糜准门下，画技大进。光绪初被召入宫廷为画师。清亡后寓居上海，以画为业。其花卉画继承"没骨"笔法，又不失自己心得个性，为清末民初上海滩书画界屈指可数的全能型大家。代表作有藏于北京故宫博物院的《群仙祝寿图》12屏，藏于上海博物院的《秋山飞瀑图》和《仿古贯道石壁疏松图》《课子图》等。

屠　寄（1856—1921）近代史学家。武进人。光绪十八年（1892年）进士，改庶吉士，散官授工部主事，出任淳安知县，京师大学堂教习等职。辛亥革命后任国史官总纂，光复后推为武进民政长。后又任武进积谷总董、武进水利筹备处总董、武进红十字会会长。工诗词骈文，曾汇刻《国朝常州骈体钞》。后改攻史志学，所撰《蒙兀儿史记》对《元史》多有补正，为史学名著。另有著作《结一宧骈体文》《结一宧诗》等6种。

陈　范（1860—1913）近代社会活动家、报人。武进人。清光绪十五年（1889年）举人，光绪十七年任江西铅山知县，因揭析科场弊案得罪江西巡抚而革职。光绪二十六年在上海接办《苏报》，因发表邹容《革命军（自序）》和章太炎《序（革命军）》等文被查封。后流亡日本。辛亥革命后任《太平洋报》《民主报》编辑。著作有《烟波吟舫诗存》《映雪轩初稿》《东归行卷》《卷帘集》《息庵集》《夜梵集》《沧波听雨集》等十余种。

陆尔奎（1862—1935）《辞源》主纂。武进雪堰雅浦人。清光绪十七年（1891年）举人，在北洋学堂、南洋公学任教，受聘为广西浔阳书院山长。曾两次被公派日本考察教育，回国后创办两广游学预备科。清光绪三十四年受上海商务印书馆聘，主持编纂政法类书。经过8年努力，编成400多万字的《辞源》。继后又负责编纂辞典类书中较为规范完整的《学生词典》。

吴稚晖（1865—1953）近代学者、教育家。武进雪堰桥人。清光绪十八年（1892年）中举，光绪三十一年加入同盟会，1912年（民国元年）应孙中山邀至南京参与国政。1924年当选为国民党中央监察委员。1925年孙中山先生逝世，其受托起草闻名于世的《总理遗嘱》。曾经先后担任上海南洋公学校长、上海国语师范学院院长、法国里昂中法大学校长。1953 年病逝于台北。1962 年联合国科教文组织第六十一届大会，推荐其为“世界百年文化学术伟人”。著述有《客座谈话》《上下古今谈》《注音符号作用之辨证》《稚晖文存》等。

李伯元（1867—1906）字宝嘉，近代文学家，清末“四大谴责小说家”之一。武进人。光绪十九年（1893 年）秀才，光绪二十二年去上海，先后创办《指南报》《游戏报》《世界繁华报》，以“痛哭流涕之笔，写嘻笑怒骂之文”，为报界之风别辟一门，成为晚清小报的开创者；光绪二十九年主编商务印书馆《绣像小说》半月刊，并组织“艺文社”、“书画社”等。其著《官场现形记》宣传改良主义思想，揭露清朝官场的黑暗腐败，为晚清著名谴责小说。另著有《海天鸿雪记》《活地狱》《庚子国变弹词》《醒世缘弹词》等 9 种。

李　仁（1868—1922）女，武进人。汤派花卉创始人汤世澍甥女。幼时得舅氏教，工诗词书画，创针画象真绣驰名于世。1912 年（民国元年）创办女子职业学校，为职业教育之先河。1919 年在大庙弄创办女子刺绣专业学校，该校所作象真绣针画，曾在巴拿马、费城万国博览，历届中华职业教育社出品展览会展出，并获江苏省出品展览暨苏常道物品展览会金奖、银奖、奖状百余件。

汪文溥（1869—1925）武进人，举人，擅诗、古文，精书法。清光绪二十四年（1898 年）在上海任《苏报》馆主编。宣统三年（1911 年）11 月，参加民社、南社、欧社，在沪主编《民声日报》《中华实业报》，常在这些刊物及《南社丛刊》上发表社论和诗词。余暇涉足梨园，因推崇梅兰芳、陆子美的唱腔，特编《梅陆集》在社会上流传。1913 年（民国 2 年）陈范去世后，汪为他整理出版遗集《映雪轩初稿》《烟波吟舫诗存》《蜕翁余稿》等。著有《来台集》《汪文溥日记》及《桃源痛史》等著作存世。

唐　驼（1871—1938）原名守衡，武进人。少年时即致力书法，寒暑无间，习字过勤，致曲偻隆背，乃更名为“驼”。先后受文明书局、商务印书馆聘写教科书等影印底版。民国后，入中华书局，主持印刷所，以终其身。书法宗欧柳，以擅写市招、联额名于时。在常建安邦小学，在文在门外锁桥湾原唐安邦孝子祠改建成暂园。著有《兰蕙小史》3 卷。

张春帆（1872—1935）名炎，别署漱六山房，武进人，著名鸳鸯蝴蝶派小说家。早年曾考取秀才，科举废止后，转读政治、法律、后任广东法政学堂教习。辛亥革命后，大部分时间在苏州、上海卖文为业。1928 年（民国 17 年）在上海创办《平报》（三日刊）。先后在《十日小说》《社会日报》《明星快报》《新上海》《上海画报》等报刊上发表言情小说。

许指严（1875—1923）近代文学家、掌故小说家。武进人。幼承家学。清光绪二十九年（1903 年）应同邑盛宣怀邀，任南洋公学国文教员，辛亥革命后任金陵高等师范学校教员。1919 年（民国 8 年）主编《小说月报》，风行一时。《清秘史十叶野闻》是其代表作。著有《近十年之怪现状》《南阳女侠》《香妃异闻》《梅花岭轶事》《京华新梦》

等掌故小说40余部。

钱名山（1875—1944）字振锽，近代诗人、书法家。武进人。清光绪二十九年（1903年）进士，以刑部主事用。屡上书言事，均留中不发。宣统元年（1909年）弃官回乡，以读书、教书为业，兼以卖字为生。讲学寄园20年，时为邑内名儒。平生好善尚义，多次卖书画救灾，有不屈民族气节。作诗风格独特，有“常州诗伯”之誉。书法极负盛名，文学作品著有《名山集》《名山词》《谪星诗草》等十余种。

袁励准（1877—1935）近代书法家、收藏家。武进人。清光绪二十四年（1898年）进士，授编修。光绪二十八年任京师大学堂监督；光绪三十一年又奉召负责创办高等实业学堂（北京大学工学院前身），并被任命为监督（校长）。1912年（民国元年）任清史馆编纂，后又任辅仁大学美术系教授。其能书善画，中南海“新华门”三字即出其手。著作有《中华墨录》《西山游记》《南游日记》等。

龚铁梅（1877—1969）湖南长沙人。毕业于长沙师范学校。1923年（民国12年），与武进籍冯兰英结婚，从此常来往于上海与常州之间。创作丈二大幅花卉、人物、山水通景屏，行销泰、美、英、法、德等国。1930年，创作的《蜈蚣》《花卉》《人物》为上海《墨海潮》第三期选刊。1935年在沪创办铁梅学校，任校长。1937年，遂定居常州。1956年由江苏省国画院聘为副画师，所作《芭蕉八哥》由江苏文艺出版社出版。

恽铁樵（1878—1935）近代学者、名医。名树珏，字铁樵，别号冷风、焦木、药庵、黄山民，清末民国间武进孟河人。光绪二十年（1894年）考取秀才后就读上海南洋公学，毕业后执教上海浦东中学。曾在上海《小说月报》上发表创作的短篇小说和翻译的长篇小说，后任商务印书馆《小说月报》首任主编，中年后弃文从医。先后翻译《豆蔻葩》等十八部西方小说。

吴　楠（1880—1941）字伯乔，武进人。从小爱好京戏，曾与管亦仲、程诗南等结为票友，经常酬相唱和。清光绪三十二年（1906年），被公费派往日本东京高等商业学校留学，迷上日本流行的话剧。光绪三十三年初，与留日的李叔同、唐肯等发起成立中国第一个话剧团——春柳社。排演警俗劝世的《黑奴吁天录》新剧。辛亥革命前夕，回到上海先后参加新剧同志会分别在杭州、苏州、常州等地巡回演出《家庭恩怨记》《恨海》等80余个剧目，为新剧事业推广作出重要贡献。1935年（民国24年），因年迈不宜登台，卜居上海，与张古愚、郑过宜等人编辑《戏剧旬刊》，专事戏剧评论。

冯超然（1882—1954）号涤舸，近代书画家。武进鸣凰港东人。从小酷爱绘画，十三四岁开始卖画。早学仕女，以唐寅、仇英为法，笔墨醇雅；后攻山水，上溯董源、巨然，明学文征明，清学“四王”（王原祁、王时敏、王鉴、王翚），情致温婉，秀逸风雅，所画人物、仕女、花鸟、昆虫、走兽，无不神韵兼备。一生以卖画为生，20世纪三四十年代即闻名海内，在上海画坛有“三吴一冯”（吴湖帆、吴待秋、吴子深、冯超然）之称，与吴昌硕、吴湖帆、顾鹤逸、陆廉夫交往颇多。他淡泊名利，以“荣枯何足计，闻达亦非求”，表达胸襟。此外，还善诗工书法，行草篆隶皆有神韵，偶然治印，也精美绝伦。传世作品较多，上海博物馆藏有他的《仕女捧桃图》《岁寒图》《柳江秋燕图》；另有《冯超然临严香府山水册》《冯涤舸画集》传世。

吕思勉（1884—1957）近代史学家、教育家。武进县城人。清光绪二十五年（1899年）入县学，光绪三十三年开始专攻史学。学成后先后在南通国文专修科、沈阳高等师范学校、上海甲种商业学校、苏州东吴大学、江苏省第一师范学校、沪江大学等任教。1926年（民国15年），任上海光华大学国文系、历史系教授兼系主任。抗战期间返乡在湖塘桥青云中学、坂上辅华中学任教。其《白话本国史》是商务印书馆发行量最大的一部中国通史。著作有《中国通史》《秦汉史》《两晋南北朝史》《隋唐五代史》等十余种计800余万字。还著有《宋代文学》《中国文学史选文》等数十种。

陆镜若（1885—1915）武进雪堰人。清光绪三十三年（1906年）留学日本帝国大学，攻读戏剧文学和舞台艺术时，迷上日本“新剧”（话剧，又名文明戏），拜“新剧派”滕泽浅二郎、伊井蓉峰为师，学习编导、表演、化妆等，并与吴我尊、欧阳予倩推广“新剧”，成为春柳社主要领导之一。宣统三年（1911年），陆镜若毕业回国，与马绛士、欧阳予倩等在上海发起成立新剧同志会，并担任会长。自编自导上演《家庭恩怨记》等剧目。除在上海多个舞台演出，还率领新剧同志会到长沙、杭州、苏州、无锡、武进等地演出，把新剧推广到全国。其主要作品有《猛回头》《鸣不平》《热血》《生相怜》《文明人》《亡国夫人》等多部新剧。

王嘉大（1885—1964）锡剧创始人，锡剧演员。武进县湖塘人。清光绪三十一年（1906）拜滩簧名艺人高福林为师，因嗓音宏亮，吐字纯正，有“满天红”之雅誉。1919年（民国8年）赴上海演出。期间改编、整理、上演剧目有《珍珠塔》《十五贯》等十余种，完成滩簧到锡剧之间的过渡。中华人民共和国成立后，他挖掘、整理、编写《十美图》《白蛇传》等十多个传统戏和折子戏脚本。1958年以后，致力于举办锡剧骨干培训，参与创办锡剧艺校，培养锡剧表演人才。1964在无锡寓所整理剧本时，因中风去世。

田顺坤（1888—1966）武进人。民间故事大王。出身于农村贫苦家庭，从小父母双亡，流落四乡，靠为雇主放牛、割草、种田维持生计，过着食不果腹的日子。他没有读过书，目不识丁，但记忆力极强，最喜欢听人讲“古今”。日积月累，积累大量素材，然后，根据自己想象，融入民间文艺元素，“添油加醋”，巧舌如簧，自己开始讲故事，唱歌谣，吸引大量听众。其一生无子无女，将全部乐趣寄托在讲“古今”，唱俚歌上，为常武地区地道道的故事大王。许多故事，因没有人整理，湮没在尘埃之中。《盘古开天辟地》《月亮里的娑婆树》《秦始皇与绿杨》《苏东坡妙释灯谜》《唐荆川与独轮车夫》《乾隆皇帝红梅阁吟雪》《梳篦始祖歌》等30余则，20世纪80年代被先后选编进市、省和全国民间文学三套集成之中。

陈衡哲（1890—1976）中国教育史上第一位女教授。中国现代第一位女作家、中国新文化先驱之一。祖籍湖南，生于武进。清光绪三十二年（1906年）入上海爱国女校学习，1914年（民国3年）考取清华大学并获得第一届留美女生资格。先后就读纽约瓦沙女子大学和芝加哥大学。1920年回国后，先后任北京大学、南京东南大学、北京女子师范大学、四川大学教授，曾任商务印书馆编辑。主编《中国文化论丛》引起国外学者的强烈反响。著作有《小雨点》《衡哲散文集》《一个中国女人的自传》等。

张肖伧（1891—1978）原名照，字藜青，武进人，从小受父亲影响，喜欢昆曲。1912年（民国元年）考入北京中国银行工作，在京期间酷爱京剧。1954年病退回常州居住，曾任常州市文联委员、常州市政治协商委员会委员、常州市人民代表等。曾编著出版《菊部丛谈》。主编《武进商报》"戏剧特刊"专栏，任《半月戏剧》《戏剧旬刊》编辑等。1956年春，参与常州市锡剧团《双珠凤》剧本的加工。其兼好书画，尤好扇面，精于鉴赏，有古今名家、艺人字画藏品300余件。

吴　瀛（1891—1959）近现代文学家，博物学家。武进人。早年就读于浙江大学堂、湖北方言学堂。1924年（民国13年），任清室善后委员会顾问，后任故宫博物院常务委员、北洋政府内务部科长、北京市政府秘书、故宫博物院代总务长。1949年任上海文物管理委员会委员。其工诗词，擅书画、精于文物鉴赏，爱好文学创作。青年时著有《吹万室诗草》、《风劲诗草》等。在故宫博物院任职期间主编《故宫周刊》《故宫书画集》《故宫盗宝案真相》等。后又创作话剧《长后殿》，电影剧本《章台柳》。

赵元任（1892—1982）语言学家、音乐家。武进县城人。清光绪二年（1910年）考取清华学校留美官费生，十年间获得哈佛大学哲学博士、普林斯顿大学文学博士、加利福尼亚大学法学博士、俄亥俄州立大学人文博士学位。1925年（民国14年）回国后，在清华大学国学院任教，与梁启超、王国维。陈寅恪并称该院四大导师。其在语言学方面的成就，世界学术界称其为"博学的汉学家、天才的语言学家"。他酷爱音乐，有"中国的舒伯特"之誉。出版的音乐著作有《民众教育歌曲集》《行知歌曲集》《赵元任歌曲集》《赵元任音乐作品全集》等。

李定夷（1892—1963）字健卿、健青，别署墨隐庐老人，武进人。早年肄业于上海南洋公学。辛亥革命后任上海《民权报》《中华民报》编辑。1914年（民国3年）起，先后任《小说丛报》月刊编辑、国华书局总编兼《小说新报》月刊主任、《消闲钟》编辑。中华人民共和国成立后，聘为上海文史馆馆员。所著鸳鸯蝴蝶派文言小说《美人福》《自由花》《李著十种》《定夷丛刊》《定夷小说集》等誉为代表作。另有《清代外交大事记》传世。

周甫艺（1893—1932）锡剧艺人。武进人。1913年（民国2年）春从王嘉大学艺。尝于农忙时收集民间唱篇30余，加工成首批"赋子"。专演小生，唱词皆自编。拿手戏有《珍珠塔》《双珠凤》等。

洪　深（1894—1955）戏剧家、影剧实业奠基人。武进县城人。清光绪三十二年（1906年）就学于上海徐汇公学和南洋公学，1912年（民国元年），考入清华学校，1916年公费留学美国俄亥俄州立大学。1922年回国后曾参与和领导"复旦剧社"和"戏剧协社"。中华人民共和国成立后，历任中国文学艺术界联合会主席团委员、中国戏剧界协会副主席、国务院对外文化联络局副局长等职。一生中创作的电影剧本有《旧日京华》等38部，创作和翻译话剧剧本《五奎桥》等55部，导演《冯大少爷》等电影9部，并撰写影剧理论著作《电影戏剧表演术》等12部。

孟宪承（1894—1967）学者、民众教育家。武进县人。上海圣约翰大学毕业，公费出国留学，获美国华盛顿大学硕士学位，又进英国伦敦大学深造。1921年（民国10年）回国后在南京东南大学和上海圣约翰大学任教。分别担任清华大学、中央大学、北京师范大学、江苏教育学院讲师，浙江大学文学院长。中华人民共和国成立后，先后担任华东行政区教育部部长、上海市教育学会会长、华东师范大学校长等职。在学术界具有影响的著作有《民众教育》《教育概论》《教育通论》等10余部。

恽代英（1895—1931）近现代理论家。祖籍武进小河石桥湾。1913年（民国2年），考入武昌中华大学预科班，两年后转入中华大学哲学系。其间参与创办《妇女杂志》《妇女时报》《家庭教育论》。1921年任安徽宣城省立师范学校教务主任，后任四川泸州州南师范学校校长。1923年任团中央执行委员，与邓中夏创办《中国青年》并担任主编。1927年8月，主编《红旗杂志》。在其参加社会活动到牺牲的十余年间，撰写理论文章500多篇，遗著有《恽代英文集》。

杨守玉（1896—1981）女，武进人。早年从表姐学传统刺绣，1914年（民国3年）入武进县立女子师范，毕业后在丹阳正则女子中学任绘画兼刺绣教师，从1916年起，任该校绣科主任。抗日战争时，学校内迁，兼任重庆国立艺专副教授。中华人民共和国成立后，一度应聘苏州刺绣学校任教，因病回常州任工艺美术研究所刺绣艺术顾问。杨守玉一生致力于绘画刺绣。自创“乱针绣”后，进而发展成“虚实乱针绣”、“双面乱针绣”、“双面异样绣”和“双面三异绣”等刺绣技法。代表作品有《列宁与农民》《斯大林像》《毛泽东像》《冬宫》《狼牙山五壮上》《白求恩大夫》《拙政园》《西园》《寄畅园》《我爱公社小羊羔》《小猫》《小狗》《少女》《蒙娜丽莎》等，有的被选送国内外展览，有的被作为国家礼品赠送外国贵宾。《罗斯福像》现藏美国艺术馆。

梅金海（1896—1964）锡剧艺人。武进人。13岁学唱滩簧。自1938年（民国27年）始，自组“梅家班”。主要成员有其妻白玉秀，妻妹白玉芬，连襟宋元昌，表侄杨风清，女儿梅兰珍、梅玉珍、梅桂珍等20余人。备有小船一只，并在常州小南门建有“广化戏院”一座。常演剧目有《龙凤锁》《珍珠塔》《玉连环》《白蛇传》《王华买父》及连台本戏《樊梨花》等。他治艺甚严，课徒有学得“像”、学得“快”、学得“宽”的“三字经”。他培养出被称为滩簧坤旦“三鼎甲”之一的白玉秀、被称为“锡剧皇后”的著名表演艺术家梅兰珍。

刘海粟（1896—1994）画家、书法家、艺术教育家。武进城区人。13岁离家到上海学国画，清宣统二年（1910年）回武进城内创办图画练习所，1912年（民国元年）创办上海美术专科学校。继后多次赴法国、瑞士、比利时、意大利，创作大量油画。1976年任南京艺术学院院长，1981年获意大利国家艺术院颁发的金质奖章，1982年获联合国和平勋章。1994年将自己收藏的唐至清间历代书画名家的真迹300多件及自己创作的360

件油画、200 多件书画作品，全部无偿捐献给国家。他以学贯中西、艺通古今的渊博学识，在国画、油画、诗词、书法、美术史论等方面的卓越成就享誉海内外。

高和甫（1898—1975）武进人。出生贫苦，5 岁丧父，9 岁亡母，靠叔父生活，幼年参加农业生产，17 岁立志学戏，拜江阴滩簧艺人吉三苛为师学唱滩簧。后又拜孙七大为师，两人在农村以卖艺为生．时间长达 8 年。1928 年（民国 17 年），其组织戏班，带领 20 余人长期演出于无锡、江阴、武进、丹阳、常熟等地，在无锡“耀记大舞台”曾挂过头牌。擅演《拔兰花》《李三娘推磨》《借黄糠》等戏。其台词语言通俗易懂。1975 年病逝于老家，终年 78 岁。高和甫先后收徒 15 人，著名锡剧演员吴雅童、张雅乐等均出自其门下。

瞿秋白（1899—1935）无产阶级革命家、中共早期领导人、中国革命文学事业的重要奠基人之一。武进县城人。中学时代开始对古文诗词产生兴趣，曾与同窗学子共创“诗社”。“五四运动”爆发后创办《新社会旬刊》和《人道月刊》，以《晨报》记者身份赴苏联期间，出版《饿乡纪程》和散文集《赤都心史》，开中国报告文学之先河。他创作的《赤潮曲》《铁花》《雪意》等诗作，具有强烈的时代精神。其精通俄语，曾翻译托尔斯泰等名家的《告好妇文》《仆御室》等文学名著多部。

吴中行（1899—1976）摄影艺术家。出生于武进县城东直街。幼时酷爱古文，青年时代开始致力于对摄影艺术的探索和追求。1926 年（民国 15 年）题名《归牧》的作品被选入英国伦敦国际影展，并被聘为英国皇家摄影协会会员。1931 年任上海“黑白影社”理事，继后有《水纹》《牧羊》《报晓》《春柳》《朝起》等优秀摄影作品，先后入选伦敦、美国芝加哥、巴黎、瑞士等国际影展。出版有《吴中行艺术摄影集》《吴中行摄影艺术选辑》等。

杨小仲（1899—1969）中国早期电影编导、剧作家。武进人。1916 年（民国 5 年）入上海商务印书馆补习学校半工半读，1918 年任馆机要科职。自 1920 年起，专职为商务印书馆编写剧本。从 1925 年开始，先后在长城、昌明、大中华、百合、联华、艺联、新华等电影公司任编导。至 1949 年，其曾编导影片总计 20 多部。中华人民共和国成立后，担任上海电影制片厂厂长，编导拍摄《妇女春秋》《宝葫芦的秘密》《庵堂认母》等多部影片。1960 年，其将《孙悟空三打白骨精》改编拍摄成电影，获第三届电影百花奖。杨小仲一生执导的无声电影、有声电影、彩色电影有 100 多部，在中国电影界有“杨百部”之称。

谢觐虞（1899—1935）武进人。早年从钱振鍠学，后任中学教师。与朱祖谋、叶恭绰交往。与夏承焘、张善孖、张大千交谊深笃。大千作画，觐虞题诗，一时传为美谈。觐虞工辞赋，骈文雅淡典丽。擅书，篆隶真行，造诣精深，富金石气。偶写松梅山水，颇得元人冷淡幽秀之致。中年以诗词名世，有《玉岑遗稿》《玉岑诗词集》传世。

吴绮缘（1899—1949）原名惜，晚署起原，武进人。从小随父学诗文。16 岁时写《冷红日记》，发表于《小说月报》，并出版单行本。其先后在《小说丛刊》《小说新报》上相继发表《莫救儿女误英雄》《忆红楼漫录》《忆红楼记艳》《可怜侬》《百年后的中国》《社全的罪恶》《军阀现形记》《解佩记》《三顾》《自由毒》等，并出版了颇多新意的《反聊斋》单行本。抗日时迁居上海，在《申报》《新闻报》上连载长篇小说《小桃红》《同春之曲》《奇人奇事录》《新镜花缘》《游侠外传》《芙蓉娘》《濮二姑》等。

蒋君稼（1900—1966）京剧票界名旦之一。武进人。幼承家教，好昆曲，最擅《琴挑》。1920（年民国9年）赴京依三叔蒋维乔。业余爱好京剧，初习老生，改习青衣，得陈德霖亲授，能唱正宫调，刚柔相济。京津堂会咸以请到为荣，有“青衣祭酒”之誉。以同门与王瑶卿、梅兰芳定交。又与溥侗、言菊朋等相友善，与朱琴心、林钧甫、臧岚光并称二三十年代京剧票界四大名旦。1928年回常，任武进乾运公所主席。继则经营父业“蒋懋大银楼”。1951年，常州市发起捐献飞机大炮义演，毅然出山参加演出，梅兰芳在北京特寄“爱国精神”4字条幅。宣传总路线时，曾与顾峤若、龚铁梅、吴中行等自编唱词，作街头演唱。灌有《贵妃醉酒》《五花洞》《探寒窑》《二进宫》《南天门》《孝义节》《虹霓关》《汾河湾》《回龙阁》《战蒲关》等唱片传世。

伍受真（1901—1987）民俗学家、散文家。武进县城人。1927年（民国16年）毕业于武进师范。1928年进修于金陵大学文学院，毕业后历任武进县立中学、延陵中学、常州女子艺术中学、华东体专、南京中央政治学校地政学院教员，武阳中学校长、武进县《中山日报》社社长兼主编。1949年去台湾，任东吴大学文学院教授。其工诗擅书，酷爱民俗学。著作有《武进谚语集》《武进礼俗》《武进情歌选》《中国笑话选》《稼青短篇小说》《台湾揽胜》等，共28部300余万言。

袁晓园（1901—2003）书画家，语言文字学家。武进县湖塘人。1919年（民国8年）入上海美术专科学校学习，3年后被选聘为江苏省政府秘书。1925年留学法国，毕业回国后担任福建厦门税务局副局长，成为中国首位女税官。后又考入巴黎政治学院专攻国际关系学。1935年毕业回国，担任外交部专员，被任命为驻印度领事馆副领事，成为中国首位女外交官。1948年侨居美国。1985定居南京。其涉学广泛，著有《袁晓园汉字现代化方案简介》《晓园书画册》《晓园作品选》等。

羊牧之（1901—1999）诗人，武进龙虎塘人。1926年（民国15年）经秋白介绍加入中国共产党，在中共中央宣传部工作，先后任秋白秘书、《响导》助编、华中区驻武汉市联络处负责人。后因故脱离组织，从事教育工作，历任武进县私立辅华中学、国立十一中学（湖南）、常州私立柏桢中学、省立常州高级中学教师；常州舣舟诗社社长、江南诗词学会副会长、美国纽约四海诗社顾问、瞿秋白研究会顾问；常州市政协常委、副秘书长等职。著有《秋华馆诗存》《秋华馆文存》，编有《续毗陵诗录》等。

吴仞之（1902—1995）导演、艺术家、戏剧教育家。武进湖塘人。1915年（民国4年）考入上海大同学院预科。自民国1937年起先后担任青岛剧社、上海剧艺社、同茂剧团、国华剧团等表演团体的导演，并担任《剧场艺术》月刊编辑。1949年参加中国人民解放军，1952年任上海科学教育制片厂副厂长，上海戏剧学院教授、副院长。先后导演拍摄《乱世风光》《哑女》《欢天喜地》等电影，执导《扬子江风暴》《雷雨》《日出》《风雪夜归人》

《雷锋》等剧作100多部。著有《导演全程经纬录》《仞之艺文集》等。

陆小曼（1903—1965）画家、作家。祖籍武进湟里。自幼爱好文学和书画艺术，曾被刘海粟称为“一代才女，旷世美人”。1926年（民国15年）与著名诗人徐志摩结婚，联袂创作的话剧《卞昆岗》被搬上舞台。1931年徐志摩因飞机失事遇难后，陆小曼耗时十年主编出版100万余字的《徐志摩全集》《志摩日记》《小曼日记》。短篇小说《皇家饭店》被收入《现代女作家小说集》。其精通英法语言，曾翻译和与人合译《海市蜃楼》《泰戈尔短篇小说集》等世界文学名著。其《江边绿荫图》《黄山烟雨图》《红樵图》《黄鹤楼图》等多幅画作，分别由上海博物院、浙江省博物馆等单位收藏。

吴伯超（1903—1949）作曲家、音乐家。武进雪堰人。从县立师范学校毕业后入北京大学音乐系传习所，1931年（民国20年）赴比利时皇家音乐学院留学。1935年回国后，担任国立上海音乐教职，并在南京国民政府担任内政部礼乐编订委员会主任委员。抗日战争期间担任广西省艺术师资训练班主任，创办合唱团和交响乐团。抗日战争胜利后，回武进创办国立音乐幼年班（1950年春迁往天津，改名中央音乐学院少年班，1958年迁往北京）。1949年1月27日，吴伯超乘海轮在舟山群岛遇难。曾创作《中国人》《冲锋歌》等抗日歌曲。

孟君谋（1903—1969）武进人。电影制作者。幼在武阳小学毕业。后在中华电影学校任助教。参加拍摄《迷途的羔羊》《大路》《新女性》等影片。先后组织《屈原》《法西斯细菌》等话剧演出。1946年（民国35年）东归，任沪昆仑影片公司副厂长、制片主任。拍摄《一江春水向东流》《万家灯火》《希望在人间》。中华人民共和国成立后，任上海电影制片厂副处长，拍摄新中国的第一部彩色戏曲片《梁山伯与祝英台》。

徐伯昕（1905—1984）新闻出版家。武进鸣凰人。1921年（民国10年）毕业于上海中华职业教育社。1926年开始在邹韬奋担任主编的《生活周刊》负责出版发行工作，抗日战争期间，创办《抗战》三日刊，并在重庆陆续创办“峨眉”“文林”等进步出版单位。中华人民共和国成立后，先后担任中央人民政府出版总署办公厅副主任、发行局局长、新华书店总经理、文化部电影局副局长、中国出版工作者协会副主席等职。

马万里（1904—1979）书画、篆刻家。武进孟河人。早年师从邑内名师钱名山，后考入南京美术专科学校国画系，毕业后留校任教，转任上海美专等多所学校的国画教授。抗日战争时期赴广西桂林，创办桂林美专并任校长。中华人民共和国成立后，历任广西文史馆副馆长、广西画院院长等职。其画花卉虫草、蔬果鸡雏，无不精妙生趣，与徐悲鸿、张大千合作《岁寒三友图》为艺坛佳话。20世纪50年代应邀为北京人民大会堂作命题画。著有《万里画集》《万里妙墨》《马万里书法篆刻集》。其攻画之外又擅治印，有《九百石印精舍图篆刻》长卷，张大千为此作画并题句相赞。

李天行（1904—1983）资深报人、画家。武进前黄红星村人。早年曾在江苏省立无锡第三师范、南京第四师范艺术专修科学习。毕业后，历任淮阴县立中学武进县立中学、县立女子师范和省立常州中学美术教师。与沈菊神等美术同仁创办常州新阳艺术社，任社长。“八·一三”淞沪抗战爆发后，用笔名“流云”等发表抗日及抵制日货的文章。1937年（民国26年）11月常州被日军侵占后，避难四川，曾任重庆两江女子师范美术教师及大学先修班班长。1943年秋返县城，在前黄新园中学执教。抗日战争胜利回到城里，出任《武进中山日报》副社长，并在坊前乡创办潜化中学。1978年任上海文史馆员。其早期作品以花鸟为主，部分作品被上海人民美术出版社出版，并有《花鸟画册》《菊花写生》等作品传世。

徐　特(1904—1973)武进湟里人。爱好戏曲，从“鲁艺”毕业后，即调入延安评剧研究院工作，任研究员。1949年随部队进北京，中华人民共和国成立后在文化部戏曲改进局从事政治理论教育工作。1950年参加抗美援朝，1952年回国后，就职于文化部中国戏曲研究院。1973年1月8日在北京逝世。

周宝祥(1904—1978)原名荷翔、桂芳。武进人。7岁进私塾念书，后在南货店学徒，20岁拜岳父为师，学习常锡文戏。1928年（民国17年）后离开岳父自组班子，在上海永安公司“天韵楼”、先施公司以及闸北、杨树浦、曹家渡一带戏院演出。1952年8月参加苏南行署文化事业管理局和苏南文联在苏州市举办的地方戏剧团集训班，后分配至青浦，任青浦县锡剧团团长。被冠以“哭煞小生”之雅号。

恽逸群（1905—1978）历史学家、中国新闻战线的著名报人。武进上店人。5岁入塾，18岁考入大同大学数理专修科。1926年（民国15年）加入中国共产党。翌年，担任中共武进县委宣传部长、书记。1928年，在上海从事中共地下工作，后任《立报》编辑和主笔。中华人民共和国成立后，受命创办上海《解放日报》，任社长兼总编，同时兼任华东新闻出版局局长、华东新闻学院院长、复旦大学新闻系主任。著作有《新闻学讲话》等，曾经主持编纂中华人民共和国第一部《新华字典》。

钱小山（1906—1991）知名诗人、书法家。武进县城人。青年时代以教学为业，中华人民共和国成立后，曾任常州市文化局长、民盟常州市委宣传部副部长、市文联副主席、市书画院院长等职。其挚爱文学，尤长诗词，15岁时就有《结网吟》诗集，其父亲钱振锽有赞诗:“老夫未了《名山集》,儿子新成《结网吟》。留得家门风雅在,中原文物未消沉。”其诗风清新隽永，明快流畅，一生作诗词近万首。

张乾大(1906—1964)锡剧艺人。武进礼嘉秦巷人。1927年（民国16年）在上海拜刘荣炳为师，学唱滩簧，以演滑稽见长。1956年进常州市锡剧团，专事挖掘传统剧目，兼写幻灯字幕。相继挖掘并参与整理《攀弓带》《红楼镜》《桃花山》《红楼夜审》《盘陀山烧香》《卖绒线》《纱裙记》等一批剧目。其中《红楼夜审》一剧，即根据其提供的26本幕表戏《九美图》改编而成。该剧在20年代30年代演出中，其曾对剧情作过许多补充和更改，使该剧具有鲜明的江南色彩，为《红楼夜审》的诞生打下基础。

陆文奎(1906—1966)锡剧艺人。武进人。年少时曾在鸡鸭店杀过鸡鸭,饭店当过跑堂。1925年（民国14年），投师周友良学唱滩簧。20世纪30年代初，随李庭秀进人上海“小世界”演出。抗日战争时期一度返回故里。1949年，加入宏艺锡剧团；1952年，随团划归青浦。陆文奎以擅演丑角著称，在演唱上他气长，气足，一口气连唱百余句，不零乱，不换气，不重复，不含糊，曾在锡剧界传为佳话。对很少有人问津的冷门赋子，也能背诵如流，应付自如，被誉为“滑稽大王”。

阿 甲(1907—1994)原名符律衡，戏曲理论家、戏剧艺术家。武进县人。自幼从父读书，曾师从谭鑫培学戏。1938 年（民国 27 年）奔延安后进入鲁迅艺术学院美术系研究班，后调进学院实验剧团所属的平剧研究班，从此开始他长达半个世纪的戏剧生涯。先后担任鲁艺平剧研究团团长、延安平剧研究院副院长、中国京剧院名誉院长、中国戏剧协会副主席、文化部振兴京剧指导委员会副会长、中国艺术研究院顾问、戏剧理论博士生导师。其一生编、导、演的著名剧目有《松花江上》《逼上梁山》《赤壁之战》《白毛女》《詹天佑》《洪湖赤卫队》《红色的种子》等。1964 年，阿甲与翁偶虹合作将《革命自有后来人》改编为京剧《红灯记》，为著名八大“现代京剧样板戏”之首，被誉为“京剧表现现实生活的里程碑”。

徐琴芳(1907—1985)女，电影、京剧演员。武进人。1913 年（民国 2 年）随其父去沪，以书画谋生。后考入中华电影学校，成第一期学生。毕业后入上海友联影片公司任演员，主演《红蝴蝶》《海上英雄》《虞美人》等武侠片及其他故事片 50 余部。为电影演员时，爱好京剧，曾从陈彦衡学戏，在常州又蒙其亲友汪剑农、蒋君稼指点，擅唱谭派老生。中华人民共和国成立后，参加上海市剧协，与华香琳、高盛麟、新艳秋等合作组班在江南及云南演出。1951 年 6 月，常州专区文代会召开，专程回常祝贺，演出《文昭关》《法门寺》等。1957 年再次回常，在红星大戏院演出连台本戏《火烧红莲寺》。1979 年受聘为上海文史馆馆员。

徐元度（1907—1986）曾名徐霞村，教育工作者。武进人。1925 年（民国 14 年）考入北京中国大学哲学系。1927 年 5 月，赴法国勤工俭学，就读于巴黎大学文学院。1930 年后，在北京大学、北京师范大学、北京女子师范大学中文系任教。1947 年，任厦门大学中文系教授，后任现代文学教研室主任。1978 年后，为硕士生导师，兼任《英语词典》编纂组组长。在《晨报》副刊和《小说月报》等报刊上发表文学作品。小说有《古国的人们》等；散文有《文艺杂论》《巴黎游记》等；主要译著有《菊子夫人》《洗澡》等。主编的《综合英语成语词典》，是中国出版的大型综合性英语成语工具书，1986 年获厦门大学“南强奖”；1995 年获国家“中国辞书奖”二等奖。

徐素白(1908—1975)留青竹刻艺术家。武进鸣凰港东村人。15 岁去上海某扇社学雕刻技艺，精于留青竹刻。青年时期作品，即列入上海工艺美术精华之林。几十年精益求精，千余件作品流传国内外，成为近代著名竹刻家。晚年，体质虚弱，视力严重衰退，仍不避寒暑继续采访资料，刻制成功“革命圣地延安”、“南湖风景”、“西沙哨所”等英雄人物形象及反映时代精神面貌的新作品。逝世前在上海工艺美术研究所从事竹刻艺术研究，遗下作品拓片 200 余幅。

陈玉梅(1908—1985)原名费梦敏，电影演员。武进人。15 岁进邵醉翁办的“笑舞台”

训练班学演文明戏，1923年（民国12年）结业。经同乡杨小仲介绍，在影片《松柏缘》中饰配角，登上银幕，为武进第一位电影演员，改艺名陈玉梅。1932年，在评选“中国电影皇后”活动中，胡蝶、陈玉梅、阮玲玉3人高票当选“电影皇后”。主演过《夜光珠》《寻父遇仙记》《莲花洞》《血滴子》《双珠凤》等影片50多部。曾灌制《催眠曲》《双飞燕》《花弄影》等一批唱片。

张　恳（1908—2000）画家。武进雕庄人。早年肄业于江苏省无锡中学高师科，师从著名画师胡汀鹭，其后赴国立杭州艺术学院求学，受教于当代艺术大师林风眠及著名国画家潘天寿、李苦禅。曾在辽宁省美术馆、江苏省美术馆、甘肃省博物馆及常州刘海粟美术馆多次举办个人画展。1994年赴新加坡举办个人画展，深受各界人士赞赏。生前为中国工艺美术学会和江苏省美术家协会会员、江苏省花鸟画研究会特邀研究员、东坡书院顾问。

陈蝶衣（1909—2007）现代影剧作家、词作家。武进鸣凰人。幼年随在《新闻报》当编辑的父亲至上海入学，15岁时即为报社练习生，25岁时自立创办《明星日报》。历任《万象》《春秋》杂志主编。1952年随新华影业公司迁往香港，先后创作《小凤仙》《秋瑾》等电影剧本50多部，成为香港著名的影剧作家。其创作歌曲有《前程万里》等3000余首，各类著述结集40多部。

钱仲易（1909—2005）知名报人、诗人。武进县城人。幼承家学，1932年（民国21年）开始从事新闻工作，先后在南京、重庆、上海的《时事周报》《中央日报》《新闻报》社任编辑。其雅好文学，长于诗词，著有诗稿6本，存诗1500余首，以组诗《故里新声》《里门珍影》为最著。晚年著作《易经史观》中相对论的观点，对推动社会进步有积极的现实意义。另有著作《钱仲易诗文集》等。

谢稚柳（1910—1997）当代书画家、诗人、学者。武进人。1916年（民国5年）师从表叔钱名山学，1929年到财政部关务署工作。1938年任重庆《中央日报》社经理。1942年曾与张大千同赴甘肃敦煌一年，写成《敦煌艺术概述》，后整理为《石窟叙录》和《敦煌艺术叙录》两部艺术专著。中华人民共和国成立后，担任上海市文管会编纂、博物馆顾问、美术家协会副主席、书法家协会主席。其毕生致力于书画艺术，主要学术著作有《论书画鉴别》《谢稚柳谈艺录》《谢稚柳书画集》《壮暮堂诗词》等。

吴青霞（1910—2008）当代女画家。号龙城女史，武进人。幼承父亲学书画。19岁随父入沪，致力于临宋、元、明、清各派名家工笔画作。曾与郑午昌等创办“蜜蜂画社“，又与同乡陆小曼、谢月眉参加中国女子书画会。中华人民共和国成立后，历任中国美术家协会会员和上海分会理事、中国画院一级画师、香山书画社社长、上海师范大学艺术系教授等职。其专致画艺80多年，创作名画难以计数，1990年应邀为北京天安门城楼作《腾飞河海入云层》画，许多佳作被国内外博物馆、美术院收藏。出版有《吴青霞书画集》等。

薛伯青（1910—1989）中国电影技术的开创者、八一电影制片厂奠基人之一。武进横林余巷村人。1927年（民国16年）在上海学摄影，1930年进入电影界，从事摄影、洗印、美工等事务。1937年开始从事战地记录片、新闻片的拍摄。1949年上海解放前后，担任华东海军摄影队队长、八一电影制片厂摄影总技师、中国电影摄影学会名誉会长。先后拍摄《新四军骑兵团》《上海反内战大游行》《激战前夜》《黑山阻击战》《狼牙山五壮士》《永不消逝的电波》《二泉映月》《东方红》《在长征的道路上》等影片105部。

任子龙（1911—1969）锡剧编剧。无锡人，随剧团寄籍武进。幼读私塾。家贫学南方戏，兼排幕表戏。抗日战争期间，南方戏衰落，改投黄翠芳习锡剧，参加联谊锡剧团演小生，兼排幕表戏。1950年，任武进县锡剧团专职编剧。创作剧目有《扑灭邻火》《松柏常青》《庆丰收》《枪毙赵生根》《东王杨秀清》《雪堰催春》《陈圆圆惨史》等，其中《芙蓉花开》参加1959年江苏省庆祝中华人民共和国成立十周年戏曲调演，获创作一等奖。整理传统剧目有《李翠英打花轿》等。其中根据传统剧《赵五娘》部分情节改编的《牛旺回书》，参加1957年江苏省首届戏曲观摩演出大会。

费　定（1911—1972）戏剧编导。武进人。曾在常州冠英小学、逸仙中学、江南中学、上海正风文学院读书。1932年（民国21年）开始从事演艺活动。历任武进励志剧团导演；上海艺华电影公司、上海电通影业公司演员；常州北辰剧社社长。中华人民共和国成立后，任常州业余剧团团长、导演；常州专区文学艺术工作者协会筹备委员会执行委员；常州市戏剧工作者协会秘书长。组织常州新华实验常锡剧团排演《信陵公主》；参加越剧《千军万马》锡剧《打虎不留情》的剧本修改和导演工作；组办常州狮子舞蹈研究班；主持市锡剧团传统戏《双珠凤》的剧本整理工作。参加过《月亮上升》《父归》《钦差大臣》《回春之曲》《屈原》等数十部话剧的演出。

徐　复（1912—2006）现代训诂学家、语言文字学家、国学大师。武进南夏墅人。先后毕业于武阳小学、常州中学、南京金陵大学、南京大学国学研究班。1936年（民国25年），至苏州章氏国学讲习会从章太炎学训诂，并协办《制言》半月刊，由此开始其毕生的语言、文字、古文、训诂之学。南京解放后，先后执教于南京金陵大学、南京师范学院、南京教师进修学校。担任南京师范大学古文献整理研究所名誉所长、中国语言学会理事、江苏语言学会会长。中国训诂学研究会会长、中国音韵学研究会顾问、《汉语大辞典》副主编、《辞海》语辞分科主编等职。主要学术著作有《徐复语言文字学丛稿》《江苏旧方志提要》等。

姜椿芳（1912—1987）作家、翻译家。出生于武进，幼年随伯父到哈尔滨读书。1932年（民国21年）加入中国共产党，负责编制《满洲青年》等刊物。1936年，到上海从事苏联电影的翻译发行工作。中华人民共和国成立后，担任时代出版社社长兼总编，同时组织力量编写《俄华辞典》。1952年初调往北京，担任中宣部《斯大林著作》翻译室总编，中共中央马、恩、列、斯著作翻译局副局长，并负责《毛泽东选集》外文版的出版工作。并先后担任中华诗词学会常务副会长、中国文学艺术界联合会委员等职务。其历经15年，组织2万多名学者专家编撰的《中国大百科全书》，则是他对中国文化作出的最大贡献。

王挺琦（1913—1977）美术家。武进礼嘉人。先后求学于武进县立中学、苏州高中、国立艺专绘画系，毕业后任教重庆大学建筑系。1944年（民国33年），考入芝加哥艺术学院，后在耶鲁大学研究生院深造。回国后，历任上海美术专科学校工商美术系主任、美工团团长、上海美术家协会主任委员、上海戏剧学院舞台美术系教授，是中国舞台美术教育领域开拓者之一。他才华横溢，素描、水彩画功底扎实，建筑绘画风格严谨。经典剧《吝啬鬼》《北京人》、《上海屋檐下》《智取威虎山》《文成公主》《桃花扇》等舞台绘景均出其手。美术作品《中山公园》《山鸡》参加第一届全国美展并结集出版。

严　辰（1914—2003）当代作家、诗人。武进潘家周桥人。1933年（民国22年），从上海正风文学院文学系毕业后，开始在《现代》《文学》等刊物上发表诗歌作品，继后创办《当代诗刊》。抗日战争时期赴延安，先后任鲁迅艺术文学院研究室和中央党校四部创作员、教授。中华人民共和国成立后，历任黑龙江省文联副主席、《北方文学》主编、《人民文学》编辑部主任、《新观察》主编、《诗刊》主编等职。其诗歌集有《唱给延河》《生命的春天》《迎新曲》《严辰诗选》等；报告文学有《光荣的岗位》《信天游选》等；另有散文选、民歌选等，著作总数30余部。

袁　静（1914—1999）女作家。武进人。早年毕业于北平艺术专科学校。1935年（民国24年），加入中国共产党，1938年参与组织武汉青年救亡协会宣传团，并担任团长。中华人民共和国成立后，历任中央电影局剧本创作组编剧、天津市文联副主席、中国作协天津分会副主席等。其主要作品有秧歌剧《减租》，秦腔剧本《刘巧儿告状》，长篇小说《红色交通线》《大地回春》《淮上人家》。童话故事《众英雄和小捣蛋》等20多部。其1949年创作出版的长篇小说《新儿女英雄传》，被译成英、德、俄、印度、波兰、保加利亚、孟加拉等多国文字版本发行。

梅　熹（1914—1983）电影演员、导演。武进人。从小喜欢体育运动，后想当演员。1933年（民国22年）被明星影片公司录取，进入演员养成所受训。毕业后，在李萍倩导演的《丰年》中饰演重要角色，从此进入电影圈。参与演出《乡愁》《落花时节》《热血忠魂》和《女权》4部电影。后在话剧《赛金花》《长恨歌》中任主角，开始走红影坛。1937年，加入联华影片公司，主演孙瑜导演的《春到人间》，拍摄《如此繁华》《艺海风光·歌舞班》《联华交响曲·两毛钱》《联华交响曲·疯人狂想曲》等影片。1938年以后，在“新华”、“华新”、“华成”、“艺华”等电影公司主演30多部影片。北平解放后，在北京加入文工团，演出《白毛女》《刘胡兰》等话剧。1963年，任北京电影制片厂导演，参加拍摄《风暴》《停战以后》等影片。

陆华柏（1914—1994）作曲家，音乐教育理论家，教授。武进人。1934年（民国23年）毕业于私立武昌艺术专科学校艺术师范班。1941年任桂林广西艺术馆音乐部主任兼合唱团、管弦乐队指挥。1943年起，曾任福建音专、湖南音专等校教授，解放军四十六军文工团音乐教员，中央戏剧学院、华中师范学院、湖北艺术学院作曲理论教授；广西艺术学院音乐系主任、教授，中国音乐家协会理事。发表的主要作品有《勇士骨》，清唱剧《汨罗江边》《大禹治水》《江河波浪》《闹花灯组曲》《绥远民歌合唱曲集》等。1994 年，台湾教育基金会出版《陆华柏二十五首钢琴小品辑》，并灌制成 CD 碟片。

张肖虎（1914—1997）音乐家。武进人。1936 年（民国 25 年）清华大学土木建筑系毕业，留校助教音乐。1937 年到天津创办音乐专修院、音乐学社等音乐教育机构，组建并指挥天津工学院管弦乐队、天津跃华中学合唱团、青年会合唱团等。抗日战争胜利后，回到清华任音乐室导师，组建民乐队、管弦乐队、军乐队，并兼任燕京大学管弦乐队指挥。中华人民共和国成立后，历任北京师范大学音乐系理论作曲教研室主任，北京艺术师范学院、北京艺术学院音乐系主任，中国音乐学院作曲系副主任。1981 年，任中国音乐学院副院长兼作曲系主任。主要有歌舞剧《宝莲灯》《长恨歌》《刘胡兰》等 40 余部。

梅　志（1914—2004）女，作家。祖籍武进，出生于江西南昌。1932 年（民国 21 年），在上海参加中国左翼作家联盟。翌年，与左联宣传部长胡风结婚。1934 年开始专业创作，为中国著名儿童文学家，著有童话诗集《小面人求仙记》《小红帽历险记》《梅志童话选集》。另有代表作《往事如烟》《伴囚记》《胡风传》等。在胡风遭受冤狱时，也被株连判刑 6 年。在满刑以后，因为对家庭的责任与承诺，继续陪胡风坐牢达 24 年之久。1980 年，胡风平反后，始获自由，定居北京，以 8 年时间撰写《胡风传》。为表彰梅志为发展中国文化艺术事业做出的突出贡献，国务院自 1992 年 10 月起，为她颁发政府特殊津贴。2001 年，梅志当选为第六届作协代表大会主席团成员。

方　行（1915—2000）目录学家、图书馆学学家。武进人。1937 年（民国 26 年），在上海参加文化界救亡协会工作。1942 年，赴淮南抗日根据地参加江淮大学的筹建和南通大学的迁校工作。中华人民共和国成立后，历任上海市副检察长、政法委员会专职秘书长、市文化局副局长、文管委副主任、市美协党组书记、全国古籍善本书目编委会副主任、上海市图书馆学会会长、《图书馆杂志》《上海文献丛书》《中国文化研究学刊》主编等职。编著有《李大钊选集》《谭嗣同全集》《徐光启著译集》《陈子龙文集》《中国古籍善本书目（经部）》等十余部。

蒋风白（1915—2004）画家。武进遥观人。1931 年（民国 20 年），在国立杭州艺专师从潘天寿学画，抗日战争时期，在四川国立艺专、四川中学高中部任教。中华人民共和国成立后，先后担任上海美术出版社国画编辑、苏州工艺美术学校副教授、苏州国画院特聘画师、中国美术学院客座教授等职。擅长花鸟画。许多作品被《中国书画选》《当代著名中国画家精选》收录，并被广东、深圳、甘肃等省市博物馆收藏。

孙旭光（1915.07—1991.05.25）山东招远县人。1940 年（民国 29 年）3 月加入中国共产党并参加革命工作。历任招北县灵山区文书、区长、组织部副部长，江苏省人事厅科长、办公室主任，1957 年 8 月起，历任武进县副县长、组织部部长、中共武进县新华书店支部书记、县总工会主任、武进县政府顾问等职。1982 年 12 月离休，享受地市级待遇。

陈君实（1916—1980）翻译家。武进人。幼在常就读，后在沪开明书店当店员。曾与人合作经营新青年书店，创办青年文化出版社，经销、出版进步书籍。1940年（民国29年），曾翻印苏联莫斯科版《瞿秋白小传》《方志敏小传》。太平洋战争爆发，回常为小学教师。抗日战争胜利，出任《时代日报》校对、编辑、编译等职。中华人民共和国成立后，任沪新文化出版社编辑，后专事苏俄文学翻译。1979年，参加中国作家协会。有《盖达尔中短篇小说》《克雷洛夫寓言》等译作出版。

吴祖光（1917—2003）剧作家、导演。祖籍武进。1936年（民国25年），于中法大学文科肄业。先后担任南京国立戏剧专科学校艺术理论课讲师、《新民报》副刊主编。中华人民共和国成立后，历任中央电影局北京电影制片厂导演，中国戏曲学校、中国戏剧研究院、北京京剧院编剧，并任文化部艺术局专职创作员、中国戏剧界协会副主席等职。其主要作品有爱国题材剧本《正气歌》《风雪夜归人》《孩子军》等。编导的电影有《国魂》《山河泪》《春风秋雨》《莫负青春》等。创作的剧本有《武则天》《凤求凰》《三打陶三春》等。出版的戏剧专著有《牛郎织女》《夜奔》《嫦娥奔月》《风雪集》《闯江湖》《吴祖光剧作选》等十多部，另著有《枕下集》《牛女集》等散文集和戏剧理论集多部。

谈　进（1917—1999）电影工作者。武进洛阳谈家头村人。中国电影美术家协会常务理事、中国电影家协会会员。早年做过连环画学徒工，1944年（民国33年）参加新四军，参加鲁南、莱芜、孟良崮、淮海和进军大西南等战役。1952年，调入八一电影制片厂从事动画设计工作，先后负责完成文献纪录片《星火燎原》、国防科研片《我国第一颗原子弹爆炸》、军教片《华北大演习》等60余部影片的动画设计。离休后，他整理完成《动画教程》一书。

瞿　维（1917—2002）音乐家。武进县人。1933年（民国22年），考入上海新华艺术专科学校，学音乐和美术专业。1935年毕业，在上海市、湖北等地任教。1938年加入中国共产党，用音乐开展抗日救亡运动。1940年2月起，在延安鲁迅艺术学院音乐系任教。抗日战争胜利后，历任牡丹江市鲁艺文工团副团长、东北音乐工作团副团长。1950年起，在长春东北电影制片厂、北京中央新闻电影制片厂任作曲。1955年9月到苏联，在莫斯科柴科夫斯基音乐学院作曲系进修。1959年学成归国后，任中国音协常务理事、副主席，中国音协上海分会副主席。1981年，兼任上海交通大学音乐研究室主任、中国高等学校音乐教育学会会长。多次代表中国音乐家出国访问。主要作品有，1945年与马可、张鲁等合作的歌剧《白毛女》，管弦乐组曲《秧歌场景》和钢琴独奏曲《序曲二首》；管弦乐《洪湖赤卫队》；歌曲有《工人阶级硬骨头》《大学生之歌》《心中的旗帜》等50余首。先后发表音乐论文20多篇。

赵春山（1917—卒年不详），浙江嵊县人。9岁随父到上海学艺，为浙东越剧武生之一，集编、导、演、音于一身。1949年（民国38年）8月，组建“同兴越剧团”，为领班兼导演，1950年至1962年间任武进县越剧团业务团长。

刘鸿儒（1918—2002）戏剧工作者。武进芙蓉人。16岁学唱京戏，后拜锡剧前辈唐兴钊为师，攻小生。曾任上海红星锡剧团、无锡市锡剧团、江苏省锡剧团副团长等职。20 世纪 50 年代，他与谭君卿、王汉卿并称锡剧界三大“小生”。

刘如曾（1918—1999）词曲作家。武进人。1942 年（民国 31 年），就读国立上海音乐院理论作曲系。1945 年参加雪声剧团。1946 年加入上海百代唱片公司。1951 年，入上海戏曲专科学校任教。历任中国音协理事、中国剧协理事、中国戏曲学会理事、中国戏曲音乐学会理事，上海市戏曲音乐学会会长等职。1952 年，为华东戏曲研究院《梁山伯与祝英台》编曲，获第一届全国戏曲观摩演出大会音乐创作奖，1953 年，该剧被改编成电影，并获在捷克斯洛伐克卡罗维发利举行的第八届国际电影节“音乐片奖”。先后为越剧《西厢记》《祥林嫂》，沪剧《罗汉钱》，京剧《智取威虎山》，昆剧《长生殿》，话剧《吝啬鬼》《关汉卿》《清宫外史》，电影《祝福》等作曲。1992 年，被中国戏曲音乐学会授予特别奖；1994 年，被上海宝钢高雅艺术基金会授予高雅艺术特别荣誉奖。1995 年，被收入美国世界名人研究院、英国剑桥国际名人中心名册。

王若望（1918—2004）作家。武进牛塘丫河人。1933 年（民国 22 年），加入左翼作家联盟和共青团。1937 年，加入中国共产党。曾任中共宝鸡中心县委书记、上海市总工会中共支部书记兼宣传部长、华东局文艺处副处长。1957 年，被打成“右派分子”。1968 年起，入狱 4 年，1978 年平反，恢复党籍。任《上海文学》副主编。1989 年，又因支持“学潮”，再次入狱。释放后在美国去世。主要著作有电影《阿福寻宝记》小说《吕站长》等。

陈英英（1919—2003.08）女，曾用名陈玉英，初名陈顺娣，武进人。1933 年在私人戏班子当学徒、演员，先后在友联锡剧团、武进锡剧团工作，1954 年 4 月加入中国共产党，任武进锡剧团副团长，1960 年被表彰为全国先进工作者，出席在北京召开的全国文教群英大会。

田　稼（1919—1984）戏剧教育家、导演。武进人。曾任山东大学文艺系讲师、山东省文联委员、山东剧协副主席、上海戏剧学院表演系主任、中国戏剧家协会会员、上海戏剧家协会理事。演出过《放下你的鞭子》《北京人》《戏剧春秋》《牛郎织女》《离离草》《草莽英雄》等剧目。导演过《寄生草》《穷汉崎》，儿童街道剧《拾宝》《红旗歌》，歌剧《王秀鸾》，编导过话剧《锅铲》，小歌舞剧《探亲家》等，另外还编著《怎样演戏》一书。1952 年到上海，任上海戏剧学院表演系副主任。1963 年，调任上海青年话剧团副团长、导演。1980 年，调回上海戏剧学院任表演系主任。

周　璇（1920—1957）女，电影演员。武进人。从小被拐卖到上海，历尽磨难。她对唱歌颇有天赋，1932 年（民国 21 年），入黎锦晖创办的明月歌舞团习艺，进入上海娱乐圈从艺。参与演出救国进步歌剧《野玫瑰》，演唱主题曲《民族之光》。1934 年，参加上海多家电台联合举办的歌星比赛，获第二名，成为十大歌星之一，各大报刊、电台赞誉其嗓子“如金笛沁入人心”。从此获得“金嗓子”雅号。翌年，其开始从影，分别在天一影片、新华影业、明星影片、上海国华影业等公司拍摄《美人恩》《喜临门》《满园春色》《狂欢之夜》《马路天使》《保卫卢沟桥》《孟姜女》《李三娘》《董小宛》《西厢记》《三笑》《孟丽君》《天涯歌女》《红楼梦》《长相思》《忆江南》等43部影片，并主唱电影主题曲和插曲200多首。1957年，突发脑炎离开人世，终年37虚岁。

冯国良（1920—1996）祖籍无锡，出生于一个船民家庭。15岁拜锡剧丑角王兰生为师学戏。后因抗日战争爆发，父亲病死于逃难途中，为维持生活，被迫卖报度日。之后又遇王兰生好友匡耀良重进戏班学艺，专攻武生。一年后进郭亚君、夏锡记班子改唱老生。先后主演过《斩经堂》《九更天》等。1950年进友联锡剧团。“文化大革命”期间下放，1979年落实政策，担任县业余艺校教员。1980年回剧团，1982年退休。于1996年病故于常州。冯国良以老生做工见长，曾有“派头老生”之称，在锡剧界有一定影响。

徐玉珍（1921—2005）女，祖籍无锡，生于上海。幼年丧父，九岁进厂当童工，13岁拜陈梅森为师学戏，主攻旦角。三年满师后到王嘉大、丁荣根戏班主演《李三娘》获得成功。1937年（民国26年），在苏州演出时，将杭剧武林班中的大锣调吸收到锡剧之中，丰富和发展锡剧唱腔大陆调，为锡剧事业作出了贡献。1951年进入武进县友联锡剧团。“文化大革命”前为武进县政协委员。后下放至县东风布厂，1979年落实政策，担任县业余艺校教员。1980年回剧团。为县第五届政协委员，1983年退休。2005年病故于常州。徐玉珍舞台生涯48年，与著名演员梅兰珍、沈素珍、林月珍誉称为“锡剧四珍”，又号称为“丫头王”，在锡剧界有一定声誉。

衣绍文（1922.02—1989.04.18）山东省莱阳县人，1944年（民国33年）6月参加革命工作，11月加入中国共产党，1949年2月随军南下，在武进工作。历任武进县教育局小教社教课长、文教科副科长、文教局副局长、局长、中共武进县委文教部副部长、宣传部副部长兼文教局长、汤庄公社党委书记、县人委办公室主任、前黄中学党支部书记、湖塘中学校长等职务。1975年4月任武进县文化局局长，1981年离休。

包文奎（1922—2010）锡剧演员。原籍江阴。15岁在上海投师陈阿九，学唱滩簧，初习花旦，后改攻老旦，三年满师后入陈梅森戏班，改唱小生，主演《三笑》《梁祝》《珍珠塔》等剧目。先后与王兰英、沈佩华搭档，在上海、苏州等地演出。1956年，加入武进锡剧团任团长，主演现代戏《扑灭邻火》，获苏南戏曲会演一等奖。同年，主演《李翠英打花轿》《牛旺回书》，获苏州地区戏曲会演一等奖。1958年，在《芙蓉花开》中饰党支部书记，先后参加苏州地区及省戏曲会演，获演员奖。“文化大革命”中，被下放农村劳动；粉碎“四人帮”后，回到武进锡剧团，任副团长。为省剧协会员、省锡剧研究会理事。他因嗓音宏亮，委婉动听，被誉为“唱勿煞”。

白士风（1923—1997）留青竹刻艺术家。武进人。自幼喜欢雕刻，1960年进入常州市工艺美术研究所，从事留青竹刻专业创作。《姑嫂学文化》《试银针》《雏鹰展翅》等与时代同步题材的作品，被国家收购，作为国礼赠送给外宾。20世纪70年代，其用传统留青技法刻制的毛泽东诗词手迹，被誉为“推陈出新”的雕刻精品。数年时间，镌刻完成全套《孙子兵法》共十三篇，6000余字，先后获省工艺美术百花奖和紫金大奖。其许多艺术精品，曾在美国、英国、日本、加拿大等20多个国家和香港地区展出，多件作品已被国内外博物馆和收藏家收藏。1994年出版的《当代中国工艺美术群星谱》中，列为全国7位竹刻艺术家之一。

史曼倩（1924—2000）二级导演。武进人。20世纪40年代，在任《晨报》、《进报》、《新闻夜报》编辑时，组建"青年学艺社"和"蔷薇剧团"。1952年调入常州市锡剧团任专职编导。经他参与编审及导演的剧目有《双珠凤》《张飞审瓜》《红楼镜》《红楼夜审》《攀弓带》《送花楼会》等70多部。《送花楼会》，被中国唱片厂灌成唱片；《红楼镜》获1957年江苏省第一届戏曲观摩演出剧本奖、演出奖；《张飞审瓜》，由上海美术电影制片厂拍摄成动画片；《红楼夜审》，参加省1982年新剧目观摩演出，获省首届"戏剧百花奖"优秀演出奖。历任《中国戏曲志》《中国曲艺志》常州编辑室副主任；《常州市志文化卷》及《常州文化志》编纂办公室副主任；《锡剧赋子集》《毗陵曲坛掇录》副主编等职。在各种报刊上发表文艺理论著述百余篇。

庄本立（1924—2001）音乐家。武进县人。从小随著名民族乐器演奏家卫仲乐修习琵琶、二胡，一起创办中国管弦乐团。1949年（民国38年）去台湾，在中国文化大学任国乐组主任、教授，他长期致力于古乐考证、古乐器仿制以及乐器改良等研究，发起成立中华民国国乐学会并任会长。所著《钟鼓起风云》，不仅为中国的"丝竹之乐"展现全新风貌，同时也让失传的国乐乐器重现人间，在国际上产生极大影响，被誉为台湾乐坛"超人"。代表作品主要有：低音拉弦乐器——"大四筒琴"；8孔和16孔庄氏半音埙等。著有《中国的音乐》《周磬之研究》《中国古代之排箫》《东西兼容之现代国乐教育》《谈中国乐器之改良》《四筒琴之创作与研究》等。

费兴生（1924—1995）锡剧演员。武进人。19岁投汪秀英学常锡文戏，21岁入李美容班，1949年（民国38年）参加先声实验剧团，1953年进省锡剧团。1954年，在《双推磨》中饰何宜度，获华东戏曲观摩演出演员二等奖；1955年，在现代戏《妇女代表》中饰王江，缅甸总理吴努观后，回国即为他颁发该国金质奖章；1958年，在现代戏《红色种子》中演王老二，进京演出，得到中央领导的高度评价。这些剧目大都灌制唱片。由于他突破传统行当的束缚，创造农民的系列形象，人称"农民小生"。

沈素珍（1924—2009）女，原名王坚。武进马杭人。国家二级演员。13岁从师沈阿焕学艺，工旦角。15岁登台，以扮相艳丽、表演洒脱、嗓音明亮、吐字遒劲而崭露头角。早期以擅演"西装、旗袍戏"和女扮男装戏著称。代表剧目有《啼笑因缘》《孟丽君》等。中华人民共和国成立后，为常州市锡剧团创始人之一，曾任该团团长。曾灌制唱片《双珠凤·送花楼会》，录制磁带《孟丽君·冒雨戏相》。1954年、1957年分别在华东地区、江苏省戏曲观摩大会获演员三等奖和二等奖。1959年、1960年两次获镇江专区"三八红旗手"称号，并出席江苏省群英会，获劳动奖章。

陆忠宽（1925—2007）农民剧作家。武进坊前人。1958年，任寨桥乡民办文化站站长，自编自演《大闹龙塘港》《湖边姑娘》等曲艺节目。国民经济严重困难时期，回村当生产队长。创作小戏《三个队长》，1965年参加镇江地区小戏调演，获二等奖。1976年，调武进县文化局创作组搞戏剧创作，创作小锡剧《三留老木匠》，参加镇江地区调演获一等奖，1979年编入《江苏三十周年小戏选》。1977年，小戏《书记的镰刀》（合作）参加省调演，获演出一等奖。1983年，小戏《红绿绒线》（合作）获镇江地区创作一等奖。《朝天辣子娶媳妇》（合作）获省调演三等奖，并收录于《江苏十年新剧作选》。1990年，小品《抢大伯》（合作）获省戏剧小品调演一等奖。他笔耕50多年，写戏近百个。晚年视力几近失明，仍笔耕不辍。2003年，《悲喜交集——陆忠宽剧作选》由中国戏剧出版社出版。

梅兰珍（1927.01 – 2012.03）女，武进湖塘人。著名锡剧表演艺术家，国家一级演员，中国戏剧家协会会员，曾任无锡市锡剧团团长。1996年获国务院颁发的国家特殊津贴。梅兰珍自幼随父母学艺，5岁登台，13岁挑大梁，建国后为无锡市锡剧团的主要演员，由于基本功扎实，戏路宽广，扮演花旦、青衣、老旦、彩旦、老生、花脸等都能应付自如。在五十多年的艺术实践中，她潜心探索，大胆革新，她嗓音甜糯圆润，韵味醇厚，刚中有柔，形成了委婉细腻，华丽多姿，曲折多变的锡剧“梅派”唱腔，对丰富和发展锡剧唱腔做出了重要贡献，被誉为锡剧的“花腔女高音”。主演的《珍珠塔》《孟丽君》和现代戏《红花曲》，分别由香港华文影业公司和上海海燕电影制片厂拍摄成戏曲影片；著名唱段《红花曲》中的“一峰更比一峰高”广为流传。录制的盒带《珍珠塔　赠塔》，以突破百万张发行量而获全国首次颁发的金唱片奖，被观众誉为“锡剧皇后”。1959年剧团在中南海演出《珍珠塔》，受到周恩来的接见。1961年在无锡太湖饭店演唱《赠塔》，受到毛泽东的接见。

高晓声（1928—1999）文学家。武进郑陆人。1947年（民国36年）高中毕业后，考入私立上海法学院经济系；1949年，转学无锡苏南新闻专科学校。毕业后，至苏南文联和江苏省文化局从事编辑和文学创作，曾任《新华日报》文艺副刊编辑。1951年，因与陆文夫等发起成立“探索者”文化社团而定为“右派”，下放至农村。1979年获平反后，回到江苏省作家协会创作组，历任省作协副主席、创作组组长。他是江苏最早享受国家特殊津贴的专业作家。主要作品有《李顺大造屋》《青天在上》《陈奂生上城》《陈奂生出国记》《解约》《钱包》《水东流》等。出版小说、散文、诗歌、戏剧等文集计30余部，多部作品被译成英、日、德、荷兰文出版发行。

王克伟（1929—2007）中国舞蹈家协会会员。武进人。1949—1957年，任上海市工人文工团舞蹈队队长兼教练。曾编创1952年上海市中华人民共和国成立三周年大游行的《千人腰鼓》《千人秧歌》和《狂欢舞》〈青年圆舞》等集体舞蹈。1975年，调任上海音乐学院声乐系形体教师，参与儿童舞蹈、中国民族舞蹈的创作排练活动和国际标准舞推广工作。1978年，编导的儿童舞蹈《二比一》入选“上海之春”音乐会，后又担任第五届全国运动会开幕式大型舞蹈《群龙腾飞》、上海市青年艺术节大型主题舞蹈《理想之光》的总编导。1989年，担任中华全国国际标准交际舞总评委。1991年，赴美国洛杉矶探亲，应邀任洛杉矶亚凯迪亚市中文学校舞蹈课教师，1993年起历任洛杉矶华裔舞蹈协会会员、理事、副会长。

张鹏志(1929—1988)武进人。江苏省舞蹈家协会会员。先后任常州市文工团团长、锡剧团党支部书记、沪剧团团长，市美术设计公司、市滑稽剧团、市歌舞团党支部书记等职。在各剧团任职期间，组织一大批优秀剧目上演，有歌舞剧《农奴戟》，芭蕾舞剧《红色娘子军》《白毛女》，歌剧《洪湖赤卫队》《刘胡兰》，舞剧《草原儿女》《沂蒙颂》，话剧《槐树庄》《一双绣花鞋》，锡剧《海港》《不准出生的人》等，其中不少剧目在省、市会演中获奖。

盛易新（1929—1993）二级作曲，中国音乐家协会会员。武进人。1948 年（民国 37 年），毕业于太仓师范学校。先后任常州市文工团副团长、滑稽剧团党支部书记、市文化局艺术科科长、市文联协会部主任、常州市音乐家协会主席等职。一生创作歌曲、戏曲音乐等作品 300 多件，在省以上报刊发表的有 40 多篇。其创作的歌曲《雪花》，于 1988 年获首届江苏省“三新”大赛创作奖。

苏少英(1929—1997)副研究馆员，江苏省戏剧家协会会员。武进人。20 世纪 50 年代中期，开始戏剧创作和文艺评论。创作的小戏曲有《两只水缸》《张秀兰看榜》《新苗》等，中篇评弹《方向盘》，沪剧《孟丽君》(上下集)，大型锡剧《女儿国》，独幕话剧《今夜晴天》。主要论文有《京剧舞台时空控制论》、《串珍缀珠皆功夫——谢鸣锡剧〈珍珠塔〉稿本评点》。人物评价文章有《千啼百啭唱幽情——常州市评弹演员邢晏芝演出侧记》《百花园里护花神——记常州戏剧学校京剧教师白玉艳》《农民写戏迷陆忠宽》《笑绽的梅花——记戏剧“梅花奖”获得者、常州市滑稽剧团青年演员张克勤》。文史资料有《常州京剧票社活动记实》(与戴博元合作)、《关于常州道情》。主编《中国民间文学集成·常州歌谣集》。曾任《常州文化志》编辑室副主任。

徐企平（1932—2010）戏剧家。武进人。1954 年毕业于中央戏剧学院华东分院，同年，在中央戏剧学院表演干部训练班进修，此后一直在上海戏剧学院表演系及导演系任教员、副教授、教授。1990 年，应美国加里福尼亚州立大学之邀．赴美国任戏剧系客座教授，执导英语剧《蝴蝶梦》。1991 年，获中国话剧艺术研究会导演”金狮奖”。1994 年，获上海宝钢高雅艺术基金会特别荣誉奖，授金质奖章。一生中应邀为国内其他戏曲院团排演剧目 30 余个，其中，淮剧《春之圆舞曲》《奇婚记》，沪剧《蓝眼睛》，川剧《维洛那二绅士》，桂剧《深宫棋怨》，湘剧《龙头杖下》，越剧《吴王悲歌》等，均在全国或省、市获奖。先后发表《导演随笔》《导演思维的转变》《导演的选择》等 10 余篇有关导演艺术的论文。出版专著有《戏剧导演攻略》。

陈　肃（1933—2012）武进县人。1950 年入伍，1964 年毕业于南京师范学院中文系（函授）。历任第三野战军军械学校学员、南京军区四一三军械总库青年干事、文化教员、南京军区炮兵征文办公室编辑、六一八团政治指导员、宝应县磷肥厂厂长、戚墅堰机车车辆厂理论教师、常州市文化局创作员、《翠苑》杂志编辑、文学艺术研究室副主任、中国散文学会理事、散文学会会长。1991 年加入中国作协。著有散文集《毗陵散笔》《春云秋品》《绿的回旋》《常州名士撷英集》（与人合著）等。其中，《春云秋品》获 1994 年海内外中国散文传播大会一等奖。《绿的回旋》，获2001年常州市“五个一工程”奖。

徐遗辛（1939—2011）武进县人。毕业于南京师范大学中文系。毕业后长期担任教职工作，曾任湖塘中学副校长。爱好诗歌、散文，是中国散文学会、中国散文诗学学会、江苏省作家协会会员，常州市散文学会副会长兼秘书长。著有散文集《梦痕心迹》和诗集《乡魂旅思》《烟雨江南》等。

黄水清（1940—2010）儿童文学家。武进薛家人。1958年毕业于常州高级中学。1991年调入武进县文化馆从事专业创作。2003年当选中国科普作家协会理事，2007年加入中国作协，曾任第五届武进文学协会主席。黄水清长期从事儿童文学、童话和寓言创作，一生创作《相扑巨人》《语言大厦风波》《知识童话精选》《小黄毛的故事》等儿童文学作品26部、400余万字。其中，《相扑巨人》《自然科学与人》《科学寓言集锦》获冰心儿童文学新作奖；《科学寓言一千零一夜》获省第三届“五个一工程”奖和2003年文化部第三届“蒲公英奖”；《语言大厦的风波》获上海市第八届中小学优秀图书奖；《知识童话精选》和《大力神淳字青科学寓言故事》获中国寓言文学“金骆驼奖”；《科学寓言大王》由上海教育出版社出版，2005年获上海市中小学优秀读物一等奖；科学寓言《矛和盾的集合》、儿童小说《小黄毛的故事》、知识童话《造字大王一家》，分别入编2001年、2003年和2005年的小学语文教材，部分作品入选《江苏文学50年》文学卷，《中国儿童文学50年大典》文学卷。

马中原（1942—2010）二级编剧。祖籍无锡。1961年，毕业于南京艺术学院中专部。1964年，从事专职戏剧创作，先后任武进市越剧团、锡剧团、文化局创作室专职编剧。创作的小戏有《考三喜》《撑船打铁磨豆腐》《盼望》《哭哭笑笑》《员外抬轿》《送灶》等。与人合作的小戏有《桑篮记》《梨园喜事》等；创作的大戏有《春风万里》《望海》《今日出梅》《红砖绿瓦》《玉池鉴》；与人合作的大戏有《金银案》《风流母女》等。在《青春》《雨花》《东海》《新观察》《剧影月报》《上海戏剧》等各种报刊上发表小说、散文、诗歌、曲艺、报告文学和文艺评论200余篇。其中，现代戏剧本《今日出梅》，被省锡剧团排练首演，1992年在中南海礼堂演出；现代戏《风流母女》获省第二届锡剧节剧本一等奖、华东田汉戏剧文学二等奖，选调参加首届中国艺术节（华东·上海）；话剧小品《最后一只红灯笼》获“96中国剧协青岛联谊杯全国小品百优大赛”二等奖。论文《到观众中寻求答案》入选《华东戏剧论文选》。1997年，《马中原剧作选》由中国戏剧出版社出版。

蒋梦熊（1942—2011）副研究馆员。武进新安人。历任新安乡文化站站长，横山桥镇文化站副站长。1965年11月，参加全国青年业余文学创作积极分子大会。曾获全国“华夏杯”小小说大奖赛优秀作品奖、全国故事大赛二等奖等。作品曾在中国《民间文学》，中国《曲艺》，《江苏文学50年》，文化部《文化月刊》等刊物上发表。作品有小说《字辨》《奇怪的招呼》；故事《拜师学轻功》《乡长夺“仙”水》《车祸引发的婚变》等；论文《文化站长要当“知识工程”的排头兵》《“室雅”与“德馨”》等。

刘兴中（1946—2003）二级编剧。武进郑陆人。原系业余作者，1978年，被武进县文化局破格录用为专职创作员，后调入武进县锡剧团任专职编剧。1984 年，创作现代戏《访瓜园》和《莲花朵朵》（合作），由武进县锡剧团演出，获省首届锡剧节剧本创作奖。1985 年，创作大型现代锡剧《风流母女》（合作），获省第二届锡剧节剧本一等奖、华东戏剧期刊田汉戏剧文学奖、省首届“兆丰杯”戏剧文学佳作奖，并代表省参加第一届中国艺术节（华东·上海）演出。1989 年，创作大型现代锡剧《凤飞何处》，参加江苏省庆祝中华人民共和国成立 40 周年优秀剧目演出。

周玉峰（1947—2010）曲艺家。武进人。1961 年考入常州市曲艺团，1966 年转入市评弹团。历任市评弹团团长、市曲协主席、省曲协理事和中国曲协会员。先后创作《金蛇郎君》《夜江南》《兰陵白侠》等长篇苏州评话 6 部、中篇苏州弹词 5 部、短篇苏州评话 12 部、微型苏州评话 50 余个，出版个人专著 2 部、撰写理论文章 8 篇。在近半个世纪的从艺生涯中，在江苏、浙江、上海等地演出 200 多场。20 世纪 80 年代后表演的《常州白太官》等，受到社会广泛好评。与邢晏春共同创作的《钱粮师爷》，获第四届省曲艺界优秀创作奖、优秀剧目奖和优秀演出奖；创作、指导排练的《雨露青苗》，参加苏州市举办的中国评弹艺术节全国性比赛，获优秀节目奖和优秀创作奖；创作的曲艺《谢荷花》，2002 年获第二届中国曲艺“牡丹奖”；2008 年撰写的《常州道情缺失探》，获第五届中国曲艺“牡丹奖”理论奖。2004 年，享受国务院特殊津贴。

第二节　名　录

一、享受国务院津贴人员（10 名）

曾杏绯（1911）女，武进人。画家。曾任宁夏书画院名誉院长。

潘荣庭（1926）武进东青人。曾任中央文献研究室编审。

王兰英（1926）女，遥观东方村人。曾任江苏省锡剧团副团长，著名锡剧演员。

恽振霖（1928）武进马杭人。曾任安徽大学美术系主任。

庄浦明（1928）武进雪堰镇人。曾任人民出版社副社长兼总编。

承志宇（1930）武进潘家人。曾任人民体育出版社编审。

周　汛（1936）武进奔牛镇人。曾任上海艺术研究所研究员。

陈全方（1936）武进人。考古学家。曾任陕西历史博物馆馆长。

毕全忠（1940）武进政平人。曾任《人民日报》社高级记者。

张建荣（1940）武进遥观镇塘桥人。曾任中科院科学出版社编审。

二、有突出贡献的知名人士（7 名）

周有光（1906）武进人。中国文字改革委员会第一研究所研究员。

李　行（1930）武进人。曾任台湾著名电影导演、金马奖执行委员会主席。

周本义（1931）武进奔牛人。曾任上海戏曲学院教授，获国务院“有突出贡献专家”称号。

陈燮阳（1939）武进鸣凰大兴村人。上海交响东团音乐总监兼首席指挥。

殷承宗（1941）武进横山桥殷家巷人，世界著名钢琴演奏家。

潘震宙（1942）武进湟里人，原文化部副部长、国家博物馆首任馆长。

孟宝清（1951）武进横林镇人。加拿大中国美术协会副会长、多伦多文书廊董事长。

三、省、部级劳动模范、先进人物（5名）

秦国祥（1937）武进湖塘人。曾任武进电影发行放映公司经理。1989年被电影电视部评为全国电影发行放映先进工作者。

陈正文（1939）江苏无锡人。一级导演，中国戏剧家协会会员。曾任武进文联副主席、武进锡剧团团长。1981年被文化部评为全国农村文化艺术先进工作者。

汤德胜（1947）武进圩塘人。一级美术师。曾任武进文化局副局长、文联主席。1984年被江苏省人民政府授予“劳动模范”称号。1992年，被文化部评为全国文化系统先进工作者。

李志明（1949）武进寨桥人。高级经济师。曾任武进新华书店总经理。1995至1996年，被江苏省人民政府授予“劳动模范”称号。

袁华定（1951）武进西夏墅人。曾任西夏墅文化站站长。1999年，被文化部授予全国文化系统先进工作者称号。

四、高级职称专业人员（95名）

姓　名	出生年	简　　况
钱谷融	1919	武进南夏墅老二房人。曾任华东师范大学中文系教授、文学研究所所长。
吴士嘉	1923	武进雪堰人。曾任新华社主任编辑、高级记者。
许　应	1926	武进人。一级导演。中国戏剧家协会会员。曾任江苏省锡剧团副团长等职。
张继馨	1926	武进横林镇人。曾任苏州市广播电视大学教授、省花鸟画研究会名誉会长。
袁榴庄	1927	女，武进人。曾任人民文学出版社编审。
许玉芳	1928	武进人。二级演奏员。历任常锡文戏新华剧团团长、江苏省锡剧研究会副会长。
吴　英	1928	武进人。研究馆员。江苏戏剧家协会会员。曾任常州市群艺馆文艺创作组组长。
罗国华	1928	武进奔牛人。曾任南通高等师范学校美术教授。
刘菊清	1929	女，武进奔牛人。花鸟画家。曾任南京艺术学院教授。
李　棋	1929	武进礼嘉人。副研究馆员。曾任武进文化局创作组长。
钱泳林	1929	武进人。副研究馆员。中国戏剧家协会会员。曾任常州市文化局局长。
吴云发	1930	武进雪堰人。曾任苏州大学艺术学院教授。
薛静珍	1930	女，武进人。二级演员，苏州市锡剧团演员。
徐　新	1930	武进人。一级指挥。中央音乐院教授
吴正民	1931	武进焦溪查家湾人。曾任中国国际广播电台高级记者

续表

姓　名	出生年	简　　况
皮震环	1931	武进人。副研究馆员。武进县文化馆美工
徐企平	1932	武进人。上海戏剧学院教授
龚产兴	1932	武进前黄镇漳湟村人。曾任中国美术研究所研究员
杨祥林	1932	扬中人，高级经济师。曾任武进县新华书店经理、党支部书记
蒋仁良	1933	武进新安人。副研究馆员。曾任武进县文化局长、县人大科教文卫主任
许荣初	1934	武进牛塘人。辽宁鲁迅美术学院教授。
陆正红	1935	女，武进人。上海京剧院一级演员。
焦祖尧	1935	武进人。曾任山西省作协主席、中国作协主席团委员。
费霞南	1935	女，武进人。二级演员。上海戏剧家协会会员。
莫静坡	1935	苏州人，二级美术师，武进文化馆美术工作人员。
夏芦庆	1936	武进人。二级编剧。曾任常州市文化艺术研究所所长、市文化局剧目工作室主任。
方伯年	1936	武进湟里人。中国歌剧舞剧院教授。
彭加其	1936	祖籍溧阳。二级演员，江苏戏剧家协会会员，武进锡剧团演员。
袁行霈	1936	祖籍武进。北京大学中文系教授、人文学部主任、中央文史馆馆长。
张细惠	1937	武进人。副研究馆员。曾任常州市工人文化宫副主任。
陆涛声	1939	祖籍靖江，生于湟里。研究馆员。中国作家协会会员。曾任武进文联副主席。
薛国屏	1939	武进南夏墅河东村人。曾任上海辞书出版社编审。
庄建平	1939	武进人。曾任中国社会科学院近代史研究所编审。
梅洪如	1939	武进横山桥奚巷村人。曾任人民日报高级记者、高级编辑。
张静贞	1939	女，武进礼嘉禹城村人。曾任华东师范大学图书馆信息技术研究部研究馆员。
何德宝	1939	武进横林人。二级舞美设计，武进锡剧团美工。中国舞台美术学会会员。
马凤翔	1940	武进潘家人。曾任大连人民广播电台高级编辑。
徐雅萍	1940	祖籍上海。二级演员。曾任武进越剧团副团长、县文艺学校副校长。
卢坤海	1940	祖籍苏北。副研究馆员。武进县文化馆美工。
徐耀中	1940	武进郑陆锁石村人。曾任新华社高级记者。
徐潮江	1941	武进南夏墅河东村人。曾任中央人民广播电台农村组负责人、高级记者。
王玉兰	1941	女、武进人。副研究馆员。曾任常州市戏剧创作研究会会长。
陈冬期	1941	武进漕桥人。副研究馆员。曾任常州市文化局局长、市文联副主席。
吴小童	1941	武进人。二级演员。曾任常州市青年锡剧团男演员队队长。

续表

姓　名	出生年	简　　况
秦剑铭	1942	武进洛阳人。国家一级美术师。
唐成林	1942	武进人。二级导演。曾任常州市青年锡剧团导演。
蔡　兵	1943	武进人。曾任上海华厦书画院院长、高级美术师。
陈嘉敏	1943	武进人。副研究馆员。曾任常州市文化局剧目创作室副主任。
赵玉泉	1943	武进鸣凰人。副研究馆员。曾任武进文化馆副馆长、淹城博物馆馆长。
李海元	1946	武进邹区杨庄村人。曾任《人民日报》编审。
吴小英	1947	女、武进人。一级演员。曾任常州市文联副主席、剧协主席、文化艺术学校副校长。
洳金山	1947	武进三井人。上海沪剧院一级作曲。
庄旦良	1948	武进戴溪人。副研究馆员。曾任武进文化局副局长、中国音乐、戏剧家协会会员。
李志明	1949	武进寨桥人。高级经济师。曾任武进新华书店总经理。
李中萱	1951	武进寨桥人。副研究馆员。中国作家协会会员。
冯建平	1952	武进鸣凰人。副研究馆员。曾任武进图书馆馆长。
杨琪龙	1952	武进人。副研究馆员。曾任武进文化馆音乐部主任。
陈利华	1953	女，武进前黄蒋排村人。一级编导。常州舞蹈家协会副主席。
倪金才	1953	武进安家舍人。副研究馆员。曾任武进文化馆馆长。
朱国兴	1953	武进湟里人。二级演员。武进锡剧团演员。
林志方	1954	武进西夏墅人。副研究馆员。曾任武进博物馆馆长。
王大宙	1955	武进礼嘉镇人。华东师范大学设计院名誉院长、上海戏剧学院客座教授。
丁旭晴	1955	武进潘家人。二级演奏员。武进文化馆工作人员。
赵治平	1957	武进人。一级美术师。江苏省美术馆副馆长。
朱惠民	1957	武进人。二级演员。常州市戏剧家协会会员。
刘建中	1959	武进横林人。二级摄影师。武进文化馆横林分馆馆长。中国摄影家协会会员。
郑建中	1959	武进人。二级演奏员，常州市戏剧家协会会员。
张小国	1959	女，武进人。二级演员，常州市戏剧家协会会员。
金志新	1960	武进人。副研究馆员。武进区文学研究所剧目创作联络部主任。
程风妹	1961	女，武进人。副研究馆员。武进图书馆采编技术部主任。
李建南	1961	武进人。二级演员。常州市戏剧家协会会员。
陈华珍	1962	女，武进人。一级舞美设计。中国舞台美术协会会员。
胡子寅	1962	武进人。二级演员。常州市戏剧家协会会员。

续表

姓 名	出生年	简 况
万建焕	1962	武进人。一级演员。常州市锡剧团演员。
何志峰	1962	武进人。高级经济师、政工师。历任武进新华书店经理、常州新华书店有限责任公执行董事、总经理。
王凤英	1963	武进雪堰人。副研究馆员。曾任武进文化馆副馆长。
张 振	1963	丹阳人。二级舞台美术设计师。中国舞台美术学会会员、武进书画院副院长。
沈惠兰	1964	女，武进人。一级演员。现任武进区文化广电新闻出版局副局长、武进锡剧团团长。
杨秀妹	1965	女，武进人。研究馆员。现任武进区文学研究所所长。
陈云霞	1968	女，武进人。一级演员。中国戏剧梅花奖得主。
王晓燕	1968	女，武进前黄人。副研究馆员。中国舞蹈家协会会员。
刘爱玲	1968	女，武进人。二级演员，常州市戏剧家协会会员。
杨 晖	1973	女，丹阳人。二级演奏员，就职于武进文化馆。
叶馨远	1975	女，武进湖塘人。副研究馆员。现任武进文化馆馆长。

五、全国文艺界协会、学会会员名录

（一）中国作家协会会员

李中萱　陆涛声　张 健　陈 肃　黄水清

（二）中国美术家协会会员

朱利群　周晓东　房师田（女）　赵治平　黄喜荣

（三）中国书法家协会会员

王日曦　王文明　白清渊　刘秋农　芮新丰　张克强
张国强　张培创　陈 捷　陈海良　居丽琴（女）　郑长安
郭向东　钱小山　徐浩然　曹玉屏　戚散花（女）　蒋寿元
管敬泽　陆涛声　陆建华

（四）中国摄影家协会会员

史国璋　朱立凤（女）　庄文龙　刘建中　江建文　汤德胜
孙 杰　孙志德　李玉书　张春洁　张伟国　吴中行
沈凤绚　张鹤芳　秦蔚成　顾 明　徐 翔　徐元法
刘宝成　徐和平（女）　蒋建东　谢雪滔

（五）中国戏剧家协会会员

万建焕　马中原　王兰英（女）　尤小听（女）　史曼倩　白玉艳（女）
任菊香（女）　庄旦良　刘兴中　吴小英（女）　沈惠兰（女）　陈云霞（女）
陈正文　陈嘉敏　夏芦庆　钱泳林

（六）中国音乐家协会会员

王星南　庄旦良　杨国钦　盛易新

（七）中国曲艺家协会会员

杨秀妹（女）　张芸芝（女）　张小兵　金　超　周玉峰　夏雪慧（女）
陶红亮

（八）中国舞蹈家协会会员

王晓艳（女）　庄旦良　陈利华（女）　陈宝珠（女）

（九）中国民间文艺家协会会员

万叶树　李翔岭　吴之光　陆涛声

（十）中国电视艺术家协会会员

王元康

（十一）中国硬笔书法协会会员

庄旦良　汤友常　张　振　莫鹤九　徐小平　韩金傲

（十二）中国楹联学会会员

王　群（女）　王亚兴　王丽萍（女）　王虎英（女）　王鉴风　孙和章
石国英（女）　吴　萍（女）　吴逸鸥　严金海　朱净之　朱静之
许兴南　陆榴英（女）　岳建平　周忠义　俞国平　钱　竞
莫金华（女）　梁志方　巢勤贤（女）　谢达茂　谢孝宠　霍柏松

（十三）中华诗词学会会员

丁彦士　王日羲　王鉴风　叶鹏飞　史亚华（女）　吕锦尚
朱小刚　朱博全　任培基　刘　文　刘志成　羊　汉
羊　淇　羊牧之　孙　显　孙和章　还　村　吴逸鸥
汪荣庚　沈亦泉　张仁迪　陈颂华　周庆华　费仲光
姚广圻　钱小山　钱璱之　徐佳明　奚德椿　黄福俊
蒋玉昌　曾玉振　梁志方　谢孝宠　霍柏松　谢瀚东
潘一新　潘文瑞

（十四）中国工艺美术学会会员

汤友常　陈桂方　倪久晋　徐秉言　萧剑波

（十五）中国苏东坡研究会会员

冯士彦　苏　慎　陈　弼

附录

一、主要荣誉栏

（一）集体荣誉（部级）

年度	荣 誉 称 号	获得单位	授 予 单 位
1987	全国科教电影汇映月活动先进集体	武进县电影公司 横山影剧院 洛阳影剧院 薛家影剧院 圩塘影剧院 潘家影剧院 万绥影剧院 九里电影队	文化部、农牧渔业部、林业部、国家科委、中国科协
1990	全国先进文化馆	武进县文化馆	文化部
1993	全国标准文化馆	武进县文化馆	文化部
1993	全国电影放映“童牛奖”	武进县电影公司	文化部
1994	全国文化工作先进县	武进县人民政府	文化部
1995	国家二级图书馆	武进市图书馆	文化部
	全国青少年“中国青年”读书活动优秀组织奖	武进市文化局	全国青少年读书教育活动组委会
1999	国家一级图书馆	武进市图书馆	文化部
	全国青少年“五十年辉煌，新世纪畅想”读书活动优秀组织奖	武进市文化局	全国青少年读书教育活动组委会
2000	中国民间特色艺术之乡——摄影之乡	武进市人民政府	文化部
2001	《窦娥冤》获第六届中国“映山红”民间戏剧节演出一等奖	武进市锡剧团	第六届中国民间戏剧节组委会
	《风流母女》获第六届中国“映山红”民间戏剧节演出二等奖	武进市锡剧团	第六届中国民间戏剧节组委会
	第六届中国“映山红”民间戏剧节育花奖	武进市文化局	第六届中国民间戏剧节组委会
	全国青少年读书活动优秀组织奖	武进市文化局	全国青少年读书教育活动组委会
2002	全国“中华美德”读书活动优秀组织奖	武进区文化局	全国青少年读书教育活动组委会
2004	“亚农杯”全国农民读书征文活动组织奖	武进区文化局	中宣部、文化部
2008	中国民间文化艺术之乡	武进区人民政府	文化部

（二）集体荣誉（省级）

年度	荣誉称号	获得单位	授予单位
1978	江苏省电影放映先进集体	县一队、万绥、庙桥电影队	江苏省文化局
1978	江苏省先进剧团	武进县锡剧团	江苏省文化局
1981	江苏省新华书店系统先进门市部	新桥门市部	江苏省新华书店
1982	江苏省新华书店系统先进单位	武进县新华书店	江苏省新华书店
1984	江苏省新华书店系统先进单位	武进县新华书店	江苏省新华书店
1985	江苏省新华书店系统先进单位	武进县新华书店	江苏省新华书店
1985	江苏省电影放映先进集体	武进县电影公司	江苏省文化厅
1987	江苏省电影发行放映先进集体	武进县电影公司	江苏省文化厅
1988	江苏省群众文化先进集体	武进县文化馆	江苏省人民政府
1988	江苏省电影系统先进集体	武进县电影公司	江苏省文化厅
1990	江苏省文化系统先进集体	武进县图书馆	江苏省文化厅
1992	江苏省群众文化先进集体	武进县文化馆	江苏省人民政府
	江苏省文化先进县	武进县人民政府	江苏省人民政府
1992	江苏省群众文化先进乡镇	湖塘、马抗、鸣凰、前黄、漕桥、牛塘、奔牛、洛阳、焦溪、三河口、东青、卜弋、横山桥、小河、吕墅、新安、成章、坊前、运村	江苏省文化厅
1993	江苏省特级文化站	牛塘镇文化站	江苏省文化厅
		湖塘镇文化站	
		洛阳镇文化站	
1994	江苏省明星影剧院	南宅、焦溪、奔牛、湟里、前黄影剧院	江苏省文化厅
1994	江苏省先进县（市）文联	武进县文联	江苏省文联
1994	江苏省文明图书馆	武进县图书馆	江苏省文化厅
1994	江苏省群众文化先进乡镇	卢家巷、九里、雪堰、芙蓉、寨桥、西夏墅、罗溪、新桥	江苏省文化厅
1995	江苏省先进县（市）文联	武进市文联	江苏省文联
1995	江苏省文明图书馆	武进市图书馆	江苏省文化厅
1996	江苏省民间艺术（留青竹刻）之乡	鸣凰镇	江苏省文化厅
1996	江苏省群众文化先进乡镇	魏村、剑湖、遥观、郑陆、万绥、汤庄、薛家	江苏省文化厅
1997	江苏省文化工作先进集体	文化市场办公室	江苏省文化厅
1998	江苏省文明单位	武进市新华书店	中共江苏省委员会

续表

年度	荣 誉 称 号	获 得 单 位	授 予 单 位
1998	江苏省文化市场稽查工作先进单位	文化市场办公室	江苏省文化厅
1998	江苏省群众文化先进乡镇	东安、湟里、浦河	江苏省文化厅
1999	江苏省群众文化先进集体	牛塘镇文化站	江苏省文化厅
2000	江苏省群众文化先进集体	武进市文化馆	江苏省文化厅
2000	江苏省文明图书馆	武进市图书馆	江苏省文化厅
2001	江苏省群众文化先进集体	武进市文化馆	江苏省文化厅
2002	江苏省文化系统先进集体	武进区文化馆	江苏省文化厅
2003	江苏省服务农民、服务基层文化工作先进集体	武进区文化馆	省委宣传部、文化厅
2003	江苏省文明图书馆	武进区图书馆	江苏省文化厅
2003	江苏省文物系统先进集体	武进区文管办	江苏省文物局
2003	江苏省文明单位	武进新华书店	省精神文明建设指导委员会
2005	江苏省服务农民、服务基层文化工作先进单位	文化市场稽查队	省委宣传部、文化厅
2006	江苏省文化工作先进集体	文化市场办公室	省委宣传部、文化厅
2006	江苏省“十大文化馆”	武进区文化馆	江苏省文化厅
2006	江苏省服务农民、服务基层文化工作先进单位	局文化市场稽查队	省委宣传部、文化厅
2006	江苏省“红读”活动优秀组织奖	武进区图书馆	江苏省文化厅
2008	江苏省“红读”活动优秀组织奖	武进区图书馆	江苏省文化厅
2009	江苏省“红读”活动优秀组织奖	武进区图书馆	江苏省文化厅
2009	江苏省非遗普查先进集体	武进区文化局	江苏省文化厅
2009	江苏省优秀文化站	奔牛镇文化站	江苏省文化厅
		牛塘镇文化站	
2010	江苏省文明图书馆	武进区图书馆	江苏省文化厅
2010	江苏省文化市场综合执法先进单位	区文化行政综合执法大队	江苏省文化厅
2011	江苏省馆藏文物数据库建设先进单位	武进区博物馆	江苏省文物局
2011	江苏省文物法制宣传工作先进集体	区文化行政综合执法大队	江苏省文化厅
2011	江苏省“扫黄打非”工作先进模范区	武进区	江苏省“扫黄打非”工作领导小组
2011	江苏省“扫黄打非”工作先进单位	区文化广电新闻出版局	江苏省“扫黄打非”工作领导小组

续表

年度	荣誉称号	获得单位	授予单位
2012	江苏省文化市场综合执法先进单位	区文化行政综合执法大队	江苏省文化厅
2012	江苏省“红读”活动优秀组织奖	武进区图书馆	江苏省文化厅
2012	江苏省文物法制先进集体	区文化行政综合执法大队	江苏省文化厅
2013	江苏省市（县、区）文联先进集体	武进区文联	江苏省文联
2013	第四届江苏省服务农民服务基层文化建设先进集体	武进区锡剧团	江苏省委宣传部、省文化厅
2013	江苏省首届文化行政执法技能大比武一等奖	区文化行政综合执法大队	江苏省文化厅

（三）集体荣誉（地、市级）

年度	荣誉称号	获得单位	授予单位
1978	镇江地区红旗剧团	武进县锡剧团	镇江地区行政公署
1978	镇江地区电影工作先进集体	县第八电影队	镇江地区行政公署
		村前乡电影队	
		庙桥乡电影队	
		万绥乡电影队	
1982	镇江地区先进农村图书馆	运村乡图书馆	镇江地区行政公署
1983	常州市先进农村俱乐部	焦溪乡梁庄俱乐部	常州市文化局
1983	常州市文明单位	马杭乡文化中心	常州市人民政府
1983	常州市先进文化中心	西林乡文化中心	常州市人民政府
1983	常州市“五讲四美三热爱”活动先进集体	县锡剧团	常州市文化局
1983	常州市精神文明建设先进集体	三河口乡文化站	常州市文化局
1984	常州市“五讲四美三热爱”活动先进集体	县锡剧团	常州市文化局
1985	常州市优秀文化中心	安家、礼河、牛塘、万绥、运村、马杭、焦溪、新桥、西林、南宅文化中心	常州市人民政府
1986	常州市文明图书室	湖塘镇文化站图书室	常州市文化局
		运村乡文化站图书室	
		洛阳乡文化站图书室	
		礼河乡文化站图书室	
1988	常州市计划生育先进集体	武进影剧院	常州市人民政府
		武进新华书店	
1989	常州市文明图书馆	县图书馆	常州市文化局

续表

年度	荣　誉　称　号	获得单位	授予单位
1993	常州市文明单位	牛塘文化站	常州市人民政府
1994	常州市文明图书馆	罗溪文化站图书馆	常州市文化局
1994	常州市群众文化先进乡镇	湟里、崔桥、薛家、潘家、南宅、孟河、嘉泽、夏溪	常州市人民政府
1996	常州市文化系统先进集体	牛塘文化站	常州市文化局
1997	常州市乡镇文明图书馆	牛塘图书馆	常州市文化局
1998	常州市乡镇文明图书馆	卢家巷图书馆	常州市文化局
		寨桥图书馆	
		前黄图书馆	
		运村图书馆	
		湟里图书馆	
1999	常州市乡镇文明图书馆	安家图书馆	常州市文化局
2000	常州市文化系统先进集体	牛塘文化站	常州市文化局
2001	常州市文明单位	牛塘文化站	常州市人民政府
2002	常州市文化系统先进集体	嘉泽文化站	常州市文化局
2003	常州市“红读”活动优秀组织奖	区图书馆	常州市文化局
2006	常州市“红读”活动优秀组织奖	区图书馆	常州市文化局
2008	常州市文化市场行政执法先进单位	文化市场办公室	常州市文化局
2008	常州市“红读”活动优秀组织奖	区图书馆	常州市文化局
2009	常州市“红读”活动优秀组织奖	区图书馆	常州市文化局
2012	常州市“红读”活动优秀组织奖	区图书馆	常州市文化广电新闻出版局
2013	常州市“扫黄打非”工作一等奖	区文化局行政综合执法大队	常州市文化广电新闻出版局

（四）个人荣誉（全国性）

年度	荣　誉　称　号	姓　名	授予单位
1965	出席全国青年业余文学创作积极分子大会代表	蒋梦熊	文化部
1981	全国农村文学艺术工作先进个人	陈正文	文化部
1987	全国农村科教电影汇映月活动先进个人	陈益民	文化部
1989	全国电影发行放映先进工作者	秦国祥	广播电影电视部
1991	中国抗洪救灾优秀摄影工作者	汤德胜	文化部

续表

年度	荣誉称号	姓名	授予单位
1996	全国青少年读书教育活动先进个人	李志明	国家教委
	全国群众文化先进工作者	袁定华	文化部
2009	中国摄影金象奖创作奖	汤德胜	中国文联

（五）个人荣誉（省级、条线）

年度	荣誉称号	姓名	授予单位
1957	江苏省电影系统先进工作者	沈　沆、张洪兴、周苏进	江苏省文化局
1960	出席江苏省文教系统群英大会代表	陈耈大	
1973	江苏省群众文化先进工作者	张文华	江苏省文化局
1978	江苏省电影系统先进工作者	严忠明、刘荣根、何云松、孙炳海、戴龙度、石锡凡、金志华	江苏省文化局
1981	江苏省新华书店系统先进个人	李成才	江苏省新华书店
1985	江苏省劳动模范	汤德胜	江苏省人民政府
1985	江苏省电影放映先进工作者	叶剑秋	江苏省文化厅
1986	江苏省少年儿童先进工作者	汤德胜	江苏省妇联
1988	江苏省群众文化先进工作者	张文华、蒋信楠、赵建新	江苏省人民政府
1989	江苏省电影系统先进工作者	秦国祥	江苏省文化厅
1991	江苏省文化系统抗洪救灾先进工作者	汤德胜、陆　鹤、凌虎林	江苏省文化厅
1996	江苏省劳动模范	李志明	江苏省人民政府
2006	江苏省文化系统先进工作者	吕　骏	江苏省文化厅
2008	江苏省版权管理工作先进个人	王文献	江苏省新闻出版局
	江苏省扫黄打非有功人员	陈小方	江苏省扫黄打非办公室
2009	江苏省非遗普查工作先进个人	郝建成	江苏省文化厅
2010	江苏省优秀文化站长	蒋玉良、韩　宇	江苏省文化厅
2011	江苏省馆藏文物数据库建设先进个人	张　宇	江苏省文物局
2011	江苏省打击文物违法犯罪工作先进个人	谈大庆	江苏省公安厅
2011	江苏省广播电视技术维护先进个人	王　莹	江苏省广播电影电视局
2011	江苏省第三次全国文物普查工作先进个人	谈大庆	江苏省文物普查领导小组
2011	江苏省第三次全国文物普查资料档案工作先进个人	黄建峰	江苏省文物局
2013	江苏省五星工程“群文之星”	刘建中	江苏省文化厅

（六）个人荣誉（地、市级）

年度	荣誉称号	姓名	授予单位
1978	镇江地区电影系统先进个人	戴龙度、赵荣昌、于炳海、张涵中、王玉焕、谢晓昌、蒋银度、巢志定、石锡凡、魏来宝、吴国良、莫定一、张亚平、金志华、王汉忠、朱网荣、孙炳海、吴柏中、严忠明、朱建华	镇江地区行政公署
1982	镇江地区农村文化艺术先进工作者	陆忠宽、蒋福昌	镇江地区行政公署
1984	镇江地区群众文化先进工作者	谢达茂、刁瑞华	镇江地区行政公署
1985	常州市群众文化先进工作者	蒋福昌	常州市文化局
1987	常州市劳动模范	李志明	常州市人民政府
1989	常州市群文系统先进工作者	陆连照	常州市文化局
1990	常州市民间文学三套集成先进工作者	张文华、蒋福昌	常州市委宣传部
1990	常州市民间文学三套集成采集贡献奖	姚如松	常州市委宣传部
1991	常州市三套集成先进工作者	刘正范	常州市文化局
1992	常州市劳动模范	史国兴、李志明	常州市人民政府
1994	常州市劳动模范	李志明	常州市人民政府
1994	常州市群文系统先进工作者	陶红亮	常州市文化局
1995	常州市群众文化先进工作者	姚如松	常州市文化局
1997	常州市群众文化先进工作者	吴国才	常州市文化局
1997	常州市群众文化先进工作者	吴兴法	常州市文化局
1998	常州市群众文化先进工作者	吴国才	常州市文化局
1998	常州市劳动模范	吴国才	常州市人民政府
2000	常州市群文系统先进工作者	刘正范	常州市文化局
2002	常州市群众文化先进工作者	吴兴法	常州市文化局
2002	常州市群文系统先进工作者	刘正范	常州市文化局
2005	常州市文学艺术先进工作者	杨秀妹	常州市文联
2010	常州市广播影视管理工作先进个人	蒋仲仁、王　莹	常州市文化广电新闻出版局
2012	常州市第三次全国文物普查优秀工作者	金霆蔚	常州市文物局
2012	常州市第三次全国文物普查工作先进个人	黄建峰	常州市文物局

二、御制诗选录

自南朝宋武帝刘裕起，先后有十多位皇帝留有吟诵武进人事风物的诗篇，选录其中13首，以供赏析。

（一）延陵王季札赞

南朝·宋武帝（刘裕）

惟王延陵，全义让国。见礼知政，闻乐知德。
观风审音，挂剑酬心。怀哉高风，无古无今。

（二）毗陵郡即景

南朝·宋孝武帝（刘骏）

宵登毗陵路，旦过云阳郛。平湖广津济，菰渚迭明芜。
和风翼归鸟，夕氛晦山嵎。惊澜翻鱼藻，赭霞照桑榆。

（三）采莲曲

南朝·梁武帝（萧衍）

游戏五湖采莲归，发花田叶芳袭衣。为君艳歌世所希，世所希，有如玉。
江南弄，采莲曲。

（四）赠尚书仆射萧瑀

唐·太宗（李世民）

疾风知劲草，板荡识真君。勇夫安知义？智者必怀仁。

（五）入延陵

清·圣祖康熙皇帝（爱新觉罗·玄烨）

延陵曙色阑，意与渚田宽。人尽农桑力，文风表里观。

（六）舟回常州

清·圣祖康熙皇帝（爱新觉罗·玄烨）

夏浅云高惜坂田，江南比岁赖丰年。麦秋遍野堪收藏，灵雨愆期倍惕干。
夜来篷窗闻淅沥，晓来练浦听潺湲。此行往返无他事，益见民情远近虔。

（七）游祥符寺

清•圣祖康熙皇帝（爱新觉罗•玄烨）

槛外青山纵目收，繁花初落叶新稠。更教点染烟云色，添得窗前翠欲流。

（八）过常州府城

清•高宗乾隆皇帝（爱新觉罗•弘历）

毗陵驿口驻飞舻，城郭周巡六辔纡。老幼欢欣称就日，江南风物已勾吴。
勖哉尔牧无胥怠，弱矣斯民未尽愚。户口实繁盖藏少，隐忧水旱岂能无！

（九）寸麦尺水

清•高宗乾隆皇帝（爱新觉罗•弘历）

寸麦尺水犹无妨，尺麦寸水亦致殃。不是南来咨穑务，似兹委曲哪能详！

（十）题恽南田《蔷薇图》

清•高宗乾隆皇帝（爱新觉罗•弘历）

东风骀荡舞窗前，都作蔷薇买哭钱。绣被堆中开玉靥，朱栏架底坠金钿。
双成有蕙霞亲翦，荀会无聊香自煎。漫道江南夸落墨，锦袍应展恽南田。

（十一）御览胡宿《文恭集》题诗

清•高宗乾隆皇帝（爱新觉罗•弘历）

久曾割裂得全难，四库搜罗为复完。如此立朝有本末，可教遗帙听雕残。
既经皇览斯予事，自与发潜令彼安。通集原应俾抄录，至文乃合命镌刊。
教坊致语宁忠告，道院青词实异端。去取之间系旌瘅，示滋大略付儒官。

（十二）舣舟亭

清•高宗乾隆皇帝（爱新觉罗•弘历）

跋马过府城，至此应登艇。云有苏子瞻，舣舟之旧境。
其然岂其然，但觉松筠静。千秋称古迹，如是率堪省。
往来八州牧，留题成妙景。斯亭而在斯，讵非毗陵幸。
绀宇楼金仙，瞻谒吾亦肯。东坡喜逃禅，往往偈句警。
立朝乃刚直，正合进善猛。今宁无颇牧，冯言会心永。
解缆遵川程，迴望风帆影。

（十三）驻叶家营盘　射十中九示诸臣

清·高宗乾隆皇帝（爱新觉罗·弘历）

舣棹河滨早，抨弦弓手调。振声皆有度，连中岂须骄。
问俗来南国，诘戎重本朝。从行诸将士，慎尔勉勤劳。

三、武进地域即景诗选录

武进地处江南腹地。四季分明，风调雨顺，青山绿水，风景秀丽。有史以来，历代文人吟诵家乡景物的诗句精彩纷呈，兹选录其中 15 首，以供鉴赏。

（一）毗陵城南书院八景

宋·张镗

龙潭积潦

源源龙潭水，汇此城南阴。绕岸花开落，溪流无浅深。

雁荡清流

雁荡水清浅，垂杨高下生。地偏人迹罕，隔岸雁飞鸣。

南轩乔木

开轩仅寻丈，惟有木扶疏。院窄谁题额，紫薇得意书。

北牖修篁

修竹饶清籁，狂风昼夜鸣。悠然来北牖，和我读书声。

荷浜钓舫

击舟西渚边，策杖自来去。莲沼花叶深，鱼游不知处。

杨浦书楼

楼高出林杪，中有古人书。开卷不可见，抚几叹何如。

松陵月色

松陵夜耸翠，巍然峙几席。开门时一登，对月意无斁。

竹径溪声

清溪流竹岸，嘉趣独在兹。临水洗吾耳，振衣忘所之。

（二）谢庄八景

元·谢应芳等

东林烟雨

谢应芳

共踏秋光入翠微，丹枫萧槭洒朝霏。云浮树杪悬残雨，烟袅溪头隐落晖。
行客到应停草屐，居人间共掩荆扉。清风悠忽从空起，扫尽烟霾何处飞。

南皋春晓

方　岳

参差聚落白云隈，日照疏林树色开。几树春风催好鸟，一溪香影抱残梅。
深临仿佛悬崖迥，峭划依稀绝嶂来。鞭犊深耕农力健，来辫指日孕柔胎。

南兰夜月

司马尧

残星几点瑞烟浮，宝镜尘涵淡欲收。细霭轻笼芦荻岸，寒光远映蓼花洲。
中流藻影翻游鲤，密草恐声醒睡鸥。有约不来同玩月，只余清梦到罗浮。

寒塘落雁

聂大年

雁唳涛声乱不分，客心何事最先闻。关山越境思遥集，渔猎惊栖念故群。
秋气渐空林木影，波光应动竹帘纹。那堪回首蒹葭外，又见孤飞带片云。

远峰积雪

王　谦

渐看层峦起湿烟，开门遥对白云前。松杉显晦连危壁，洞壑虚无落暗泉。
晶晶奇光疑在水，冥冥积气欲沉天。何时高卧空山里，阴霁都忘不记年。

东河帆影

徐　问

扁舟初发晚风稠，波浪浮云远逗留。几片飞来帆似叶，众峰回合树兼秋。
沙因潮汐无端徙，舟辨人烟密处收。汩汩去来何日事，可知迁客正登楼。

方堂净练

邵　珪

独步溪边客思生，几回长望水纹平。势连云汉精魂越，气耆鱼龙笑语轻。落日四隅光欲动，高秋一派暮还清。冷然直作乘槎想，畏听寒涛静夜声。

僧舍钟声

王　佺

掩关枯坐沉寥中，僧舍冷冷动晚钟。只觉烟生迷野径，不禁清响落疏桐。沉思久踏空明月，静听徐来断续风。高枕何人忘世虑，只今尘梦更无穷。

（三）戴溪八景

明·王珣

安阳峰翠

空山雨后青峰东，此地芙蓉似岳嵩。春日会当登绝顶，白云之际尽崆峒。

阳湖渔艇

渔舟乐唱阳湖边，渔父携鱼换酒钱。徐饮笑看湖底月，月光映水两头天。

溪桥远眺

策杖东原是戴溪，临流一望总塘陨。凫鸭翩翩泛中沚，牛羊落落东西畦。

天井风帆

天井烟帆似执圭，参差出没无端倪。南来风带洞庭雨，东去悠悠吴越西。

东轩夜读

万卷拥书消白昼，几行涂抹解春愁。自惭质弱终宵卧，梦里咿唔入耳课。

西园鸟语

厌杀朝朝鸟语喧，西林栖宿一何奢。莺声啼破三春景，展翅翻开二月花。

周墟梵音

闲翻贝叶香染指，偶听钟声韵惹心。入定已参得半偈，尘缘脱尽是知音。

南庄课耕

秋深雁到滩头截，遥望芦花一岸白。移步南庄思隐耕，犁锄入手如剔抉。

（四）新塘八景

明•陈献章

龙泉春雨

长夜龙山晓，人间望忽开。飘风卷雨去，复送云归来。

笠泽烟波

何处烟波好，公乘笠泽槎。我泛江门月，乾坤共一家。

龟山夜月

夜半龟山月，能开万顷秋。试从空处望，照公湖上楼。

陈湾嶂叠

丹青写不尽，陈湾嶂叠新。我诗君莫笑，还属姓陈人。

雪堰通津

雪堰归何处，披图想具区。古来探本论，无欠也无余。

亭山夕照

山亭不可逾，华顷凌天台。卑高本自形，夕照从西来。

庙墩灵迹

救溺如救火，造次遂捐生。金陵人去远，拗鬼不来争。

板桥书屋

板桥蔼吾伊，名称已盖世。谁知龟山月，不照新塘睡。

（五）胜西八景

明•周垍

云寺晨钟

萧森古寺阴疏林，听到晨钟静气侵。百八声中晓雾散，白云深处护禅心。

龙潭春涨

龙潭水势春来涨，一望无烟色正肥。西面桃花红泼浪，碧添三尺没渔矶。

富春步月

桥边闲步会幽情，流水悠悠月正明。顾景徘徊万籁静，隔溪风送读书声。

方至观荷

高阁名题天保篇，清溪曲曲绕栏前。凭窗领略清幽趣，荷气侵人月在天。

东山雪松

东山一片光明界，白云苍松点缀频。云外鹤归风露冷，一声唳入玉乾坤。

南舍梨云

结舍溪南远市尘，问风课雨最殷勤。桑麻绕屋多余地，种得梨花一片云。

小桥红杏

数枝红杏小桥东，醉倒溪边二月风。何日东皇驾此过，绛霞一抹护长虹。

古岸朱藤

老干如龙舟野岸，百年风雨护根深。花开络索珠千挂，时有渔翁卧绿荫。

（六）孝都八景

明•陈孟言

林园闸镇

野树江云一望低，市桥斜日驻吟藜。落花香径留车辙，芳草闲门送马蹄。
夕坞尚喧争树鸟，晚堋犹唤报潮鸡。投诗错忆探囊处，拂面春风家水西。

宅枕长江

树锁江流一带宽，几家茅屋隔林峦。水通岛渚霞为幄，竹覆鱼梁雪作团。
细雨片帆春浪软，长风高枕千涛寒。浣花溪上曾相觅，不以瞿塘滟滪看。

雁宿沙滩

塞北风寒已暮秋，遥到雁阵下沙洲。鸲鸟彻夜成佳偶，鸥鹭通宵结好俦。
恍若鷦鷯杈止息，浑如乌鸦暂栖留。想应海角天涯意，萍水相逢也聚头。

港口回樯

潮送残阳返客舟，鲤鱼风霁暮帆收。飘飘萍梗谁青眼，渺渺江湖自白沤。百丈此时才下濑，一篙明月复中流。相逢尔我还相贺，纲吏兼无水宿愁。

梓里桑麻

宿雾林霏湿未开，桑麻吾是独怜材。数椽屋后躬须种，五亩墙场手自栽。稚子沐烟春暮摘，老妻绩月夜深陪。悠悠先达皆能者，农圃何妨弃不才。

渔樵乐业

水绿山青万里余，此生直欲遇樵渔。云晴仙侣邀观弈，雪霁渔翁约钓鱼。局罢不知尘泊泊，钓归无事梦蘧蘧。有时山水间来往，明月清风只自如。

小桥流水

屋后青山隔小桥，门前流水暗通潮。晓晴踏雪穿孤屿，夕霁衔霞拔短桡。待月坐来敲钓竹，寻源归去得诗瓢。十年赢得云庄梦，不与三公博市朝。

古木寒鸦

长林落日冻云平，无数归鸦噪晚晴。辛苦自宜同树宿，安老何须一枝争。叫群带月鸣音切，掠阵随风侧翅轻。古木黄昏栖未稳，更堪何处鼓鼙声。

（七）何墅八景

明•卞荣

寿春乔木

无数乔柯荫石根，豫章材大属高门。固应奕世能培植，更沐中天雨露恩。

永丰叠翠

小桥横石俯清流，院阁深沉万木稠。列有松柏双迭翠，绝胜桃李满皇州。

兴隆晓月

天鸡三唱曙光微，烟柳胧胧双鹊飞。此际西林月将堕，尚留残影照人衣。

小留渔火

石梁清浅月昏黄，隔岸渔灯数点光。我亦濯缨来作伴，水云深处唱沧浪。

南岸归帆

枫叶飘红白雁哀，夕阳光外片帆回。伊人想是思鲈客，乘此好风归去来。

城墩夕照

（明·方岳）

古城墩畔石苔封，日薄崦嵫带晚红。搔首东风聊纵目，余晖冉冉送归鸿。

慈福晚钟

（明·方岳）

寺隐东林石径斜，钟声杳杳隔烟霞。红尘不到云深处，敲落青松几树花。

土阜岚光

（明·普晖）

非云非雾亦非霞，映日浮沉隔绛纱。只恐从龙天上去，做场霖雨润桑麻。

（八）夹山八景

明·王士梅

凤凰叠翠

山号因形势，气腾俨凤凰。层峦多积翠，秀石有奇光。
远映江湖碧，平分天地苍。得钟灵瑞者，俎豆自馨香。

洋湖绝顶

夹山最高峰，秀出天之表。西北望京华，东南俯越螵。
具区万顷虚，洞庭一丸渺。形家谓权星，能令众山小。

马鞍夕照

凤翼飞双岭，隆隆似马鞍。咸池留晚景，羲影丽高峦。
两道霞分彩，三山麓尽丹。征人坡上过，回首尚盘桓。

华坞松涛

深坞龙松密，相敲时出声。乍听疑鼓瑟，余音胜弹筝。
天道天然响，常从空际鸣。春来风日好，迭和鸟嘤嘤。

丹崖别业

凤翅腾空展，赭岩映日丹。谷中藏秀气，林下隐儒冠。
风月凭消遣，经纶付欢喜。辋川谁得以，绕径竹千竿。

独孤遗迹

浪说唐守贤，英灵客此山。山名由是占，神道竟无班。
频动伊人感，惟余曲涧潺。登峰南北眺，政迹转斑斑。

孤峰夜月

皓魄临孤岭，光虚八面明。苍苔齐照彻，微涧尽含晶。
林外移人影，巢中奋鸟声。顿催诗思回，高唱到三更。

石涧清泉

孤峰悬绝壁，古涧石生成。体制虽嫌小，源流却喜宏。
味同中峡水，色胜楚王珩。不待茶仙品，居然万载清。

（九）潞城八景

明·松轩　曹琴

潞城毓秀

一泓碧水抱南村，木有虬枝竹有荪。谢宅兰敷陈宅彻，郄林桂长邓园林。
万灵人物魁华夏，千载交流继泗源。列直露饶民土厚，佳禾瑞麦岂胜言。

剑井呈祥

青蛇白气瑞星多，元宋人龙应甲科。万丈奎来天际彩，四时腾起井中和。
世传季子忠难泯，郡记仙翁事不磨。是否深藏千古秀，文光夜夜贯山河。

波心斗阁

阁影沈沈水影溶，僧归唤渡夕阳中。到来心远波间月，坐久凉生殿角风。
春去题诗沙鸟寄，客来送酒竹桥通。最堪子夜吴航曲，一枕斜听到晓红。

乌龙镇武

百尺长松界断虹，水吞元武秀涵重。天心柱耸犹惊汉，地北山高不受风。
云际会时相会虎，雨行闲处作闲龙。几多头角神威体，俯仰间来事岂空。

丁浦长流

禹凿隋疏甚有功，源源混混一流同。孟河西去川相接，戚墅东来海亦通。
渔笛响沙惊宿鸟，客帆投浦起飞鸿。堰庄多少兴亡事，尽在长流不断中。

永安新涨

贷得先年百姓劳，一泓春绿蘸东皋。势深渔子惊收网，流急舟人怕着篙。
龙引九河分节水，鱼通三月落花涛。石头销得新潮住，灌溉年年便桔槔。

菱港来清

菱溪派接潞城溪，流处何曾有息时。炀帝功存旋转治，伯夷风及漾涟漪。
深源旧本难窥测，澈古澄今不改移。一脉似连河汉水，洗兵涤甲亦容之。

横山耸翠

芳茂名山十里东，万松枝接半天中。归云似补平前缺，飞鸟如惊落九重。
但见峰头雨添色，不知涧口水流红。吟余几度闲舒眺，远近丹青理趣同。

（十）东坂八景

清·庄善孙

岸桥双锁

双桥稳渡木兰舟，对峙东西戏翠虬。岸口清幽烟景好，就中深锁绿蘋洲。

潭月波痕

潭月空明漾绿波，每逢三五逸情多。中央一镜园无缺，满眼清光挹素娥。

龙沙吐舌

小桥通处引游踪，指点场堤似卧龙。隔水玲珑舒巧舌，吹嘘幻作白云峰。

虎渡回流

何处源头滚滚来，静观虎渡水潆洄。轻帆宛尔随湘转，却引东流涌岸隈。

柴汀渔火

渔翁市散弄新声，晚泊前汀舫自横。好向初更喧打梆，几星渔火隔溪明。

铃渚晴烟

鸣檐昨夜雨淋铃，瞥见晴光丽野亭。园渚临流千个竹，轻烟一缕暮山青。

南堤柳色

弱柳层层舞翠鬟，珠喉黄鸟语绵蛮。化工绘编南堤色，倒映清流水一湾。

北陇松涛

陇头芳草秀年年，不见虬枝映碧天。缅想前人吟赏日，听涛仿佛百重泉。

（十一）西园八景

清•庄元烜

雁荡春帆

平堤野水浪花浮，一叶云舸漾碧流。博得春风与人便，轻帆长挂五湖舟。

龙潭秋月

西风摇落碧潭秋，此地登临起壮遒。独有松岗旧时月，年年生色照龙湫。

祁舍渔火

荻岸烟花夜色敷，瓦瓯蓬底醉树沽。船船阿妇浮家稳，一片灯光映月壶。

木杰溪花

踏遍青阳绿草茵，隔溪遥见野花新。垂杨影里莺梭织，织出江南一幅春。

水莲清磐

灯昏香地月轮高，清磐浮花度板桥。云净诸天空色相，龙参时带晚来潮。

雷枫四千

小桥东畔落地深，四千雷分古树林。空阔楚天秋寂寂，霜姿明月共萧森。

新桥匹练

新桥流水滆湖分，细雨涛声起夕曛。一棹秋风几月日，虚浮匹练织寒云。

文峰夕照

平原芳草醉春风，禽鸟欣时语化工。散乱夕阳千万树，文峰高插白云中。

（十二）城湾八景

清·许　棫

西泉湾

终朝湖上行，林深人不觉。�错发镛簴，欹眠听水乐。

东泉湾

结庐三槛下，终日常闭关。时奉素心人，把酒望南山。

东村湾

东村窈而曲，谷口几茅茨。晞发长松下，晴风尽日吹。

西村湾

良田对茅舍，村径竹间通。仙居知不远，一磬落花东。

小墅湾

小桥曲通村，新月光流枕。归罢莲窝舟，相人竹筱饮。

大墅湾

僧田旁涧耕，樵径随峰转。门户见夫山，风来翠屏展。

嶂青湾

风吹西溪月，挂在涵山松。一夜叶萧然，又添何处峰。

桃花湾

裖崖石屹屹，远翠椒峰落。红桃夹涧花，花下渔舟泊。

（十三）灵台八景

灵台怀古

南山隐隐如黛堆，滆水东流此地汇。当年郭璞垂钓处，至今不见钓鱼台。

西林禅院

西林禅院接云霄，阅尽兴衰水迢迢。钟声敲醒名利客，灯光西照渡渔樵。

天灯指航

参天古木树湖滨，昼幡夜灯指航程。风云变幻船上客，寻向港口得太平。

沙龙戏水

阳湖佳地属滆东，唯有灵台景无穷。三面跨湖涵浴日，一舌吐珠昂沙龙。

芦荡扳鳌

雾笼寒水月映河，满目芦苇影婆娑。太空落鹭赖媒鸭，几度起网乐心窠。

太平港口

朝霞捧日景如何？满滆金蛇戏绿波。湖水进港吐薄雾，渔舟扬帆鸟啼歌。

南湖场中

千顷碧葭万重婆，青蒲绿柳荷飘香。秋来黄雀喧落日，冬至野鸭戏寒荡。

沙背田上

沙积地形如游龙，取之不尽沙无穷。潇潇芦叶疑夜雨，袅袅柳条舞东风。

（十四）楼村八景

楼村古第

古木森森绿荫稠，万家村墅有书楼。毗陵望姓簪缨集，赵宋遗支阀阅留。
派衍江湖谁启宇，风传诗礼是诒谋。吾家远向荆溪住，忆着无妨买棹游。

杏林酒肆

指点城南古杏林，半村酒肆晓阴阴。缤纷红雨含春秀，隐约青帘入书深。
莫问江南风信换，惟怜舍此客踪寻。且将酩酊酬佳节，两鬓萧萧雪已侵。

乔木凌云

乔木会标故国春，于今赵裔尚殊伦。汴梁基巨栽培厚，笠泽云高气象新。
此日定看今影入，当年远想世臣亲。十围溜雨千寻雪，历劫常青本性真。

双桥毓秀

两岸人家隔一溪，清流如带界东西。从来十里钟英气，涌出双桥当大堤。
白也彩虹诗可读，相如结驷笔先题。杏花时节闻消息，跨马新郎路不迷。

东陇农耕

东陇春余可促耕，老农为我话阴晴。偶驱小犊三声叱，好倚斜阳一笠横。
机杼昨宵催夜织，豚蹄今日祝秋成。雪蓑洴澼全如书，也仿荆南得此名。

西郊牧放

西郊夏日几回过，草色林阴放牧多。村外夕阳牛背笛，山前细雨画中蓑。
挂书英岁谁闻诵，扣角残年更欲歌。莫道此间奇士少，豪风大半石岩阿。

峭阁乘风

群峰从峭欲摩天，又见峥嵘峭阁连。鹄峙中流风力满，翚飞上界日轮悬。
云梯百尺人循级，秋驾三年客如仙。到此小金山下住，披襟啸咏兴陶然。

巍楼望月

晚尘巍楼独倚风，金波已风大瀛东。西窗洞达千山外，一片空明八月中。
樽酒邀来呼好友，笛声飞云入仙宫。高寒犹忆苏公句，偶尔拈毫惬圣衷。

（十五）横山十景（节录）

芳茂山

芳茂山头芳草青，雅号由是唤清明。当年不葬曹横墓，千古还将芳茂称。

清明山

清明山上节清明，细草春香遍地青。谢士故墟无觅处，曹横旧墓自沉沦。

潜灵观

潜灵观里水潜灵，庙貌俨然变古今。山色湖光宽眼界，风云文物感人心。

大林寺

大林寺里大森林，冲虚登仙是旧名。和尚云游四散去，青山独放万年春。

紫霞峰

紫霞峰上紫烟霞，无限风光添锦花。借意古人诗一句，鲜明返照夕阳斜。

四、武进籍楹联作者作品选录

顺德康泰雍睦乾道嘉千古　　治平熙端正直隆兴庆万年

——清·赵翼　贺嘉庆皇帝成婚大庆联

云行雨施，不崇朝而偏天下　　理大物博，祖阳气之发东方

——清·赵翼　泰山岱庙联

文章草草皆千古　　仕宦匆匆只十年

——清·孙星衍　题小仓山房书联

不徇情不爱钱，一副冷面皮，但知执法
勿矜才勿使气，满腔热心血，总期无刑

——清·盛康　自题海宁府大堂联

春和读法，冬旭饮宾，观于乡，知王道易易尔
淳水讴谣，夫椒弦诵，登其堂，喜诸生彬彬然

——清·李紫璈　题道南书院联

看周遮云实日华，低则若承，高则若拱
要摆脱天荆地棘，明不如晦，灵不如顽

——民国·翁佩孚　题武进公园联

庋藏不富己，连甍公有胜私储，还借何须一瓻酒
方策犹存知，望郡新钞完旧帙，流传敢负百年心

——民国·孟森　题武进商会图书馆联

能受天磨真汉子　　不遭人忌是庸才

——刘国钧自励联

铜琶铁板大江东去　　月明星稀乌鹊南飞

——胡君复题黄岗赤壁联

化身作自由神，姓氏皆香，剑花飞上天去
呕心作长吉语，龙鸾一啸，诗草还让君传

——胡君复挽秋瑾联

斯城水手魂飞，漫天石矢，封尘池底三千载
何日奄君梦醒，童话春秋，解密人间第一舟

——谢孝宠题淹城出土文物独木舟联

慧日照淹城，三教园融辉福地
慈云临滆水，八方供奉仰钧天

——谢孝宠题淹城宝林寺梁帝轩联

健笔写柔情，鹰老燕分，诉说平生凄苦梦
空城闻晓角，词清调绝，流传乱世激昂声

——严金海题姜夔联

月郎好抒怀，命意可嘉，望两岸消除隔阂
饼园宜品味，心声休负，让万家分享甘甜

——严金海题中秋月饼联

似望月，似听松，似饮酒，似谈禅，风神卓荦，大江东去情无竭
欲呼鹰？欲观剑？欲弈棋？欲咏志？兴致超然，白日西行思倍清

——霍柏松题苏东坡青铜座像联

佛国千寻，祥云万里，禅境宠开治帝泽
莲花九品，甘露一瓶，慈恩广布惠民生

——霍柏松题宝林寺观音殿联

朗月清风慈航苦海达仙界　　笑颜大肚善导众生耕福田

——王业兴题宝林寺弥勒佛殿联

佛国佛缘，万众同朝佛面　　龙城龙脉，千秋共铸龙魂

——谢达茂题淹城宝林寺联

心恋诗坛惊绮丽　　艺游联海喜苍茫

——石国英赞武进诗联家协会联

三吴享誉，长怀盛世修身志　　四代从戎，共仰珠峰报国心。

——陆榴英赠路荣朝同窗少将联

群峰叠翠苍龙舞　　云海翻波奔马狂

——吴萍题黄山胜境联

连天捷报传中土　　拔地神舟上太空。

——姜国光贺神舟飞船发射成功联

五、赞延陵季子碑文

时值孟夏，羲轮当空；乾清坤明，万物昌隆。
神秀花都，和畅惠风；丽景天开，诞日又逢。
伟哉炎黄，华夏首宗。厥初生民，姜嫄嗣通。
舜封后稷，上古司农。姬周衍族，公刘德鸿。
绵传太王，岐阳古公。爰始爰谋，蹈励徂东。
别父迁播，泰伯仲雍，断发文身，荆蛮乃雄。
江南立国，勾吴疆统。武王断商，章贇归宗。
君位正传，吴王寿梦。遗命立储，吴札受封。
春秋纲失，礼崩流庸；上哲独镜，唯有季公。
英风藻俗，慕义无穷；卓而不群，魁伟高踪。
赤帜独扬，辉曜苍穹；倡礼启道，圣贤横空。
仁让王位，三循祖风；让德光前，高节天共。
礼巡列国，言哲谏忠；修好四疆，大道纲纵。
智评周乐，博物在胸；请观韶箾，昊天和融。
信酬国剑，践诺坟松；五常开源，德目基隆。
义救弱陈，休战建功；匡扶庶民，苍照尔衷。
躬耕延陵，黎庶始终；驾鹤舜山，万民哀送。
大圣大贤，大仁大忠；大诚大信，大智大勇。
仲尼书碑，刻简留诵；青史传载，俦侔孔孟。
史宗煌赞，鸿儒褒宠；帝赐嘉贤，皇敕庙宫。
普天同祭，千秋供奉；无古无今，永世礼崇。

祖荫福地，人和政通；先贤故里，礼乐百工。
旧邑新壤，物阜民丰；吴氏望族，驰誉载荣。
始祖遗德，后世扬弘；伟绩炫彰，新风晖雍。
仰承遗序，同瞻圣容；敬献悃诚，礼赞季公。

撰稿：谢达茂（刻石于郑陆镇季子文化园）

六、永禁演唱滩簧碑文

（一）

为求禁滩簧以维风化事。据武、阳两县绅士汪筠、余保纯、徐燮钧、赵忠弼等呈称：窃淫戏之伤风败俗，滩簧为最，揣摩儿女私情，演唱闺房秘戏，男女杂坐，长夜聚观，妇女为之失节，子弟为之荡心，匪徒从而设局赌博，盗贼因而乘间劫窃。即遇年丰人乐，尚须遏彼披猖，况当户瘠民愁，岂宜加以蛊惑。若不严行禁止，成恐谕闲荡栓，淫佚成风，作奸犯科，奇袤玩法，于政治人惦大有关系。前经叠蒙示谕，类皆阳奉阴违，且胥吏贿朦，无由查察。为此环求示谕各乡图董、地保出具，不敢容隐，公议勒碑永远遵依，切结，有犯即行扭解究办。诲淫之本既除，犯淫之事自诫，庶几移风易俗，返朴还淳，万民感戴等情到府。据此，查演唱淫戏，最坏风俗，且现当灾青之余，岂得有些花费，除密访查拿外，合行出示严禁。为此，示布各乡图董及地保人等知悉，尔等务各案照地方严行查察，限一月内送结到府查核。如果再有不法之徒演唱滩簧淫戏，设局赌博，危害阛阓，即扭解禀究，倘敢恃强不遵，亦即禀侯严拿，该地保行贿徇隐，并处不贷。其各禀遵毋违，特示。

丰北乡十九都一图董事李萼华、张富山、张惠濒、地保李公立，耆老吴敦法、张增盈、首庄刘茂山、陆茂元，二庄吴德纪、许连岐，三庄张国庆、张朝显，四庄刘文洪、谢顺郎，五庄张增山、张德茂，六庄朱保富、堵由儿，七庄周浩荣、狄金福，八庄李富安、陆沂扮，九庄李日礼、李大宝，十庄吴细荣、许茂兴。

道光三十年四月立。

（二）

府正堂严示：永禁乡城士民开场摇宝聚赌，甚至演唱滩簧淫戏，弹唱淫词艳曲，以及窝藏贼匪、娼妓等情。如敢故违，许各该图耆董、地保、分别扭解，指名禀究。

道光三十年四月。循理乡三十四都三图勒石。

（三）

府正堂严示：永禁演唱滩簧，点做淫戏，及茶馆庙宇男女弹唱淫词艳曲，并士民聚赌，匪类窝娼等情，如敢故违，许各该图耆董、地保分别扭解，指名禀究，特此。

道光三十年六月阳湖县大宁乡三十一都八图立。

（四）

遵谕严禁滩簧赌博事。伤风败俗莫甚于滩簧，破家身亡莫甚于赌博。以淫事淫声导其淫行，而曰抱怀不乱妄矣，以倾家倾室至于倾囊而曰殊还有日过矣。群邑遵于爱民息讼之余重为出示告诫。局董诸出于民赈设粥之暇兼为深切，着明其苦心交至、无非欲去媒而拔本也。夫除恶及能树德，兴利先在绝弊，人能小惩大诫，不以误已者误人，不以负已者负上，则风俗端身家保，而仁寿斩克跻矣，故勒石以为永远炯戒云。

乡董万翱、钱茂兰、蒋士杰，图董蒋钧、蒋英、蒋滋昌、蒋岳珍，地保潘裴和、蒋惠南同立。

道光岁次庚戌夹钟月。

七、武进籍状元、进士殿试卷选录

科举是古代社会通过分科取士的方法选拔官吏的一种文化制度。科举考试通常分：乡试、县试、会试、殿试四级，殿试由皇上亲自主持并出题，考中者统称进士，分三甲，一甲三名，分别称状元、榜眼、探花。本辑限于篇幅，分别从元、明清三朝中遴选状元陈祖仁、吕宫、赵熊诏、庄培因，进士唐顺之殿试卷五篇，以管窥武进古代科举文化之一斑。

（一）元至正二年壬午科殿试（状元）卷

元•陈祖仁

汉人南人殿试策问（元惠宗妥懽帖睦尔）

制曰：盖闻天子之职，所以事天也。事天莫大于勤民，故一夫不获，则曰时予之辜。惟我圣祖神宗，奄有天下，薄寒内外，莫不尊亲。故中统、至元之间号称极治。自时厥后，亦罔弗克承。朕自入纂洪业，夙夜祗畏，求所以敬天勤民之道，未达其要，远稽前圣，近法祖宗，孜孜业业，惟日不足。岂中统、至元之民易治，而今有不然者欤？古者不易民而治将，今也徒有其具，而未究其实欤？且取法于前，亦将以垂于后也。如是而足以垂于后乎？朕欲闻敬天勤民之要，法祖宗之实，以为垂后之道，如之何而可也。

子大夫学古知今，其悉陈之，毋有所隐。

状元殿试卷（陈祖仁）

臣闻乾称父，坤称母。天地者，万物之父母也。王者，代天而出治，当以天下为一家，中国为一人，兢兢业业，常恐一夫不尽其情，一事不得其理，所以上承天意而不敢忽也。今陛下即位十年于此，美政善令，昭著海内。又进臣等于廷，策以敬天勤民之问。将以上法祖宗，下垂后世。顾臣愚憨，无所通晓，然于小民之依，当今之务，则粗闻之矣。居常无事，尚欲一陈民瘼，上渎圣听。今幸获陛下言及此，是天下生民之福，微臣其敢忍忌而不言乎？臣请为陛下言之，惟陛下垂听焉。

制曰:“盖闻天子之职，所以事天也。事天莫大于勤民，故一夫不获，则曰时予之辜。”臣谨按:《春秋》书王必称天，诚以王所履者天位，所治者天职，所赏者天命，所刑者天讨也。惟天生民有欲，天能生民，不能治也，亶聪明作元后，元后作民父母，下安民生，所以上承天意，民心所存，天意所在。《书》曰:“天聪明，自我民聪明;天明威，自我民明威，”此之谓也。上天既命王者以治民，王者受上天之托，宜任之于己，不敢荒怠。故一夫或饥，曰我饥之;一夫或寒，曰我寒之。受人之牛羊而为之牧，则必为之求牧与刍，而况受上天之所托乎！故古之帝王不睿无告，视民如伤，而一夫不获，伊尹则曰“时予之辜”，意在此也。

制曰:“惟我圣祖神宗，奄有天下，薄寒内外，莫不尊亲。故中统、至元之间号称极治。自时厥后，亦阁弗克承。”臣惟世祖皇帝，垩德神功，经天纬地，仁泽洋溢，弗可及矣。故中统、至元之间号称极治。然是时，尝诏天下曰，应天者惟以至诚，拯民者莫如实惠。夫应天之道不一，何必至诚?拯民之方尤多，何必实惠?以为非至诚不能动天，非实惠无以拯民也。陛下当体祖宗之意，鉴天人之心。何者为至诚?何者为实惠?直知实践，期于必行。若至诚已孚矣，曰:吾心其尤有私乎?实惠已达矣，曰:吾民其尤有病乎?世祖既各尽天人之道，陛下能上契世祖之心，则敬天勤民之要得矣。

制策曰:“朕自入纂洪业，夙夜祗畏，求所以敬天勤民之道，未达其要，远稽前圣，近法祖宗，孜孜业业，惟日不足。”臣以为陛下入纂洪业，夙夜祗畏，不可谓不敬;孜孜业业，惟日不足，不可谓不勤。然于敬天勤民，求其道则未达其要，考其功则未见其效，何哉?谓陛下为田猎之娱欤?则陛下于田猎弗好也;谓陛下嗜酒而妨政欤?则陛下固绝酒而弗置也;谓陛下崇宫室以蠹民财欤?则陛下固不好尚而三辅无营造也。然而不治，则是敬天勤民未得其道也。

制曰:“岂中统、至元之民易治，而今有不然者欤?古者不易民而治将，今也徒有其具，而未究其实欤?且取法于前，亦将已垂于后也。如是而足以垂于后乎?”陛下为此言，固可以见陛下求治之切矣。夫中统、至元之民，犹今日之民也，岂其昔善而今恶欤?昔贤而今不肖欤?斯民也，三代之所以直道而行，又何前后之遽异哉?惟曰今徒有其具，而未究其实。斯则民病之由，圣心固知之矣。所患者知之未精，故行之未至尔。夫祖宗前日之所为，即陛下今日之所法;陛下今日之所为，又子孙后日之所法也。则所以上法祖宗者在陛下，所以下垂后世者亦在陛下。转移之机，不容退托，愿陛下加圣心焉。陛下若能效法祖宗，而中统、至元之治可复。子孙后日能法陛下，则至正之治岂不可复乎!欲躬行善政，当自陛下始;欲垂法后世，当自今日始。岁月易流，事幾易失，尊所闻，行所知，其在陛下今日乎。祖宗之言，今日行之则为实政，今日不行则为虚文。今日行之，则为天得位乎上，人得安乎下。今日不行，则天人之事有难言者矣。故臣以谓欲复祖宗之治，当践祖宗之言，欲践祖宗之言，当体祖宗之心。至于敬天，则严其心之所自出;勤民，则谨其心之所由施。祖宗之心，庶其在此乎。

制曰:“朕欲闻敬天勤民之要，法祖宗之实，以为垂后之道，如之何而可也。”臣闻天无私覆，地无私载，日月无私照，人君亦应无私以劳天下，亦天而已矣。《诗》曰：“畏天之威，于时保之。”《书》曰：“惟天聪明，惟圣时宪。”人君能宪天聪明，不敢慢易，一动一静，必合天理，可谓敬天矣。民者，邦之本也；财者，民之心也。民心不同，理固然矣。然莫不好善而恶恶，好利而恶害，好治而恶乱，好逸而恶劳。古之人君知宇宙之大，不可以耳目周，故清其无为之心，而观物之自为也；知亿兆之多，不可以知力胜，故一其至诚之意，而感人之不诚也。故虽深居九重，而虑周四表；虽恒处安乐，而忧及困穷。所谓以天下之欲为欲，以天下之心为心，诚能遂其所怀，去其所害，给其所求，可谓勤民矣。夫如是，则至诚以应天，而不以虚礼，实德以及民，而不为文具。祖宗致中统、至元之治，建万世无穷之基，亦如斯而已矣。陛下何特而不为此乎！

制曰：“子大夫学古知今，其悉陈之，毋有所隐。”微臣草茅贱昧，□□□□，识见凡陋，不足以成□，然于生民□□□□□□美恶，不胜倦倦，犬马之情，愿于篇终有所献焉。《书》曰：“民非后，罔克胥匡以生，后非民，罔以辟四方。”甚言君民之理一也。《春秋》于用民力虽特迁，□亦《书》见劳民为重事也。今税额有增而无减，户役有重而无轻，南北之民皆告病矣。至于和买之害，仓庚之弊，钞法之轻，站户之乏，所以厉民害政，不一而足。弊虽生于有司，事实关于国体，虽民间琐末之言不当上渎圣听。《诗》曰：“乐只君子，民之父母。”《书》曰：“先王子惠困穷。”岂有人子困穷而父母不知考乎！以此存心，方可谓治。今天下太平，民犹不免愁叹之苦。即有水旱，其忧不细，此贾谊之所以为文帝忧也。今日之急务在于宽民，宽民之道，务在□□□，□税额，薄赋敛，凡有弊政，皆宜速更。民心安则天意得，兹非敬天乎？尧钦若昊天，将以授民时。舜察璇玑玉衡，将以熙□□。天固不外乎民也。愿陛下建皇极于上，全中和之德，布宽仁之政，上以敬天，而三光全，寒暑平；下以勤民，而四海安，颂声作。奉先垂后，计不出此。

惟陛下鉴察，天下甚幸。

（二）明嘉靖八年己丑科殿试（进士）卷

明•唐顺之

殿试策问（明世宗朱厚熜）

皇帝制曰：朕惟治天下之道不可概举，其大者在乎知人、安民二者而已。夫知人则哲，必能官而任之，安民则惠，必使匹夫匹妇各得其所。虽然，尧舜尚于此犹难，夫岂后世所能及也？

朕本藩服，仰承天命，入奉大统，朝夕战兢，不遑宁处。何自即位以来，灾变频仍，旱潦相继，岁复一岁，无处无之，生民流亡，朕甚恐惧。此非朕官非其人，以虐民欤？或贤与不肖，进退倒置欤？或劝惩之典，失其宜欤？抑为我选任者，失公平之道欤？夫天听自我民听，天视自我民视，非民不聊生而天垂深戒者如此何欤？至于内有盗贼之扰，外有疆场之患，此亦为民之害者。民为邦本，而使饥寒困苦，流离死亡，至于如此，邦欲安而得乎？

朕虽存保邦安民之念，求其所以，实无一得。朕欲俾灾沴潜消，民生安堵，盗贼息，边方靖，财充而食足，不知如之何可以臻此？特进尔多士于廷。尔多士明于王道有日矣，且目睹时艰，岂无真识的见以匡我者？当悉心吐露，推衍所以于篇，朕当勉为亲览焉。勿谄勿惮，勿泛勿略，庶副朕意。

殿试卷（唐顺之）

臣唐顺之，臣对：臣闻保民所以格天也，正百官所以保民也，振纪纲所以正百官也。何则？君者代天理物者也，百官者行君之令而致之民，以共亮天工者也。百官弗正，则下有倒悬之危而莫为之恤，上有子惠之仁而莫为之施，而欲民之安也，不可得矣。纪纲弗振，则奸邪者或以矫饰取容，循良者或以朴鲁见黜；任者不必贤，贤者不必任，而欲百官之正也，不可得矣。故曰："君得臣而万化行。"言安民在乎能官人也；曰"正朝廷以正百官。"言官人在乎振纪纲也。立法以任人，任人以安民，则人心和而天地之和亦应矣。于此见上下交修之责焉，见天人合一之理焉。盖自古帝王敬天勤民以致天下之治者，其要端在乎此而不可易也。我皇帝陛下上畏天变，下究民隐，临轩一诏，于知人、安民二者拳拳焉。臣知陛下此心即殷汤桑林自责之心也，即高皇帝仲夏不雨席藁露坐之心也。臣虽至愚，其于官吏贤不肖与夫民生利病之原，则草茅之下尝有感于中久矣，况当清问之勤，敢不悉心以对乎？

臣谨稽之《洪范》，征之《春秋》，大抵政善民安则嘉祥生，政荒民困则灾沴作。天降灾祥在德，吉凶不僭在人。陛下敬一以昭事，中和以立极，宜乎休征至而六沴消矣。而顾有不可以常理测者，盖虽天心仁爱，欲以助陛下宵旰之忧而隆嘉靖之治，意者民之危苦无聊所以感伤和气者亦容有之乎？陛下蠲租以阜民财，赈贷以周民急，恤刑以苏民命，天下之至仁也，其为安民计者至矣；亲贤去奸，以别取舍，行久任之法以图治效，天下之至明也，其为官人计者至矣。而民未必皆安，官未必皆得其人者，意者贤否倒置，授任失宜，劝惩未著，如圣策所虑者亦容有之乎？则夫振纪纲以正百官，以安万民，信不容缓也。

臣观知人安民之谟始自虞廷发之，皋陶之告舜曰："在知人，在安民。"禹曰："知人则哲，能官人；安民则惠，黎民怀之。"分之以三德六德，皆以广知人之旨也；详之以惇典庸礼，皆以广安民之旨也。要之，官得其人，则善政行而天下蒙其福；官匪其人，则横政行而天下受其害。约而言之，非二致也。哲也者，成其惠者也；知人非哲弗能，知人而至于能官人，则非纪纲之振亦弗能也。纪纲也者，济其哲者也；虽哲如尧舜而三载考绩，三考黜陟幽明，内则九官十六相以为岳牧之倡，外则四岳十二牧以任总领之责，规为精密。斯哲有所寄，而其为哲也大矣，哲大而惠斯大矣。仁急亲贤，知急先务，此之谓也。勋格上下，治底平成，由此其致也。是故陛下欲弥灾沴，则莫若安民矣；欲安民，则莫若正百官矣；欲正百官，则莫若振纪纲矣。纪纲之所以振者，臣虽不能悉举，请得以其概言之：其一曰精监司以察守令。臣按永乐中太宗皇帝谕蹇义，陈瑛等曰："为国牧民莫切于守令，吏部选授皆出仓卒，未能悉其才行。必察所行乃见贤否。"其令巡按御史及按察司，凡府州县官到任半岁之上者，悉察其能否廉贪之实以闻。臣愿陛下光照大训，精择监司，或得于群臣之公举，或得于睿鉴之独照，必其风采素著、秉节刚烈者而后任之。其既也，果能激浊扬清不畏强御者，量加旌奖；其徇私容奸及蔽贤不举者，量行黜责。不但以得官吏之贤否，而因以为监司之殿最。监司惮宪典之严，孰敢不竭力于旬宣？官吏恃监司之公，孰敢不劳心于抚字？监司贤，而守令亦贤矣。其二曰清铨法以彰黜陟。臣按成化中大学士丘濬议曰："朝制三年天下官吏赍册来朝，六部都察院查其行事未完报者劾奏之，以行黜陟。"后因选调积滞，设法疏通之，辄凭巡按考语，不复稽其实迹，录其罪状，立为贪暴、不谨等名以黜退之，殊非祖宗初意。况贪者未必暴，暴者未必贪，素行不谨不知何所指名，何以压服其心哉？

臣愿陛下修复旧典，申戒铨司核功过，勿循毁誉，量才能以责名实，曰贪暴，必指其为贪暴者，何如？曰不谨，必指其为不谨者，何如？则人不得饰名以求功，而亦不得巧文以避罪矣。其三曰信赏罚以激人心。臣闻之：有官而无赏罚，是无官也；有赏罚而不足以奔走天下，是无赏罚也。今也循资而擢之，累劳而进之，人将曰："我资我劳，固宜然也。"富贵爵禄皆若其身之所自致，而效报之心薄矣。奸吏浚财，大刻于民，而恒幸其不敢露也；不幸而败露也，则止以罢免，而幸其不及于戮辱也，则徼幸之心滋而莫知惩创矣。臣愿陛下离照旁通，乾刚独断，政绩显著，虽待以不次之位而不嫌于躐等；贪污有状，虽加以五刑之诛而不嫌于伤恩。或玺书劝励，如汉家故事，以收其全功；或戴罪供职，如《大诰》中所以处置朝臣者，以责其后效。用不测之刑，用不测之赏，以奔走天下而后可也。其四曰信命令以敷实惠。《书》曰："慎乃出令，令出惟行。"《易》曰："涣汗其大号。"臣窃谓陛下有恤民之美意，而有司奉行者之未至也。陛下尝下诏曰蠲租矣，赈贷矣，恤刑矣。然有司之于民也，则征催之苦极矣，民之死于饥、死于刑者过半矣。上德隐而靡宣，下情迫而莫救，凡以此也。臣愿陛下严慢令之戒，重沮格之罪，限某日至某所于某日蠲租，于某日赈贷，慢远者必坐以罪而不少姑息焉，则庶乎不为虚文而民皆沾实惠也。此四者皆以振纪纲而尽官人之道，以为安民之本者也。

若夫除盗贼、御夷狄，固为安民者之所当务，臣以为其要亦在于得人而已。夫民之为盗贼者，岂其本心哉？迫于不得已，或陷于不知耳。故曰："丰世无盗者，足也；治世无盗者，化也。"陛下得良吏如龚遂、如虞诩者而任之，威信所孚则足以折其气；仁恩所被则足以结其心；劝相有方则足以安其业；盗贼不期息而自息矣。天子有道，守在四夷。今之诸夷乘间窃发，侵扰我边陲，虔刘我民人，信可患也。臣则谓所患者不在夷狄，而在我中国之无将耳。盖今之所谓将者，取诸世胄，取诸武举，非不可得人也，惟纨绮之习或未熟于经略，弓马记诵之材或未足于奇正之变也。臣请陛下行苏洵之说，令大臣各举所知勇而有谋、可以出入险阻者，然后尝之以治兵，寄之以边障，养其望，专其任，而良将可得矣。将良，则士练而边备饬矣。至于财充而食足，此亦百官有司之事耳。百官得其人，则经理有道，储畜有方，而邦之财可充；敛散得宜，补助以时，而民之食可足，要不足以烦陛下也。以此言之，纪纲克振，百官之所以正者此也，民之所以安者此也，天心之所助顺而反灾为祥者亦此也。抑臣犹有献焉：《中庸》曰："为政在人，取人以身。"人固立政之本，而身尤取人之本也。朱熹曰："纪纲不能以自立，必人主之心公平正大，无偏党反侧之私，然后纪纲有所系而立。”则心者尤立纪纲之本也。

臣伏读陛下敬一之箴，则于尧舜禹汤文武之心法而为知人安民之要机者，固自有在矣。惟陛下始终此心，弗以隐显异其功，弗以久暂易其守，弗以宴安荒其志，必讲学以涵养此心，必亲近君子以维持此心。由是心纯而贤才辅，己正而物自正，将不待于庆赏黜陟之及其身，而风声气习之所加，众正遂彙征之愿，群邪沮窥睨之心，亦其势之必至者矣。故以之知人，则其知如神者也；以之安民，则其仁如天者也；以之除盗贼，则如舜之玄德在上而寇贼奸宄者自消也；以之御夷狄，则所谓“无怠无荒，四夷来王；明王慎德，四夷咸宾”，而御戎之上策在乎此也。即董仲舒所谓“正心以正朝廷，正朝廷以正百官，正百官以正万民，远近一于正，而罔有邪气干其间者也”；即公孙弘所谓“心和则气和，气和则形和，而天地之和应者也”；即刘向所谓“众贤和于朝，万物和于野，而和气致祥者也”。由是而三光全，寒暑时，天地位，万物育，天不爱其道，地不爱其宝，诸福之物毕致而王道终矣。则夫知人安民以臻盛治，又在陛下此心转移间耳。

臣不胜拳拳忠爱之至，幸陛下垂听焉！臣谨对。

（三）清顺治四年丁亥科殿试（状元）卷

清·吕宫

殿试策问（清世祖福临）

奉天承运，皇帝制曰：帝王之治天下，莫不以得人为急务。朕深维真才希遘，知人实难。如以言貌取人，虑有内外不符，妍媸互异者；如以荐举进用，虑有朋党援引，真应混淆者；如以博学能文，而遽信其存心行事，又每有下笔千言侈谈尧舜，而中藏奸妄，涖官污秽者，必如何而后真才可得欤？

近闻见任官员，伯叔昆弟宗族人等，以及废绅劣衿，大为民害，每每压夺田宅，估攫货财，凌暴善良，抗逋国课，有司畏惧而不问，小民饮恨而代偿，以致贵者日富，贫者日苦，明季弊习，迄今犹存，必如何而后可痛革欤？

今当混一之初，尚在用兵之际，兵必需饷，饷出于民，将欲减赋以惠民，又虑军兴莫继，将欲取盈以足兵，又恐民困难苏，必如何而后能两善欤？

尔多士，家修庭献，正在今日，务各出己见，逐款献策，勿用四六，不限短长，毋得预诵套词，拘泥旧式，重拂朕意。朕寤寐真才，不啻饥渴，多士宜深体恪遵，明切敷对。朕将亲览焉。

状元殿试卷（吕宫）

臣对：臣闻帝王之抚有天下而创业垂统，传之无穷也，必有纪纲四方之大略，使庶绩咸熙，万事无堕隳之患，而后万世永赖其平成；必有容保六合之弘模，俾群黎遍德，一夫无颠隮之忧，而后一代永贞于悠久。庶绩何以咸熙，主虽贤圣，必得相助为理之人。君为元首，臣为股肱，颂明良而赓喜起，率作兴事，屡省乃成，自古志之，惟是辟门询岳慎简一世之贤能，在位在职，人人得以亮采惠畴，则事无不举，而职靡不称，天下之所繇乂安者，此也。群黎何以遍德？君处尊巍恃，此归命投诚之众，后作民父母，民为后守邦引养恬而宁干止宽仁，彰信兆民，允怀古训，载之惟是图易思艰，轸念斯民之疾苦，不饥不寒，在在得以嬉游耕凿，则物无失所，而人无向隅，万类之所以咸宁者，此也。故人君不患天下之难治，而患不得治天下之人。得其人，而分猷宣力，高拱而享平康之福。亦不患百姓之难安，而患不得安百姓之道。得其道，而协和风动，恭己而成熙皞之风。惇大明作，仰百度之维新，制治保邦，赖一人之有庆，端在今日矣。

钦惟皇帝陛下，龙德乘时初御，鸿图似日方升。聪明睿智，以有临尊亲，遍乎血气；宥密缉熙，而肆靖降鉴，笃于苍冥。允恭安而平章百姓，被四表，格上下，巍巍乎美媲放勋；锡智勇以表正万邦，慎俭德，怀永图，翼翼焉钦崇永命。缵三十载开国之勋，大一统而新命，自西自东自南自北，来格攸同，四海展也。维辟之功；应五百年兴王之会，合万类而归心，汝明汝翼汝听汝为，媚兹维式，一人允矣，受天之祜。真堪咸五而登三，虽欲揄扬，而莫罄者矣。乃犹圣不自圣，进臣等于廷，而谘以知人安民之道，不啻畴咨访落之勤，而明目达聪之盛事也。臣幸躬逢盛世，志切匡时，敢不沥愚诚而摅情愫，效千虑之一得，以仰酬清问于万一乎！

臣闻之贤才者，国家之桢干也。所任贤，则趋舍省而功施普。故帝王选于四海，羽翼百姓，弘风俗而骋太平，盖勤于求贤，逸于得人也。夫蚊虻终日经营，不能越阶序，附骥尾则涉千里，故必得圣智之君，始有甘棠之臣。虎啸而风廖泪，龙起而致云气，蟋蟀俟秋吟，蜉蝣出以阴。《易》曰："飞龙在天，利见大人。鸣声相应，仇偶相从。"是以圣主不遍窥望，而视以明，不殚倾耳，而听以聪，何则淑人君子所就者众也。粤稽唐虞之世，宅揆播谷，教稼明刑，如禹皋稷契辈，皆非常之人，千古莫尚。迨至商周之际，阿衡良弼，狼跋鹰扬，如伊傅周吕之徒，亦名世间出，功烂一时。降至汉高，股肱萧曹，爪牙信布，腹心良平，相与耘锄，海内四百五十二年之业，不五载而马上定之。下而唐宋间，如玄龄、如晦之谋断相资，寇准、李沆之忠诚无贰，皆能佐理太平，班班可考。况今皇上以不世出之资，具大有为之略，天既笃生尧舜以主持中夏，则必挺生川英岳秀之奇，以亮天工而襄盛治，此理之必然者。《诗》曰："蔼蔼吉人，维君子命。"又曰："济济多士，文王以宁"，此之谓也。然而，真才希遘，知人寔难，诚有如皇上所云者。臣愚以为，国家取士之方，坏于重文辞而轻实行，官人之法，亦坏于循资格而泥铨衡。夫士之能言者多未必能行也。自明代以制义进身，其初犹知敦诗书，说礼义，文品醇正，而人品亦如之。既而渐习浮华，以为致功名之捷径，后生小子专务诵习为功，拾纸上之陈言，而博取终身之富贵，其于立身、行己之方，安上、治民之道，毫未之讲究，一登仕籍，而辄思温饱，为润身家计，欲其公尔忘私，国尔忘家，君尔忘身者，固什不得一焉。惟仿古乡举里选之术，责成抚按、监、司，行属府、州、县，察其境内潜德异才之士，乡评无间，舆论佥同者，册报试可，不时上闻，以供擢用，而即以是核其官之能否。所贡贤者有厚赏，不肖者有重罚。即有匪类，欲乞引援，孰肯以己之功名博他人之幸进乎？如是，则人皆尽力于求贤，天下之士可得而官使也。世之贤者，何常之有，虽胥吏下僚，往往而不是，而高爵厚禄，世之所望，为君子者，每至放肆不轨，小民之所不若圣人知其然。是故，不逆定于其始进之时，而徐观其所试之效。小材虽累日不离于小官，大贤虽未久不害为辅佐。今若遵铨曹定例，累月以取擢，积久以致官，斯廉耻贸乱，贤不肖浑殽，未得其真，惟不以日月为程，而以寔试贤能为上，量材而授职，录德而定位，不以其所从来之卑也，而限其所至，则天下之人，咸思激发为善，不以位卑禄薄，无繇自通于上，而不修饬，必将贤人众多，而奸吏衰少矣。

夫皇皇求财利，惟恐不获者，庶人之行也。皇皇求仁义，惟恐或失者，君子之行也。昔公仪休相鲁之其家，见织帛，怒而出其妻，见其家茹圆葵，愠而拔其葵，曰："吾已食禄，又夺圆夫红女利乎？"今儒绅之辈，往往以君子而操小人之行，求田问舍，兼并侵渔。愚夫小民，含冤莫诉，弊皆起于有司执法之不严，而风宪创惩之不力也。昔者舜诛四凶，而天下服。此四凶者，天下之大族也。惟圣人为能击天下之大族，以服小民之心。今皇上肃清海宇，法令严明，凡凌虐善良之俦，许抚、按等官责地方有司察实详报，严劾数人，惩以国法，则暴取豪夺之风庶几可少息乎。

国家当混一之初，不能废兵，安能废饷。然而，饷出于民，所赋不过什分之一，而民之所苦者，不苦公家之赋，而苦于暴吏之征，羡息既多，催科日迫，鞭挞之后，继以流亡，而民始不堪命矣。皇上但痛惩有司之横征，而民不难供正额也。况今普天率土，莫不输将，恐后计其所入，足供军兴之费，宽然而有余。所虑者，老弱虚耗赀粮，而贪弁恣填谿壑。则惟召募者简练之必核，而持筹者综核之务严耳。抑臣更有进焉，得才固难，而用之良不易。是在皇上开诚而倚任之，破格而鼓舞之，且宽其效而徐俟之。至于忠厚开国，惠安元元，节俭躬行，蠲租减赋，则在皇上之正朝廷以正百官，正百官以育万民，而太平之风与天无极。臣实幸甚！

臣草莽无知，干冒宸严，不胜战　陨越之至。臣谨对。

（四）清康熙四十八年己丑科殿试（状元）卷

清•赵熊诏

殿试策问（清圣祖玄烨）

奉天承运，皇帝制曰：朕君临海宇，垂五十年。每念致治之道，以任贤能、安民生为急务。所为奖进公忠，振兴名节，转移风化，教育人才者，不啻鼓励之殷，而牖导之切矣。顾循名责实，大小臣工，果能精白乃心，而士习民风，举皆蒸蒸丕变否欤？

从来人臣之于国家，谊均休戚，所谓腹心股肱，联为一体者也。倘或营己怀私，背公植党，则臣职谓何。夫不欺之为忠，无伪之为诚，古名臣忠与诚合，然后能守正不阿，独立不倚。今欲戒欺去伪，以共勉于一德一心之谊，岂无其道欤？

夫名节者，为臣之标准也。诚能以名节自励，则持己有清介廉洁之修，临事自有劲挺激昂之气。立身服官，悉始基于此。其何以使在位者咸以礼法为防检，以名教为矩范欤？

至于氓之蚩蚩，皆吾赤子。乃或迫于饥寒，或失于训诫，转而为盗，非其本心。为有司者，能曲体民隐，经画其生计，勤施以礼教，使其民皆有乐生向往之念。则良善既安，而莠顽可格，此非民牧之切务欤？

国家养士，期于实用，文词非所重也。昔之儒臣，淹通博洽，有援据经传以议礼，旁引《春秋》以断狱者。今之专习一经者多矣，其能尽抒所学，以施诸政事否欤？欲令士皆穷理达务，以收明体达用之效，何道而可？大抵朝廷有竭忠矢节之臣，则民俗日淳，而士气益奋。学校多通经稽古之彦，则致身有本，而奉职无愆。

尔多士讲明于学术治理者久矣，其悉陈于篇，朕将亲览焉。

状元殿试卷（赵熊诏）

臣对：臣闻帝王之抚御万方而垂统万年也，必有以奖励臣下之心，莫不竭忠尽诚，矢报国致身之义，而偏陂好恶之私不作。必有以振作臣工之气，莫不循理奉法，怀砥行立名之志，而苟且瞻狥之计不生。必有以厚天下之风俗，使愚贱皆涤虑洗心，知为善之乐，而转移积习者，不令而自行。必有以明天下之道术，使士子皆明体达用，成经世之材，而教育群英者，无远而弗届。盖上有公忠体国之臣，则下无匪僻梗顽之众，百工厘而万民正也。上有砥砺廉隅之臣，则下有敦修实学之士，礼义立而教化兴也。圣王知其然，故与二三大臣早夜讲求，所以渐摩陶冶淬厉鼓舞之术。其时之大臣，亦以君之心为心，相倡也，以率其师尹百执事。于是司牧皆循良，而民生以遂。胶庠多俊乂，而士行克端。唐虞三代之世，明良合德，师济盈廷，不下阶序而化驰若神，则丕基巩固，享国久长，而治道成矣。

钦惟皇帝陛下，乾元仁寿，离照智临。严恭寅畏之思，所以无逸；宽裕温柔之德，足以有容。泰交洽而咨儆臣邻，一德一心，敕幾以代天工，兢兢业业；巽命申而敷陈彝训，无偏无党，敛福以锡民极，荡荡平平。蠲赋重农，合水火金木土谷，六府惟修，而且秩五礼，敷五教，敬五刑，普德施于千八百国；升贤籲俊，总孝友睦婣任恤姻，六行并举，而且辟四门，达四聪，明四目，垂休烈于亿万斯年。固已俗进雍熙，人遵道路，天地之间，被润泽而大丰美；海隅之远，闻盛德而皆来臣。乃治益求治之心，际久道化成而靡切。圣不自圣之念，犹广咨博访而靡遗。进臣等而策之以奖公忠，振名节，民风士习蒸蒸丕变之道。以臣之愚陋，非有官守言责之寄，何敢言百司之短长？非有封疆牧民之权，何敢言群生之休戚？非有师儒董率之任，何敢言人才之臧否？然尝按之往古，验之当今之务，日夜念此至熟也，矧煌煌清问，实式临之，敢不直抒胸臆，以效刍荛之一得乎！

伏读制策有曰：人臣不欺之为忠，无伪之为诚，忠与诚合，然后能守正不阿，独立不倚。大哉圣训！真万世臣道之极也。臣闻天道不言，而四时之吏，五行之佐，张其教焉。臣道有终，而以宣上德，以达下情，图厥政焉。甚矣元首股肱联为一体，所系匪细也。古之为臣者，平日以天下为己任，及至定大策，决大疑，毅然独断于胸中，而绝无依回瞻顾之累。且当官必不负其所学，即至利害相乘，危疑并集，亦卓然独行其至性，而绝非矫情饰誉之图。盖忠则幽独自慊，可以格天地而质鬼神；诚则精白一心，可以感豚鱼而盟金石。自非然者，畏罪之念重而赴功之意轻，功名之虑深而忠爱之谊薄，推诿趋避之情多而慷慨任事之力少，国家奚赖焉！今欲戒欺去伪，亦惟使之讲明君父之大义，研析理欲之大闲，不以祸福而动摇，不以艰难而退阻，则庶几忠与诚合，而无愧于古人臣之义矣。

制策又曰：名节者为臣之标准，欲使在位者咸以礼法为防检，以名教为矩范。诚探本朔源之论也。三代以下，尚名节者，东汉为多，至宋南渡而最盛，明之东林亦继其轨，然而朋党之祸不旋踵而随之。大抵名高为众所尤，气盛为物所畏，天下正人少而小人多，附和小人者多而排斥正人者愈不少。虽亦人恶其异己，而事愧于相形之故，然当时士大夫之名节或不无矫枉过正之失，而揆之于礼法名教，未必尽合乎中也。夫以礼法为防检，则嚬笑不苟，跬步必慎，一起居出入，而若有父兄师保之临；以名教为矩范，则谈说忠孝，履蹈仁义，一视听貌言，而皆有天下后世之惧。由是义利之辨必严，廉耻之防必峻，患得患失之思必绝，而矜奇立异之见亦必不存，所谓持己清介、临事激昂者，皆本乎此。此即昔人不爱钱不惜身之说也，天下有爱钱惜身之人而能自厉名节者乎？则取舍较然可睹矣。

制策又曰：为有司者能曲体民隐，经画其生计，勤施以礼教，使民皆乐生向义，则良善既安，而莠顽可格。此诚好生如天、保民若子之至意也！夫民非尽无良也，非尽蠢愚不率也，谁无家人妇子之欢，谁无田庐乡井之乐，其或弄兵潢池，草窃伏莽者，非困迫于饥寒，即渐渍于失教耳。民牧之谓何其使吾民万不得已而自罹于法网乎！诚为之制田里，教树畜，勤抚字，缓催科，则民有乐生之心，虽驱之为盗而不愿。更为之习饮射、娴读法、崇学校、明约束，则民有向义之路，虽强之为盗而弗从。此乃清盗之源，除盗之根也。今之有司不此之务，及盗发而畏考成，又从而讳之。夫不能弭盗，而并不能捕盗，不欲化盗，而并不欲缉盗，视古所称龚遂之治渤海，虞诩之治朝歌，其贤不肖相去固何如哉！

制策又曰：养士期于实用，欲令士皆穷理达务，以收明体适用之效。此崇尚实学之盛心也。古者命乡论士之秀者，升于司徒，曰选士；司徒又升之学，曰造士；乐正崇四术，立四教，春秋教以礼乐，冬夏教以《诗》《书》)，于是大乐正论其秀者，升之司马。论定然后官之，任官然后爵之，可见取士者不仅望其词章富丽容悦一时已也。《书》曰学古入官莅事以制,《记》曰学至而君求之,则文学政事固相为表里,明矣。无如今之士,穷年佔毕,仅为弋取科名之具。凡典籍所载，史策所传，有关于国计民生者，概乎未之讲焉，一旦出而应世，求一事之合乎古人而不可得。昔人云：士不通经，果不足用。由今观之，岂通经者原不足用哉？夫亦其穷年佔毕时，原无志于通经之用。迨所求既获，遂并其佔毕者而弃之耳。今惟严校其经济之文，更试以当世之要务，以观其学术才干之高下，则明体适用之真才于是辈出矣。然其大要，总不外乎奖进公忠而振兴名节也。人臣公忠以体国者，必能慈惠以子民。名节以自持者，必能稽古以力学。营私植党，则耽宠利而无安上全下之谋；和光同尘，则竞浮华而鲜穷经致用之实。事虽各见，理则同归。我皇上推诚表正，风示百官，诸臣仰体而率由之，于以化导民俗，激扬士气，一以贯之有馀矣。

臣草茅新进，罔识忌讳，干冒宸严，不胜战　陨越之至。臣谨对。

（五）清乾隆十九年甲戌科殿试（状元）卷

清·庄培因

殿试策问（清高宗弘历）

奉天承运，皇帝制曰：朕缵承鸿业，勤思上理。缅惟自古帝王，上畏天命，下凛民岩，秉道以揆几，穷理以制事，凡所以建用皇极，为表正万邦之本也。朕宵衣旰食，于天人感应之际，理进制治之原，整躬以率物，劝学以兴贤。念兹在兹，未得其要。兹当临轩发策，伫尔谠言。

《易》曰：先天而天弗违，后天而奉天时。《书》曰：惟人聪明，惟圣时宪，惟臣钦若，惟民从乂。天人合一之理，前圣盖昭著言之。顾天日在人之中，而人不知。故先儒曰，天即理也。董仲舒以为善言天者，必有验于人。又谓道之大原出于天，天不变，道亦不变。夫元亨利贞，仁义礼智，皆配四时言之。在天之天，虚而难索。在人之天，近而可求。然在人之天，即在天之天，无二理也，无二道也。人无一日不在理道中，本无理道之可名。自宋诸儒出，于是有道学之称。然其时尊德性，道问学，已讥其分涂。而标榜名目，随声附和者，遂藉以为立名之地，而大道愈晦。今欲使先圣先贤之微言大义，昭如日星，学者宜何所致力欤？朕敕几毖治，盖无日不奉天以乾乾。《五经》、《四子书》而下，濂洛关闽之学，亦尝深究其源流，而微窥其得失矣。其粹言可以几道者，可得切陈欤？

古言盂圆则水圆，盂方则水方。上之所视向，下之所效法从之。故曰：正朝廷以正百官，正百官以正万民。朕临御十九年于此，勤勤求治，罔敢暇逸。而民风未尽淳，俗尚或即于偷者，其咎安在？夫为政不在多言，顾力行何如耳。虚张治具，粉饰文为，非所以为治也。条教号令，悬诸象魏者，求治之迹，而非致治之原也。所与朕共理天下者，内而公孤卿士，外而牧民长伯，皆俨然临于民上。而或者视自治、治人为二事，毋乃阂于理而暗于事欤？深宫燕闲之地，朕弗敢康，所赖以辅予治理，左右有民者，其省身克己之道何若？夫实心实政，夫人能言之，然必返寤寐而无惭，而后对大廷而不愧。朕念此至切矣。多士来自田间，且分治人之责，宜有敷陈，用觇素蕴。

国家设科取士，首重制义，即古者经疑、经义之意也。文章本乎《六经》，解经即所以载道。《易》曰：修辞立其诚。《书》曰：辞尚体要。文之有体，不綦重软？朕于场屋之文，屡谕以清真雅正，俾知所宗尚久矣。乃者或逞为汗漫之词，徒工绮丽，甚至以汉唐词赋，阑入其中，律以大雅之言，甚无当也。文之浮薄，关于心术，王通论之详矣。今欲一本先民，别裁伪体，岂惟文治廓清，抑亦所以明经术而端士习也。陆机云：固无取乎冗长。韩愈言：约《六经》之旨而成文。皆圣人辞达之义也。司衡之去取，其可不黜华崇实，以加之厘正欤？

《记》曰：官先事，士先志。士也者，养之于庠序之中，登之于庙廊之上，以备驰驱之用，而收任使之效者也。民俗之厚薄，视乎士风之淳漓。士习之不端，由于士志之不立。荣进素定，干禄之学，圣人弗许。志一不立，而寡廉鲜耻，卑污之行随之。居家或不免武断之习，应试或尚怀干进之私。浮薄流传，竞相仿效，士习将何由而正乎？国家百余年，养士之典极隆。迩者复命各省学臣，举行选拔，于其来也，行廷试之典，慎遴选之方，分途擢用。所望于士之鼓舞奋兴，至深且渥矣。太学者，贤士之所关也。其贡入成均者，宜何如其陶淑而乐育之，无稗虚縻廪饩欤？师儒之官，教化所出，乡国学中，皆于下第内采其遗珠，畀以秉铎。将内则陈敬宗、李时勉，外则胡瑗之苏湖教法具在，或亦有用以端饬士习者欤？

凡此数端，内而天德，外而王道。文章者，性道之华，学校者，风化之本。载籍所传，讲肆所及，尔多士其详著于篇，朕将亲览焉。

状元殿试卷（庄培因）

臣对：臣闻《书》敕时几，《诗》基宥密，异经而同旨，昭盛德之隆也。是以至治之世，凝休笃祜，重熙而累治，有自然之理，必至之符。然圣人之心，夙夜不遑康宁，基命定命，宜民宜人，其兢业，未尝一日释诸怀也。粤稽古昔，德莫隆于尧舜，治莫美于成康。垂诸典谟，作为《雅》《颂》，以纪盛烈，以告成功。而寅畏祗惧之旨，言重辞复，则圣帝明王所以事天乂民立万世之丕基者，其在于此矣。夫道洽政治，所由纲纪四方，而仁义教化，皆其具也。盖时当太平极盛，则必有以作其震动恪恭之象，而厚其敦庞纯固之源。馨香感格，犹凛对越照事之忱；治教休明，犹详稽古正学之要。不以百度之已贞，而宽大法小廉之诫也；不以俊髦之已登，而驰黜华崇实之训也。一人乾惕于上，群工承式于下，以一道德，同风俗，而皆本乎敬以将之。《书》曰："抚于五辰。"《诗》曰："保佑命之。"自天申之言时，宪以布政康苐禄于无疆也。钦惟皇帝陛下以聪明天亶之资，继天立极。宅祗慎之念，毖敕于曰旦曰明；懋典学之功，建中于惟精惟一。所以饬官常示砥砺者，不可谓不肃；所以端士习广乐育者，不可谓不至。乃宸衷兢惕，弥切畴咨，爰进臣等于廷而策之。臣幸生郅隆之世，涵濡教泽，窃有慕于贾谊、董仲舒之策，陆贽之奏议，其所敷陈，皆能切于事情，合于理道，而徒自安于占毕声华之末，无当乎明体达用之学，此臣所以夙夜疚心者也。兹当拜献伊始，仰承清问，正愧励思奋之时，敢择平日所考论者以对。

伏读制策，以天人合一之旨，前圣昭著言之，而因详及乎理道之大原。臣闻天牖下民而作之君师，盖天之所大奉，使之王者，则必法天而立道。所谓"天行健，君子以自强不息"。此即先天勿违，后天奉若之本也。四时具而成岁，四德备而为乾，而四德之中，则又以元为善长。《春秋》表年以始事而谓一为元者，言法天者必居正以体元云尔。《诗》曰："予怀明德"，天之于人也；"永言配命"，人之于天也。人君德积于宫廷，化洽于民物，则天瑞应诚而至是。故阳不僭而阴不伏，百昌遂而兆民殖，此感应之验也。夫天，积气之区也，而真实无妄之理寓焉。命之于人则为性，此道之大原所从出也。元亨诚之通，利贞诚之复。故诚者天之道，而思诚者人之道。仲舒言道而不推本于诚，则犹未既乎精微之蕴也。民受天地之中，以生仁义礼智五常之性。有生之所同，具天禀其性而不能为之节。圣人象天时，作礼乐刑政，而以深入教化乎民。使各返乎降衷之始，而自全其天。故曰修道之谓教，所以立人伦、正情性、节万事者也。语曰"天因人，圣人因天。"亦言天之一征也。臣又考《宋史》始立《道学传》，盖将以别乎训诂词章之儒，而不知适启分门立户之渐。夫道为天道，理为天理，无指名，亦无歧途，诚有如制策所云者。而学者致力之方，则惟有居敬穷理而已。德性问学，其工夫节目固有次第也。奈何以身心性命之要，而徒相持于口舌是非之间？岂朱、陆当时讲学本意乎？至濂溪周子得不传之秘，于遗经著《太极图》《说易通》，以及程子之《易传》，张子之《西铭正蒙》，皆以发明天人合一之旨，而朱子实集其成。我皇上学贯天人，阐往圣之微言，息群喙之淆惑。虽唐虞之一中授受洙泗之集大成，何以尚兹而列在儒林者？其何以仰副国家表章正学之盛意哉！

制策又以自治、治人非二事，而欲公孤卿士、牧民长伯思省身克己之道，夫公卿大夫所使壹统类而承流宣化。董仲舒曰："皇皇求仁义，常恐不能化民。风俗之未登，诚无所辞其责也。"《诗》云："夙夜匪懈。"若夫徇名市惠，冀以博庸众之称誉，则益无当于整饬之本原，其所存心于夙夜者，固已懈矣。我皇上宵旰勤求，时以澄叙官方为念，凡百有位，罔不恪共而勤职守。然而犹有歉于宸虑者，盖欲率作之用，不譬于初，终精白之忱，罔斁于内外也。臣以为材力或有不齐，而矢洁清以效公忠，则人可自奋。公者，虚其心之谓也；忠者，一其心之谓也。虚其心，则集思广益之途开；一其心，则宠利居功之念绝。所谓洁已以奉公，正己而格物，此纯臣之道。庶几上不负天子，下不负所学，而实辅理承化之资也。《书》曰："臣为上、为德、为下、为民。"《诗》曰："靖共尔位，正直是与。"此董正治官之要务也。

伏读制策，以文章本乎六经，解经即所以载道，宜崇尚清真雅正，而欲其一禀先民别裁伪体，诚昌明文治之盛轨也。臣惟才德有厚薄，则文辞有良窳，盖心之所志，发而为言；言之所发，比而成文，此表里相应之验也。故不知道德而以文辞为能者，昔人以艺事鄙之。而或者饰轮辕、绣鞶帨、荣华其言，将以是为发荣决科计，岂务实之意欤？唐裴行俭论人才而讥卢照邻、骆宾王之躁薄；宋欧阳修知贡举而黜刘几之险怪，当时以诗赋策论取士，而程序之严如此。况乎制义为代圣贤立言者哉！刘勰曰："论文心必征诸圣，劝学宜本乎经。"臣伏见经训至本朝而美备，斟酌义疏，折中至当。宜令胶庠之士专其师承，诵法服习，而操衡鉴司训迪之任者，复董劝而别白之。诸不在六经之科者，勿使并进。则统纪一定，士知服从矣。

制策又以民俗之厚薄，视乎士风之淳漓，士习之不端，由乎士志之不立。而欲加意于成均之士、师儒之官。臣谨按《周礼》，大司乐掌成均之法，大司徒以乡三物教万民而宾兴之，盖必养之于平日，斯可兴之于三年，所以教民敦实行储登进也。夫科举未尝累人，人自累科举。士为四民之首，而徒习于奔竞争、尚浮夸，民安所观法欤？太学，首善之地，风教所先，以及直省郡州县学，凡司教迪之官皆当仰体。圣天子与贤育才之至意，提撕儆戒，或仿朱子分年考校之法、胡瑗经义治事之式，务广而崇起之，庶积习可返，而书升皆孝秀。《诗》曰："誉髦斯士。"此之谓也。臣又考之于《诗》，棫朴之能官人，文王所以造周也；卷阿之求贤用吉士，成王所以祈天命也。盖治天下以正风俗、得贤才为本，贤才既得，则治运益昌。以凝庶绩，至明也；以康兆民，至顺也；以承天休，至厚也。我国家万年有道之长，基于此矣。

臣草茅新进，罔识忌讳，干冒宸严，不胜战　陨越之至！臣谨对。

八、文件选录

关于建立中共武进县委员会农村工作办公室
武进县革命委员会文化局、农业机械局、畜牧肥料局的通知

各区、人民公社（镇）、县属工厂、场圃党委（党的核心小组），县革委会各组、局、院、行、校、室、团县委、县妇联、总工会、县贫协、县直属机关党委：

为适应一九七五年的新跃进，坚持党的基本路线教育，普及、深入、持久地开展批林批孔运动，加强对文化工作的领导，加快实行农业机械化，经县委研究并请示地委同意建立：

中共武进县委员会农村工作办公室；

武进县革命委员会文化局；

武进县革命委员会农业机械局；

武进县革命委员会畜牧肥料局（并撤销县革委会肥料办公室）；

以上单位自公布即日起开始办公（办公地址县革委会机关内）。

中共武进县委员会

1975 年 1 月 17 日

关于建立公社（镇）民办文化站的通知

各区、公社（镇）革命委员会（革生小组）：

为了贯彻落实毛主席关于“无产阶级必须在上层建筑其中包括各个文化领域中对资产阶级实行全面的专政”的指示，学习推广小靳庄的经验，发展群众文化事业，大力宣传无产阶级的新思想、新文化、新风俗、新习惯，用社会主义占领城乡思想文化阵地，把巩固无产阶级专政的任务落实到每个基层，根据上级指示精神，经研究决定建立公社（镇）民办文化站。现将有关事项通知如下：

一、每个公社民办文化站配备专职人员一名。根据毛主席关于培养无产阶级革命事业接班人的条件，专职人员应是：(1) 本人政治历史清楚，主要社会关系也无重大政历问题；(2) 能认真学习马列和毛主席著作、阶级斗争、战线斗争觉悟较高，在历次政治运动中特别是在文化大革命和批林批孔运动中表现较好；(3) 热爱这项工作，并有一定业务水平和独立工作能力；(4) 身体健康，年龄最好在三十岁以下。由公社党委研究决定，报县

文化局审查，政工组批准后任用。

二、专职人员工资标准，参照社办企事业人员待遇确定，一般月工资三十元左右，县按月固定补助二十元，不足部分由社办经费解决。如专职人员户口在农村的，则按武发（1975）20号文件规定执行。

三、公社民办文化站活动经费，县每月固定补助十元，其余由社办经费解决。

以上两项经费，经报批同意后，即由县文化局按月发给。

四、公社民办文化站是民办公助的群众文化事业机构，必须在公社党委的统一领导下，

积极开展群众文化活动，把民办文化站真正办成热情宣传马列主义、毛泽东思想的宣传站和群众文化活动的辅导站。

武进县革命委员会

1975年3月17日

关于举办小戏创作学习班的通知

公社（厂）革委会：

为了贯彻执行毛主席革命文艺路线，繁荣社会主义文艺创作，使文艺更好地为反修、防修，巩固无产阶级专政，普及大寨县运动服务；并做好纪念毛主席《在延安文艺座谈会上的讲话》发表34周年的准备工作，经请示县委领导同意，决定举办小戏创作学习班，时间暂定二十天，请通知你处　　　　同志携带《在延安文艺座谈会上的讲话》、《革命样板戏学习扎记》、《红旗杂志1976年第一、二期》等学习材料，以及被服日用品、钱粮于二月二十日到南夏墅镇江地区第二师范学校报到，参加学习班。

武进县革命委员会文化局

1976年2月14日

关于举办故事创作学习班的通知

各区工委、有关公社革委会：

为了贯彻执行毛主席革命文艺路线，繁荣社会主义文艺创作，使文艺更好地为反修防修，巩固无产阶级专政］、普及大寨县运动服务，并做好纪念毛主席《在延安文艺座谈会上的讲话》发表三十四周年的准备工作，经请示县委领导同意，决定举办故事创作学习班，时间暂定十五天。除指定人员外（名单附后），新桥、湟里、奔牛三个区各参加一名，请通知参加学习人员携带《在延安文艺座谈会上的讲话》、《红旗》杂志一九七六年第一、

二期等学习材料，以及被服日用品、钱、粮于三月一日到南夏墅镇江地区第二师范学校报到。

武进县革命委员会文化局
1976年2月20日

关于举办曲艺创作学习班的通知

各区工委、五七农场党委：

为了巩固和发展文化大革命的胜利成果，坚持以阶级斗争为纲，努力创作反映无产阶级文化大革命和抓阶级斗争、促春耕生产等方面的曲艺作品，进一步繁荣社会主义文艺创作，以实际行动反击右倾翻案风，经研究决定于四月四日起举办曲艺创作学习班，时间暂定十三天。现将有关事项通知如下：

一、参加人员名单

二、参加人员必须携带：

①学习材料：毛主席《在延安文艺座谈会上的讲话》、《人民日报》社论《抓阶级斗争，促春耕生产》和《翻案不得人心》;《人民日报》三月四日《资产阶级在哪里进攻，无产阶级就在哪里战斗》等党章以及《红旗》杂志第三期。

②本人作品。

③生活用品、粮票、棉被、饭盒等。

三、学习地点与报到日期：四月三日下午到南夏墅镇江地区第二师范学校报到。

武进县革命委员会
1976年3月31日

关于举办快板创作与表演学习班的通知

各区、公社（镇）革命委员会、有关县属工厂、场圃革命委员会：

为了认真贯彻毛主席的革命文艺路线，充分发挥“快板”这一艺术形式的宣传战斗作用，为当前批邓、反击右倾翻案风运动服务，为农业学大寨、普及大寨县的群众运动服务，为巩固无产阶级专政服务，经研究决定举办“快板”学习班，兹将有关事项通知如下：

一、学习班打算分两批进行，第一批奔牛、新桥、卜弋、湟里四个区，第二批漕桥、湖塘、横林、郑陆四个区。

二、时间地点：第一批（8 月 25 日—9 月 5 日）在罗溪公社举办。第二批（9 月 9 日—9 月 20 日）在鸣凰公社举办。

三、出席对象：公社（镇）和有关县属工厂、场圃各一人，但需有一定的写作能力和说快板基础的文化骨干。

四、参加学习班人员必须携带钱、粮、蚊帐、席条等生活日用品，第一批人员于八月二十四日下午至罗溪公社报到，第二批在九月八日至鸣凰公社报到。

武进县革命委员会文化局
1976 年 7 月 12 日

关于举办摄影艺术培训班的通知

区　　　公社（中学）：

最近，上级分配我县一批摄影设备，现已分配至各单位，为了充分发挥摄影艺术的战斗作用，使之更好地为三大革命斗争服务，经研究决定，于 9 月 19 日至 30 日，在湖塘镇举办一期摄影艺术培训班，请你单位选派　　　位拟任这项工作的同志，于九月十九日上午携带粮、钱、被服等生活用品至县拖拉机厂报到。

武进县革命委员会文化局
1976 年 9 月 11 日

关于加强文物保护工作的通知

各区工委、人民公社（镇）革命委员会，县五七农场革委会：

在第二次全国农业大寨会议强劲东风的鼓舞下，全县广大干群坚持党的基本路线，以阶级斗争为纲，大办农业，一个波澜壮阔的农业学大寨普及大寨县的群众运动正在我县各地蓬勃兴起，随着农田基本建设和其他各项建设的大规模进行，地下文物必将会有新的发现，必须认真作好文物保护工作。

我们伟大的社会主义祖国是一个历史悠久而富于革命传统的国家，历代劳动人民在阶级斗争、生产斗争和科学实验中，创造和遗留下许多珍贵的文物，这些文物是劳动人民创造历史的实物见证，是进行历史唯物主义教育，开展科学研究的重要资料。根据国务院批转国家文物事业管理局关于在农业学大寨运动中加强文物保护管理的报告即 1977 年 13 号文件精神，务希各级领导引起重视，现特作如下通知：

一、各区、各公社革委会应该经常结合各种会议广泛宣传保护国家文物的重要意义，充分发动群众把做好文物保护工作，作为一项重要工作来抓。

二、在兴修水利和平整土地过程中，如发现古文化遗址、古墓葬等重要文物，应暂停施工，立即报县文化局或文化馆，待派员进行科学清理。各公社废品收购站，在收购过程中，如发现文物，除保存好外还希主动和文化部门联系。

三、出土文物是国家的珍贵文化遗产，是人民的财富，地下埋藏的一切文物，都属于国家所有，任何单位和个人都不得私自挖掘，严禁买卖或变相盗卖出土文物。对于破坏国家文物的阶级敌人要坚决打击，依法惩处。对保护国家文物有贡献者，可给予表扬或适当的奖励。

武进县革命委员会文化局
1977 年 3 月 28 日

关于举办县美术创作学习班的通知

各有关区、公社：

为了及时宣传大好形势，积极组织我县业余美术作者配合党的中心任务为现实斗争服务，深揭狠批“四人帮”，繁荣社会主义美术事业，经研究决定举办县美术创作学习班，时间二十天。请有关单位通知本人携带棉被、粮、钱、雨具、饭盒，平时美术作品及绘画工具等生活用品和学习用品，于一九七七年十二月二十九日下午到镇江地区二师（南夏墅公社）报到。

（名单详见另页）

武进县革命委员会文化局
1977 年 12 月 27 日

关于举行创作剧目调演的通知

各乡（镇）人民政府、区文化站：

为了贯彻党的十二届二中全会精神，传达省文化厅召开的文化局长会议精神，交流创作和调演经验，繁荣我县业余文艺创作，促进精神文明建设，经研究决定于本月 26 日下午举行全县创作剧目调演。同时召开区、乡文化站长会议，调演二天，文化站长会议四天。

现将有关事项通知如下：

一、出席对象和演出队人数：

各区、乡文化干部、各区业余作者4名，各区演出队（前黄区20人，卜弋区15人，奔牛区15人，横林区12人，新桥区15人，湖塘区18人）。

二、参加调演节目：

前黄区：小戏《换婴记》，上海说唱《悔》，单口相声《折天》，表演唱《丰收喜讯传开来》；卜弋区：小戏《物归原主》；新桥区：小戏《陶母责子》；横林区：小戏《骂鸭》；奔牛区：小戏《定井梯》，舞蹈《在希望的田野上》，相声《姐妹聚会》；湖塘区：《朝天辣子娶媳妇》；带剧本三份，演出乐器、服装道具、化妆用品一律自理。

三、参加调演和会议人员自带粮、钱、日用品，请于26日上午到武进县第三招待所报到，下午演出。

武进县文化局

1984年2月23日

关于开展文物普查工作的通知

各区公所，各乡、镇人民政府，县政府各委、办、局（公司）、行，县属各工厂、场圃、学校：

为了进一步做好我县文物的保护和管理工作，配合对广大人民进行爱国主义教育，根据国务院《批转国家文物事业管理局关于加强文物工作的请求报告》（即国发[1981]9号文件），中央宣传部中央书记处研究室《关于加强爱国主义教育的意见》和省政府《关于开展文物普查工作的通知》的要求，决定在全县范围内开展一次文物普查工作。现将有关事项通知如下：

一、广泛开展文物普查的宣传工作。要采取多种样式宣传保护文物的意义，文化站、广播放大站要配合普查宣传《文物保护法》，宣传文物普查的成果，宣传“保护文物，人人有责“，发动群众申报，做好文物保护工作。

二、各乡、镇人民政府要把文物普查工作作为一项重要工作来抓，对上至远古时代，近至一九四九年的各种文物，要深入到各村（街）进行细致的调查，并做好档案资料记录。文物普查的范围包括：

1、具有历史、艺术、科学价值的古文化遗址、古墓葬、古建筑、石窟和石刻。

2、与重大历史事件、革命运动和著名人物有关的具有重要纪念意义、教育意义和史料价值的建筑物、遗址、纪念物。

3、历史上各时代珍贵的艺术品、工艺美术品。

4、重要的革命文献资料，以及具有历史、艺术、科学价值的手稿，古旧图书资料等。

5、反映历史上各时代、各民族社会制度、社会生产、社会生活的代表性实物。

三、这次文物普查工作的做法大体分为建立组织、培训骨干、群众寻报、现场调查、考证鉴定、建立档案、落实措施、巩固成果等。

四、为了加强对文物工作的领导，县政府决定成立武进县文物管理委员会（名单附后），文物普查领导小组由文管会成员组成。领导小组下设办公室，负责具体工作，办公室设在县文化局，各乡、镇人民政府也要建立文物普查小组，由分管的乡、镇长任组长，配备一定的工作人员，并在物力和财力上给予支持。县文化局负责对文化站站长和普查工作人员作短期培训。

五、这次文物普查工作从现在开始，要求在年内基本结束。

以上通知，望各地认真贯彻执行。

武进县人民政府

1984 年 4 月 24 日

附：武进县文物管理委员会名单

主　任：周亚瑜

副主任：许本源、蒋仁良

成　员：张志伟、陈剑峰、张才良、高建中

赵永康、刘静章、谢小龙、岳忠保

孙志华、钱正浩、黄　俊

文管会办公室主任：张志伟

副主任：蒋季复

关于大力发展文化工厂，积极搞好“以工养文”的几点意见

县人民政府：

中共中央“关于关心人民群众文化生活的指示”下达以后，各级领导不仅重视抓好多种形式的文化娱乐活动，以满足人民群众当前文化生活的需要，而且遵照中央关于开展“以工养文”的指示，积极支持文化单位办好工厂。到目前为止，全县已办文化工厂 52 个，一九八四年工业产值达三百多万元，净利润达五十多万元。文化工厂的兴办，不仅稳定了一支文艺宣传队伍，巩固了文化宣传阵地，而且为加快发展文化事业积聚了资金。

但是，就全县范围来说，文化工业的发展还是十分缓慢的。其主要原因是：文化单位办工厂，思想阻力大，关卡多。有些领导对“以工养文”的积极意义认识不足。认为文化单位办厂是“不务正业”、“多此一举”，对文化单位的办厂要求，往往是不表态、不支持，有的甚至将办得好的文化工厂任意改变为乡办厂。其次，文化单位办厂，人材缺乏，

资金不足，困难重重。要想解决这些问题，关卡太多。

为了大力发展文化工厂，积极搞好“以工养文”，加快文化建设的步伐，我们提出以下几点意见：

一、充分认识搞好“以工养文”的积极意义，大力支持兴办文化工厂。

“以工养文“是搞好群众文化工作的新途径，是建设具有中国特色的农村社会主义文化的一条新路子。党的十一届三中全会以来，城乡经济迅速发展，人民生活不断改善，伴随着经济建设高潮的到来必然会出现一个文化建设的高潮。但是，现在我们国家和地方财务都有限，不可能拿出很多钱来办文化事业。农村文化事业要发展，要繁荣，关键的一条，要在经济上自立。文化单位如果没有自己的经济支柱，不仅文艺宣传队伍没有立命之处，更谈不上文化事业的发展。我县三河口乡文化站办厂三年，不仅依靠工厂收入养活了一支文艺宣传队伍，每年为全乡群众义务演出一百多场文艺节目，而且，没有要国家和集体一分钱，自力更生建造了一幢九百平方米的文化大楼，进一步满足了群众文化生活的需要。这充分说明：搞好文化工作和办好文化工厂，是互为条件，相辅相成的两个方面。“工”不仅能“养文”，而且可以大大加快文化建设的进程。我们要求各级领导要关心和支持“以工养文”这项事业，争取在一九八五年内，现实乡乡都有一定规模的文艺工厂。

二、解放思想，放开手脚，加快文化工业的发展速度。

当前必须明确和注意解决好以下几个问题：

1．文艺工厂属站办集体企业性质，它承担着生产物质产品和精神产品的双重任务。所以，它不同于一般的乡镇企业。

凡属文化单位办厂，均归由县文化局审批管理。文化工厂厂长由区、乡文化站长聘用，报文化工业公司备案。

文化工厂应实行厂、队（文艺宣传队）合一，厂内的管理人员和生产工人，应该主要从文艺宣传骨干中招收。

2．文艺工厂在经济上应实行独立核算，自负盈亏，其利润应该用于发展文化事业，决不能移作他用。

3．要采取措施，调动企业职工的生产经营积极性。文艺工厂应该拥有生产经营、人事调配和经费使用等方面的自主权。生产上，工厂在保证完成上级下达的生产任务的前提下，有权决定生产的产品和经营范围；人事上，工厂有权根据生产和文化工作的需要，招收或聘用职工，保证厂内有一定的文艺宣传骨干；经济上，企业在尽力完成经济承包合同的前提下，在政策许可的范围内，有权支配企业经济。

文化工厂职工的工资福利待遇，应当相近于或略高于同类乡镇企业职工的水平。

4．发展文化工厂是加快发展文化事业的重要措施。各级政府一定要关心和支持文化工厂的工作，决不能把文化工厂当作包袱放任不管，更不能任意改变文艺工厂的性质和隶属关系。银行、税务、工商管理等部门，也要热情支持文化工厂的生产和经营，要千方百计地帮助他们解决生产和经营中所遇到的困难，并在信贷、经营等方面尽可能地给予方便和支持。

5．各区乡文化站以及其他文化单位，要端正办厂指导思想，坚持两手抓，争取在一九八五年内，使“工”和“文”两个方面，都有较大的发展。

以上意见如无不当，请批转各地执行。

武进县文化局
1985 年 2 月 28 日

武进县文化局、武进县文联、武进县广播电视台、武进县总工会关于举行县首届业余锡剧演唱赛的通知

各区公所，乡、镇人民政府，县属工厂企（事）业工会：

为给我县业余锡剧爱好者提供显露艺术才华、相互学习交流的机会，让他们和专业团体一道，振兴锡剧，繁荣文艺，丰富群众文化生活，促进精神文明建设，经研究，决定于省第二届锡剧节前夕，今年六月上旬举行县首届业余锡剧演唱赛。现将有关事项通知如下：

一、节目内容不限，现代戏、传统戏唱段和流派唱腔均可参赛。形式限独唱、对唱。

二、预赛由各区文化站组织，工会系统由总工会组织。县节目评选组择优选定复赛节目。预赛须在五月底前结束，同时将复赛节目的正规乐谱一式五份送县。

三、复赛在县文艺学校分三场进行。由县组织的小乐队伴奏，各单位一律不自带乐队。（复赛日期和场次另行通知）

四、六月十日进行广播现场直播决赛，当场发奖。

武进县文化局
1986 年 4 月 13 日

关于举办武进县首届艺术节的通知

各区公所，各乡、镇人民政府、各有关单位：

党的十一届三中全会以来，在党的文艺方针指引下，我县文化艺术事业得到了较快的恢复和发展。为了集中展现我县近年来艺术创作和演出的优秀成果，丰富人民群众的文化生活，促进文艺事业的繁荣发展，加强社会主义精神文明建设，根据县九届人大一

次会议精神，决定举办首届艺术节。

一、时间和地点

武进县首届艺术节定于十二月二十二日至二十六日在湖塘镇举行，同时组织优秀节目到各地演出。

二、活动内容

1. 组织五台文艺演出，其中业余三台（工厂、农村各一台半），县锡剧团、越剧团各一台。（节目附后）

2. 举办美术、书法、摄影展览和文物展览。

3. 举办电影放映周。

4. 举行书市。

三、节目选定和组织活动办法

参加艺术节的剧（节），分别由县总工会、文化局推荐，经艺术节组织委员会同意，工业系统节目由县总工会组织演出，农村节目由县文化馆组织演出，电影放映周由县电影公司负责组织，书市由县新华书店负责组织。美术、书法、摄影和文物展览分别由县文联和博物馆负责组织。

四、组织领导

艺术节成立组织委员会，作为首届艺术节领导机构，由童方云、汤德胜、秦蔚成、许本源、闵伟明、潘巨浪、黄国平、张国民、徐浩然、庄旦良同志为委员。童方云同志任主任，汤德胜、秦蔚成同志任副主任。委员会下设办公室，由汤德胜同志兼任主任，庄旦良同志任副主任。

各单位接到通知后要迅速做好准备工作，加紧排练，不断提高艺术质量，以优秀的艺术作品奉献给全县人民。

武进县人民政府办公室

1987年12月10日

关于印发《武进县演出管理暂行规定》的通知

各演出单位、演出场所：

为使演出管理工作规范化、程序化，特制定《武进县演出管理暂行规定》，现印发给你们，望遵照执行。在执行中有什么情况和问题，请及时与本局联系。

武进县文化局

1990年10月16日

武进县演出管理暂行规定

为了繁荣我县文艺舞台，丰富人民文化生活，根据上级有关规定，结合我县实际情况，制定本规定。

一、演出管理

（一）文艺演出必须坚持为人民服务，为社会主义服务的方向，把社会效益放在首位。禁止演出违背四项基本原则或散布反动、淫秽色情、恐怖等内容的剧（节）目，严禁使用残忍的表演手段摧残演出人员的身心健康。如发现这类剧（节）目，县文化、演出管理部门有权责令停止演出。

（二）凡通过文艺演出取得收入即为营业性演出。全县各类营业性文艺演出活动，均由县演出管理站统一管理。对无证经营演出者，文化演出管理部门有权责令停演。任何演出单位和个人，不得在无《营业演出许可证》的场所进行营业性演出。任何演出场所不得接受无《营业演出许可证》的单位和个人进行营业性演出。如发现上述情况，要冻结其演出收入，并视情节处以罚款或没收演出收入。对冒名持演出和伪造《营业演出许可证》的单位和个人，一经发现，扣留其所持证件，没收非法演出收入，直至追究法律责任。持证单位和个人应将自己的演出活动如实记载，以备查询。

（三）各地各类艺术表演团体、民间职业团（队）、民间艺人，在本县各类演出场所演出，必须携带《营业演出许可证》和上级演出管理部门的演出介绍信，征得县演出管理部门同意，并出具介绍信后方可与演出场所联系演出。如遇特殊情况，场团双方直接接洽演出业务，须在业务确定后由团方到县演出管理站转办演出手续，以利统筹安排。

（四）本县艺术表演团体、民间职业团（队、组）个人去外地演出，必须携带《营业演出许可证》，由县演出管理站出具演出介绍信，方可对外联系演出业务。

（五）各类演出场所接受演出业务，不论是计划安排或自行接洽的，场团双方均需签订演出合同，演出合同一经签订，双方都必须认真履行，任何一方不得擅自变更或毁约，擅自毁约造成的经济损失，由毁约一方负责赔偿，或双方协商解决，也可由县演出管理站确定合理的赔偿额。发生纠纷，经协商、调解仍不能解决的，可向国家规定的合同管理部门申请仲裁或向法院起诉。

（六）演出票价根据“按质论价，优质优价”的原则，但亦应考虑到当地群众的购买能力和习惯，由剧团和演出管理站商定。各演出场所，结合实际情况，允许在商定票价的10%的幅度内上下浮动。特邀和承包演出的票价，须报县演出管理站和物价部门核定、备案。

（七）场团的收入分成。根据剧场的条件和演出单位的阵容、质量确定，一般条件较好的剧场，对戏曲团体的分成比例为三（场）七（团）；对二十人以下的轻音乐歌舞剧（队）和小型队伍，演出分成比例为三·五（场）、六·五（团）。

艺术表演团体的单程旅运费（100公里以内）以及宣传、广告费，应按分成比例公提。

二、演出单位和艺术表演人员的管理

（八）专业剧团和民间艺人演出队（组）、个体艺人营业性演出，由文化部门和演出管理部门分级管理。县级演出单位向常州市演出管理处申请登记审核，领取《营业演出许可证》；民间职业团（队、组）个体艺人，向县演出管理站申请登记，并报县文化局审批，发给《营业演出许可证》。

（九）非演出单位一般不得经营演出业务，确因工作需要，举办组台（团）演出活动（包括售票或有广告、赞助等收入的演出和支付演职员报酬的内部招待演出），必须事先到县演出管理站具体办理审批手续，领取《临时营业演出许可证》方可演出，其票价和收入应按有关规定执行。

（十）民间艺人演出队（组），遵循“自愿组织，自行管理，自负盈亏”的原则，经考核登记的合作班组或个人，倘不能维持正常的营业演出时，即自行淘汰。如不执行有关规章制度，视情节轻重给予批评教育，直至吊销《营业演出许可证》。

（十一）凡具有一定的专业水平，本人自愿，所在单位同意，县演出管理站推荐，经需要的演出单位考核，双方签订协议，方可随团参加演出。对依法进行各种营业性演出活动的单位和个人，其合法权益要切实给予保障。

三、演出场所管理

（十二）本县演出场所，包括影剧院、大会场以及经（兼）营演出的文化宫、体育馆、俱乐部、乡（镇）文化中心（站）、书场（茶店、浴室）等营业性演出，应向县演出管理站申请登记，经县文化、公安、工商等部门核准，领取《营业演出许可证》《安全合格证》和《营业执照》后方可营业演出。演出场所应服从文化、公安、工商和演出管理等部门的管理、监督和指导。

（十三）演出场所要做好为演出服务和为观众服务工作，要不断完善各种演出设备和生活措施，努力把演出场所办成“演员之家”、“观众之家”。

（十四）演出场所要认真执行文化、公安、工商、卫生等部门对公共娱乐场所的有关规定，做好治安保卫、消防安全、清洁卫生等工作，努力为观众创造一个安全、整洁、舒适的环境。

（十五）剧场经营管理。建立和完善财务、票务、场务、总务等各项岗位责任制，推行多种形式的演出经营承包制，充分发挥“群体经营”的积极性，促进艺术的繁荣和经济效益的提高。

四、剧（节）目管理

（十六）上演剧（节）目应贯彻“双百”方针，鼓励演出现代题材的新剧目，新编历史题材的剧目和优秀的传统剧目，凡经省、市演出管理部门鉴证的计划内戏曲表演团体来本县演出，均按上级规定的优秀的照顾条件办理。凡在省级以上各类会（调）演、比赛中的获奖剧（节）目，要做好宣传工作的组织观众工作。

（十七）凡轻音乐歌舞团（队）来我县演出，不论是计划内或计划外，一般在演出前由演出管理站或剧场代表审看节目，按演出质量、阵容、演员水平等情况，由场团双方商定有关演出事项，并签订演出合同，严格按合同办事。

（十八）对于台风不正，表演低级庸俗或内容反动、淫秽的团体和个人，文化主管部门和演出管理站应予制止。对情节严重的，可责令其停止演出，并会同有关部门给予必要的行政]、经济处罚直至追究法律责任。

五、演出管理费的缴纳

（十九）演出管理费的提取标准：

1．凡计划内的演出，从演出总收入中提取2.5%。

2．凡计划外的演出，收团方分成收入的5%。

3．凡在非文化系统的演出场所进行营业性演出，计划内的，在演出总收入中提取5%；计划外的，在演出总收入中提取10%。

4．凡非演出单位组织临时性营业演出（包括虽不售票，但有其它经济收入者），不论其盈亏，一律按满场收入或实际演出总收入（含有价证券和赞助广告）的10%提取。

5．凡民间艺术团体或个人在乡（镇）文化中心、茶店、书场等场所演出的演出总收入中提取2.5%。

6．由县演出公司与演出场所联合举办的邀请演出，在演出总收入中提取2.5%。

7．各类包场演出的演出管理费，由主包方在演出总收入中按规定缴纳。

（二十）演出管理费一般由各演出场所代收，并按季度汇，缴县演出管理站，场团双方不得拒付，不得挪用，不得拖欠。

六、附　则

（二十一）本规定自一九九一年一月一日起执行。

（二十二）上级如有新的规定，按上级规定执行。

关于文化事业十年规划设想

文化事业规划总的指导思想是，适应我县经济发展和人民生活水平的得高，文化事业建设既要取得同步发展，又要考虑文化的特殊要求，具备超前意识和长久的历史价值，大胆设想，小心求证，增加投入，分步实施。

十年规划的初步设想：

一、以开发淹城为重点，发掘、保护和利用好我县文物资源。1、恢复淹城城池建筑原貌；2、建立武进博物院既淹城文物陈列馆；3、开发横山大林寺、万绥齐梁故里等文物旅游点；4、筹建恽南田纪念馆和武进名人陈列馆。

二、以培养武进文化市场要素为导向，建设县、乡、镇文化娱乐场所：1、配合县城搬迁，建设文化娱乐城；2、开发滆湖、太湖游乐场；3、乡镇建好一定规模的文化、商业娱乐中心。

三、着眼于提高人的素质，为经济建设提供智力支持。筹建新的武进图书馆，武进县图书发行中心，武进县文艺学校，县文化馆横林、奔牛分馆。

武进县文化局
1993 年 3 月 8 日

2001—2005 文化事业发展计划

坚持文艺“为人民服务，为社会主义”的方向和“百花齐放，百家争鸣”的方针，以“五个一”工程为导向，繁荣文艺创作，广泛开展丰富多彩的群众性文化艺术活动，逐步形成“一镇一品”的文化格局，到 2005 年全市初步形成较为完善的文化基础设施网络。

一、实施精品战略，繁荣文艺创作

1、加强专业、业余文艺创作人才的培养，为文艺精品的不断涌现提供人才基础条件。

2、每年推出 1—2 台新剧目。市锡剧团每年演出 200 场次，全市每年引进演出 800 场次以上。

3、电影发行放映达上 2131 目标。

4、每年有 100 件文艺作品在省级以上发表。“十五”期间争取有 6 件文艺作品进入“五个一”工程表彰行列，其中地市级 2—4 件，省级以 1—2 件；“十五”期间争取有 8 件文艺作品进入“五星”工程表彰行列，其中地市级 6 件，省级以上 2 件。

二、丰富和活跃城乡群众文化

大力开展群众性文化艺术活动，努力促进经济发展，提高全民素质。巩固和完善市、镇、村三级文化网络，在“一镇一品”上下功夫。

积极争取建成文化馆艺术培训中心。市文化馆争取达上国家一级馆的水平。

三、社会文化事业全面跨上新台阶

1、完成博物馆新馆工程，并对外开放，争创省内一流博物馆。

2、认真贯彻落实国家《文物保护法》和国家文物局批准的“淹城遗址保护利用总体规划”，淹城遗址城内以保护为主合理开辟旅游项目，城外在保护好古墓葬的基础上规划发展旅游项目。

3、坚持加强管理，有效保护，合理利用的原则，做好文保工作。公布一批市级文保单位，完善 16 处文保单位的“四有”工作，积极修复费伯雄故居、万绥戏楼、大刘寺、东岳庙。

4、争取建成图书馆新馆（原有馆含建成武进市少儿图书馆）。加强地方文献收藏，强化图书馆的教育、情报等主要功能，完善内部管理，提高服务质量和办馆效益。30 个镇图书馆平均藏书 3 万册以上，全市总藏书 113 万册以上。

5、争取新建“武进美术馆”。

6、文化工业年产值5亿元以上，年补文额80万元以上。

四、文化市场管理。坚持一手抓繁荣、一手抓管理，建立繁荣、健康、有序的文化市场。运用经济的、行政的、法律的、舆论的手段，加强对文化市场的归口管理和宏观调控。

五、制定全市文化艺术人才培养规划。通过各种途径和有效措施，提高文化艺术队伍的整体水平和综台素质，建立一支忠于文化事业、甘于奉献、德才兼备的文化工作者队伍。

武进市文化局

1999年12月23日

转发区委宣传部、区文化局《关于举办武进区文化艺术节的方案》的通知

各镇党委、人民政府，区委各部委力，开发区工委、管委会，

区各办局（公司）行，区各直属单位，区各人民团体：

经区委、区政府领导同意，现将区委宣传部、区文化局制订的《关于举办武进区文化艺术节的方案》转发给你们。希各镇、各部门、各单位按方案的要求，加强组织领导，积极配合支持，认真贯彻落实。

中共常州市武进区委办公室

常州市武进区人民政府办公室

2003年2月2日

关于举办武进区文化艺术节的方案

为深入学习贯彻党的十六大精神，丰富和活跃人民群众的精神文化生活，经研究，决定举办武进区文化艺术节。

一、指导思想

武进区文化艺术节以党的十六大精神和“三个代表”重要思想为指导，以唱响“共产党好、社会主义好、改革开放好”为主题，紧紧围绕富民强区、率先基本实现现代化这一目标，通过“春之戏、夏之歌、秋之舞、冬之画”等系列活动，深入宣传贯彻党的十六大精神，丰富人民群众的精神文化生活，促进经济发展，促进社会稳定．为我区三个文明建设再上新台阶提供精神动力和智力支持。

二、主要活动

（一）“春之戏”戏曲比赛活动

主旨：弘扬民族优秀传统文化，振兴地方戏曲，培养戏曲观众，增强群众的参与性，不断活跃和丰富广人群众的文化生活，

主办：区委宣传部、区文化局

承办：区文化局

责任单位：区锡剧团、区文化馆、各镇文化站

比赛形式：戏曲卡批 OK 演唱（以锡剧为主）

时间：2003 年第一季度

比赛办法：

1.2月上旬至3月上旬，各镇、开发区；各系统组织本镇、开发区、本系统范围内的初赛，选拔参加复赛的选手。

2．3 月中旬以片为单位组织复赛，确定参加决赛选手。

3．3 月下旬举行决赛．决赛分锡剧和其他剧种两个组进行。

4．决赛地点：湖塘镇政府大会场。

5．评委 5 一 7 人，出锡剧界知名人士和专业人员组成。

奖励办法：

I．设表演一、二、三等奖 30 名。

2．设优秀组织奖 6 个。

3．所有获奖单位和个人均颁发奖金、奖牌。

其他事项：

凡在武进范围内工作、生活者均可报杞参加“春之戏”比赛活动，各镇的戏曲爱好者到本镇文化站报名参加初赛。

（二）“夏之歌”歌咏比赛活动

主旨：歌唱祖国，歌唱党．歌唱改革开放。基调热烈、喜庆。

主办：区委宣传部、区级机关工委

承办；区级机关工委、区文化局

责任单位：区文化馆、各镇文化站

比赛形式：大合唱

时间：2003 年第一季度

比赛办法：

1．比赛分镇区合唱和区级机关台唱比赛两组进行。

2．镇区合唱比赛决赛于 6 月中旬在湖塘工人文化宫举行。各镇、开发区可于 5 月份组织本镇、开发区范围的合唱比赛，选拔出 1 支代表队参加区决赛。

区级机关合唱比赛于 6 月下旬在武进影剧院举行。

3.·凡参加合唱比赛的代表队每队人数为 30 人—50 人，每支合唱队必须排演 1 首规定曲目，即歌唱祖国、歌唱党的曲目，另一首可自选，但内容必须健康向上。

为体现比赛的广泛性与群众性，区级机关各部门均应参加比赛活动，工作人员，不满30人的部门，可与相关就近部门联合组队参加比赛，由区机关工委负责协调。

4．本次合唱比赛，必须是本镇、本部门的工作人员，一律不准外请人员，不带伴舞。

5．评委7人，由专家和业内人士组成。

奖励办法：

1．每组设一等奖2个、二等奖6个、三等奖8个、优秀奖若干个。

2．每组设优秀组织奖6个。

3．凡获奖单位均颁发奖金、奖牌，

（三）“秋之舞”比赛活动

主旨：倡导健康向上的生活方式，陶冶情操，振奋精神，提高群众舞蹈水平，进一步丰富群众精神文化生活。

主办：区委宣传部、区文化局

承办：区文化局、体育局、教育局、团区委、区退管协会

责任单位：区文化馆、各镇文化站

比赛形式：中老年健身舞

时间：2003年第三季度

比赛办法：

1．8月上旬，各镇、开发区、各系统组织初赛．选拔一支代表队参加区决赛。

2．9月下旬举行决赛。

3．决赛地点：武进广电中心广场。

4．评委5—7人，由文化、体育、教育界专业人士组成。

奖励办法：

1．设一等奖2个、二等奖6个、三等奖8个、优秀奖若干个。

2．设优秀组织奖6个。

3．凡获奖单位均颁发奖金和奖牌。

（四）“冬之画”比赛活动

主旨：以书法摄影艺术形式，宣传党的十六大精神，宣传我区经济社会发展的新成就；力求多出一批精品力作，展示批艺术成果，

主办：区委宣传部、区文化局

承办：区文化局

责任单位：武进书画院、区文化馆、各镇文化站

比赛形式：“南田杯”书画比赛和“武进风采”杯摄影比赛

比赛办法：

1．书画比赛和摄影比赛均分老年组、中青年组、少年组3个组进行。

2．书画作品征稿时间为2003年月1月至9月30日止。摄影作品征稿时间为2003

年3月1日至10月5日止。

3．参赛书画、摄影作品规格要求另行通知。

4．参赛书画作品和摄影作品应是2003年的新作。

5．书画比赛和摄影比赛并由5—7名专家、名家组成评委会进行评选。

奖励办法：

1．书画比赛设奖：书和画设金奖6名、银奖9名、铜奖15名、优秀奖30名。

2．摄影比赛设奖：设金奖6名、银奖9名、铜奖15名、优秀奖30名。

3．凡获奖作者均颁发奖金和奖牌。

4．12月下旬举行入围作品和获奖作品展览。

三、组织领导

为确保武进区文化艺术节顺利实施，成立武进区文化艺术节组委会，由区委、区政府分管领导担任组委会主任、副主任。组委会成员由各有关部门负责人组成，办公室设在区文化局，下设若干工作小组，分别负责各项相关工作。

四、其他事项

1．武进区文化艺术节贯穿全年，整个活动要体现广泛性、群众性，活动高潮点安排在"五一"、"七一、"国庆"、"元旦"等重大节日期间，各镇、各部门、各单位必须按照组委会的统一部署，加强领导，高度重视，落实责任，周密组织，讲求质量，注意效果，积极参与，形成合力，确保各项活动圆满成功。

2．艺术节活动要体现公开公平公正的原则，凡是公开比赛、演出、展览的内容，统一由区委宣传部扎口把关。

3．区各新闻单位更围绕各项活动的开展，进行广泛宣传，精心组织好新闻报道工作。

4．各镇、各部门、各单位在组织开展各项活动中，既要注重质量和效果，更要发扬艰苦奋斗有优良传统和坚持勤俭节约的办事原则；既要认真组织好各项活动的开展，切实把工作做细做实，更要强化安全第一意识，防止和杜绝任何事故的发生，使各项活动真正取得明显成效。

5．艺术节要坚持出人才、出作品、出成果，各镇、各系统以及有条件的企业、学校都要相应开展小型多样的群众性文化艺术活动，并积极向组委会办公室推荐节目、作品、人才，同时服从承办部门的统一调度。

各项比赛活动的具体事宜，由组委会办公室另行通知。联系电活：6310361，联系人：金样勋。

中共常州市武进区委宣传部
常州市武进区文化局
2003年2月18日

关于镇文化站更名为“镇文化体育站”的批复

区体育局、区文化局：

你局武体发〔2004〕第16号报告悉。经研究，同意将镇文化站更名为“镇文化体育站”，承担农村文化、体育工作职能。

武进区机构编制委员会
2004年6月3日

关于实施民间文化保护工程的通知

各镇文体站、财政所：

为贯彻落实党的十六大和十六届三中全会精神，实践“三个代表”重要思想，继承和弘扬中华民族优秀文化传统，进一步加强武进民族民间文化保护工作，根据常州市文化局、财政局《关于实施民族民间文化保护工程的通知》（常文〔2005〕第19号，常财行〔2005〕第6号）和省、市民族民间文化保护工程会议精神，决定在全区实施民族民间文化保护工程（以下简称“保护工程”）。为此，特制定《常州市武进区民族民间文化保护工程实施方案》。现印发给你们，并就有关事项通知如下：

一、充分认识实施“保护工程”的重要性和紧迫性

民族民间文化是中华文化的基础和源泉，是维系中华民族精神与情感的钮带，是传承中华文明的重要桥梁。武进人民在长期的历史发展进程中创造的丰富而又独特的优秀文化，是中华民族文化的重要组织部分，是武进人民生命力、创造力和凝聚力的载体，也是建设常州文化名城，实现“两个率先”的重要基础和内在动力。当前，在全球化浪潮的冲击下，武进民族民间文化的生存环境面临危机，许多宝贵的非物质文化遗产正在消失，保护工程已刻不容缓。

“保护工程”是在以往民族民间文化保护工作成果的基础上，结合新时期的新情况和新特点，由政府组织实施推动，对珍贵、濒危并具有历史、文化和科学价值的民族民间传统文化进行有效保护的一项系统工程。实施“保护工程”，是贯彻落实党的十六大、十六届三中、四中全会精神和“三个代表”重要思想的重要举措，对于坚持文化多样性，维护国家文化主权和文化安全；建设江苏文化大省、常州历史文化名城和发展先进文化，增强民族的凝聚力和创造力；落实科学发展观，推动武进经济和社会事业全面、协调、可持续发展，均具有重要的现实意义和深远的战略意义。

二、政府主导，社会参与，统筹规划，分步实施

保护民族民间文化遗产，是各级政府的重要职责。不仅要落实资金，还要组织力量，统筹规划，加强指导。但是，“保护工程”涉及面广，工程量大，必须要有社会的广泛参与。要坚持政府保护与民间保护相结合，财政投入与社会资金相结合。调动社会各方面积极性，共同搞好工程建设。

“保护工程”是一项时间跨度长、涉及专业多、工作任务重的系统工程，要在全面普查、摸清家底的基础上，根据新形势的要求和经济社会发展的实际，制定全面的、长远的“保护工程”总体规划。同时，要分阶段提出目标、任务和要求，从实际出发，有重点、有步骤地循序渐进，逐步实施。各地要根据实际情况，制定本地区“保护工程”规划与具体实施方案。

三、全面普查，摸清家底，突出重点，抓紧抢救

全面普查，摸清家底，是“保护工程”的首要工作。要在充分利用常州民间文艺十大集成志书及去年来开展的特色文化与民间艺术普查等工作成果和研究成果的基础上，广泛开展调查研究，全面了解和掌握武进各地民间文化资源的分布情况、保护现状与存在问题，摸清家底，建立民族民间传统文化档案，编制民族民间文化保护目录清单。

保护工作要区分轻重缓急，对那些处于濒危状态且具有重要历史价值的民族民间文化门类，要优先安排，抓紧抢救；对那些濒危门类的民族民间文化传承人和年老体弱的民族民间文化传承人所掌握的知识和技艺，要尽快采取措施，进行抢救性记录并加以传承；对那些珍贵的民族民间文化原始资料和实物，要积极征集，妥善保管。

四、先行试点，摸索经验，以点带面，扎实推进

“保护工程”作为一项探索性工作，要采取试点先行、以点带面的工作方式，选择一批具有重要历史文化价值、特色鲜明、又处于濒危状态急需抢救、工作基础好的项目作为试点。我区的象牙浅刻已被常州市列为民族民间文化保护工程首批市级试点项目。要从宏观管理制度，对民族民间文化保护的政策法规建设、投入机制、组织工作体系等进行探索，侧重制度建设与机制创新；试点工作要分级开展，分级管理。通过试点的探索与实践，摸索出不同地域、不同层面的民间文化保护工作台的经验，并在总结、交流试点经验的基础上，充分发挥试点的典型示范和引导带动作用，积极、稳妥地逐步在全区范围内推开。

五、加强组织领导，落实保障措施

“保护工程”是区政府重点扶持的一项文化建设工程，各地政府要从落实“三个代表”重要思想和十六大精神，落实科学发展观的高度，把“保护工程”摆上重要位置，认真研究，积极筹划，落实措施，组织实施。各级文化部门要发挥主导作用，与各有关部门和单位分工负责，加强协调，形成合力，避免重复建设。各级财政部门要大力支持，积极配合，共同推进“保护工程”的顺利开展。2006 年至 2008 年，区财政设立专项资金，重点支持市级试点、区级重点项目的保护和研究、珍贵资料与实物的征集和收购、传承人的培养和资助、以及区级中心的建设等。各镇财政部门要将“保护工程”纳入财政预算，给予经费保障。各地要因地制宜，成立与区级相应的组织领导和工作机构，负责组织、协调和具体实施“保护工程”。

“保护工程”是新世纪开始实施的一项新型文化建设基础性工作，各级在实施过程中要积极探索，勇于实践，及时总结经验，逐步创建适应民族民间文化特点的比较完备的保护制度和保护体系。

特此通知，请认真贯彻执行。

常州市武进区文化局
常州市武进区财政局
2005 年 11 月 17 日

关于开展“三送”活动的通知

各镇、开发区党委、政府：

为丰富农民群众精神文化生活，适应建设社会主义新农村的要求，区委宣传部与区文化局决定于 2006 年联合开展以“送百场电影、百幅书画、千册图书”为内容的“三送”活动。现将有关事宜通知如下：

一、本次活动时间从 2006 年 3 月中旬开始至 12 月底结束。

二、活动范围为全区 23 个镇（开发区）。区电影演出公司免费送电影下乡一百场，区书画院将组织作者创作百幅书画作品到各镇巡展，区图书馆送配图书 1000 册至各镇轮流借阅。

三、请各有关单位做好协调组织工作，确保“三送”活动的顺利进行。

特此通知

常州市武进区委宣传部
常州市武进区文化局
2006 年 2 月 28 日

关于印发常州市非物质文化遗产普查方案的通知

各辖市、区文化（教育文体）局：

为贯彻落实江苏省文化厅（苏文社〔2006〕28 号）文件精神，加强我市非物质文化遗产保护工作，根据省文化厅的统一部署，市文化局决定自今年起在全市全面开展非物质文化遗产资源普查工作。现将《常州市非物质文化遗产普查方案》印发你们，请认真贯彻实施。

全面开展非物质文化遗产普查，是加强非物质文化遗产保护的基础性工作。搞好非物质文化遗产普查，全面了解和掌握全市非物质文化遗产资源的种类、数量、分布状况、生存环境、保护现状及存在问题，运用文字、录像、数字化多媒体等手段对非物质文化遗产进行真实、系统和全面的记录，有利于制定我市非物质文化遗产保护工作的全面规划，有利于认定和抢救、保护具有重要历史、文化和科学价值并已濒危的非物质文化遗产，有利于逐步建立我市非物质文化遗产分级保护工作机制和制度。各文化部门要充分认识开展非物质文化遗产普查工作的现实意义和长远意义，加强组织领导，认真制定实施方案，按照统一部署、先行试点，以点带面，有序进行的方法，组织精干的普查工作队伍，切实把非物质文化遗产普查工作做细、做深、做实。

常州市非物质文化遗产普查方案

为贯彻落实精神，加强我市非物质文化遗产保护工作，根据省文化厅的统一部署，市文化局决定自今年起至2008年8月，在全市全面开展非物质文化遗产资源普查工作。

一、普查工作的指导原则和目标任务

（一）指导原则

1．全面性

（1）普查应涵盖本地区所有区域的非物质文化遗产全部类别，不应有任何遗漏。

（2）注重吸纳以往调查成果，对已调查过的非物质文化遗产，应进行认真复查和核对，注意了解其现状。

2．真实性

（1）尊重非物质文化遗产的历史和原貌。

（2）确保普查内容和成果真实可靠。

（3）杜绝提供虚假材料。

（二）目标任务

普查摸底是非物质文化遗产保护的基础性工作。此次普查的目标任务要对全市非物质文化遗产资源开展一次大规模、全面、深入、彻底的普查，切实摸清全市非物质文化遗产资源的家底。各辖市、区要在充分利用已有工作成果和研究成果的基础上，分地区、分类别制订普查工作方案和计划，组织开展对非物质文化遗产的现状调查。通过调查、认定和登记，全面了解和掌握全市各地各民族非物质文化遗产资源的种类、数量、分布状况、生存环境、保护现状及存在的问题；运用文字、录音、录像、数字化多媒体等方式，对全市非物质文化遗产进行真实、系统和全面的记录，建立档案和数据库。同时，建立市、辖市（区）级非物质文化遗产名录体系，推荐上报省、国家级非物质文化遗产名录；认定和抢救一批具有历史、文化和科学价值的、处于濒危状态的物质文化遗产项目。

二、普查的范围

凡具有历史、文化和科学价值的非物质文化遗产均在普查范围内，包括：

（一）口头传统，包括作为文化载体的语言；、

（二）传统表演艺术；

（三）民俗活动、礼仪、节庆；

（四）有关自然界和宇宙的民间传统知识和实践；

（五）传统手工艺技能；

（六）与上述表现形式相关的文化空间。

三、普查工作的步骤

（一）准备阶段（2006年8月—2006年10月）

1．各辖市、区进行普查工作动员和部署，各辖市、区成立普查工作领导小组和普查工作班子，抽调人员参加普查工作

2．整理、核查十大文艺集成等原有资料，了解和掌握以往工作成果，要在充分利用已有工作成果和研究成果的基础上，结合当地实际情况，制定普查工作方案和计划。拟定普查提纲、制定登记表格、绘制普查地图等。

3．市、辖市（区）分别对普查人员进行培训。

4．对确定普查试点地区和试点单位，并启动试点地区的普查，及时总结普查试点单位的经验，以点带面，稳步推动全市普查工作的开展。

（二）普查工作开展阶段（2006年11月—2008年2月）

1．普查按照登记、分类、整理三个步骤进行。在总结普查试点经验的基础上，按照普查工作方案，有计划地按地区、分类别开展非物质文化遗产的普查，由普查员按照《普查手册》的要求，深入街道社区、乡镇村落，进行普查、登记以及录音、录像工作，分项目类别填写《项目登记表》；对普查登记的事项进行分类，在分类的基础上进行整理，并进行项目汇总。

2．全面了解、掌握各地区各民族的非物质文化遗产的种类、数量、分布状况、生存环境、保护现状及存在问题，建立档案和数据库。按照民保工程国家中心制度的统一体制、标识，审核登记、分类、整理情况，做到项目图（录像、照片）文（含录音）并茂。

（三）普查总结阶段（2008年3月—2008年8月）

1．在完成普查、汇总的基础上，各辖市、区撰写并提交本地普查工作总结报告，其内容应包括普查工作的时间、地点、人员安排及各类非物质文化遗产的分布、价值、现状等。总结报告以文字为主，并应配备必要的图片和音像资料。

2．按照全国统一的体例、标识、绘制本地的非物质文化遗产分布地图集。

3．提交本地保护项目清单，包括非物质文化遗产资源目录、重点抢救项目名单、分期保护项目名单等。建立起市、辖市（区）非物质文化遗产名录体系。

4．总结普查成果，编辑《常州市非物质文化遗产分布地图集》。

四、普查工作的技术标准和操作规范

普查工作要以《中国民族民间文化保护工程普查工作手册》为技术标准和操作规范。各类非物质文化遗产的概述、调查方法、调查提纲的编写、登记表的填写，以及有关信息的采集、资料（实物）的收集等，均要严格按照标准规范实施。要深入调研、摸清家底，全面记录、突出重点，严格登记、合理分类，精心整理、图文并茂。要注意普查与重点调查相结合，文字记录与音像记录并重。

五、普查工作的组织和实施

（一）组织领导和工作机制

1．全市非物质文化遗产普查工作在省、市民族民间文化保护工程领导小组统一领导下进行。统一部署，加强协调，全面展开，有序进行。各辖市、区要把普查工作列入重要议事议程，要成立专门的普查工作领导小组，确定普查实施单位，并从文化馆、文化站以及图书馆、博物馆、艺术研究机构等抽调骨干，组成专门的普查班子。同时，建立协调有效的工作机制，组织开展本地区内的普查工作，各辖市、区民族民间文化保护工程领导小组办公室负责所在辖市、区普查资料汇总，市民族民间文化保护工程领导小组办公室负责全市普查资料进行汇总。

2．为保证普查工作的科学规范，加强专业指导，市民族民间文化保护工程领导小组将分类别成立多个专家指导组，对全市普查工作进行分类指导、咨询、检查与验收。各辖市、区民族民间文化保护工程领导小组也要成立相应的普查工作专家指导组，负责指导本地区的普查工作。

3．各辖市、区可根据当地实际情况，邀请科研院所、高等院校等专业人员参加普查工作。

4．要注意发挥民间艺人和非物质文化遗产搜集者的作用，请他们协助做好普查工作。

（二）经费来源

各辖市、区普查工作的经费由当地财政支出。各地文化部门应根据国务院办公厅《关于加强我国非物质文化遗产保护工作的意见》，向当地财政部门申请专款，以保证普查工作的完成。

六、普查工作的要求

（一）加强普查工作人员的培训，培养一批善于开展田野调查工作和保护工作的专业人才。

（二）在普查工作中要充分利用现代科技手段。

（三）尊重当地的风俗习惯，严格遵守国家的民族、宗教政策和普查工作纪律。

（四）各地要及时总结经验，加强沟通和交流，并将本地普查工作的进展情况，以简报的形式报市文化局和市民族民间文化保护中心。

（五）全市的普查工作在 2008 年 8 月底结束，各辖市、区可根据实际情况安排普查工作的进度。市文化局对普查工作任务完成较好、成绩突出的辖市、区，将给予表彰和奖励。

常州市文化局
2006年8月3日

关于印发《关于加快文化事业和文化产业发展若干政策的意见》的通知

各镇党委、人民政府，区委各部委办，开发区党工委、管委会，街道党工委、办事处，区各办局（公司）行，区各直属单位，区各人民团体：

经区委、区政府同意，现将《关于加快文化事业和文化产业发展若干政策的意见》印发给你们，请认真贯彻执行。

中共常州市武进区委办公室
常州市武进区人民政府办公室
2008年7月17日

关于加快文化事业和文化产业发展若干政策的意见

为落实科学发展观，繁荣文化事业，发展文化产业，根据《国务院关于支持文化事业发展的若干经济政策的通知》（国发〔2000〕41号）、《国务院办公厅转发财政部中宣部关于进一步支持文化事业发展若干经济政策的通知》（国办发〔2006〕43号）、《省政府关于加快文化事业和产业发展若干经济政策的通知》（苏政发〔2006〕113号）和《市政府关于加快文化事业和文化产业发展若干经济政策的意见》（常政发〔2007〕75号）等有关文件精神，结合我区实际，特制定以下文化政策。

一、征收文化事业建设费

（一）各种营业性歌厅、舞厅、卡拉OK歌舞厅、音乐茶座和台球、保龄球、网吧等娱乐场所，按营业收入的3%缴纳文化事业建设费。广播电台、电视台和报纸、网站等广告媒介单位以及户外广告经营单位，按经营收入的3%缴纳文化事业建设费。

（二）文化事业建设费由地税部门在征收娱乐业、广告业的营业税时一并征收，列入年度征收计划。具体缴纳办法按《关于进一步加快宣传文化建设若干经济政策规定的通知》（武政发[1997]87号）执行，其中地方留用部分全额纳入区宣传文化发展专项资金。

二、加大对文化事业的财政投入

（三）各级政府要进一步加大文化事业投入。“十一五”期间文化事业投入占财政支出的比重要高于“十五”时期。

（四）对政府兴办的公益性文化单位，包括图书馆、文化馆（站）、美术馆、博物馆、科技馆、革命历史纪念馆等，各级财政要确保人员经费和业务活动等经费，并视财力逐年增加。对文联各协会开展活动给予必要的经费支持。

（五）区财政继续设立宣传文化发展专项资金。除文化事业建设费地方留用部分全额纳入宣传文化发展专项资金外，区财政每年再在预算中安排部分专项，充实宣传文化发展专项资金。

（六）继续加快广播电视建设。全面推进有线电视数字化工程，对数字电视整体转换工作给予一定的政策扶持。

（七）推动文化传承和创新。对具有武进特色和重要艺术价值的民族民间艺术以及列入国家、省、市精品工程的艺术项目的生产、传播给予扶持。切实维护人民群众基本文化权益，采用政府购买、补贴等方式，向基层、低收入和特殊群体提供免费文化服务。

三、加快公共文化设施建设

（八）“十一五”期间，区财政分期安排建设资金，用于建设区级重点文化设施。新增区级重点文化设施运营经费按规定立项报批后由区财政给予支持。

（九）把公共文化设施建设纳入国民经济和社会发展规划，列入基本建设投资计划和财政预算。城市规划建设要重视提高文化品位，保证公共文化设施的数量、种类、规模以及布局符合国家规定要求。对公益性文化设施建设项目，优先安排用地指标，按划拨方式供地，有关规费给予减免，并在选址、立项、投入等方面给予支持。

（十）对因城乡建设确需拆除或改变其功能、用途的图书馆、博物馆、纪念馆、美术馆、文化馆（站）、新华书店、体育场（馆）、青少年宫、工人文化宫、广播电视发射转播台（站）等文化设施，必须按照有关规定报批、迁建。

（十一）利用文物设施和文物保护单位开展旅游项目的旅游单位，每年提取不低于门票收入的 10%，专款用于本景区文物的维修保护。

四、推进文化单位改革

（十二）积极稳妥地推进经营性文化事业单位转制为企业，有关政策规定依照《关于推进区属生产经营型事业单位转企改制的实施意见》（武政发〔2003〕82 号）执行。

（十三）经营性文化事业单位转制为企业，可按规定的期限免征企业所得税。

（十四）由财政部门拨付事业经费的文化单位转制为企业，可按规定的期限对其自用房产、土地和车船免征房产税、城镇土地使用税和车船使用税。

五、加强农村文化建设

（十五）把农村文化建设纳入各级经济和社会发展规划，纳入各级财政支出预算，扩大公共财政覆盖农村的范围，提高用于镇和村的比例。区文化领域新增加的财政投入应主要用于农村，确保农村重点文化建设和文化活动开展的资金需求。

（十六）继续加大投入力度，加快“两馆一站一室”文化设施和文化活动场所的建设，进一步提升建设水平。“十一五”期间，区财政每年安排部分专项，用于扶持、奖励农村公共文化设施建设，丰富农村群众精神文化生活，健全、完善农村文化市场体系。

（十七）继续加大对农村广播电视建设的资金投入，推进农村有线电视“户户通”工程和有线电视数字化整体转换工程，保证农村广播电视管理维护机构的日常经费。

（十八）通过民办公助、政策扶持，鼓励农民自办文化。按照普遍服务的原则，运用市场准入、资格认定、价格调节、财税优惠等政策，引导各类市场主体开发农村文化市场。

六、扶持文化产业发展

（十九）“十一五”期间，重点引导、提升教育培训、影视制作、文化旅游、演出娱乐、工艺美术、娱乐休闲等传统文化产业；重点引导、扶持动漫创意、数字内容、广告会展等新兴文化产业，提升产业层次，优化产业结构，促进区域文化产业协调发展。

（二十）鼓励、支持、引导社会资本以股份制、民营等形式，兴办文化企业。非公有制文化企业在投资核准、土地使用、财税政策、融资服务、对外贸易等方面享受国有文化企业同等待遇。凡列入我区服务业发展范围的各类文化企业，按区政府有关规定给予扶持。支持、引导和规范非公有资本投资文化事业中非营利性和营利性领域。对社会力量兴办图书馆、博物馆、文化馆等项目的，在用地、税收等方面给予政策优惠。对民营文化企业从事公益性文化活动给予资助。

（二十一）对投资兴办文化企业，在政策许可范围内，减少行政审批环节，简化审批手续。允许以商标、品牌、技术、科研成果等无形资产评估作价出资组建文化企业。对具有一定知名度的文化人才独资或与他人共同开办企业特别是工作室、博物馆、美术馆的，可以个人名字作为企业字号办理登记注册。

（二十二）扶持发展动漫、数字内容等新兴产业。落实市政府《关于鼓励和扶持动漫产业发展的若干规定》（常政发〔2007〕115 号），重点支持西太湖动漫基地企业的优秀动漫原创作品创作生产、服务外包、公共平台、人才培训、营销经纪等动漫产业发展的关键环节，大力发展研发设计创意、咨询策划创意、建筑设计创意、时尚消费创意等创意产业。经国务院有关部门认定的动漫企业自主开发、生产动漫产品，可申请享受国家现行鼓励软件产业发展的有关增值税、所得税优惠政策。

（二十三）基础性公共广播电视服务的基本收视服务价格实行政府定价，广播电视有线网络提供的其他服务价格实行政府指导价，由广电部门按照政府规定的基准价及其浮动幅度，根据市场供求状况制定。

（二十四）引导支持文化企业组建跨地区、跨行业、跨所有制的文化企业集团，提高规模化、集约化经营水平。鼓励实施文化精品工程和“走出去”战略，提高武进文化产品的市场竞争力。做大做强常州国家动画产业西太湖基地、江苏数字文化产业振兴基地等重点文化产业项目。

（二十五）对经营者、管理人员、业务技术骨干可实行年薪制和试行期权等激励制度。

允许和鼓励文化品牌、创作和科研成果等要素参与收益分配。

七、落实税收优惠政策

（二十六）对纪念馆、博物馆、文化馆、美术馆、展览馆、书画院、图书馆及文物保护等文化单位举办文化活动的第一道门票收入按规定免征营业税。

（二十七）新办的文化企业，自工商注册登记后按规定的期限免征企业所得税。

（二十八）鼓励兴办高新技术文化企业，对从事数字广播影视、数据库、电子出版、光盘复制等研发、生产、传播的文化企业，凡符合《高新技术企业认定管理办法》[国科发火（2008）172号]规定的，可享受相应的税收优惠政策。

（二十九）文化产品出口按照国家现行税法规定享受出口退（免）税政策，对生产重点文化产品进口所需要的自用设备及配套件、备件等，按规定免征进口关税和进口环节增值税。

（三十）对建设经营农村有线电视网络的单位从农村居民用户收取的收视费收入和安装费收入，给予一定期限的税收优惠政策。对用于覆盖农村地区的广播电视节目发射台（站）、转播台（站）和监测台（站）的用电，执行国家规定的非普工业类电价标准，不执行峰谷分时电价政策。

（三十一）文化企业纳税确有困难的，可申请减免经营用土地和房产的城镇土地使用税、房产税。

八、鼓励对宣传文化事业的捐赠

（三十二）社会力量通过依法成立的非营利性公益组织或国家机关对宣传文化事业的公益性捐赠，经税务机关审核后，纳税人缴纳企业所得税时，在年度利润总额12%以内的部分，可在计算应纳税所得额时予以扣除。

（三十三）个人通过依法成立的非营利性公益组织或国家机关对下列宣传文化事业的公益性捐赠，经税务机关审核后，纳税人缴纳个人所得税时，捐赠额未超过纳税人申报的应纳税所得额30%的部分，可从其应纳税所得额中扣除。

公益性捐赠的范围为：

1、对重点艺术表演团体的捐赠；

2、对公益性图书馆、博物馆、科技馆、美术馆、革命历史纪念馆的捐赠；

3、对区级以上重点文物保护单位的捐赠；

4、对文化行政管理部门所属的非经营性文化馆的社会公益性活动、建设项目和文化设施等方面的捐赠；

5、对农村文化事业的捐赠。

（三十四）对企事业单位、社会团体和个人等社会力量，通过非营利性的社会团体和国家机关对公益性青少年活动场所（包括新建）的捐赠，在缴纳企业所得税和个人所得税前准予全额扣除。

（三十五）对境外捐赠的实物，涉及进口关税、进口环节增值税的，按国家有关规定办理征免税。

（三十六）对捐助者给予一定的社会荣誉。对协助捐赠的中介机构或中介人，可给予一定的奖励。

九、加强文化建设资金的管理

（三十七）按照建设公共财政的要求，在加大对文化事业投入的同时，完善投入方式，增强导向作用，提高投资效益。宣传文化主管部门要充分发挥有关政策的调控作用，拓宽文化事业资金投入渠道。财政部门要做好专项资金的预算安排。专项资金使用部门要按照有关财政法规的要求，健全制度、加强管理，建立和完善文化专项资金项目申报、评审、立项和使用管理办法。对各项资金包括接受的捐赠资金，要按规定用途用于文化建设，不得挤占、挪用或私分，也不得以捐赠为由，搞乱摊派、乱集资活动。财政、审计和监察部门要加强对各项文化建设基金和专项资金的监督管理，对出现的违法违纪行为，要追究责任，严肃处理。

（三十八）区各有关部门负责制定贯彻落实区级文化事业和文化产业发展政策的实施办法。

2008—2010 年武进文化发展行动纲要

为全面贯彻落实党的十七大精神，推动武进文化大发展大繁荣，兴起文化建设新高潮，促进文化强区建设，特制定 2008—2010 年武进文化发展行动纲要。

一、指导思想

以党的十七大精神和中国特色社会主义理论为指导，深入贯彻落实科学发展观，坚持社会主义先进文化的前进方向，进一步解放思想、与时俱进、开拓创新，繁荣文化事业，壮大文化产业，推动文化创新，全面提高武进文化建设水平，使全区人民的文化权益得到更好保障、文化生活更加丰富多彩、精神面貌更加昂扬向上，彰显文化武进形象，扩大武进文化影响，为“进军现代化，建设新武进”提供强大的精神动力和文化支撑。

二、总体目标

围绕全区率先基本实现现代化的战略目标，以发展为主题，以改革为动力，兴起文化建设新高潮，推动文化大发展大繁荣。到 2010 年，基本实现文化基础设施配套齐全、公共文化服务健康完善、社会文化生活丰富活跃、文化艺术创作精品迭出、历史文化保护卓有成效、文化产业发展初具规模、文化市场管理规范有序、文化体制机制不断创新、文化队伍建设充满活力、文化精神弘扬深入人心的目标，初步形成体现武进地方特色和当今时代特征、融优秀传统和现代文明于一体的区域文化体系，文化综合实力全省一流、国内领先，建成与经济社会发展水平相适应的现代化文化强区。

三、主要任务

（一）文化精神塑造工程

1. 建立社会主义核心价值体系。坚持以中国特色社会主义理论和共同理想凝聚力量，用以爱国主义为核心的民族精神和以解放思想、改革创新为核心的时代精神鼓舞斗志，不断巩固全区人民团结奋斗的共同思想基础。精心规划、全面推进理论教育。加强和改进党委中心组理论学习、党校轮训和专题培训，继续组织实施“干部能力提升工程”和公务员“5+X”培训。办好“武进讲坛”和“机关干部开放式”讲座，着力拓展传播范围。充分发挥新闻媒体的舆论引导作用，促进社会主义核心价值体系宣传教育的大众化、普及化和常态化。

2. 弘扬武进文化特质和文化精神。认真研究梳理武进历史文化传统，紧密结合武进改革开放实践，发掘总结武进文化特质。进一步塑造“千年古淹城，现代新武进”、“花都水城，浪漫武进”、“国际花园城市”、“世泽延陵，文化武进”等城市文化形象，打响城市品牌。进行城市理念和视觉识别系统的设计和推广应用，打造城市文化名片。继续实施“聚焦武进”外宣策略，扩大武进的对外知名度和美誉度。大力弘扬“团结奋进、勇于开拓、实干兴业、争创一流”的武进精神和“创业、创新、创优”的市民精神，组织开展各类主题教育和实践活动，使之成为武进人民永续改革发展的文化内核和力量源泉。

3. 提高全社会文明素养。立足以文化人，以社会主义和谐文化引领社会风尚，广泛开展群众性精神文明创建活动。认真落实常州市创建全国文明城市工作责任要求，切实提高实施水平。深化文明村镇、文明行业、文明社区和文明单位创建工作，构建城乡、社区和村企联创共建格局。进一步改善城乡环境面貌，注重长效管理，巩固提升国际花园城市创建成果。深入贯彻《公民道德建设实施纲要》，普及市民文明素质教育，加强社会公德、职业道德、家庭美德和个人品德建设。开展“学身边模范，做文明市民”、“乡风文明百村行”、“社区邻里节”、“关爱新市民”等活动和“十佳文明好事”、“十佳文明市民”评选，增强全社会文明意识。切实加强未成年人思想道德建设，完善学校、家庭、社会“三结合”教育网络，做好爱国主义教育基地免费开放工作，营造有利于青少年健康成长的社会环境。健全志愿服务体系，建立社会化、阵地化、网络化志愿服务的运行机制。继续推进学习型城区和学习型组织建设，推动建立全民学习载体和服务平台，倡导终身学习，不断提高市民科学文化素养。

（二）文化惠民促进工程

1. 全面推进公益性文化设施建设。坚持城乡统筹，完善公共文化服务的设施体系，更好地保障人民群众的基本文化权益。编制全区公共文化设施建设规划，合理布局文化服务网点。继续推进区级标志性文化设施建设，加快建成区购书中心、新闻传媒中心和各具主题的公园、绿地、市民广场。加强武进文化艺术中心、武进博物馆、武进名人馆等新建文化设施的功能建设，丰富展陈内涵，改善服务条件。制定政策措施，通过多元化投入，重点推动各镇采取新建、改建或整合现有资源等方式，加快建设区域性、综合性文化设施，并不断丰富活动内容。到2008年底，各镇全面建成省级达标文化站（建筑面积500m^2以上）；到2010年，争取80%的镇建成标准化综合性文体站（建筑面积达2000m^2以上，建有综合展示厅，多功能活动厅，体育健身和老年、少儿活动室，书刊阅览室，教育培训室，文化信息共享工程基层点）。高度重视村级（社区）文化设施建设，老社区文化活动场所面积不低于100m^2；新建社区根据人口数量、地域规模等实际，建立相应的公共文化设施，面积不低于150m^2。按照“政府规划建设，鼓励社会捐助，农民自主管理，创新运行机制”的要求，积极推行“农家书屋”建设活动，到2010年，全区基本实现“农家书屋”行政村全覆盖。

2. 大力丰富群众文化生活。围绕区委、区政府的中心工作和重大节庆，精心举办上规模、高品位的大型文化活动。全力打造“文化周末”活动品牌，放大辐射效应，繁荣广场文艺。继续开展送戏、送电影、送书画、送图书等送文化下乡系列活动，全年送戏、送电影下乡均不少于200场，大型文化下乡活动不少于4场。积极实施农村电影“2131”工程，到2010年，实现一村一月放映一场电影的目标。整合基层文化资源，活跃企业文化、校园文化、社区文化、农村文化，广泛开展歌咏、汇演、陈列展览、书画摄影等群众性文化活动。促进一镇一品、一村一品特色文化创建，传承展示民俗、民间文艺和地方文化特色。建立一批群众性特色文化团队，鼓励文艺活动百花齐放。关心新市民、老年人和青少年的文化生活，有针对性地提供文化服务。进一步完善文化馆与镇文化工作联络员制度，加大群众文化辅导员培训力度。充分发挥文化场馆的阵地作用，面向社会开办门类齐全、适需对路的文化艺术培训和辅导。通过政府采购、社会资助等渠道，积极引进国内外优秀文化成果和高水平艺术展演。

3. 构建现代新型文化传播体系。创新文化信息传播载体和方式。运用现代科技改造广播、电视、报纸、网络等现有媒体，提高传播速率、质量和覆盖面。继续推进农村有线电视“户户通”和数字电视整体转换工程，到2008年底，基本完成数字电视整体转换任务。提高网络文化产品和服务的供给能力，建立武进文化网、网上博物馆、网上图书馆等专题站点，推动优秀文化作品的网络化、数字化，加强高品位文化信息传播。办好区各新闻媒体，坚持正确的舆论导向，丰富文化承载，多出群众喜闻乐见的精品栏目和节目。依托党员远程教育网络、有线数字电视网络，以区图书馆为龙头，镇、村、社区服务点联动，加快建设文化信息资源共享工程。开展“流动图书馆”服务，增设图书分馆，努力实现全区范围图书异地借还。发展新华书店连锁经营，增加便民书报销售亭。

（三）文化精品生产工程

1. 繁荣文化精品创作。坚持“二为”方向和“双百”方针，重视主旋律作品、重大题材作品以及本土题材文艺作品的创作。以实施精神文明建设“五个一工程”为龙头，重点抓好电视剧、锡剧、广播剧、长篇小说、童话小说、小戏小品、歌曲等多门类的文化精品的生产。按照“实施一批、准备一批、酝酿一批”的总体思路，制定全区文艺精品三年创作规划。到2010年，力争10部（件）作品获得国家和省级奖项。大力推进新闻传媒精品生产，积极创作反映现实生活、富有地方特色、群众喜闻乐见的优秀新闻作品，每年组织100篇新闻作品参加各类评选，有相应数量的新闻传媒作品获得省级以上的奖项。

2．创新艺术生产机制。积极推行签约创作、招标创作、跨地联手创作等运作模式，激活艺术生产的活力和创造力。创新投入机制，拓宽社会资金参与艺术生产的渠道；创新评估机制，确保社会效益和经济效益的统一；创新激励机制，充分调动文艺精品创作的积极性；创新营运机制，搭建艺术人才展示才华的平台，形成合力创作、联合生产、共同受益的精品生产机制。

（四）文化遗产保护工程

1．加强文化遗产保护与传承。宣传普及《文物保护法》，增强全民保护文化遗产意识。配合第三次全国文物普查，重点抓好文物和非物质文化遗产普查工作，逐步实现文化遗产保护的科学化、规范化、网络化、法制化。健全文保机构，扎实推进文化遗产的“四有”（有保护范围、保护标志、保护组织和保护档案资料）工作。加大文物保护单位的修缮力度，每年修缮一至二处各级文物保护单位。加强对地域文化的挖掘和保护，抓好留青竹刻、铜石雕刻、象牙雕刻、金属凿花、剪纸等民间工艺和民间文化的保护和传承。积极培育“阳湖拳”爱好者和热心群众，加大对“阳湖拳”的传承力度，2008年力争申报进入省级非物质文化遗产保护名录。2010年，全区申报进入省级非物质文化遗产保护名录项目3个，市级非物质文化遗产保护名录项目5个，争取有项目进入国家级名录。

2．科学实施文化遗产开发与利用。正确处理文化遗产的保护和利用的关系，注重保持和延续传统格局和历史风貌，维护历史文化遗产的真实性和完整性。打造春秋文化品牌，开展对淹城遗址、阖闾城遗址和胥城遗址的合理开发利用。开辟红色旅游路线，将“王诤生平事迹陈列馆”、“澄西抗日民主政府旧址”等主要文化资源联线整合成红色旅游项目。进一步加大对前黄镇杨桥古村的规划保护力度，逐步打造一批古寺、古村落，名居、名馆、名画院等特色文化景点。培育好调龙灯、调三十六项、调狮子、踩高翘等传统娱乐项目。做好西太湖沿线的文物普查工作，为西太湖整治保护工作服务。广泛吸收民间资源，鼓励民间收藏并建立多门类专业民间博物馆。规划建设南田文化苑。

（五）文化产业培育工程

1．统筹规划文化产业发展。加强文化产业规划，发展优势文化产业项目，培育新的文化业态。全面推进现代传媒、文化演艺、娱乐休闲、文化旅游、数字动漫、创意设计、影视产品、会展广告、艺术培训等文化产业业态发展，拓展文化产业发展空间。全区文化产业增加值的增幅要高于地区生产总值增幅，力争到2010年全区文化产业在全省处于领先地位，文化产业增加值占GDP比重达8%以上。

2．加快新兴文化产业发展。把文化创意产业作为转变发展方式的重要突破口，放到优先位置。加快公共服务平台建设，加大扶持和推进力度。重点发展动漫游戏产业、创意设计产业和旅游休闲产业。抓好常州国家动画产业西太湖基地、江苏数字文化产业振兴基地、太湖湾环球数字狂欢谷建设，建成具有全国影响、规模较大的动漫制作和游戏基地。积极扶持设计、工艺、美术大师、名人名家等建立创作工作室，繁荣创意设计，加强对创意产业的知识产权保护。充分挖掘旅游休闲产业中的文化内涵，积极规划、引导、建设一批集文化娱乐、餐饮、休闲、购物于一体的文化休闲区。打响“花都水城，浪漫武进”旅游品牌，抓好春秋淹城旅游度假区、西太湖生态休闲区、太湖湾旅游度假区、三勤生态园和新天地不夜城建设，完善中心城区的文化载体。

3．创优文化产业发展机制。发挥市场机制和政策导向作用，加快文化产品和要素市场建设，形成开放、竞争、有序的文化产业发展体系。积极研究落实扶持文化产业发展的经济政策，做到武进实力和朝阳产业有机对接，资本和创意有机对接，人才和技术有机对接，形成产业链，促进区域文化产业协调发展。放宽市场准入，实现多元化、多渠道投资兴办文化产业的运作机制和模式，引导和鼓励非公有制经济以参股、合资合作、特许经营等多种方式参与文化发展，支持民营文化企业做大做强。

4．规范文化市场管理。坚持一手抓繁荣，一手抓管理，以管理来促进文化产业的不断繁荣发展。深入开展以网络业、娱乐业、演出业、印刷业、图书发行业为主要内容的市场规范化建设，完善文化市场的社会监督体系和行业自律机制，打击违法文化经营活动，维护广大人民群众根本利益，推动文化市场健康有序发展。

（六）文化队伍建设工程

1．加大文化人才培养力度。按照“四化”方针和德才兼备原则，加强宣传文化单位领导班子建设，把政治思想坚定、组织领导能力强、具有开拓精神、熟悉文化工作的优秀中青年干部充实到宣传文化单位领导岗位。培养一批文艺创作、艺术表演、新闻管理、广播影视、文化经营、文化现代技术、文化创意、文物保护、文化法律法规等九个方面的专门人才。有计划地对专业人员进行继续教育，提高文化工作者的理论水平和业务素质。鼓励各类人才深入实际、深入群众、深入基层，体验生活，增长才干。切实加强农村文化队伍培训管理，稳定和发展专兼结合的农村文化队伍。

2．改善文化人才使用环境。建立和完善文化人才配套政策，不拘一格选拔和使用文化人才。改善文化事业单位人员结构，鼓励人才柔性流动，支持文化事业单位以重点项目吸引人才、以合作方式招揽人才等方式不断引进高层次人才。健全人才评价和选拔机制，以岗位能力、创新成果、艺术价值和工作实绩为考核任用导向，营造人才辈出、人尽其才的环境，建设一支门类齐全、素质优良、德艺双馨的文化工作者队伍。

3．健全文化人才激励机制。设立区新闻文化“南田奖”，重点奖励在文学艺术、人文社科、新闻出版、广播影视等领域为武进文化建设作出突出贡献的人员，激励优秀拔尖人才脱颖而出。广泛宣传文化建设优秀人才及其工作成果，通过有计划地举办个人作品展览、个人作品研讨会等形式，为文化人才提供展示平台，积极营造有利于出精品、出人才、出效益的文化发展环境。大力支持民间艺术发展，关心好、培养好民间艺术人才，支持好、解决好民间艺术保护和发展方面存在的困难。

四、保障措施

（一）加强领导。成立武进区文化工作领导小组，对全区文化工作进行指导、检查和协调。各级各部门要把文化建设工作摆到更加重要的战略位置，纳入经济社会发展规划、纳入财政支出预算安排、纳入部门重点工作、纳入考核奖惩范围，使文化建设与经济、政治、社会建设真正做到“四位一体”，一同规划部署、一同推进落实、一同检查考核。建立健全各级党委统一领导、政府负责、宣传文化主管部门组织协调、各有关职能部门支持配合的文化建设领导体制。充分发挥人大、政协在监督和参政议政方面的作用，推动和促进文化发展。加强文联及其协会工作，充分发挥好党委、政府联系文化艺术界桥梁和纽带的作用。

（二）落实政策。认真贯彻落实国家、省、市、区支持文化事业和文化产业发展的各项政策，进一步从财政政策、税收政策、投融资政策、工商管理和价格政策、文化设施建设政策、社会保障政策等方面加大扶持力度。健全公共财政体制，调整财政收支结构，加大公共财政对文化事业发展的投入力度。区财政每年安排专项资金，用于全区公共文化事业的建设和发展。各镇、村（社区）要安排相应专项资金，加快镇村重点文化设施建设，加强辖区内重点文物的保护、管理和利用。完善相应配套措施，鼓励社会各界以捐赠、赞助、合作等形式，支持和促进文化事业发展，鼓励企业参与文化设施和文化项目的市场化运作。

（三）推进改革。突出文化创新，解放和发展文化生产力，进一步改革文化管理体制。切实转变政府职能，实现政府由办文化为主向管文化为主转变。按照社会效益第一，社会效益与经济效益有机统一的原则，推动新闻文化单位制定经营、管理目标，建立科学的投入、产出机制，把“两个效益”统一于市场竞争中，统一于满足广大群众的文化需求上。按照“增加投入、转换机制、增强活力、改善服务”的方针和“政事分开、事企分开”的原则，进一步推进公益性文化事业单位的人事、收入分配和社会保障制度改革。贯彻“创新体制、转换机制、面向市场、壮大实力”的方针，实施经营性文化事业单位转企改制工作。积极引导和鼓励民营企业参与社会文化建设，探索推行公共文化设施委托经营、承包经营、租赁经营等国有民营的新路子。

（四）强化考评。各级各部门要加大对文化发展的政策支持力度，主动承担文化强区建设的工作职责，把推动武进文化大发展大繁荣的目标任务纳入科学发展考评体系，纳入党政主要领导政绩评价体系，纳入文明城市、文明城区、文明行业、文明单位创建内容。宣传、文化、建设、规划、旅游等部门要切实加强对文化发展工作的指导；文化职能部门要加强与企业、学校、民间的文化合作，多渠道开展文化人才以及图书、艺术、信息、技术资料等多方面的交流与合作。区委宣传部和区文化局成立考评小组负责实施考核，加强对《纲要》项目工程进展情况的检查和指导，全力推进文化大发展大繁荣工作。

关于继续举办“文化周末”活动的通知

各镇党委，开发区党工委，街道党工委，区委各部委办，区各办局（公司）行党组（党委），区各直属单位党委（党组），区各人民团体党组：

为进一步整合文化资源，打造文化品牌，丰富群众文化生活，促进“文化强区”建设，经研究决定，继续在新天地水上舞台举办“文化周末”活动。现将有关事项通知如下：

一、指导思想

以党的十七大精神为指导，坚持社会主义先进文化的前进方向，充分利用现有公共文化设施，开展健康向上、群众喜闻乐见的文化活动，展示武进人民奋发向上的精神面貌，为进军现代化、建设新武进营造良好的文化氛围。

二、活动内容

“文化周末”活动以专业和业余团体、镇（街道）、有关部门和企业为单位筹办整场演出的形式组织开展，演出力求富有艺术性、教育性、娱乐性。活动内容包括：各类传统剧目和获奖剧目展演、音乐会、朗诵会、大奖赛以及体现我区地方文化、反映武进精神、贴近中心工作、展示各单位特色和风采的各类小品、小戏、歌曲、舞蹈等演出。

三、时间安排

每周六晚19:00—20:30。如遇天气等原因，日期顺延。

四、组织领导

“文化周末”活动由区委宣传部、区文化局主办，区文化馆、武进锡剧团承办。成立“文化周末”活动领导小组，负责整个活动的组织领导。区委常委、宣传部长江建文任组长；区委宣传部副部长、区文联主席陶可，区文化局局长郝建成任副组长；区公安局、建设局、城管局、卫生局、文联的分管领导为小组成员。领导小组下设3个工作组：

1. 综合组。组长：陶可。成员：符大荣、诸葛恩梅。负责活动策划、总体协调和节目审核。

2. 演出组。组长：符大荣，副组长：沈惠兰。成员：蒋平、倪金才、张达、马静。负责每场演出的方案制定、场次安排、节目指导、观众组织、现场指挥、设备添置和维护等工作。

3. 保卫组。组长：周立夫。成员：缪冬生、朱学云、姚铭泽。负责每场演出的安全保卫、医疗急救、环境卫生等工作。

五、有关要求

1. 高度重视。各单位要站在提升武进软实力、建设文化强区的高度，从提高文化惠民服务能力出发，高度重视，加强领导，主动参与，认真落实各项工作职责，广泛调动各方面的积极性，努力形成领导有力、运作有序的的工作格局。

2. 精心排演。各演出责任单位要按照场次安排，认真制定演出方案，精心组织排练，细化演出环节，提高演出质量，确保场场成功，力争把“文化周末”办成人民群众喜爱的文化品牌。区委宣传部将在年终评选优秀组织奖和优秀演出奖。

3．加强协调。演出承办单位要加强与各演出责任单位的沟通联系，做好工作衔接，及时解决问题。各有关部门要积极配合，通力协作，共同营造良好的演出环境和公共秩序。区各新闻单位要按要求做好演出预告。

4．确保安全。各单位要强化安全第一意识，做好每场演出的安全防范工作。演出现场安全工作由区公安局总负责，各演出责任单位负责排演、交通等的安全防护工作，确保每场演出安全有序进行。

附：2009 年新天地水上舞台“文化周末”活动安排表

中共常州市武进区委宣传部

2009 年 2 月 5 日

关于开展创建“星级农家书屋”的实施意见

各镇（街道）社会事务服务中心：

“农家书屋”工程是党中央、国务院确定的新农村文化建设惠民工程。我区迄今已村村都建有农家书屋，实现了既定的目标。为了展示我区“农家书屋”工程建设成果，表彰在服务“三农”过程中表现突出的“农家书屋”，在全区树立一批先进典型，带动更多的乡村建好、管好、用好“农家书屋”，确保我区“农家书屋”工程建设健康发展，经研究决定在已建成的“农家书屋”中开展创建“星级农家书屋”活动。现将有关实施意见通知如下。

一、创建对象

区各镇（街道）已建成并通过验收达标“农家书屋”。

二、创建标准

一是“星级农家书屋”硬件建设标准

“星级农家书屋”设有图书阅览室，书屋面积不少于 40 平方米，书柜 4 组以上，书桌、椅八套，电机社、DVD 机、电脑各一台，图书 2500 册，报纸期刊 30 种，音像制品 100 种以上。

二是图书管理人员配置标准

“星级农家书屋”配备一名以上专职或兼职图书管理员，图书管理员需具有高中以上文化程度，具备相应的业务知识；敬业爱岗，工作热情高，乐于奉献，出勤率高；善于沟通与组织，管理农家书屋科学有序，能有序地组织、指导农民开展读书活动，管理员须经区相关部门的培训后才能上岗。

三是基本管理制度

“星级农家书屋”各种制度配备齐全、规范、统一，并上墙，墙上张贴相关读书知识宣传画；建有各种登记册，并登记清楚、整洁；书屋物品保存完好，书屋建有新书推荐公示栏，为农民免费办有图书借阅证，图书分类借阅等实行电脑代管理；开放时间一星期不少于4天，每天不少于5小时。

四是经费落实

创建星级农家书屋的村，每年要安排一定的经费用于图书、报刊、音像制品的购置。

五是开展读书主题活动

组织丰富多彩的读书征文、知识讲座、科技培训、普法宣传、学习辅导等，定期开展农村孩子的第二课堂、农村大讲堂活动，积极参加区级以上管理部门举办的各种阅读征文活动，并有获奖作品。

三、评选办法

先由村委会申报，经镇、街道筛选后报区文化广电新闻出版局综合评审，每镇、街道推荐评选1个最优秀的“农家书屋”报区文化广电新闻出版局参加创建活动。

四、活动时间

6—7月份为各镇、街道区申报时间，8月下旬为考核验收时间。年底经市区两级政府验收评选的“星级农家书屋”予以表彰。

五、奖励办法

对获得的“星级农家书屋”由区文广新局授牌，并给予一定的奖励。

常州市武进区文化广电新闻出版局

2010年7月19日

关于做好镇标准化综合性文体站（文化活动中心）建设验收的通知

各镇党委、人民政府、区委各部委办，开发区党工委、管委会，街道党工委、办事处，区各办局（公司）行，区各直属单位，区各人民团体：

为扎实推进我区镇级标准化综合性文体站（文体活动中心）建设，认真贯彻落实武办发〔2010〕48号文件精神，经研究决定：将于年底前后对各镇标准化综合性文体站建设情况组织验收。现将有关事项通知如下：

一、加强镇级标准化综合性文体站（文化活动中心）设施建设，是各级政府完善农村公共文化服务体系的重要内容，是推动城乡一体化建设“十个一”工程之一。各镇（街道）务必对镇级标准化综合性文体站建设予以高度重视，加大推进力度，狠抓落实，确保如期完成任务。

二、验收主要内容：

（一）各镇（街道）根据综合性文体站报告建设情况，向区文广新局提交验收申请报告。

（二）各镇（街道）按照《镇标准化综合性文体站建设验收标准》，填写《镇级标准化综合性文体站（文化活动中心）建设验收申请表》（附件1）。区委宣传部、区文广新局联合组成验收小组，对提出申请的单位进行检查考核，达标的单位给予一定的经费补助。

望各镇（街道）接到通知后，积极配合，抓紧落实，以扎实的工作迎接验收，为我区标准化综合性文体站（文化活动中心）建设的整体推进作出贡献。

中共常州市武进区委宣传部
常州市武进区文化广电新闻出版局
2010年10月26日

关于印发武进区农村电影“2131”工程考核办法的通知

各镇（开发区）财政分局、镇（街道）文广教体科、常武电影演出有限公司：

为贯彻落实《关于印发武进区农村电影放映2131工程实施意见的通知》（武政办发〔2010〕33号）精神，确保我区农村公益电影放映工作规范有序、取得实效，特制订如下考核办法：

一、考核对象

常州市常武电影演出有限公司（以下简称电影公司）作为实施武进区农村电影“2131”工程放映的考核对象。

二、考核内容

1．放映对象。各行政村和武进城区之外的撤村建居的社区（以下简称社区），具体放映对象详见附件1。

2．放映场次。原则上每村放映电影全年不低于12场，实行每村（社区）每个放映日放映两部电影，放映时间不少于150分钟。

3．放映质量。放映影片需经过国家广电总局批准，内容积极向上、寓教于乐、思想性和艺术性俱佳的优秀影片。

4．放映计划。电影公司需编报全区电影放映计划表（表式详见附件2）和各村（社区）具体放映时间表（表式详见附件3）。

5．放映公示。放映现场设置一场公示板，要标注放映村名、放映名片、放映日期、社会监督电话。

6．放映证明。每放映一场电影需拍摄一张证明放映当日时间、放映村（社区）名、放映片名、社会监督电话的放映现场电子相片，并建好电子数据。提供由村委放映现场负责人签证、村委签章的放映回执表（见附件 4）。

三、考核办法

1．电影公司在各镇（街道）分管领导、文广教体科会商的基础上，于每年 3 月底前负责编制好本年度全区分镇放映计划表和各村（社区）具体放映时间表，报经区文广新局审核同意后及时通知到各镇（街道）和村（社区）,原则上放映片名、放映时间不得调整。在放映过程中，要按规定要求拍摄现场放映电子相片，办理好村委放映现场负责人现场签证手续，并于各镇（街道）全年放映计划结束后，负责将电子相片和放映回执表提供给区文广新局和各镇（街道）文广教体科各一份，作为放映审核依据。电影公司要加强对放映队伍的管理，建立有效的内部考核和激励机制，严格放映要求和纪律。

2．各行政村（社区）应明确专人负责做好提供场地、电源，维护现场秩序、安全和对放映队的督查。每场电影放映完毕，由村委现场负责人在放映回执单上签字，实事求是做好放映的现场签证工作。

3．各镇（街道）文广教体科要做好电影放映的协调、组织、监督工作，负责对放映情况开展现场抽查核实工作，抽查场次不得低于 10%，并做好检查记录。镇（街道）全年放映计划完成后，根据电影公司提供的手续齐全的放映回执表和现场放映电子相片，结合平时抽查情况，会同财政分局共同进行审核放映场次，并负责填写放映情况审核汇总表（见附件 5），经各镇（街道）分管领导复核、镇长（主任）核准后报区文广新局和区财政局各一份。

4．各财政分局会同文广教体科认真审核放映场次，配合区财政局做好放映补贴资金结算工作。

5．区文广新局负责全区放映工作的组织领导和业务指导。负责对全区放映计划、影片质量的审核和对放映单位的管理。建立对考核对象的考核督查制度，会同区财政局、各镇（开发区、街道）不定期对放映情况进行抽查。会同区财政局做好放映场次核实和补贴资金的结算发放工作。

6．区财政局根据区、镇审核后的放映场次，于次年一月份将区、镇两级财政放映补贴拨付给区文广新局，由区文广新局拨付给电影公司。

7．建立社会监督和举报机制，监督电话为区文广新局：86310356；区财政局：89858055。监督电话在放映现场进行公布。

四、考核奖惩

1．根据区、镇考核结果，采取“以奖代补”的形式，按每村（社区）全年不超过 12 场给予放映单位每场 500 元奖励（区、镇两级财政 6：4 比例分担），放映单位此外不再收取任何费用。各镇（开发区、街道）承担的奖励资金，由区财政局通过“上下级往来”扣款结算。

2．根据《财政违法行为处罚处分条例》（国务院第 427 号令）规定，对放映场次弄虚作假、虚报冒领财政奖励资金的，一经查实，除追回冒领款项外，并相应扣减电影公司虚报冒领资金 50% 的奖励款。

附件：1．武进区农村电影放映对象名单

2．武进区农村电影放映计划表

3．武进区农村电影村（社区）放映具体时间表

4．武进区农村电影放映回执表

5．武进区农村电影放映情况审核汇总表

常州市武进区文化广电新闻出版局

常州市武进区财政局

2011 年 4 月 28 日

武进区文广新局文艺创作扶持与获奖文艺作品奖励暂行办法

第一条　为进一步推进文艺创作，多出精品和人才，加快文化强区建设，促进文化事业发展，结合我区实际，制定本办法。

第二条　凡武进区文广新系统的在职人员创作的文艺作品，获区以上奖项者可申请奖励。

第三条　申请奖励的范围为：

（一）在区委、区政府或宣传文化部门主办的各种宣传文化活动中获一等奖的创作作品；

（二）在市委、市政府或宣传文化部门的活动评比中获二等奖以上的创作作品；

（三）在省委、省政府或宣传部门主办的活动评比中获三等奖以上的创作作品；

（四）在中宣部、全国文联和国家级文化行政部门主办的活动评比中入选（入围）的创作作品。

第四条　文艺创作奖分为五类：

（一）文学；

（二）戏剧（含小品）；

（三）音乐、舞蹈、曲艺；

（四）书画、摄影；

（五）文艺理论。

第五条　同一创作作品在一年内获得多项奖励的，一次性以最高奖项为准发给奖金。

第六条　申请奖励的荣誉称号、奖项等，以各级党委、政府部门认定的为准。

第七条　创作作品的获奖等级以评审委员会评审结果为准，发给相应等级的奖金（奖

励标准见附表1)。

第八条　集体类获奖项目按奖励标准增加30%发给奖金。

第九条　对以下情形，给予特别奖励：

(一)对在国家文华奖、群星奖、中宣部“五个一工程”奖、中国戏剧节奖等项目中获一等奖者给予一次性奖励10万元，二等奖给予一次性奖励8万元，三等奖给予一次性奖励6万元。

(二)除本条(一)款所列的获奖作品外，凡在核心期刊(以北京大学图书馆《中文核心期刊要目概览》为准)上发表的文艺创作作品，由市级以上专业艺术团体演出的戏剧剧本，在市级以上宣传、文联、文化部门举办的艺术展览中展出、市级以上电台或电视台播映的优秀文艺作品，得到广泛好评的，给予一次性奖励1千元。

(三)除本条第(一)、(二)款，凡武进文广新系统作者在正规出版社出版的书籍，视有无专家学者推荐、主要作品是否入选重要选刊、有无重大社会反响等情况，给予5千元——5万元不等的补贴奖励。

(四)对大型戏剧获奖作品等取得重大突出成就的获奖项目，评审委员会一事一议。

第十条　成立武进区文广新局文艺创作奖励评审委员会，由区文广新局领导和专家、学者担任评委，负责评定各类奖励，评审委员会办公室设在局文艺科，具体负责申报评审的日常工作。

第十一条　武进区文广新局文艺创作作品奖励每年评审一次。对上一年度的获奖作品进行评审。申请受理时间为每年的3月份，评审时间为同年的5月份。

第十二条　符合申请文艺创作奖励条件的人员，填写《武进区文广新局文艺创作奖励申请表》(一式二份，见附表2)，持获奖作品、证书原件、由单位盖章证明后，向武进区文广新局文艺创作评审委员会办公室提出申请，报评审委员会办公室初审后，交由评审委员会终审评定。

第十三条　对于获得武进区文广新局文艺创作奖励资金的作品，我区享有优先使用权。

第十四条　奖励资金从局文化事业建设经费中支出，由局文艺创作奖励评审委员会办公室会同局财务结算中心负责发放。

第十五条　如奖金发放后发现存在伪造获奖证明的，局文艺创作奖励评审委员会将按规定收回奖金，并根据有关规定给予处理。

第十六条　本办法未尽事宜由局文艺创作奖励评审委员会办公室负责解释，自发布之日起试行。

常州市武进区文化广电新闻出版局
2012年2月

附表 1：

文艺创作作品奖励标准

创作类别	获奖等级	奖 金
文学作品	入选国家级、省级一等奖	5000 元
	省级二等奖、市级一等奖	3000 元
	省级三等奖、市级二等奖	2000 元
	区级一等奖	1000 元
戏剧作品（含小品）	入选国家级、省级一等奖	5000 元
	省级二等奖、市级一等奖	3000 元
	省级三等奖、市级二等奖	2000 元
	区级一等奖	1000 元
音乐、舞蹈、曲艺作品	入选国家级、省级一等奖	5000 元
	省级二等奖、市级一等奖	3000 元
	省级三等奖、市级二等奖	2000 元
	区级一等奖	1000 元
书画、摄影作品	入选国家级、省级一等奖	5000 元
	省级二等奖、市级一等奖	3000 元
	省级三等奖、市级二等奖	2000 元
	区级一等奖	1000 元
文艺理论作品	入选国家级、省级一等奖	5000 元
	省级二等奖、市级一等奖	3000 元
	省级三等奖、市级二等奖	2000 元
	区级一等奖	1000 元

武进区“社区天天乐”活动实施意见

各镇党委、人民政府、区委各部委办，开发区党工委、管委会，街道党工委、办事处，区各办局（公司）行，区各直属单位，区各人民团体：

根据常州市统一部署，为了进一步贯彻落实党的十八大精神，推进文化武进建设和常州国家历史文化名城建设，让广大市民充分享受文化发展成果，经研究，决定自今年起在全区开展“社区天天乐”活动。

一、指导思想

以党的十八大精神为指导，坚持社会主义先进文化的前进方向，以“文化惠民、共享成果、引领风尚”为宗旨，充分挖掘利用各类资源，开展健康向上、丰富多彩的文化活动，更好满足群众精神文化活动的新需求，打造群众文化活动的新品牌。

二、组织机构

成立由区委宣传部、区民政局、区财政局、区文广新局、区文联等组成的区“社区天天乐”活动工作指导小组，在市“社区天天乐”活动工作指导小组指导下开展活动。

三、活动要求

“社区天天乐”活动按照“重在引导、多方支持、社团配合、群众自乐”的原则组织开展。具体要求如下：

活动时间：“社区天天乐”在每年4月下旬到11月下旬开展。活动期间，每周活动不少于3场，每场30—45分钟，活动宜以晚间为主。

活动地点：今年在全区18个试点社区（详见附件1）先行开展，以后逐步展开。为扩大活动的影响力，增强活动效果，活动应在社区主要广场进行。

活动形式：活动可以是各类器乐演奏、戏剧表演、戏曲演唱、道德故事说讲、电影放映等形式，也可以是健身舞、扇子操、秧歌舞等具有观赏性的民间特色文体表演。活动要体现时代性，富有多样性，具有参与性。

活动主体：在区工作指导小组指导下，由各镇、开发区、街道落实至所属各社区，各社区选配“社区天天乐”联络员负责具体日常事务。区工作指导小组与各镇、开发区、街道，整合区文化馆下属文艺团队、社区各类文艺团队、社区文艺爱好者、各类企事业单位文艺演出团队和社会文艺团队等资源共同推进。

四、表彰奖励

为了激发各社区参与活动的积极性，提高组织、演出水平，市工作指导小组将于每年年底召开全市“社区天天乐”活动总结会，对部分优秀组织单位、优秀社区、优秀文化团队和优秀联络员进行表彰奖励。表彰奖励将以市工作指导小组巡查暗访结果、活动台账资料和征求居民意见等为主要依据。同时，区指导小组也将根据活动开展情况，每年进行总结表彰，实行以奖代补。凡参与“社区天天乐”活动的社区，常州将统一配置活动所需音响、曲库和活动标识。

五、职责分工

为了提高活动组织水平，共同推进“社区天天乐”活动正常开展，现将相关部门单位职责分工如下：

区委宣传部负责做好联络沟通、人员培训、活动督查考核等工作；

区民政局负责将“社区天天乐”活动纳入全区社区工作考核体系；

区财政局负责做好“社区天天乐”活动相关经费保障工作；

区文广新局负责做好文化单位、文化演艺资源等协调和统筹工作；

区文联、区文化馆负责做好社区文艺团队的辅导和节目配送工作，不断提高社区文艺团队的编排演出水平；

各社区负责做好“社区天天乐”活动的组织开展和台账资料等日常工作。

附件 1：武进区“社区天天乐”活动试点社区名单

中共常州市武进区委宣传部
常州市武进区民政局
常州市武进区财政局
常州市武进区文化广电新闻出版局
2013 年 4 月 27 日

后　记

《武进文化志》的编纂工作是在完成《武进志·文化篇》基础上，于2014年6月启动的。在各有关单位的关心和全体编纂人员共同努力下，于2016年底终于付梓出版了，这是武进文化艺术史上的一件大事，为大家鉴往知今，提供了一份较为全面、祥实的史料。

2014年6月，经区文化广电新闻出版局领导、有关专家、顾问及全体编纂人员反复论证，确定了本志的章节设置方案和编写计划。2015年10月完成初稿，同时提交相关单位和部分老同志审核，于2016年10月完成了文字稿。

在《武进文化志》编纂过程中，我们始终得到了文化广电新闻出版局局长范正洪，副局长吴海涛，书记韩家兴等局领导的关心支持，得到蒋仁良、许本源、郝建成、汤德胜、秦蔚成、庄旦良等历任老局长的殷切关怀，得到薛奇达、张尚金、许本源、杜仁彬等顾问的热情指导，得到区方志办、区文联、区档案馆的大力协助，得到局各科室和所属单位的密切配合。值《武进文化志》出版之际，谨向所有关心支持本志编写工作的各级领导、专家和社会各界人士表示由衷的敬意和感谢。

《武进文化志》时间跨度长，内容多，涉及面广，尽管编写人员勉力尽善，但限于水平，疏漏错讹之处在所难免，敬请批评指正。

编　者

2016年12月